Rückblick voraus am Rande der Jahrbücher…

Diese *Jahr-und-Tag-Bücher* der Reihe »lesen und schreiben« erscheinen seit 1986 in ziemlich regelmäßigen Abständen im Zeichen der Libelle, folglich ist dies auch schon die Nr. 6. Begründet von *Hans Brügelmann* und in gemeinsamer Herausgeberschaft mit *Heiko Balhorn* fortgeführt, sind die Bände zugleich Jahresgabe für die Mitglieder der »Deutschen Gesellschaft für Lesen und Schreiben« (DGLS) geworden (Kontaktadresse: DGLS c/o Heiko Balhorn, Unnastr. 19, D 20253 Hamburg).

Geneigte Leserinnen und erstaunte Leser, die in den folgenden Aufsätzen öfter mal auf zurückliegende Bände (z. B. »wie schon im ersten Jahrbuch« oder »ausführlicher in Jahrbuch 5«) verwiesen werden, im Literaturverzeichnis aber auf die Notiz »vergriffen« stoßen, seien beruhigt: In markantem Gegensatz zum sogenannten Leben gehört es zur Philosophie der ganzen Reihe, daß im Schriftspracherwerb *nicht bestraft werden soll, wer etwas später kommt.* Folglich erscheinen fünf Jahre vor Beginn des nächsten Jahrtausends (also 1995) zwei »Best-of«-Bände, in denen wir die markantesten Beiträge der Jahrbücher 1–5 zusammenfassen:

»Best of«-Praxis aus den Jahrbüchern »lesen und schreiben« Bd. 1 bis 5:
Hans Brügelmann / Heiko Balhorn (Hrsg.)
Schriftwelten im Klassenzimmer
Ideen und Erfahrungen aus der Praxis
ca. 250 S., kt., Libelle Verlag, ISBN 3-909081-15-0

»Best of«-Forschung aus den Jahrbüchern »lesen und schreiben« Bd. 1 bis 5:
Heiko Balhorn / Hans Brügelmann (Hrsg.)
Rätsel des Schriftspracherwerbs
Neue Sichtweise aus der Forschung
ca. 250 S., kt., Libelle Verlag, ISBN 3-909081-23-1

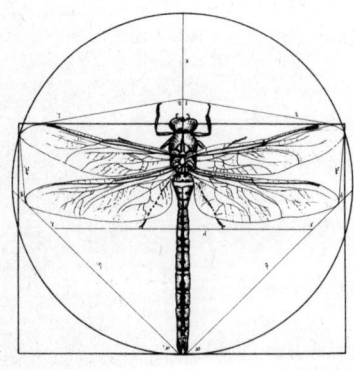

libelle : wissenschaft
lesen und schreiben 6

Hans Brügelmann / Heiko Balhorn
Iris Füssenich
(Hrsg.)

Deutsche Gesellschaft für Lesen und Schreiben

Am Rande der Schrift

Zwischen Sprachenvielfalt
und Analphabetismus

Libelle

Inhaltsverzeichnis

Kinder – Jugendliche – Erwachsene
Analphabeten am Rande der Schrift

Vorwort

Mit der Sprache ist es so wie mit dem Geld: Wo schon viel ist, kommt leicht mehr hinzu. Wer seine Fähigkeiten in Sprache anlegt, erzielt damit hohe Zinseszinsen.

Aber wie die Verteilung des Geldes ist auch die der sprachlichen Begabung ungerecht. Einige Kinder werden in einem anregenden Milieu begabt, andere, die – wie man euphemistisch sagt – in einem schriftfernen Milieu aufwachsen, kommen vergleichsweise wenig begabt in die Schule. Stehen sie »Am Rande der Schrift«?

Die erwachsenen Analfabeten rekrutieren sich überwiegend aus den schon sozioökonomisch benachteiligten Schichten. Offenbar gelingt es der Schule nicht, allen Kindern den Weg in die Schrift so zu weisen, daß sie Lesen und Schreiben für sich als das Mittel erfahren, das sie nötig brauchen, das ihnen hilft, Schätze zu erschließen, Spaß zu haben, teilnehmen zu können. Die Welten der Schrift eröffnen sich im Klassenzimmer für viele Kinder nicht oder nicht weit genug. Ihre Motive tragen sie kaum in der Schulzeit, und sie versanden danach schnell. Unterlassene Hilfeleistung?

Ein Leben ohne Schrift bedeutet in der Schule wie im Leben ausgelassene Chancen – Leiden. *Jürgen Reichen* berichtet von der Schweizer Institution der »pädagogischen Rekrutenprüfung«. Das ist eine großangelegte sozialwissenschaftliche Untersuchung, in der man seit 1879 u. a. die Lesefähigkeiten und das Leseverhalten von Rekruten erhebt. Die Ergebnisse von 1991 zeigen – mit einer deutlich aufsteigenden Tendenz –, daß nur ein Viertel der jugendlichen Männer einen im Anspruch durchschnittlichen »leicht abstrakten Zeitungsartikel« versteht *(J. Reichen 1994)*. 1984 waren es 17%. Alle jedoch konnten den Text *vorlesen.*

Den Menschen *am Rande der Schrift,* Analfabeten also, ist der Schwerpunkt dieses Bandes gewidmet: Analfabetismus als gesellschaftliches und schulisches, vor allem aber persönliches Problem.

Was es bedeutet, heute nicht (recht) schreiben und lesen zu können, wie Sekundar- und Volkshochschule versuchen nachzuholen, was in der Grundschule mißglückt ist, und wie dieses schon dort »präventiv« ausgeschlossen werden kann, das wollen wir in diesem Teil, den *Iris Füssenich* als Gastherausgeberin moderiert hat, anschaulich machen.

Mit dem Thema »Analfabetismus« setzt die DGLS die von ihr bereits in den ersten Jahrbüchern begonnene und im Weltalfabetisierungsjahr verstärkte Diskussion zwischen LehrerInnen und AlfabetisierungspädagogInnen fort. In Zusammenarbeit mit der Deutschen UNESCO-Kommission und anderen Organisationen hat sie 1990 die erste deutschsprachige Wissenschaftstagung mit TeilnehmerInnen aus den deutschsprachigen Ländern organisiert und einen Tagungsband mit dem gegenwärtigen Forschungsstand zum Lesen-

und Schreibenlernen *(Sandhaas/Schneck 1991)* vorgelegt. Die Jahrestagung der DGLS hat im Jahre 1992 dieses Thema wieder aufgegriffen und die Diskussion und den Austausch zwischen Schule und Erwachsenenbildung fortgesetzt. Durch die erneute Thematisierung dieses Problems sollen vor allem die persönlichen Nöte der Menschen mit Lese- und Schreibschwierigkeiten LehrerInnen nähergebracht werden.

Am Rande der Schrift befand sich *Michael Stuewer*, als für ihn die Buchstaben noch Hieroglyphen waren. Sein Beitrag handelt davon, wie er sich die Welt der Schrift und somit auch persönliche Sicherheit und berufliche Perspektiven angeeignet hat. Sein Beitrag zeigt aber auch, wie wenig Hilfe ihm die Schule bei der Überwindung seiner Schwierigkeiten geboten hat.

Wie Analfabetismus in den ersten Schuljahren entsteht und wie auf dieses Problem bei älteren SchülerInnen eingegangen wird, ist bisher in der Lehreraus- und -fortbildung kaum diskutiert worden. Auf diese Frage gehen *Mechthild Dehn, Gabi Schumann* und *Willi Hörschgens-Füssenich* ein. *Mechthild Dehn* gibt einen Einblick in die Arbeit des Modellversuchs der Bund-Länder-Kommission »Elementare Schriftkultur als Prävention von Lese- und Rechtschreibschwierigkeiten und Analfabetismus bei Grundschülern«. Anhand einer Fallstudie zeigt sie, daß bereits in den ersten Schulwochen Lernschwierigkeiten bei Kindern auftreten können und wie diese Kinder auf ihre Lernschwierigkeiten mit Verhaltensauffälligkeiten bzw. Vermeidungsstrategien reagieren. Sie zeigt aber auch, wie der Blick auf das Kind sensibilisiert für die Interessen und das Neugierverhalten auch der Schulanfänger, die die Welt der Schrift nicht so ohne weiteres entdeckt haben. *Gabi Schumann* stellt typische Biographien von Analfabeten dar: »Der Ausländer, der Schulschwänzer und der Zigeuner« sind in der Regel diejenigen, die aufgrund fehlender Voraussetzungen und Kenntnisse dem normalen Unterrichtsgeschehen kaum folgen können und die durch die wenigen zusätzlichen Fördermaßnahmen das vorhandene Defizit nicht aufholen. Welche Fördermöglichkeiten diesen SchülerInnen nach der Schulentlassung noch geboten werden, zeigt der Beitrag von *Willi Hörschgens-Füssenich*. An den Schwierigkeiten von TeilnehmerInnen eines Förderkurses wird deutlich, daß diese SchülerInnen nicht nur Defizite im Schriftspracherwerb aufweisen, sondern daß auch in anderen Bereichen, wie der Beherrschung der Grundrechenarten und im Umgang mit Geld, große Defizite vorhanden sind.

LehrerInnen stört Stören. Aber Stören ist nicht gleich Stören, denn die »Hinterbühne des Unterrichts« gibt gerade Kindern mit Problemen in der deutschen Sprache die Möglichkeit, Nichtverstandenes bei MitschülerInnen zu erfragen. *Iris Jäger* stellt diese Sicht der Nebenkommunikation dar und leistet mit ihren Ausführungen einen wichtigen Beitrag zur Prävention des Analfabetismus.

In ihren »Gedanken und Anregungen zum ›freien Schreiben‹ in der Alphabetisierung« gehen *Annette Blunck/Jutta Krage-Müllerschön/Gaby Müller* und *Judith Kohlmann* auf Ängste, Schreibschwierigkeiten und -fähigkeiten von erwachsenen AnalfabetInnen ein. Sie zeigen, wie es durch sensible Hilfestellungen möglich ist, Schreibängste und -schwierigkeiten zu überwinden und zum Verfassen ausdrucksstarker eigener Texte zu gelangen. *Judith Kohlmann* setzt sich mit einem Schwerpunkt auseinander, der bisher in der Alfabetisierungsarbeit kaum thematisiert wurde. Zu einer umfassenden Literarisierung gehört neben grundlegenden Lese- und Schreibfähigkeiten auch die Auseinandersetzung mit literarischen Texten. *Judith Kohlmann* liest den TeilnehmerInnen ihres Alfabetisierungskurses vor. Ähnlich wie *Heide Bambach, Heide Niemann* und *Doris Mauthe-Schonig* die Schulanfänger, so regt sie die erwachsenen Leseanfänger zur Auseinandersetzung mit literarischen Texten an.

Peter Hubertus gibt einen Überblick über den gegenwärtigen Stand der Alfabetisierungsarbeit, über Einrichtungen zur Erwachsenenbildung, über das Lehr- und Lernangebot und über die bildungspolitischen Schwierigkeiten, mit denen die Alfabetisierungsarbeit zu kämpfen hat.

Analfabetismus ist seit mehr als hundert Jahren ein gesellschaftliches und politisches Problem und damit seit längerer Zeit auch ein Thema für Karikaturisten. *Jürgen Genuneit* setzt sich mit dem Bild der AnalfabetInnen in Karikaturen auseinander und geht u. a. der Frage nach, welches Bild sich die Gesellschaft bzw. einzelne soziale Gruppen von AnalfabetInnen machen. Seine umfangreiche Sammlung, aus der wir nur einige Beispiele abdrucken konnten, gibt in beeindruckender Weise die Außenseiterrolle von AnalfabetInnen in unserer Gesellschaft wieder.

Peter May berichtet in diesem Band von einem Lehrerfortbildungsprojekt in Hamburg, das eine Reaktion seitens der Schulbehörde (entspricht in anderen Bundesländern dem Ministerium) auf außerordentlich große Schwankungen in der Rechtschreibleistung Hamburger GrundschülerInnen darstellt. Es heißt: »*Lesen und Schreiben für alle*«.

Stehen die Kinder, die in der Schule Lesen und Schreiben nicht bis zu einer praktikablen Fähigkeit lernen, so daß sie sich selber trägt, »am Rande der Schrift«? Oder ist unsere Schule aufs Ganze gesehen nicht genügend in der Lage, insbesondere Kinder aus Randgruppen unserer Gesellschaft genügend effektiv zu unterrichten?

Rossa/Rossa berichten über das Lesen- und Schreibenlernen in Neuseeland. Dort hat man die Probleme durch eine Kooperation zwischen Praxis, Forschung, Aus- und Weiterbildung und Administration offenbar (besser) gelöst. Immerhin wurde die neuseeländische Grundschule in einem Weltvergleich *(Newsweek 1991)* als die beste eingeschätzt. An einem solchen Modell zum Anfassen lassen sich unsere vielfältigen Bemühungen mit ihrer Tendenz zu unverbundenen und unverbindlichen Einzelergebnissen vielleicht orientieren. In diesem Sinne provozieren *Balhorn/Rossa* mit ihrem Vorschlag, didaktische Kunstfehler bestimmen zu wollen. Da nicht alles, was im Unterricht in lehrender Absicht geschieht, gleich gut und triftig ist, stellen sie die Frage nach der Grenze der Methodenfreiheit. Daran stößt sich *Brügelmann,* und es ergeben sich Reden und Widerreden.

Zu einem der Schwerpunktthemen, das Rechtschreiblernen, das sich durch alle Jahrbücher zieht, stellen *Eichler/Thomé* empirisch belegte und *Gerhard Augst u. a.* theoretisch reflektierende Überlegungen an.

Um das Schreiben als interaktiven Prozeß – Schreibdialoge – geht es in dem Beitrag von *Marion Bergk,* und *Helmuth Feilke* skizziert »Gedankengeleise« zum Schreiben von Texten.

Der Computer als Schreib- und Lernwerkzeug kommt in drei Beiträgen in den Blick. Hier sind es die Möglichkeiten von Programmen, interaktive Lernkonzepte zu bieten und zugleich kooperative Lernformen nahezulegen, die dieses Medium auszeichnet.

Reinhard Kahl lobt den Fehler; er lobt ihn mit geradezu bestechender Überzeugung(skraft). Kann das so nur ein Nicht-Pädagoge? In seiner Perspektive formulieren Firmen nicht nur Anforderungen an die Schule (wie sich das im permanenten Genörgel der Wirtschaft über sinkende Rechtschreibleistungen niederschlägt), sondern sie sind Modelle eines menschlichen und zugleich leistungsorientierten Umgangs mit Menschen und Fehlern für die Schule. (Da traut man als Alt-68er seinen Augen nicht.)

Sigrun Richter entwirft eine ökologische Didaktik (auch der Schriftsprache). Psychologie soll als gleichwertiger Bestandteil einer Unterrichtslehre neben die Didaktik eines jeden Faches treten: eine Psychologie, die sich nicht auf die psychischen Gegebenheiten beschränkt, sondern die diese im Zusammenhang der Lebenswelt – in ökologischer Perspektive eben – betrachtet. Ein Praxisbericht aus den USA *(Collins u. a.)* wirbt für Projektformen, in denen SchülerInnen Handlungszusammenhänge ausdrücklich kognitiv begreifen sollen, und ein Forschungsbericht aus den Niederlanden *(Reitsma)* zielt auf das Leseverstehen und die eng mit ihm verwobenen Fragen.

Am Rande der Schrift stehen aber auch andere Zeichensysteme und Verständigungsformen, mit denen sich Vorstellungen, Wünsche und Erfahrungen oft besser ausdrücken lassen als mit unserem Alfabet.

Die Welt der Zahlen ist auch eine, in der Lehrgänge und viele LehrerInnen eine Stunde Null unterstellen, in der sie mit dem »Zahlenraum bis 20« ein Laufställchen schaffen. *Elmar Hengartner* und *Hans Röthlisberger* haben dagegen erst einmal die Kinder gefragt, was sie denn schon können, wenn sie in die Schule kommen. Um Leistungsmessung in der Mathematik mit einer großen Vielfalt von Aufgaben geht es auch in dem Beitrag von *Marja van den Heuvel-Panhuizen.* Das Ergebnis aller drei ForscherInnen ist, daß die Leistungen der Kinder in verschiedenen Aufgaben ebenso erstaunlich sind wie die Unterschiede zwischen den einzelnen Kindern und zwischen ganzen Klassen – und wie das Ausmaß, in dem Experten das Können der Schulanfänger unterschätzen.

Heiko Balhorn   *Hans Brügelmann*   *Iris Füssenich*

Reinhard Kahl
Lob des Fehlers

»Ein Angestellter darf sich nicht irren.
Wer es mehrmals tut, wird entlassen.«
(aus einer Büroordnung, London 1870)

»Die Zukunft der Moderne wird eine Heimat
der Unvollkommenheit sein, oder sie wird nicht sein.«
(Zygmund Baumann)

Das Vorhaben klingt frivol. Es riecht schwefelig. Zumal für Pädagogen muß sich das *Lob des Fehlers* nach Teufelsanbetung anhören. Schließlich sitzen uns Fehlerangst und Fehlervermeidung tief in den Knochen. In der Schule haben wir den Fehler als Pseudonym für den Leibhaftigen kennengelernt. Gott ist der/das Richtige, und was nicht richtig ist, das ist falsch. Nach dieser Grammatik wurden Synapsen nachhaltig verbunden. In der säkularen Veranstaltung Schule wurde das alte erste Gebot des Monotheismus gepredigt: »Habe keine andere Lösung neben mir.« Zu Hause am Mittagstisch besiegelte sich dann das Autoritätsbündnis von Schule und Familie in der Frage: »Wieviel Fehler hast du heute gemacht?«
Die Fehleraustreibung ist in Schulen längst noch nicht abgeblasen. Der Fehler ist der Feind. Lehrer sind Fehlerjäger. Zwar geben sie neuerdings häufiger zu, daß Schüler auch aus Fehlern lernen sollen, weil die Begegnung mit ihm ja läutert. Dann aber ist auch Schluß. Richtig sollen wir es machen. Wie denn sonst?
Wir verlangen doch auch vom Lufthansa-Piloten, daß er keinen Fehler macht. Sein Ziel steht fest. Die Route ebenso. Sein Wissen und die Regeln, die man ihm beigebracht hat, soll er anwenden, und zwar gewissenhaft. Ein Saboteur, wer Kapitän *Lehmann* und seiner Crew ein Lob des Fehlers in die Kanzel hängt.
Damit menschliches Versagen ausgeschlossen wird, schaltet Kapitän *Lehmann* gleich nach dem Start den Autopiloten ein. Der Computer macht nichts falsch – solange er nicht ausfällt.
Mit der Moral von Kapitän *Lehmann* und seiner freundlichen Crew kommt zwar der Bremer Mathematiker *Heinz Otto Peitgen* sicher nach München, um dort den Physiker und Nobelpreisträger *Gerd Binnig* zu treffen. Aber mit *Lehmanns* Fehlervermeidung kommen *Peitgen* und *Binnig* in ihrer Forschung nicht weiter. Denn »richtig« und »falsch« taugen zur Orientierung nur so lange, wie Weg und Ziel bekannt sind. Was aber machen Scouts, die sich ins Neuland wagen?
Sie machen Fehler.

»Hast Du heute schon einen Fehler gemacht?«[1]

Neuerdings beginnt mit dieser Frage die tägliche Mittagsmeditation im Management eines japanischen Multis: *»Hast du heute schon einen Fehler gemacht?«* hat hier einen anderen Klang, als wir ihn aus Schulen und Kasernen, aus hierarchischen Unternehmen oder aus den Selbstkritik-Ritualen des Stalinismus kennen.

Altes Testament

Noch immer ist die Suche nach dem Fehler in vielen Schulen die bevorzugte Übung der pädagogischen Inquisition. Noch immer werden in den meisten Betrieben Menschen sadistisch ihrer Fehler überführt, um sie vorzuführen, um sie zu demütigen, um sie zu unterwerfen.

Die Suche nach Fehlern schafft die Atmosphäre braver Planerfüllung, aber sie schafft kein Klima, das dazu stimuliert, Neues zu wagen.

Die da oben wissen. Die da unten führen aus. Die dazwischen achten darauf, daß die Regeln eingehalten werden und daß richtig und falsch so fein getrennt werden wie unten und oben.

Aus Angst, etwas falsch zu machen, trauen sich die meisten nicht mehr, etwas Eigenes zu wollen. Sie wurden abhängig gemacht vom »Sollen«, oft sogar süchtig nach Prothesen. Autoritärer Staat und hierarchische Organisationen erzogen und erziehen Menschen, die sich selbst mißtrauen.

Neues Testament

»Am Umgang mit dem Fehler sollt ihr sie erkennen«, so lautet das neue pädagogische Testament.

Die Umwertung des Fehlers wird heute am prononciertesten in Wirtschaftsunternehmen betrieben. Bei BMW nennt man Lernen neuerdings »Fehlermanagement«. »Hast du heute schon einen Fehler gemacht?« ist nun die Frage danach, ob man schon etwas gewagt hat. Der Fehler gilt als die Eintragung im mentalen Paß, die Grenzgänger vom Nachschub unterscheidet. Wer Neuland betritt, muß Fehler machen dürfen. Damit der Scout bereit ist, etwas zu wagen, muß er sich wagen. Er muß sich und seinem Gefühl trauen, sonst strauchelt er beim nächsten Schritt: Ende der Sitz(un)kultur des Homo sedens, des sitzenden und des sedierten Menschen.

1. Exkurs: Sitzenbleiben

Pause in der ersten Klasse der Charles-Darwin-Schule in Chemnitz. Aber die Kinder bleiben sitzen. Es ist still. Die Schüler holen kleine Deckchen unter der Bank hervor und breiten sie auf den geräumten Tischen aus. Manche Deckchen sind bestickt. Die Erstkläßler nehmen das Frühstücksbrot aus der Tasche, ohne dabei aufzustehen. Das Ideal des Homo sedens haben

---

1 »Uli der Fehlerteufel« (Anm. der Hrsg.)

sie bereits erreicht. Der Mensch sitzt. Die Pause ist vorüber, und die Lehrerin, die zuvor zwischen Pult und Flur hin und her eilte, nimmt Haltung an. Die Kinder stehen auf. »*Guten Morgen. – Setzen. Wer will die Rechenaufgaben vorlesen, und wer will der Kontrolleur sein, der nach jeder Aufgabe sagt, ob es richtig oder falsch ist?*«

Rechnen in der 1. Klasse im Jahre drei nach dem Fall der Mauer. Das Schulamt Chemnitz lobt diese Schule und empfiehlt die vorbildliche Schule einem Fernsehteam für Aufnahmen.[1] In der Disziplin hat es die Charles-Darwin-Schule besonders weit gebracht.«

Kinder, die ihre Aufgaben richtig gelöst haben, dürfen aufstehen. Sie sind freigesprochen und stimmen nun ein in den Chor der Kontrolleure: »*Richtig, falsch, richtig.*« Mehrmals die Stunde müssen alle aufstehen. Die Lehrerin: »*Jetzt haben unsere Hände so viel geschrieben, und die Finger sind schon wieder ein bißchen steif, wer möchte das stumme Orchester vormachen?*«

Was immer in der 1. Klasse der Charles-Darwin-Schule begonnen wird, einer macht es vor. Selbst Fingerlockerungen des »stummen Orchesters« beginnen sie nicht ohne das Kommando eines Dirigenten, dann folgen alle anderen. Kommando, Kontrolle, Plan, so heißt unverändert das heimliche Curriculum. Und vor allem immer schön leise sein. »*In der Schule wollen wir nicht dazwischenreden, Fabian! So jetzt schlagen wir alle unsere Arme ein...*«

Der Besuch in Chemnitz ist eine Exkursion in unsere Geschichte. Der autoritäre Staat hat sich im Sozialismus gut gehalten, seine Mentalität dauert an. Es ist nicht allzu lange her, daß der Chemnitzer Paradeunterricht überall in Deutschland exerziert wurde. Auch westlich der Elbe wurde der Frontalunterricht zumeist nur kosmetisch geliftet. Lehrplan- und Kommandowirtschaft herrschen noch. Fast überall wird nach dem unerbittlichen Takt des strikten Stundenplans gelehrt – aber wird auch gelernt, wenn die Dressur so gut klappt?

Klingeln. Pause. Die Kinder bleiben sitzen. Jetzt verlangt der Affe Zucker. Lehrerin: »*Ich will noch Lobkärtchen an die Kinder verteilen, die sich heute ganz besonders viel Mühe gegeben haben.*« Auf dem Lobkärtchen steht: »Ziel erreicht.« Damit der Zauber des Zettels wirkt, müssen die Lobkärtchen rar gehalten werden. Nur drei werden ausgegeben. Die anderen Kinder haben das Ziel also nicht erreicht?

Die Kunstlehrerin übernimmt die Klasse. »*So, Kinder, wir legen unsere Sachen alle hin, setzen uns schön grade. Arme einschlagen! Der Fenstertisch macht mir noch gar keine Freude! Wieder der Fabian! Bei eingeschlagenen Armen müssen wir ganz fein hören, daß es ganz mucksmäuschen still ist.*«

---

1 Die Fernsehdokumentation »Bilanz 91: Von Karl-Marx-Stadt nach Chemnitz« (Autor und Regie: *Reinhard Kahl*) wird von der Bundeszentrale für Politische Bildung als VHS-Kassette vertrieben und kann über Landesbildstellen ausgeliehen werden.

Noch vor wenigen Jahren war es an einigen Schulen in Chemnitz üblich, daß Kinder im ersten Schuljahr, außer wenn sie schrieben oder sich meldeten, die Hände hinter dem Stuhl verschränkt halten mußten.

2. Exkurs: Eigene Wege

München. Ein Glaspalast in Neuperlach. Erst kürzlich hat die Zentrale der Wacker Chemie dieses lichtdurchflutete Gebäude bezogen. Die Wacker Chemie gehört zu den 100 größten Unternehmen Deutschlands. Die Glasfassaden sind unregelmäßig und versetzt. Fractale Anmutungen. Die Anpflanzungen im Innenhof sind wie Biotope arrangiert. Dazwischen Wasserspiele.

Hannelore Kerbl, die Ausbildungsleiterin, hat begonnen, die Berufsausbildung unzukrempeln.[1] Sie führt mich zu einem Einführungskurs für kaufmännische Berufe. Nach einem zweistündigen Computerkurs arbeiten die Azubis in ihrer Übungsfirma. Sie beginnen mit einem Projekt, in dem gleich alle Anforderungen des Berufsalltags anfallen, obwohl ihnen die kaufmännischen Grundlagen noch fehlen. Wie geht das? *Hannelore Kerbl* stellt die Gegenfrage: *»Woran haben Sie das meiste gelernt? An den Dingen, die Ihnen gelungen sind, oder in den Aufgabenbereichen, in denen Sie Schwierigkeiten hatten?«* Die Wacker Chemie entdeckt das Selbstverständliche: Wenn alles gelingt, dann gibt es nicht mehr viel zu lernen. Und wenn alle Wege geplant sind, dann gibt es nichts mehr zu entdecken. *»Ich muß meine eigenen Lösungswege suchen«,* fährt die Ausbildungschefin fort, *»es nützt uns nichts, wenn immer nur nachgemacht wird, wenn der Ausbilder sagt, wie es geht. Wenn ich eigene Lösungswege finden muß, muß ich mich ganz intensiv mit der Sache befassen und komme so auf die unterschiedlichsten Ideen. Selbstverständlich richtige und auch falsche.«*

Der Fehler wird in der Industrie umgewertet. Ausgerechnet dort. Der Fehler wird nicht mehr wie ein Feind von autoritärer Pädagogik bekämpft. Er wird als Verbündeter der Lernenden entdeckt.

Nach dem Mittagessen gehen die Auszubildenden der Wacker Chemie in den Kunstkurs. Zwei Auszubildende malen mit ineinanderfließenden Wasserfarben gemeinsam ein Bild. *Ute Büchle* von der Gesellschaft für Ausbildungsforschung in München hat diesen neuen Einstieg in den Beruf entwickelt. Selbstvertrauen und Zusammenarbeit will sie damit fördern, *»weil ich in jeder künstlerischen Tätigkeit wahrnehmen muß, was auf dem Blatt passiert. Ich muß Ideen entwickeln, wie rette ich die Situation. Zum Beispiel beim Malen. Die Farbe tut etwas, was ich gar nicht planen kann.*

---

1 Dieses und die folgenden Beispiele sowie die Zitate basieren auf der Fernsehdokumentation »Lob des Fehlers«. Vier Filme, je 45 Minuten, NDR 1993 und 1994 (Autor und Regie: *Reinhard Kahl).*
Videokassetten mit dem Recht zur öffentlichen Aufführung und ein Begleitbuch werden vom Verlag Pädagogische Beiträge vertrieben: Rothenbaumchaussee 11, 20148 Hamburg, Fax 0 40/ 4 10 85 64.

Also muß ich aus der Situation heraus entscheiden. Insofern sind in künstlerischen Situationen auf kurze Zeit und engen Raum typische Arbeitssituationen zusammengedrängt.«

Selten waren Lehrlinge so konzentriert, ja hingebungsvoll bei ihrer Sache zu sehen wie bei dieser Kunstübung, die an die Stelle des autoritären Exerzierens selbstregulierende Exerzitien setzt.

Geld und Macht an die Basis

»Wir werden die Entscheidungen und das Geld an die Basis geben.« Der Leser reibt sich die Augen und fühlt sich an Zeiten erinnert, als Systemveränderer Berufsverbot bekamen. Der klare Indikativ des Satzes spricht aber nicht dafür, daß es sich hier um ein Relikt längst verblichener Roter Zellen handelt. Wir lesen den Spruch auch nicht auf Wänden der besetzten Kali Werke in Bischofferode.

»Wir werden die Entscheidungen und das Geld an die Basis geben«, das ist eine frische Emission von *Ferdinand Piech,* Vorsitzender des Vorstandes von VW.

Piech fordert: *»Je weiter es im Betrieb nach unten an die Produktion geht, desto wichtiger wird das Selbstbewußtsein. Und wir ganz oben an der Konzernspitze werden nur dafür sorgen, daß diese Leute unten nicht daran gehindert werden, das in Ordnung zu bringen, was wir falsch machen.«*

Ein Gorbatschow-Effekt geht um in der Industrie. Versteinerte Verhältnisse werden von oben bewegt. Die Basis ist zumeist desillusioniert, oftmals lethargisch. Ergebnis eines viele Generationen langen Klassenkampfes von oben.

Nun werden Hierarchien von oben in Frage gestellt. Deren Abflachen wird vom Vorstand befohlen, nicht von unten erkämpft. Verkehrte Welt?

Kulturrevolution

»Der Mensch ist Mittelpunkt« rufen neuerdings die Manager. Tatsächlich denken viele dabei immer noch in ihrer alten Grammatik: *»Der Mensch ist Mittel. Punkt, Basta.«* Das war und ist die gnadenlose Moral der industriellen Moderne, die vernichtet, was nicht in die Rabatten ihres Nutzens paßt.

Wenn allerdings das Management feststellt, die Technik sei ausgereizt, und sich aufmacht, die »Ressource Mensch« zu entdecken, dann beginnt eine Phase voller Dialektik.

Peter Haase, Chef der Personalentwicklung von VW, rechnet vor, daß die Produktivität am steilsten steigt, wenn nicht bloß bisherige Einzelarbeit neuerdings in Gruppen verrichtet, sondern wenn tatsächlich Gruppenarbeit gewagt wird. Die ist auch bei VW noch selten. Denn Gruppenarbeit heißt, kein Ingenieur oder Manager kommt mehr von »oben« und sagt den Leuten »unten«, wo es langgeht. *Peter Haase* will *»hierarchische durch symmetrische Strukturen ersetzen«* und nennt das Ganze *»Kulturrevolution«.*

Die Motive der Manager sind gewiß andere als die der Generation von '68.

Immerhin, das Lob der Basis klingt vertraut. Ähnlich ist auch, daß eine Avantgarde der Basis ihre Anträge macht. Diesmal hat die Avantgarde allerdings Macht und zugleich Angst, sie zu verlieren. Das ist neu. Für *Peter Haase* ist die Ablösung der steilen Vertikale in der Hierarchie durch eine vielfältig vernetzte Horizontale ein Sachzwang, »*sonst läuft bei VW irgendwann gar nichts mehr*«. Die sogenannte Halbwertszeit des Wissens von VW-Ingenieuren, die hauptsächlich mit Mikroelektronik zu tun haben, sei auf eine Frist von unter zwei Jahren geschrumpft. Diesen Leuten kann kein Hierarch mehr vorschreiben, was richtig und was falsch ist. Die alte Pose des Wissenden und des herrischen Besserwissers, der bei anderen auf Fehlerjagd ging, um seine Position zu verbessern, hat ihre Aura längst verloren. Die Symbiose von Wissen und Macht, der historische Kompromiß des sozialdemokratischen Zeitalters, zerfällt.

Ingenieure allerdings, klagt *Peter Haase,* kommen aus den Hochschulen als fast autistische Einzelkämpfer in den Betrieb. »*Da sitzen dann fünf Spezialisten zusammen, und es kommt trotzdem nichts raus, weil sie nie gelernt haben, im Team zu arbeiten!*« Wissensegoisten und Einzelkämpfer, kommunikationsbehinderte Autisten, Rechthaber und Machthaber, das sind Insignien einer Psychostruktur, in die sich das gealterte abendländische Ego verpuppt hat. In Unternehmen nun prallen alte Struktur und neue Realitäten aufeinander wie derzeit nirgendwo in der Gesellschaft sonst. Was könnte ausschlüpfen, wenn der Kokon geknackt wird?

Auch VW ändert die Berufsausbildung: Jugendliche arbeiten an Sechsecktischen. Sie sollen zueinander Blickkontakt halten. Die sechs am fast runden Tisch sollen Selbstvertrauen einüben und ihrer Wahrnehmung trauen. Die frühere Ausbildung hingegen, monatelanges Feilen, war ein Ritual zur Demoralisierung.

Und während Lehrlinge nun am beinahe runden Tisch die Selbstorganisation lernen, lassen sich Manager vom Bamberger Philosophen *Walter Zimmerli* über künstliche Intelligenz und menschliche Kreativität belehren. Am Ende empfiehlt der Philosoph: »*Lesen Sie Lyrik! Lyrik hilft, festgefahrene Denkrahmen aufzubrechen.*« Und weiter: »*Jeder kreative Schritt ist – vom Standpunkt des Bisherigen aus gesehen – ein logischer Fehler. Fehler müssen gewagt werden, wenn Neues entstehen soll –, auch wenn nicht jeder logische Fehler gleich kreativ ist.*«

Die alte Moral des Perfektionismus kracht und bricht. Es entsteht Neues. Ein Beispiel: In Kiederich, Rheingau, sinnt *Jürgen Fuchs,* in der Informatik- und Beratungsfirma *Ploenzke,* über die Philosophie der mehr als 1000 Leute starken Firma nach. »*Wenn jemand etwas gut kann, dann soll er das Team wechseln und wieder als Anfänger in ein anderes Team einsteigen.*« Das ist das Motto eines Unternehmens, das sich als lernende Organisation versteht: »*Immer wieder Anfänger werden, das aber auf immer höherem Niveau.*« »Führen« wird übrigens in dieser Firma nicht besser bezahlt als »Ausführen«.

»Die meisten Firmen hingegen«, so *Fuchs*, *»erlauben den Mitarbeitern nur etwa 20 oder 30 % ihrer Fähigkeiten in das Unternehmen einzubringen, nur das, was per Stellenbeschreibung erlaubt ist, und bezahlen noch zusätzlich all die Hierarchieträger, die darauf achten, daß nur das gemacht wird, was per Stellenbeschreibung erlaubt ist.«*[1]

Das Ideal bei *Ploenzke:* Mitarbeiter spielen keine ein für allemal festgeschriebenen Partituren mehr nach dem Taktstock eines Dirigenten. Sie spielen in einer improvisierenden Band, in der das Zuhören eine Voraussetzung ist, den eigenen Einsatz in Stücken zu finden, die erst beim Spielen entstehen.

Die Ressourcen Phantasie und Kreativität lassen sich nur dann wirklich aktivieren, wenn sie nicht, wie die Arbeitskraft bisher, ausgebeutet werden. Diese subjektiven Kräfte regen sich nur, wenn Menschen nicht als Objekte behandelt werden, wenn sie nicht zum Instrument gemacht werden, wie ein Werkzeug in der Hand anderer, sondern wenn sie ein Instrument werden, wie ein Musikinstrument. Das kommt nur dann zum Klingen, wenn es auf sich selbst gestimmt ist.

Das ist ein Vorhaben voller Brisanz.

»Im normalen Unternehmen«, sagt *Jürgen Fuchs*, *»ist es üblich, daß keiner Fehler machen darf, wenn er aufsteigen will. Nur keine Experimente! Mitarbeiter werden zum Wohlverhalten erzogen, damit nur ja keiner was anrichtet. Das Ergebnis: es richtet keiner mehr was an, aber es richtet auch keiner mehr was aus. Die Fähigkeit, mit Unsicherheit umzugehen, sinkt. Weil sie aber in dieser Zeit keine Fehler gemacht haben, werden sie befördert.«*

Die Karriereleiter verläuft wie eine Treppe auf Bildern von *M. C. Escher.* Man steigt immer höher, kommt aber tatsächlich immer tiefer an.

Der veränderte Karrierebegriff bei *Ploenzke* nimmt den Mitarbeitern einen Teil ihrer Sicherheit und verletzt ihre Routine.

Immer wieder etwas anderes anfangen, das ist wie das Programm zur permanenten Wiedergeburt. Ohne Fehlertoleranz, ohne freundlich wachende Aufmerksamkeit kann dieses »stirb und werde« nicht gelingen: die Kunst, Anfänger zu bleiben.

Unternehmen, die im Wettbewerb überlegen sein wollen, können Menschen nicht mehr wie Aufziehpuppen behandeln. Sie brauchen deren Kreativität. Aber an die kommen sie nur, wenn sie die Mitarbeiter endlich als Persönlichkeiten anerkennen. Eine Dialektik, aus der sich doch was machen läßt!

Künftige Hierarchien stellt sich *Jürgen Fuchs* vor wie die Eins in der Choreographie eines Kranichschwarms. *»Die Führungskraft fliegt vorne. Sie muß die Luft durchpressen. Und nach 20 Minuten machen die Kraniche Job-Rotation. Dann läßt sich die Führungskraft ins Glied zurückfallen. Nach zehn oder zwanzig Wechseln ist sie wieder vorne.«*

---

1 *Jürgen Fuchs 1992b.*

So hat es jetzt auch *Jürgen Fuchs* gemacht. Nachdem er viele Jahre Geschäftsführer war, fliegt er in der zweiten Reihe und denkt darüber nach, wie wir es schaffen, auf dem Mensch-Maschine-Tandem des Industriezeitalters umzusatteln. Bisher saß die Maschine vorne und gab den Takt, der Mensch war Anhängsel. Nun müssen wir auf dem Tandem nach vorn umsteigen. Deshalb ist der Übergang, in dem wir derzeit stehen, nicht nur krisenhaft, er ist vor allem spannend.

Der Perfektionismus der Einzeller

»Woran arbeiten Sie? wurde Herr K. gefragt. Herr K. antwortete: Ich habe viel Mühe, ich bereite meinen nächsten Irrtum vor.« *Bert Brecht* beschreibt in dieser *Geschichte vom Herrn Keuner* einen »Kreativen«. Das ist jemand, der nicht fertige Verfahren wie einen mathematischen Algorithmus anwendet. Herr K. denkt sich etwas aus. Für Herrn K. und alle anderen Grenzgänger ins Unbekannte gilt ein anderes Gesetz als das für Flugkapitän *Lehmann*. Für den Kreativen gilt, was nicht schiefgehen darf, das kann auch nicht gelingen. Fehler und Irrtum spielen in ihrem Denken die gleiche Rolle wie die Mutation in der Natur. Vom Standpunkt der Einzeller aus gesehen ist die gesamte Evolution, die nach ihnen kam, nichts als ein großer Irrtum. Lauter Fehler beim Kopieren von Erbinformationen. Clevere Experten aus der Republik der Einzeller könnten diese These mit einer erdrückenden Empirie belegen. Denn fast alle Mutationen, die sie erforscht haben, enden tatsächlich letal. Deshalb arbeiten die Pädagogik-Ingenieure der Einzeller an fehlerresistenten Verfahren ihrer Kopierdidaktik. Schließlich hat die Gattung der Einzeller einen hohen Sicherheitsstandard zu verteidigen. Da steht die Evolution dumm da. Wenn es den Einzellern tatsächlich gelungen wäre, Unvollkommenheit samt Fehlern und Mutationen abzuschaffen, die Evolution wäre keinen Schritt vorangekommen. Sieg der Perfektion bedeutet Stillstand. Vollkommene Sicherheit ist der Triumph des Todes. Nichts Neues würde mehr zur Welt kommen.

Aus Schwächen Stärken machen

Kreative Leute, wie Herr K., machen ständig neue Fehler. Dumme wiederholen dauernd die gleichen. Und die Mehrheit der Braven versucht, Fehler zu vermeiden, aus lauter Angst, daß nicht nur der Fehler falsch ist, sondern daß sie selber minderwertig seien, wenn sie etwas falsch machen. Dieses Mißverständnis haben sie sich in der Schule angewöhnt. Wer einen Fehler macht, sei selber falsch, das ist die unterschwellige Botschaft, die nicht vergessen wurde. Es ist nicht nur die Botschaft der Schule, sondern unserer Kultur, deren größte und wichtigste Einrichtung ja die Schule ist. Das Glaubensbekenntnis aller Schulweisheit heißt: es gibt nur eine Lösung. Das ist das Erbe der langen abendländischen Tradition des Entweder-oder-Denkens, säkularer Monotheismus. Diese triviale Gottwerdung, deren jämmerlichstes Abbild der besserwisserische Schulmeister ist, will nicht wahrhaben, daß unsere größten Stärken aus Schwächen entstehen; aus Schwächen, die nicht verleugnet werden. Die Taktierer der Fehlervermeidung erstarren in ihren Rollen und Masken. Sie siechen zur Strafe an jener Dauerschwäche, die sich als Stärke maskiert: Perfektionismus. Ihr »Mir kann keiner«-Bluff zerstört die politische Kultur, er lähmt das Wagnis zu technologischen Neuerungen und führt schließlich auch zu wirtschaftlicher Impotenz.

Innovationen

»In der deutschen Industrie haben die Durchbruchsinnovationen erschrek-kend abgenommen.« – *»Die meisten Führungsteams sind von erschreckender Einseitigkeit.«* – *»Das schlimmste Übel aber ist der Mangel an guten Ideen.«* – Drei Kernsätze aus der Kienbaum-Studie »The Return of Innovation.«[1] *»Daß es so schlimm ist«, wundert sich Dr. Rolf Berth,* Autor der Studie und Leiter des Kienbaum Forums für Führung und Innovation, *»das hätten wir nicht gedacht.«* Berth wollte wissen, welches sind die Bedingungen für Innovationen, und ist deshalb der Vorgeschichte von 1919 Innovationen in der Wirtschaft nachgegangen. Das Projekt dauerte 7 Jahre. Als er es startete, gehörte der Wirtschaftswissenschaftler, Psychoanalytiker und Manager *Rolf Berth* (er leitete u. a. die europäische Knorr-Division) noch der Fakultät des internationalen Management Instituts in Genf an. Jetzt liegen die verblüffenden Ergebnisse der Langzeitstudie auf den Vorstandstischen:

Die meisten durchschlagenden Erneuerungen in der Wirtschaft kommen von einer Gruppe, die *»unwissende Außenseiter«* genannt wird. 37% der Innovationen gehen auf deren Konto. Für weitere 28% der Neuerungen sind *»Quereinsteiger«* verantwortlich. Nur zu 35% tragen *»Insider, Fachleute und Experten«* dazu bei, daß die Welt sich dreht. – Nur bei *»Verbesserungsinnovationen«* sind Fachleute Spitze. Mit Verbesserungen schließen sie vorhandene Lücken. Damit perfektionieren sie, was andere »aus dem Nichts« geboren haben. Das Wissen der Fachleute bringt den größten Nutzen, wenn sie in Gruppen mit Außenseitern zusammen arbeiten. Denn Außenseiter stellen Fragen. Experten sagen erst mal: »Geht nicht.«

Insider neigen dazu, auf die unbekannte Wirklichkeit ihr erlerntes Wissen und ihre bewährten Denkmuster zu übertragen. Expeditionen ins Neuland könnten ja schiefgehen. Sie halten sich an Fakten, also an das, was schon mal gemacht worden ist. »Fakten« kommt schließlich vom lateinischen *facere*: »machen«. So bleibt es ihnen versagt, Grenzen zu durchbrechen. Fachleute stempeln deshalb die Querköpfe zu Außenseitern ab und drängen Selbstdenker an den Rand. Die Kienbaum-Studie stellt fest: zwei Drittel der Neuerungen prallten beim ersten Anlauf an Experten und an Hierarchien ab.

---

1 Die Studie »The Return of Innovation« wird für DM 3900 von Kienbaum an Unternehmen verkauft. Die wichtigsten Ergebnisse der Studie sind eingeflossen in: *Rolf Berth 1993*

Persönlichkeit oder Lebenslüge?

Entscheidend für Innovationen ist also nicht das Fachwissen, ohne das es natürlich nicht geht. *»Entscheidend ist die kreative Persönlichkeit, die Neues versucht und das Scheitern in Kauf nimmt«* faßt der Unternehmensberater *Rolf Berth* zusammen.

Wenn Fehler allerdings geächtet werden, dann wird die Lebenslüge gefördert. Können und Stärke werden vorgetäuscht, statt sie zu erwerben. Ratlosigkeit und Unsicherheit werden mit viel Energie verleugnet. Aber nur wer Ratlosigkeit auch aushalten kann, wird auf neue Ideen kommen.

In der Schule bleibt von all dem dort »vermittelten« Stoff so wenig hängen, weil dort die Belehrung dem Lernen im Wege steht. Lernen ist eben nicht Kopieren, sondern Entdecken. Zum Lernen gehört auch, liebgewordene Wahrnehmungsmuster zu überprüfen und zu revidieren. Lernen ist deshalb zugleich Entlernen. Lernen ist kein unablässiges Hinzuaddieren von Stoff. Der Stoff verleugnet den Mangel an Methode und ersetzt das Wagnis, eine Persönlichkeit zu werden. Das scheinbar gesicherte Wissen ist Maske, es täuscht vor, fertig zu sein und Entwicklungen hinter sich zu haben. Die Moral des Bluff und der Lüge. *»Lügen hängt mit Leugnen zusammen. Was man leugnet kann man nicht bekämpfen, man kann es nicht einmal mit dem anderen bereden und bedenken. Man sitzt darauf fest.«* Das nennt *Hartmut von Hentig* die Lebenslüge der Erwachsenen: *»Lebenslüge bezeichnet einen komplizierten Sachverhalt. Der Lebenslügner muß X behaupten, weil er X nicht hat, und er kann X nicht bekommen, weil er X zu haben behauptet. Mit anderen Worten: er schützt sich vor den heilsamen Folgen einer unangenehmen Wahrheit.«*[1]

Gipfel des Fehlers

Fehlerfrei, wie es sich gehört, haben Kapitän *Lehmann* und seine Lufthansa-Crew den Bremer Mathematikprofessor *Heinz Otto Peitgen* nach München geflogen. Dort will der renommierte Chaosforscher endlich den Physiknobelpreisträger *Gerd Binnig* treffen.[2]

Binnig stellt dem Bremer Kollegen sein Team vor:
»Alle Leute in unserem Forschungsteam sind sehr unterschiedlich. Dadurch entstehen ungeahnte Möglichkeiten. Der Fehlversuch des einen zündet beim anderen oft eine Idee, auf die er sonst nie gekommen wäre.«
»Wenn Mathematiker immer gleich die richtige Idee hätten«, sinniert der Mathematiker aus Bremen, *»dann gäbe es uns Mathematiker gar nicht. Ein erfolgreicher Versuch, ein mathematisches Problem zu lösen, braucht mal*

---

1 *Hartmut von Hentig 1993, 20*
2 Der Text erfüllt hier mit dem virtuellen Treffen einen Wunsch von *H. O. Peitgen.* Bisher haben sich *Binnig* und *Peitgen* noch nicht getroffen. Die Gesprächsform ist also fiktiv. Die Zitate sind Ausschnitte aus separaten Interviews in den Filmen »Lob des Fehlers«, s. o.

hundert, mal tausend, mal zehntausend Fehlversuche. Der Fehler ist eigentlich das Typische an der mathematischen Arbeit.«
Gerd Binnig stimmt zu:
»Das lineare Denken ist nicht alles. Ich benutze es sehr wenig.« »Ja, ja«, knüpft Peitgen weiter, »der Fehlversuch ist die entdeckende Leistung, und diese entdeckende Leistung macht Spaß.«

Aber...

... man muß offene und geschlossene Systeme unterscheiden. Der Lufthansa-Pilot muß funktionieren wie sein Flugcomputer. Vielleicht wird auch er irgendwann von ihm vollständig ersetzt sein. Zugführer in der U-Bahn fahren ja auch nur noch wegen des psychologischen Effekts mit.

Geschlossene Systeme vertragen keine Fehler. Wenn die Fehler nicht schleunigst abgestellt werden, dann stürzen sie ab. Offene Systeme hingegen leben von nichts anderem als von ihren Abstürzen und Paradoxien. Sie müssen sich selbst immer wieder überschreiten, damit sie aufsteigen. Der Fehler ist das Gesetz ihrer Evolution. Jeder Schritt ist einer ins Dunkle und Ungewisse. Man kann tatsächlich stürzen. Aber mit den Schritten der Kreativen verhält es sich ähnlich wie mit dem Laufenlernen der Kinder. Sie lernen zu gehen indem sie fallen. Und der aufrechte Gang bleibt ein Leben lang, Schritt für Schritt, aufgefangenes Fallen. Man stelle sich vor, Kinder würden laufen in der Schule lernen, so wie man in der Schule lernt, im Sitzen.

Die sicherheitsversessene Gattung würde in einer Generation zu Reptilien zurückmutieren.

Daß allerdings jeder Schritt aufs neue gefährdet ist, das ist Preis des Lebendigen. Deswegen ist eine fehlerfreundliche, sich weiterentwickelnde Welt so sehr auf Fehlertoleranz, auf die Kultivierung von Zusammenarbeit und Sympathie angewiesen.

Welcher Schritt sich als Fehler herausstellt und welcher als Durchbruch, das weiß man ohnehin erst nachher.

Alle Innovationen funktionieren nach dem Modus der Metapher. Ein Muster wird aus einem System auf ein anderes, von einem Lebenszusammenhang auf einen anderen, übertragen. Jede Metapher ist immer ein logischer Fehler. *Ludwig Wittgenstein spekulierte: »Es ist nur ein Schritt von einem Rechenfehler zu einer anderen Mathematik.«*

Johanna Juna
Und Wittgenstein hat doch recht:
Der Satz ist ein Bild der Wirklichkeit

»Der Satz ist ein Modell der Wirklichkeit, so wie wir sie uns denken!« fährt
Wittgenstein in seinem *Traktat 401* fort.
Wer das Vergnügen hat, Kindern beim Schreibenlernen zuzusehen, möchte
ihn ändern:
»Der Satz ist ein Bild der Wirklichkeit, so wie Kinder sie sich denken!«
Wittgensteins Satz findet in zweifacher Hinsicht Bestätigung: zum einen
belegen ihn die von Schulanfängern gezeichneten, geschriebenen und vorgelesenen Sätze, zum anderen ist er mit seiner Aussage selbst das Abbild
dieser Wirklichkeit.

Im folgenden wird versucht, anhand von Verschriftungen von Erstkläßlern
diese Überlegungen zu belegen.

Schulanfänger schreiben ihre ersten Geschichten
Innerhalb eines Aktionsforschungsprojekts der Pädagogischen Tatsachen-
forschung des Pädagogischen Instituts der Stadt Wien wurden die ersten
kreativen Schreibversuche von Schulanfängern beobachtet und dokumentiert. Die Analyse der Verschriftungen zeigt, wie Kinder ihre Gedanken
strukturieren, in Sprache ausdrücken und sowohl in Zeichnungen als auch
geschriebenen Wörtern wiedergeben.[1]

Schreiblust statt Schreibfrust
Kinder schreiben nur dann mit Begeisterung, wenn sie dazu Lust haben, z.B.,
wenn sie etwas mitteilen wollen. In der 7. Schulwoche beschrieben die
Kinder einer ersten Klasse die Erlebnisse von Mimi, der Klassenmaus, die
jeden Tag von einem anderen Kind mit nach Hause genommen wurde. Die
Klassenlehrerin wählte dieses Thema, weil sie aus Gesprächen mit den
Kindern wußte, daß jedes dazu etwas zu sagen hatte. Nach einer Fibel
unterrichtet, kannten die Kinder zu diesem Zeitpunkt schon einige Buchstaben und konnten ein paar Wörter ganzheitlich lesen und wiedergeben.

Aus der Unterrichtsbeobachtung
Die Lehrerin nahm das kuschelige Wolltier in die Hand und begann ein
Zwiegespräch mit ihm. Mimi sollte erzählen, was sie bei den Kindern zu

---

1 Siehe dazu: *Juna/Sretenovic (Hg.) 1993:* Legasthenie, gibt's die?

Hause erlebt hatte. Sobald sie zu berichten begann, mischten sich die Kinder ein und schilderten Mimis Erlebnisse. Kinder, die Mimi noch nicht zu Hause gehabt hatten, machten Pläne für ihren Besuch. Da alle Kinder lieber erzählten als zuhörten, wurde der Vorschlag der Lehrerin, doch Mimis Erlebnisse zu zeichnen und aufzuschreiben, mit Begeisterung aufgenommen.

Die Lehrerin schrieb das Wort »Mimi« an die Tafel und erklärte die Funktion des Punktes am Ende des Satzes.

Während die Kinder arbeiteten, ging sie helfend durch die Klasse. Sie ließ sich von den Kindern vorlesen, was diese »geschrieben« hatten, und notierte das Vorgelesene.

Analyse der Kinderarbeiten
Die Kinder stellen ihre Ideen auf ganz verschiedene Art dar. Eine vergleichende Analyse zeigt unterschiedliche Strukturierungsebenen. Neben der gezeichneten Darstellung komplexer Erlebnisse sind Gedankenabfolgen bereits in Satzform wiedergegeben. Auch innerhalb dieser Kategorien sind Zwischenschritte zu finden. Im folgenden wird eine Systematik der Darstellungsarten versucht.

1. Die Kinder zeichnen ein Erlebnis
Kinder zeichnen, was sie selber gerne tun
Paul hat eine Autorennbahn gezeichnet. Er liest zwar vor: »Mimi fährt mit dem Auto«, kann aber nicht zeigen, wo die Mimi ist. Er hat auch das Wort »Mimi« nicht geschrieben, viel wichtiger sind ihm die Richtungspfeile: »Damit die Autos nicht zusammenstoßen!« *(Abbildung 1).*

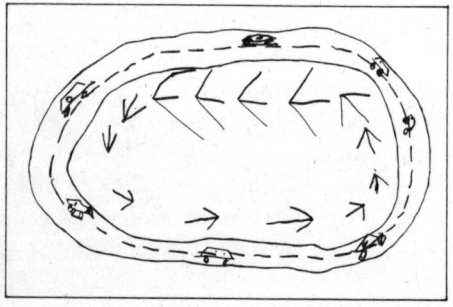

Mimi fährt mit dem Auto.

Horst hat auch »Auto spielen« gezeichnet. »Mimi spielt Auto!« liest er vor. Das Wort »Mimi« steht in der linken oberen Ecke, sozusagen als Überschrift, oder weil die Frau Lehrerin eben will, daß es geschrieben wird *(s. Abbildung 2 auf der folgenden Seite)*:

Mimi spielt Auto.

Kinder zeichnen, was sie selber beschäftigt
Claudia zeichnet eine Geschwister- und Einschlafsituation interessiert. »Da schlafen alle Mimis«, erklärt sie. Gebeten, noch etwas mehr zu erzählen, zeigt sie auf die einzelnen Figuren: »Die ist noch wach. Die tut fernschauen. Der schlaft dazu. Die Mimi schlaft. Die Mimi tut wandern!« Dann zählt sie auf, wie alt die »Mimis« sind. Für sie ist das Wort »Mimi« kein Vorname, sondern als Familienname ein Oberbegriff. Die Altersangaben schreibt die Lehrerin auf das Blatt *(Abbildung 3):*

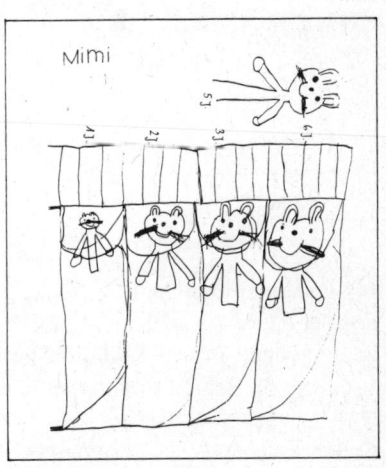

Werner erzählt: »Mimi heiratet!« und deutet zuerst auf den großen Mausekopf, dann auf den kleinen: »Das ist Mimis Mann!« Das Heiraten ist mit einem Herz symbolisiert. Der hinter dem Wort »Mimi« geschriebene Punkt zeigt, wie unwichtig dem Kind die Schreibkonvention ist *(Abbildung 4a, folgende Seite):*

Da schlafen alle Mimi.
Die ist noch wach. (6 Jahre)
Die tut fernschauen. (3 Jahre)
Der schlaft dazu. (2 Jahre)
Die Mimi schlaft. (1 Jahr)
Die Mimi tut wandern. (5 Jahre)

27

Mimi heiratet.

Kinder imitieren andere

Die Zeichnung sieht wie die Fortsetzung der Geschichte von Werner aus. Alexandra, Werners Nachbarin, hat sie gezeichnet. »Die Mimi«, kommentiert sie, »das ist ihr Sohn! Da kommt ihr Mann her, die kriegen auch ein Kind!« *(Abbildung 4b):*

Die Mimi, das ist ihr Sohn.
Da kommt ihr Mann her, die kriegen auch ein Kind.

Im nachhinein konnte nicht mehr festgestellt werden, wer von den beiden, Werner oder Alexandra, den anderen imitiert hatte. Dieses Nachmachen der Ideen anderer ist als »Imitationslernen« eine der Ursachen für das Entwikkeln eigener Schreibtraditionen in manchen Klassen.[1]

Kinder geben mehrere Erlebnisse in einer Zeichnung wieder

Willis Zeichnung ist komplex, weil er mehrere Erlebnisse von Mimi gleich-

---

1 *Johanna Juna:* Die jungen Wiener schreiben wie die alten Griechen. In: *Balhorn/Brügelmann (Hrsg.) 1989;* nachgedruckt in *Brügelmann/Balhorn (Hrsg.) 1995.*

zeitig darstellt. Seine Überlegungen können erst nachvollzogen werden, als er seine Geschichte »vorliest«:

»Mimi rutscht ins Auto. Mimi fährt im Auto. Mimi fährt mit dem Schiff.« Er vernachlässigt die Zeitkomponente und stellt aufeinanderfolgende Erlebnisse gleichzeitig dar. Beim Vorlesen entspricht jedem Gedanken ein Satz *(Abbildung 5):*

```
Mimi fährt im Auto.
Mimi rutscht ins Auto
Mimi fährt mit dem Schiff.
```
```
Wo ist die Mimi ?
Die muß ich noch zeichnen.
```

Kinder verwenden die Zeit als Strukturierungskriterium

Bei dieser Mimigeschichte zeichnet Sabine das Hintereinander des Erlebnisablaufes in Form einer Bilderfolge. Als sie zu jedem Bild einen Satz sagt, wird die Parallelität zwischen Gezeichnetem, Erzähltem und Geschriebenem deutlich: es ist eine Bildgeschichte *(Abbildung 6):*

»Die Mimi hatte Hunger. Und da hat sie einen Käse gefunden. Da sah die Katze es, und sie rannte ihr nach. Und da ist sie wieder in ihrem Mauseloch.« Vom Erwachsenen niedergeschrieben, wird daraus ein richtiger Aufsatz, dessen Sätze allerdings in ihrer Syntax der Sprechsprache und noch nicht der Schreibsprache entsprechen.

Beim »Kreativen Schreibenlernen« übernehmen die Kinder schrittweise die Schreibkonvention, wobei jedem Kind Zeit gelassen wird, die angebotenen Informationen, seinem individuellen Niveau entsprechend, zu verarbeiten.

2. Kinder verwenden die Form des Satzes

Viele Kinder übernehmen die von der Lehrerin vorgegebene Form des Satzes, wobei sie zeichnen, was sie noch nicht schreiben können. Sie schreiben das Wort »Mimi«, zeichnen dazu und setzen dann den Punkt. Die Zeichnungen sind verschieden in der Art der Darstellung, ikonische und syntaktische Elemente der Wiedergabe werden kombiniert.

Die Zeichnung stellt die Gesamtsituation dar
In den *Abbildungen 7a, 7b, 7c* und *7d* haben vier Kinder Mimi im Bett gezeichnet.
Fritz *(7a)* hat die Draufsicht des Bettes gezeichnet:

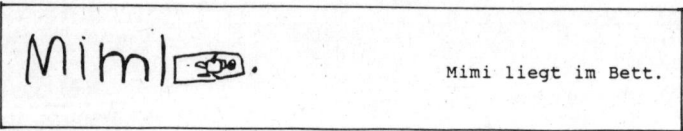

Mimi liegt im Bett.

Bei Brigitte *(7b)* ist nur der Kopf von Mimi zu sehen:

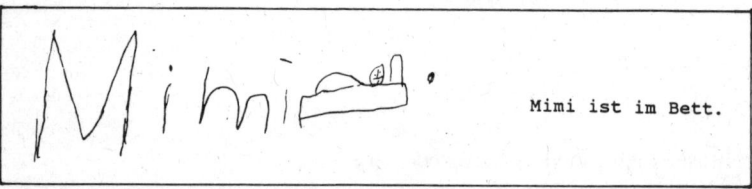

Mimi ist im Bett.

Tamara *(7c)* läßt Mimi im Stockbett liegen:

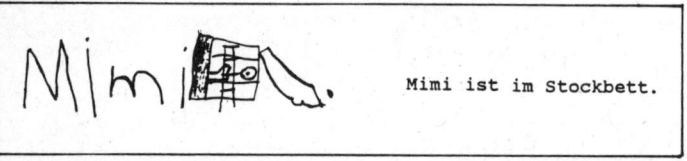

Mimi ist im Stockbett.

Erichs Mimi *(7d)* hüpft sogar im Bett:

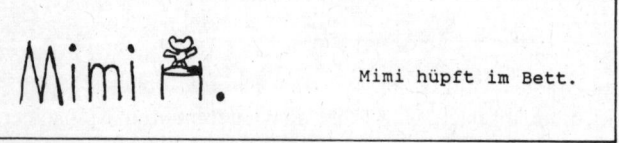

Mimi hüpft im Bett.

Gemeinsam ist allen vier Zeichnungen, daß Mimi im Bett auch zu sehen ist. Obwohl das Wort »Mimi« als Subjekt schon verschriftet ist, wird die Mimi nochmals ins Bett gezeichnet. Das Kind hat das Herauslösen des Subjektes aus der Gesamtsituation für die syntaktische Wiedergabe des Gedankens noch nicht vollzogen.

Die Zeichnung stellt eine Satzphrase dar
Auch zu den folgenden *Abbildungen 8a* und *8b* lesen die Kinder vor: »Mimi
ist im Bett.« Aber die Mimi wird nicht mehr gezeichnet, weil das geschriebene Wort »Mimi« bereits das Subjekt des Satzes darstellt. Das leere Bett
steht für die Objektphrase, in der auch die Präposition enthalten ist.

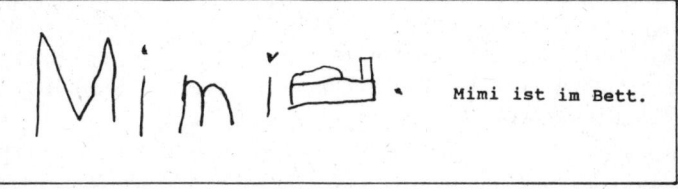

Mimi ist im Bett.

Mimi ist im Stockbett.

Subjekt, Prädikat und Objekt werden getrennt dargestellt
Sobald ein Kind die Funktionswörter schreiben kann, zeichnet es keine
Satzphrasen mehr, sondern stellt jedes Wort einzeln dar. Zur Wiedergabe des
Prädikats braucht das Kind in dieser Phase noch die Darstellung der Person.
Grete hat, um das Prädikat »schläft« darzustellen, Mimi in liegender Haltung
– schlafend – gezeichnet *(Abbildung 9)*:

Mimi schläft im Bett.

Nur mehr das Objekt wird gezeichnet
Grete kann schon mehr schreiben als ihre MitschülerInnen. Automatisch
ersetzt sie Zeichnungen durch Schrift, wenn sie die notwendigen Buchstaben schreiben kann *(Abbildung 10)*:

Mimi fährt am Rad.

Immer wieder ist in ersten Klassen zu beobachten, daß Kinder, sobald sie
Wörter schreiben können, auf die Zeichnungen im Text verzichten. Zeichnen

hat dann als Illustration einen anderen Stellenwert. Neben dem schrittweisen Ersetzen der gezeichneten Wörter durch geschriebene ist noch eine weitere Entwicklung festzustellen. Oft verwendete Darstellungen verändern sich im Laufe der Zeit, sie werden immer einfacher.[1] Dies kann nur mit Längsschnittbeobachtungen erfaßt werden. Der Ansatz dazu ist auch in dieser ersten Klasse vorhanden.

Kinder vereinfachen ihre Zeichnungen
Susanne beginnt ihren Satz »Mimi lacht« mit einer genauen Darstellung der lachenden Mimi *(Abbildung 11a, große Zeichnung)*. Von der Lehrerin dazu aufgefordert, noch mehr zu schreiben, wiederholt sie diesen Satz mehrmals, dabei zeichnet sie aber nur mehr den Kopf von Mimi *(Abbildung 11a, oberhalb und unterhalb der Zeichnung)*:

Verena und Dietmar lesen beide ihren Satz »Mimi lacht« vor. Dietmar hat die ganze Mimi gezeichnet, Verena hingegen nur mehr ein Smiliegesicht *(Abbildung 12a und 12b)*:

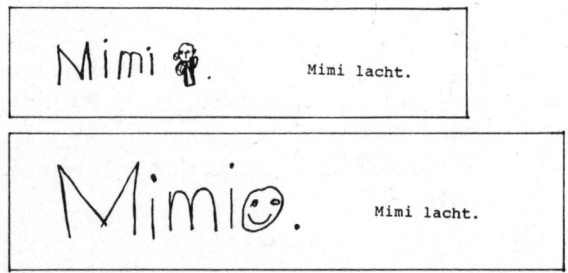

---

1 Diese Zeichnung stammt aus einer anderen ersten Klasse, die auch Mimi-Geschichten geschrieben hat. Sie wird hier wiedergegeben, weil damit ein weiteres logisches Zwischenglied in den Denkvorgängen der Kinder vorliegt.

Ein Kind verwendet unterschiedliche Darstellungsmöglichkeiten

Die beschriebenen Strategien werden nicht nur von verschiedenen Kindern angewendet, sondern sind auch innerhalb der Verschriftung eines Kindes zu finden, d. h., das einzelne Kind wendet verschiedene Strategien beim Schreiben an.

Bettina schreibt und zeichnet ihre Mimigeschichten auf verschiedenen Niveaus:

Sie zeichnet die ganze Situation *(Abbildung 13a* und *13b):*

Mimi ist in der Wiese und spielt Fußball.

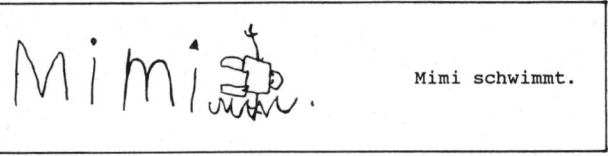

Mimi schwimmt.

Sie gibt das Prädikat wieder, indem sie den Kopf von Mimi zeichnet *(Abbildung 13c* und *13d):*

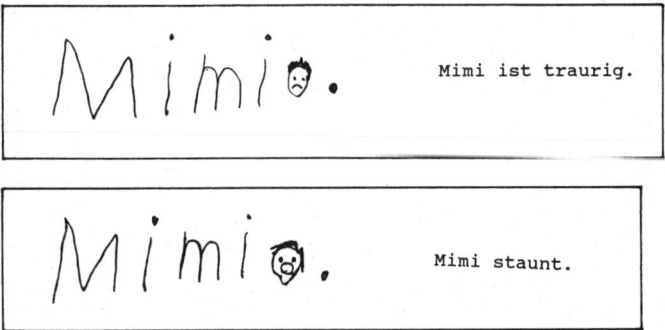

Mimi ist traurig.

Mimi staunt.

Sie zeichnet nur das Objekt *(Abbildung 13e):*

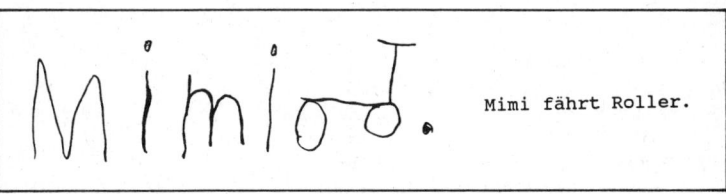

Mimi fährt Roller.

Zusammenfassung und Ausblick

Immer wieder stellen LehrerInnen die Frage: »Wie bringt man Schulanfänger zum kreativen Schreiben?«

Bei der »altbewährten« Methode des buchstabenweisen Schreiben- und Lesenlernens dauert es oft relativ lange, bis die Kinder die Schriftkonvention soweit beherrschen, daß sie ihre Erlebnisse niederschreiben können. Oft leidet ihre Kreativität unter dem Bemühen, alles richtig zu schreiben.

Wenn die Kinder in die Schule kommen, können sie ihre Erlebnisse wiedergeben: sie können erzählen, und sie können zeichnen. Sie drücken Inhalte (Signifikate) in verschiedener Form (Signifikante) aus: in gesprochener Sprache und in Bildsprache. Aus der Sicht der Semiotik sind sowohl Bilder als auch Wörter Zeichen, derer sich Menschen zur Informationsvermittlung bedienen. Bei der Methode »Vom Zeichnen zum Schreiben und Lesen« werden die unterschiedlichen Verständigungsarten ausgenützt. Ausgehend vom ikonischen Verstehen und dem Sprachverständnis werden die Kinder allmählich in ein drittes Zeichensystem, das der Schrift eingeführt. (Auch historisch gesehen gingen Sprache und Bilder den Schriftzeichen voraus.) Daß diese Methode dem kindlichen Erleben entgegenkommt, zeigen die gezeichneten Verschriftungen.

Wolfgang Eichler / Günther Thomé
Bericht aus dem DFG-Forschungsprojekt
»Innere Regelbildung im Orthographieerwerb
im Schulalter«

Lerntheoretische Vorbemerkungen

Ähnlich dem Erwerb der gesprochenen Sprache lassen sich auch für den erfolgreichen Orthographieerwerb Lernweisen beobachten, die eigene Auffindungsstrategien, Lernen in Modellen, Bildung von Übergangssystemen und Selbstorganisation als typische Merkmale aufweisen. Diese Eigenaktivitäten im Aufbau der orthographischen Kompetenz werden bei *Eichler (1976)* in einem Drei-Phasen-Modell von Spontanschreibungen eingeführt und in ähnlicher Form in den Modellen von *Frith (1986)* und *Günther (1986b)* beschrieben. Hier folgt einer ersten »logographemischen« Phase, in der schriftliche Einheiten in Form komplexer Bilder gespeichert werden, die nach markanten visuellen Details unterschieden werden, eine »alphabetische« Stufe, deren deutlichstes Merkmal die direkte Übersetzung gehörter Laute in Buchstaben ist. Die dritte Phase bildet die »orthographische« Strategie, mit der die »automatische Analyse von Wörtern in orthographische Einheiten« *(Frith 1986, 222)* bezeichnet wird.

Gegen eine zeitlich sequentielle Abfolge der Entwicklungsphasen, wie *Frith* sie vertritt, sprechen Analysen der abweichenden Schreibungen von Schülern aller Altersstufen. Schon weit im Stadium der »orthographischen Strategie« produzieren Schüler immer noch Schreibabweichungen, die durch eine phonematische anstelle einer orthographisch markierten Schreibung entstehen. Daher sollte für das Schreibenlernen von einem sequentiellen Modell zumindest grundsätzlich abgegangen und eher eine zeitlich versetzte Parallelität angenommen werden *(Eichler 1986b; Günther 1986b)*. Orthographisch richtiges Schreiben kommt eher durch ein Bündel verschiedener Strategien zustande, als daß es selbst eine Strategie ist. Das Bild einer hierarchischen Ordnung von Funktionen, die beim Schreibvorgang wirksam sein können, entwickelt *Scheerer-Neumann (1987c)*. Größte Präferenz haben 1. gespeicherte komplexe Einheiten wie Wörter oder Bündel entscheidender orthographischer Elemente eines Wortes. Wenn solche Informationen nicht zur Verfügung stehen, versucht der Schreiber, 2. über orthographische und Wortbildungsregeln eine Schreibanforderung zu bewältigen. An letzter Stelle steht 3. das Konstruieren eines Wortes nach einfachen Phonem-Graphem-Korrespondenzen *(Scheerer-Neumann 1987c, 214)*.

Den hier genannten Modellen ist gemeinsam, daß sie eine »akustisch-auditive« (»alphabetische«) und eine »orthographische« Schreibstrategie annehmen, von denen die erste ziemlich bald nach Schuleintritt von über 90% der

Kinder, die zweite oft nach Jahren noch nicht in ausreichendem Maß beherrscht wird. So stellt sich die Frage nach den Lernprozessen, die auf dem Weg vom rein phonematisch orientierten zum orthographisch korrekten Schreiben stattfinden.

Man kann annehmen, daß die beim Schrifterwerb gewonnenen Erfahrungen im Zusammenhang mit der allgemeinen kognitiven Entwicklung systematisch geordnet und zu Hypothesen verdichtet werden, die durch Probehandeln weiterentwickelt werden *(Eichler 1983, 633; Brügelmann u. a. 1984, 20)*. Der Prozeß der »Inneren Regelbildung« verläuft im wesentlichen unbewußt und intuitiv *(Dehn 1978 ,308; Eichler 1991b; Balhorn/Vieluf 1985, 52; Augst 1989, 9 f.)*, enthält aber auch einige metakognitive, metasprachliche Elemente *(Ferreiro 1982; Valtin 1984)*. Ein Einblick in die Lernschritte auf dem Weg zur orthographischen Kompetenz kann aus der Analyse der vorausgegangenen Schreibungen des Schülers, besonders seiner von der Orthographie abweichenden Schreibungen, gewonnen werden *(Eichler 1976, 1983, 1991b, 1993; Balhorn/Vieluf 1985, 53)*, wobei von lernerspezifischen Varianten bei der Annäherung an denselben Lerngegenstand ausgegangen werden muß *(Brügelmann 1987, 134)*.

Erste Ergebnisse für den Bereich f–v
Als Merkmal des Übergangsfeldes zwischen »phonematisch-alphabetischer« und »orthographischer« Strategie kann die Übergeneralisierung von Regeln zur Verwendung orthographisch markierter Elemente, wie etwa eines <v> anstelle eines <f> bei lautlich /f/, angesehen werden. Für die orthographisch markierte Schreibung, korrekt oder abweichend, lassen sich zwei Motivationen konstruieren, die sicherlich beide bei jedem Schreiber vorhanden sind, in der Regel aber alternativ die Grundlage einer konkret auftretenden Schreibung bilden. Diese sind entweder am gespeicherten Wort oder Morphem angelagerte orthographische Informationen *(Scheerer-Neumann 1987c)* oder aufgrund von Ähnlichkeiten gebildete Analogien und Assoziationen *(Eichler 1991b, 34)*.

Zunächst soll das orthographische Feld näher beschrieben werden. Es werden die Schreibungen der Lautung /f/ untersucht, und zwar nur am Silbenanfang, wodurch das Graphem <ff> entfällt. Weiterhin werden Fremdwortschreibungen und Eigennamen ausgeschlossen, was auch das Zeichen <ph> ausgrenzt. Somit verbleiben für die Schreibung des /f/ als theoretische Möglichkeiten nur <f> und <v>. Wir gehen davon aus, daß in den Phonem-Graphem-Beziehungen jeweils eine grundlegende Schreibung eines Phonems (Basis) einer oder mehreren regelgeleiteten Varianten oder Ausnahmen gegenübersteht (vgl. *Augst 1984*). Da im folgenden auch die Richtigschreibungen berücksichtigt werden, interpretieren wir

<f> für <f> als korrekte Grundschreibung,
<v> für <v> als korrekte Schreibung einer graphemischen Variante,

<f> für <v> als abweichende Grundschreibung und
<v> für <f> als Übergeneralisierung einer Regel zur Schreibung einer
graphemischen Variante.

In einer quantitativen Prüfung des Textmaterials wurden die abweichenden
Schreibungen im Bereich f–v nach Leistungsgruppen sortiert. Bei der qualitativen Auswertung der abweichenden Schreibungen konnten wir eine
vorläufige Hypothese gewinnen. Die korrekte Schreibung von <v> für /f/
hat Auswirkungen auf das gesamte System der f-Schreibungen eines Schülers. Bei fortschreitender Entwicklung der Kompetenz im Bereich f–v
scheinen die den Vorsilben ver- und vor- entsprechenden Lautfolgen /fɛr-/
und /for-/ eine analogiebildende Wirkung zu entfalten, z. B. *vertig wegen
/fɛr-/. Daneben treten auch abweichende Schreibungen <v> für <f> bei der
Lautfolge /f-/ auf, z. B. *vestgestellt wegen /f-/, aber auch *vreundliche,
ohne einen deutlichen Bezug zur Lautfolge /fr-/. Bestimmte Übergeneralisierungen der v-Schreibung scheinen signifikant für den jeweiligen Entwicklungsstand im Bereich f–v zu sein.

Die zu schreibenden Formen wurden für die Analyse in 4 Kategorien
eingeteilt:

Kategorie I:	Orthogramme, die ein <v> für /f/ verlangen,
Kategorie II:	Orthogramme, die ein <f> beinhalten, ohne daß dem /f/ ein /-ɛ/, /-ɛr/ oder /-o/, /-or/ folgt,
Kategorie III:	Orthogramme, die ein <f> beinhalten, das für /f/ steht, dem ein /-ɛ/ oder ein /-o/ folgt,
Kategorie IV:	Orthogramme, die ein <f> beinhalten, das für /f/ steht, dem ein /-ɛr/ oder /-or/ folgt.

In den Testtexten waren 8 Formen mit <v> für /f/ und 20mal <f> für /f/ zu
schreiben. Für die Entwicklung von der alphabetischen zur orthographischen Phase sollen nun 6 Mikroschnitte durchgeführt werden. Dabei wird
nicht die Entwicklung eines Schülers, sondern die theoretische Entwicklung
des Orthographieerwerbs unserer Stichprobe untersucht. Schüler mit großer
Gesamtzahl abweichender Schreibungen repräsentieren dabei ein früheres,
Schüler mit weniger abweichenden Schreibungen ein späteres Stadium.
Durch die Auswahl der Schreibungen bestimmter Schüler, die sich an einem
– in unserem Zusammenhang – markanten Punkt befinden, werden die
angestrebten Feinschnitte ermöglicht. In der Entwicklung eines einzelnen
Schülers vollziehen sich mitunter Sprünge, die eine präzise Beobachtung
aller theoretisch möglichen Entwicklungsstufen nicht erlauben. Jede der
folgenden Tabellen zeigt alle im Test zu schreibenden Orthogramme mit <f>
und <v>. Die abweichenden Schreibungen sind zur besseren Erkennung
grau hinterlegt. Bei der Wiedergabe der abweichenden Schreibung wird
lediglich <f> oder <v> dokumentiert, die übrige Form ist geglättet, d. h., alle
weiteren Abweichungen in derselben Form sind der Übersichtlichkeit we-

gen hier nicht dargestellt, z. B. *velt → *vällt. Durch die Schraffierung der abweichenden Formen wird schon rein optisch eine Verlagerung der Abweichungen von links nach rechts, also von Kategorie I zu Kategorie IV erkennbar. Somit kann links außerhalb der Tabelle die rein alphabetische und voralphabetische Phase gedacht werden, rechts außerhalb die Beherrschung des Bereichs der f- und v-Schreibungen. Die Formen »Fütterungsversuche« und »Verkäuferin«, die zwei der hier untersuchten Schwierigkeiten enthalten, sind dementsprechend zweimal in der Tabelle aufgeführt. Das jeweils relevante Graphem ist unterstrichen.

Mikroanalyse der »Inneren Regelbildung« im Bereich f–v

Schnitt 1   (Schüler 33:12)

KATEGORIE I /f/ <v>	KATEGORIE II /f-/ <f>	KATEGORIE III /fɛ-, fo-/ <f>	KATEGORIE IV /fɛr-, for-/ <f>
von	Maulwurfsfamilie	fällt	fertig
versteckt	heruntergefallenen	Felder	Fernsehen
Fütterungsversuche	Laubfrosch	festzustellen	Verkäuferin
Fögel	Futterhäuschen	festgestellt	fortschrittlich
verschiedene	Fütterungsversuche	Gefängnis	
ferlassen	freuen		
fermitteln	freundliche		
Ferkäuferin	führt		
	Flüssigkeiten		
	Fahrrad		
	fährt		

Der Schüler befindet sich im Bereich f–v noch weitgehend in der alphabetischen Phase. Allerdings erscheinen schon <von>, <versteckt> und <verschiedene> korrekt mit <v> geschrieben. Für die Schreibung kann die Speicherung der kompletten Form vermutet werden, da von den hier einbezogenen 104 Schreibern alle diese Form mit <v> geschrieben haben. Die Richtigschreibung der Vorsilbe ver- in den beiden vorliegenden Fällen läßt noch keine Systematisierung erkennen, da dieselbe Vorsilbe 4mal mit <f> geschrieben wurde.

Entscheidend für das Lernersystem in dieser Phase ist das Fehlen einer Übergeneralisierung der v-Schreibung. Eine »Innere Regel« könnte lauten: »Den Laut /f/ schreibe ich normalerweise mit <f>, außer bei bestimmten Wörtern, die ich kenne.«

Schnitt 2   (Schüler 31:08)

KATEGORIE I /f/ <v>	KATEGORIE II /f-/ <f>	KATEGORIE III /fɛ-, fo-/ <f>	KATEGORIE IV /fɛr-, for-/ <f>
von	Maulwurfsfamilie	fällt	fertig
fersteckt	heruntergefallenen	Felder	Fernsehen
Fütterungsversuche	Laubfrosch	festzustellen	Verkäuferin
Fögel	Futterhäuschen	festgestellt	fortschrittlich
ferschiedene	Fütterungsversuche	Gefängnis	
ferlassen	freuen		
fermitteln	vreundliche		
Verkäuferin	führt		
	Flüssigkeiten		
	Fahrrad		
	fährt		

38

Der Schüler hat von den 8 v-Orthogrammen zwei richtig geschrieben. Insoweit ähnelt das Gesamtbild dem von Schnitt 1. Allerdings haben hier die v-Schreibungen des Lautes /f/ zu einer ersten Verunsicherung im System der f-Schreibungen geführt. Die lautliche Umgebung des /f/ in /frↄYntlIxə/ zeigt keinerlei Analogie zur Lautfolge /fɛr-/. Die hier auftretende Schreibung des /f/ als <v> erscheint willkürlich. Eine möglicherweise vorher existierende »Innere Regel« – »/f/ schreibe ich *normalerweise* mit <f>, außer bei bestimmten Wörtern« – scheint geändert worden zu sein: in »/f/ schreibe ich *meistens, aber nicht immer* mit <f>…«.

Schnitt 3   (Schüler 31:16)

KATEGORIE I /f/ <v>	KATEGORIE II /f-/ <f>	KATEGORIE III /fɛ-, fo-/ <f>	KATEGORIE IV /fɛr-, for-/ <f>
von	Maulwurfsfamilie	vällt	fertig
versteckt	heruntergefallenen	Felder	Fernsehen
Fütterungsversuche	Laubfrosch	festzustellen	Verkäuferin
Vögel	Vutterhäuschen	vestgestellt	fortschrittlich
ferschiedene	Fütterungsversuche	Gefängnis	
ferlassen	vreuen		
vermitteln	vreundliche		
Verkäuferin	führt		
	Flüssigkeiten		
	Fahrrad		
	fährt		

Die Orthogramme der Kategorie I werden bis auf die Formen »verschiedene« und »verlassen« korrekt mit <v> geschrieben. Diese Zunahme der richtigen v-Schreibungen hat offensichtlich auch eine Vermehrung der abweichenden v-Schreibungen oder Übergeneralisierungen zur Folge. Den 6 korrekten v-Orthogrammen stehen 6 Übergeneralisierungen gegenüber. Von einer analogen Wirkung der Lautfolge /fɛr-/ ist noch wenig oder gar nichts zu merken. Die drei abweichenden Schreibungen in der Kategorie II sind allenfalls ein Indiz, daß die »Inneren Regeln« zur Schreibung von /f/ nachhaltig in Bewegung gekommen sind.

Schnitt 4   (Schüler 33:02)

KATEGORIE I /f/ <v>	KATEGORIE II /f-/ <f>	KATEGORIE III /fɛ-, fo-/ <f>	KATEGORIE IV /fɛr-, for-/ <f>
von	Maulwurvsfamilie	fällt	vertig
versteckt	heruntergefallenen	Felder	Fernsehen
Fütterungsversuche	Laubfrosch	festzustellen	Verkäuferin
Vögel	Futterhäuschen	vestgestellt	vortschrittlich
verschiedene	Fütterungsversuche	Gefängnis	
verlassen	freuen		
vermitteln	freundliche		
Verkäuferin	führt		
	Flüssigkeiten		
	Fahrrad		
	fährt		

Alle v-Orthogramme sind jetzt korrekt geschrieben. Übergeneralisierungen finden wir bei den Formen der Kategorien II, III und IV. Die Schreibungen *vertig und *vortschrittlich könnten auf eine »Innere Regel« »/f/ schreibe ich als <v>, wenn die Lautfolge /-ɛr/ oder /-or/ folgt« hinweisen. Die Schreibung *vestgestellt könnte auf eine etwas großzügige Prüfung der in der Privatregel genannten Bedingung entstanden sein, »bei lautlich /fɛr-/ schreibe ich <v>«, indem auf das /r/ verzichtet wurde oder in der Regel wird die Bedingung »lautlich /fɛr-/« abgeschwächt in »lautlich /fɛ-/«. Das <v> in *Maulwurvsfamilie deutet aber darauf hin, daß der Schüler seine Privatregel noch mit dem Zusatz erweitert: »<v> schreibe ich (…) oder irgendwo sonst.«

Schnitt 5   (Schüler 31:01)

KATEGORIE I /f/ <v>	KATEGORIE II /f-/ <f>	KATEGORIE III /fɛ-, fo-/ <f>	KATEGORIE IV /fɛr-, for-/ <f>
von	Maulwurfsfamilie	fällt	vertig
versteckt	heruntergefallenen	Felder	Fernsehen
Fütterungsversuche	Laubfrosch	festzustellen	Verkäuferin
Vögel	Futterhäuschen	vestgestellt	vortschrittlich
verschiedene	Fütterungsversuche	Gefängnis	
verlassen	freuen		
vermitteln	freundliche		
Verkäuferin	führt		
	Flüssigkeiten		
	Fahrrad		
	fährt		

Alle v-Orthogramme sind korrekt geschrieben. Die Übergeneralisierungen *vertig und *vortschrittlich lassen eine »Innere Regel« wie beim vorigen Schüler vermuten. Auch die Schreibung *vestgestellt läßt sich wie oben interpretieren. Der qualitative Unterschied zu Schnitt 4 besteht darin, daß offensichtlich ohne das Befolgen der Privatregel, die die Lautfolgen /fɛr-/ oder /for-/ (oder wenigstens /fɛ-/) zur Bedingung macht, keine v-Übergeneralisierungen mehr auftreten. Die willkürliche v-Schreibung – Orthogramme der Kategorie II – tritt nicht mehr auf.

Schnitt 6   (Schüler 51:04)

KATEGORIE I /f/ <v>	KATEGORIE II /f-/ <f>	KATEGORIE III /fɛ-, fo-/ <f>	KATEGORIE IV /fɛr-, for-/ <f>
von	Maulwurfsfamilie	fällt	fertig
versteckt	heruntergefallenen	Felder	Fernsehen
Fütterungsversuche	Laubfrosch	festzustellen	Verkäuferin
Vögel	Futterhäuschen	festgestellt	vortschrittlich
verschiedene	Fütterungsversuche	Gefängnis	
verlassen	freuen		
vermitteln	freundliche		
Verkäuferin	führt		
	Flüssigkeiten		
	Fahrrad		
	fährt		

Das Bild der f- und v-Schreibungen dieses Schülers repräsentiert die letzte Entwicklungsphase vor der Beherrschung dieses orthographischen Bereichs. Hier – wie auch schon in Schnitt 5 – zeigt sich eine sehr deutliche Korrelation zwischen der Anzahl der Abweichungen in diesem Bereich und der Art der jeweiligen abweichenden Schreibungen. Es finden sich nur noch wenige abweichende Schreibungen, und diese treten ausschließlich bei den Orthogrammen der Kategorie IV in Erscheinung.

Die 6 dargestellten Mikroschnitte geben einen Einblick in mögliche Phasen beim Aufbau eines inneren orthographischen Systems für einen Ausschnitt des Bereichs der f- und v-Schreibungen.

Die von uns vorgeschlagenen 4 Kategorien scheinen tatsächlich einen steigenden Schwierigkeitsgrad der Schreibungen zu repräsentieren. In Schnitt 1 finden wir abweichende Schreibungen der Kategorie I, in Schnitt 2 aus den Kategorien I und II, in Schnitt 3 aus den Kategorien I, II und III, in Schnitt 4 aus den Kategorien II, III und IV, in Schnitt 5 aus den Kategorien III und IV und schließlich in Schnitt 6 nur noch eine abweichende Schreibung aus der Kategorie IV. Hierbei fällt auf, daß stets Wörter aus benachbarten Kategorien abweichend geschrieben werden. Dieses Bild findet sich auch bei allen anderen Schülern der Stichprobe. Eine Ausnahme bildet die Schreibung von »Fütterungsversuche«, das bezüglich der v-Schreibung in Kategorie I gehört. Dieses tritt in der Form *»Fütterungsfersuche« gemeinsam mit abweichenden Schreibungen der Kategorie IV auf. Nach unserer Ansicht ist die hier geforderte v-Schreibung schwieriger als alle anderen aus unseren Texten, weil sie sich – als einzige – innerhalb eines Wortes befindet. Dazu ist dieses Wort recht lang und beginnt mit einem <f>, was den Schwierigkeitsgrad zusätzlich erhöhen dürfte.

Für die übrigen Testwörter kann folgendes festgestellt werden: Während am Anfang alle f-Lautungen mit <f> geschrieben werden, stellen sich irgendwann erste korrekte v-Schreibungen ein. Diese bewirken eine Kontamination des Feldes der f-Schreibungen. Interessant ist hierbei, daß f-Orthogramme vorher schon korrekt geschrieben wurden, nun unter dem Einfluß erster v-Schreibungen fehlerhaft mit <v> erscheinen (Übergeneralisierungen). Die letzte Phase des Untersuchungsfeldes ist dadurch gekennzeichnet, daß nicht etwa die Richtigschreibung schwieriger v-Orthogramme, sondern die fälschlich mit <v> geschriebener f-Orthogramme erarbeitet werden.

Dies bedeutet, daß die Richtigschreibung von »fertig« vor der Auseinandersetzung mit den v-Schreibungen (Schnitt 1) durch andere kognitive Bedingungen hervorgebracht wurde als das korrekte »fertig« am Ende der f-v-Erarbeitungs-Phase (Schnitt 6). Die frühen Richtigschreibungen der f-Orthogramme können auf eine einfache »Innere Grundregel« zurückgeführt werden, »/f/ schreibt man mit <f>«. Dagegen ist die Grundlage der korrekten Schreibung von »fertig« am Ende der f-v-Erarbeitung relativ komplex und wahrscheinlich als explizite Ausnahme Bestandteil des Regelsystems der v-Schreibungen.

Damit hat das Verfahren der Mikroschnitte neben den oben dargestellten Einsichten in den Aufbau der orthographischen Kompetenz – was uns die Hauptsache ist – zwei weitere bisher so noch nicht beschriebene Ergebnisse erbracht.

1. Es ist gelungen, eine korrekt geschriebene Form, als durch inkorrekte oder unzureichende »Innere Regeln« produziert, nachzuweisen (»fertig« in Schnitt 1).

2. Der Bereich, in dem die Entscheidung für die korrekte Schreibung einer Einzelform getroffen wird, konnte in einem konkreten Fall mit großer Wahrscheinlichkeit im Gesamtsystem der »Inneren Regeln« lokalisiert werden. Die korrekte Schreibung von »fertig« mit <f> in Schnitt 6 wird durch eine Ausnahmeregelung innerhalb des v-Regelkomplexes erzeugt und nicht als Ergebnis einer Regel der f-Schreibungen.

Auf diese Weise wollen wir andere Rechtschreibkomplexe bearbeiten, ähnlich wie *May (1990c)*, aber doch komplexer, um zu einer umfassenden Theorie der »Inneren Regelbildung« im Orthographie-Erwerbsprozeß zu gelangen. Das bedeutet nicht, daß wir die individuellen Wege und Lernertypen außer acht lassen werden.

Zwischenstück für unregelmäßig blätternde LeserInnen: *Freimut Wössner* dokumentiert einen (approximativ geglückten) Grenzfall innerer Regelbildung zu <f> und <v>.

Ortografische Komplexität und Schwierigkeiten in der Rechtschreibentwicklung am Beispiel des Zweit(schrift)spracherwerbs

Stufenmodelle (z. B. von *Frith, Gentry, Günther*) beschäftigen sich damit, wie Strategien sich verändern, erklären aber nicht, *warum* sie sich in einer bestimmten Weise ändern. Diese Kritik von *Wolfgang Eichler (1986)* ist Ausgangspunkt eines Buches, das Rechtschreibfehler beim Zweitspracherwerb untersucht: *Luelsdorff, P. A. (1991a): Developmental orthography. John Benjamins Publ. Company: Amsterdam/Philadelphia.*
Über mehrere Jahre hinweg hat *Luelsdorff* sehr spezifische und methodisch sorgfältig durchdachte Untersuchungen durchgeführt. In Übereinstimmung mit *Gentry (1982)* sieht er die Entwicklung von Stufe zu Stufe graduell und nicht abrupt. In Übereinstimmung mit *Frith (1986)* ist die Rechtschreibentwicklung zu sehen als gesteuert durch psycholinguistische Strategien, von denen die alfabetische und die ortografische in Untertypen gegliedert und als Entwicklungsfolge geordnet werden konnten. Es gibt in der Abfolge sowohl eine sequentielle Ordnung *(Frith)* als auch Beispiele für Hierarchien und parallele Verwendungen *(Eichler)*. Aber es gibt kein Auftreten komplexerer vor weniger komplexen Formen (gemessen am Maßstab der Mehrgliedrigkeit, Mehrdeutigkeit oder Graphophonemik) (S. 246).
Luelsdorffs Studien zeigen, welche morphologischen Elemente Kinder verwenden, wenn sie Wörter schreiben. Da diese Muster in der Muttersprache nur schwer zu beobachten sind, weil die Kinder ab einem bestimmten Alter nur noch wenig Fehler machen, ist die Analyse von Rechtschreibfehlern in einer Zweitsprache interessant. *Luelsdorff* berichtet drei Beobachtungen (vgl. die vorzügliche Einführung von *Uta Frith*, S. XIV):
– negativen Transfer (Großschreibung von Nomen im Englischen)
– positiven Transfer (bei vielen gleichen Buchstaben-Laut-Beziehungen),
– Blockierung von Transfer (z. B. bei Konsonantverdopplung, die in beiden Systemen ähnlichen Regeln folgt).
Besonders deutlich werden spezifische Regelbildungen bei der Konsonantenverdopplung. Im Englischen folgt sie vor -ed und vor -ing der gleichen Regel, trotzdem tritt sie bei den deutschen Kindern zunächst vor -ing, erst später vor -ed auf (S. XIV–XV). Solche Differenzierungen sind wichtig, weil sie einfache Theorien von störenden Interferenzen oder generell förderlichen Effekten einer bilingualen (oder gar: biliteraten) Erziehung in Frage stellen. Also kann man auch nicht von »dem Rechtschreibsystem« sprechen, denn z. T. werden Untersysteme getrennt gehalten. Das bedeutet für die späteren Stadien der ortografischen Entwicklung, daß sich Unterstrategien bereichsspezifisch verändern.
Zur Erklärung von Rechtschreibschwierigkeiten entwickelt *Luelsdorff* ein neues Maß »ortografischer Komplexität«, das weitgehend übereinstimmt mit den in unserem eigenen Projekt gefundenen Merkmalen der Wortschwierigkeit (S. 163, 225). Anhand von Beispielen aus der tschechischen Sprache definiert er ortografische Komplexität als grafische »complexness« (z. B. mehrgliedrige Buchstabengruppe, zusätzliche Akzente) und »univocality« vs. »ambiguity« (Ein- bzw. Mehrdeutigkeit der Buchstaben-Laut-Beziehungen).

Der Anteil von Richtigschreibungen einzelner Wörter und dieses von *Luelsdorff* entwickelte Maß ortografischer Komplexität korrelieren hoch. *»Die Komplexitätstheorie der Ortografie verbindet sich so mit der Komplexitätstheorie der Lernbarkeit von Lesen und Schreiben«* (S. 226). Einerseits sprechen die Ergebnisse auch beim Zweitspracherwerb gegen ein wortweises Lernen der Ortografie und für wortübergreifende Regelbildung: »… Mehrdeutigkeit, Komplexität durch Zusammensetzung [Mehrgliedrigkeit] und relative Häufigkeit eines Schriftzeichens bestimmen den Rangplatz des Erwerbs für dieses Zeichen.« Hinzu kommt die *»relative Komplexität des Kontexts«* (S. 157), die wahrgenommene Verwandtschaft eines Wortes zu einem anderen und die relative Häufigkeit eines Rechtschreibmusters (S. 125–126). Andererseits sind es nicht einzelne Laute (bzw. bestimmte Buchstaben) oder selbst bestimmte Laut-Buchstaben-Beziehungen, die in bestimmter Weise fehlerträchtig sind, sondern Laut-Buchstaben-Beziehungen in einzelnen Wörtern: *»Dies nennen wir den »Wort-Effekt bei Rechtschreibfehlern«* (S. 65). Mit dieser »Zwei-Wort«-Theorie (weil sie für unregelmäßig wie regelmäßig gebaute Wörter denselben Regel-Mechanismus unterstellt, S. 67) weist die Arbeit von *Luelsdorff* in dieselbe Richtung wie die Studien zum primären Schriftspracherwerb vor und in der Schule, über die *Erika Brinkmann* und *Peter May* in diesem Band berichten.
Unsere Modelle der Rechtschreibentwicklung müssen komplexer werden, wenn sie Differenzierungen auf der ortografischen Stufe angemessen erfassen wollen. Die Vorarbeiten von *Luelsdorff* sind dafür eine große Hilfe.

Hans Brügelmann

Mechthild Dehn / Oliver Lüth / Irmtraud Schnelle
Der Blick auf das Kind
Schwierige Lernentwicklung und Unterrichtskonzept –
Prävention von Analphabetismus im Anfangsunterricht?
Ein Bericht

Die Arbeit mit dem *Alphabet* lernt man in der Schule. Lesen und Schreiben
aber sind mehr als dies: *Literarisierung* beginnt lange vor der Schule; der
Umgang mit Büchern, mit Stift und Papier wird im Unterricht fortgesetzt
und intensiviert – für die allermeisten Kinder jedenfalls ist das so. Wer mit
sechs Jahren noch keinen Begriff hat von Schrift, wer noch keinen einzigen
Buchstaben kennt, obwohl die Umwelt voll davon ist, muß in der Schule in
kurzer Zeit »kognitive Schemata« *(Neisser)* entwickeln, die auszubilden die
anderen lange Zeit hatten
Wer die Schule nach neun oder zehn Jahren verläßt, ohne zureichend lesen
und schreiben zu können, wird als »*funktionaler Analphabet*« bezeichnet.
Schulischer Schrifterwerb und *Prävention von Analphabetismus* sind zwei
Seiten einer Medaille. Mit dem Modellversuch der Bund-Länder-Kommission »Elementare Schriftkultur als Prävention von Lese-Rechtschreib-
schwierigkeiten und Analphabetismus bei Grundschulkindern (1992–
1995)« hat das Amt für Schule in Hamburg erstmals in Deutschland das
Nicht-Lernen als Thema *in* der Schule angenommen, war doch von Analphabetismus bislang nur als Phänomen *außerhalb* oder *nach* der Schule die
Rede.[1]
Bei der Auswertung von Fallstudien erwachsener Analphabeten haben sich
neben soziokulturellen vor allem psychosoziale Faktoren als Ursache für die
Lernschwierigkeiten ergeben: als Schulkinder hatten die späteren Analphabeten kein »Bewußtsein für potentielle Anforderungssituationen«, »kaum
Erfahrungen mit Schriftsprachanwendung außerhalb der schulischen Lernsituation« und schätzten die eigenen Fähigkeiten falsch ein.[2]
Ein Unterrichtskonzept, das darauf eingeht, setzt einen anderen *Blick auf*
das Kind voraus; zentral scheint uns zu sein, vom Können des Kindes
auszugehen und von da aus einen Weg zu den schulischen Anforderungen
zu suchen:

---

1 An dem BLK-Modellversuch nehmen zur Zeit 21 LehrerInnen aus Klasse 1, 7 Vorschulklas-
senleiterInnen sowie 5 ModeratorInnen und 18 Studierende teil. Projektleitung: *Jutta Böttcher,*
Bernd-Axel Widmann, Amt für Schule Hamburg.
2 Schlußbericht »EG-Aktionsforschung im Bereich der Prävention und Bekämpfung des
Analphabetismus. Projekt der Bundesrepublik Deutschland: Effekte des Verlernens des Lesens
und Schreibens bei Erwachsenen«. Frankfurt 1989, S. 5.

- Was kann das Kind schon?
- Was muß es noch lernen?
- Was kann es als nächstes lernen?[1]

Zu diesem Blick auf das Kind gehört auch die Aufmerksamkeit auf sein »Selbst-Verständnis« – seine Initiative im Klassenzimmer, sein Umgehen mit der Aufgabenstellung im Unterricht, seine Reaktion auf Korrekturformen und Arten der Präsentation der Arbeitsergebnisse; also auch eine »Sensibilität ... für die affektiven Lernvoraussetzungen«:[2] der Versuch, die Perspektive des Kindes zu übernehmen. – Die Perspektive des Kindes übernehmen heißt allerdings nicht, daß das Lehren nun dem Lernen bloß noch zu folgen habe. Aber Lehren ist mehr als Unterweisung; dazu gehört das Inszenieren von Lernsituationen (inhaltlich und sozial) und die Verständigung mit dem Kind im aktuellen Unterrichtsgeschehen.

Ziel ist, in der Spannung zwischen dem Anspruch der (schulischen) Norm und den Schwierigkeiten der Lernentwicklung des Kindes ein Unterrichtskonzept zu formulieren – jeden Tag in der Schule –, das die jeweils mögliche Passung von Lernprozeß und Lehrverfahren erprobt.

Voraussetzung dafür ist neben der Genauigkeit der Wahrnehmung auch die Fähigkeit zur Distanz; zur Distanz der Lehrperson von ihrer jeweils augenblicklichen Perspektive und den darin enthaltenen Deutungsmustern. Diese Distanzierung kann erleichtert werden durch Dokumente aus dem Unterricht (Kinderarbeiten und Beobachtungen anderer – in Form von Tonbandprotokollen, die verschriftet werden) und durch den Austausch mit anderen über die eigene Sichtweise und diese Dokumente.[3]

Der Blick auf das Kind ist immer individuell gerichtet – von einer Person zu einer anderen; er ist bestimmt von der Haltung und dem Wissen der Lehrperson und von den situativen Kontexten, wie sie sie im Rahmen schulischen Lernens geschaffen hat. Das ist verallgemeinerbar. In diesem Sinn geben wir einen Bericht über *ein* Kind, über Sabine.[4]

Die Kinder sollen in der dritten Schulwoche zu zweit auf dem »leeren Blatt« (DIN A1) »schreiben«.[5] Sabine hat sich Ina ausgesucht.

---

1 Vgl. zur Konzeption *Dehn 1994*. (Die hier aufgenommenen Dokumente und Szenen aus dem Unterricht sind in dem Buch nicht enthalten.)
2 Das ist einer von fünf Faktoren für die »Optimierung« des Lehr-Lern-Prozesses; vgl. Andreas *Helmke u. a 1988*, 45–76.
3 Der BLK-Modellversuch des Landes Hamburg sucht dem Rechnung zu tragen durch die Arbeit zwischen LehrerInnen und Studierenden in Kleingruppen unter der Moderation einer Lehrerin. Die Studierenden stellen Unterrichtsprotokolle bereit; die LehrerInnen können Ausschnitte daraus zur Diskussion stellen, um Unterrichtskonzepte für die Kinder zu formulieren, deren Lernprozeß schwierig ist. Die Erprobung des Konzepts kann thematisiert werden.
4 Alle Kindernamen sind geändert; die Namen auf den Dokumenten sind Collagen aus den vorgefundenen Buchstaben.
5 Zur Aufgabenstellung vgl. *Dehn 1994*, 87–92; sie ist Bestandteil der Schulanfangsbeobachtung, die wir im Rahmen des BLK-Modellversuchs zu Beginn von Klasse 1 1993 durchgeführt haben.

Willst du lernen?

Abb. 1: September 1993 – Das leere Blatt (Schulanfangsbeobachtung).

Sie sieht das leere Blatt und fängt gleich an zu malen: einen Esel, darüber einen Vogel. Daraus macht sie einen Igel. Sie sieht, wie Ina schreibt, und fragt:»Willst du lernen?« Sie will »MAMA« schreiben, notiert »MA« (Ina hat das ebenfalls geschrieben).
Dann geht sie zur Toilette; später sieht sie den vorbeigehenden Kindern zu.
(10. 9. 1993. Protokoll: *Tobias v. Stuckrad*).

Sabine geht rasch an die Aufgabe heran, aber sie stellt sich ihr nicht eigentlich. Sie »malt«, obwohl sie »schreiben« soll, und sie artikuliert dazu auch kein Problembewußtsein. Sie wechselt die Bedeutung des Dargestellten, kopiert das vogelähnliche Tier ihrer Mitschülerin und den Teil eines Wortes (MA). Sie verbindet Schrift mit »Lernen«; aber sie hat keine spezifisch inhaltliche Vorstellung von Schrift und Schreiben und geht schnell »aus dem Feld«.

Das »leere Blatt« ist Teil der Schulanfangsbeobachtung.[1] Sabine »kennt« keinen der 20 vorgelegten Buchstaben; sie ergänzt keinen der 5 ihr vorgesprochenen Anfänge von »Kinderreimen« (*Ene mene muppe, ich wünsche mir 'ne...*). Zum Schluß fragt sie:»Aber ein bißchen geübt hab ich schon, nicht?« Üben und Lernen, das ist in Sabines Vorstellung das, worum es in

---

1 *Angela Andersen:* Vornamen der Kinder im 1. Schuljahr. Ihre Bedeutung für den Zugang zur Schrift und die Förderung sozialer Kontakte. Staatsarbeit zur Zweiten Lehrerprüfung. Ms. Hamburg 1994, S. 20.

der Schule geht. Inhalten ist sie kaum zugänglich. »Sabine nimmt den Unterricht in den ersten Wochen wie durch einen Schleier wahr.« Sie wird aufmerksam, als der Geburtstag von Ann-Sabin gefeiert wird. »Die heißt auch Sabin; die heißt genau wie ich!«

Das Interesse an den Mitschülern, das sie in den ersten Wochen langsam entwickelt, ist vielleicht erklärbar aus ihrer häuslichen Situation. Sabine hatte keine Kontakte zu Gleichaltrigen, war nicht im Kindergarten, sondern lebte (fast) ausschließlich in der Wohnung.[1]

Ich wollte hier FLORIAN schreiben

Zwei Monate später (im November in Klasse 1) haben die Kinder viele Ideen zum Thema »ICH MAG« gesammelt: Ich mag Pause, … Autos, Tiere, Leo, Molli, die Farbe Gelb, Mama, Schule…

Der Satzanfang steht an der Tafel. Die Lehrerin hatte zuerst drei Striche für ICH gemacht.

Die beiden Wörter sollen die Kinder jedesmal schreiben. Aber »manche Wörter sind zu schwer. Dann kannst du es noch malen. Aber ICH MAG: das wird geschrieben – und richtig«, hat die Lehrerin gesagt.

Sabine beginnt sofort _ _ _ zu malen und schreibt auf diese Striche sehr flüssig EAM. Dann sieht sie sich um in der Klasse. Sie scheint nicht zu wissen, wie es weitergehen könnte.

(…)

Sabine schreibt EHHDHR auf ihr Blatt und anschließend HHEERRB. Sie sagt zu Zarah, die neben ihr sitzt: »Hast du das von mir abgemalt?«

Zarah: »Nein.« Zarah besieht sich, was Sabine geschrieben hat.

Zarah: »Falsch. Schreiben.«

Die Lehrerin klingelt: »Ich möchte, ich möchte viel geschrieben sehen, von euch auch.«;

Sabine schreibt EH und HHB.

(…)

Sabine nimmt ihr Blatt und läuft zu Florian. Er sitzt am anderen Ende der Klasse. Er soll lesen, was sie geschrieben hat. Er sieht ihr Blatt kaum an. Sie kehrt zu ihrem Platz zurück.

Sabine: »Du mußt genau gucken, wie du das machst.«

Studentin: »Hm?«

Sabine: »Du mußt genau hier raufgucken.« Sie zeigt auf ihr Blatt.

Studentin: »Ja.«

---

1 Geringer Bewegungsspielraum, hoher Fernsehkonsum, Vermeiden von Sozialkontakten aus Angst vor schädlichen Einflüssen in der Vorschulzeit – das alles ist sicher nicht lernförderlich (Sabine kann sich bei Schulanfang für den Turnunterricht nicht alleine an- und ausziehen; beim Treppensteigen ist sie noch nach einem halben Jahr auf das Geländer angewiesen); aber es hat den schulischen Lernweg dieses Kindes letztlich nicht bestimmt.

Sabine: »Wie du das machst. Du mußt das genauso machen, deswegen mußt du ein' Buchstaben machen?«

Sabine langweilt sich. Sie malt mit dem Filzstift, den sie in der Hand hält, die Stifte in ihrer Federtasche an.

Sie geht wieder zu Florian und zeigt ihr Blatt. Er sagt, daß auf dem Blatt ICH MAG stehen muß.

Florian: »Du mußt schreiben, was du magst.«

Florian und Valerie, die neben ihm sitzt, lesen die Buchstaben vor, die Sabine geschrieben hat.

(…)

Sabine dreht das Blatt um und schreibt auf der Rückseite. Sie geht erneut zu Florian. Er soll das vorlesen. Florian stößt Valerie an: »Valerie, was sie geschrieben hat.« Beide lesen einige Buchstaben. Florian schreibt Sabine etwas auf.

Florian: »So. O. K.? Das geht doch so: ICH MAG.«

An ihrem Platz malt Sabine die Worte ICH MAG, die die Lehrerin ihr auf ein extra Blatt geschrieben hat, nach.

Sie schreibt ihren Namen auf die Linie, die sie gezogen hat. Die Lehrerin kommt zu ihr.

Lehrerin: »Konnte Florian deine Buchstaben lesen?«

Sabine: »Ja, konnte er schon, aber da, aber da…«

Lehrerin: »Wie bitte?«

Sabine: »Der versteht die Buchstaben überhaupt nicht.«

Lehrerin: »Er versteht die nicht? Ja, vielleicht konnte er nicht lesen, was du schreibst.«;

Sabine: »Er konnte schon lesen, aber, aber da…« (unverständlich).

(…)

Sabine geht noch einmal zu Florian. Er ist unwillig. Die Lehrerin greift ein; er soll vorlesen, was Sabine geschrieben hat.

Florian liest: »H D E H D E D.« Drei Kinder stehen dabei.

(…)

Die Kinder sollen ihren Stift weglegen. Sie lesen vor, was sie geschrieben haben:

Ich mag Tore schießen.
Ich mag pennen.
Ich mag baden.
Ich mag Lehrer.
Ich mag Julia.
Ich mag Eis…

Sabine kommt auch dran. Sie sagt: »So. Hier steht noch … Ich wollte hier FLORIAN schreiben.«

Lehrerin: »Und? Findest du das wieder?« Sabine sieht auf ihr Blatt.

Dann liest ein anderes Kind, was es geschrieben hat.

(…)

Als alle Kinder schon ihre Sachen einpacken, nimmt Sabine noch einmal ihren Stift und schreibt rasch FLO auf das Blatt. Dann geht sie zu der Pinnwand, an der die Fotos und Namen der Kinder hängen. Sie nimmt die Karte mit Florians Namen mit an ihren Platz, schreibt den Namen richtig ab und bringt die Namenskarte wieder zurück.

Klasse 1, 18. 11. 1993. Transkriptionsprotokoll: *Monika Ahrens*

Abb. 2: 18. November 1993 – ICH MAG…

Was lassen die Protokollausschnitte über Sabines Perspektive auf das Geschehen erkennen?

Sie soll »schreiben«. Das tut sie. Sie hat beobachtet, daß Striche gemacht werden, bevor man schreibt. Das wiederholt sie. Die Buchstaben EAM haben Ähnlichkeit mit dem Vorgegebenen. (Statt ICH hatte ein Kind an der Tafel zunächst ECH geschrieben.)

Es soll viel geschrieben werden. Das tut Sabine auch. Sie hat das Blatt auf beiden Seiten beschrieben.

Sie kennzeichnet – wie alle Kinder – das Blatt mit ihrem Namen.

Das Schreiben soll dem Austausch dienen. Sabine nutzt es intensiv zur Kontaktaufnahme: Sie fragt ihre Nachbarin; sie fordert die Studentin zur Akkuratesse auf; sie geht viermal zu Florian, um sich, was sie geschrieben hat, vorlesen zu lassen.[1]

---

1 Vielleicht ist ihr Blatt selbst eine Antwort auf die Frage, die in der Aufgabenstellung enthalten ist, gleichsam *präsentativ (S. K. Langer):* Was magst du? – Ich mag schreiben. Vgl. dazu *Sjölin 1994.*

Sie erprobt ihre Vorstellungen von Schreiben:
Gegenüber der Tischnachbarin differenziert sie nicht zwischen Schreiben und Malen (und erhält eine klare Korrektur).
Sie überträgt ihre Vorstellung von Schreiben auf die Tätigkeit der Studentin. Diese soll aufmerksam auf das sein, was sie tut (»genau gucken, wie du das machst«); sie soll sich genau ansehen, was Sabine geschrieben hat, und vor allem »das« genauso machen, »deswegen mußt du ein' Buchstaben machen«. Schreiben als ·exaktes Nachahmen – ohne Sinn. Diese Aktionen erinnern noch an die Äußerung zu Schulbeginn (»Willst du lernen?«); die inhaltliche Dimension fehlt.

Sabine will, daß das Geschriebene gelesen wird. Damit wendet sie sich an einen Jungen, der die erste Klasse wiederholt. Er liest die Buchstaben und weist Sabine auf die Aufgabe hin, schreibt ihr die Wörter sogar vor. Daraufhin zieht sie die beiden Wörter nach, die ihr die Lehrerin separat aufgeschrieben hat. Das bleibt bloß mechanisch.

Aber sie formuliert, daß Florian »die Buchstaben nicht versteht«; also weiß sie – oder sie erfährt es in dieser Stunde, daß, was man schreibt, einen Sinn hat. Und als zum Schluß die anderen Kinder ihre Sätze vorlesen, findet Sabine eine Schreibidee:»Ich wollte FLORIAN schreiben.« Und sie realisiert sie noch, obwohl es eigentlich schon zu spät dafür ist. Dabei weiß sie genau zu unterscheiden zwischen dem, was sie kann und was sie noch nicht kann. Sie will den Namen richtig schreiben und hat auch ein sicheres Verfahren dazu.

Die Lehrerin möchte mit der Aufgabe inhaltlich an Vorstellungen der Kinder anknüpfen. Das Vorlesen des Geschriebenen soll vielleicht auch dem besseren Kennenlernen untereinander dienen.

Die Aufgabe hat zwei Elemente: eins ist vorgegeben (und orthographisch auch »vorgeschrieben«), eins ist den Kindern freigestellt. Im Mündlichen wird man auf die Frage »Was magst du?« nur mit dem Objekt antworten. Die Referenz ist klar, gefragt – und des Austauschs wert – ist nur die Prädikation. Die Aufgabe, jedesmal zu schreiben: ICH MAG… ist vom mündlichen Sprachgebrauch weit entfernt, verlangt die vollständige Explikation. Das erschwert es für Sabine. Sie schreibt: FLORIAN. Daß sie ihn mag, ist ohnehin klar. Insofern ist die Aufgabe, die auf den ersten Blick plausibel erscheint, für Kinder, denen Schrift noch fremd ist, ziemlich schwierig.

Wenn man Sabines Blatt ansieht, bekommt man einen Schreck: Nach zwei Monaten Unterricht schreibt sie nur zwei Namen richtig. Alles andere erscheint diffus, nicht einmal die Form der Buchstaben ist korrekt (E und B). Wenn man jedoch beobachtet, wie das Ergebnis zustande gekommen ist, und es mit dem »leeren Blatt« aus der Anfangsbeobachtung vergleicht, merkt man, daß Sabine beginnt, ein Verständnis für »Schriftlichkeit« zu gewinnen. Sie entwickelt in dieser Stunde viel Energie; alle Aktivitäten sind – aus der Perspektive des Kindes jedenfalls – auf die Aufgabe bezogen. Die entscheidenden Impulse erfährt Sabine von anderen Kindern und von der Präsentation der Ergebnisse beim abschließenden Vorlesen. Vielleicht zum erstenmal findet sie einen *inhaltlichen* Zugang zum Schreiben.[1] Warum hält sich die Lehrerin so zurück? Sabine bedarf doch des Unterrichts dringlich. Die Frage ist allerdings, ob eine so grundlegende Ausbildung kognitiver Schemata von Schriftlichkeit, wie sie für Sabine notwendig ist, durch Belehrung und Unterweisung möglich ist.

In dieser Stunde richtet Sabine ihre Aufmerksamkeit vor allem auf Schrift; das belegen die Ausschnitte aus dem Protokoll. Daneben aber hat sie die Verhaltensnormen im Blick. Alles soll seinen geregelten Gang gehen. Sie moniert, daß die Lehrerin etwas lauter spricht; sie rügt die Studentin, die weiter schreibt, nachdem die Lehrerin alle aufgefordert hat, die Stifte hinzulegen:»Hast du nicht gehört, du sollst den Stift weglegen. Den Stift.« Darin steckt ein Potential für Ausweichen vor den inhaltlichen Anforderungen und auch für Aggressivität.

Nach unseren Beobachtungen beachten Kinder mit Lernschwierigkeiten stärker als andere den Anspruch der Verhaltensnorm und trennen die Inhalte des Lernens ab davon. Und sie nehmen sich stärker als andere Kinder ein Recht zur»Verweigerung«. Für die Lehrperson besteht die Aufgabe darin, die Balance zu finden zwischen der notwendigen direkten Lenkung und Unterweisung einerseits und dem Finden-Lassen in präparierten Lernsituationen mit anderen Kindern andererseits – um nicht unnötigen Widerstand beim Kind zu provozieren. Das ist eine große Herausforderung. In dieser Unterrichtsszene ist sie gelungen.

Schrifterwerb setzt voraus, daß das Kind weiß, *wozu* es lernt, und daß es sein Lernen-Wollen inhaltlich ausrichtet. Beides kann nicht gelehrt werden; es muß erfahren werden. Aber die Lehrperson kann Situationen inszenieren, die solche Erfahrung nahelegen, und sie kann aufmerksam sein auf die Signale des Kindes; sie kann die Anbahnung von Schrifterfahrung stützen (hier tut sie das z. B., indem sie darauf dringt, daß Florian vorliest, was Sabine geschrieben hat) und ihr Unterrichtskonzept an den Interessen und Fähigkeiten des Kindes ausrichten.

Günstige Voraussetzungen für die Initiation des Schrifterwerbs bieten der *soziale Kontext* der Klasse (wie in diesem Beispiel) und *Aufgabenstellungen*, die – bei insgesamt *hohem Anspruchsniveau*[2] – *kein festgelegtes*

---

1 Diese »Initiation des Lernprozesses« ist vergleichbar der von Jan-Carlos, der entdeckt, daß »Pascal« auf dem Blatt Papier der Name seines Hundes ist und es sich deshalb ausschneiden will. Vgl. *Wolf-Weber/Dehn 1993, 85–103,* insbesondere S. 94 f.; vgl. auch meine Beiträge in früheren Jahrbüchern, z. B. zu »Christina«; vgl. *Sjölin 1990; Schnelle 1984; Dehn/Schnelle 1989; Dehn u. a. 1991.* Vgl. zum Umgang mit Schrift von Vorschulkindern *Baghban 1987; Blumenstock 1986; 1987; Brinkmann 1991f; 1992f; 1993; 1994b; Gaber/Eberwein 1986; Scheerer-Neumann u. a. 1986).*
2 Das ist ein weiterer Faktor für die »Optimierung des Lehr-Lern-Prozesses«; vgl. *A. Helmke u. a. 1988.*

Ergebnis erwarten und auf unterschiedliche Weise zur Zufriedenheit des Kindes gelöst werden können.

In unserem Beispiel geht die Lehrerin mit ihrem *Unterrichtskonzept* für die folgenden Wochen ein auf Sabines Interesse an den Namen aus der Klasse und auf ihre visuelle Orientierung an Schrift. Sabine nutzt intensiv die Möglichkeit, die das Fotomemory mit Bildern der anderen Kinder aus der Klasse bietet. Einige Tage lang schreibt sie überall FLORIAN. Die Lehrerin spricht sie darauf an. »Ja, ich kann schreiben, ne«, sagt Sabine. *Jetzt* korrigiert die Lehrerin sie: »Schreiben ist, wenn man alles aufschreiben kann, was man denkt. Das kann der Name Florian sein, aber das können auch Geschichten sein, über deinen Kater zum Beispiel, oder Briefe. Zum Schreiben braucht man Buchstaben. Du kennst schon viele. Welche Buchstaben hat FLORIAN?« – Sabine sagt: »EL wie Ludwig, EN wie Nordpol, A wie Anton…«

Sabine orientiert sich beim Buchstabieren an der Fernsehsendung »Glücksrad«. Die Lehrerin bittet Sabines Mutter um das vollständige Alphabet und führt Modalitäten des »Übersetzens« ein: /t/ wie Tamara (aus der Klasse) ist TE wie Theodor. /b/ wie Borris ist BE wie Berta. Sabine schreibt die Anfangsbuchstaben zu Stempelbildern auf. Die Lehrerin übt mit ihr das Lautieren. Dieser Prozeß dauert bis nach den Weihnachtsferien. Sabine macht sich in dieser Zeit auch ein Telefonbuch mit den Namen und Nummern der ihr wichtigen Kinder; das heißt, sie schreibt ab. Eines der ersten Wörter, das sie sich – nach den Namen – aussucht, ist FOTO.

Beim Lesen (vor allem an verschiedenen Memory-Sets) orientiert sich Sabine am Anfangsbuchstaben. Größeren Anstrengungen sucht sich Sabine zu entziehen: sie ist müde, sie wischt sich den »Schweiß« von der Stirn; sie hat Hunger; sie fängt an zu nuckeln und sich die Haare am Hinterkopf einzudrehen.

D wie Dose

Mitte Januar sollen die Kinder auf einem Arbeitsblatt zu acht Bildern die Wörter auf- oder abschreiben: Nase, Haus, Hund, Wurm, Sonne… Die Kinder können dazu die Buchstabentabelle und das Wörterbuch benutzen.[1]

Die Lehrerin steht gerade neben Sabine.

Sabine: »Darf ich den Hund anmalen?«

Lehrerin: »Nein, wir wollen ja schreiben jetzt, ne!«

Sabine: »Dann mal ich den Hund grün.«

Lehrerin: »Grün?«

Sabine nimmt einen grünen Stift.

Lehrerin: »Erst schreiben, dann malen. Gut.«

Sabine schreibt HUN.

---

1 Die Buchstabentabelle von *Reichen 1987*. Das Wörterbuch aus: *Arp/Wolf-Weber 1990*.

Lehrerin: »Ja.«
Sabine sagt, während sie D schreibt: »[d] wie Dose. Und jetzt mal ich den
Hund grün.«
Die Lehrerin geht weg. Sabine malt das Vorderteil des Hundes grün, das
Hinterteil braun und ein Bein lila.
(Klasse 1, 14. 1. 1994. Transkriptionsprotokoll: *Monika Ahrens*)

Sabine hat nun die Schreibung einiger Wörter gelernt, sie hat auch die Buchstabe-Laut-Zuordnung verstanden; aber noch kann sie die Synthese nicht, sie sucht den mühsamen Prozeß durch Raten zu umgehen; und Schrifterwerb ist nicht nur ein kognitives Problem für sie, sondern auch ein Erziehungsproblem (auch ein Beziehungsproblem?); immer wieder sucht sie – wie in diesem Protokollausschnitt – auszuweichen.
Die Lehrerin stellt zu diesem Zeitpunkt in ihrem *Unterrichtskonzept* die Entwicklung der Synthesefähigkeit in den Vordergrund.

Sabine soll jeden Tag fünf, später zehn Wortkarten (ohne Bilder) erlesen. Diese Wörter enthalten zwischen vier und sechs Buchstaben, haben offene und geschlossene Silben (z. B. Wolke, Tomate, Fisch). Sabine will die Wörter auch schreiben, sie memorieren. Der darin enthaltenen Gefahr mechanischen Lernens sucht die Lehrerin vorzubeugen, indem die Wörter immer in neuen Zusammenhängen auftauchen, z. B.: Male… eine Tomate. Dieser Prozeß wird über sechs Wochen (zwischen Anfang März und Ostern) täglich eine Stunde lang von einer Studentin unterstützt.[1] Das folgende Blatt hat Sabine selbständig bearbeitet.

Abb. 3: März 1994. Selbständig bearbeitetes Arbeitsblatt.

---

1 Von Mitte April bis Mitte Juni findet die Förderung noch zwei Stunden wöchentlich statt. Beide Förderabschnitte sind durch 14 bzw. 10 Tage Ferien unterbrochen.

Die Lernfortschritte sind beachtlich und stabilisieren sich in den folgenden Wochen. Das dokumentiert auch die Lernbeobachtung *(Dehn 1994, 210 ff.; Abb. 4)*. Im DRT 1 erreicht Sabine den Prozentrang 5 (Juli 1994).

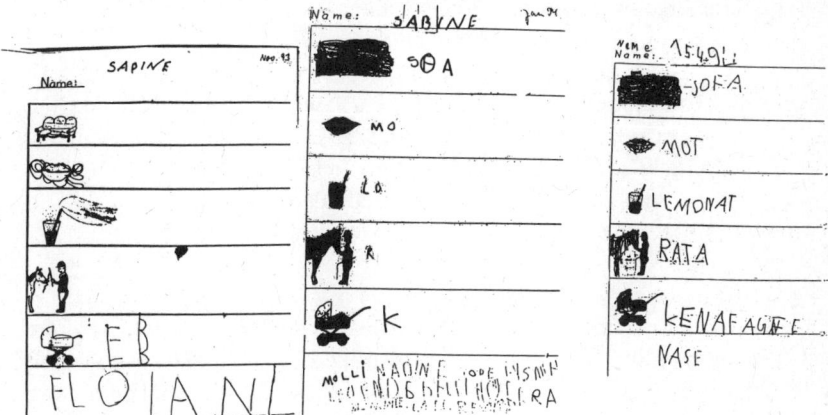

Abb. 4: Lernbeobachtung Schreiben. November – Januar – Mai.

Im Januar erfragt Sabine: »Wie schreibt man <m>, <l>, <r>,<k>?«

Prävention von Analphabetismus im Anfangsunterricht?
Daß das hier gelungen ist, kann im Hinblick auf Sabines Lernvoraussetzungen und ihre Lernentwicklung vermutet, natürlich aber nicht bewiesen werden.
Abschließend seien vier Bedingungen benannt, die dafür als konstitutiv angesehen werden können:

Relativierung des eigenen Blicks
Die Beziehung zwischen schwieriger Lernentwicklung und Unterrichtskonzept ist zu Beginn des schulischen Schrifterwerbs am kompliziertesten. Hier ist der *Blick auf das Kind* am wichtigsten; z. B. hatte die Lehrerin im November den Eindruck gewonnen, Sabine widersetze sich dem Schrifterwerb. Der Protokollausschnitt belegt das Gegenteil. Daß dieser Eindruck relativiert werden konnte im Austausch mit KollegInnen und Studierenden, hat es der Lehrerin erleichtert, Sabines Zugang zur Schrift (ihr Interesse an Namen und sozialen Kontakten) überhaupt wahrzunehmen und zu unterstützen.

Inszenieren von Lernsituationen, die Anbahnung und Austausch von Schrifterfahrung provozieren
Die »Initiation« von Sabines Schrifterwerb war nicht Folge bewußter pädagogischer oder didaktischer Planung, wohl aber eine Reaktion auf die

unterschiedlichen Rahmenbedingungen: eine verbindliche Aufgabenstellung (die man im einzelnen kritisieren kann), die aber Spielräume – auch im wörtlichen Sinn – läßt für eigenständige, auch eigenwillige Lösungen und den Austausch der Kinder untereinander nahelegt – nicht nur in der Präsentation ihrer Ergebnisse am Schluß der Stunde.

Strukturierte Aufgabenstellungen
Wenn das Kind einmal einen Zugang zu Schrift und Schreiben gefunden hat, bedarf es der Erfolgserlebnisse, also gezielter Anforderungen, die das Interesse des Kindes (»Glücksrad«/»Namen«) berücksichtigen und zugleich dazu führen, seine Zugriffsweisen zu verändern (Memory-Set; Erlesen weniger Wörter ohne Bilder).

Zeitlich begrenzte zusätzliche Förderung im sozialen Kontext der Klasse
Sabines Lernfortschritte im Verlauf von Klasse 1 sind immens. Eine gezielte Betreuung und Bestätigung bei solchen strukturierten Aufgabenstellungen ist eine wesentliche Erleichterung. In diesem Fall hat eine Studentin diese Entwicklung betreut.

Wilfried Metze
Schluß mit einer Scheindebatte!
Ein Plädoyer für das Genau-Hinsehen

Seit einigen Jahren hat sich ein Glaubensstreit in der Erstlesedidaktik abgespielt, der sich mit dem Schlagwort »Spracherfahrungsansatz kontra Fibelunterricht« überschreiben läßt. Nicht mehr um die Gestaltung von Leselehrgängen ging es, sondern um deren Existenzberechtigung. »Lehrgänge sind keine Lernhilfen, sondern Lernbarrieren« *(Erichson 1988)* lautet das Dogma der einen Seite. Die andere argumentiert defensiv und bietet Fibeln an, die von ca. 90% aller Erstklaßlehrerinnen verwendet werden. Daß die Kontroverse an den konkreten Problemen des Erstunterrichts vorbeigeht, ist ein Standpunkt, der einer ausführlicheren Begründung bedürfte, als sie auf 5 Seiten möglich ist. Nach der Devise »Besser kurz als gar nicht« möchte ich an Hand von 9 Thesen gegen den Fibelunterricht versuchen, die ideologische Diskussion auf ihre Fakten zu reduzieren.

1. Fibellehrgänge zielen auf ein Optimum für den Durchschnitt.
Nötig ist aber ein Repertoire verschiedener methodischer Ideen (Brügelmann 1992c). Fibeln nehmen auf die Leistungsstreuungen in den Klassen keine Rücksicht. Sie bieten v. a. Könnern zuwenig (Balhorn 1991d).
• Fibeln unterscheiden sich bezüglich ihrer Differenzierungsfähigkeit gewaltig. Das umfassende Angebot mancher Lehrgänge bietet mehr, als mancher »Heimwerker« herstellen kann, und ist zumeist attraktiver.
• Klar muß sein, daß der Versuch, einem Kind etwas beibringen zu wollen, was es schon kann, eine ziemlich demotivierende und nutzlose Angelegenheit ist. Für Könner stellen manche Lehrgänge jede Menge Futter zur Verfügung. Zusätzliche Angebote verbietet keine Fibel.
• Überforderungen werden vermieden, wenn die Lehrerin die Schwierigkeiten des Kindes im Lernprozeß erkennen und angemessene Hilfen anbieten kann. Dies ist eine Frage der Kompetenz und nicht der Frage »Mit oder ohne Fibel?«.
• Ein fürchterliches Mißverständnis über den Spracherfahrungsansatz besteht in der Leugnung der Möglichkeit des Lehrens. Manch eine etwas flott geratene Formulierung von Fibelgegnern führte zu Rezeptionen der Art: »Da das System der Schrift nicht lehrbar ist, sondern von jedem Kind auf die ihm gemäße Weise, nach seinem Tempo, eigenaktiv entdeckt werden muß, kann ich mich darauf beschränken, Schriftbegegnungen zu ermöglichen.« Daß Lernen nur eigenaktiv geschehen kann, sagt ja noch nichts darüber aus, inwieweit lehrende Vorgaben in diesen Lernprozessen Berücksichtigung finden. Die mitunter zu beobachtende pädagogische Kapitulation

führt zu solch unverantwortlichen Folgen wie der, daß Kinder im dritten Schuljahr noch nicht lesen können.
• Vergessen wird häufig, daß nur gefördert werden kann, was gefordert wird. Man hilft keinem Kind, wenn man es seine Lernwege nur nach seinen eigenen Bedürfnissen gestalten läßt. Selbstbewußtsein und Leistung erwachsen v. a. auch aus dem Überwinden von Schwierigkeiten.

2. Lehrgänge sind Krücken, die den Blick auf konkrete Lernprozesse, auf individuelle Lernwege und Schwierigkeiten verstellen (Brügelmann 1992c).
• Die Lernschwierigkeiten der Kinder erkennen und adäquat darauf reagieren kann nur die Lehrerin, die eine klare Vorstellung von den erforderlichen Abläufen des Schriftspracherwerbs hat. Ob ein Leselehrgang verwendet wird oder nicht, ist dabei ohne Bedeutung.
• Ein gut kommentierter Lehrgang kann den diagnostischen und therapeutischen Blick durchaus schärfen. Voraussetzung ist, daß das methodische Grundprinzip ausführlich erläutert sein sollte, damit der Lehrerin die Funktion der Lehrgangsteile, ihre Abläufe und die damit möglicherweise verbundenen Schwierigkeiten sicher vertraut sind. Eine klare Vorstellung von den Leselernprozessen braucht jede Lehrerin, ob mit oder ohne Lehrgang.

3. Lehrgänge setzen an einem fiktiven Nullpunkt an und nicht bei den jeweiligen Voraussetzungen des einzelnen Kindes. Buchstaben und Wörter werden in einer festgelegten Reihenfolge geübt, die nicht unbedingt mit dem Kenntnisstand und Interesse der Kinder übereinstimmen muß (Brügelmann 1992c).
• Dies ist in der Tat ein Problem der Lehrgänge, das in der Logik vorgefertigter Materialien begründet liegt. »Lehrgänge«, auch selbst erstellte, kann man unmöglich passend für jedes Kind gestalten. Dennoch gibt es ganz unterschiedliche Grade der Anpassungsfähigkeit von Leselehrgängen.
1. Wer schon lesen kann, braucht den Lehrgang nicht mit den anderen zu durchlaufen. Er sollte genügend andere Angebote erhalten. Um diese Kinder vom Geschehen in der Klasse nicht zu stark abzukoppeln, wäre es hilfreich, wenn sich der Erstleseunterricht um einen zentralen Inhalt drehen würde, der in den Lesematerialien vergegenständlicht ist. Die Fibelwelt wäre dann die gemeinsame Erlebniswelt, unabhängig davon, auf welcher Stufe des Lernprozesses die einzelnen Kinder stehen.
2. Es gibt Lehrgänge, mit denen die Kinder ihre Lernprozesse selbst einteilen und organisieren können, sobald sie das Prinzip unserer Schrift erfaßt haben. Sie stellen entsprechendes Material zur Verfügung.
3. Fibellehrgänge sind in der Tat linear aufgebaut, d. h., eine bestimmte Buchstabenreihenfolge ist vorgegeben. Ein Erwerb im Lehrgang erst später vorgesehener Buchstaben wird in vielen Lehrgängen durch Anlauttabellen ermöglicht und bei der Methode der direkten Hinführung zur Buchstabenschrift sogar nahegelegt. Außerdem ist es nicht unbillig,

Kindern etwas abzuverlangen, das nicht ihren momentanen Bedürfnissen entspricht. Interesse wächst ja vielfach erst durch das Kennenlernen neuer Dinge, die man zunächst womöglich lieber gemieden hätte.

4. Die Passung im Spracherfahrungsunterricht findet üblicherweise durch zwei Verfahren statt: Das Anbieten einer Fülle von Sprachbegegnungen und der Methode »Lesen-durch-Schreiben« *(Reichen 1982)*. Das erste ist in jedem guten Leselehrgang selbstverständlicher Bestandteil des Unterrichts. Auch dies kann ein Kriterium der Bewertung sein. Von zentraler Bedeutung ist das zweite Verfahren.

Der Grundgedanke ist einleuchtend und für jeden Erstunterricht beispielhaft. Die Kinder schreiben das auf, was ihnen wichtig ist, und auf die Weise, die sie unter Schreiben verstehen. Die entscheidende Frage aber bleibt offen: Wie sollen Kinder schreiben, die nicht schreiben können, die vom Prinzip unserer Schrift keine Ahnung haben?

Die praktische Antwort der Methode »Lesen-durch-Schreiben« sieht so aus: Die Kinder werden aufgefordert, irgendein Wort zu schreiben. Sie sollen dann eine vollständige akustische Analyse des Worts vornehmen. Sie sollen – ohne daß sie mit den Laut-Buchstaben-Korrespondenzen hinreichend vertraut sind – heraushören, welcher Laut am Anfang zu hören ist, welcher danach kommt, usw. Nun sollen sie in einer Anlauttabelle nachsehen, welcher Bild-Begriff mit dem gleichen Anlaut beginnt usw. Der zugehörige Buchstabe wird aufgeschrieben.

Eine rein akustische Analyse ist jedoch für Schulanfänger außergewöhnlich schwierig. Wenn wir sprechen, fließen nämlich unsere Sätze und Wörter ineinander. Die gesprochene Sprache besteht keineswegs aus klar voneinander abgegrenzten Einheiten, seien es Wörter oder Phoneme.

Wer das lautliche Ordnungssystem – Gliederung durch Phonem-Graphem-Zuordnung – noch nicht zur Verfügung hat, dem fällt allein schon die Zerlegung von Sätzen in Wörter sehr schwer. Diese Leistung gelingt Leseanfängern, die das Leseprinzip erfaßt haben, in der Regel nicht. Wieviel schwieriger ist die rein akustische Analyse der Phoneme! Das Kind muß von den Übergangs- und Gleitlauten, die ebenfalls zu hören sind wie die Phoneme, absehen und lediglich die bedeutungsunterscheidenden Laute heraushören. Zusätzlich soll es noch den Abstraktionsprozeß des Heraushörens der Lautunterschiede innerhalb der Phoneme leisten.

»Schriftkundige Erwachsene kommen im Regelfall bei der Wortgliederung nicht in Schwierigkeiten, weil sie durch tagtägliches Lesen die Schriftgliederung verinnerlicht haben. Wir meinen zu hören, was wir eigentlich sehen. Dieser lapidare Satz müßte fundamentale Auswirkungen auf unseren Anfangsunterricht haben. Ein Anknüpfen der Schrift an Wort- und Laut-Einheiten, über die das Kind noch gar nicht verfügt, gleicht dem Versuch, ein Schiff im Wasser zu verankern« *(Brügelmann 1983)*.

4. Fibeln folgen einer Teilchendidaktik. Das Üben von Teilfertigkeiten verstellt aber mitunter den Blick auf das Ganze und erschwert dessen Erfassung (Brügelmann 1992c). Die Lehrgänge bieten Teilchenimpulse an, die Lesen und Schreiben außerhalb ihrer kommunikativen Funktion erfahren lassen (Spitta 1985, 11 ff.).

• Spätestens seit *Downing* und *Valtin* wissen wir, daß die Einsicht eine bedeutende Rolle bei vielen Lernprozessen darstellt. Das richtige kognitive Konzept von einer Sache erleichtert deren Aneignung erheblich. Nun gibt es Leselehrgänge, die genau auf diesem Prinzip beruhen. Die Methode der »Direkten Hinführung zur Buchstabenschrift« von *Hans Vestner (1974;* eine umfassende Darstellung der Methode siehe auch: *Metze 1992, 24 ff.,133 ff.)* findet in dessen eigenem und einigen neuen Lehrgängen Verwendung. Also bitte nicht alles in einen Topf werfen!

5. Die Einsicht in die Prinzipien der Schriftsprache und der konkrete Erwerb derselben sind nur eigenaktiv möglich. Diese individuellen Aneignungsprozesse sind nicht von außen steuerbar. Sie können nur angeregt und gefördert werden (Brügelmann 1992c).

• Den Nürnberger Trichter gibt es gewiß immer noch nicht. Ob ich aber nun die Intervention der Lehrerin als Steuerung der Lernprozesse oder als Anregung und Förderung verstehe, ist Sophisterei. Wesentlich ist, wie erfolgreich Lernprozesse ablaufen. Und dafür ist in hohem Maße das Geschick der Lehrerin verantwortlich. Ihr Geschick kann aber durch einen guten Lehrgang wesentlich unterstützt werden.
• Eine ungeschickte Lehrerin kann auch ohne Lehrgang ein Kind auf eine völlig falsche Fährte locken, z. B. durch Übungen, die das Verständnis von Lesen als Auswendiglernen nahelegen. Mit der »Methode der Direkten Hinführung zur Buchstabenschrift« bekommt jedes Kind entscheidende Anregungen für erfolgreiche Aneignungsprozesse.

6. Fibellesen ist eine entfremdete Tätigkeit. Es hat nichts mit dem wirklichen Leben der Kinder zu tun (Spitta 1985,11 ff.). Man müsse es machen, weil es einem auferlegt werde. Kinder haben keine Wahl bei den Fibeltexten. Die vielen Alternativen gleichen sich letztlich doch und passen eigentlich nie zu den Schülern (Balhorn 1991d).

• Daran ist viel Wahres. Doch die Feststellung läßt sich auf das meiste übertragen, das in der Schule stattfindet. Die Grundsatzdiskussion über Funktion von Schule muß an anderer Stelle geführt werden.
• Die Anprangerung des Fibellesens als Lesetechnikübung kann nur unterstützt werden. Mit dem Fibeltrott sollte nun wirklich langsam Schluß sein. Ist aber eine Fibel ein attraktiv gestaltetes Kinderbuch, in dem es viel zu entdecken gibt, über das es sich zu reden lohnt, das im Laufe der Zeit selbständig erlesen werden kann und dessen Welt in vielfältiger Weise sonst im Unterricht aufgegriffen wird, dann ist das ein Buch zum Gernhaben und

zum Sich-Identifizieren. Mit Entfremdung hat das überhaupt nichts zu tun.

7. *Kinder erwerben die Schriftsprache relativ ähnlich, wenn man ihnen nur den Umgang mit Schrift ermöglicht. Sie durchlaufen beim Annähern an die Schrift ganz bestimmte Stufen. Lehrgänge nehmen auf den Stand des Schrift-spracherwerbs bei den Kindern keine Rücksicht. Sie interpretieren die Zugangswege der Kinder als Fehler oder Umwege (Spitta 1985).*

• Die Stufenmodelle des Schriftspracherwerbs fußen hauptsächlich auf den Untersuchungen von *Frith* aus dem angelsächsischen Raum. Deren Bedeutung für den Schriftspracherwerb im Deutschen wird durch neuere Vergleichsuntersuchungen zu unterschiedlichen Sprachräumen relativiert.

»Demnach sollte der Schriftspracherwerb ebenso wie eine Ausrichtung der Instruktion nach englischen Stufenmodellen als ein Spezifikum der englischen Orthographie betrachtet werden. Ihre Übertragbarkeit auf den deutschsprachigen Schriftspracherwerb und erst recht ihre Umsetzung in eine lehrgangsmäßige Stufung des Anfangsunterrichts ist nachdrücklich in Frage zu stellen« *(Wimmer u. a. 1993, 329).*

• Kinder mit logografischem Zugriff müssen in der Tat ihre Vorstellung von Schrift umbauen, wenn sie lesen und schreiben lernen wollen. Darin hat sie der Erstunterricht zu unterstützen, ob mit oder ohne Fibel. Die spätere orthografische Strategie, die direkte Sinnentnahme ohne den Umweg über die Lautung der Wörter kann sinnvoll erst auf der Beherrschung des lautierenden Lesens aufbauen.

• Grundsätzlich aber ist zu bedenken, daß viele der untersuchten Zugriffsweisen bereits Ergebnisse unterrichtlicher Einflüsse darstellen. Wollte man zu aussagekräftigen Schlüssen gelangen, müßte man die Zugriffsweisen in Abhängigkeit von Unterrichtseinflüssen untersuchen. Dies ist aber nicht geschehen, und wenn, dann so ungenau, daß die gezogenen Schlüsse fragwürdig sind. So hat *M. Dehn* in ihrem Buch »Zeit für die Schrift« die Bezüge zu zwei verwendeten Leselehrgängen untersucht. Dabei bezeichnet sie die »Bunte Fibel« als stark synthetisch ausgerichtet und leitet davon Aussagen über die Einflüsse von Lehrgängen auf die Zugriffsweisen der Kinder ab. Sie hat aber völlig übersehen, daß die Kinder in der Praxis durch den methodischen Aufbau dieses Lehrwerks womöglich zum Lesen als Ganzwort-Speichern verleitet werden, weil durch geringen Steilheitsgrad immer wieder die gleichen Wörter geübt werden.

• Etwas völlig anderes stellen die unterschiedlichen Zugriffsweisen dar, die auf einem Erfassen der Buchstabenschrift beruhen (lautierendes, synthetisierendes Erlesen / silbenweises Erlesen / lautierendes Erlesen von Wortteilen mit Erraten des Worts durch Kontexterwartung / orthografisches Erlesen mit Lautierungskontrolle / ...). Das alles hat seinen Stellenwert im Leselernprozeß und muß mit oder ohne Fibel den Kindern zur Verfügung gestellt werden. Die Voraussetzung ist das Erfassen des Prinzips der Buchstabenschrift.

8. Schreiben in Fibellehrgängen läßt die Kommunikation außer acht und beschränkt sich auf die Schreibtechnik (Spitta 1985, 11 ff.).
• Die Anregungen zum kommunikativen Schreiben fallen in Lehrgängen sehr unterschiedlich aus. Sie zu leugnen oder als unerheblich abzutun ist unredlich. Man prüfe Lehrgänge daraufhin.

9. Da Fibeln nicht an die Vorkenntnisse der Kinder anschließen, werde durch das Üben und Lernen von Buchstaben und Wörtern nicht eine Strategie des Erlesens, sondern des Wiedererkennens nahegelegt (Balhorn 1991d).
• Dies tun manche Lehrgänge in der Tat. Vor allem solche mit geringem Steilheitsgrad üben immer wieder die gleichen Wörter in immer den gleichen Satzstrukturen. Aber es gibt auch ganz andere Leselehrgänge. Es wird Zeit, sich der Mühe der Differenzierung in der Analyse und Bewertung der unterschiedlichen Lehrgänge zu unterziehen.

Bei dem Streit um die Frage »Mit oder ohne Fibel?« wurde hauptsächlich mit der Klinge der Plausibilität gefochten. Empirische Belege wurden in der Regel nicht erbracht. Meist wurden Untersuchungsergebnisse und Theorien aus anderen Disziplinen auf das Lesen- und Schreibenlernen übertragen, ohne daß überprüft wurde, ob die daraus gewonnenen Schlüsse auch wirklich zutreffen.
Sucht man nach Forschungen, die den behaupteten Vorzug eines lehrgangsfreien Unterrichts nachprüfbar belegen, so stößt man zumindest für den deutschen Sprachraum ins Leere. Man muß sich mit Untersuchungen begnügen, die eigentlich von einer anderen Fragestellung ausgehen, die aber Aspekte zum Thema erhellen. Völlig im dunkeln tappt man, wenn es um den Qualitätsvergleich von Leselehrgängen geht. Dies liegt nicht unbedingt an den Leseforschern. So haben *Brügelmann* und *Söhnen (1981)* vor 15 Jahren schon versucht, Verlage und die Kultusministerien für eine empirische Untersuchung des Anfangsunterrichts zu gewinnen. Resonanz gleich null.
Einer der wenigen, der seinen eigenen Lehrgang empirisch überprüft hat, ist *Hans Vestner.* Er hat Schulklassen, die mit seiner Methode (Direkte Hinführung zur Buchstabenschrift) unterrichtet wurden, verglichen mit Klassen, bei denen die Ganzheitsmethode Anwendung fand *(Vestner 1974, 11).* Mit dem CVK-Lehrgang erreichten 84 bis 95% aller Kinder das Testkriterium; im ganzheitlichen Unterricht lag die Streubreite zwischen 40 und 84%. Auch die günstige Auswirkung der Vestner-Methode auf die Rechtschreibleistungen im 2. Schuljahr wurde belegt *(Vestner/Weber 1972).*
Die Rechtschreibvergleichsuntersuchungen »Ost-West-LdS (Lesen-durch-Schreiben)« *(Brügelmann/Lange/Spitta 1991e; May 1991d)* geben für die Frage nach der Effizienz des Erstunterrichts und deren Bedingungsfaktoren nur wenig her. So beinhaltet die LdS-Stichprobe eine Auswahl von LehrerInnen, die freiwillig und eigenaktiv an der Erhebung teilgenommen haben und so eine »eher positive Selbstauslese engagierter und pflichtbewußter

KollegInnen« darstellen aus der ohnehin über dem Durchschnitt engagierten Auswahl der LdS-LehrerInnen *(Brügelmann u. a.1992d)*. Die in der Untersuchung festgestellte deutliche Überlegenheit der DDR-Kinder im Diktat am Ende des 1. Schuljahrs muß ebenfalls nicht (nur) auf der verwendeten analytisch-synthetischen-Leselehrmethode beruhen, sondern kann ganz einfach im wesentlich umfangreicheren Deutschunterricht oder im gezielten Grundwortschatztraining begründet liegen. Die enorme Streubreite innerhalb der Bremer Klassen (36 bis 88% richtig geschriebener Wörter) zeigt, daß Effizienzuntersuchungen wesentlich differenzierter angelegt sein müßten, damit man zu verwertbaren Ergebnissen gelangen kann.

Die Notwendigkeit einer genauen Lernprozeßforschung wird auch aus der Längsschnittsuntersuchung von *S. Richter* deutlich, die bei der Suche nach prognoserelevanten Lesevoraussetzungen herausfand: »Der Unterricht entscheidet über den Einfluß der Vorerfahrungen auf den Lernerfolg« *(Richter 1993b, 293)*. Wie der erfolgreiche Unterricht aussah, und welche Faktoren den Erfolg bestimmten, wurde leider nicht dargestellt. Darauf aber käme es gerade an.

H. Brügelmann (1987c) hat Untersuchungsergebnisse zusammengefaßt, die mögliche Prädikatoren für erfolgreiches Lesen- und Schreibenlernen darstellen. Danach haben die in jüngster Zeit wieder in den Vordergrund gerückten basalen Wahrnehmungsfähigkeiten die geringste Bedeutung für erfolgreiches Lesenlernen (10%). Den stärksten Einfluß auf späteren Erfolg beim Lesen haben Aufgaben zu Einsichten in Aufbau, Funktionen und Konventionen der Schriftsprache (60–75%). Dies stärkt unsere Forderung, die Einsicht in das Prinzip unserer Buchstabenschrift in den Mittelpunkt des Erstunterrichts zu stellen.

Untersuchungen aus den USA, die auf Grund der wesentlich komplizierteren Laut-Zeichen-Korrelationen eigentlich eher den ganzheitlichen Zugriff als vorteilhaft erwarten ließen, zeigen die Bedeutung phonologischer Bewußtheit und die Wirksamkeit phonologischen Trainings. Eine Zusammenschau der Forschungsergebnisse liefert *M. J. Adams*, deren umfangreiches Buch leider nicht in deutscher Sprache vorliegt. *H. Brügelmann (1993t)* hat eine Zusammenstellung der wichtigsten Befunde und Argumente durch *Stahl/Osborn/Lehr* übersetzt und kommentiert.

Nur wenige wichtige Befunde können hier dargestellt werden.

• Leistungen in Wahrnehmungstests, die nicht auch sprachliche Fähigkeiten oder schriftbezogenes Können fordern, scheinen keine Bedeutung für den Erfolg beim Lesenlernen zu haben.

• Die Einsicht, daß die Lautsprache aus einzelnen Phonemen besteht, ist ein äußerst wichtiger Faktor zur Vorhersage von Fortschritten beim Lesenlernen.

• Wie weit Kinder Aufbau und Funktion der Schrift im Grundsatz verstehen, ist ein guter Indikator für ihre Erfolgsaussichten, lesen zu lernen.

• Umgang mit Schrift (»Spracherfahrungsansatz«) und die Verwendung von vergrößerten Büchern sind ausgezeichnete Mittel, um die Aufmerksamkeit auf Schrift zu lenken; sie sind aber weniger hilfreich als primäres Medium des Leseunterrichts selbst.

• Kinder erkennen Schrift in ihrer Alltagswelt, aber Erfahrung mit Schrift in der Umwelt scheint die Leseentwicklung nicht zu fördern, ehe ein Kind auf einzelne Buchstaben zu achten beginnt.

• Versuche, eine Passung zwischen Unterrichtsform und besonderen Wahrnehmungstypen oder -stilen herzustellen, haben sich bisher nicht als lernförderlich erwiesen.

Gewiß lassen sich diese Studien nicht einfach auf unseren Sprachraum übertragen. Es gelten im übrigen ähnliche methodische Vorbehalte wie bei den genannten deutschen Untersuchungen. Dennoch kann aus der Fülle der Forschungen schon ein gewisser Trend abgeleitet werden – und der spricht eine eindeutige Sprache zugunsten eines zielgerichteten, lautorientierten Unterrichts.

Die Kombination qualitativer Forschung, die die individuellen Lernwege aufzeigt, mit gut fundierten, ausreichend differenzierenden Vergleichsuntersuchungen auf einer ausreichenden Stichprobe bleibt leider für den Bereich der Leseforschung im deutschsprachigen Raum noch ein Wunschtraum. Betrachtet man sich das Vorhandene, dann sind allzu weitreichende Folgerungen wohl kaum zulässig. Jedenfalls läßt sich die behauptete Überlegenheit des Spracherfahrungsansatzes ebensowenig empirisch belegen wie das Gegenteil. Die Warnung vor dem schönen Glauben, das Bereitstellen genügend umfangreichen Spracherfahrungsmaterials und das Zeit-Geben für Schrifterfahrungen reiche aus, scheint jedoch nur allzu berechtigt. Der erste Punkt der »Summary« ist wohl der entscheidende:

Welchen Erfolg Leseunterricht hat, hängt nicht nur davon ab, was man tut, sondern auch von der Tiefe und Qualität des Verständnisses, das das Handeln anleitet.

Die erforderliche gedankliche Klarheit wird aber durch unsinnige, ideologische Scheingefechte eher verhindert. Was *J. S. Chall (1989)* für die USA konstatierte, gilt ähnlich für die Auseinandersetzung auch bei uns in den letzten Jahren *(Erichson 1988c)*. Dort werden Anhänger des Spracherfahrungsansatzes mit fortschrittlichen Attributen assoziiert. Solche, die systematisch aufgebaute Lehrgänge bevorzugen, werden in die konservative Ecke gestellt. Daß dies wenig mit der Realität zu tun hat, zeigen die Forschungsergebnisse. Deshalb sollte endlich Schluß sein mit dem unsinnigen Scheingefecht. Unser Blick sollte sich ausschließlich richten auf die konkreten Lernprozesse der Kinder und darauf, wie wir sie möglichst effektiv beeinflussen können, egal ob mit oder ohne Leselehrgang.

Zur Situation des Erstleseunterrichts

So der Titel einer Dissertation von *I. Herff (1993; s. a. 1994)* an der Universität Köln. Der Untertitel »Ergebnisse einer Erhebung an den Grundschulen des Regierungsbezirks Köln« markiert den empirischen Rahmen dieser regionalen Studie. Auch wenn sich die Interpretation lediglich auf eine Befragung der Lehrpersonen stützt (die Leistungen der SchülerInnen also nicht direkt erhebt, auch die evtl. unterschiedlichen Eingangsvoraussetzungen in verschiedenen Klassen, Unterrichtsstil der Lehrerin und andere Bedingungen nicht kontrolliert), führen die Befunde zu besser begründeten Hypothesen gegenüber oft zufälligen persönlichen Eindrücken. »Wie viele Schüler können zu Ende des 1. Schuljahres bisher nicht gelesene, lauttreue Wörter selbständig erlesen?« *1988/89:* 90% gegenüber (errechnet) 78% im Jahre 1969/70. Nimmt man nur die deutschsprachigen SchülerInnen, ergeben sich 93% (S. 25). Der Anteil der Nicht-LeserInnen lag bei deutschsprachigen Kindern um 7%, bei Aussiedlerkindern um 18% und bei Kindern anderer Muttersprache bei 24% (S. 28). Unter den deutschsprachigen Kindern erreichen 94% der Mädchen gegenüber knapp 92% der Jungen das Kriterium; unter SchülerInnen anderer Muttersprache liegt die Quote geschlechtsneutral bei jeweils genau 75,6% (S. 24). Die Leserquote der anderssprachigen Kinder nimmt mit ihrem Anteil in den Klassen zu, die Leserquote der deutschsprachigen dagegen ab (S. 38). Als Ursache könnten sich verschiedene Faktoren überlagern: stärkeres

Eingehen der LehrerInnen auf Sprachprobleme, wenn diese »sichtbarer« werden; anderer Einzugsbereich der Schule, d. h. schlechtere Voraussetzungen auch der deutschsprachigen SchülerInnen. Kleinere Klassen wirken sich bei ausländischen und Aussiedler-Kindern durchgängig, in rein deutschsprachigen Klassen ab 25 Kinder positiv aus (S. 31–33). Insgesamt gilt: Kleinere Klassen können höhere Anteile sprachlicher Handicaps ausgleichen (S. 42). In der 69/70er Vergleichsstichprobe lag der Klassendurchschnitt bei 37 SchülerInnen gegenüber 23 Kindern 1988/89 (S. 31) (die niedrigere Leistung damals könnte sich insofern auch aus der Gruppengröße erklären; S. 35). Entgegen der Dominanz des Spracherfahrungsansatzes in den pädagogischen Zeitschriften arbeiten weniger als 2% aller Klassen (ausschließlich) mit Eigenfibel, knapp 10% arbeiten (auch) mit Eigenfibel (vgl. die ähnlichen Ergebnisse in *Richter 1993d).* Alle so unterrichteten Kindergruppen erreichten bessere Ergebnisse als in den Fibelklassen: deutschsprachig: 94,5% zu 92,7%, AussiedlerInnen: 89,6% zu 81,6%, fremdsprachig: 79,3% zu 75,1%. Interessant schließlich die Rangliste der verwendeten Fibellehrgänge und Methoden:
25,2 % *Bunte Fibel,* 21,3 % *Lesestart,* 9,0 % *Meine Liebe Fibel,* 6,5% *CVK-Fibel,* 4,3 % *lesen, lesen, lesen,* 4,2 % *Lesebaum* ...
1,6 % *CVK-Lehrgang* (S. 57–58)
Verteilung der Methoden:

	1964/65	1969/70*	1975	1988/89
ganzheitlich	74%	68%	29%	0,4%
kombiniert	16%	–	9%	74%
synthetisch	10%	32%	62%	25%

* Damals wurden Fibeltitel, nicht praktizierte Methoden erfragt, also im Ergebnis nur »Tendenz mehr…«; außerdem waren diese 200 Versuchsklassen der Richtlinienprobung möglicherweise nicht typisch für die damalige Situation insgesamt (S. 43–44). *Hans Brügelmann*

Elmar Hengartner / Hans Röthlisberger
Rechenfähigkeit von Schulanfängern

Wir wissen längst, dass manche Kinder bei Schulbeginn schon lesen und lautgetreu schreiben, bis 100 und weiter zählen und mit Zahlen auch schon rechnen können.[1] Dennoch beginnt der Unterricht, wie er in Lehrplänen und Lehrmitteln vorgezeichnet ist, für alle am Nullpunkt: mit einer gestuften Einführung der Buchstaben und Zahlen – mit dem Lesen und erst später mit dem Schreiben einfacher Wörter, mit den Zahlen bis 5 oder 6, erst später bis 10 bzw. 20 und dem Operieren im schrittweise erweiterten Zahlenraum. Was die Kinder schon gelernt haben, wird völlig ignoriert. Alle erhalten – ungeachtet der enormen Unterschiede – in etwa die gleichen Lernaufgaben. Und diese Lernaufgaben liegen für viele Kinder auf zu tiefem Niveau.

Kinder können mehr; ihre geistigen Fähigkeiten werden vielfach unterschätzt. Dafür gibt es eine wachsende Zahl von Belegen: Eine holländische Forscherin hat Kinder am Schulanfang Testaufgaben lösen lassen und diese auch pädagogischen Experten zur Einschätzung vorgelegt. Sie stellte ein erstaunliches Auseinanderklaffen zwischen den Leistungen der Kinder und den Erwartungen der Experten fest *(van den Heuvel-Panhuizen 1990)*.

Eine Nachuntersuchung zu Schulbeginn 1992 durch *Christoph Selter,* Universität Dortmund, mit rund 900 norddeutschen Kindern und 400 Lehrerstudentinnen und Lehrerinnen deutet auf »eine z. T. frappierende Unterschätzung des geistigen Potentials der Kinder durch die Experten« *(Selter 1993)*.

An der Bundestagung für Didaktik der Mathematik 1992 berichtete *Hartmut Spiegel,* Universität Paderborn, von ungewöhnlichen rechnerischen Fähigkeiten, welche Schulanfängerinnen in klinischen Interviews zeigten. Er wies nach, dass viele Kinder das schon rechnen können, was sie im Unterricht noch symbolisch darstellen lernen.

In ähnliche Richtung weisen Unterrichtsdokumente, welche wir aus Schweizer Klassen von Lehrerinnen erhielten, die mit Materialien des Projekts »Mathe 2000« von *Erich Wittmann* und *Gerhard Müller* arbeiteten (vgl. *Wittmann/Müller 1990)*: Da hatten Kinder zum Beispiel bereits in den ersten Schulwochen Würfelspiele an der Zwanzigerreihe gespielt und ihre Spielzüge als Additionen und Subtraktionen protokolliert – »Rechnungen« im Zahlenraum bis 20, zu einer Zeit, da nach gebräuchlichen Lehrmitteln die Zahlen noch gar nicht eingeführt waren. Selbst Lehrerinnen mit langjähriger

---

1 Anregungen zu den hier vorgelegten Untersuchungen erhielten wir von *Erich Ch. Wittmann.* Hilfreiche Rückmeldungen bekamen wir von ihm, von *Marja van den Heuvel-Panhuizen,* von *Max Röthlisberger, Hans Anliker* und *Hans Brügelmann.*

Schulerfahrung zeigten sich überrascht und sahen offensichtliche Widersprüche zwischen dem, was ihre Kinder konnten, und den Auffassungen, wie sie dem von ihnen verwendeten Lehrmittel zugrunde liegen.

Solche Erfahrungen und die erwähnten Untersuchungen haben uns veranlasst, selber nachzuprüfen und die »Standorte« von Schweizer Kindern für den Mathematikunterricht zu bestimmen. Wir haben a) einige Utrechter Testaufgaben Schulanfängern vorgelegt, b) eine breite Nachuntersuchung mit den Aufgaben der Klinischen Interviews von *Hartmut Spiegel* durchgeführt und c) eine eigene Untersuchung zu den Bereichen »Geld« und »Uhrzeit« geplant. Wir berichten hier über die Testergebnisse von Schweizer Kindern mit den Utrechter Aufgaben und über Ergebnisse unserer eigenen Untersuchung. Die Darstellung der Klinischen Interviews erfolgt in einem eigenen Beitrag.

An den Untersuchungen haben Studentinnen des Pädagogischen Instituts in Basel und der Höheren Pädagogischen Lehranstalt in Zofingen (Aargau) mitgewirkt: Namentlich erwähnen möchten wir *Sabine Amsler, Brigitte Schmid* und *Janine Bossard,* welche über die Erhebung hinaus auch an der Auswertung der Ergebnisse beteiligt waren.

1. Untersuchung mit den Utrechter Testaufgaben

Diese Untersuchung mit rund 200 Schulanfängern in Basel-Stadt und im Bezirk Zofingen (Aargau) sollte Aufschluss geben, welche mathematischen Fähigkeiten Kinder bei Schuleintritt bereits besitzen und wie Schweizer Lehrerinnen die Kinder in dieser Hinsicht einschätzen. Die Ergebnisse der Schweizer Nachuntersuchung weisen ähnliche (wenn auch im Vergleich zu Holland und Dortmund etwas schwächere) Diskrepanzen zwischen Erwartung und Leistung nach. Darüber hinaus zeigen sie bedeutsame Unterschiede zwischen den Klassen sowie zwischen Mädchen und Knaben, die wir in solchem Ausmass nicht erwartet hatten.

1.1. Die Testaufgaben

Es handelt sich um Testaufgaben, welche *Marja van den Heuvel* und *Koeno Gravemeijer* im Rahmen des MORE-Projekts für die Evaluation des sog. »Realistischen Mathematikunterrichts«, der in Holland stark verbreitet ist, entwickelt haben. Dies ist ein Unterricht, welcher
a) den Erkundungen der Kinder Situationen aus dem Alltag zugrunde legt,
b) das Hauptgewicht auf die Mathematisierung solcher Situationen legt und
c) der Eigenproduktion der Kinder einen hohen Stellenwert einräumt (vgl. *van den Heuvel* und *Gravemeijer 1991, 141*).

Die für einen solchen Unterricht geschaffenen Tests sollten schon von Kindern am Schulanfang verstanden und bearbeitet werden können: Sie enthalten vor allem Zeichnungen, die sich auf konkrete Situationen aus dem Alltag und für Kinder verständliche Kontexte beziehen. Sie sollten den Kindern ermöglichen zu zeigen, was sie können – auch in Bereichen, welche im Unterricht noch nicht behandelt wurden. Aus den rund 90 Testaufgaben, welche in Holland in vier Gruppen übers 1. Schuljahr verteilt eingesetzt wurden, haben wir 15 Aufgaben für den Schulanfang verwendet. Darunter waren (irrtümlicherweise) auch Aufgaben, die erst für den Schluss der 1. Klasse gedacht waren. Ausgewertet wurden schliesslich die folgenden 13 Aufgaben *(Abbildung 1: Aufgaben 1 bis 13):*

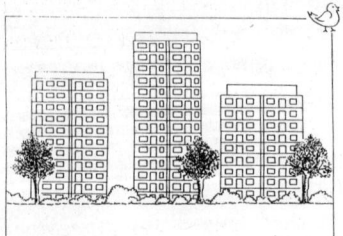

Aufgabe 1: Grösser-kleiner-Beziehung: Die Kinder sollten das höchste Gebäude ankreuzen.

Aufgabe 2: Zahlsymbole bis 5 kennen: Bei den fahrradfahrenden Kindern soll die Startnummer 3 angekreuzt werden.

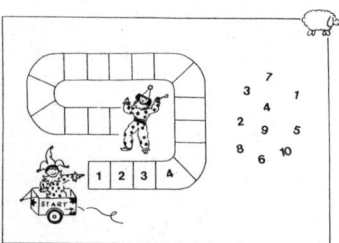

Aufgabe 3: Zählen vorwärts: Wie beim Leiterlispiel sind Felder fortlaufend numeriert, und die Kinder sollen die nächstfolgende Zahl 5 ankreuzen.

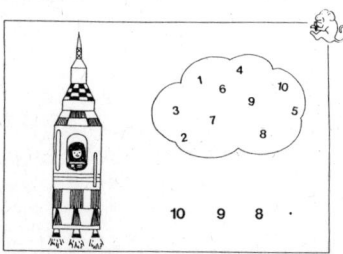

Aufgabe 4: Zählen rückwärts: Beim Countdown eines Raketenstarts wird von 10 rückwärts gezählt; die nächste Zahl 7 ist anzukreuzen.

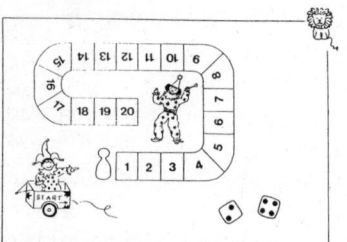

Aufgabe 5: Addieren bis 10, zählbar: Ein Spielstein soll auf dem Zahlenband nach den gewürfelten Augen 2+4 vorwärtsbewegt werden. Die Zahl des Zielfeldes wird eingekreist.

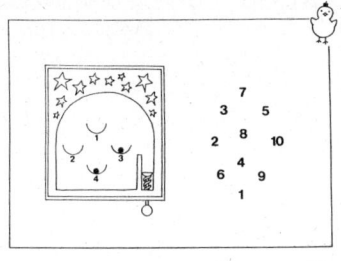

Aufgabe 6: Addieren bis 10, nicht zählbar: In einer Art Flipperkasten sind Punkte zu gewinnen. Zwei Kugeln gewinnen 3 und 4 Punkte. Wie viele Punkte sind das zusammen?

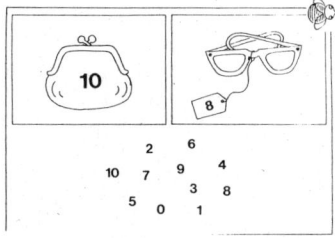

Aufgabe 7: Subtrahieren von 10, nicht zählbar: Im Portemonnaie sind anfangs 10 Franken. Die Brille kostet nach dem Preisschild 8 Franken. Die Kinder sollen ankreuzen, wieviel Geld ihnen nach dem Kauf noch bleibt.

Aufgabe 8: Subtrahieren von 15, nach Wahl und nicht zählbar: Die Kinder können den Schwierigkeitsgrad der Aufgabe durch die Wahlmöglichkeit selber bestimmen (Subtrahieren im 2. Zehner, auf 10 oder über die Zehnergrenze). Sie kreuzen an, was sie kaufen wollen und wie viele Franken noch im Portemonnaie verbleiben.

Aufgabe 9: Subtrahieren mit Zehnerübergang, nicht zählbar: Im Geldbeutel sind wiederum 15 Franken; die Lok kostet 7 Franken. Wieviel bleibt dir?

Aufgabe 10: Anzahlen (teils verdeckt) in geometrischer Anordnung erkennen: Die Büchsen sind teils gestapelt, also verdeckt. Die Kinder sollen ermitteln, wie viele es sind, und die Anzahl auf dem Zahlenband ankreuzen.

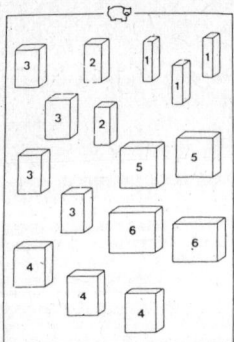

Aufgabe 11: Addieren nach eigener Wahl der Summanden: In den Schachteln sind unterschiedlich viele Kerzen. Nach eigener Wahl sollen 12 Kerzen insgesamt angekreuzt werden.

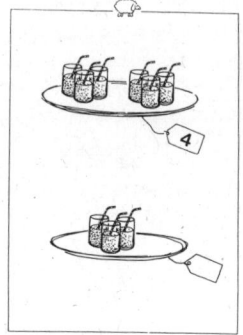

Aufgabe 12: Verhältnis von Anzahl und Preis: Aus der Preisangabe 4 Franken für 6 Gläser Eistee soll der Preis für 3 Gläser Eistee bestimmt werden.

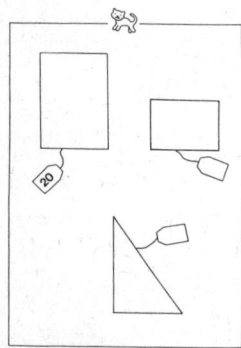

Aufgabe 13: Verhältnis von Grösse und Preis: Aus der Preisangabe 20 Franken für die grosse Pizza sollen die Preise für die kleineren Stücke angegeben werden.

Die Aufgaben 8 bis 13 waren *nicht* für Schulanfänger gedacht. Da wir sie irrtümlicherweise dennoch in unsere Aufgabenreihe aufnahmen, ergab sich die Situation, dass wir zu Beginn der Schulzeit die Standorte der Kinder im Hinblick auf den gesamten Rechenunterricht der 1. Klasse in Stichproben erfassen konnten.

1.2. Durchführung der Untersuchung
15 Testaufgaben wurden 198 Schulanfängerinnen und Schulanfängern aus elf Klassen vorgelegt, und zwar drei bis vier Wochen nach Schulbeginn. Sechs Klassen stammten aus Basel Stadt (= BS) und fünf aus dem Bezirk Zofingen (Aargau = AG). Die Durchführung der Tests in den Klassen besorgten, wie oben erwähnt, Lehrerstudentinnen aus Basel und Zofingen. Sie waren auf den klassenweisen Einsatz der Testaufgaben vorbereitet und gebrauchten dieselben schriftlich formulierten Anweisungen. Dennoch ergaben sich Unterschiede in den Durchführungsbedingungen: So etwa in der Sitzordnung der Klasse, in der den Kindern zugestandenen Bearbeitungs-

70

zeit, in der Art von Hilfen bei Fragen der Kinder. Es kam auch gelegentlich vor, dass ein Kind laut dachte oder auf das Blatt der Nachbarin hinüberschaute. Wir haben solche Unterschiede bei der Auswertung vernachlässigt, denn allfällige »Vorteile« werden mehr als aufgehoben durch den Sachverhalt, dass die Kinder häufig logische und nach ihrem Verständnis richtige Antworten gaben, welche wir trotzdem als falsch bewertet haben.

2 von 15 Aufgaben schieden nach der Durchführung aus, weil sie in einzelnen Klassen falsch verstanden oder missverständlich eingeführt worden waren; es blieben 13 Aufgaben für die Auswertung.

Erwartungen von Lehrerinnen:
Wir haben die Testaufgaben nach der Bearbeitung in den Klassen auch 61 Lehrerinnen vorgelegt und sie gebeten einzuschätzen, wie viele von 20 Kindern am Schulbeginn – also unmittelbar nach dem Kindergarten – die einzelnen Aufgaben richtig lösen könnten. Alle befragten Lehrerinnen hatten im Unterschied zur Utrechter und Dortmunder Untersuchung Unterrichtserfahrung mit Erstklässlern. Alle Lehrerinnen gehörten zur Gruppe der Praxislehrerinnen, welche im Rahmen der Lehrerbildung die schulpraktische Ausbildung betreuen. Lehrerinnen der untersuchten Kinder waren nicht dabei. Diese hätten ja die Testergebnisse ihrer Klasse gekannt. Die Ergebnisse der Einschätzungen werden im folgenden den durchschnittlichen Leistungen der Kinder gegenübergestellt.

1.3. Ergebnisse
Die Testergebnisse *(Abbildung 2)* belegen einen unerwartet hohen durchschnittlichen Stand von Schulneulingen in rechnerischen Fähigkeiten:

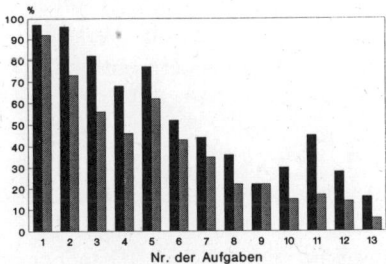

Ergebnisse - Erwartungen

Nr. der Aufgaben

Abbildung 2: Testergebnisse von 198 Erstklässlern zu den 13 Utrechter Aufgaben im Vergleich zu den Leistungserwartungen von 61 Lehrerinnen.

Vier Fünftel beherrschen das Vorwärts-Zählen, etwas weniger das Rückwärts-Zählen von 10. Fast vier Fünftel der Kinder können bis 10 addieren, wenn die Möglichkeit zum Zählen besteht, ohne Zählmöglichkeit kann das

71

die Hälfte der Kinder. Mehr als 40% der Kinder können subtrahieren von 10, ohne Zählmöglichkeit, jedoch in der konkreten Vorstellung von Geldbeträgen; jedes vierte Kind kann das auch schon mit Zehnerübergang. Einem Drittel gelingt die Anzahlbestimmung von 18 teils verdeckten Büchsen, die aus der geometrischen Anordnung teils erschlossen werden muss. Fast die Hälfte vermag bei eigener Wahlmöglichkeit der Summanden 12 als Summe zu bilden, wobei keine Gelegenheit zum Zählen besteht. Selbst die für das Ende der 1. Klasse gedachten Zuordnungsaufgaben Anzahl – Preis und Grössen – Preis werden von manchen Kindern (28% und 16%) richtig gelöst. Der Umgang mit Zahlsymbolen bis 20 scheint überdies den meisten Kindern selbstverständlich.

Im folgenden werden anhand der Ergebnisse drei Unterschiede herausgearbeitet, welche für uns zum Teil überraschend waren und die für die Praxis weitreichende Konsequenzen haben.

1.3.1. Die Kluft zwischen Erwartung und Leistung

Den Unterschied zwischen Erwartung und Leistung hatten wir aufgrund der eingangs zitierten Untersuchungen erwartet; ihn zu überprüfen, war ein Motiv unserer Nachuntersuchung an einer relativ kleinen Gruppe von Pädagoginnen. In 12 von 13 Aufgaben unterschätzen die Lehrerinnen und Lehrer die in den Aufgaben erfassten arithmetischen Fähigkeiten der Kinder; nur in einer Aufgabe – Subtraktion mit Zehnerübergang – entsprechen sich Erwartung und Leistung. Am meisten unterschätzt werden die Kenntnis der Zahlen und das Zählen einerseits und die komplexeren Leistungen der Aufgaben 10 bis 13 andererseits: das geometrische Vorstellungsvermögen in der Aufgabe 10, die Fähigkeit zum fortlaufenden Addieren selbst gewählter Zahlen in der Kerzen-Aufgabe 11 sowie das Verständnis für proportionale Zuordnungen in der Eistee-Aufgabe 12 und der Pizza-Aufgabe 13.

Zweimal gehen die Lehrerinnen und Lehrer also von zu tiefen Erwartungen aus: einmal am Schulanfang bei der Einführung der Zahlen, was dann zum üblichen kleinschrittigen Erweitern der Zahlen führt; später im Verlauf des ersten Mathematikunterrichts wieder, wenn sie den Kindern nur einfache Additions- und Subtraktionsaufgaben, nicht aber komplexere Problemstellungen zutrauen.

Freilich müssen wir die Erwartungen der Lehrerinnen im Hinblick auf das ganze Spektrum der Testergebnisse mit weit auseinanderliegenden Extremen betrachten, um sie besser zu verstehen. Wir haben für je eine Extremgruppe von 20 Kindern die Ergebnisse zusammengestellt: Die 20 Kinder mit den tiefsten Punktzahlen lösten nur 2 oder 3, vereinzelt 4 Aufgaben richtig; jene mit den besten Ergebnissen aber 11, 12 und ein Kind sogar alle 13 Aufgaben richtig. Dieser unglaubliche Unterschied zwischen Kindern, welche über die Ziele des 1.- Klass-Unterrichts schon hinaus sind, und Kindern, welche kaum die Voraussetzungen für den Anfangsunterricht mitbringen, ist Lehrerinnen und Lehrern vermutlich bewusst. Da die schwächeren Kinder sie aber vor das schwierige Problem stellen, wie sie diese im Unterricht überhaupt erreichen und fördern können, beginnen sie den Unterricht möglichst voraussetzungslos, damit alle folgen können. Leistungsstärkere Kinder stellen keine solchen Probleme; für sie kann umgekehrt eher der Unterricht zum Problem oder gar einem Hemmnis werden, wenn er keine Herausforderungen für sie bereithält.

Folgt der Unterricht zudem noch einem eher kleinschrittig konzipierten Lehrmittel, das zur Konzentration auf die Vorlage für einen »Durchschnittsschüler« verleiten kann, dann stellt sich nur noch die Frage, ob die Kinder die ihnen gestellten Aufgaben begriffen haben und welche Hilfen allenfalls notwendig sind – nicht mehr aber, wo die einzelnen Kinder denn stehen und ob die angebotenen Aufgaben für sie überhaupt sinnvoll sind. Diese Hintergründe können erklären, warum Lehrerinnen die Rechenfähigkeit zu tief einschätzen: weil sie ihre Unterrichtsplanung zu Recht auf alle Kinder, besonders auch auf jene mit geringen Voraussetzungen, abzustimmen gewohnt sind. Die Gruppe der Leistungsstärkeren tritt dann als Planungsproblem weniger ins Bewusstsein. Die Einschätzungen der Schweizer Lehrerinnen und Lehrer liegen allerdings weit über jenen ihrer holländischen und norddeutschen Kolleginnen. Dies hängt nicht nur mit der unterschiedlichen Art der Erhebung, sondern auch mit der Auswahl zusammen: Wir haben nur Pädagoginnen, welche in der Lehrerausbildung verantwortlich mitwirken, nach ihrer Einschätzung gefragt.

1.3.2. Unterschiede zwischen den Klassen

Ein Ergebnis, das uns sehr überrascht hat, sind die teils enormen Unterschiede zwischen den Klassen. Wir hatten sie in diesem Ausmass lediglich zwischen den Kindern einer Klasse, nicht aber zwischen den Klassen selbst erwartet. In den vier Tabellen der folgenden *Abbildung 3* sind die Unterschiede für vier ausgewählte Aufgaben dargestellt und mit den im vorangehenden Abschnitt diskutierten Lehrererwartungen in Beziehung gesetzt:

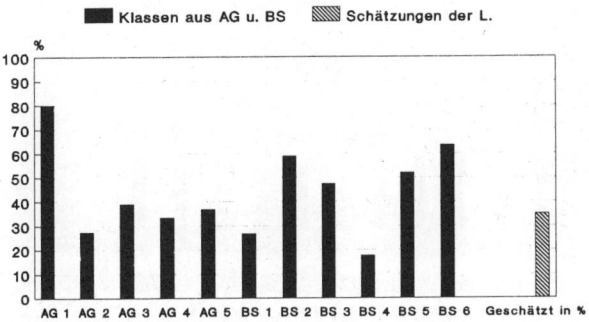

Unterschiede zwischen Klassen
Aufgabe 7

Unterschiede zwischen Klassen
Aufgabe 9

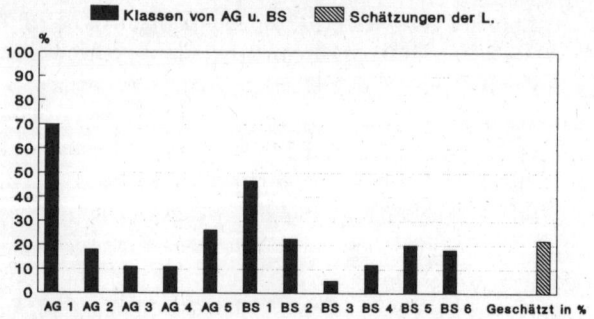

Unterschiede zwischen Klassen
Aufgabe 10

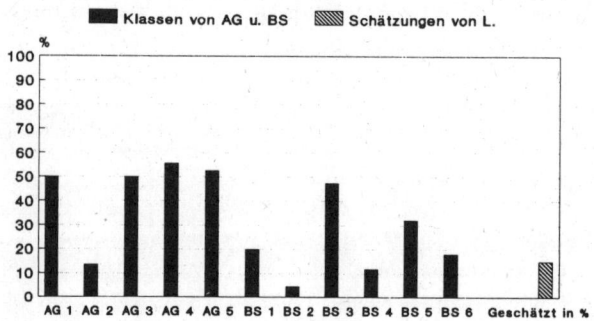

Unterschiede zwischen Klassen
Aufgabe 11

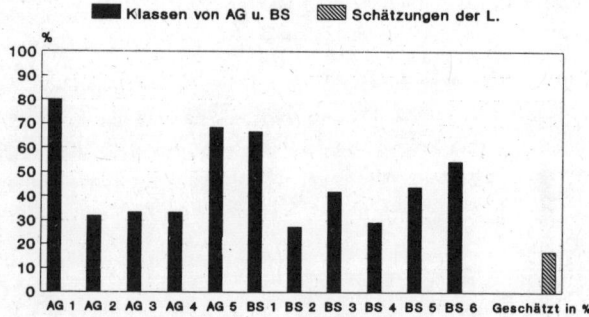

Abbildung 3: Die Leistungsunterschiede zwischen den 11 untersuchten Klassen und die Erwartungen der Lehrerinnen an vier Aufgabenbeispielen.

Die Subtraktionsaufgabe 7 lösen in der Klasse AG 1 vier von fünf Kindern richtig gegenüber nur einem von fünf Kindern in Klasse BS 4. Und die Erwartungen der Lehrerinnen entsprechen in etwa den Leistungen von fünf Klassen, liegen aber massiv unter den Leistungen fünf anderer Klassen.

In der Subtraktionsaufgabe 9 mit Zehnerübergang haben wir oben eine Übereinstimmung von Erwartung und Leistung festgestellt; die Unterschiede zwischen den Klassen relativieren diese Feststellung: fünf Klassen würden in der realen Unterrichtssituation eher überschätzt, zwei aber massiv unterschätzt.

Noch extremer sind die Diskrepanzen bei der Büchsen-Aufgabe 10; da werden sechs Klassen stark unterschätzt, während für die anderen fünf Klassen die Erwartungen in etwa zutreffen. Und in der Kerzen-Aufgabe 11 liegen zwar alle Klassen über den recht tiefen Erwartungen der Lehrerinnen, was sich aber für verschiedene Klassen unterschiedlich auswirken dürfte.

Diese Ergebnisse sind beruhigend und beunruhigend zugleich: beruhigend für Lehrerinnen und Lehrer, die leistungsschwache Klassen unterrichten. Für sie kann das Wissen entlastend sein, dass grosse Leistungsunterschiede zwischen den Klassen bereits am Schulbeginn bestehen, also nicht durch ihren Unterricht bedingt sein müssen. Beunruhigend sind die Ergebnisse aber vor folgendem Hintergrund: Bezugsgruppe der Lehrerin ist die einzelne Klasse; für Leistungserwartung und -beurteilung sind primär klasseninterne Maßstäbe wirksam. Wenn nun eine Klasse mit hohem Leistungsniveau einer Lehrerin gegenübersteht, deren Erwartungen u. U. noch weit unter den durchschnittlichen Werten liegen, kann dies verhängnisvolle Wirkungen haben: Falls sie ihre Einschätzungen nicht verändert, werden vorhandene Fähigkeiten vieler Kinder gehemmt und zurückgebunden auf das Niveau der Erwartungen; der Unterricht wird nivellierend statt förderlich sein. (Vgl. dazu die weit zurückliegende Untersuchung von *Rosenthal/Jacobson 1968*, dt. 1971: Pygmalion im Unterricht. Weinheim: Beltz.)

1.3.3. Unterschiede zwischen Mädchen und Knaben

Wir haben solche Unterschiede nicht erwartet und in den zuerst untersuchten Klassen das Geschlecht gar nicht erfasst; darum beziehen sich die folgenden Ergebnisse auf eine kleinere Anzahl Kinder (N = 144 in *Abbildung 4 auf der folgenden Seite*).

Die Knaben unter den Schulanfängern haben Aufgaben in grösserer Anzahl richtig gelöst als die Mädchen – aber nicht durchwegs. Bei den Aufgaben zur Grösser-kleiner-Beziehung, zum Kennen der Zahlsymbole und zum Zählen vorwärts und rückwärts sind die Unterschiede kaum nennenswert. Sie treten deutlicher zutage bei allen Aufgaben, welche ein Operieren mit Zahlen erfordern; doch sind sie je nach Art und Kontext der jeweiligen Aufgabe unterschiedlich ausgeprägt. So sind etwa die Leistungen der Mädchen in der Kerzen-Aufgabe, wo nach eigener Wahl zu zwölf aufsummiert

Nachuntersuchung Utrecht

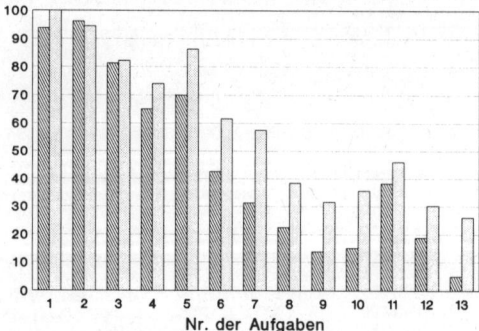

Abbildung 4: Vergleich der Ergebnisse von Mädchen und Knaben in den 13 Utrechter Testaufgaben.

werden soll, denen der Knaben näher als etwa in der Büchsen-Aufgabe 10 oder der Aufgabe 13 mit ihren geometrischen Komponenten.

Wir beschränken uns auf die Feststellung, dass es geschlechtsspezifische Unterschiede am Schulanfang gibt – auch beim Geld und den Uhrzeiten haben wir sie gefunden. Bei einer Interpretation solcher Unterschiede muss man sehr vorsichtig sein: Eine Durchsicht von Untersuchungen zum Thema gab nicht nur ein uneinheitliches Bild der Ergebnisse, sondern auch eine Fülle sich widersprechender Erklärungen. Wir vermuten, dass die Unterschiede u. a. die Folge unterschiedlicher Erwartungen sind, welche Mädchen und Knaben zum Beispiel seitens der Eltern erfahren. Die Zürcher Untersuchungen von *G. Stöckli* zum Thema »Vom Kind zum Schüler«, in welchen auch die Elternerwartungen sowie die Erfolgs- und Misserfolgszuschreibungen gegenüber Knaben und Mädchen im Rechnen erhoben wurden, bestärken uns in dieser Vermutung *(Stöckli 1992).*[1]

Weiterführende Interpretationen und Folgerungen, die wir aus den Ergeb-

---

1 *Marja van den Heuvel-Panhuizen* hat uns zu den in der Schweizer Nachuntersuchung festgestellten Unterschieden zwischen Mädchen und Knaben die folgenden Überlegungen mitgeteilt: »With respect to the found between girls and boys. I think it has also something to do with the kind of problems. Girls often do not allow themselves to explore a situation and are not used to rely on their own knowledge. Most of the items, however, require this. A large scale research conducted in the Netherlands concerning the mathematical abilities halfway and at the end of the primary school pointed out that girls were better in the traditional bare problems. I think girls are in way the victims of their adaptable character. They like to do their best in schools, which means that they like to do what the teacher is asking from them. I think teachers and parents should be more aware of this. As far as the assessment is concerned, I think we should look for problems that offer girls better opportunities to show what they are capable of. Apart from contexts to which girls are more familiar with I think for girls it is very important that the tasks have latitude, like choice tasks and own production. Item 11 about the candles, is an example of this and here you see that the discrepancy between the girls and the boys is rather small.«

nissen der Utrechter Nachuntersuchung gewonnen haben, werden in Abschnitt 3 beschrieben. Zunächst soll über unsere Untersuchung zu Geld und Uhrzeiten berichtet werden, die wir mit den gleichen Erstklässlern zwei bis drei Monate später durchführten.

2. Untersuchung zum Geld und zu Uhrzeiten

Für die Planung einer eigenen Untersuchung zu Geld und Uhrzeiten gab es mehrere Gründe:

a) Die Ergebnisse der Utrechter Testaufgaben hatten gezeigt, dass die »Standorte der Kinder« im Hinblick auf den Mathematikunterricht höher waren als erwartet. Unter den 13 Testaufgaben standen fünf im Zusammenhang mit Geld. Es blieb unklar, welche Bedeutung diesem Kontext zufällt.

b) Es gab vereinzelt Berichte aus der Praxis über erstaunliche Rechenfähigkeiten von Kindern im konkreten Kontext von Alltagssituationen. Eine Lehrerin hatte z. B. den Kindern für die Basler Herbstmesse Münzbeträge von je 5 Fr. gegeben, was sie an Messeständen und auf Bahnen frei ausgeben durften; in der Schule wurde diese Situation anschliessend nachgespielt. In der Realsituation hatten die Kinder Münzbeträge bis zu 5 Fr. mühelos addiert und ergänzt – dies zu einem Zeitpunkt, da nach offiziellem Lehrmittel die Zahlen erst bis 6 eingeführt waren. Hier stellt sich die Frage, ob denn in konkreten Kontexten die arithmetischen Fähigkeiten der Kinder sozusagen bereichsspezifisch *(Bauersfeld)* viel weiter entwickelt sein könnten als in der von alltäglichen Kontexten abgehobenen Zahlenwelt. Für die Nachprüfung solch bereichsspezifischer Entwicklungen wählten wir die Geldwelt und die Uhrzeiten.

c) Ein dritter Grund für diese Untersuchung lag in den geschlechtsspezifischen Unterschieden bei den Utrechter Testergebnissen sowie in den klinischen Interviews: Wir wollten nachprüfen, ob sich solche Unterschiede zwischen Mädchen und Knaben beim Kennen von Geld und Uhrzeiten und beim Operieren damit wieder zeigen würden.

2.1. Methode und gewählte Aufgaben

Als Methode wählten wir die halbstandardisierte Form des klinischen Interviews: Die Einzelbefragung der Kinder schien uns geeignet, mehr in Erfahrung zu bringen durch die Möglichkeit, nachfragen zu können, unterschiedlich viel Zeit zu lassen und das individuelle Verhalten der Kinder besser zu beobachten. Die halbstandardisierte Abfolge der Aufgaben sollte die Auswertung und den Vergleich der Ergebnisse sichern. Die Fragen für den Bereich Geld umfassen sechs Aufgaben mit Kleingeld bis zu 1 Fr. und sechs Aufgaben mit Münzen und Noten von 1 Fr. bis 100 Fr.

Untersuchungsteil GELD
Jedem Kind werden die Aufgaben einzeln gestellt
Aufgaben mit Münzen von 5 Rp. bis 1 Fr.

Material: vier 5 Rp., fünf 10 Rp., fünf 20 Rp., zwei 50 Rp., fünf 1 Fr. – dazu Säckchen mit einer wachsenden Anzahl Gummibären

1 »Sortiere die Geldstücke. Weisst du, wie sie heissen?«
2 »Ich muss telefonieren; wechsle bitte diesen Fr. in kleineres Geld.«
3 Sechs Gummibären: »Gib mir dafür 30 Rp.«
4 Zwölf Gummibären: »Gib mir dafür 60 Rp.«
5 Siebzehn Gummibären: »Gib mir dafür 85 Rp.«
6 Pack Gummibären: »Gib mir dafür 1 Fr. 30 Rp.«

Aufgaben mit Münzen und Noten von 1 bis 100 Fr.

Material: fünf 2 Fr.- und zwei 5 Fr.-Stücke, fünf 10 Fr.-, fünf 20 Fr.-, zwei 50 Fr.-Noten und eine 100 Fr.-Note; dazu Stofftierchen und Puppen mit Preisschildern

7 »Sortiere das Geld. Weisst du, wie die Geldstücke und die Noten heissen?«
8 Stofftier A mit Preisschild: »Gib mir dafür 8 Fr.«
9 Stofftier B mit Preisschild: »Gib mir dafür 13 Fr.«
10 Puppe C mit Preisschild: »Gib mir dafür 19 Fr.«
11 Puppe D mit Preisschild: »Gib mir dafür 32 Fr.«
12 Puppe E mit Preisschild: »Gib mir dafür 85 Fr.«

Eine 13. Aufgabe war offen, und es stand alles Geld zur Verfügung: »Du kannst irgendeinen Geldbetrag legen, aber du musst sagen können, wieviel das ist. Was könntest du damit kaufen?«

Unmittelbar im Anschluss an diese 12 Aufgaben wurden den Kindern die folgenden Fragen zur Uhrzeit gestellt:

Untersuchungsteil UHRZEITEN
Es wird eine Schuluhr verwendet, bei welcher sich beim Drehen des grossen Zeigers der kleine mitbewegt.
1. Volle Stunden erkennen: Es werden die folgenden Uhrzeiten eingestellt mit der Frage: »Wie spät ist es?«

2 Uhr   3 Uhr   5 Uhr   10 Uhr   7 Uhr

2. Volle Stunden nach Glockenschlag einstellen: Auf dem Klangstab werden die folgenden Stunden geschlagen, und das Kind stellt die Stunden ein:

1 Uhr   2 Uhr   4 Uhr   9 Uhr   6 Uhr

3 Die Uhr zeigt 2 Uhr:

2 h später?
3 h später?
1/2 h später?
1/4 h später?
3/4 h später?

4 Die Uhr zeigt 7 Uhr

2 h früher?
3 h früher?
1/2 h früher?
1/4 h füher?
3/4 h früher?

78

Die Aufgaben zu Geld und Uhrzeit wurden den gleichen Kindern gestellt, welche die Testaufgaben aus Utrecht ám Schulbeginn gelöst hatten. Sie hatten zum Zeitpunkt, da die klinischen Interviews aufgenommen wurden, zwei bis drei Monate Unterricht besucht. Nach Lehrmittel und Lehrplan waren weder das Geld noch die Uhrzeiten im Unterricht thematisiert worden; nur in einer Klasse hatten die Kinder die Uhrzeiten im Kinderreim »Morgens früh um sechs, kommt die kleine Hex; morgens früh um sieben usw.« kennengelernt.

Zur Aufnahmesituation ist anzumerken, dass sie für die Kinder recht ungewohnt war: Sie wurden aus dem Klassenzimmer geholt, in ein anderes Zimmer geführt, von zwei Studentinnen dort empfangen, befragt und erst noch mit einer Videokamera gefilmt.

Im nachhinein sind uns zwei kritische Punkte bewusst geworden: Beim *Geld* wäre es günstiger gewesen, die Aufgaben mit grösseren Geldbeträgen über 1 Franken den Münzbeträgen voranzustellen. Und bei den *Uhrzeiten* wäre es besser gewesen, statt der vielen Fragen zu ganzen Stunden auch das Ablesen und Einstellen von halben und viertel Stunden zu fordern.[1]

2.2. Ergebnisse zum Geld
Die Übersicht über die Anzahl richtig gelöster Aufgaben in *Abbildung 5a und b* zeigen, dass viele Erstklässler das Geld schon kennen und mit Münzen und Noten operieren können.

Ergebnisse zum Geld

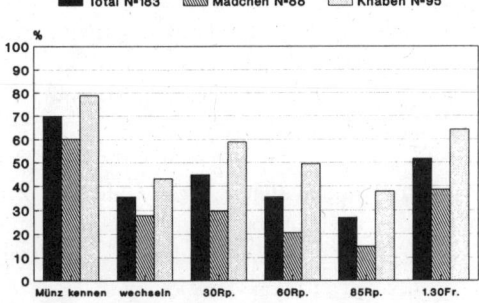

Abbildung 5a: Wie viele Kinder am Schulanfang die Münzen bereits kennen und verschiedene Münzbeträge bilden können.

---

1 *Marja van den Heuvel* hat zu den Geld- und Uhrzeitaufgaben vorgeschlagen, sie offener und näher an Alltagssituationen zu formulieren, um herauszufinden, was Kinder bereits von ihrer ausserschulischen Erfahrung her kennen und wissen. Sie schlägt zum Beispiel vor, ein den Kindern allseits bekanntes Fernsehprogramm zu nehmen und sie zu fragen:»Kannst du an der Uhr zeigen, wann das beginnt? Weisst du, wie lange die Sendung dauert? Kannst du zeigen, wann sie fertig ist?« – Noch offener wäre die Aufgabe, sich ein Programm für ein Geburtstagsfestchen auszudenken und einen Zeitplan mit Hilfe einer Uhr sich vorzustellen.

Zwei Drittel der Kinder kennen die Münzen und fast drei Viertel die Geldnoten. Jedes dritte Kind kann einen Franken in Kleingeld wechseln, wobei als Wechselgeld am häufigsten zwei Fünfziger und fünf Zwanziger vorkommen. Es gab auch Kinder, die eine besonders anspruchsvolle Lösung mit verschiedenartigen Münzen wählten. Beim Wechseln und bei allen Münz- und Notenbeträgen waren Operationen mit Geldwerten nötig, da kein einziger Betrag mit nur einer Münze oder Note gelegt werden konnte.

Ergebnisse zum Geld

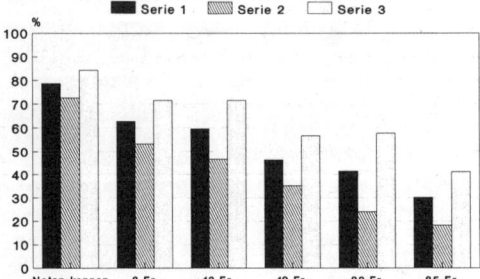

Abbildung 5b: Wie viele Kinder am Schulanfang bereits die Geldnoten und grosse Münzen kennen und mit ihnen Beträge bilden können.

Interessant ist, dass die Kinder mit Franken bessere Ergebnisse erzielten als mit Rappen: Fast zwei Drittel können 8 Fr. oder 13 Fr. legen, aber nur ein Drittel 60 Rp.! Diese Frankenbeträge liegen im Zwanzigerraum, die Rappenbeträge im Hunderterraum – das ist eine mögliche Erklärung. Es könnte auch der unterschiedliche Vertrautheitsgrad von Franken und Rappen eine Rolle spielen (85 Fr. werden etwas besser gelegt als 85 Rp.).

Innerhalb der Münz- und Notenbeträge nehmen die Leistungen mit zunehmender Höhe ab. Eine Ausnahme ist 1.30 Fr., was die Kinder besser als alle anderen Münzbeträge zu bilden vermochten. Dies könnte damit zusammenhängen, dass 1 Fr. problemlos ist und für die 30 Rp. sich nach vier Münzaufgaben ein Lerneffekt einstellt.

Aus der Beobachtung der Kinder beim Bilden von rund 1800 Geldbeträgen können folgende Vermutungen über die *Schwierigkeit der Aufgaben* formuliert werden: Sie hängt ab a) von der Anzahl Münzen und Noten, die man braucht (85 Rp. ist schwieriger als 1.30 Fr.), b) von ihrer Verschiedenartigkeit (Hinzuzählen gleicher Werte war leichter als Operieren mit unterschiedlichen Werten) sowie c) von der Vertrautheit der Geldstücke (am wenigsten vertraut war der Fünfziger, was sich für 60 Rp. und 85 Rp. ausgewirkt hat).

Ausdrücklich sei nochmals betont, dass die Kinder in unserer Untersuchung mit Münzen und Noten von 5 Rp. bis 50 Fr. operierten, um Geldbeträge zwischen 30 Rp. und 85 Fr. zu legen – und zwar zu einem Zeitpunkt, da die Kinder der anderen Klassen in Basel und im Aargau nach offiziellem Lehrmittel erst die Zahlen 0 bis 6 kennen und damit rechnen gelernt hatten, noch ohne Notation mit Symbolen! Angesichts der von den Kindern erbrachten Leistungen scheint das kleinschrittige Vorgehen nach dem Lehrmittel eher kindfremd und hemmend. Konsequenzen ziehen wir in Abschnitt 3.

2.3. Ergebnisse zu den Uhrzeiten

Mit den Uhrzeiten untersuchten wir die Standorte der Kinder in einem ganz andersartigen Grössenbereich: Die Aufgaben forderten hier weniger ein Operieren mit Werten als das Verstehen von Konventionen beim Ablesen ganzer Stunden, beim Selber-Einstellen ganzer Stunden und beim Sich-Vorstellen von Zeitverschiebungen vorwärts und rückwärts um volle, halbe und viertel Stunden. Dabei war stets eine Schuluhr mit Ziffern vor den Augen der Kinder. Es wurde hier also überprüft, wieweit die Kinder Zeitangaben auf analogen Uhren verstehen, welche sozusagen in zwei runden endlosen Skalen, die übereinanderliegen, zwei verschiedenartige Zeitangaben für die Stunden (12- bzw. 24teilig) und für die Minuten (60teilig) enthalten, denen der grosse und kleine Zeiger zuzuordnen sind. Wir erfragten also in erster Linie, wieweit die Kinder mit dieser überaus komplexen Konvention der Zeitangabe schon umgehen können.

Ergebnisse zur Uhrzeit

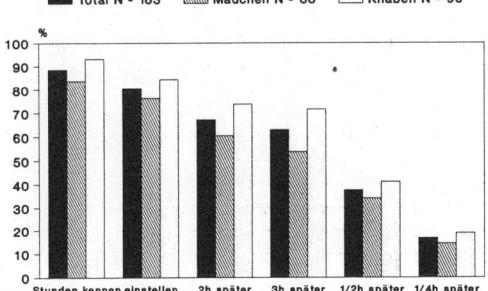

Abbildung 6a: Wie viele Kinder in der 1. Klasse bereits volle Stunden ablesen, nach Glockenschlag einstellen und zeitliche Verschiebungen sich vorstellen können.

Wir stellten fest *(Abbildung 6a und b)*: Fast 90% der Kinder können die ganzen Stunden ablesen, und 80% können sie entsprechend dem Glockenschlag auch selber einstellen. Gelegentliche Verwechslungen des kleinen und grossen Zeigers – kleiner Zeiger auf zwölf und grosser Zeiger auf die gewünschte ganze Stunde! – wurden im Laufe der Aufgabenserie zum Selber-Einstellen korrigiert, da nach falsch gelöster Aufgabe von der Versuchsleiterin richtig nachgestellt wurde. – Zwei Drittel der Kinder können mit ganzen Stunden auch operieren, d. h. in der Vorstellung Zeitverschiebungen von zwei bis drei Stunden »vorwärts« bestimmen; nahezu gleich viele können das auch »rückwärts« im Sinne von früher. Jedes dritte Kind kann sich auch »eine halbe Stunde später« richtig vorstellen und jedes vierte »eine halbe Stunde früher«. Bei viertel Stunden geht die Anzahl richtiger Antworten stark zurück – das können nur noch wenige sich vorstellen.

Ergebnisse zur Uhrzeit

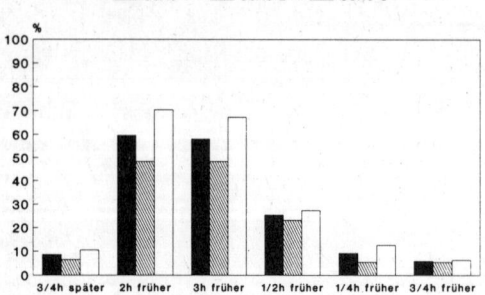

Abbildung 6b: Wie viele Kinder in der 1. Klasse sich bereits Zeitverschiebungen im Sinne von »früher« vorstellen können.

Ergänzend zu den referierten Ergebnissen sei angemerkt, dass sich auch bei den Uhrzeiten wie beim Geld wieder dieselben enormen Unterschiede zwischen den einzelnen Klassen zeigten wie bei den Utrechter Testaufgaben. Und es ergaben sich auch wiederum deutliche geschlechtsspezifische Unterschiede zugunsten der Knaben – beim Geld interessanterweise ausgeprägter als bei den Uhrzeiten. Wir verzichten hier auf die Wiedergabe von Einzelheiten, weil uns an den Ergebnissen ein anderer Aspekt wichtiger erscheint, nämlich die Bedeutung der Erfahrungswelt der Kinder für den ersten Mathematikunterricht.

2.4. Folgerungen zu Geld und Uhrzeiten

Mit Geld und Uhrzeiten sind Alltagsbereiche angesprochen, welche in den bei uns gebräuchlichen Lehrmitteln kaum Thema des ersten Mathematikunterrichts sind. Nach verbreiteter Auffassung sollen die Kinder ja zuerst die Zahlen kennen und mit ihnen operieren lernen. Erst zu einem späteren Zeitpunkt folgen, als Anwendungsfeld sozusagen, das Rechnen mit Geld, das Kennenlernen der Uhrzeiten, das Messen von Längen, das Ablesen des Thermometers oder die Orientierung auf dem Kalender.

Die Ergebnisse legen ein anderes Vorgehen nahe: Im Alltag haben die Kinder in vielen Grössenbereichen Erfahrungen gesammelt, Kenntnisse erworben und Vorstellungen gewonnen. Knüpft der erste Mathematikunterricht daran an, gelingt es den Kindern leichter, von einem an konkrete Situationen gebundenen Verständnis allmählich zur formaleren mathematischen Ausdrucksweise zu gelangen im Sinne einer »fortschreitenden Schematisierung« *(Treffers 1991).* Dies ist auch das Anliegen des eingangs erwähnten »realistischen Mathematikunterrichts« der Holländer. Beim Geld sollte man übrigens – entgegen der jetzigen Praxis – zuerst die Franken und erst dann das Kleingeld thematisieren; und bei den Uhrzeiten empfiehlt sich anfangs eine Beschränkung auf ganze und halbe Stunden.

Eine zweite Folgerung ist eine veränderte Einschätzung des vor- und ausserschulischen Lernens. Wie soll man sich den Erwerb so breiter Kenntnisse, wie wir sie vorgefunden haben, vorstellen? Bei den Uhrzeiten z. B. können wir davon ausgehen, dass fast alle Kinder während der Vorschulzeit sehr vielfältige und sich immer wiederholende Lerngelegenheiten in Familie und Kindergarten über lange Zeiträume hinweg antreffen. Die Uhrzeiten spielen ja in ihrem Alltag ständig eine bedeutsame Rolle. In zahllosen Situationen bauen die Kinder ein wachsendes Verständnis auf, konstruieren einen Sinn mit der Uhr und den Uhrzeiten. Wann, in welcher Art und auf welchen Umwegen sie das tun, erschliesst sich nur der aufmerksamen Beobachterin. Man kann es sich anders kaum erklären, wieso viele Schulanfänger etwas so Schwieriges und Kompliziertes wie die Uhrzeiten schon in erstaunlichem Masse verstehen; das lässt sich in so frühem Alter kaum lehren. Eltern sollte man darauf aufmerksam machen, wie wichtig es ist, in allen Bereichen auf Verstehens-Versuche der Kinder zu achten und sie durch interessiertes und beteiligtes Zuhören, nicht aber durch vorschnelle Belehrung zu unterstützen.

3. Folgerungen

Die mathematischen Fähigkeiten vieler Schulanfänger werden unterschätzt. Die grossen Unterschiede zwischen den Klassen haben zur Folge, dass die Unterschätzung im einen Fall geringer, bei leistungsstarken Klassen aber ganz massiv sein kann. Der Grund der Fehleinschätzung liegt weniger bei den einzelnen Lehrkräften als vielmehr – wie zahlreiche Lehrmittelvorlagen zeigen – in einer tradierten Auffassung, wonach der Mathematikunterricht praktisch bei Null zu beginnen habe. Und da Lehrmittel im Mathe- matik- unterricht wie in kaum einem anderen Fach einen zentralen Stellenwert haben, geschieht es leicht, dass Lehrerinnen und Lehrer sich stärker an der verbindlichen Vorlage als an den aktuellen Fähigkeiten der Kinder orientieren. – Folgerungen aus unserer Untersuchung für den Mathematikunterricht fassen wir in drei Punkten zusammen: Sie betreffen die Erwartungen, die Inhalte und die Auffassung vom Lernen.

3.1. Standorte der Kinder bestimmen – Erwartungen an die Kinder überprüfen

Dies folgt unmittelbar aus dem Sachverhalt, dass zahlreiche Kinder zu mehr fähig sind, als erwartet wird, und dass die Unterschiede zwischen ihnen und zwischen den Klassen enorm sind. Lehrerinnen können sich weder auf Lehrmittelvorlagen noch Lehrpläne verlassen, auch nicht auf eigene und fremde langjährige Praxis. Man muss die Standorte der Kinder in jeder

Klasse selber nachprüfen. Dafür braucht man Aufgaben mit Vergleichsergebnissen, wie sie zum Beispiel aus Utrecht vorliegen.

Standorte bestimmen meint aber etwas ganz anderes als »Testen«: Es geht nicht um ein quantitatives Einordnen der Kinder und der Klasse im Vergleich zu anderen. Es geht aber auch nicht um die Diagnose unterschiedlicher Lernvoraussetzungen, um darauf abgestimmt das Lernangebot zu differenzieren; dies scheint uns weder notwendig noch realistisch. Ziel von Standortbestimmungen ist es, sich über die mathematischen Fähigkeiten der Kinder einer bestimmten Klasse ins Bild zu setzen, um a) die Kinder gezielter zu beobachten und ihnen genauer zuzuhören, d. h. um ihre Lernwege besser zu verstehen, und um b) ganzheitlichere und komplexere Aufgaben, welche für alle Kinder Anreize bringen, besser zu begründen.

Untersuchungen wie die vorliegende sollten auf andere Themenbereiche und auf die folgenden Klassenstufen ausgedehnt werden. Sie sind eine notwendige Voraussetzung und Grundlage für Standortbestimmungen in den einzelnen Klassen.

3.2. Die Lernaufgaben anreichern

Schulanfänger sind keine Lernanfänger, auch nicht in Mathematik. Wenn Kinder im Umgang mit Zahlen, mit dem Geld und den Uhrzeiten schon so viel gelernt haben, wie unsere Ergebnisse zeigen, ist es ein grosser Fehler, quasi bei Null zu beginnen. Man sollte nicht in einem pränumerischen Teil auf etwas vorbereiten, was viele schon können, oder den Zahlenraum künstlich auf 6 begrenzen, wenn die Kinder ihn schon bis 20 und darüber »erorbert« haben. Der erste Mathematikunterricht muss an vorhandene Fähigkeiten anknüpfen und den Kindern Anregungen geben, sie selber weiterzuentwickeln.

Da nun aber die Unterschiede zwischen den Kindern und den Klassen so gross sind, geht das gar nicht anders als mit einem Angebot an reichhaltigen und komplexeren Aufgaben, welche auch den schwächsten Kindern einen Zugang öffnen und eine Vielfalt von Tätigkeiten auf unterschiedlichem Niveau zulassen. Wir haben zum Beispiel in mehreren Klassen einen Schulstart mit solchen Aufgaben ausprobiert und aus Vorschlägen des Projekts »Mathe 2000« rund 15 Spielformen bereitgestellt. Diese dienten der ganzheitlichen Orientierung im Zahlenraum bis 20 vom ersten Schultag an. Sie erforderten unter anderem Vorwärts- und Rückwärtsbewegungen auf der Zahlenreihe. Die Tätigkeiten der Kinder reichten vom einfachen Abzählen bis hin zur Notation der Bewegungen als Rechnungen. Man kann dieses Vorgehen als ganzheitlich und eher großschrittig bezeichnen. Innerhalb strukturierter Aufgaben – und es gibt sie für den gesamten Mathematikunterricht in den Handbüchern von *Wittmann* und *Müller* – können die Kinder von verschiedenen Standorten aus einen eigenen Zugang zu einem mathematischen Tätigkeitsfeld finden. Dazu eignen sich vor allem auch Aufgaben mit Bezug zur Alltagswirklichkeit, wie unsere Ergebnisse mit Geld und

Uhrzeiten nahelegen. Hier können die Kinder ihre bereits erworbenen Kenntnisse ins Spiel bringen und sich das nehmen, was sie für ihre weitere Entwicklung brauchen. Wenn reichhaltige Aufgaben eine Vielfalt von Lerntätigkeiten zulassen, öffnet der Mathematikunterricht mehr Möglichkeiten der Anpassung an die unterschiedlichen Fähigkeiten der Kinder. Und er bietet bessere Chancen, dass durch die bisherige Lerngeschichte bedingte Nachteile etwa bei Mädchen ausgeglichen werden.

3.3. Lernen als aktiv-konstruktives Tun begreifen

Die buchstäblich unerwarteten Kenntnisse, die wir bei Kindern am Schulanfang nachweisen konnten, legen nahe, Lernen als ein konstruktives Tun der Kinder zu begreifen, durch welches sie vor aller schulischen Belehrung Teile des Mathematik-Curriculums selbstgesteuert erwerben. Unsere Ergebnisse stützen ein Verständnis von Lernen als aktiver Sinnkonstruktion in der Auseinandersetzung mit Alltagssituationen, in denen den Kindern mathematische Inhalte begegnen. Und da dieses Lernen offensichtlich so erfolgreich ist, müsste es auch in der Schule mehr Gewicht bekommen. Systematische Belehrung nach gestuften Lehrgängen begünstigt dagegen eher ein passives Nacharbeiten gemeinsam entwickelter Schritte und gefährdet vermutlich das aktiv-entdeckende Lernen. Was Kinder auf eigenen Wegen und in individueller Weise gelernt haben, wird durch nochmaliges schrittweises Erarbeiten mit der Klasse nicht nur entwertet, sondern auch empfindlich gestört, wenn nicht gar blockiert. Die Kinder müssen ihre Lernwege nämlich verlassen und den Weg der Lehrerin oder des Lehrmittels neu sich aneignen.

Oft wird gesagt, dass die schwächsten Schülerinnen und Schüler aber klare Anleitung oder gar Rezepte benötigen. Wir vermuten, dass dies nicht stimmt: Für sie ist es besonders schädlich, die eigenen, wenn auch noch so einfachen Konstruktionen zu verlassen und »Rezepte« zu lernen, wie man etwa Rechnungen mit Zehnerübergang ausrechnet. Bewegliche Kinder können sich leichter davon wieder lösen bzw. die gezeigten Methoden mit den eigenen in Verbindung bringen. Schwächere Kinder bleiben starrer an ein gezeigtes Verfahren gebunden und finden weniger leicht zum eigenen Weg des Verstehens zurück, welcher der einzig mögliche ist. (*Szeminska* hat dies bei den Untersuchungen zum Zahlbegriff gemeinsam mit *Piaget* beobachtet.)

Alle Kinder müssen Gelegenheit haben, ihren eigenen Weg zu gehen. Wir fordern für alle Kinder, gerade auch für die schwächeren, ein Recht auf eigenes Denken. Dazu bedarf es einer veränderten Unterrichtskultur: Nicht mehr Belehren und schrittweises Entwickeln sind wichtig. Vielmehr sollte die Lehrerin Aufgaben klar einführen, sozusagen den Rahmen abstecken und Regeln erklären, um dann den Kindern Freiraum für eigene Entdeckungen zu geben. Damit gewinnt die Lehrerin Raum, die Kinder vermehrt zu beobachten, ihnen zuzuhören und den Austausch unter den Kindern anzuregen. So wird es auch leichter möglich, auf bereits vorhandene geistige Fähigkeiten der Kinder aufmerksam zu werden und den Unterricht darauf abzustimmen. Unsere Arbeit möchte zu diesem Ziel beitragen.

Gastkommentar von *Freimut Wössner:* Versuch eines nicht gerade klinischen Interviews zur Mathematisierung von Alltagssituationen (DM-Bereich).

Marja van den Heuvel-Panhuizen
Leistungsmessung
im aktiv-entdeckenden Mathematikunterricht

1. Einleitung

Die Aufgabenstellungen, die für die Leistungsmessung[1] verwandt werden, sollten stets mit den Zielen und Prinzipien des Unterrichts vereinbar sein. So kann man sich sicher nicht auf *Multiple-Choice-Tests* beschränken, wenn man das *aktiv-entdeckende Lernen* als obersten Grundsatz der Unterrichtsgestaltung verfolgt, denn solche Tests können keineswegs alle Lernziele aktiv-entdeckenden Mathematikunterrichts abprüfen. Zudem versagen sie vollkommen, wenn die *Entwicklung* der Kinder festgehalten werden soll. Gezielte Beobachtungen und Gespräche hingegen erlauben es, die Vorgehensweisen der Schüler aufzudecken und sie darüber hinaus zur Reflexion über ihre Strategien anzuregen. Indem man seine Fragen an den Handlungen und Äußerungen der Kinder orientiert, kann man einiges über ihre Kompetenzen erfahren. Herkömmliche Formen der *schriftlichen* Leistungsmessung sind hier bei weitem nicht so flexibel und informativ.

2. Nachteile herkömmlicher Tests

Die *Abb. 1* zeigt einen Ausschnitt aus einem Test, den die Schüler in einem vorgegebenen Zeitraum lösen müssen.

1	2	3	4
1 + 6 = ...	8 - 4 = ...	7 + 2 = ...	8 - ... = 7
2 + 7 = ...	9 - 3 = ...	... + 3 = 5	6 - 5 = ...
6 + 3 = ...	4 - 0 = ...	4 + ... = 6	... - 4 = 3
8 + 0 = ...	10 - 6 = ...	5 + ... = 8	... - 9 = 6
6 + 2 = ...	5 - 5 = ...	9 + 1 = ...	10 - ... = 9
3 + 5 = ...	7 - 6 = ...	... + 8 = 9	7 - 3 = ...
4 + 4 = ...	3 - 2 = ...	3 + ... = 7	3 - ... = 2
0 + 9 = ...	6 - 3 = ...	... + 4 = 9	... - 2 = 3
5 + 1 = ...	2 - 1 = ...	... + 5 = 6	... - 5 = 3
7 + 3 = ...	10 - 9 = ...	6 + ... = 10	9 - ... = 5

Abb. 1

In den vier Spalten findet sich jeweils ein spezieller Aufgabentyp mit von links nach rechts steigendem Schwierigkeitsgrad: In den ersten beiden

---

1 Gekürzte Übersetzung des Aufsatzes »Realistic Arithmetic/Mathematics Instruction and Tests«, erschienen in *Koeno Gravemeijer/Marja van den Heuvel/Leen Streefland (1990):* Contexts, Free Productions, Tests and Geometry in Realistic Mathematics Education. Utrecht: OW&OC, S. 53–78. Übersetzung durch *Stefanie Plapp* (Universität Bremen), *Hans Brügelmann* (Universität Siegen) und *Christoph Selter* (Universität Dortmund)

Spalten wird jeweils im Zahlenraum bis 10 zuerst addiert und dann subtrahiert. Bei den Aufgaben in der dritten bzw. der vierten Spalte muß nur noch manchmal das Ergebnis ermittelt werden, und statt dessen wird in der Regel die Bestimmung eines fehlenden Summanden, Minuenden oder Subtrahenden verlangt. Im weiteren folgen dann entsprechend aufgebaute Serien zur Addition und zur Subtraktion in den Zahlenräumen bis 20 bzw. bis 100. Derartige Tests leiden an zwei großen Nachteilen. Erstens werden lediglich die *Resultate* erhoben, und es wird kaum etwas über die Lösungs*strategien* ausgesagt. Das hat zur Folge, daß

• falsche Folgerungen über das geistige Potential der Kinder gezogen werden können; richtige Antworten sind nämlich eventuell durch Raten entstanden;
• zu wenig Informationen über die Voraussetzungen und die Erfolge des Unterrichts gewonnen werden können; so erfährt man beispielsweise wenig über das Vorwissen der Schüler und ihre informellen Lösungsmethoden;
• es schließlich fast unmöglich ist, die Schwierigkeiten der Schüler zu diagnostizieren; wenn man sich nämlich darauf beschränkt, lediglich die Ergebnisse zu sammeln, nicht jedoch die Vorgehensweisen zu erhellen vermag, so kann man nur schwerlich die Probleme und »Fehlvorstellungen« der Schüler aufdecken.

Der zweite Nachteil solcher Tests besteht darin, daß ihr Einsatzgebiet und ihre Aussagekraft stark eingeschränkt sind:
• Sie sind begrenzt auf solche Inhalte, die leicht abgeprüft werden können.
• Außerdem wird den Kindern nicht zugestanden, zu zeigen, wozu sie in der Lage sind; vielleicht könnten fehlende Kompetenzen ja durch andere ausgeglichen werden, die im Test gar nicht behandelt werden.
Auf der anderen Seite haben schriftliche Tests natürlich den unschätzbaren Vorteil, daß eine ganze Klasse ohne großen Aufwand in relativ kurzer Zeit getestet werden kann. Auch aktiv-entdeckender Mathematikunterricht sollte daher auf schriftliche Formen der Leistungsmessung nicht verzichten, allerdings stets anstreben, daß diese mit dem zugrundeliegenden Lehr-/Lernverständnis vereinbar sind.

3. Alternativen

In den Niederlanden haben die Nachteile herkömmlicher schriftlicher Tests inzwischen zur Einführung neuer Testinstrumente für die Sekundarstufe II geführt, die gleichzeitig mit den neuen Lehrplänen entworfen worden sind. Da es zu weit führen würde, diese im Detail zu beschreiben, werde ich mich darauf beschränken, die fünf Leitideen für deren Entwicklung zu wiederholen:
• Die Tests sollten für die Schüler eine Hilfe darstellen und ihren Lernprozeß förderlich begleiten; keinesfalls sollte sich die Leistungsmessung darauf beschränken, am Ende des Lehr-/Lernprozesses abzutesten, ob eine Fertigkeit bzw. ein Wissenselement vorhanden ist.

• Die Tests sollten es den Schülern ermöglichen, ihre Kompetenzen zu demonstrieren, und weniger darauf abzielen, ihre Defizite zu diagnostizieren *(positives Testen).*

• Die Testaufgaben sollten das Spektrum der Lernziele möglichst umfassend abdecken; die individuellen Lösungsstrategien der Schüler können dabei viel aufschlußreicher sein als lediglich die Ergebnisse ihrer Rechnungen.

• Die Testaufgaben sollten unbedingt von guter Qualität sein; die Objektivität der Testresultate ist dagegen ein nachgeordneter Anspruch.

• Die Tests müssen im Unterricht ohne großen Aufwand durchzuführen sein.[1]

4. Das MORE-Projekt

Diese Leitideen waren im sog.»MORE-Projekt« bei der Suche nach besseren Testinstrumenten für die Grundschule von großer Bedeutung. In diesem Projekt wurden verschiedene Unterrichtskonzeptionen verglichen – im wesentlichen die sogenannte *realistische* und die traditionelle *mechanistische* Methode.[2] Um die Frage nach den Erfolgen des Unterrichts zu beantworten, mußten u. a. die Lernresultate der Schüler gesammelt werden. Da nicht weniger als vierhundert Kinder beteiligt waren, erschienen schriftliche Tests als unverzichtbar. Das größte Problem des Projektes bestand darin, daß herkömmliche Tests die bereits angeführten Nachteile aufweisen. Daher mußten alternative Tests entwickelt werden, die

• das gesamte Spektrum der Lernziele abdeckten;

• den Kindern die Möglichkeit gaben, zu zeigen, was sie konnten;

• Informationen über Fähigkeiten und Strategien erbrachten;

• im Unterricht einfach durchzuführen waren.

Ich werde diese Punkte nun im Detail beschreiben und durch Beispiele für das erste und zweite Schuljahr illustrieren. Zwar war es unser Bestreben, allen Bedingungen weitestmöglich gerecht zu werden, doch war es nicht immer möglich, sämtliche Kriterien zu erfüllen.

5. Einfache Durchführbarkeit

Wie bereits erwähnt, sollte der Test im Unterricht ohne großen Aufwand durchgeführt werden können. Die Kinder müssen dazu auf Anhieb wissen, was von ihnen erwartet wird. Nicht vertraute Aufgabentypen erfordern nämlich in der Regel eine Reihe von Erläuterungen, was die Durchführung

---

1 Vgl. *de Lange 1987,179–181.*

2 In den Niederlanden wird die Unterrichtskonzeption, die sich der *aktivistischen Grundposition* des Lernens verschreibt, aus hier nicht darzustellenden Gründen »*realistischer Mathematikunterricht*« genannt und in diesem Beitrag stets – aufgrund der mit dem Begriff »realistisch» möglicherweise einhergehenden Mißverständnisse – mit »aktiv-entdeckender Mathematikunterricht« übersetzt. Das traditionelle – aus der *passivistischen Grundposition* gedachte – Verständnis von Lernen und von Unterricht spiegelt sich im sog. *mechanistischen Mathematikunterricht* wider.

erschwert. Im MORE-Projekt haben wir daher versucht, Aufgaben zu konstruieren, die mit einem Minimum an Erklärungen bearbeitet werden können. Die Aufgaben sollten also keinesfalls ausführliche mündliche oder schriftliche Anweisungen erforderlich machen, denn dieses könnte eher in einen Test des Lese- oder des Hörverständnisses ausarten. Die in den Schulbüchern üblicherweise verwendeten Sprachformen und Verfahren sollten ebenfalls ausgeschlossen werden. Statt dessen haben wir nach selbsterklärenden Aufgaben Ausschau gehalten, die, außer einem Minimum an Erläuterungen, um die Idee zu vermitteln, keine zusätzlichen Informationen benötigen. Drei Beispiele sollen dieses Leitprinzip im folgenden illustrieren.

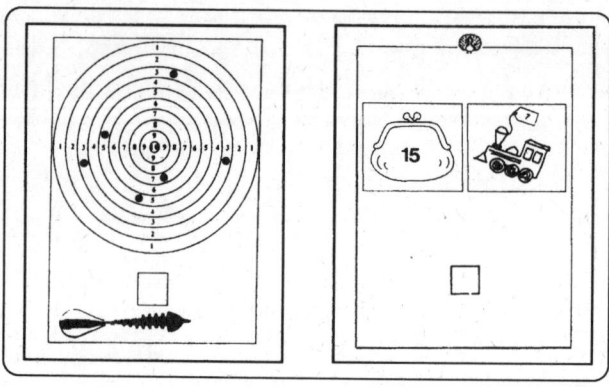

Abb. 2 und 3

Die erste Aufgabe *(Abb. 2)* zeigt ein Wurfspiel, bei dem Pfeile auf ein Brett geworfen werden müssen. Die Schüler sollen die Gesamtzahl der erzielten Punkte ermitteln. Obwohl das Bild weitgehend selbsterklärend ist, reicht es in jedem Fall in Verbindung mit der Frage aus, damit die Kinder sofort die Aufgabenstellung erfassen. Das Gleiche gilt für die Aufgabe *(Abb. 3)*, bei der die zugehörige Frage lautet: »Wie viele Gulden behältst du über?« Jedes Kind versteht, daß eine Spielzeugeisenbahn gekauft wurde und daß das Bild ihren Preis sowie den Betrag des in der Börse befindlichen Geldes zeigt.

Noch ein Beispiel *(Abb. 4):* »Auch wenn du nicht alle Dosen sehen kannst, weißt du, wie viele es sind?« Hierbei handelt es sich zwar um eine einfache Frage, doch nicht unbedingt um eine einfache Problemstellung, denn ihre Beantwortung erfordert mehr, als nur die sichtbaren Dosen zu zählen.

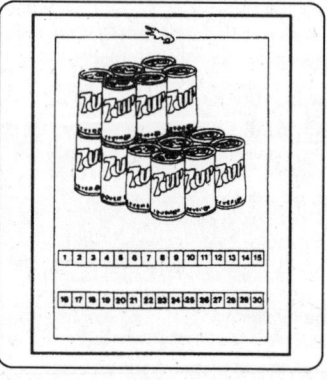

Abb. 4

6. Abdecken sämtlicher Lernziele

Neben gewöhnlichen Aufgabenserien *(Abb. 5)* sollten auch andere Inhaltsbereiche des Mathematikunterrichts berücksichtigt werden, wie etwa ordinaler oder kardinaler Zahlaspekt, Verhältnisrechnung oder Geometrie. Bei einem Testitem bezüglich des ordinalen Zahlaspekts werden die Kinder beispielsweise gebeten, Wartenummern, wie sie oft in Behörden und Geschäften benutzt werden, der Größe nach von links nach rechts anzuordnen *(Abb. 6)*.

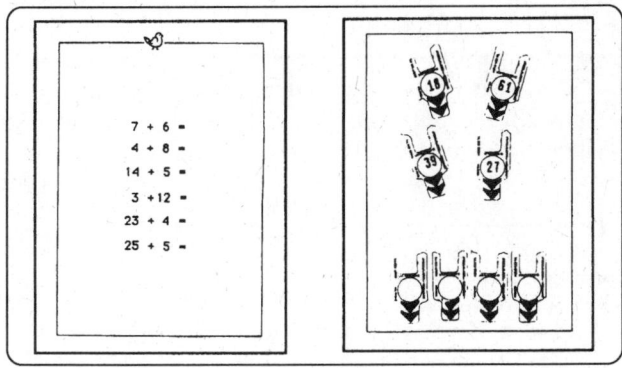

Abb. 5 und 6

Die Aufgabenstellung in der *Abb. 7* thematisiert den Bereich »Proportionalität«, indem sie, ausgehend vom gegebenen Preis für sechs Gläser, fragt: »Wie viele Gulden kosten drei Gläser Saft?«

Und in der folgenden »Geometrie-Aufgabe« *(Abb. 8)* müssen die Kinder herausfinden, auf welchen Plätzen die Würfelfiguren jeweils gestanden haben könnten.

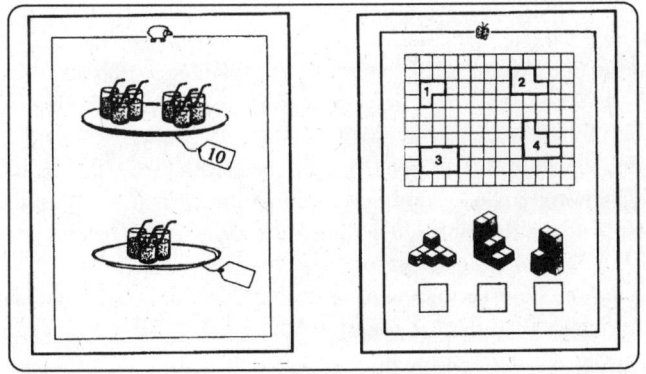

Abb. 7 und 8

Das gesamte Spektrum abzudecken, bedeutet jedoch nicht notwendigerweise, jedes Lernziel isoliert abzutesten. Es ist im Gegenteil viel wichtiger, daß die verschiedenen Bereiche auch im Rahmen gemeinsamer Sinnkontexte auf eine natürliche Weise abgeprüft werden. Bei der Aufgabe mit den Fischen auf der Gardine *(Abb. 9)*, die im übrigen der Aufgabe mit den Dosen sehr ähnlich ist *(vgl. Abb. 4)*, werden die Kinder gefragt, ob sie die Anzahl der Fische ermitteln können, obwohl die Katzen die Sicht versperren. Diese Aufgabe verlangt nicht nur ein bloßes Abzählen, sondern auch Kompetenzen im Bereich der Geometrie sowie der Verhältnisrechnung.

Ein weiteres Beispiel für die Vernetzung verschiedener Inhaltsbereiche stellt die nächste Aufgabe dar *(Abb. 10)*. Die Information, daß ein Keks zwanzig Cent kostet, wird vorgegeben, und es wird nach dem Preis der anderen beiden Kekse gefragt. Natürlich müssen die Schüler hierbei wiederum rechnen, aber auch die geometrischen Kompetenzen und die Einsicht in Proportionalität sind hier ebenfalls von Bedeutung.

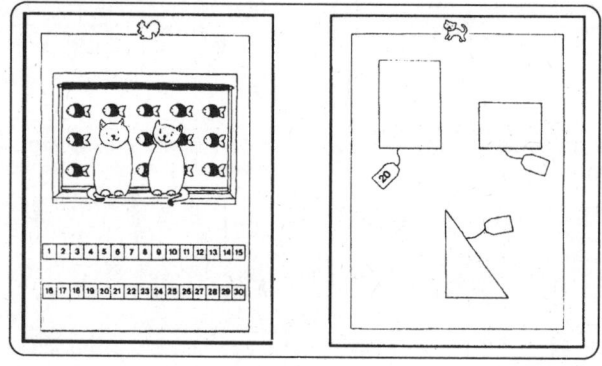

Abb. 9 und 10

Es ist nicht nur erforderlich, daß Testaufgaben – integriert oder getrennt – *verschiedene Inhaltsbereiche* abdecken, sondern es ist darüber hinaus unverzichtbar, daß sie auch *unterschiedliche Schwierigkeitsgrade* bei der Anwendung der Mathematik auf die Realität bieten und dazu u. a. die Analyse des Problems, die Auswahl der entsprechenden Daten oder das Beschaffen fehlender Informationen forden.

Aufgaben, die keiner weiteren Analyse bedürfen, weil ihre Darstellung schon die benötigten Daten und Verfahren vorgibt, können als Aufgaben mit niedrigem Anforderungsniveau gelten. Schwierige Aufgaben hingegen verlangen ein hohes Maß an selbstgesteuertem Vorgehen.

Ein Beispiel mit niedrigem Schwierigkeitsgrad stellt die Aufgabe dar *(Abb. 11)*, in der der Preis für einen Jogging-Anzug berechnet werden soll. Ohne großen Erklärungsaufwand kann man aus dem Bild und der Frage erkennen, daß die Zahlen addiert werden müssen. Die nächste Aufgabe hingegen weist einen vergleichsweise hohen Schwierigkeitsgrad auf *(Abb. 12)*. Dreißig Schüler sollen ein Geschenk erhalten; in jedem Korb befinden sich neun Geschenke. Die Rechenoperation ist zunächst nicht vorgegeben, und auch bloßes Ausrechnen liefert keine zufriedenstellende Antwort (etwa: »30 : 9 = 3 Rest 3«).

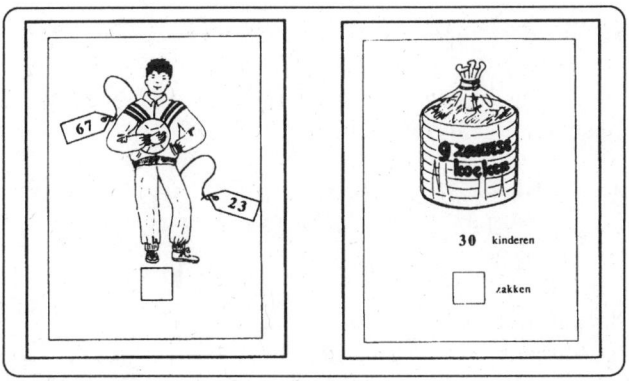

Abb. 11 und 12

Anwenden bedeutet mehr, als Bilder in Aufgaben zu übersetzen, wie im nächsten Beispiel deutlich wird *(Abb. 13)*. Die Aufgabe thematisiert eine Fahrradtour von einem Ort zu einem anderen und wieder zurück. Auf dem Hinweg soll an dem abgebildeten Schild angehalten werden. Die Frage lautet, wie viele Kilometer von da ab noch zurückgelegt werden müssen.

Die übrigen beiden Leitprinzipien – Gelegenheit für die Kinder, ihre Kompetenzen zu zeigen (positives Testen) und Informationen über ihre Strategien – sind von zentraler Bedeutung bei der Suche nach Alternativen für schriftliche Tests. Obwohl ich beide Punkte getrennt voneinander darstellen möchte, wird ihre enge Verbindung schnell offensichtlich.

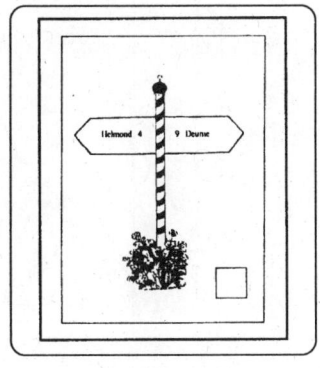

Abb. 13

7. Positives Testen

Will man den Kindern Gelegenheit geben, ihre Kompetenzen zu zeigen, sollte dies auf verschiedene Weisen geschehen, damit sowohl schwache als auch starke Schüler davon profitieren können. Die folgenden Leitideen sind hierbei besonders bedeutsam:

• der Gebrauch anregender und vertrauter Kontexte;

• Aufgaben, die Bearbeitungen auf verschiedenen Niveaus erlauben;

• Anregung eigener Beiträge der Kinder, etwa durch Ermunterung zu Eigenproduktionen oder durch Auswahlmöglichkeiten.

Bislang wurde eine Reihe von Beispielen vorgestellt, die auf *Kontexten* basierten, die aus der Erfahrungswelt der Kinder stammen, wie etwa auch das Beispiel in *Abb. 14:* Hier wird im »Hausnummern-Kontext« die Fähigkeit getestet, in Zweierschritten zu zählen, indem die Kinder aufgefordert werden, die Zahlenfolge zu vervollständigen.

Ein anderes Beispiel bezieht sich auf die Situation »Einkaufen« *(Abb. 15),* in der Geld in seiner Funktion als ein vertrautes Modell eingesetzt wird. Kinder, denen die Rechenaufgabe »100 – 85« als zu schwer erscheint, können sie mit Hilfe von Rechen-

Abb. 14

geld lösen. Wenn man im selben Test die bloße Rechenaufgabe »100 – 85« zusätzlich noch kontextfrei bearbeiten läßt, so kann man feststellen, ob das Kind Geld als Anschauungsmaterial benötigt *(Abb. 16).*

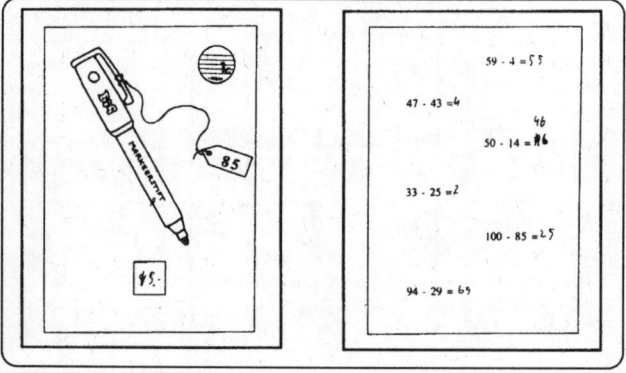

Abb. 15 und 16

Testaufgaben sollten – wie bereits erwähnt – auf unterschiedlichen Niveaus bearbeitet werden können, wie es etwa bei der nächsten Aufgabe (*Abb. 17*) möglich ist. Hier wurden zwei Würfel geworfen, und die Frage lautet: »Wohin muß die Spielfigur gesetzt werden?« Die Kinder, die noch nicht wissen, daß 2 + 4 = 6 ist, können die Lösung beispielsweise finden, indem sie die Punkte auf den Würfeln abzählen.

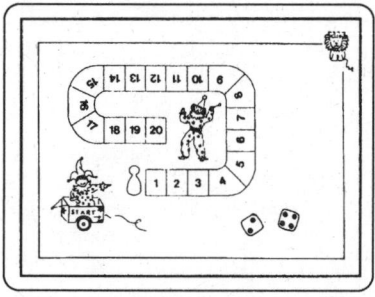

Abb. 17

Eine weitere Aufgabe, bei der Lösungen auf unterschiedliche Weisen erzielt werden können, ist die »Bonbonaufgabe«, bei der 36 Bonbons gerecht an drei Kinder zu verteilen sind (*Abb. 18a*). Für Schüler, die erst seit einigen Monaten das zweite Schuljahr besuchen, handelt es sich um eine recht anspruchsvolle Problemstellung. Im MORE-Projekt zeigte sich jedoch mehr als die Hälfte der Kinder in der Lage, eine korrekte Lösung anzugeben. Die *Abb. 18b* zeigt beispielhaft, wie die Kinder dabei vorgingen.

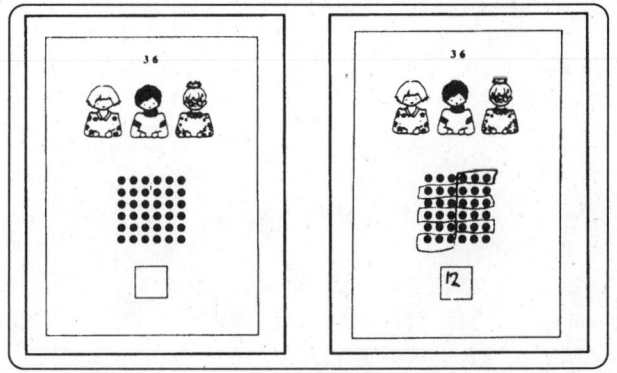

Abb. 18a und b

Da die Kinder selbst entscheiden können, wie sie die Aufgabe bearbeiten und wie sie ihren Lösungsweg dokumentieren, werden ihnen zahlreiche Gelegenheiten geboten, zu zeigen, wozu sie fähig sind. Dies kann auf sehr unterschiedliche Weisen geschehen.

Ein Weg besteht darin, Testaufgaben zu stellen, bei denen es mehr als eine richtige Antwort gibt, so daß die Schüler viele verschiedene Lösungen entdecken können. Bei der folgenden Aufgabe etwa *(Abb. 19a)* sollen die Kinder zwölf Kerzen kaufen. Dabei können sie frei wählen, welche Schachteln, die eine jeweils unterschiedliche Anzahl von Kerzen beinhalten, sie dazu verwenden.

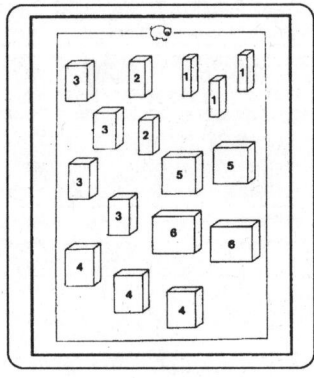

Abb. 19a

Erneut zeigt sich, daß ein Test viel aussagekräftiger wird, wenn man den Kindern viel Spielraum gibt, um eigene Lösungswege zu gehen *(Abb. 19b und c)*.

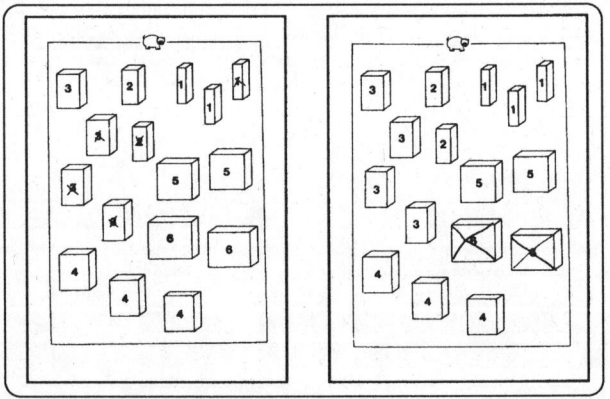

Abb. 19b und c

In diesem Zusammenhang sind auch die sog. *Wahlaufgaben* von Bedeutung, bei denen die Auswahlmöglichkeit direkt in die Aufgabe eingebaut ist. Bei den folgenden Aufgaben können die Kinder selbst entscheiden, was sie kaufen möchten. Da sie von den Schülern auf ganz unterschiedlichen

Niveaus bearbeitet werden können, läßt ihre Auswahl Rückschlüsse auf ihre Kompetenzen zu. Natürlich kann auch die Vorliebe für ein bestimmtes Objekt bei der Entscheidung eine Rolle spielen. In unserer Untersuchung traf aber eine ganze Reihe von Kindern bei verschiedenen Aufgaben jeweils eine vom Schwierigkeitsgrad vergleichbare Auswahl: Ein Kind beispielsweise wählte jeweils einen Gegenstand aus, der weniger als fünf Gulden kostete *(Abb. 20a und b)*, während ein anderes sich in beiden Fällen für einen Gegenstand entschied, der mehr als 5 Gulden kosten sollte *(Abbildung 20c und d)*.

Abb. 20a und b

Abb. 20c und d

Nebenbei bemerkt: Bei der ersten Aufgabe fehlte versehentlich das Zahlzeichen für die »10« *(vgl. Abb. 20a)*. Ein Schüler fügte jedoch selbst die fehlende »10« hinzu *(Abb. 20e)*, während ein weiterer nach einigem Zaudern schließlich einen anderen Gegenstand wählte *(Abb. 20f)*.

Der geeignetste Weg, Kinder dazu zu bringen, ihre Kompetenzen zu zeigen, besteht darin, Eigenproduktionen anzuregen, wie etwa bei der Problemstellung, einen Keks auf vier verschiedene Arten in zwei gleich große Hälften zu teilen *(Abb. 21)*. Bei einer anderen Aufgabe werden die Kinder aufgefordert, mit Hilfe von vier vorgegebenen Zahlen (3, 4, 8 und 20) möglichst viele Aufgaben zu erfinden *(Abb. 22a)*.

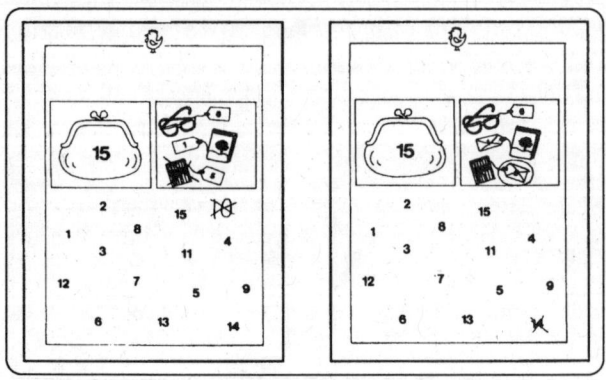

Abb. 20e und f

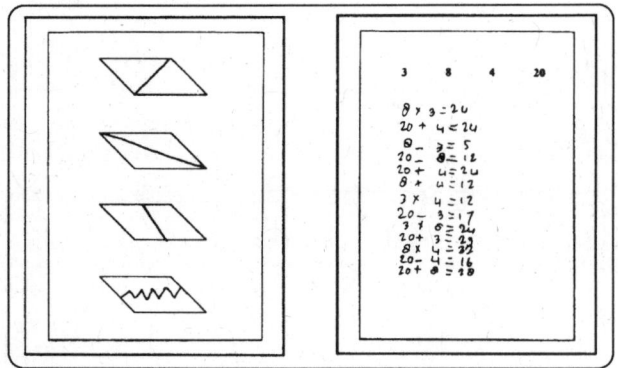

Abb. 21 und 22a

Wie aus der *Abb. 22b (auf der folgenden Seite)* ersichtlich ist, war ein Kind am Ende der vierten Klasse sogar in der Lage, eine Aufgabe mit negativem Ergebnis zu produzieren. Etwas einfacher ist es, zu einer vorgegebenen Zahl möglichst viele Aufgaben zu erfinden, die eben diese Zahl als Ergebnis aufweisen. Ein Kind arbeitete hier ganz systematisch *(Abb. 23a)* und bildete zuerst fünfzehn Minusaufgaben, die durch operative Variation auseinander hervorgingen, bevor es abschließend noch zwei Plusaufgaben notierte.

Ein anderer Schüler dachte sich – weniger systematisch, aber auch nicht weniger einfallsreich – eine Plus-, drei Mal- und vier Minusaufgaben aus *(Abb. 23b)*. Eigenproduktionen können auch Aufschlüsse über Schwierigkeiten der Kinder geben, die man wohl kaum entdecken würde, wenn man

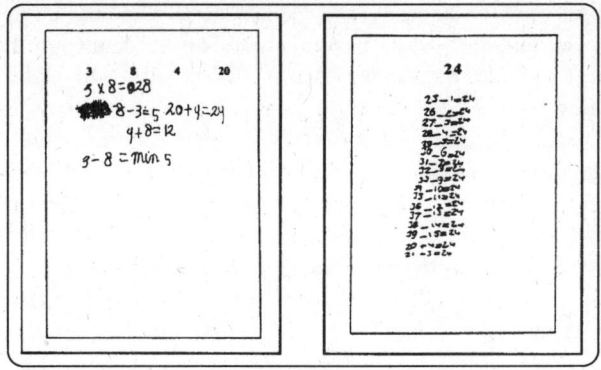

Abb. 22b und 23a

sich – wie in traditionellen Tests – darauf beschränkte, die Endergebnisse danach zu klassifizieren, ob sie richtig oder falsch sind. Man beachte beispielsweise den falschen Gebrauch des Gleichheitszeichens, wie er in der *Abb. 23c* deutlich wird.

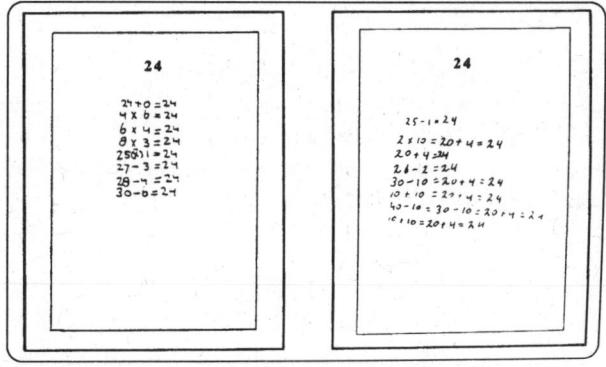

Abb. 23b und c

Eigenproduktionen geben aber nicht nur Aufschlüsse über die Kompetenzen der Schüler, sondern sind auch eine Art Spiegelbild über den bisherigen Unterricht. Und ein weiterer Vorteil des Einsatzes von Eigenproduktionen besteht darin, daß sie in hervorragender Weise als Ausgangspunkt der Reflexion und der Diskussion im Unterricht genutzt werden können.

Es ist zweifelsohne eine berechtigte Frage, inwieweit sich die Einordnung in Notenskalen angesichts der Heterogenität der Schülerlösungen als schwierig erweist. In der Tat kann es sich hier um ein Problem handeln, aber es *muß* nicht, wenn man sauber unterscheidet zwischen zwei Arten von Informationen, die dieser Test liefert, nämlich quantitativen und qualitativen Informationen.

Die *quantitative* Information ist die Anzahl der korrekten Antworten, die man als einen Indikator für den Leistungsstand nutzen kann. Die Testaufgaben geben aber auch qualitative Informationen, die sich nicht für eine objektive Bewertung eignen. Häufig kann man nicht mit letzter Sicherheit beurteilen, ob eine Strategie richtig oder falsch ist. Aber das spielt in diesem Fall auch keine Rolle, da die Daten eine ganz andere Funktion haben.

8. Informationen über Kompetenzen und Strategien

Es wurde bereits dargestellt, daß dieses Kriterium sehr eng mit dem vorangehenden verbunden ist. Dabei erwiesen sich die folgenden beiden Prinzipien als besonders hilfreich:

• Die Aufgaben sollten auf unterschiedlich elegante Weise lösbar sein, wie etwa die Bonbonaufgabe, die die Kinder durch Division, Multiplikation, Subtraktion, Addition, strukturiertes Zählen, mit oder ohne Material, unter Zuhilfenahme der Zeichnung und auf weitere verschiedene Arten bearbeiten konnten.

• Die Aufgaben sollten es den Schülern ermöglichen, eigene Beiträge zu liefern, etwa indem Eigenproduktionen angeregt werden oder indem eine Reihe von Wahlmöglichkeiten eingebaut ist.

Zwei weitere Leitideen sollten noch ergänzt werden:

• So kann man beispielsweise Hilfsaufgaben (s. u.) vorgeben, um zu schauen, welchen Gebrauch die Schüler davon machen, oder

• man kann die Schüler dazu anregen, ihre Gedankengänge auf kleinen »Notizzetteln« aufzuschreiben (s. u.).

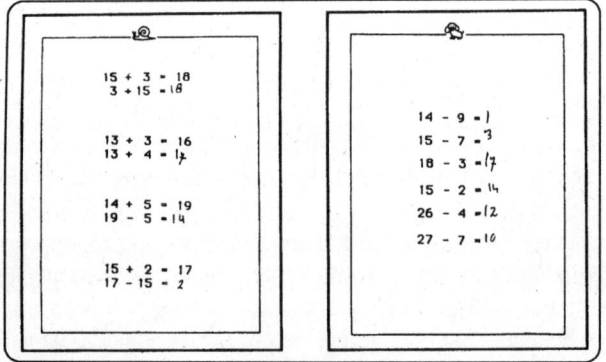

Abb. 24a und b

Indem man *die Aufgaben jeweils paarweise anbietet* und die jeweils erste bereits ausgerechnet vorgibt *(Abb. 24a),* kann man beispielsweise feststellen, inwieweit die Kinder Gebrauch von Rechengesetzen machen. Solche

»Partneraufgaben« können besonders informativ sein, wenn man die Lösungen der Schüler mit Aufgabenkolonnen vergleicht, in denen dieselben Aufgaben ohne unmittelbaren Bezug zueinander gestellt werden. Nicht selten kann man dann große Unterschiede ermitteln. Während ein Schüler beispielsweise alle Aufgaben mit Hilfe der vorgegebenen Zahlensätze korrekt errechnen konnte, war ihm dieses ohne die Hilfsaufgaben nicht möglich *(Abb. 24b)*. Ein anderes Kind hingegen war dann erfolgreicher, wenn es die isolierten Aufgaben auszurechnen hatte *(Abb. 24c);* bei den »Partneraufgaben« war es nicht in der Lage, die Ergebnisse der jeweils zweiten Aufgabe aus dem der ersten abzuleiten *(Abb. 24d)*.

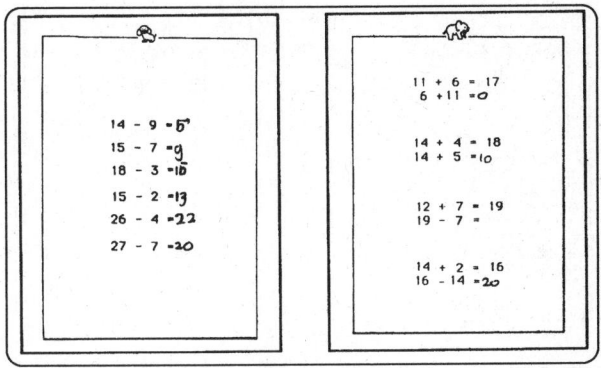

Abb. 24c und d

Wenn man sog. *Notizzettel* einsetzt, kann sich die Aussagekraft der Schülerlösungen sogar noch erhöhen *(Abb. 25a)*. Bei der Beispielaufgabe spielen zwei Kinder gemeinsam ein Spiel, bei dem die Ergebnisse additiv berechnet werden müssen, wozu die Schüler die »Notizzettel« benutzen können. Einige Kinder benötigen sie zwar nicht, doch eine gewisse Anzahl von Zetteln läßt stets Rückschlüsse auf ihre Lösungsstrategien zu.

Abb. 25 a und b

Ein Schüler beispielsweise *(Abb. 25a; vorherige Seite)* addierte die vier Zahlen jeweils nacheinander, während ein anderer *(Abb. 25b)* auf eine ähnliche Weise begann (10 + 2 = 12, …), jedoch, bei 40 angekommen, wahrscheinlich im Kopf weiterrechnete und schließlich das Ergebnis »90« notierte.

Ein dritter Schüler *(Abb. 25c)* faßte jeweils zwei Zahlen zusammen, allerdings nicht immer auf die einfachste Weise. Dasselbe gilt auch für den vierten Schüler *(Abb. 25d);* sein Notizzettel zeigt zusätzlich, daß er stets erst die Zehner und dann die Einer zusammenzählte.

Abb. 25c und d

Bei einer weiteren Aufgabe wird die Länge einer großen Brücke mit 48 m angegeben, und es wird nach der Länge der kleinen Brücke gefragt. Die Antwort des Schülers lautete »18« *(Abb. 26a)*. Würde man lediglich dieses Resultat kennen, so könnte man über die Denkweise dieses Kindes bestenfalls spekulieren. Nimmt man jedoch den Notizzettel hinzu, so kann man recht schlüssig vermuten, worin sein Denkfehler bestand *(Abb. 26b)*.

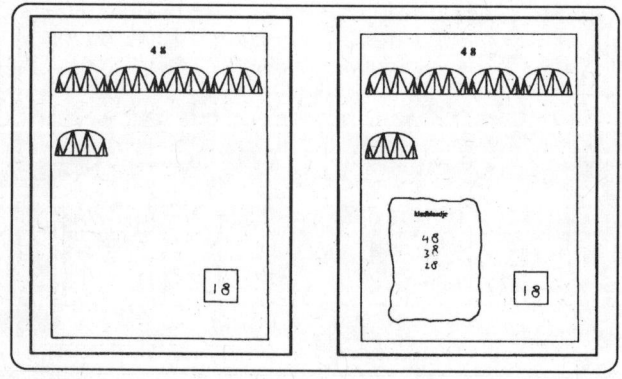

Abb. 26a und b

Genauso wie die Eigenproduktionen, so sind auch Notizzettel nicht nur geeignet, um Informationen über Vorgehensweisen der Schüler zu geben, sondern sie können auch als Ausgangspunkt unterrichtlicher Reflexion dienen.

9. Ein aufschlußreiches Beispiel

Nach diesem Überblick über eine Vielzahl von Testaufgaben, die die traditionellen Grenzen des Testens erweitern, möchte ich abschließend die vollständige Analyse eines Tests geben. Auf diese Weise kann man nämlich noch besser als durch die Darbietung einzelner Items aufzeigen, wie informativ gute Testaufgaben sein können. Darüber hinaus vermag dieses Beispiel zu zeigen, daß schriftliche Tests bereits bei Schulanfängern mit Gewinn eingesetzt werden können.

Der Test, den ich in aller Kürze darstellen möchte, wurde entwickelt, um zu ermitteln, welche arithmetischen Grundkompetenzen Schulanfänger besitzen. Er wurde in der dritten Schulwoche durchgeführt; die Schüler hatten also so gut wie keinen systematischen Mathematikunterricht gehabt. Zudem konnten die Kinder auch noch nicht schreiben oder lesen und hatten darüber hinaus keine Erfahrungen mit schriftlichen Tests. Der Test bestand aus den Themenbereichen *Verhältnisbeziehungen, Kenntnis von Zahlsymbolen, Beherrschung der Zahlwortreihe, Abzählen* sowie *Addition* und *Subtraktion in Kontextaufgaben*.

Der Testteil »Verhältnisbeziehungen« beinhaltete die Begriffe »höchster«, »kleinster«, »dickster« und »am meisten«. Die folgende Testaufgabe zielte beispielsweise auf den Begriff »am höchsten« *(Abb. 27)*. Die Schüler wurden aufgefordert, das höchste Gebäude durch ein Kreuz zu markieren. Die Kenntnis der Zahlsymbole wurde getestet, indem die Kinder die Zahlzeichen 3, 5, 10 und 14 identifizieren sollten. So wurden sie etwa bei der folgenden Aufgabe aufgefordert, die »3« anzukreuzen *(Abb. 28)*.

Abb. 27 und 28

Um die Beherrschung der Zahlwortreihe abzutesten, wurden die Schulanfänger gefragt, ob sie wüßten, welche Zahlen auf die »4« bzw. die »7« folgen und der »4« bzw. der »8« vorangehen. Bei den ersten beiden Aufgaben sollten die Schüler die jeweils nächste Zahl ankreuzen *(Abb. 29)*. Bei den anderen beiden Aufgaben wurde der Kontext »Countdown einer Rakete« benutzt *(Abb. 30)*.

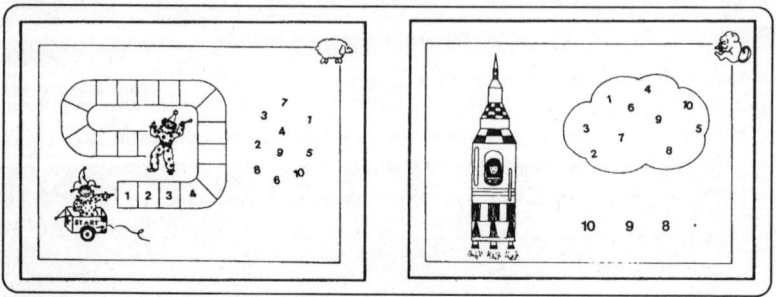

Abb. 29 und 30

Beim Testteil »Abzählen« sollten die Schüler zwei, fünf, sieben bzw. neun Kreise ausmalen *(Abb. 31)*.

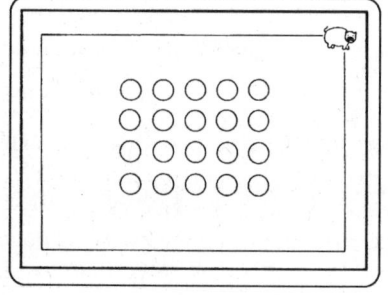

Abb. 31

Die Addition und Subtraktion wurden mit Hilfe von Kontextaufgaben abgeprüft: zum einen durch Aufgaben, bei denen die Zeichnung – gewissermaßen als Anschauungsgrundlage – abzählbare Objekte zeigte, und zum anderen durch Aufgaben, in denen die entsprechenden Zahlen lediglich durch Ziffern repräsentiert waren. Die ersten beiden Testaufgaben zeigen die abzählbare Variante *(Abb. 32 und 33; folgende Seite)*: Bei der Addition lautete die Frage: »Wohin muß der Spielstein gesetzt werden?«, bei der Subtraktion: »Wie viele Ballons wurden verkauft?«

Die nächsten beiden Testaufgaben *(Abb. 34 und 35; folgende Seite)* repräsentieren die nicht-abzählbare Variante. Die Frage für die Addition lautete: »Wie viele Punkte ergibt das zusammen?«, und bei der Subtraktion mußte ausgerechnet werden, wie viele Gulden noch in der Geldbörse verblieben, nachdem man sich die Brille gekauft hat.

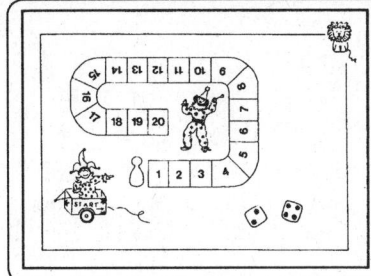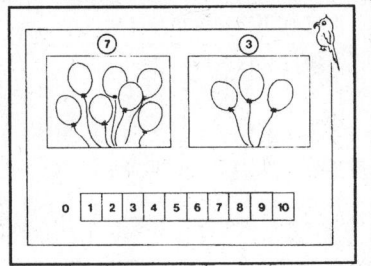

Abb. 32 und 33

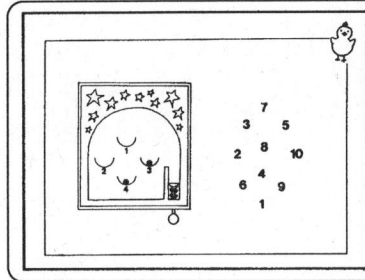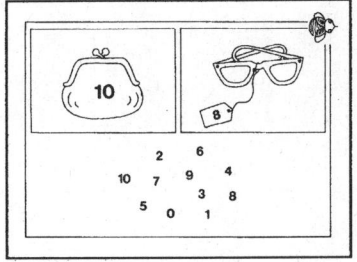

Abb. 34 und 35

Der Test wurde zweiundzwanzig Anfangsklassen vorgelegt, deren Schüler-population recht heterogen war: Es finden sich ländliche wie städtische Schulen, solche mit vielen ausländischen und solche mit überwiegend niederländischen Schülern, Schulen mit fortschrittlichen und solche mit herkömmlichen Schulbüchern usw. Insgesamt nahmen 441 Schüler am Test teil, deren Klassenlehrerinnen den Test jeweils gemäß einer genauen Anleitung durchführten.

Parallel dazu fragten wir vier Gruppen, bestehend aus jeweils vier oder fünf Personen, die in den Niederlanden als Grundschullehrer, Schulräte oder in der Lehrerausbildung tätig waren, wieviel Prozent der Erstkläßler ihrer Meinung nach die Aufgaben drei Wochen nach Schulbeginn jeweils korrekt lösen würden. Ihre Einschätzungen sind aus der *Abb. 36 (auf der folgenden Seite)* ersichtlich (vgl. ergänzend den Beitrag von Hengartner/Röthlisberger in diesem Band.).

Bis auf wenige Ausnahmen erwarteten die Experten bei den Schülern ein sehr gutes Abschneiden im Bereich »Verhältnisbeziehungen«. Ihre Erwartungen bezüglich der Kenntnis der Zahlsymbole waren weitaus geringer: Nur rund die Hälfte würde ihrer Meinung nach die Zahlzeichen bis zur »10« kennen. Noch pessimistischer schätzten sie die Kompetenzen beim Beherrschen der Zahlwortreihe ein – nur etwa ein Viertel der Kinder würde in der Lage sein, die entsprechenden Testfragen richtig zu beantworten. Eine

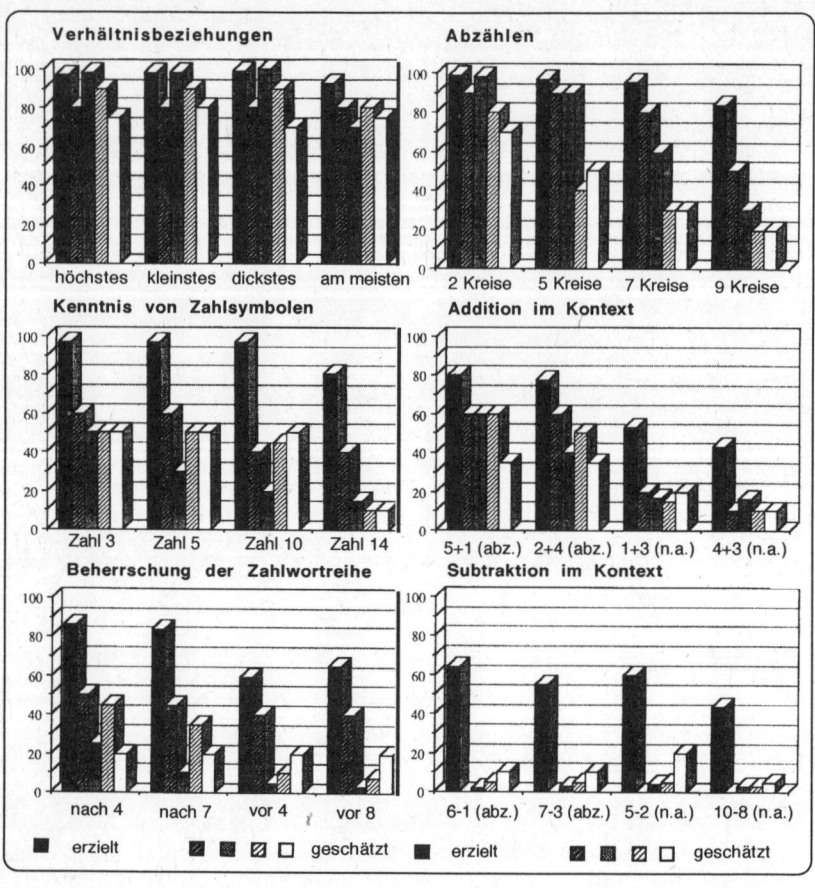

Abb. 36

ähnliche Einschätzung gaben sie auch bei den »Abzähl-Aufgaben« an –
besonders beim Färben von sieben bzw. neun Kreisen. Am geringsten waren
die Kenntnisse der Schüler nach Einschätzung der Experten bei der Addition
und Subtraktion. Sie meinten, daß die Schüler diejenigen Aufgaben, bei
denen eine anschauliche Stütze zur Verfügung stand, soeben lösen könnten,
aber sie trauten es nur ganz wenigen Kindern zu, ohne Abzählhilfe addieren
zu können. Und noch schlechter waren ihre Erwartungen in bezug auf die
Subtraktion.

Diese Einschätzungen lagen allerdings weit unterhalb der tatsächlich erreichten Werte. Die Aufgaben zu den Bereichen »Verhältnisbeziehungen«
sowie »Kenntnis der Zahlsymbole« wurden von nahezu allen Schülern
gelöst. Beim Testteil zur Beherrschung der Zahlwortreihe konnte die Mehrheit der Schüler den Nachfolger einer Zahl richtig benennen, während die
passenden Vorgänger jeweils nur von knapp der Hälfte korrekt benannt
wurde. Die »Abzähl-Aufgaben« bereiteten keine nennenswerte Schwierig-

keiten, und bei der Addition und der Subtraktion kleiner Zahlen – insbesondere mit Hilfe anschaulicher Stützen – war ebenfalls die überwiegende Zahl der Antworten korrekt. Selbst Plusaufgaben in der nicht-abzählbaren Variante konnten noch rund die Hälfte der Kinder richtig lösen. Schwächer hingegen waren die Ergebnisse der Kinder bei der Subtraktion – hier gab es erstaunlicherweise keine nennenswerten Unterschiede zwischen den abzählbaren und den nicht-abzählbaren Aufgaben.

Die Auswertung des Tests hat zweifelsohne gezeigt, daß Kinder schon zum Schulanfang über zahlreiche arithmetische Kenntnisse und Fähigkeiten verfügen. Und offensichtlich werden ihre Kompetenzen sogar von Fachleuten unterschätzt. Daß der Test problemlos – bereits mit Schulanfängern – durchzuführen war, deutet an, daß gute schriftliche Tests auch im aktiv-entdeckenden Mathematikunterricht eine Zukunft haben werden.

Bildbericht von *Freimut Wössner:* Leistungsmessung nach EG-Richtlnien im Sektor »Mathematik bei Hühnern«:

"Meine Hühner haben alle Mathematik studiert! Alle! –

Allerdings sind leider auch alle durchgefallen..."

Olga Jaumann
Gemeinsam erobern wir uns die Welt der Schriftsprache
Integrativer Unterricht: eine didaktische Herausforderung

Was uns erwartet

Die zweite Schulwoche hat begonnen. Die kleinen Erstkläßler haben sich schon etwas an die Schule gewöhnt, die Lehrerinnen, ihre Klassenkameraden und -kameradinnen und das Klassenzimmer sind ihnen inzwischen vertraut. Die Kinder sitzen im Sitzkreis. Kristin erzählt ein Erlebnis aus ihrem Urlaub in Frankreich. Sie kann alle französischen Namen richtig aussprechen und zeigt uns eine wunderschöne Muschel, die sie gefunden hat. Zu den mitgebrachten Fotos gibt sie sachkundige Erklärungen ab. Björn hört einen Moment still zu, dann stolpert er mit viel Lärm aus der Sitzgruppe und läuft zum Waschbecken. Dabei murmelt er etwas Unverständliches. Der Praktikant versucht, Björn dazu zu bewegen, wieder in die Sitzgruppe zurückzukehren. Er hat aber keinen Erfolg und ist die restliche Zeit mit Björn beschäftigt. Die Kinder lassen sich nicht stören. Inzwischen möchte Melanie, die sich eifrig gemeldet hat, von ihrem Urlaub erzählen. Als sie jedoch an der Reihe ist, legt sie die Hand auf die Stirn und murmelt: »Muß nachdenken!« Dann beginnt sie zu sprechen, dabei versteckt sie abwechselnd ihr Gesicht in ihren Händen oder lacht die Kinder freundlich an. Was sie erzählt, ist schwer zu verstehen. Durch Rückfragen können wir ihrer Erzählung entnehmen, daß sie mit ihren Eltern in Ungarn war. Die anderen Kinder scheinen die Schwierigkeiten, die Melanie beim Erzählen hat, nicht zu bemerken. Sie melden sich eifrig und wollen auch noch drankommen. Anika berichtet ganz aufgeregt, daß sie mit ihren Eltern von ihrem Katamaran aus einen lebendigen Delphin beobachtet haben. Sie weiß, wie Delphine aussehen und wie sie sich verhalten.

Nun ist Marc dran. Er kann schon lange nicht mehr stillsitzen, deshalb durfte er auf meinen Schoß. Wir verstehen nur einzelne Wörter wie <Zelt> und <naß worden>. Bei meinen Deutungsversuchen nickt Marc eifrig, offensichtlich habe ich seine Aussage richtig gedeutet. Jonas berichtet von einem Museumsbesuch in Frankreich und von interessanten Funden aus der Zeit vor Christi Geburt. Da er schon lesen kann, hat er ein Buch mitgebracht, in dem etwas über die Funde steht. Er zeigt uns die Bilder und liest einige Sätze daraus vor. David, der sich schon lange meldet, begleitet seinen Urlaubsbericht mit viel Gesten und ausgeprägter Mimik – leider verstehen wir alle kein Wort. Die Kinder finden Davids Vortrag sehr lustig und lachen. David verbeugt sich am Ende formvollendet, und alle Kinder klatschen. Seine Mutter, die weiß, wie gerne David erzählt, hat seine Geschichte für uns aufgeschrieben. Ich lese sie vor, und David bestätigt alles durch lebhafte

Gesten. Ansgar, der in einem Buggy sitzt, hat aufmerksam zugehört. Er erzählt nun von einer lustigen Bootsfahrt auf dem Meer. Das Sprechen fällt ihm schwer, aber wir verstehen ihn gut. Fahri, der sich bis jetzt nicht gemeldet hat, soll auch noch von seinen Ferien erzählen. Fahri ist etwas verlegen, denn er ist nicht weggefahren. Doch dann berichtet er von spannenden Spielen mit seinen türkischen Freunden.

Das ist die Situation, vor die wir – meine Grundschulkollegin und ich als Sonderschullehrerin[1] – uns gestellt sehen. Wir werden gemeinsam diese Kinder in den nächsten vier Jahren unterrichten und sie in die Welt der Schrift einführen. Wie kann das gemeinsam gehen, bei so unterschiedlichen Voraussetzungen der bisherigen Sprachentwicklung?

Daß Kinder mit unterschiedlichen Voraussetzungen und Kenntnissen bezüglich der Schriftsprache die Schule beginnen, wird mittlerweile von der Schulpädagogik zur Kenntnis genommen. Lesenlernen ohne Fibel z. B. nach dem Spracherfahrungsansatz *(Dehn)* oder Lernen mit der Lese- und Schreibwerkstatt *(Brügelmann)* oder der offene Anfangsunterricht haben vielerorts Eingang in die Schule gefunden. Die Konzepte offenen Anfangsunterrichts, die den streng lehrgangsgebundenen und die Kreativität und Selbsttätigkeit der Kinder einengenden Erstleseunterricht ablösen, sehe ich u. a. als eine Reaktion auf die immer heterogeneren kulturellen Vorerfahrungen und unterschiedlicheren Lernvoraussetzungen der Kinder in der Schule heute und als eine bessere Vorbereitung auf zukünftige gesellschaftliche Anforderungen bezüglich Selbsttätigkeit, Kooperationsfähigkeit und Flexibilität. Diese Konzepte beziehen sich jedoch auf sogenannte »normale« Klassen, wobei heute normal gleichbedeutend ist mit »multikulturell«, d. h., sie schließen bei aller Heterogenität im allgemeinen nicht Kinder mit schweren intellektuellen und körperlichen Handikaps ein. Trotz der unterschiedlichen Lernvoraussetzungen und der unterschiedlichen sozialen Vorerfahrungen, die die Kinder heute in die Grundschule mitbringen, wird davon ausgegangen, daß alle Schülerinnen und Schüler in der Lage sind, auf die Lernangebote grundsätzlich mehr oder minder selbständig zu reagieren.

In einer Integrationsklasse stellt sich jedoch die Frage, ob der Lernprozeß tatsächlich bei allen Kindern in hinreichend vergleichbarer Weise verlaufen wird und ob sie auf hinreichend vergleichbare Weise Lernangebote wahrnehmen können. Björn, Marc und David haben eine geistige Behinderung (Down-Syndrom), Melanie ist lernbehindert und verhaltensauffällig, und Ansgar wird voraussichtlich nie selbst laufen und schreiben können. Sein Gesundheitszustand wird sich im Laufe der Jahre verschlechtern. Daß

---

1 Im 1. Schuljahr arbeitete ich als Sonderschullehrerin mit meiner Grundschulkollegin *Ilona Kändler* zusammen, vom 2.–4. Schuljahr mit meiner Kollegin *Karin Wolff-Kramer*. Unsere Klasse in der Eichendorffschule in Bielefeld besuchten im 1. Schuljahr 22, ab dem 2. Schuljahr 24 Kinder, davon waren 5 Kinder behindert. Wir arbeiteten fast durchgängig in Doppelbesetzung.

Kinder mit einer geistigen Behinderung in die Welt der Schriftsprache eingeführt werden, ist z. B. nicht selbstverständlich, keinesfalls im Alter von 7 Jahren. In dem Buch von *Barbara Brooks*: »Lernen mit geistig behinderten Kindern«, finden sich z. B. bis zum 16. Lebensjahr des Kindes keine Hinweise auf eine Einführung in unsere Schriftsprache. In den Empfehlungen für den Unterricht in der Schule für Geistigbehinderte wird in der BRD grundsätzlich davon ausgegangen, Vorformen des Lesens als das eigentliche Ziel des Unterrichts zu betrachten. Die Lese- und Schreibmethode unterscheidet sich demnach wesentlich von den Methoden für nichtbehinderte Kinder. In den Empfehlungen von 1980 heißt es u. a.: »Da Lesen und Schreiben einen hohen Grad an Abstraktionsfähigkeit erfordern, sind die Voraussetzungen hierfür nur bruchstückhaft gegeben... Der Schüler soll lernen, Bilder und Bilderreihen zu verstehen, sich mit Hilfe von Bildzeichen, Farbsignalen ... in der Umwelt zurechtzufinden. Lesen bedeutet demnach nicht nur Sinnentnahme aus der Buchstabenschrift, sondern auch Deuten und Verstehen bildhafter Darstellungen und symbolhafter Zeichen und Signale...« *(Beschlüsse der KMK 1980, 50)*. Dahinter steht das pädagogische Konzept der lebenspraktischen Übungen, die für die zukünftige Lebensbewältigung für das geistigbehinderte Kind zunächst wichtiger sind als der Erwerb von Kulturtechniken, wobei ohnehin nicht abzusehen ist, inwieweit das Kind in der Lage sein wird, in die Welt der Schriftsprache einzudringen. Sicher spielt die Schwere der Behinderung eine große Rolle bei der Entscheidung, ob es sinnvoll ist, Leselernangebote zu machen. Ohne diese Behauptung hier belegen zu können, meine ich jedoch, daß der Versuch, auch diese Kinder in die Schriftsprache einzuführen, manchmal vorschnell aufgegeben bzw. gar nicht gestartet wird.

Es gibt jedoch auch andere Beispiele: Eindrucksvoll zeigt z. B. *Iris Mann* in ihrem Buch: »Lernen können ja alle Leute«, daß auch Erwachsene mit einer geistigen Behinderung noch das Lesen lernen können. Auf das dort angewandte Konzept werde ich noch eingehen *(Mann 1990)*. Es gibt inzwischen auch Leselernwerke für geistigbehinderte Schüler. Der Leselehrgang »Lesen mit Lo« z. B. sieht jedoch im Laufe von vier Jahren nur den Erwerb von 10 Buchstaben und 40 »Arbeitswörtern« vor. Die Vorgehensweise: Einkreisen des Buchstabens, Aufgliedern der Wörter in Silben, Ergänzen u.ä. ist mit der Vorgehensweise vieler gängiger Fibeln vergleichbar; es handelt sich also, abgesehen von der Stoffreduzierung, nicht um eine spezifische Methode. Die Kinder sollen zweimal in der Woche je eine Stunde Kursunterricht erhalten. Den Konzepten für Schriftspracherwerb an den Sonderschulen liegen im allgemeinen die Prämissen Reduzierung auf das Verstehen von Bildsymbolen, kleinschrittiges Vorgehen, reduzierter Wortschatz, vereinfachte Satzstrukturen u. a. zugrunde. Es gibt m. W. noch keine gesicherten wissenschaftlichen Erkenntnisse, wie Kinder mit einer geistigen Behinderung oder einer Lernbeeinträchtigung Lesen und Schreiben lernen und in welcher Weise sich der Lernprozeß dieser Kinder vom Lernprozeß von

Kindern mit »normaler« Intelligenz unterscheidet. Die in den Sonderschulen gängigen Konzepte basieren daher wohl mehr auf pädagogischen Erfahrungswerten als auf gesicherten Erkenntnissen.

Ohne die These hier belegen zu können, gehe ich aufgrund meiner Erfahrungen mit sozial geschädigten und lern- und geistigbehinderten Kindern davon aus, daß Lernprozesse für den Schriftspracherwerb in ihrer Grundstruktur bei allen Menschen, unabhängig von ihren sozialen Voraussetzungen und von körperlichen Behinderungen in gleicher Weise ablaufen, jedoch in einem sehr viel weiter gesteckten Zeitrahmen. Dem Konzept für den Schriftspracherwerb in unserer Klasse, das im folgenden vorgestellt werden soll, liegt diese Prämisse zugrunde. Das soll nicht heißen, daß Kinder mit einer geistigen oder körperlichen Beeinträchtigung nicht »besonderer« Beachtung und Förderung bedürften.

In einer Integrationsklasse zu arbeiten ist trotz fast zwanzigjähriger Modellerfahrung nach wie vor eine didaktische Herausforderung. Auch für den integrativen Unterricht gibt es noch kein einheitliches Konzept – soll und kann es vielleicht auch nie geben, denn gerade in Integrationsklassen müssen die methodischen Entscheidungen von der Zusammensetzung der Klasse, insbesondere der Schwere der Behinderungen, sowie der Zahl der behinderten Kinder abhängig gemacht werden. Es gilt jedoch grundschul- und sonderpädagogische Kompetenzen zu vereinen und einen gemeinsamen Weg zur Eroberung der Schriftsprache zu finden. Der Terminus »gemeinsam« bezieht sich dabei nicht auf den Erwerb der Lese- und Schreibtechnik, sondern auf die Chance für behinderte wie nichtbehinderte Kinder, voneinander zu lernen und Schriftsprache als ein Interaktions- und Kommunikationsinstrument zu erleben, das auf unterschiedlichstem Niveau zwischenmenschliche Kontakte ermöglicht und das Zusammenleben bereichert.

Wie wir Schriftsprache gemeinsam erobern können – methodische Überlegungen

Es wird schon in den ersten Schulwochen deutlich, daß wir nicht davon ausgehen können, daß alle Kinder in dieser Klasse Lese- und Schreibangebote auch nur in annähernd gleicher Weise aufgreifen werden. Das Verhalten der Kinder mit geistiger Behinderung und des Kindes mit der Lernbehinderung zeigt, daß eine klare, immer wiederkehrende Strukturierung des Unterrichtsvormittags unabdingbar sein wird, wenn sich diese Klasse zu einer Gemeinschaft entwickeln und die soziale Integrierung der Kinder mit Behinderungen gelingen soll.

Dennoch ist uns wichtig, daß unserer Arbeit grundsätzlich das Konzept des offenen Anfangsunterrichts und des entdeckenden Lernens zugrunde liegen soll. Es wird daher notwendig sein, Zeiten gemeinsamen vorstrukturierten Lernens, Zeiten differenzierten Lernens und Zeiten gemeinsamen freien und individuellen Lernens an möglichst jedem Vormittag in ein ausgewogenes Verhältnis zu bringen.

Dem allgemeinen Erstlese- und Schreiblernkonzept in dieser Klasse lag ein Konzept zugrunde, das auf der Tätigkeitstheorie von *A. N. Leontjew* und der Theorie der Bildung geistiger Operationen von *P. J. Galperin* basiert.[1] Übertragen wir die Theorie des etappenweisen Aufbaus geistiger Handlungen (nachzulesen u. a. bei *Mann 1981, Jaumann 1982*) auf den Schriftspracherwerb, so zeigt sich, daß unser Augenmerk vor allem bezüglich der Kinder, die die Lernangebote nicht selbständig wahrnehmen können, auf den ersten drei Stufen, der Orientierungsstufe, der Stufe der materialisierten Handlung und der Stufe der Wandlung der Handlung in die gesprochene Sprache, liegen muß. Nach diesen Stufenfolgen kann jede Phase des Schriftspracherwerbs strukturiert werden, der Lese- und Schreiblehrgang insgesamt und einzelne Lernphasen, wie der Erwerb eines Graphems, die Gliederung in Silben u. a. m. Nach meiner Erfahrung läßt sich das stufenweise Lehren und Lernen nach *Galperin* dann auch nahtlos mit dem Ansatz des entdeckenden Lernens und offenen Unterrichts verknüpfen, wenn die Kinder, die das können und wollen, sich ihren Weg selbst suchen und die Kinder, für die dies erforderlich ist, geleitet und geführt werden.[2]

Unser gemeinsamer Weg zum Lesen und Schreiben

Im 1. Schuljahr:
a) Wir begannen den Leselernprozeß mit ganzen Wörtern nach dem Sprachhandlungskonzept, wie es u. a. *Marion Bergk* beschreibt. Die Namen der Kinder standen dabei im Mittelpunkt. Den ganzheitlichen Erwerb der Wörter »ich«, »wir«, »krank« u. a. betteten wir in einen ganzheitlichen Sachunterricht und ließen die Kinder dazu Geschichten schreiben. Einige Kinder schrieben selbst kurze Geschichten, doch die meisten diktierten uns Sätze zu ihren gemalten Bildern. Auch Björn, David und Marc malten zu diesen Themen Bilder und erzählten dazu. Im Laufe des Jahres stellten wir mehrere Geschichtenbücher zusammen, in denen die Kinder zum Teil zu ihren

---

1 Dieses Konzept haben *Christel Manske* (Pseudonym Iris Mann) und ich für Kinder aus sozialen Randgruppen entwickelt und dort auch konkret angewandt. Es handelte sich hier um Kinder einer Schule für Lernbehinderte in einer Münchner Obdachlosensiedlung, die ganz offensichtlich das Lesen mit den gängigen Fibeln nicht lernten bzw. schon in einem Alter waren, in dem sie jeden Versuch, ihnen mit den gängigen Methoden das Lesen beizubringen, mit aggressivem und mit Vermeidungsverhalten quittierten. Aus Platzgründen kann ich auf diese Theorie hier nicht näher eingehen. Ich möchte auf eine Langfassung dieses Artikels hinweisen, die im Manuskript vorliegt und bei mir eingesehen werden kann.
2 Es wäre eine interessante Aufgabe, die Tätigkeitstheorie unter der Fragestellung, in welchem Verhältnis sie zum entdeckenden Lernen und zu den Ansätzen offenen Unterrichts steht, zu untersuchen – vor allem auch auf dem Hintergrund einer Verknüpfung sowjetrussischer Theorien mit westlichen Ansätzen, wie es russische Pädagogen heute bereits tun. In der heutigen russischen Pädagogik wird die These, daß Lernen nur auf die von *Galperin* geschriebene Weise vor sich geht, kritisch betrachtet. Auf diese Diskussion kann ich hier jedoch nicht eingehen (s. u. a. auch *Bauersfeld 1993*).

gemalten Bildern selbst Geschichten aufschrieben oder uns diktierten. Alle Kinder mit Behinderungen konnten hier ohne weitere Differenzierung mitarbeiten.

b) Nach etwa vier Wochen wurde jede Woche ein neuer Buchstabe eingeführt, und während der Woche wurde an und mit diesem Buchstaben »gearbeitet«. Viele Kinder kannten die einzuführenden Buchstaben schon, während die behinderten Kinder keinesfalls jede Woche einen neuen Buchstaben lernen konnten. Dennoch halte ich es auch in einer Integrationsklasse für sinnvoll, jede Woche auf dieselbe Weise zu strukturieren und das Angebot stetig zu erweitern. Das Ziel dieser Stunden darf allerdings nicht sein, daß alle Kinder dasselbe lernen sollen, diese gemeinsamen Stunden müssen so geplant werden, daß jedes Kind einen individuellen Lerngewinn haben kann. Sie haben den Sinn, allen Kindern und vor allem auch den oft desorientierten verhaltensauffälligen und lernbehinderten Kindern einen festen Rahmen zu geben, der für sie abschätzbar und berechenbar ist. Sie helfen auch, die Kinder gerade in einer Integrationsklasse zu einer Gemeinschaft werden zu lassen.

Am Anfang der Woche führten wir einen Buchstaben mit einer Geschichte (z. B. <s> mit der Biene Maja), einem Spiel (<r> mit dem Handpuppenspiel vom Fuchs und vom Raben, s. dazu *Jaumann 1991*), einer Tätigkeit (<f> mit Luftballon aufblasen und Luft entweichen lassen), einem Lied (<sch> mit dem Lied von den Schnirkelschnecken), einem Gedicht (<n> mit dem Gedicht von *Guggenmoos* von der Nadel und dem Luftballon) u. a. m. ein. Dabei wurde das Anlaut- wie auch das Sinnlautverfahren angewandt. Es wurde von allen Kindern eine Eigenfibel begonnen, in die sie alle selbstgestalteten Blätter einheften konnten.

Das, was sich um den Buchstaben rankte, sprach alle Kinder in dieser Klasse an. Björn war begeistert, wenn Musik gemacht wurde. Er tanzte mit den anderen als Biene Maja durch den Raum und macht dazu <ssssss>, obgleich

er das Graphem <s> zu einem viel späteren Zeitpunkt lernte. Für ihn war der Erwerb des Buchstabens <s> ja auch nicht das Ziel dieser Stunde, sondern das Erfassen und Nachgestalten der erzählten Geschichte zusammen mit den anderen Kindern. Dafür, ob sich diese Erfahrung schon mit dem Buchstaben zu diesem Zeitpunkt verknüpfte und den Erwerb des Buchstabens zu einem späteren Zeitpunkt erleichterte, gibt es keinen Beweis. Ich gehe jedoch davon aus, daß sich auch bei einem geistigbehinderten Kind, wie bei einem nichtbehinderten Vorschulkind, »nebenbei« ein Bestand an passivem Wissen aufbaut, der im Laufe der Zeit immer mehr aktiviert wird.

Im Anschluß an das Gedicht von *Guggenmoos,* »Die Nadel«, malte David dieses Bild und kommentierte es auf Nachfrage. Er war mit der Beschriftung einverstanden. Auch für ihn war das Ziel der Stunde nicht das »n«, doch der Unterricht regte ihn an, etwas Gehörtes aus sich selbst heraus und ohne Aufforderung wiederzugeben.

c) In einem zweiten Schritt wurde nun der Buchstabe »materialisiert«, indem er z. B. aus Knetmasse geknetet, aus Sandpapier oder rauher Tapete ausgeschnitten oder aus Wolle etc. gelegt und aufgeklebt und in die Eigenfibel eingeheftet wurde. Die Kinder, die über diese Stufe des Lernens schon hinaus waren, machten dennoch gerne mit, und da sie meist rasch fertig waren, hatten sie Zeit, um den langsameren Kindern zu helfen. Melanie und Ansgar arbeiteten auf dieser Stufe immer mit, auch wenn sie die bis dahin gelernten Buchstaben noch nicht sicher wiedererkannten. Björn, David und Marc beschäftigten sich in dieser Zeit im Gruppenraum in äußerer Differenzierung nochmals z. B. mit der Einführungsgeschichte (sie spielten das Puppenspiel noch mal, hörten die Geschichte ein zweites Mal u. a. m.), oder es wurde ein neuer Buchstabe eingeführt. Für die Einführung der Buchstaben, die sich bei diesen Kindern über zwei Schuljahre erstreckte, wurden dieselben Ausgangssituationen gewählt, wie die Kinder sie schon einmal in der ganzen Gruppe erfahren haben. Es wurde auf bereits Bekanntes zurückgegriffen und ein Wiederholungseffekt erzeugt. Darauf folgte dann die Stufe der materialisierten Handlung, auf der diese Kinder oft lange verweilten. Es machte ihnen großen Spaß, zu kneten, zu schneiden und zu kleben und anschließend abzutasten. Zudem trainierten sie dabei ihre Feinmotorik. Björn war so begeistert, daß er die Buchstaben sogar mit der Zunge abtastete *(s. S. 115).*

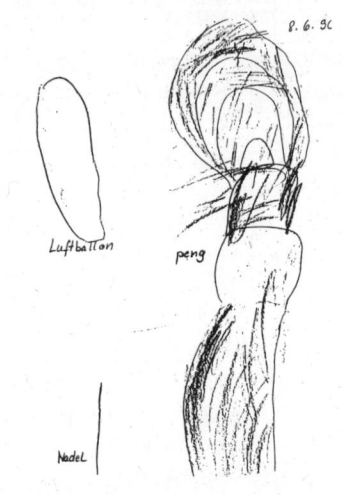

d) Danach wurde aus Wörtern der zu dem Graphem gehörende Laut ausdifferenziert. Dies geschah wieder mit der ganzen Klasse, z. B. indem bei Gegenständen aus einem Grabbelsack die Position des Lautes erkannt werden sollte. Dabei wurde der genannte Laut mit Hilfe von Buchstabenkärtchen immer mit dem entsprechenden Graphem verknüpft. Diese gemeinsamen Übungen brachten für alle Kinder einen Lerngewinn. Für die behinderten Kinder waren sie eine gute Übung zur Erweiterung und Festigung ihres Wortschatzes und zur Übung ihrer Artikulation. Nun wurden gemeinsam Wörter gesucht, die diesen Laut im Anlaut oder im Wortinneren haben, und Gegenstände soweit möglich vor Ort gesammelt oder mitgebracht (Kinderzimmer sind wahre Fundgruben!). Es wurden Wortkarten, Silbenkarten und Buchstabenkarten geschrieben. Immer drei Gegenstände, Wort-, Silben-, und Buchstabenkarten wurden in einen Karton gepackt. Wie das Foto zeigt, gab es Kartons nicht nur mit Wörtern mit demselben Laut, sondern auch z. B. mit einfachen zweisilbigen oder mit schwierigeren mehrsilbigen Wörtern. Ein Schraubensortierkasten mit alphabetisch geordneten Plastikbuchstaben sowie ein Druckkasten standen bereit. Die Kinder konnten nun während der Tagesplanarbeit selbständig oder in Partnerarbeit Zuordnungsübungen machen und die Wörter anschließend selbst drucken oder schreiben.

Melanie bekam bei diesen Übungen immer Hilfe, da es gerade für sie wichtig war, auf der Stufe der Verknüpfung von Handlung und lauter Sprache zu verweilen. Ansgar, der die Buchstaben schnell erfaßte, brauchte immer Hilfe, da er schon im ersten Schuljahr nicht mehr selbsttätig schreiben konnte. Björn, David und Marc arbeiteten auf diese Weise bis zum vierten Schuljahr und erweiterten so ihren Lesewortschatz Schritt für Schritt. Die Lesewörter waren zu Beginn: »Ich«, der eigene Name, »Mama«, »Papa«, »Oma«, »Opa« usw., immer verbunden mit dem dazugehörigen Foto. Dabei wurde ein Buchstabe herausgegriffen z. B. das »M«, auf die beschriebene Weise eingeführt und dann in den schon bekannten Wörtern gesucht. Später kamen einfache Sätze dazu, die eine für die Kinder wichtige Tätigkeit zeigen, verbunden mit einem Foto, das wir gemeinsam mit der Schnellbildkamera machten, wie z. B. »Ich esse Eis«, »Wir essen Eis«, »Marc und David spielen im Sand«. Wichtig war, daß diese Tätigkeiten gemäß der Stufen nach *Galperin* erst ausgeführt und fotografiert wurden. Danach erzählten die Kinder, was sie getan haben und beschrieben das, was sie auf dem Foto sahen. Erst dann schrieb ich den Satz im Beisein der Kinder unter das Foto. Später konnten sie den Satz selbst nach der Vorlage drucken.

e) Die schnell lernenden Kinder beschäftigten sich mit diesen Zuordnungsübungen nur sehr kurze Zeit, sie begannen bald, sich selbst Wörter auszudenken und kleine Sätzchen zu schreiben. Diese Texte hefteten sie als
Lesetexte in ihre Fibel. In der Leseecke lasen die Kinder sich gegenseitig
oder der ganzen Gruppe ihre Texte vor. Auch Björn, David und Marc
konnten schon im 1. Schuljahr ihre Wörter und Sätzchen »vorlesen« und die
Fotos zeigen.

Alle weiteren visuellen, auditiven und schreibmotorischen Übungen konnten die Kinder in der Zeit der Tagesplanarbeit mit Hilfe von bereitgestellten
Übungsmaterialien (Stöpselkarten u. a. m.) machen. Auch die behinderten
Kinder beschäftigten sich in dieser Zeit mit einfachen Puzzles, mit Bilder-
büchern etc. und später mit Bild-Wort-Zuordnungsübungen, oft mit Hilfe
eines anderen Kindes.

Im 2., 3. und 4. Schuljahr:
Im folgenden möchte ich an drei Unterrichtsschwerpunkten (der Durchführung von Projekten, dem Herstellen von Fotobüchern und dem Schreiben
von Gedichten) zeigen, daß in einer Integrationsklasse auch der weiterführende Lese- und Schreibprozeß gemeinsam durchlaufen werden kann.

a) Im zweiten Schuljahr begannen wir mit der Durchführung großer Projekte, die die Höhepunkte gemeinsamen Unterrichts für die Kinder und uns
waren. Der Leselehrgang war nun bei allen nichtbehinderten Kindern abgeschlossen. Die Schreibschrift war eingeführt, doch die Kinder waren noch
unsicher. Das Indianerprojekt z. B. bot eine gute Möglichkeit, das Schreiben
an einem interessanten Thema zu üben. Das Projekt baute auf dem Buch
»Die Indianergeschichte« von *G. Drabsch* auf. Das Buch wurde kapitelwei-
se vorgelesen und teilweise nachgespielt. Es enthält eindrucksvolle Holzschnitte. *Johanna Harder* hat dieses Buch in eine aus kleinen Episoden
bestehende Geschichtenfolge unter Verwendung der Holzschnitte umgear-
beitet (vgl. *Görlich-Kreitmann 1991*). Die Kinder hatten die Aufgabe, die in
Druckschrift vorgegebenen Texte in Schreibschrift umzusetzen und zu
lesen. So übten sie Lesen und Schreiben an einem für sie spannenden Thema
und begannen so nach *Galperin,* die Etappe der Verwandlung der lautsprachlichen Handlung in die innere Form *(Galperin 1969, 388).*
Melanie erlernte zu dieser Zeit die Druckschrift, und sie schrieb die verkürz-
ten Texte in Druckschrift ab. An diesen Texten übten sie und Ansgar lesen.
David und Marc (Björn wiederholte das erste Schuljahr)[1] hörten mit großem
Interesse beim Vorlesen zu. Ihre Reaktionen zeigten, daß sie den Inhalt

---

1 Björn wiederholte das 1. Schuljahr aus verschiedenen Gründen, auf die ich hier nicht eingehen
kann. Im 3. Schuljahr kam Dominik, auch ein Kind mit Down-Syndrom, zu uns. Er hatte schon
vier Jahre Integration durchlaufen und erhielt die Möglichkeit, seine Grundschulzeit auf sechs
Jahre zu verlängern.

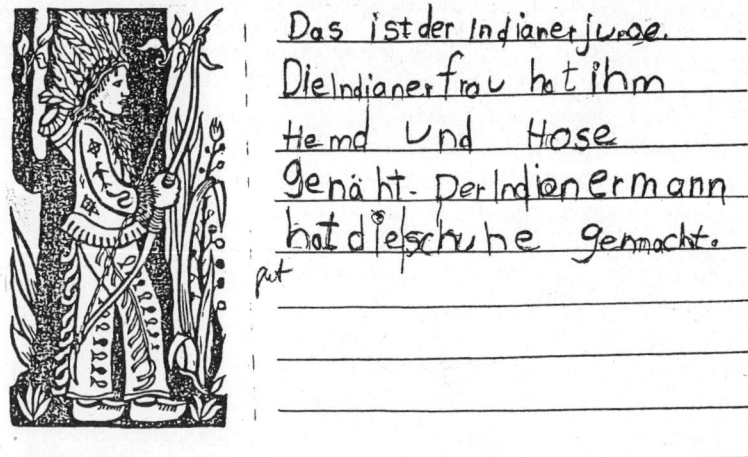

Das ist der Indianerjunge.
Die Indianerfrau hat ihm
Hemd und Hose
genäht. Der Indianermann
hat die Schuhe gemacht.
gut

verstanden. Sie druckten mit dem Druckkasten (Lego-System) zu den Bildern Sätze, die immer begannen mit: »Das ist ein…«.

Auf den weiteren Verlauf des Projekts, das sich über viele Wochen mit viel handwerklichen Tätigkeiten erstreckte und mit einer Aktionswoche und einem Indianerfest, in das auch die Eltern einbezogen wurden, endete, kann ich hier nicht näher eingehen. Äußere Differenzierung war während des gesamten Projektverlaufs wie bei allen Projekten nicht erforderlich.

Im 4. Schuljahr griffen wir dieses Thema nochmals auf, diesmal mit dem Schwerpunkt »Columbus«. Für die behinderten Kinder war das eine Möglichkeit, sich mit einem schon bekannten Thema nochmals auf anderer Ebene zu befassen, während die anderen Kinder ihr Wissen über die Entdeckung Amerikas und über die Lebensweise der Indianer heute erweitern konnten. Melanie, David und Marc bekamen nochmals einen Teil der Geschichte über den Indianerjungen. Sie durften einzelne Geschichten nochmals hören und erinnerten sich auch wieder daran. Nun konnten sie schon selbst die Texte in Druckschrift schreiben und lesen. Wir ergänzten diesmal die Mappe mit Bildern und kurzen Texten zur Lebensweise der Indianer heute.

Diese Form eines Spiralcurriculums kommt dem Wiederholungsbedürfnis gerade der lern- und geistigbehinderten Kinder entgegen. Diese Kinder haben oft in Integrationsklassen viel zuwenig Zeit, um sich so lange mit einem Thema zu beschäftigen, wie es für sie nötig wäre. Das ist im integrativen Unterricht ein noch ungelöstes Problem. Themen wieder aufzugreifen ist zwar eine gute Möglichkeit, doch besser wäre noch ein jahrgangsübergreifender Unterricht (etwa wie in den Peter-Petersen-Schulen), der den Kindern die Gelegenheit geben würde, sich mit bestimmten Themen immer wieder auseinanderzusetzen.

b) Herstellen von Fotobüchern

Im 3. Schuljahr begannen wir, neben anderen Buchprojekten u. a. Fotobücher herzustellen. Die Kinder teilten sich selbst in kleine Gruppen ein. Zu diesem Zeitpunkt war es für alle schon selbstverständlich, daß sie eines der behinderten Kinder in ihre Gruppe nahmen. Es hatten sich auch schon ziemlich stabile Freundschaften und Sympathien zwischen den Kindern gebildet. Die Kinder dachten sich zuerst selbst eine Geschichte aus und schrieben sie auf. Dabei mußten sie darauf achten, daß die ausgedachten Szenen auch dargestellt und fotografiert werden können. Danach sollten sie festlegen, wie viele Bilder ihre Geschichte haben soll. Jede Gruppe organisierte sich selbst, und wir waren auf die Entwicklung der Bilder gespannt. Die Kinder klebten die Bilder auf Fotokarton auf und druckten den Text darunter. Die Gruppe, in der Ansgar war, dachte sich eine Geschichte über ein Autorennen aus, wobei das Auto der Rollstuhl war. Die Geschichte endete damit, daß Ansgar das Rennen gewann.

Fotogeschichten sind besonders geeignet, die behinderten Kinder in die Gruppenarbeit einzubinden, da das Schreiben von Texten nicht allein im Mittelpunkt steht, sondern szenisches Gestalten und das Fotografieren, also Tätigkeiten einen großen Raum einnehmen, die dann – wieder im Sinne der Galperinschen Stufen – mit Sprache verknüpft werden. Es fällt dabei den Kindern – wenn sie bereits daran gewöhnt sind – nicht schwer, ohne die Hilfe von Erwachsenen die behinderten Kinder einzubeziehen. Da unter den Fotos immer nur einige Sätze stehen, haben auch die Kinder mit Leseproblemen eine Chance, das Fotobuch anschließend zu ihrem Lesebuch zu machen.

c) Bezüglich des Schreibens von Gedichten mit behinderten und nichtbehinderten Kindern, das einen Höhepunkt im weiterführenden Schriftspracherwerb für uns bildete, möchte ich aus Platzgründen auf *Jaumann/Wolff-Kramer (1993 a und b; Brügelmann/Balhorn (Hrsg.) 1995)* verweisen.

Lernt David anders als Kristin?

Zum Abschluß möchte ich noch auf meine These, daß der Lese- und Schreiblernprozeß im Grundsatz bei allen Kindern gleich verläuft, zurückkommen und sie an einigen Beispielen von einem Kind mit Down-Syndrom belegen. Es würde hier zu weit führen, sie Beispielen von Kindern mit normaler Entwicklung gegenüberzustellen, diese sind ja aus der Literatur hinlänglich bekannt (s. u. a. *Brügelmann u. a. 1984, Scheerer-Neumann u.a. 1986*).

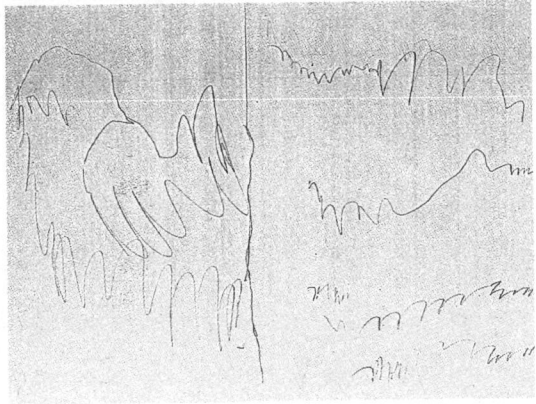

1. Schuljahr: David (7 Jahre alt) erzählt zu dem, was er »geschrieben« hat: »Mein Freund Marc war bei Julia und Nils Jonas und Lukas und Kai und Jonas und sie spielen zusammen. David spielt auch mit.«

2. Schuljahr: Er schreibt selbständig und ohne Hilfe: »David spielt mit dem Auto.« Er spricht von sich immer noch in der 3. Form.

3. Schuljahr: David schreibt selbständig ein Gedicht (in Anlehnung an Ernst Jandl).

Die Igel sehn o o o o o o
Ein Mann macht o o o o o
Die Erde spielt o o o o o oben
Die Stei Stei Steine machen acht acht acht acht acht
[Faksimile: nächste Seite oben...]

119

4. Schuljahr:
Er schreibt
unter das pas-
sende Foto:

Ende des 4. Schuljahres schreibt er mir – allerdings nach Berichtigung der Rechtschreibfehler durch die Eltern – den nebenstehenden Brief:

Ich meine, daß diese Beispiele zeigen, daß die Schreibentwicklung und parallel dazu die Leseentwicklung in vergleichbarer Weise wie bei normal entwickelten Kindern vom Kritzeln zum lesbaren Text verläuft. Es wäre interessant, hier die Unterschiede sowie die gleichlaufenden Entwicklungen behinderter und nichtbehinderter Kinder an mehreren Beispielen zu untersuchen und eine Vergleichsstudie anzustellen.

Dominik, auch ein Kind mit Down-Syndrom 5 der eine äußerst geringe Lernmotivation zeigte, ist erst im Alter von 12 Jahren auf der, wie *Baghban (1987)* es nennt, »Lall-Phase frühen Schreibens«:

Dominik schrieb hier: »Für Mama und Papa von Domi«. Er verwendet dabei mehrfach die Buchstaben seines Namens, wie es *Baghban* z. B. bei einem zweijährigen nichtbehinderten Kind beobachtete *(Baghban 1987, 124)*. Es ist möglich, daß Dominiks Lese- und Schreibentwicklung auf einer sehr frühen Stufe stagnieren wird, wogegen Davids bisherige Entwicklung auf weitere Fortschritte hoffen läßt.

Auch Marc konnte am Ende des 4. Schuljahres einfache Texte mit Hilfe erlesen und abschreiben. Spontan schrieb er selten, doch er versuchte eifrig, Wörter in seiner Umgebung von sich aus zu lesen. Melanie konnte nach vier Grundschuljahren auch schwierigere Texte langsam erlesen und einfache Texte rechtschriftlich wiedergeben. In der Spontanschreibung verwendete sie noch weitgehend die »rudimentäre alpha- betische« bzw. die »entfaltete alphabetische Strategie« an (vgl. *Scheerer-Neumann 1987)*. Ansgar konnte flüssig lesen, er hatte jedoch in Abhängigkeit von seiner fortschreitenden Krankheit zunehmend größere Schwierigkeiten beim Sprechen.

Wichtig für den integrativen Unterricht sind die Konsequenzen, die aus der Beobachtung der Lese- und Schreibentwicklung der behinderten Kinder gezogen werden. Es wäre fatal, wenn man nun den Schluß ziehen würde, daß es, da ja der Lernprozeß »nur«verzögert zu sein scheint, genüge, die Lese- und Schreibentwicklung der Kinder mit einer Behinderung über viele Jahre in die Länge zu ziehen und inhaltlich zu reduzieren, wie es – wie schon erwähnt – viele sonderpädagogische Lehrgänge tun. Die sonderpädagogische Didaktik ist außerdem oft in der Gefahr, Vereinfachung mit inhaltlicher und geistiger Niveaulosigkeit gleichzusetzen. Auch wenn diese Kinder die Lese- und Schreibtechnik nur unzulänglich erwerben, so entwickeln sich ihre Gesamtpersönlichkeit, ihr Denkvermögen und ihre Wahrnehmungsfähigkeit weiter. Die sonderpädagogische Didaktik orientiert sich häufig nur an der »unteren Grenze« und an den Defiziten und übersieht daher, daß auch Kinder mit einer Behinderung ohne direkte Belehrung lernen. Doch dazu brauchen sie wie alle anderen Kinder ein großes Angebot, aus dem sie sich zu der ihnen angemessenen Zeit das für sie Richtige holen können – über die Nachahmung, über das Zuhören und über den handelnden Umgang. Die Konsequenz aus meinen Erfahrungswerten ist, gerade die Kinder mit einer Behinderung an dem vielfältigen und reichhaltigen Angebot der Grundschule heute teilhaben zu lassen, um ihnen wie allen Kindern die Chance entdeckenden und selbsttätigen Lernens zu geben. Kinder mit einer Behinderung bedürfen im Gegensatz zu schnell lernenden Kindern darüber hinaus eine auf ihre je spezifische Behinderung abgestimmte, strukturierte Lernhilfe, die sich an den Inhalten der Grundschule orientieren sollte.

Bettina Hurrelmann u. a.
Leseklima in der Familie
Eine neue Untersuchung über die Lesesozialisation von Kindern

Aufs Ganze gesehen behaupten Bücher ihren Platz in der Freizeit von Kindern. Rund 40% der Kinder lesen mehrmals in der Woche, 20% sogar jeden Tag. Werktags kommen sie auf etwa eine halbe Stunde Lektüre, am Wochenende sogar auf 50 Minuten durchschnittlich. Dennoch gibt es schon unter Grundschulkindern eine Problemgruppe von rund 20%, die nicht nur wenig und selten lesen, sondern auch von sich selbst sagen, daß sie keine Freude an Büchern haben. So das Resultat einer Studie über das »Leseklima in der Familie«, die an der Universität Köln durchgeführt wurde. Das Projekt war Teil eines größeren Forschungszusammenhangs, der von der Bertelsmann Stiftung initiiert und gefördert wurde.

Untersucht wurde eine für die Großstadt Köln repräsentative Stichprobe von 200 Familien mit Kindern von 9 bis 11 Jahren. Die Ergebnisse beruhen auf einer Fragebogenerhebung bei Müttern, Vätern und Kindern und auf ausführlichen Gesprächen, die mit den Familien geführt wurden.

Woran liegt es, daß einige Kinder am Ende des Grundschulalters zu begeisterten und regelmäßigen Lesern geworden sind, andere aber freiwillig kaum ein Buch anrühren? In der Kindheit werden die wesentlichen Voraussetzungen für den späteren Umgang mit Geschriebenem gelegt. In einer Gesellschaft, in der der Wissenserwerb und die Persönlichkeitsentwicklung nach wie vor so stark mit Lesekompetenzen verbunden sind, ist es von erheblicher Bedeutung, ob die Lesesozialisation erfolgreich ist.

Kein Zweifel kann daran sein, so die Kölner Forschungsgruppe, daß es Kinder heute leichter haben, zu Fernsehkonsumenten als zu Lesern zu werden. Aber die einfache Hypothese, daß das Fernsehen das Lesen verdrängt, läßt sich bei genauerem Hinsehen nicht bestätigen. Kinder, die viel lesen, sind insgesamt extensivere Mediennutzer. Die Vielleser bringen pro Tag etwa genauso lange mit dem Fernsehen wie mit Büchern zu. Das kann man heute als Zeichen einer gelungenen Mediensozialisation ansehen. Im Zeitbudget der Wenigleser unter den Kindern spielt das Fernsehen dagegen die Hauptrolle. Auch andere Medien wie Hörkassetten oder Zeitungen und Zeitschriften interessieren sie kaum (vgl. *Abb. auf der nächsten Seite*).

Die Studie untersuchte die Bedingungen für so unterschiedliche Entwicklungsverläufe. Zunächst einmal zeigte sich, daß Kinder heute in verschiedenen Medienumwelten zu Lesern werden können. Nicht nur das »buch-

Bettina Hurrelmann/Michael Hammer/Ferdinand Nieß u. a.: Leseklima in der Familie (= Lesesozialisation Bd. 1). Gütersloh: Verlag Bertelsmann Stiftung 1993.

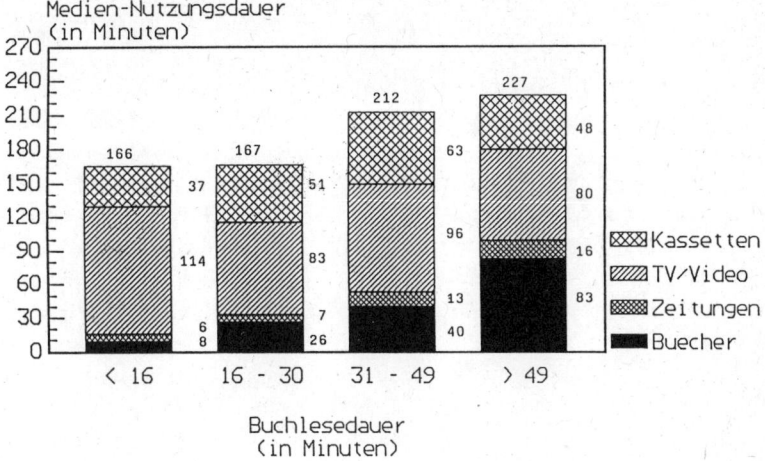

Lesedauer der Kinder und durchschnittliche Medien-Nutzungsdauer pro Tag

Medien-Nutzungsdauer
(in Minuten)

Buchlesedauer
(in Minuten)

orientierte Elternhaus« bietet gute Voraussetzungen für die Leseentwicklung. Auch in Familien, in denen die Erwachsenen eine breite Palette von
Medien regelmäßig nutzen, werden Kinder zu Lesern. Wenn die Eltern sich
allerdings auf Fernsehen, Video und Computerspiele beschränken und den
Printmedien insgesamt aus dem Wege gehen – dies ist in etwa 15% der
Familien der Fall –, haben auch die Kinder nur geringe Chancen, Leseinteressen zu entwickeln.

Kinder erfahren zunächst durch Beobachtung, welchen Wert das Buch für
seine Leser hat. Ob die Eltern selbst lesen, ist wichtig. Kinder wissen darüber
sehr gut Bescheid: Etwa 60% von ihnen sagen, daß ihre Mütter gern Bücher
lesen. Der Vater wird nur von 40% als eifriger Leser beschrieben. Am
meisten profitiert ein Kind vom Vorbild der Eltern, wenn das Lesen in
Gespräche über Bücher eingebunden wird, wenn es gemeinsame Leseinteressen oder häufiger auch Situationen gibt, in denen mehrere Familienmit-
glieder etwas lesen. Gemeinsame Besuche von Buchhandlungen und
Bibliotheken wirken ebenfalls als Unterstützung für junge Leser. Die Untersuchung zeigte, daß die Mütter in der Lesesozialisation die entscheidende
Rolle spielen. Sie lesen nicht nur mehr als die Väter, sondern sie begleiten
den Lesealltag der Kinder viel intensiver und wirken damit viel stärker durch
ihr Vorbild und ihre Leseanregungen. Es ist aber wichtig zu sehen, daß ganz
eindeutig diejenigen Kinder die größte Zuneigung zu Büchern entwickeln,
die von beiden Eltern gefördert werden.

Die selbstverständliche Präsenz des Buches im Familienalltag ist wirksamer
als alle bewußten Erziehungsmaßnahmen. Vor allem Ermahnungen, die das
Lesen mit Schulleistungen zusammenbringen, können gar nichts ausrichten,
wenn die Kinder ihre Eltern selbst als wenig lesebegeistert wahrnehmen.

Für viele Kinder wird sogar das Vorlesen zu einer konfliktgeladenen Situation, wenn sie erleben, daß dabei nicht die Freude an Geschichten im Vordergrund steht, sondern das Lesen für andere Zwecke funktionalisiert wird. Die meisten Eltern möchten heutzutage das Lesen ihrer Kinder fördern. Die Zeiten, in denen es als Zeitvergeudung oder Gefahr für den Realitätssinn verpönt war, sind vorbei. Aber viele Eltern sind nicht in der Lage, Spaß am Lesen zu vermitteln, weil Bücher ihnen selbst fremd sind, weil sie Schwierigkeiten haben, das für ihr Kind passende Buch auszuwählen, weil es ihnen Mühe macht, ihren Kindern beim Lesen intellektuelle Partner zu sein. Neben dem Vorlesen haben alle Formen von Sprachspielen und Kinderreimen, Geschichten-Erzählen und Geschichten-Erfinden wichtige positive Effekte auf das Lesen, weil sie Vorformen literarischen Sprachgebrauchs sind. Aber gerade dieses spielerische Ausprobieren der Sprache und Fabulieren mit Kindern ist in vielen Familien ganz unbekannt.

Alle genannten Voraussetzungen des Leseklimas in der Familie sind mit der Bildung der Eltern eng verknüpft. Man kann sagen, über sie werden die Bildungsunterschiede vermittelt, die im Leseverhalten der Kinder nach wie vor deutlich erkennbar sind. Aber es gibt einen Einflußfaktor, der davon unabhängig wirkt: das Geschlecht. Wie Väter und Mütter, so unterscheiden sich schon Jungen und Mädchen in ihrem Leseverhalten. Mädchen sind nicht nur die eifrigeren Leser, und sie können nicht nur besser lesen als Jungen, sie haben auch weniger Lesehemmungen, andere Leseinteressen und intensivere Leseerlebnisse. Dabei werden die Mädchen in ihren Familien nicht etwa stärker gefördert als die Jungen. Aber vermutlich ist es leichter für sie, das Lesevorbild der Mutter zu übernehmen. Auch wird deutlich, daß die emotionale Bereitschaft, sich gefühlsmäßig auf literarische Geschichten einzulassen, bei den Mädchen stärker ausgeprägt ist. Daraus gewinnen sie zusätzliche Belohnungen für das Lesen. Mädchen profitieren auch mehr vom Leseunterricht in der Schule als Jungen – ein Ergebnis, das Anlaß gibt, über eine geschlechtsdifferenzierende Leseerziehung nachzudenken (s. zu dieser Frage *Richter/Brügelmann 1994; Garbe 1993*).

Aber kann die Schule überhaupt Defizite ausgleichen? Die vorliegende Studie zeigt, daß die Schule in der Tat wenig ausrichten kann, wenn es um die Quantität des Lesens in der Freizeit geht. Hier sind die Familienbedingungen stärker. Die Schule hat aber durchaus einen Einfluß auf die Qualität des Lesens, und zwar auf die Intensität der kindlichen Auseinandersetzung mit Büchern in intellektueller und emotionaler Hinsicht. Es ist ein wichtiges Ergebnis der Untersuchung, daß ein guter Unterricht, der kindgemäße und buchbezogene Leseformen anbietet, zur vertieften Verarbeitung des Gelesenen anregt und den kreativen Umgang der Kinder mit Büchern fördert, auch in der Freizeit. Hier ist die Schule der Familie sogar überlegen. Und sie hat noch viele ungenutzte Möglichkeiten der Förderung, wenn man bedenkt, daß etwa 80% der Kinder den Eindruck haben, daß sich in der Schule eigentlich niemand für ihr Freizeitlesen interessiert.

Ursula Dürrschnabel

Ozeane, Kapitäne und Navigation
Über das Lernen aphatischer Kinder

Der Ozean

Alles, was Spaß macht, beginnt für Florian mit einem Z: Zaubern. Zug fahren. Zuschauen. Und auch die Höllenqualen dieser Erde tragen in ihren Namen diesen Anfangsbuchstaben: Zahlen. Ziffern. Zählen. Dazwischen liegen Welten und Ozeane. Der Ozean, auf dem Florian treibt und häufig unterzugehen droht, heißt »Zustand nach Schädel-Hirn-Trauma« – eine umfassende, generalisierte Schädigung seines Gehirns durch einen Unfall vor fünf Jahren, die ihn auch in den Kompetenzen seiner Sprache beeinträchtigt hat. Teildiagnose: Verdacht auf infantile Aphasie. Florian ist heute zehn Jahre alt.

Er ist eines der »Ozean-Kinder«, die in unserer Reha-Klinik zur Zeit leben. Im therapeutischen Alltag dieser Klinik stellten wir im Laufe der Jahre fest: eine reine infantile Aphasie war bei keinem einzigen der behandelten Kinder festzustellen; alle Kinder zeigten neben den Veränderungen ihrer sprachlichen Hirnleistung weitere neuropsychologische Veränderungen besonders in den Bereichen von: Konzentration, visueller Wahrnehmung und Raumwahrnehmung, auditiver Wahrnehmung, Lernen und Gedächtnis, Planen und Handeln.

Jedes Kind zeigte individuell Anzeichen tiefer Erschütterung seines Selbstvertrauens.

Ein Erklärungsversuch, weshalb die reine infantile Aphasie so bedeutend seltener aufzutreten scheint als Aphasie mit multipler Beeinträchtigung neuropsychologischer Qualitäten: die differenzierte Spezialisierung der einzelnen Hirnareale befindet sich noch in der Entwicklung.

Eine Tatsache: bei allen Kindern dieser Klinik bestand Aphasie oder Verdacht auf Aphasie aufgrund eines Schädel-Hirn-Traumas. Diese Klinik dient der Rehabilitation von Kindern, die aufgrund der Schwere ihrer Symptome und/oder sozialer Hintergründe durch ambulante Therapie- und Förderkonzepte nicht ausreichend versorgt werden können.

Zwangsläufig kann nachfolgende Abhandlung über aphatische Kinder und ihr Verhältnis zur Schriftsprache kein repräsentativer Querschnitt sein.

Ein Kapitän

Daniel, 10,5 Jahre, ausgesprochen bewegungsfreudig, unruhig, rasch in der Auffassung, zwei Monate nach Eintritt ins 5. Schuljahr: Unfall. Sieben Wochen später: Verlegung in die Reha-Klinik. Keine expressive Sprache, reagiert teilweise adäquat mit Nicken und Kopfschütteln auf einfache Fragen. Wirkt dabei völlig unbeteiligt und verstört. Kann seine rechte Körperhälfte kaum handelnd einsetzen. Blick und Mimik zeigen Abwehr. Eine Woche später setzt zögernd expressive Sprache ein, stark verlangsamt, kurzatmig und monoton. Die Artikulation ist geringfügig beeinträchtigt, er bleibt sehr stark an Teilen der eigenen und fremden lautsprachlichen Äußerungen hängen (perseveriert/echolaliert).

Daniel reagiert auf Bildmaterial mit hastigem Interesse, spontan reagiert er bei angebotenen Bildern nur auf Motive auf der rechten Seite. Er scheint keine Vorstellung zu haben von Buchstaben und weiß nicht, was tun mit einem Stift.

Einige Tage später wird sein Sprechen schneller. Er spricht allerdings weiterhin ohne hörbare emotionale Beteiligung und ohne jeden HörerInnenbezug, unrhythmisch; er ist sehr unruhig und hat große Mühe, sich inhaltlich verständlich zu machen. Er beginnt, Papier und Stift auszuprobieren. Trotz eingeschränkter Handmotorik rechts gebraucht er hauptsächlich die rechte Hand, zunächst malt er spontan mühsam Kreis- und Spiralförmiges, später sehr mühsam ein »Dan« für seinen Namen. Kann es nicht lesen.

Eine Fahrrinne

Er erkennt Einzelbuchstaben nicht, egal, auf welcher Seite seines Gesichtsfeldes sie ihm angeboten werden. Auf die Handrücken seiner linken und rechten Hand gezeichnet, erkennt er nach mehrmaligem Anbieten einen Kreis. Später kann er das auf den Handrücken geschriebene »D« einem auditiv angebotenen zuordnen und graphomotorisch auf dem Papier bruchstückhaft wiedergeben. Das taktile Angebot von Formen und Graphemen schien ihn – wie viele andere Kinder – deutlich zu deblockieren; spontan begann er, kurze Serien von Einzelbuchstaben zu schreiben, die er teilweise korrekt zuordnen und benennen konnte. Dies schien der Anfang einer Fahrrinne zwischen Ozean und Festland zu sein.

Die Navigation

Abbildung 1: Erste Schreibschritte

Den Weg zurück zum fähigen Gebrauch der Schriftsprache ist Daniel gegangen, in vielen winzigen Einzelschritten. Oft waren ihm sein Leistungsniveau und Wissen am nächsten Tag nicht mehr gegenwärtig, eine Tatsache, die ihn stark verunsicherte. Er ging aber dennoch mit Papier und Stift um. Schrieb er zu Beginn ohne jedes erkennbare Interesse am gerade Geschriebenen, setzte sehr bald eine wahre Schriftbesessenheit ein: er entwarf wirre »Akten« einer fiktiven Detektei und malte hingebungsvoll Überschriften. Egal, wieviel Zeit er dafür benötigte, egal auch, wie fragmentarisch und inhaltlich entstellt sich das Geschriebene auf dem Papier den Lesenden entgegenstreckte – trotz seiner konstruktiven und visumotorischen Schwierigkeiten zeigte Daniel einen Zwang zur schriftlichen Manifestation seines Denkens und Handelns. Ganz klar besaß Schreiben Priorität; Lesen – das »Denken mit fremdem Gehirn« (L. Borges) – versuchte er zunächst zu umgehen, wo immer es möglich war. Und ließ es sich nicht umgehen, dann zog er eindeutig, bei gleicher Schriftgröße und gleichem Schrifttyp, Handschriftliches Gedrucktem vor.

Abbildung 2: Daniel malt etwas

Angesichts der Schwere seiner ursprünglichen Schädigung ist Daniel im Verlauf seiner weiteren Rehabilitation ein Vorzeige-Kind, ein Glücksfall. Die Störungen seiner visuellen und auditiven Wahrnehmung waren größtenteils vorrübergehend, motorisch konnte er sich recht bald wieder selbständig fortbewegen, die dominante Hand zeigte im Alltag bald nur noch leichte Beeinträchtigungen. Nach einem logorhoeischen Schub, der mehrere Wochen andauerte, schienen einige seiner sprachlichen Knoten allmählich aufzugehen: zum einen begann sich seine Sprechgeschwindigkeit sehr schnell zu normalisieren, zum anderen begannen sich die Worthülsen und Satzfragmente wieder mit Sinn zu füllen und in Botschaften zu wandeln. Monatelang bedeutete sein »emotionaler Tonus« Übererregung und Unruhe, er war sehr leicht ablenkbar. Die größte Herausforderung für die Therapeutin bestand über Monate hinweg in der täglichen Auswahl der Angebote, was man miteinander tun könnte. Zeitweise war es ihm möglich, sich auf eine kontinuierliche Gemeinsamkeit einzulassen.

An Tagen, an denen er therapeutische Anregungen akzeptieren konnte, war es gut möglich, mit ihm gemeinsam einzelne Projekte zu planen und über mehrere Sitzungen hinweg spielerisch auszuarbeiten. Er brauchte sehr viel Zeit für beides und war sehr rasch müde. Die Schritte mußten also sehr klein sein. Sobald er von einer Idee »ergriffen« war, tolerierte er unvermeidliche Zumutungen und folgte dann – allerdings nur für kurze Zeit – starken Motiven. Manchmal entwickelte er sehr erfolgreiche Strategien, koordinierte Sprechen und Schreiben.

Ein Ziel seiner zahlreichen Sehnsüchte war der Reitstall im Nachbarort, den zwei seiner Klassenkameraden jede Woche zur Reittherapie besuchten. Er war Feuer und Flamme für die Idee, ein Interview mit der Besitzerin des Reitstalls zu machen. Und es war sehr nötig, daß er »flammte«, denn bis er dann endlich mit Fotoapparat, Mikrophon und Fragenkatalog bewaffnet zur Tat schreiten konnte, brauchte es eine lange und nicht immer einfache Vorbereitung. Beim Vorbereiten des Fragenkatalogs für das Interview über Reitstall und -pferde wurden seine grundlegenden Schwierigkeiten auf der Satz- und Textebene deutlich.

Er hatte Mühe, den geplanten und lautsprachlich vorformulierten Satz zu gliedern und sich die einzelnen Abschnitte während des Schreibens präsent zu halten. Er verschränkte einzelne Satzfragmente, ließ einzelne Wörter aus oder formulierte den begonnenen Satz während des Schreibens innerlich um. Oft beendete er einen Satz, der sinngemäß gerade begonnen hatte. Wenn er sein Schreiben lautsprachlich synchron begleitete, half er sich selber, den Faden nicht zu verlieren. Er konnte sich unterbrechen und auch selbst berichtigen.

Eine seiner Hilfen, sich die mitlaufenden, ablenkenden, durchkreuzenden Assoziationen zu ordnen und am »intentionalen Ball« zu bleiben, waren für Daniel Skizzen, die er aus spontan gewählten Zeichen und Zeichnungen synchron zu seiner lautsprachlichen Erzählung aufs Papier brachte *(Abb. 3)*.

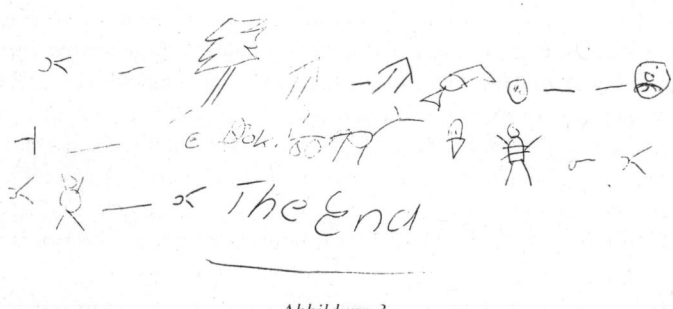

Abbildung 3

Zwei Monate vor seinem Austritt war es sein Wunsch, ein Theaterstück zu kreieren und aufzuführen. Spontan fiel seine Wahl auf Collodis Pinocchio. »Der mit der Nase, weißt du?«. Und weil ihm der Name nicht griffbereit war, zeichnete er ihn auf – machte aus der Nase einen Schnabel – und durch das Zeichnen des Schnabels konnte Daniel Pinocchio als Pinocchio benennen und auch in Windeseile in straffer Raffung dessen Geschichte wiedergeben, die er blitzschnell »mitstenografierte«.

Die Regatta

Lokalisation, Ausmaß und Zeitpunkt ihres zentralen Traumas waren bei allen behandelten Kindern sehr unterschiedlich. Keinesfalls Chancengleichheit bei der Wiedereroberung einer zersprungenen Welt. Die beschriebenen Phänomene in der Herabsetzung von Daniels Konzentration und einzelnen Gedächtnisleistungen sind bei allen behandelten Kindern in unterschiedlicher Ausprägung festzustellen. Trotz der ursprünglichen Schwere seiner Schädigung erfüllte Daniel eine wichtige Voraussetzung zur »Wiederschiffbarmachung der Modalitäten Lesen und Schreiben«: Er zeigte Motivation. Vor seinem Unfall hatte er vier Schuljahre lang Zeit gehabt, mit dem Gebrauch von Wort und Schrift vertraut zu werden. Darüber hinaus zeigte er eine für sein Alter hohe Geläufigkeit im Umgang mit der geschriebenen Sprache. Er schien deren möglichen Wert als Schlüssel zur Erschaffung und Entdeckung neuer Welten persönlich erkannt zu haben. Auch nach seinem Trauma zeigte er trotz multipler neuropsychologischer Beeinträchtigungen rasch hohe Motivation und Frustrationstoleranz im kommunikativen Umgang mit der Schriftsprache.

Die schweren und nichtklassifizierbaren Symptome in der Beeinträchtigung der Modalitäten Verstehen und Benennen zeigten einen überraschend positiven Verlauf. Deblockierende Wechselwirkungen zwischen schrift- und lautsprachlichen Teilleistungen waren zu beobachten, zum Teil sind sie zu vermuten. Die zunächst starke Verlangsamung und Nivellierung seines Sprechens konnte sich normalisieren. Er war in der Lage, zunächst durch Fremdhören, auditiv Rhythmus, lautliche Gliederung und Betonungen zu erkennen und zu differenzieren. Er fand zu einem Rhythmus und Fluß der Lautsprache zurück. Seine »phonologische Bewußtheit« konnte wiedererweckt werden. Die initiale Blockierung im Zuordnen und Benennen von Strich-/Merkmalskonfigurationen von Einzelbuchstaben und Einzelwörtern konnte taktil aufgehoben werden. Die Beeinträchtigungen der visuellen Per- und Apperzeption konnte er überwinden.

Der Stapellauf

Aktuell muß sich Daniel, zwei Tage vor Austritt aus der Klinik, vor allem mit folgendem auseinandersetzen: Er hat Mühe, sich über längere Zeit auf einen Gegenstand seines Denkens und Tuns einzulassen. Das Niveau seiner Sprachleistungen scheint im ersten Moment unauffällig zu sein. Es zeigt hingegen starke Schwankungen und ist ihm nicht konstant verfügbar. Die Einbrüche sind fließend, häufig von außen nicht zu erahnen. Es besteht permanent die Gefahr der unmerklichen Überforderung. Seine Einbrüche bestehen im rezeptiven und expressiven Zugriff auf sein semantisches Lexikon im differenzierten semantischen Feld, im beeinträchtigten Verständnis beim expressiven Lesen und im Lesesinnverständnis auf Textebene; er hat dann Mühe, selbständig logische Hierarchien und kausale Zusammenhänge zu erkennen, nicht nur in komplexen Sätzen überspringt er beim Lesen und Schreiben Funktionswörter. Grundsätzlich hat er Zugriff auf grammatische Regelhaftigkeit. Seine Sicherheit im Zugriff auf GPK-Regeln hängt deutlich ab von seiner Aufmerksamkeitsleistung und ist wenig automatisiert. In konzentrierten Augenblicken zeigt sein Schriftbild mittlerweile Annäherung an seine früheren Texte.

Die Macht der Klabautermänner

Was aber ist mit Kapitänen wie Florian? Einer, der in schwerer See gegen die Mannschaft seiner ihm verbliebenen Fähigkeiten meutert und – unter lernpsychologischen Gesichtspunkten betrachtet – unerreichbar auf Tauchstation gehen will? Der dem unbeschwerten, wilden Leben eines Klabautermanns den Vorzug zu geben scheint? In unserer Klinik gibt es mehrere solcher Kapitäne, die theoretisch aufgrund ihrer kognitiven Fähigkeiten durchaus wieder oder noch zum Gebrauch der Schriftsprache kommen könnten.

Der Zeitpunkt ihres Traumas liegt zwischen Vorschulalter und Beginn/Mitte des zweiten Grundschuljahres. Drei von vier »Bounty-Kapitänen« hatten auch frontale Läsionen. Sie haben ausgeprägte Veränderungen in der visuellen Per- und Apperzeption. Sie haben in schwankender Ausprägung Mühe in der räumlichen und zeitlichen Orientierung. Sie sind in ihren Reaktionen und Aktionen sehr verlangsamt und haben zusätzlich oft große Mühe in der Strukturierung von Handlungsplanung und -ausführung. Sie zeigen starke Störungen in der Aufmerksamkeitsleistung (reduzierte Informationsverarbeitungsgeschwindigkeit, stark eingeschränkte Daueraufmerksamkeitsleistung und sehr hohe Interferenzanfälligkeit). Sie sind emotional sehr labil und grundsätzlich tief verunsichert. Sie sind leicht ermüdbar. Sie haben eine sehr genaue Intuition hinsichtlich ihrer Grenzen (jedoch nicht hinsichtlich ihrer Möglichkeiten) und entwickeln in Situationen, in denen von außen Leistungsanforderungen an sie gestellt werden, starke Abwehrmechanismen. Selbst Didaktik auf weichsten Sammetpfoten hören sie von weitem trapsen. Sie sind zumeist auf wenige Gegenstände ihres Interesses festgelegt und zeigen dort – im freien, oft künstlerisch orientierten Schaffen – eine verblüffende Integrität ihrer sprachfreien und sprachgebundenen Handlungskompetenzen. Diese Integrität läßt sich nur sehr schwer auf andere Situationen und Gegenstände übertragen: Durch die posttraumatische Veränderung ihrer Hirnchemie und möglicherweise auch durch die Erfahrung von Todesnähe und Koma scheint den Kindern dieser Klinik eine neue Dimension von Bewußtsein zugewachsen zu sein, die sie in ihrem sprachlichen und auch nichtsprachlichen Ausdruck nach uns fremden Regeln prägt.

Die Verletzungen ihres Gehirns gehen bei diesen Kindern immer über eine Verletzung der Sprachregion hinaus, das heißt, die »Bounty-Kapitäne« sind auch, aber nicht nur, in ihrem Sprachsystem und ihrer Sprachkompetenz beeinträchtigt. Häufig ist ihre aphasische Beeinträchtigung eher leicht zu nennen. Schwerer getroffen sind u. a. ihr Konzentrationsvermögen und die verbalen Gedächtnisleistungen.

Generell ist die Kommunikationsbereitschaft und -fähigkeit gegenüber der sichtbaren Welt starken Schwankungen unterworfen. Diese Einbrüche sind fließend, geschehen häufig unbemerkt und haben oft Mißverstehen und Überforderung zur Folge.

Hans-Otto Carmesin / Erika Brinkmann / Hans Brügelmann
Lisa-I, Lisa-II und Lisa-III: Modellierung des Rechtschreiblernens durch neuronale Netze

Künstliche Intelligenz ist ein expandierendes Forschungsgebiet. Über Computerprogramme versucht man, einzelne menschliche Leistungen zu simulieren, z. B. das Erkennen von Bildern, die Übersetzung von Sprache, das Montieren von Geräten. In den letzten Jahren ist das Interesse an der menschlichen Fähigkeit, aus Beispielen der eigenen Erfahrung Regeln zu bilden, gewachsen. Rechtschreibentwicklung wird heute zunehmend als Aufbau und Umorganisation von ortografischen Systemen begriffen. Damit ist nicht gemeint, daß Kinder nach und nach explizite Regeln lernen, sondern daß sie erfahrene Rechtschreibbesonderheiten zu Mustern ordnen, die ihrerseits die Schreibung neuer Wörter (mit)bestimmen. Im folgenden Beitrag gehen wir der Frage nach, ob solche Mechanismen, die wir alltagssprachlich als »Intuition« bezeichnen, durch ein Computerprogramm simulierbar sind.

1. Das Problem
Vor Schulbeginn hat Christian seinen Namen schon oft zu Papier gebracht, z. B. als Signatur auf seinen Bildern oder unter Kritzelbriefen. Auch hat er ihn an seinem Mantelhaken und seiner Schublade im Kindergarten fast täglich gesehen. Nach einigen Wochen Lese-/Schreibunterricht schreibt er so: GRISDIJAN. Dies ist kein Einzelfall. Ähnliche Beobachtungen machen viele Eltern (vgl. *Brinkmann 1991d; 1992c; u. a. 1994; Scheerer-Neumann u. a. 1986),* und auch aus dem Unterricht werden solche »Rückfälle« berichtet *(Brügelmann/Mannhaupt 1991, 44; May 1990c, 251).* Uns interessiert, ob es sich dabei wirklich um »Rückfälle« (oder gar um Störungen der Rechtschreibentwicklung) handelt.

2. Netzwerkmodelle als Forschungsansatz
Unsere Hypothese: Wenn Kinder typischerweise *entgegen* den Anforderungen und Vorbildern von Eltern, Schule und Alltagswelt solche »Rückfälle« (wie oben beschrieben) hervorbringen, hat das möglicherweise seinen Grund in der Natur des Menschen, d. h. auch: in der neuronalen Organisation seiner Wahrnehmung und seines Denkens. Es ist zwar forschungspraktisch nicht möglich, diese Vermutung zu beweisen, aber wir können durch Simulationen die Plausibilität unserer Hypothese überprüfen. Zu diesem Zweck stellen wir im folgenden zwei Beispiele für Netzwerke vor, wie sie in der Biologie diskutiert werden, um im Computermodell Lernprozesse auf der neuronalen Ebene zu simulieren.

2.0 Modellierungsrahmen

Netzwerke bilden die Umwelt nicht analog ab, sondern sind Systeme mit eigener Struktur, die ein erfolgreiches Verhalten darin ermöglichen.

Ein Netzwerk, das Verhalten von Lebewesen in einer Umwelt simulieren soll, kann sich deshalb nicht nur mit sich selbst beschäftigen. Daher muß seine Modellierung immer drei Komponenten enthalten: das Netzwerk selbst, dessen Außenwelt und die Wechselwirkungen zwischen beiden.

In unserem Fall sind die wesentlichen Faktoren der Außenwelt Laute, Buchstaben und die Zuordnung von Buchstabenfolgen zu Lautfolgen. Die Regeln dieser Zuordnung ergeben die Ortografie. Dabei können identische Lautfolgen unterschiedlichen Wörtern entsprechen, etwa wenn *wieder* und *wider* zu unterscheiden sind. Ein »Schreib-Netzwerk« entnimmt der Außenwelt Lautfolgen, gibt entsprechende Buchstabenfolgen an die Außenwelt und erfährt (sofort oder später), ob die abgegebene Buchstabenfolge als »richtig« akzeptiert wird. Die Eingabe der Laute wird insofern idealisiert, als wir bereits getrennte und eindeutige Eingaben machen, während es in der Realität eine besondere Leistung darstellt, den kontinuierlichen und von SprecherIn zu SprecherIn variierenden Wortklang zu identifizieren und zu gliedern.

2.1 Modell A: Ausgangspunkt »Hebb-Regel«

Die realen Organe unserer Wahrnehmung (Gehirn, Nervenzellen, Synapsen,...) werden in der Wissenschaft entsprechend dem aktuellen Forschungsstand idealisiert.

Nervenzellen *(Neuronen)* sind Schalter, die zu jedem Zeitpunkt entweder an oder aus sind. Solange ein Neuron an ist, sendet es ein Signal in seine Nervenfaser. Synapsen sind Kopplungen von Nervenzellen, über sie wird das Signal also von einem Neuron auf ein anderes übertragen. Falls die eingehenden Signale im nächsten Neuron einen bestimmten Schwellenwert überschreiten, schaltet es sich ebenfalls ein.

In dieser Vereinfachung wird das Gehirn als Netzwerk von Schaltern verstanden, die sich gegenseitig aktivieren oder hemmen. Soll das Gehirn etwas Bestimmtes tun, etwa ein Wort richtig schreiben, müssen sich die Schalter entsprechend schalten. Dazu müssen die Kopplungen zwischen den einzelnen Neuronen geeignet gewählt sein. Nach diesem Modell ist Lernen die Abstimmung von Kopplungen mit dem Ziel eines bestimmten Verhaltens.

Für diese Anpassung der Kopplungen postulierte der Psychologe und Lehrer *Hebb (1949):* Eine Synapse wird durch einen (damals noch völlig unbekannten) Stoffwechselvorgang verstärkt, falls die beiden zugehörigen Neuronen *gleichzeitig* an sind.

Diese *Hebb-Regel* ermöglicht eine Selbstorganisation der Kopplungen. Der Prozeß der Selbstorganisation wurde durch folgende Zusatzforderung stabilisiert *(Carmesin 1993):* Ein Organismus wiederholt erfolgreiches Verhalten. Also wirkt die *Hebb-Regel* bei erfolgreichen Handlungen mehrmals;

idealisiert wirkt sie nur bei erfolgreichen Handlungen *(Hebb-Regel mit Erfolg)*.

Es gibt ein Alternativmodell zum gewählten Ansatz von der *Hebb-Regel*. Dies ist der Versuch, schriftsprachliches Lernen (im Modell »NETtalk« konkret: Lesen) durch »back-propagation« zu simulieren, d. h. durch eine rückwirkende Umorganisation des Netzwerks aufgrund des Vergleichs von Leistung und Ziel. Es handelt sich um eine *globale* Vorschrift zur Konstruktion von Kopplungen in Netzwerken mit mehreren Schichten. Dabei beginnt die Modellierung mit der Ausgabeschicht, weil man dort eine Wirkung als Fehler definieren kann, und schreitet zurück bis zur Eingabeschicht (vgl. *Sejnowski/Rosenberg* und die weiteren Kurzberichte in *Brügelmann/Balhorn [1990, 78, 90–91, 92]).* Zwar führt auch dieser Ansatz zu einigen plausiblen Ergebnissen, aber das Modell hat einen entscheidenden Nachteil: Sein Aufbau entspricht nicht dem, was wir physiologisch über Lernprozesse wissen; physiologische Prozesse finden nicht global, sondern *lokal* an einzelnen Synapsen statt. Die *Hebb-Regel* gilt lokal; globale Synapsenstrukturen werden durch die Selbstorganisation der vielen Synapsen erzeugt.

Ein Vergleich macht die Probleme einer lediglich produktorientierten Modellierung deutlich: Sowohl ein Hubschrauber als auch eine Rakete *fliegen;* das haben sie mit einem Sperling gemeinsam; aber die Prozesse sind zu unterschiedlich, als daß man aus der Technik der Rakete viel über das Fliegen des Sperlings lernen könnte.

Die Wirkungsweise der *»Hebb-Regel mit Erfolg«* läßt sich durch eine kleine Computersimulation illustrieren (vgl. *Abb. 1).*

Als Eingabe dienen die Laute /a/, /e/, /i/, /o/, /u/ (links im Schaubild); das jeweils entsprechende Eingabeneuron ist »an«, wenn einer dieser Laute gehört wird. Das Ausgabeneuron (rechts) verursacht das Schreiben des Buchstaben <o>. Die »inneren«, also die dazwischengeschalteten Neuronen (beim Menschen immerhin 95%) haben zunächst keine spezifische Funktion. In dem Modell sind Ein- und Ausgabeneuronen nicht direkt miteinander gekoppelt. Die zu lernende Leistung ist, den Buchstaben <o> immer, aber auch nur dann zu schreiben, wenn der Laut /o/ gehört wird.

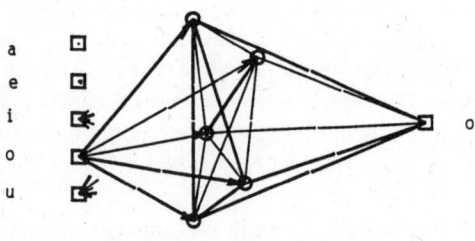

Abb. 1.1

In neuronalen Netzwerken treten immer wieder zufällige Signale auf (»Rauschen«). Sind diese »Stör«signale schwach, so bilden sich nach der *Hebb-*

Regel mit Erfolg breit vernetzte, etwa gleich starke Kopplungen heraus *(Abb. 1.1)*. Aufgrund der Erfolgsbedingung ordnen sich alle Synapsen in das dominierende Aktivitätsmuster /o/ – <o> ein. Die Folge ist ein gestörtes Netzwerk. Denn erstens werden unnötig viele Kopplungen benötigt. Zweitens sind *alle* Neuronen mit der Rechtschreibung beschäftigt, also auch Neuronen, die womöglich für das Fußballspielen wichtig sind; das führt zu unsinnigen, möglicherweise störenden Assoziationen. Drittens bilden sich keine spezifischen inneren Strukturen; das behindert die Ausbildung aufgabenspezifischer Generalisierungen.

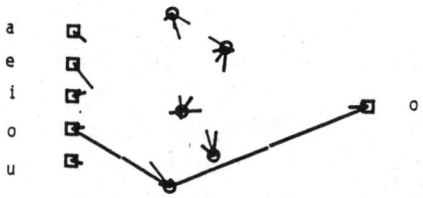

Abb. 1.2

Sind die Störsignale dagegen mittelgroß, so entwickelt sich unter der Nebenbedingung erfolgreicher Rechtschreibung eine Vernetzung mit geringstmöglicher Synapsenzahl heraus *(Abb. 1.2)*. Es bildet sich also ein aufgabenspezifisches Netzwerk heraus, das unsinnige Assoziationen unwahrscheinlich macht, dafür den besonderen ortografischen Anforderungen gerecht wird.

Abb. 1.3

Bei starken Störsignalen kann sich die Verbindung /o/ – <o> nicht als besonders aktiv abheben, alle Kopplungen sind vergleichsweise schwach *(Abb. 1.3)*. Es fehlt jede klare Zuordnung von Ein- und Ausgabe, der Zustand unterscheidet sich nicht von dem eines untrainierten Netzwerks; viele Fehler sind die Folge.

Diese Simulation verdeutlicht die Bedeutung von angeleiteter Übung bzw. von systematischer Rückmeldung als wiederholender Stärkung bestimmter Ein- und Ausgabeverknüpfungen und ihrer Abhebung von nur *zufällig* gleichzeitigen Wahrnehmungen und Handlungen. Die Vernetzung baut sich dabei unbewußt auf. Zudem können wir festhalten: Das Prinzip von Versuch (Störsignalen) und Irrtum (Erfolgsbedingung) kann durch die *Hebb-Regel mit Erfolg* auch ohne bewußte Kontrolle, sozusagen mikroskopisch, funktionieren und Verbindungen mit minimal notwendiger Synapsenzahl organisieren. Die das Bewußtsein möglicherweise langweilende Übung kann also mikroskopisch effektive Synapsenverknüpfungen bilden. Das in 2.2 beschriebene Modell B dient der direkten Untersuchung dieser idealisierten Synapsenstrukturen.

Der hier modellierte Selbstorganisationsprozeß ist verwandt mit dem allgemeinen »Versklavungsprinzip« bei der Selbstorganisation von Systemen. Dieses Prinzip umschreibt eine mathematische Struktur, die erfolgreich auf viele in der Natur beobachtete dynamische Systeme angewandt werden kann *(Haken 1981)*. Das Versklavungsprinzip besagt, daß sich schnell veränderliche Variablen gerade vorliegenden langsam veränderlichen Variablen anpassen. Konkret: In einem Fluß bewegt sich das Wasser schnell und paßt sich in seiner Ordnung dem Flußbett an; aber auch das Flußbett verändert sich, wenn auch langsam, und zwar unter der Wirkung des »versklavten« Wassers. Im neuronalen Netzwerk verändern sich die Synapsen langsam, die Neuronen schnell. Daher richten die Neuronen ihr schnelles Verhalten nach den langsam lernenden Synapsen.

Üblicherweise werden Selbstorganisationsprozesse untersucht, bei denen die langsame Veränderung durch ein Differential oder eine Differenzengleichung beschrieben wird, wie bei der *Hebb-Regel*. In unsere Modellierung geht aber zusätzlich die Erfolgsbedingung ein. Diese ist eine Besonderheit biologischer Systeme – im Gegensatz zu Lasern, Flüssigkeitsströmungen, chemischen Reaktionen und ähnlichen Prozessen, auf die das Versklavungsprinzip auch erfolgreich angewandt wurde.

2.2 Modell B: Anspruch minimaler Komplexität

Das Modell A beschreibt einen Prozeß, über den sich ortografische Kompetenz nach der *Hebb-Regel mit Erfolg* als Netzwerk mit wenigen Synapsen organisieren könnte. Zu ähnlichen Verknüpfungsmustern kommt man, wenn man ortografisches Können als Ergebnis einer Selbstorganisation von neuronalen Verbindungen betrachtet und folgende Regel unterstellt: Es wird jeweils die Vernetzung realisiert, die mit geringster Synapsenzahl (»minimaler Komplexität«) die geforderte Schreibung bestimmter Laute bzw. Lautfolgen gewährleistet.

Dies ist unser Netzwerk-Modell B bzw. besser: die Klasse derartiger Modelle, da sich die Anforderungen an die Schreibung variieren lassen. Konkret haben wir drei Modelle des Typs B untersucht: LISA-I, LISA-II und LISA-III. In allen drei Modellen sind Laute bzw. Lautfolgen die Eingaben und bestimmte Schreibungen die Ausgaben. Simuliert wurden alle Wörter, die Lisa B. seit ihrem vierten Lebensjahr, also im Vorschulalter geschrieben hat (vgl. *Brinkmann/Brügelmann 1992b; Brinkmann u. a. 1994)*.

Drei Simulationen, als ob ein Netzwerk lernen würde, diese Wörter zu schreiben, haben wir nach verschiedenen Kriterien durchgeführt (vgl. ausführlicher und kritisch zu den Annahmen bzw. Ergebnissen *Carmesin/ Brinkmann/Brügelmann 1992*).

3. Die Simulationen im Vergleich

LISA-I simuliert den Lernprozeß so, als ob jedes Wort – also die Verknüpfung der kompletten Buchstabenfolge mit der ganzen Lautfolge – für sich gelernt würde. In diesem Modell wird also für jedes Wort eine eigene Vernetzung von Eingabe und Ausgabe verlangt. Daher errechnet sich die Komplexität (EWK = »Einzelwort-Komplexität«) als die Summe der Komplexitäten der einzelnen Wörter (und diese bestimmen sich jeweils als Anzahl der Buchstaben des Wortes).

Lernen nach diesem Modell garantiert immer die richtige Schreibung, ist aber allenfalls anfangs ökonomisch, da jedes Wort neu gelernt werden muß. Das Eingangsbeispiel von <GRISDIJAN> und Lisas reale Entwicklung zeigen, daß dieses Modell der beobachteten Schreibentwicklung auch nur in den Anfängen entspricht (sog. »naiv-ganzheitliche Phase«).

LISA-II simuliert den Lernprozeß, indem Verknüpfungen zwischen einzelnen Lauten und einzelnen Buchstaben(gruppen) hergestellt werden. Das Netzwerk wird so konstruiert, daß es alle von Lisa bis zu einem gegebenen Datum tatsächlich verwendeten Wörter richtig schreiben kann. Bei gleich klingenden Wörtern unterschiedlicher Bedeutung wie <Lied> / <Lid> oder <wider> / <wieder> unterstellen wir, daß ein hier nicht modelliertes Zusatzsystem die Bedeutung erkennt und in die weitere Verarbeitung eingibt. Erst dadurch schreibt LISA-II immer richtig. Die Komplexität dieses Modells ergibt sich aus der Abbildung von Lauten auf Buchstaben(gruppen): Welche Verknüpfungen müßte das Netzwerk *mindestens* ausbilden, um die vorgegebenen Wörter auf der Basis von Laut-Buchstaben-Beziehungen korrekt zu schreiben?

Diese »Laut-Buchstaben-Komplexität« (LBK) ist geringer als die Einzelwort-Komplexität, sobald bei neuen Wörtern auf bereits gelernte Laut-Buchstaben-Beziehungen zurückgegriffen werden kann, obwohl deren Anwendungsbedingungen (z. B. /o:/ als <o> oder <oh> oder <oo>) kontinuierlich differenziert werden müssen (vgl. *Abb. 2*). Das Ergebnis (korrekte Schreibung aller Wörter) entspricht aber wiederum nicht den Beobachtungen bei der realen Lisa.

LISA-III simuliert deshalb die von Lisa bis zu einem bestimmten Zeitpunkt *tatsächlich* erbrachten Schreibweisen (vgl. dazu u. a. *Brinkmann 1991d; 1993*). Deren Komplexität nennen wir die aktuelle Laut-Buchstaben-Komplexität (ALBK).

Die Veränderung der Komplexität der drei Netzwerke ist in *Abb. 2* im Vergleich dargestellt.

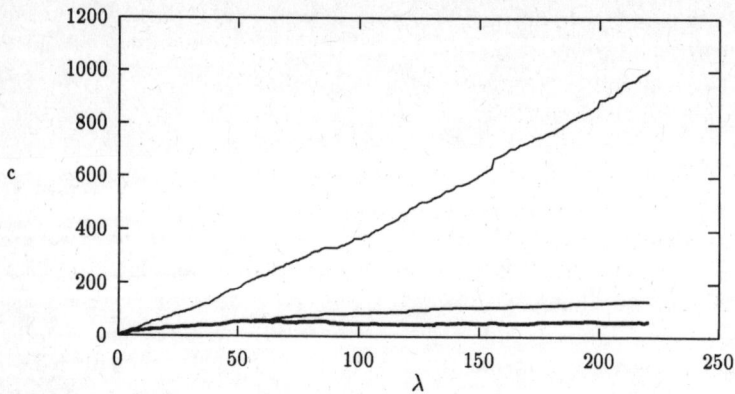

Abb. 2

Die Übersicht macht sichtbar, daß Lisas »Ortografie im Kopf« ab etwa dem 50. Wort die erforderlichen Verknüpfungen effektiv reduziert. In dieser Phase schreibt Lisa noch häufig vorgeschriebene Wörter ab (oder sie schreibt diese Wörter später noch einmal aus dem Gedächtnis). Danach konstruiert sie die meisten Wörter.

Lisas Fehler in dieser Phase sind als Vereinfachungen sinnvoll, um den Aufbau des »Rechtschreibsystems« nicht durch zu hohe Komplexität zu überfordern. Damit ist zwar die Einhaltung der Rechtschreibung nicht mehr gesichert, denn diese erfordert die Umsetzung der Laut-Buchstaben-Komplexität. Insofern können »Rückfälle« wie im Eingangsbeispiel auftreten.

Auf der Beschreibungsebene von Netzwerk-Modell A würden wir die reale Lisa im Grenzbereich mittlerer und starker Störsignale ansiedeln *(Abb. 1.2 und 1.3)*. »Rückfälle« entsprechen also einer Situation, die beim Modellieren des Lernens nach der *Hebb-Regel mit Erfolg* zu erwarten ist, falls mittelstarke Störsignale vorliegen. Solche Störungen unterstützen eine einfache Synapsenstruktur. Insofern sind »Rückfälle« eine unausweichliche Begleiterscheinung dieser selbstorganisierten Vereinfachung des Systems. Was unter den Störsignalen konkret zu verstehen ist und *warum* die Rückfälle gerade vom beobachteten Typ sind, muß noch genauer untersucht werden.

Dazu noch einige kurze Hinweise: Im Modellierungsrahmen wurde zunächst eine sehr eingeschränkte Außenwelt angenommen. Tatsächlich lernen SchülerInnen jedoch in reichhaltigeren Außenwelten mit weniger eindeutigen Merkmalen schreiben. Um zu modellieren, wie diese Bedingungen das Lernen beeinflussen, planen wir, reichhaltigere Kontexte (z. B. mit konkreten Unterrichtsmaßnahmen) einzurichten. Insofern ist LISA-III (mit idealisierter Außenwelt) lediglich Ausgangspunkt für zukünftige Modelle mit realitätsnäherer Außenwelt.

Weitere konkrete Anforderungen an eine Differenzierung des Modells betreffen insbesondere die Kategorisierung mundartlicher Varianten bei der Klassifikation von »Eingaben«; die Nutzung syntaktischer und semantischer Kontexte für die Vereinfachung des ortografischen Netzwerks; die Zuordnung von Einzelheiten der aktuellen Laut-Buchstaben-Komplexität *(Abb. 2)* zu bestimmten Instabilitäten in Netzwerken.

Wir halten eine Verfeinerung der Netzwerk-Modelle für einen vielversprechenden Weg zur Untersuchung dieser Fragen: Diese Modellierung widerspricht nicht physiologischen Erkenntnissen zur Funktionsweise von Gehirnen; mit *Abb. 2* liefert sie ein Szenario, das LehrerInnen aus ihrer Alltagserfahrung kennen; und diese Art der Modelle enthält erhebliche Spielräume für gezielte Modifikationen.

4. Folgerungen

Schon das sehr vereinfachte Ausgangsmodell liefert einige interessante Ergebnisse (vgl. ausführlicher *Carmesin/Brinkmann/Brügelmann 1992):*

(I) Die Einzelwort-Komplexität wächst erwartungsgemäß *linear* mit der Zahl der Wörter und beträgt etwa *4 pro Wort (s. Abb. 2).*

(II) Die Laut-Buchstaben-Komplexität zeigt eine Sättigung (immer mehr Elemente aus dem begrenzten Reservoir sind bekannt). Die Einzelwort-Komplexität ist in diesem Stadium ($\lambda < 50$) schon dreimal so groß wie die Laut-Buchstaben-Komplexität, danach nimmt der Unterschied wegen der Sättigung der Laut-Buchstaben-Komplexität noch zu.

(III) Die aktuelle Laut-Buchstaben-Komplexität zeigt ganz deutlich zwei Entwicklungsstufen: Bis zum 50. Wort lernt Lisa quasi perfekt (d. h. LBK = ALBK). Dann vereinfacht sie drastisch und senkt dabei sogar ihre Komplexität ab, obwohl wegen neuer Wörter die Laut-Buchstaben-Komplexität weiter ansteigt. Die Schere zwischen Laut-Buchstaben-Komplexität und aktueller Laut-Buchstaben-Komplexität öffnet sich, bis sich ab etwa 100 Wörtern das Verhältnis ALBK : LBK bei 4:10 zu stabilisieren scheint.

Diese Vereinfachungen zeigen bei genauerer Analyse (Tabelle kann bei Interesse beim Hauptautor angefordert werden) ein ähnliches Verhalten wie eine Modellrechnung, nach der Komplexitätsminimierung aus der *Hebb-Regel* abgeleitet wird (vgl. *Carmesin 1993).* Letztere ist physiologisch gut begründet und beschreibt Veränderungen an den Synapsen, also den Verbindungen zwischen den Nervenzellen, als Folge neuronaler Aktivität.

(IV) Da die Laut-Buchstaben-Komplexität nur etwa 1/3 der Einzelwort-Komplexität ausmacht und im realistischen Lernprozeß eines Kindes eher eine Mischung der beiden Zugriffe zu erwarten ist, ist mit diskontinuierlichen und erheblichen *Komplexitätsverminderungen* zu rechnen, wenn eine Aufgabe zunächst mit Hilfe des Zugriffs 1 (Einzelwort-System) gelöst wird und später mit Zugriff 2 (Laut-Buchstaben-System).

(V) »Rechtschreibmuster« wie <ck>, <ie> oder <mm> (vgl. *Brügelmann*

1994v), also die ortografische Strategie *(May 1993)*, gliedern sich ohne tiefergreifende Umstrukturierung in das Buchstaben-Laut-Modell ein und tragen zur Komplexitätsminimierung bei.

(VI) In der Didaktik wird diskutiert, ob es günstiger ist, Kindern zunächst nur Wörter vorzulegen, in denen keine oder sehr wenig mehrdeutige Laut-Buchstaben-Beziehungen auftauchen. Hinter diesem Vorschlag steht die Befürchtung, mehrdeutige Beziehungen könnten die Kinder verwirren, weil sie zu viel Komplexität auf einmal verarbeiten müßten. So könnten sie keine Regelhaftigkeiten aufbauen und damit auch die grundlegende Einsicht verfehlen, daß Buchstaben Laute darstellen.

Anders gesagt: Wenn das Kind nicht zureichend oft die Rückmeldung bekomme, daß vermutete Buchstaben-Laut-Beziehungen zutreffen, werde es vielleicht die Idee ganz aufgeben, daß Buchstaben Laute regelhaft repräsentieren, und nach einer anderen Systematik suchen.

Ein zweites Problem betrifft die Bildung der spezifischen Beziehungen selbst. Vom Standpunkt der Netzwerkbildung aus könnte man nämlich vermuten, daß ein frühes Auftreten seltener Laut-Buchstaben-Beziehungen zur Bildung falscher Regeln führt, die später nur sehr aufwendig, d. h. durch größere Umvernetzungen zu korrigieren wären.

Diese Sorgen werden durch das Modell insofern widerlegt, als aus seltenen Fällen keine Regeln abgeleitet werden. Es behindert den Aufbau des ortografischen Systems also nicht, wenn Kinder ortografisch komplizierte, aber ihnen persönlich wichtige Wörter nach ihrem aktuellen Rechtschreibwissen zu schreiben versuchen.

Umgekehrt könnte man meinen, daß die Beschränkung des Wortschatzes auf Beispiele für die ortografischen Grundmuster zu Vernetzungen führt, die später bei der Begegnung mit Sonderfällen völlig neu auszulegen sind.

Auch diese Annahme ist durch das Modell widerlegt. Vielmehr können vereinfachende (und damit übergeneralisierende) Regeln durch geringfügige Änderungen abweichende Untergruppen einbeziehen.

Insgesamt ist zu dem didaktischen Streit zu sagen, daß es für die Verkörperung von Regeln durch neuronale Netzwerke weitgehend gleichgültig ist, ob »irreguläre« Wörter früher oder später gelernt werden. Eine aufwendige Neuorganisation des Netzwerks ist in beiden Fällen nicht zu erwarten.

Aus dieser rein kognitiven Sicht bleibt allerdings die Frage unbeantwortet, ob in dem einen oder anderen Fall die Kinder durch frühe oder späte Erfahrung von »Regelwidrigkeiten« emotional stärker verunsichert werden.

(VII) Die Möglichkeit, Regeln der Rechtschreibung formal aus Netzwerken ableiten zu können, welche gemäß den Prinzipien der Komplexitätsminimierung und Adaptation entstanden sind, interpretieren wir als Beleg, daß die Strukturen der Sprache »ökonomisch« sind, so wie z. B. die Beschreibung der Verteilung von Sternen einer Galaxie durch eine Spirale ökonomisch sein kann, also dem *Occamschen* Rasiermesser genügen (gemäß *Sorkin 1983)*.

Anders gesagt: In der Ortografie ist es leicht, einen Kompromiß zu finden zwischen der Komplexität der Regeln und dem Umfang ihrer Gültigkeit. Selbst wenn man ganz auf ein Wörterverzeichnis verzichtet, kommt man mit Hilfe der Regeln in einer sehr großen Zahl von Fällen zum richtigen Ergebnis. Und selbst ein Regelteil plus vollständiger Liste der Ausnahmen ist noch wesentlich knapper als eine vollständige Wörterliste.

Freimut Wössners bildliche Simulation einer trotz mehrdeutiger Buchstaben-Laut-Beziehung multikulturell glückenden Kommunikation, die wohl vor allem dem Einsatz persönlich wichtiger Wörter zu verdanken ist.

Martin und Dagmar Rossa

Erstunterricht in Neuseeland

»Die Fähigkeit zuzuhören, zu sprechen, zu lesen und zu schreiben,
ferner sich mit Selbstvertrauen und Gewandtheit ausdrücken zu können,
ist wesentlich, um zu lernen und erfolgreich in einer Gesellschaft
und am Arbeitsplatz zu partizipieren.«
(Übersetzung D. R. aus: *National Curriculum of New Zealand, 1991*)

In einem international durchgeführten Test zur Überprüfung der Fähigkeit
im Lesen und Schreiben *(Newsweek 1991)* wurde den SchülerInnen Neu-
seelands der erste Platz zuerkannt.

Das landesweit einheitlich durchgeführte Erstunterrichtskonzept wurde aus
der Schulpraxis heraus von den LehrerInnen in Zusammenarbeit mit dem
Kultusministerium entwickelt. Grundtenor des Procedere aller Beteiligten
war:
• keine Theorie ohne Praxis,
• keine Praxis ohne (hermeneutische) Reflexion.
Empirische Absicherung der Effektivität methodisch-didaktischer Maßnahmen gehörte zum Standard. Ferner mußten sich Ergebnisse dieser empirischen Untersuchungen konsequent landesweit in der Schulpraxis widerspiegeln. Auf pragmatischem Wege wurde so ein klar definiertes offenes
Unterrichtskonzept entwickelt, das durch ständigen Austausch zwischen den
LehrerInnen und dem Bildungsministerium flexibel an die Bedürfnisse einer
individualisierten, pluralisierten und hochindustrialisierten Gesellschaft angepaßt werden kann.

Um der Individualität der SchülerInnen vom ersten Schultag an gewärtig zu
sein, erfolgt die Einschulung jeweils am 5. Geburtstag eines Kindes. Im
Schulalltag hat dieses Vorgehen zu einer deutlich spürbaren Entlastung der
Erstunterricht erteilenden LehrerInnen geführt: Die in einer hochindustrialisierten Gesellschaft heute zu erwartende Entwicklungsschere von bis zu
drei Jahren bei den Schulanfängern kann so leicht aufgefangen werden. Die
mit dem Schulalltag vertrauten SchülerInnen begrüßen den Neuankömm-
ling und weisen ihn schnell in den sozialen Ablauf des Unterrichtstages ein.

Das Curriculum unterstützt die Gruppenarbeit der Kinder. Diese wechseln
in andere Gruppen, sobald sie neue Fähigkeiten erlangt haben. Die älteren
SchülerInnen leiten die jüngeren an. So werden die LehrerInnen entlastet,
gleichzeitig haben die älteren Kinder Gelegenheit, ihr Wissen durch Wiederholung zu festigen.

Im Rahmen der offenen Unterrichtskonzeption haben die LehrerInnen viele
Möglichkeiten, SchülerInnen beim Lernen zu beobachten. Flexibel nutzen
sie die Möglichkeit sowohl zu Einzelarbeiten mit SchülerInnen als auch zu
der Arbeit in Gruppen bzw. mit der ganzen Klasse.

Vom ersten Schultag an steht den SchülerInnen, gut sichtbar präsentiert, eine große Anzahl didaktisch fein aufeinander abgestimmter Bücher zur Verfügung. Schriftspracherwerb ist nach neuseeländischer Auffassung eine natürliche Fortsetzung des mündlichen Spracherwerbs. In der Vorlesesituation machen sich die LehrerInnen mit den Konventionen der Schriftsprache vertraut, z. B.: »Wo beginnt die Geschichte?« Es wird strikt darauf geachtet, daß hierdurch nicht der Spannungsbogen der Geschichte zerstört wird. Das Lesen und Lesenlernen in der Schule sollte den Erfahrungen der Kinder aus ihrem häuslichen Milieu (Lesen = Spaß, Freude, Geborgenheit) entsprechen. Aus der Erfahrung, daß herkömmliche Erstlesebücher diesen Anspruch nicht erfüllten, wurde die »Ready to Read«-Buchserie entwickelt. Alle Bücher dieser Serie sind in natürlicher Sprache geschrieben. Eine Reduktion der Sprache auf Kleinkind-Sprachniveau erfolgt nicht, eher werden die Kinder mit 2 bis 3 schwierigen Wörtern pro Texteinheit konfrontiert. An jedes in der »Ready to Read«-Serie publizierte Buch werden vielfältige Anforderungen gestellt:

– klare Handlungslinie;
– der Spannungsbogen muß das intrinsische (sachbezogene) Interesse wecken;
– der Inhalt muß dem entwicklungspsychologischen Stand des Kindes entsprechen;
– die Sprache soll Stimmung, Handlung und Inhalt einfach und klar darlegen;
– jeder Text muß die Form eines einzelnen Buches haben;
– eine Vielzahl von Buchformaten, Typen und Illustrationsstilen soll angeboten werden;
– die Illustrationen sollen der Unterstützung des Textverständnisses dienen.

Anhand eines Farb-Codes können die LehrerInnen die einzelnen Bücher schnell in die verschiedenen Schwierigkeitsgrade eingruppieren. Ein Einstellungskriterium ist das der Lesefähigkeit des Kindes, ein anderes die Lesesituation (vor-, zusammen, allein lesen). Die Einteilung der Bücher erfolgt entsprechend der Leseerfahrung der SchülerInnen in 3 Gruppen:

A. Emergent Reader
Es handelt sich hier um die Gruppe der Leseanfänger. Die Bücher dieser Stufe sollen dem Kind Freude an der Literatur vermitteln, bevor sie überhaupt lesen können. Die SchülerInnen sollen lernen, daß Bücher ein besonderer, nicht veränderlicher Weg sind, eine Geschichte zu erzählen. Am Ende dieser Phase soll das Kind Interesse zeigen, versuchsweise einfachste Texte ohne Hilfestellung zu lesen. Es soll weiterhin fähig sein, Gelesenes mit schon bekannten Dingen abzuwägen. Weiterhin sollen SchülerInnen über den Inhalt einer Geschichte sprechen und Hypothesen über eine Handlung

aufstellen können. Wörter müssen in verschiedenen Kontexten wiedererkannt werden.

B. Early Reader

Texte aus dieser Gruppe erweitern den Wortschatz der SchülerInnen und führen zur Beherrschung komplexerer Satzstrukturen. Es soll zunehmend sinnentnehmend gelesen werden. Die SchülerInnen werden angeleitet, hierzu

- ihre persönlichen Hintergrunderfahrungen zu verwerten;
- Risiken einzugehen und sich mit ihren Hypothesen dem Inhalt des Textes anzunähern;
- Text und Illustration für Voraussagen und Bestätigungen zu nutzen;
- eigenständig Passagen zu wiederholen, wenn die Bedeutung des Textes nicht erfaßt wurde;
- Selbstkorrekturansätze zu zeigen und
- verschiedene Lesestrategien zu integrieren.

C. Fluent Reader

Die Texte werden länger. Aus den Abbildungen allein läßt sich der Textinhalt nun nicht mehr erschließen. Schwerpunkte in dieser Phase der Leseentwicklung sind:

- die Integration semantischer, syntaktischer, graphophonetischer Strategien und von Regelwissen;
- die Reduktion der Aufmerksamkeit für Buchstaben auf ein Minimum;
- die Sinnerfassung auch bei längeren Sätzen sowie bei verschiedenen Textsorten.

Vom Umfang her muß jedes Buch von den jungen LeserInnen innerhalb eines Schultages zu bewältigen sein. So kann das Kind konkret handelnd beim Zuklappen des Buches begreifen, daß es den Text bewältigt hat. Für die Leseanfänger stehen »Read Along«-Kassetten zu den Büchern zur Verfügung. Wichtig ist, daß die SchülerInnen es sich beim Lesen gemütlich machen. Je nach persönlicher Präferenz können sie hierbei auf dem Fußboden liegen, es sich in einer Kuschelecke gemütlich machen; bewegungsbedürftige SchülerInnen spazieren durch den Klassenraum und lesen Geschichten, die in Augenhöhe der Kinder an die Klassenwände geheftet sind.
Lesefehler sind konstruktive Elemente des Lernprozesses. Grundprinzip des neuseeländischen Erstleseunterrichts ist es, eine Atmosphäre des Vertrauens zu schaffen, in der die SchülerInnen den Mut aufbringen können, beim Lesen Risiken einzugehen, d. h. auch Fehler zu machen und aus diesen zu lernen. Die Vermittlung von Lesestrategien (Semantik, Syntax, Graphem-Phonem-Korrespondenz) erfolgt täglich. Vom ersten Schultag an wird den jungen LeserInnen vermittelt: Geschriebenes muß Sinn ergeben. Durch den verba-

len Sprachgebrauch verfügen die SchülerInnen über syntaktisches Wissen. Graphem-Phonem-Korrespondenzen werden aufgezeigt. Jedoch, wie *Marie Clay* sagt: »Wir sollten uns nur so lange damit aufhalten, Details aufzuzeigen, bis das Kind Gelegenheit hat, ihre Existenz wahrzunehmen. Zum Gebrauch von Details sollte nur dann ermuntert werden, wenn es unbedingt notwendig ist« (Übersetzung D. R. aus: *Ministry of Education 1991*).

Eine weitere Annäherung an die Schriftsprache ermöglicht das Schreiben. Hier ist vom ersten Tag an der Erhalt des kommunikativen Bezugs wichtig. Beispielhaft sei hier angeführt: die LehrerIn bespricht individuell mit einer SchülerIn ein Erlebnis des Kindes. Im nächsten Schritt malt das Kind ein dazu passendes Bild. Dieses wird anschließend besprochen. Die SchülerIn bestimmt nun einen Satz, der von der LehrerIn unter das Bild geschrieben wird. In bezug auf den Entwicklungsstand des Kindes schreibt die LehrerIn ein Wort, einen oder mehrere Sätze. Das jetzt Geschriebene wird von der SchülerIn abgepaust, kopiert oder auf ein anderes Blatt übertragen. Schreiben lernt man am besten durch Schreiben.

Während des ersten bis vierten Schuljahres wird in Druckschrift geschrieben, erst mit 10 Jahren erfolgt der Übergang zur Schreibschrift. Der Schriftspracherwerbsprozeß darf nicht auf das isolierte Erlernen einzelner Teilleistungen (Schreibmotorik, Schriftzeichen, Rechtschreiben) reduziert werden.

Die individuellen Lernschritte der Kinder werden regelmäßig protokolliert. Basis der Protokolle sind die von *Marie Clay* seit 30 Jahren laufenden Untersuchungen. Diese ergaben Beobachtungsparameter sowie Anregungen und Techniken, mit denen LehrerInnen ihre Beobachtungsgabe schulen konnten, um so sensitivere Interpretationen des kindlichen Lesevermögens vorzunehmen. *Marie Clays* Untersuchungen und ihre nachfolgende Arbeit mit LehrerInnen und anderen SpezialistInnen auf dem Gebiet des Lesenlernens führten zur Entwicklung von objektiven Überprüfungsverfahren und der Entwicklung konstruktiver Fördermaßnahmen *(Reading Recovery)* bei Lese- und Rechtschreibschwierigkeiten. Beides – Tests und auf deren Ergebnisse abgestimmte Fördermaßnahmen – haben dazu beigetragen, daß der Erstunterricht in Neuseeland als weltweit führend betrachtet wird.

Schon innerhalb der ersten vier Schulwochen werden die Eingangsvoraussetzungen jedes Kindes individuell erfaßt. Dieser School Entry Check dient nicht der Ausgrenzung von SchülerInnen vom Schulbesuch, sondern als Hilfe für den Erstunterricht erteilenden Lehrer, jedem Kind einen individuellen Einstieg in den Schriftspracherwerb anbieten zu können. Zudem fördert die Durchführung des Tests das Beobachtungsvermögen der LehrerInnen. Sie werden so gut mit den Stärken und Schwächen der einzelnen SchülerInnen vertraut, daß sie für sich das Selbstvertrauen entwickeln können, Kinder in unterschiedlichem Tempo lernen zu lassen, ohne Angst zu haben, daß sie selbst den Überblick verlieren.

Auch der dem Eingangstest folgende Schriftspracherwerbsprozeß muß engmaschig und objektiv erfaßt werden, um adäquate Hilfestellungen im Unterricht anbieten zu können. Die LehrerInnen müssen von allen SchülerInnen jederzeit

- die erreichte Vertrautheit mit den Konventionen der Schriftsprache einschätzen können;
- beurteilen können, ob diese beim Lesen Hypothesen aufstellen und diese bestätigen bzw. korrigieren können;
- wissen, ob ihnen verschiedene Lesestrategien zur Verfügung stehen und ob diese isoliert oder integriert angewendet werden;
- wissen, ob sie darauf bestehen, daß ein Text einen Sinn ergeben muß.

Um eine Objektivität der Beobachtungen zu gewährleisten, erfolgt eine regelmäßige, schriftlich festgehaltene Registrierung der Lernfortschritte *(Running Records)*. Jede Beurteilung muß in für andere nachvollziehbarer, schriftlicher Form festgehalten werden. *Marie Clay* formuliert klar den an den Lehrer gestellten Anspruch:»Die LehrerInnen müssen gut ausgebildet sein. Sechs LehrerInnen sollten bei der Bewertung eines Protokolls zu dem gleichen Ergebnis kommen. Das Lesen eines LehrerIn-Protokolls soll eine anderer LehrerIn befähigen zu rekapitulieren, was das Kind wirklich sagte« (Übersetzung D. R. aus: *Clay, 1992)*.

80–90% der SchülerInnen zeigen nach Abschluß des ersten Schuljahres einen deutlichen Zugewinn an Lesestrategien und -kompetenz und können erfolgreich im Rahmen des offenen Unterrichtsprogramms weiter unterrichtet werden.

10–20% der Schüler brauchen für den Schriftspracherwerb zusätzliche Hilfe, die umgehend angeboten wird, denn was auch immer der Ursprung von Schwierigkeiten im Lesen ist – gemeinsam ist allen, daß sie den Lernprozeß in der Schule limitieren und daß sich die Schwierigkeiten unbehandelt vergrößern.

Ein Lernprogramm für SchülerInnen mit Schwierigkeiten beim Schriftspracherwerb sollte genau auf der individuellen Fertigkeitsstufe des Kindes ansetzen und von dort weiter aufbauen. *Marie Clay* hat ein optimales Procedere für diesen zweiten Anlauf des Lesenlernens in langjährigen detaillierten Untersuchungen erarbeitet: das *Reading Recovery*-Programm. Heute wird das *Reading Recovery* landesweit und mit großem Erfolg in Schulen von LehrerInnen durchgeführt, die die Handhabung dieses Unterrichts in einem 50 Stunden umfassenden Fortbildungsprogramm erlernt haben. Zur Aufrechterhaltung des hohen Niveaus dieser Fördermaßnahme werden diese LehrerInnen nicht nur einmalig ausgebildet, sondern konsequent alle 2 Wochen supervisiert. *Marie Clay* fordert:»Der Lehrer muß ein sehr gut aufeinander aufbauendes Förderprogramm erstellen können, das sich an den Leistungen des Kindes orientiert. Er muß qualifizierte Entscheidungen während jeder Unterrichtsphase treffen können« (Übersetzung D.R. aus: *Clay 1992)*.

SchülerInnen mit Schwierigkeiten im Schriftspracherwerb wird so ein in
1:1-(LehrerIn:SchülerIn)-Relation durchgeführter professioneller Unterricht angeboten. Dieser wird täglich 40 Minuten durchgeführt und ermöglicht es den SchülerInnen, innerhalb von 13–14 Wochen so aufzuholen, daß
sie mit dem Klassenschnitt Schritt halten können. Langzeituntersuchungen
haben gezeigt, daß die Kinder auch in späteren Klassenstufen erfolgreich im
Schriftspracherwerb bleiben.

1–2% der SchülerInnen haben so komplexe Probleme beim Schriftspracherwerb, daß sie auch nach Beendigung des *Reading Recovery* noch nicht ihre
Probleme bewältigen können. Hier wird umgehend ein dritter Anlauf unter
Zuhilfenahme von Logopäden, Psychologen und anderen Fachkräften angeboten. »Dies ist ein dritter Anlauf mit dem Ziel, allen Kindern behilflich
zu sein, Leser zu werden« (Übersetzung D. R. aus: *Leckie 1994).*

Das neuseeländische Erstunterrichtskonzept mit seiner konsequenten Umsetzung theoretischer Erkenntnisse in den Schulalltag zeigt, daß die beste
Prävention von Lese-/Rechtschreibschwierigkeiten ein guter Erstunterricht
ist. Bezüglich des theoretischen Hintergrundes der Methodik und Didaktik
des Erstunterrichts lassen sich unvermutete Parallelen zwischen Denkansät-
zen in der Bundesrepublik Deutschland *(Balhorn/Brügelmann 1986, 1987,*
1989, 1990, 1993; Spitta 1988; Scheerer-Neumann 1989; Portmann 1989;
Pallasch 1991; Ingenkamp 1989; Hurrelmann 1991) und Neuseeland aufzeigen.

Von der Erstunterrichtspraxis in der Bundesrepublik Deutschland unterscheidet sich die neuseeländische Praxis durch den erkennbaren Grundkon-
sens und die beeindruckende Effektivität des Erstunterrichts. Die hohe
Effektivität ist das Resultat einer sehr guten Ausbildung der Lehramtsstu-
dentInnen. Schon während des Studiums werden alle detailliert aus entwick-
lungspsychologischer und sprachwissenschaftlicher Perspektive mit den
winzigen Einzelschritten vertraut gemacht, die ein lesen lernendes Kind
macht. Konsens und Wissen der LehrerInnen geben diesen in der Schulpraxis Souveränität, Ruhe und Handlungssicherheit. Ein neuseeländischer
Klassenraum hat immer offene Türen.

So hatten auch wir oft Gelegenheit, am Unterrichtsgeschehen teilzunehmen
und zu lernen: Lesenlernen kann faszinierend sein und Spaß machen –
LehrerInnen, SchülerInnen und uns Besuchern.

Eva Louvet-Schmauss / Yves Prêteur
Familienerziehung und Schriftspracherwerb als individuelle Konstruktion

Gemäß der traditionellen, aber heute immer noch dominanten Auffassung (z. B. *Inizan 1989* in Frankreich) wird das Lesen als eine reine Technik verstanden, die darin besteht, Schriftzeichen in Laute zu übersetzen und dem Lautklang anschließend den Sinn zu entnehmen. Das Erlernen dieser Technik findet in der ersten Klasse der Grundschule statt im Rahmen eines formalen, systematischen Unterrichts.

Wir vertreten einen dieser traditionellen Auffassung entgegengesetzten Standpunkt: Lesen und Schreiben lassen sich nicht auf eine reine Schultechnik reduzieren (im Sinne der Alphabetisierung), sondern müssen als eine kulturelle Praxis angesehen werden (im Sinne der Literalisierung) *(Brügelmann 1983; Taylor 1983; Bourdieu/Chartier 1985; Foucambert 1989)*. Der Schriftspracherwerb besteht nicht einfach im Erlernen der Laut-Schriftzeichen-Verbindungen (in der Schule), sondern benötigt Erfahrungen im Umgang mit der Schrift in alltäglichen, für das Kind bedeutsamen Situationen, die ihm die Möglichkeit bieten, die Schrift als Kommunikationsmittel zu erfahren (vor allem in der Familie). Lesen- und Schreibenlernen findet in erster Linie durch die implizite und unbewußte Vermittlung von Lese- und Schreibgewohnheiten und -praktiken in alltäglichen Situationen statt. Ein Kind wird zum Leser, wenn seine (familiäre) Umwelt es von Anfang an als einen (potentiellen) Leser betrachtet, auch wenn es, im herkömmlichen Sinne, noch nicht lesen und schreiben kann. Wichtig für das Lesen- und Schreibenlernen ist vor allem, daß die Eltern mit ihrem Kind lesen, genau wie alle Eltern mit ihrem Baby sprechen, und daß sie ganz natürlich erwarten, daß ihr Kind lesen lernt, wie man normalerweise von einem Baby erwartet, daß es sprechen lernt *(Lentin 1977; Taylor 1983; CRESAS 1991)*. Leider haben viele Kinder nicht die Möglichkeit, Erfahrungen im Umgang mit der Schrift (im Rahmen ihres familiären Milieus) zu sammeln. Demzufolge entdecken sie die Schrift in der Schule als ein abstraktes, aus dem Kontext gerissenes, seltsames Phänomen, das sich auf den Seiten ihrer Schulbücher abspielt. Für diese Kinder ist es oft schwer, das Aufbauprinzip einer Technik zu verstehen, deren Nutzen sie nicht erkennen können und von deren Erwerb sie sich nichts versprechen.

Um den Zusammenhang zwischen familiärem Milieu und Schriftspracherwerb zu untersuchen, führen wir seit mehreren Jahren eine Längsschnittuntersuchung mit (zu Beginn der Studie) 250 französischen Kindern im Alter von 4 bis 10 Jahren *(Prêteur/Louvet-Schmauss 1993a, b)* durch. Diese Längsschnittuntersuchung ist für das letzte Kindergartenjahr und das erste

Grundschuljahr mit einer deutsch-französischen Vergleichsstudie (85 deutsche Kinder zusätzlich zu der französischen Population) gekoppelt *(Louvet-Schmauss/Prêteur 1993b; Prêteur/ Louvet-Schmauss 1992, 1994a)*. Dieser deutsch-französische Vergleich ermöglicht es, zwei Erziehungssysteme zu konfrontieren, die deutlich voneinander abweichen. Während in Deutschland die Erziehung der Kinder vor allem im Verantwortungsbereich der Familie liegt *(Schultheis 1988)*, spielt in Frankreich die Schule (auch schon die Vorschule) eine viel bedeutendere Rolle (das wird allein daran deutlich, daß die französischen Kinder ganztags, die deutschen nur halbtags die Vorschule bzw. den Kindergarten und später die Schule besuchen). Dazu kommen wesentliche Unterschiede hinsichtlich des Erziehungsauftrags des Kindergartens bzw. der Vorschule. Der deutsche Kindergarten fördert vor allem den Sozialisationsprozeß durch freies Spielen *(Erning 1987)*, während die französische Vorschule gezielte Vorbereitung auf die Schule anbietet *(Plaisance 1986)*.

Die folgenden beiden Beispiele sollen die große Bandbreite verschiedener familiärer Erziehungskontexte in Zusammenhang mit dem Schriftspracherwerb veranschaulichen. Diese Beispiele sind repräsentativ für allgemeine Tendenzen, die wir in unseren empirischen Untersuchungen beobachtet haben.

Marion

Marion ist 6;6 Jahre alt und besucht die erste Klasse der Grundschule. Ihr Vater ist Ingenieur, ihre Mutter ist Innenarchitektin, arbeitet aber zur Zeit nicht, um sich um ihre drei Kinder zu kümmern. Marion hat eine ältere Schwester (9 Jahre alt) und einen kleinen Bruder (3 Jahre alt). Die Familie wohnt in einer schönen, großen Wohnung in einem eher bescheidenen Stadtviertel.

Marions Eltern vertreten die Auffassung, daß Lesen- und Schreibenlernen ein aktiver Prozeß ist, in dem das Kind anhand naiver Erfahrungen Vorstellungen entwickelt über Aufbauprinzip und Verwendungsformen der Schrift. Ihrer Meinung nach fällt gerade der Familie eine grundlegende, (gegenüber der Schule) spezifische Rolle beim Schriftspracherwerb zu. Aufgabe der Eltern ist es nicht, die Schulübungen zu vertiefen (Marion macht ihre Hausaufgaben alleine), sondern vielmehr dem Kind möglichst viele Gelegenheiten zu bieten, Erfahrungen im Umgang mit der Schrift im Alltag zu sammeln. Sie lesen zum Beispiel ihren Kindern jeden Abend eine Geschichte vor. Marion liest auch sehr viel selbst, und das Lesen bereitet ihr große Freude. Sie besitzt zahlreiche Kinderbücher, besucht regelmäßig eine Leihbücherei und bezieht zwei Kinderzeitschriften. Ihre ältere Schwester hat ihr bereits vor Schuleintritt das Lesen beigebracht. Zur Zeit versucht Marion, ihren 3jährigen Bruder ebenfalls Lesen und Schreiben zu lehren, indem sie mit ihm Schule spielt. Außerdem schreibt sie gerne, alleine oder mit ihrer Schwester, Briefe, Einladungen und Geschichten, und erfindet Kreuzworträtsel für ihre Eltern.

In einem derartigen familiären Milieu entwickelt natürlich jedes Kind sehr früh vielfältige Lese- und Schreibkompetenzen. In der Tat schreibt Marion bereits zu Schulbeginn gemäß des alphabetischen Prinzips *(Ferreiro/Gomez-Palacio 1982)* und liest fließend.

Wenn sie unbekannte Wörter ohne Vorlage schreibt (die empirischen Erhebungen fanden zu Beginn des zweiten Schulhalbjahres statt), benützt sie für jeden Laut den entsprechenden Buchstaben (oder die entsprechende Buchstabengruppe) und respektiert sogar schon einige Rechtschreibregeln (zum Beispiel das Doppeln des Konsonanten, wenn der vorausgehende Vokal kurz ausgesprochen wird):

Bett Nase Autoban
Mittagessen Schlafanzug
Geschichte die Mutter
Kocht das Mitagessen

Beim Abschreiben eines kurzen Satzes (50 Zeichen) bevorzugt sie ebenfalls eine Strategie des Produzierens (und nicht des Reproduzierens). Sie liest ein oder mehrere Wörter und schreibt dann ausgehend von den im Gedächtnis gespeicherten Bedeutungen. Diese Strategie ermöglicht ein Abschreiben mit nur sehr wenigen Blicken (5) auf die Vorlage:

Die Kinder / spielen / mit dem Ball / und den / schönen / neuen Puppen.
(Die Striche entsprechen den Blicken auf die Vorlage).

Beim Ausfüllen eines Lückentextes (eine kurze, illustrierte Geschichte, bei der jedes neunte Wort fehlt) rekonstruiert Marion alle zehn ausgelassenen Wörter. Das zeigt, daß sie in der Lage ist, ausgehend vom Kontext Hypothesen zu formulieren, sowohl hinsichtlich der fehlenden Bedeutungen als auch hinsichtlich der fehlenden grammatikalischen Kategorien.

Außerdem zeigt Marion, daß sie sehr gewandt ist im Umgang mit Kinderbüchern. Es fällt ihr leicht, die Bilder zu interpretieren und den Text zu lesen, um anschließend die Geschichte zusammenhängend und vollständig zu erzählen (anhand des Kinderbuches »Mimi und Brumm verlieren Simon« von *Gabrielle Vincent):*

»Da wollte die Mimi mit ihrem Papi spazieren gehen. Dann sind sie losgegangen, und da hat die Mimi den Simon, ihren Vogel, verloren. Dann hat die Mimi den Papi so gezogen, weil sie zurück wollte, um den Simon zu holen. Dann sind sie heimgegangen, und der Papi hat gesagt, daß er den Simon holt. Dann hat er ihn gefunden, aber er war kaputt. Dann wollte er einen neuen Simon kaufen, aber es gab keinen. Da hat er andere Kuschel-

tiere gebracht. Die Mimi wollte aber den Simon haben. Da hat der Papi gesagt: ›Kannst du mir deinen Simon malen?‹ Und die Mimi hat den Simon gemalt. Dann hat der Papi gesagt: ›Nicht reinkommen, ich arbeite.‹ Dann hat er einen Simon genäht und hat ihn ihr zu Weihnachten geschenkt.«

Angelika

Angelika ist 7 Jahre alt. Sie besucht, wie Marion, die erste Klasse Grundschule. Ihre Eltern sind geschieden, und sie lebt alleine mit ihrer Mutter in einer sehr kleinen Wohnung, in der Angelika kein eigenes Zimmer hat (im gleichen Stadtviertel wie Marion und ihre Familie).

Die Mutter arbeitet ganztags als Angestellte in einer Transportfirma und hat deshalb wenig Zeit, sich um ihre Tochter zu kümmern. Nach der Schule verbringt Angelika den Nachmittag bei ihrer Großmutter, die versucht, ihr bei den Hausaufgaben zu helfen. Angelika hat seit Schulbeginn große Schwierigkeiten mit dem Lesen, Schreiben und Rechnen. Ihre Mutter fühlt sich hinsichtlich dieser Schulprobleme überfordert und hilflos. Sie versucht manchmal, abends oder am Wochenende, mit Angelika Lesen und Schreiben zu üben, indem sie ihr das Alphabet beibringt und Buchstaben, Silben oder kurze Wörter diktiert. Sie hat allerdings das Gefühl, daß Angelika kaum Fortschritte macht, und fragt sich deshalb, ob ihr Vorgehen sinnvoll ist.

Nach einem halben Jahr systematischen Lese- und Schreibunterrichts in der Schule hat Angelika das alphabetische Prinzip (Zusammenhang zwischen Anzahl der Laute und Anzahl der Schriftzeichen) noch nicht verstanden. Sie bildet beim Schreiben ohne Vorlage die Lautkette nur sehr unvollständig und rudimentär ab:

BT (Bett)   fesen (Nase)

Auotb (Autobahn)

BtB (Mittagessen)

Beim Abschreiben des kurzen Satzes (50 Zeichen) schaut sie 37mal auf die Vorlage. Sie schreibt meistens einzelne Buchstaben, manchmal kleine Buchstabengruppen ab, indem sie sich die graphischen Formen visuell einprägt:

D/i/e/ K/i/n/d/er/ s/p/ie/l/en/ m/i/t/ d/em/ B/a/ll/ u/nd/ d/e/n/ sc/h/ö/nen/ n/eu/en/ P/u/p/p/en.

Beim Lesen versucht sie, einzelne Buchstaben in Laute zu übersetzen, ist aber nicht in der Lage, den Sinn zu verstehen. Demzufolge errät sie beim Ausfüllen des Lückentextes nur ein einziges Wort richtig. Es fällt ihr sogar schwer, Hauptwörter zu rekonstruieren, die, ausgehend von den den Text begleitenden Bildern, leicht abzuleiten sind.

Um die in einem Bilderbuch dargestellte Geschichte zu verstehen, kann Angelika sich natürlich nicht auf den Text stützen, da sie ja nicht lesen kann. Aber auch das Interpretieren der Bilder (die Geschichte ist durchaus anhand der Bilder verständlich) fällt ihr sehr schwer. Sie blättert das Buch mehr oder weniger ziellos durch, ohne eine Geschichte zu erwarten. Ihre Aufmerksamkeit wird wahllos auf irgendwelche Details gelenkt, die nicht unbedingt wichtig für das Verständnis der Geschichte sind:

»Am Anfang, da war ein Wagen, und sie spielt damit. Dann geht der Vater in ein Geschäft und kauft ihr so Spielsachen. Und unterwegs, da haben sie sich gestritten, und der Bär hat gesagt, daß sie brav sein soll, und jetzt vertragen sie sich wieder. Und dann war Weihnachten, und da haben sie den Baum geschmückt und unten Geschenke hingelegt.«

Die bemerkenswerten Unterschiede zwischen diesen beiden Kindern veranschaulichen die bereits zu Schulbeginn große Bandbreite von Lese- und Schreibkompetenzen.

Unsere Untersuchungen haben sogar gezeigt, daß dieserart Unterschiede (in der ersten Klasse) bereits im Kindergartenalter vorhanden sind *(Louvet-Schmauss/Prêteur 1993b; Prêteur/Louvet-Schmauss 1992, 1993b)*.

Außerdem verdeutlichen unsere Ergebnisse, daß das familiäre Milieu für den Schriftspracherwerb eine ganz entscheidende Rolle spielt *(Prêteur/Louvet-Schmauss 1994b)*. Wichtig für das Lesen- und Schreibenlernen ist vor allem der Schatz an Schriftspracherfahrung, den die Kinder aus dem häuslichen Milieu mitbringen.

Umfang und Differenziertheit dieser naiven Erfahrungen im Umgang mit der Schrift innerhalb der Familie variieren beträchtlich in Abhängigkeit von der sozialen Schicht. Kinder aus Familien der Oberschicht haben häufiger Gelegenheit, vielfältige Erfahrungen mit dem Lesen und Schreiben zu sammeln, da der Umgang mit Schrift und das Vorhandensein von Büchern selbstverständliche Bestandteile ihres kulturellen Milieus sind.

Neben diesen schichtspezifischen Unterschieden bestehen aber auch Unterschiede zwischen deutschen und französischen Familien. Während deutsche Eltern vor allem den Umgang mit Schrift in alltäglichen Situationen für wichtig halten (insbesondere das Vorlesen von Geschichten und ganz allgemein die Beschäftigung mit Kinderbüchern), legen französische Eltern mehr Wert auf das Überprüfen der Hausaufgaben und das Vertiefen von Schulübungen. Je nach familiärem Milieu entwickeln die Kinder schon sehr früh (bereits lange vor Schuleintritt) ganz unterschiedliche Lese- und Schreibkompetenzen.

Die Hoffnung, die Schule könne hier kompensatorisch wirken und die unterschiedlichen familiären Bedingungen ausgleichen, ist leider illusorisch. Die Schule – zumindest in ihrer gegenwärtigen Form – vermag zwar die Technik des Lesens und Schreibens zu vermitteln, das heißt zu alphabetisieren, jedoch nicht in den sozialen Zusammenhang der kulturellen Praxis einzuführen, das heißt zu literalisieren.

Allan Collins / Jan Hawkins / Sharon M. Carver
Kognitive Lehre –
ein Modell für benachteiligte SchülerInnen

In früheren Zeiten gab es immer eine Kluft zwischen Bildung für die oberen
Schichten (u. a. mit Latein und Geometrie) und Ausbildung für die Benachteiligten (z. B. als Berufsvorbereitung). Seit Bildung Allgemeingut geworden ist, haben wir das Bildungsangebot für die oberen Schichten ausgeweitet
auf immer breitere Schichten der Bevölkerung, allerdings mit nur begrenz-
tem Erfolg und in verdünnter Form. Aber für die meisten SchülerInnen ist
es schwierig zu verstehen, warum sie Macbeth lesen oder die Multiplikation
von Brüchen lernen sollten, solange es in keinem Leben, das sie sich
vorstellen können, ein offensichtliches Bedürfnis für ein solches Wissen
gibt. SchülerInnen wehren sich zunehmend gegen eine aufgezwungene
Bildung, die für ihr Leben bedeutungslos erscheint.
In diesem Beitrag* entwickeln wir den Gedanken, daß Veränderungen in der
Welt der Arbeit heute (vgl. z. B. *Zuboff 1988*) Möglichkeiten bieten, um
Bildung für die oberen und die benachteiligten Schichten in einem Unterrichtskonzept zusammenzubringen, in dem die Aufgaben widerspiegeln,
was das Wesen der gesellschaftlichen Arbeit ausmacht. Arbeit wird immer
abhängiger vom Computer und verlangt zur gleichen Zeit immer höhere
Fähigkeiten des Lernens und Denkens. Deshalb macht ein Unterricht, der
Lernen und Denken in einer computergestützten Aufgabenwelt verlangt, für
beide Schülergruppen Sinn; außerdem vermittelt er ihnen Bildung in Formen, die für die Gesellschaft insgesamt bedeutungsvoll sind.
Erst im letzten Jahrhundert und nur in den Industrieländern hat sich formeller
Unterricht als übliche Form der Erziehung junger Menschen durchgesetzt.
Ehe es Schulen gab, war die Lehre die gängigste Form des Lernens. Sogar
heute werden viele komplexe und wichtige Fähigkeiten, z. B. für die
Beherrschung der Sprache und für den Umgang miteinander, informell
erworben, in Formen, die der Lehre ähneln, die also nicht über einen
systematischen Lehrgang erfolgen, sondern über Beobachtung, Anleitung
und allmähliche Annäherung.
Es gibt viele Unterschiede zwischen formellem Unterricht und dem Lernen
als Lehrling, aber in unserem Zusammenhang ist einer besonders wichtig:
In Schulen sind Können und Wissen aus ihrem Verwendungszusammenhang

* Aus: *Collins, A., et al. (1991):* A cognitive apprenticeship for disadvantaged students. In:
Means, B., et al. (eds.) (1991): Teaching advanced skills to at-risk students. Jossey-Bass: San
Francisco (216–243). Mit freundlicher Genehmigung des Hauptautors auszugsweise übersetzt
von *Hans Brügelmann* und *Heiko Balhorn.*

im Alltag herausgelöst worden. In der Lehrlingsausbildung dagegen werden Fähigkeiten nicht nur ständig von erfahrenen PraktikerInnen angewandt; sie sind auch nützlich für die Lösung von Aufgaben, die Sinn machen. Anders gesagt: Als Lehrling erwirbt man Können und Wissen in seinem sozialen und inhaltlichen Zusammenhang. Dieser Unterschied hat einschneidende Folgen für das Konzept der Unterweisung. Wir schlagen im besonderen vor, eine neue »kognitive Lehre« *(Collins, Brown, Newman 1989)* zu entwickeln, um Schülern das Denken und die Fähigkeiten des Problemlösens beizubringen, die Fächer wie Lesen, Schreiben und Rechnen erfordern.

Die traditionelle Lehre

Um einen ersten Eindruck von diesen Methoden und den vermutlichen Gründen für ihre Wirksamkeit zu bekommen, betrachten wir zunächst die wesentlichen Merkmale herkömmlicher Lehre *(Lave 1988)*. Als erstes und wichtigstes konzentriert sich die Lehre auf besondere Verfahren, die helfen, Aufgaben in einem bestimmten Bereich zu lösen. Lehrlinge lernen diese Methoden durch eine Kombination von – in *Laves* Worten – Beobachtung, Anleitung und Praxis; oder in unserer Sprache (aus der Sicht von LehrerInnen): durch Vormachen, Anleitung und Zurücknahme. In der Abfolge dieser Tätigkeiten beobachtet der Lehrling wiederholt, wie die Meisterin und die GesellInnen die angestrebte Handlung, die im Regelfall mehrere verschiedene, aber aufeinander bezogene Teilleistungen einschließt, durchführen (oder vormachen). Der Lehrling versucht dann, die Handlung unter Anleitung und mit Hilfe der Meisterin durchzuführen. Wesentlich für die Anleitung ist, ein Gerüst zu schaffen, sprich die Unterstützung (in Form von Hinweisen und Hilfen), die der Lehrling braucht, um den Vollzug der Gesamtleistung näherungsweise zu schaffen. Sobald der Lehrling eine ungefähre Vorstellung der angestrebten Fertigkeit hat, nimmt die Meisterin sich mehr und mehr zurück und gibt dem Lernenden, der den allmählich immer geläufigeren Vollzug der Gesamtleistung übt, nur noch begrenzte Hinweise bzw. Rückmeldung.

Von der traditionellen zur kognitiven Lehre

Collins u. a. (1989) haben vorgeschlagen, das Konzept der Lehre auf den Unterricht im Lesen, Schreiben und Rechnen anzuwenden. Wir nennen diese neue Sicht des Lernens und Lehrens in der Schule *kognitive Lehre* und heben dabei zwei Sachverhalte hervor.
Erstens zielt die Methode vorrangig darauf, Leistungen zu vermitteln, auf die Sachverständige zurückgreifen, um komplexe Aufgaben zu bewältigen. Wo es um Begriffs- und Tatsachenwissen geht, betont die kognitive Lehre ihre Anwendung bei der Lösung von Problemen und Aufgaben. In der kognitiven Lehre werden Begriffs- und Tatsachenwissen also in ihren Anwendungsbereichen veranschaulicht und geübt. Beide Formen von Wissen werden über ihren Gebrauch in verschiedenen Situationen gelernt, womit

die Begriffe und Fakten besser verstanden werden und zugleich ein reiches Gewebe von Assoziationen zwischen ihnen und den Problemsituationen entsteht, das die Erinnerung stärkt. Aus unserer Sicht kann dieser doppelte Fokus auf kompetente Handlung und auf Lernen im Kontext helfen, einige der aktuellen pädagogischen Schwierigkeiten zu überwinden.

Zum zweiten betont die kognitive Lehre das Lernen mittels Anleitung eher bei kognitiven als physischen Fertigkeiten und Prozessen. Obwohl wir eine theoretische Differenzierung zwischen dem Erlernen physischer und kognitiver Fähigkeiten nicht gutheißen, existieren doch Unterschiede, die praktische Auswirkungen auf die Organisation des Unterrichts und der Lernprozesse haben. Zunächst wird in der traditionellen Lehre die Vermittlung von angestrebten Fertigkeiten ausgegliedert, womit sie sowohl für den Lernenden als auch für den Lehrer zur Beobachtung, Kommentierung, Verfeinerung und Korrektur zur Verfügung stehen und außerdem eine augenscheinliche Verbindung zu konkreten Produkten aufweisen. Die Ausgliederung von bedeutsamen Prozessen und Methoden kann der Beobachtung als primäres Mittel zur Entstehung von Begriffsmodellen von komplexen Fertigkeiten dienen. Die relativ transparente Verbindung zu allen Produktionsstadien sowie zwischen Prozeß und Endprodukt erleichtern das Verständnis und die Diagnose von Fehlern für den Lernenden, eine Tatsache, auf der die frühe Entwicklung der Fähigkeit zur Selbstkorrektur basiert.

Wenn die Methoden der traditionellen Lehre auf das Lernen kognitiver Fähigkeiten übertragen werden soll, muß dieser Prozeß, der üblicherweise internalisiert bleibt, externalisiert werden. Angesichts der Tatsache, daß alle möglichen Inhalte in der Schule unterrichtet und gelernt werden, sind LehrerInnen außerstande, den Zugriff des Lernenden auf und das Wissen über seine Fähigkeiten zu steuern, weil sie keinen Zugang zu den relevanten kognitiven Prozessen der Lerner haben. Und die Lernenden wiederum haben keinen Zugang zu den kognitiven Problemlöseprozessen ihrer Lehrer, um durch Beobachtung oder Imitation zu lernen. In der Kognitionsforschung werden nunmehr diejenigen kognitiven Prozesse dargestellt, die das Expertenwissen ausmachen und die bisher unzugänglich waren. Unterrichtsmethoden der kognitiven Lehre sollen diese verdeckten Prozesse offenlegen, so daß Lernende mit Hilfe der Lehrer und anderer Lernender beobachten, agieren und üben können.

Neben der Betonung der kognitiven Fähigkeiten gibt es noch zwei weitere wichtige Unterschiede zwischen der kognitiven und der traditionellen Lehre. Zunächst entstehen Problemstellungen und Aufgaben innerhalb der traditionellen Lehre nicht aufgrund pädagogischer Erwägungen, sondern durch die Anforderung des Arbeitsplatzes, in dessen Kontext die Lehre steht. Kognitive Lehre, so wie wir sie verstehen, unterscheidet sich insofern von der traditionellen Lehre, als Aufgaben und Problemstellungen ausgesucht werden, um die Effektivität bestimmter Techniken und Methoden zu demonstrieren, um Lernenden die Möglichkeit der Anwendung dieser Methoden in verschiedenen Kontexten zu geben und um den Schwierigkeitsgrad der Aufgaben allmählich zu steigern, so daß komplexe Fähigkeiten und Modelle integriert werden können. Kurz gesagt werden Aufgaben aufgeteilt, um die sich verändernde Anforderung an den Lernenden bestimmen zu können. Daß die Notwendigkeiten des beruflichen Kontextes die Auswahl der Aufgaben für den Lernenden bestimmen, macht die traditionelle Lehre ausgesprochen ineffektiv.

Ein zweiter Unterschied zwischen kognitiver und traditioneller Lehre besteht darin, daß erstere die Generalisierung von Wissen betont, so daß es in vielen verschiedenen Situationen verwendet werden kann, während in der zweiten Form die Ausbildung von Fertigkeiten in der Umgebung erfolgt, wo sie gebraucht werden. Wir schlagen daher vor, daß in der kognitiven Lehre die Ausbildung in verschiedenen Kontexten erfolgen solle, damit die Lernenden ihre Fähigkeiten auf verschiedenen Gebieten anwenden können. Außerdem sollten die der Anwendung von Wissen und Fertigkeiten zugrundeliegenden Prinzipien von den Lehrern so vollständig wie möglich in den verschiedenen Kontexten verdeutlicht werden.

(Im Original folgen eine Differenzierung der Kriterien kognitiver Lehre. Vgl. dazu und zu Folgerungen für den Grundschulunterricht sowie die LehrerInnenaus- und -fortbildung *Brügelmann (1994o)* – sowie Berichte über zwei Schulprojekte, in denen benachteiligte Kinder nach diesem Ansatz gefördert werden.)

Schlußfolgerung

Die beiden vorgestellten Schulen haben durch die Einführung langfristiger Projekte, die zu einem ernsten Engagement der Schüler führen, und durch die Entwicklung einer Lernumgebung, die nach unseren o. g. Prinzipien aufgebaut ist, die kognitive Lehre umzusetzen versucht. Viele Schüler dieser beiden Schulen würden in anderer Umgebung als gefährdet eingestuft werden. Aber das Arbeiten an schwierigen Projekten, die ihnen sinnvoll erscheinen und eine Herausforderung bedeuten, führt zu erheblich gesteigerter Motivation für das Lernen und Denken. Statt diese Schüler als Versager zu behandeln, werden sie in den Projekten wie erwachsene Arbeitnehmer gefordert.

Wenn Unterricht um Projekte herum konzipiert wird, wird das Lernen von spezifischen Disziplinen nicht überflüssig. Die CPESS siedelt z. B. ihre Projekte in spezifischen Disziplinen wie Geschichte oder Physik an. Die Projekte sind aber so konzipiert, daß sie Wissen in verschiedenen Fächern vermitteln sollen. Alle Projekte sind interdisziplinär. So beinhaltet das Projektil-Projekt z. B. Lesen, Schreiben, Mathematik, Geschichte und Physik. Was wir empfehlen, ist mit den Inhalten der besten Schulen vergleichbar. In den meisten Schulen wird das Erlernen abstrakten Wissens wie z. B. arithmetischer Algorithmen und Grammatik für wichtig erachtet. Von Schülern wird darin wenig Sinn entdeckt. Schulen unterrichten dies gewöhnlich so, daß Schüler diese Abstraktionen an artifiziellen Aufgabenstellungen erlernen sollen. Wir sagen *(Brown et al. 1989)*, daß dieser Ansatz veraltet ist. Wir müssen die Schüler in authentischen Aufgabenstellungen engagieren und ihnen dann aufzeigen, wie sie ihr so gewonnenes Wissen generalisieren können. Bis heute versuchen Lehrer Schülern, die diese Abstraktionen nicht verstehen können, den Lerninhalt mit immer leichteren Aufgabenversionen ähnlicher Art zu vermitteln. Mit diesem Ansatz zerstört man jegliche Motivation zum Lernen und Nachdenken.

Wenn Unterricht in authentische Aufgaben integriert wird, so ist dies nützlich und machbar. Es ist nützlich, weil es sich um die Arten von Arbeit handelt, mit denen Menschen sich in der Welt auseinandersetzen. Dieser Unterricht wird machbar, weil Schüler ihr Wissen für die Erfüllung ihrer Aufgaben einzusetzen lernen.

Was sind nun authentische Aufgaben? Nach unserer Meinung sollten sie die sich ändernde Arbeit und das Leben darstellen. Sie beinhalten solche Aufgaben, in denen es
1. um das Verständnis komplexer Systeme (z. B. Computersysteme, elektronische Systeme) geht,
2. um die Informationssuche für verschiedene Themen innerhalb einer großen Datenbank,
3. um den Bericht oder die Vorstellung eines Themas,
4. um die Analyse von Datentendenzen,
5. um die Erforschung bestimmter Themengebiete zur Beantwortung weiterführender Fragen und
6. um das Erlernen neuer Wissensgebiete.

Die Erfüllung solcher Aufgaben wird zukünftig von dem Einsatz von Computern und elektronischen Netzwerken abhängen. Wir sollten die Schüler nicht länger zum Gebrauch von primitiven Mitteln wie Karteikarten und arithmetischen Algorithmen zur Kommunikation, zum Rechnen, Lernen und Denken bringen wollen. *Es ist so, als ob man jemandem das Autofahren mit dem Fahrrad beibringen wolle.*
Die Chance für einen Wandel im Unterricht ergibt sich bei den benachteiligten Schülern, weil sie nicht die fundamentalen Kulturfertigkeiten im regulären Klassenunterricht erlernen konnten und weil die bestehenden Ausgleichsprogramme nur »den Graben auf dem Gebiet der Leistungen und fortgeschrittenen Kulturfertigkeiten vergrößern« *(Means/Schlager/Knapp 1990)*. Wir können einen Beginn der kognitiven Lehre in der *Charlotte* und in der *Central Park East* Schule entdecken. Nach unserer Meinung verdienen diese Modelle eine größere Investition für eine genaue Evaluation und für den Einsatz in unseren erfolglosen Schulen. Wir schlagen vor, daß sowohl Planung als auch Evaluation der kognitiven Lehrprojekte auf den folgenden vier Dimensionen basieren:

Inhalt: Unterricht und Bewertung sollen gerichtet sein auf allgemeine Lösungsstrategien, auf Verhaltenskontrolle und auf Lernen von neuen Materialien, fachspezifischen Konzepten, Fakten und Prozessen.

Methode: Es sollen Unterrichtsmethoden benutzt werden, in denen Schüler durch Beobachtung und Anleitung bei der Definition und Lösung von Problemen lernen und bei denen die Diskussion und die Entwicklung von Fertigkeiten genauso wichtig sind wie ihre Anwendung.

Sequenz: Unterrichtsstunden sollen sequenziert werden, so daß Schüler eine klare Zielvorstellung von Fertigkeiten haben, die sie anstreben und die sie sich in authentischen Problemen mit zunehmender Komplexität und Vielfalt erarbeiten.

Kultur: Den Schülern soll eine Umgebung angeboten werden, die die veränderte Arbeitswelt in der Gesellschaft reflektiert. Dies geschieht durch die Stellung realistischer Aufgaben, Förderung von Kommunikation und Zusammenarbeit zwischen den Schülern und Lehrern und durch die Verfügbarkeit von adäquaten Lernmitteln.

Freimut Wössner präsentiert die Auswirkungen unterschiedlicher Lehrkonzepte *(links* ein Opfer der veralteten abstrakten Aufgabenstellungen).

Pieter Reitsma
Förderung des Textverstehens
bei Kindern mit Leseschwierigkeiten

Fast alle Leute, die das Lesen erforschen, sind sich einig, daß Lesen kein einfacher Prozeß ist. Ebenso würden nahezu alle Kinder zustimmen, daß es nicht einfach ist, lesen zu lernen. Die meisten Kinder sind in beträchtlichem Umfang auf Unterweisung und angeleitete oder selbständige Übung ange- wiesen, ehe sie fließend lesen können. Die neuere Forschung legt nahe, daß es mindestens drei grundlegende Voraussetzungen für erfolgreiches Lesen gibt.

Zunächst ist da die Motivation, überhaupt lesen lernen zu wollen. Ein anre- gendes Zuhause, in dem Vorlesen und Modellverhalten von wichtigen Bezugspersonen bedeutsam sind, scheint wesentlich dazu beizutragen, daß ein Kind selbst LeserIn werden will.

An zweiter Stelle steht die Aneignung effektiver Fertigkeiten des Entzifferns (»decoding«). Zum Entziffern gehört die Einsicht, wie sich Schriftzeichen auf Laute beziehen, sowohl auf der Buchstabenebene als auch auf höherer Ebene. Eine erfolgreiche Leserin muß diese Beziehungen lernen und ad- äquat beherrschen. Diese Betonung des Entzifferns als Schlüsselfertigkeit entspricht den eindrucksvollen Befunden zur wichtigen Rolle sprachanaly- tischer Leistungen und der Dekodierfähigkeit im Leselernprozeß.

Der dritte Aspekt führt über die entzifferten Einzelwörter hinaus: Um fließend lesen zu können, muß man verstehen, wie Wörter und Wortgruppen in einem Satz miteinander verknüpft sind und wie sie sich auf andere Informationen beziehen, z. B. auf den vorhergehenden Absatz, auf den Text insgesamt oder auf Hintergrundwissen.

Die meisten Kinder werden irgendwann erfolgreiche LeserInnen. Aber eine bedeutsame Anzahl scheint erhebliche Schwierigkeiten mit dem Lesenler- nen zu haben. Sofern sie mit der Schriftsprache nicht sinnvoll umgehen können und diese Unfähigkeit nicht aus anderen Umständen erklärt werden können, werden diese Kinder »LegasthenikerInnen« genannt. Es gibt heute sehr viele Belege für die Hypothese, daß diese Teilgruppe besondere Schwierigkeiten mit der phonologischen Analyse von Sprache hat *(Stano- vich 1992)*. Überdies beziehen sich diese phonologischen Schwächen direkt auf die Schwierigkeiten der LegasthenikerInnen mit den kontextbedingten Schrift-Laut-Beziehungen, die für die Rechtschreibung wesentlich sind. Ernste Leseschwierigkeiten gehen insofern oft einher mit beträchtlichen Problemen beim Entziffern von Wörtern. Wenn ein Kind nicht fließend entziffern kann, kommt seine Leseentwicklung unausweichlich zum Still- stand, und bedeutsame Fortschritte sind nicht mehr zu erwarten.

Das Erkennen oder Entziffern von Wörtern ist aber nur eine Teilleistung des

Lesens. Über das Entschlüsseln einzelner Wörter hinaus müssen LeserInnen auch ihre Bedeutung erfassen und die Bedeutung einzelner Sätze und Abschnitte in stimmige geistige Beziehungen zusammenfassen. Die Fähigkeit, Schrifttexte zu verstehen, scheint zusätzlich zum Entziffern einzelner Wörter komplexe kognitive Strategien zu erfordern. Und in der Tat legen neuere Lesetheorien nahe, daß sich die Vorgänge des Entzifferns und Verstehens gegenseitig beeinflussen, daß das Entziffern den Prozeß des Verstehens unterstützt und umgekehrt. Wenn schwache LeserInnen Schwierigkeiten in diesem Bereich haben, haben sie dann sowohl beim Entziffern von Wörtern als auch beim Textverstehen Probleme?

Im folgenden gebe ich einen knappen Überblick über Probleme von LegasthenikerInnen und Kindern mit Leseschwierigkeiten. Anschließend geht es um Praktiken in den USA und in den Niederlanden, Textverstehen zu vermitteln. Der Befund: Es gibt fast keine direkte Unterweisung in Strategien des Textverstehens. In neueren Untersuchungen haben wir aber herausgefunden, daß LehrerInnen im Einsatz solcher Vermittlungsstrategien wirksam geschult werden können. Schließlich berichte ich von einigen experimentellen Belegen für die Wirkungen direkter Unterweisung in Strategien auf Kinder mit Leseschwierigkeiten.

Wörter entziffern und Texte verstehen

Im Unterricht werden Probleme beim Textverständnis nicht immer offensichtlich. Die Lesefähigkeit wird meist nach lautem Vorlesen oder nach Tests beurteilt, in denen einzelne Wörter zu erkennen sind. In der Tat zeigen sich Leseschwierigkeiten von LegasthenikerInnen primär beim Entziffern von Wörtern (und Kunstwörtern, vgl. *Rack/Snowling/Olson 1992*). Wenn Wörter in einem Text nicht leicht erkannt werden oder einen großen Teil an Verarbeitungskapazität in Anspruch nehmen, sind Verständnisschwierigkeiten höchstwahrscheinlich. Wenn das Entziffern noch einen bedeutsamen Anteil der Aufmerksamkeit und Verarbeitung des Lesers benötigt, bleibt wenig Energie für die komplexen kognitiven Prozesse übrig, die für ein gutes Verständnis erforderlich sind. Eine Folgerung aus diesen Überlegungen ist, daß das Erkennen von Wörtern sehr flüssig geschehen muß (d. h. leicht und genau), ehe Verstehensprozesse höherer Ordnung angemessen funktionieren können. Solange das Entziffern unzureichend entwickelt ist, ist auch das Verstehen eingeschränkt. Diese Theorie ist mit dem Befund vereinbar, daß Grundschulkinder, die schwach im Entziffern sind, dies oft auch im Textverstehen sind. Die Korrelationen liegen üblicherweise zwischen .50 und .75, allerdings mit umso geringerer Ausprägung, je älter die SchülerInnen sind.

Eine alternative Sicht auf die Beziehung zwischen Textverstehen und Entziffern finden wir in sogenannt *einfachen* Lesetheorien – etwa bei *Gough/Tunner (1986)*.

Ihr Modell ist nicht unvereinbar mit dem bisher Gesagten, ist aber genauer in bezug auf die Komponenten und deren Wechselwirkungen. Im Sinne der einfachen Theorie wird angenommen, daß Texterfassung ein Produkt von Entzifferungsfähigkeit und Sprachverständnis sei. Das letztere beinhaltet die Fähigkeit, Wortinformationen zu nutzen, um Satz- und Textkonstruktionen zu erschließen. Es wird angenommen, daß sowohl das Entziffern von Wörtern als auch das Sprachverständnis in erheblichem Maße zur Erklärung von Unterschieden im Leseverstehen beitragen. Aber das Produkt (im Sinne von Wechselwirkung) der beiden Komponenten zu erfassen wird eine bessere Erklärung liefern als ihre bloße Addition. Die Wirkung jeder einzelnen Fähigkeit hängt vom Niveau der jeweils anderen ab; aber es wird nie ein adäquates Leseverstehen geben, wenn entweder das Entziffern oder das Sprachverständnis gering ist. Diese und andere Hypothesen des einfachen Modells des Leseverstehens wurden von *Hoover/Gough (1990)* bestätigt.

Auch wenn mit Bezug auf das einfache Modell des Lesens die Werte von Worterlesen und Textverstehen korrelieren, so müssen wir doch vorsichtig sein, kausale Zusammenhänge anzunehmen. Obwohl es möglich ist, daß verbesserte Fähigkeiten beim Entziffern zum verbesserten Verstehen führt, ist es doch auch möglich, daß Kinder, die gut verstehen und Umgang mit größeren Textmengen haben, deshalb bessere Entzifferer werden.

Eine andere Möglichkeit ist, daß mangelhafte Fähigkeiten in der phonologischen Sprachverarbeitung, die auch Schwierigkeiten beim Entziffern hervorrufen, direkt mit allgemeinen Sprachfähigkeiten im Sinne von Kompetenz verbunden sind und auch Auswirkungen auf das Leseverstehen haben. Weitere Lernstudien könnten diese kausalen Zusammenhänge aufklären. Die bisherigen Ergebnisse reichen jedoch nicht aus, diese Frage zu klären. In der Tat gibt es Studien (z. B. *Yuill/Oakhill 1988*), in denen sich Trainingserfolge im Worterkennen bei schwachen Lesern zeigten, ohne daß gleichermaßen Erfolge im Textverstehen auftraten. Wir können daraus schließen, daß die Fähigkeit, fließend zu entziffern, zwar notwendig, aber nicht ausreichend ist, um einen Text zu verstehen.

Möglicherweise haben schwache Leser nicht genug Übung im Textverstehen auf höherer Ebene (wie z. B. Schlüsse ziehen oder das Erfassen des zentralen Gedankens eines Textes).

Weil Textverstehen die Koordination einer großen Zahl von Prozessen erfordert, ist es unwahrscheinlich, daß effiziente Worterkennung allein für das normale Funktionieren der anderen Prozesse ausreicht. Möglicherweise hätten schwache Leser von einem Training für Verstehensprozesse auf höherer Ebene profitiert.

Probleme beim Textverstehen

Leseschwierigkeiten könnten teilweise durch eine nur begrenzte Beherrschung von Grammatik und Syntax bedingt sein. Um Sätze zu verstehen, muß der Leser lernen, syntaktische Regeln zu nutzen, um Sätze in ihre grammatischen Einheiten zu gliedern und um die Beziehungen zwischen diesen Einheiten zu bestimmen. Unvollständiges syntaktisches Wissen könnte bei einigen Leseanfängern das Textverstehen beeinträchtigen. Auch gibt es Satzbaumuster, die häufiger gesprochen als geschrieben vorkommen und deshalb schwächeren LeserInnen vergleichsweise unbekannt sind, wenn sie in einem Text auftauchen. Ein anderer Grund könnte sein, daß Strategien, die zum Sprachverstehen entwickelt worden sind, sich für die Deutung von Texten nicht besonders eignen. Es gibt wichtige Unterschiede zwischen Sprache und Schrift, die sich besonders auf das Verständnis von Satzmustern auswirken. Die Interpretation von gesprochener Sprache wird durch Pausen, Tonfall, Betonungsmuster und ähnliche Merkmale gestützt, die in Schrifttexten nicht verfügbar sind. Obwohl einige dieser Hinweise in der Schrift durch die Zeichensetzung gegeben werden, sind diese für schwache LeserInnen vielleicht weniger nützlich. Insgesamt scheint Aufmerksamkeit für den Aufbau von Sätzen während des Lesens für das Textverständnis wichtig zu sein, und die Forschung hat gezeigt, daß schwache LeserInnen Kontext- und grammatische Hinweise schlechter nutzen können (vgl. u. a. *Byrne 1981*).

Es gibt auch umfassende Belege aus der Forschung für grundlegendere Probleme schwacher LeserInnen mit dem Leseverständnis. Sie scheinen Schwierigkeiten zu haben, die relative Bedeutung von Informationen in einem Text auszumachen, zu verwerten und verschiedene Strategien flexibel zu nutzen, um Unstimmigkeiten oder undurchsichtige Stellen zu klären. Strategien kann man als Folge zweckgerichteter Handlungen zum Erreichen eines bestimmten Zieles, z. B. eines klaren Textverständnisses, auffassen. Man muß alternative Strategien zur Verfügung haben, um die jeweils passendste auswählen zu können. Die für das Lesen bedeutsamen Strategien sind: Nutzung von Hinweisen aus dem Zusammenhang, um Wörter zu erkennen oder vorherzusagen; selektive Aufmerksamkeit für die wesentlichen Gedanken in einem Text; Nutzung von Überschriften und Untertiteln; Selbstbefragung. Die letzte Strategie regt fast automatisch verschiedene andere kognitive Zugriffe an, die für das Textverstehen wichtig sind, z. B.: Aufmerksamkeit für den semantischen Aufbau eines Textes; Aktivierung und Nutzung von Hintergrundwissen; Kontrolle des Verstehens; Folgerungen ziehen.

Erfolgreiche LeserInnen wenden beim Lesen eines Textes eine Vielzahl von Strategien routinemäßig an, schwache LeserInnen dagegen oft nicht *(Paris/ Wasik/Turner 1991)*. Das Denken während des Lesens entwickelt sich nicht von selbst. Auch wenn schwache LeserInnen über ein bestimmtes Hintergrundwissen verfügen, wenden sie es beim Lesen oft nicht von selbst an. Dazu ist direkte Unterweisung nötig, besonders für diejenigen, die grundlegende Schwierigkeiten beim Lesenlernen haben. Insofern ist es eine wichtige Aufgabe für die Forschung herauszufinden, ob man schwachen LeserInnen wirklich Strategien beibringen kann, die ihr Textverständnis verbessern.

Unterrichten LehrerInnen überhaupt Textverstehen?

Weil Kinder mit Leseschwierigkeiten oft Probleme mit dem Entziffern von Wörtern zeigen, hat sich die Unterrichts- und Förderforschung zum großen Teil auf Möglichkeiten konzentriert, das Erkennen von Wörtern zu verbessern. Dahinter steht häufig die Annahme, daß keine weitere Leseförderung erforderlich ist, sobald die Probleme mit dem Entziffern überwunden sind. Aber im Gegensatz zur Meinung vieler Laien und einiger Fachleute ist Leseverständnis mehr als eine automatische Sinnentnahme aus Schrift: es ist ein aktiver Prozeß, in dem LeserInnen über eine Vielfalt von Interaktionen mit dem Text Bedeutungen konstruieren. Wenn LehrerInnen das Leseverständnis ihrer SchülerInnen verbessern wollen, spricht deshalb viel dafür, daß sie sie direkt in der flexiblen Nutzung verschiedener Strategien zum Textverständnis unterweisen.

In der Praxis verwenden LehrerInnen allerdings nicht viel Zeit auf den Versuch, Textverstehen zu verbessern. Sie scheinen sich fast ausschließlich auf das Endergebnis des Lesens eines Textes zu konzentrieren, wie es aus Antworten auf Fragen ersichtlich wird. Unterrichtsbeobachtungen haben das vorrangige Interesse der LehrerInnen am Ergebnis des Lesens, nicht am Prozeß selbst belegt (USA: *Durkin 1979;* Niederlande: *Aarnoutse 1991).* Vielleicht war der Begriff »Unterweisung« in diesen Untersuchungen zu eng gefaßt; dennoch wurde deutlich, daß für die meisten LehrerInnen Unterweisung im Textverständnis folgendes bedeutet: den SchülerInnen eine Menge Aufgaben geben, ihnen Fragen dazu stellen und auf die richtige Antwort hinsteuern. Selten bieten LehrerInnen den Kindern ausdrückliche Unterweisung im Gebrauch von Strategien des Textverstehens beim Lesen an.

Eine unserer Fragen war, ob LehrerInnen in Sonderschulklassen dieselben Muster der Unterweisung in Textverstehen zeigen wie in den allgemeinbildenden Schulen. Es gibt Gründe zu vermuten, daß im Unterrichtsalltag dieser Klassen direkte Unterweisung im Textverstehen wesentlich häufiger zu beobachten ist.

Kinder mit Lernschwierigkeiten brauchen in fast allen Bereichen ihrer Grundausbildung ein hohes Maß an ausdrücklicher Unterweisung. Deshalb sind die LehrerInnen, die für die Arbeit mit diesen Kindern ausgebildet sind, daran gewöhnt, ihre Schüler klar und sorgfältig auf alle notwendigen Schritte vorzubereiten und sie während des Prozesses zu begleiten.

Wir erwarten im Vergleich zu normalen Lehrern bei Lehrern von Schülern mit Lernschwierigkeiten wesentlich öfter ausdrückliche Unterweisung im Textverstehen. Die Frage ist, wieviel Zeit tatsächlich für Textverstehen im Unterrichtsrahmen in einer Sonderschule verwendet wird. Die Ergebnisse der schon erwähnten Forschungen zeigen, daß wir hier keine hohen Erwartungen haben dürfen.

Beobachtungen und Einschätzungen der Unterrichtsformen

Um Daten über die Unterrichtsformen zu gewinnen, beobachteten wir fünf SonderschullehrerInnen und nahmen vier Stunden in ihren Klassen auf Video auf. Die Kinder, die an den Lesestunden teilnahmen, konnten unterschiedlich gut lesen, aber fast alle waren als sehr schwache LeserInnen einzustufen. Sie waren etwa 11 Jahre alt. Wir beobachteten den Unterricht in festen Intervallen *(interval time-sampling)* und bewerteten seine Qualität nach einer vorgegebenen Schätzskala. Das Beobachtungsschema orientierte sich an Vorarbeiten von *Durkin (1979)* und *Aarnoutse (1991)*; es bestand aus vier Hauptkategorien mit jeweils mehreren Unterkategorien, um die wichtigsten Aktivitäten im Unterricht zu beschreiben. *Übersicht 1* zeigt die vier Hauptkategorien mit einigen Beispielen.

Die Beobachtungen wurden sowohl während des Unterrichts als auch hinterher durch verschiedene BeobachterInnen des Videos durchgeführt, und zwar in Form von Einschätzungen des LehrerInnen-Verhaltens in Intervallen von zehn Sekunden. Die Übereinstimmung zwischen den BeobachterInnen erwies sich als zufriedenstellend. Wir sind deshalb ziemlich sicher, daß die Beobachtungen verläßlich und konsistent sind.[1]

Übersicht 1: Grundkategorien zur Beobachtung von Lehrformen
Beobachtungskategorien:

    1 allgemein
    – ungerichtete Aufmerksamkeit
    – Organisation
    – Orientierung auf Entziffern

    2 Unterweisung
    – im Aufstellen von Vorhersagen
    – im Schlußfolgern
    – in Arbeitstechniken (Gebrauch eines Wörterbuchs,
       Unterstreichen usw.)

---

1 Ein Problem bei Beobachtungen ist, daß die Methode der Intervalltestung *(time-sampling)* möglicherweise ungenau ist, wenn es darum geht, die tatsächliche Dauer und die Häufigkeit eines Verhaltens zu schätzen. Zudem kann die Auswirkung des Lehrerverhaltens auf Schüler nicht erfaßt werden.
Man könnte als Alternative die handlungsorientierte Intervalltestung *(predominant time-sampling)* erwägen, nach der das einflußreichste bzw. vorherrschende Verhalten eines Zeitabschnittes erfaßt wird. Aber in allen Methoden der beobachtenden Bewertung bleibt es schwierig, sowohl relevante wie auch exakte Daten zu gewinnen. Die Wichtigkeit für die Schüler und die Auswirkungen auf sie können nur in bezug auf den Kontext beurteilt werden. Und genau dies scheint bei der Intervalltestung das Problem zu sein.
Deswegen haben wir eine übergreifende Rating-Skala für Lehrerverhalten von *Duffy et al. (1987)* übernommen. Diese Skala besteht aus 11 Kategorien, die sich auf die Informationen, die die Lehrer zum Leseverstehen geben, die Methoden der Informationsvermittlung (z. B. durch Rollenspiele, Überprüfung oder *Feed back*) und die Integration dieser Information in einer oder in mehreren Unterrichtsstunden beziehen.

3 Zuhören
– bei inhaltsbezogenen Fragen, Antworten, Anmerkungen
in Phasen der Unterweisung oder angeleiteten Übung

4 Lernerfolgskontrolle
– Überprüfen und Berichtigen von Beiträgen der SchülerInnen

Die höchste Bewertung wurde gegeben, wenn ein Lehrer die Information über die Lernaufgabe explizit und beispielhaft gibt, die Nutzen der Lernaufgabe erklärt, die Auswahl der Strategie verständlich macht und klärt, was genau im Kopf zu tun ist.
Zusammengefaßt: Die größte Effektivität nehmen wir an, wenn ein Lehrer verdeutlicht, erklärt und demonstriert, wie eine Strategie angewendet werden soll.
Alle Videobänder der Unterrichtsstunden wurden nach diesem Schema ausgewertet.[1]

Anteile der Unterrichtszeit für Unterweisung
Die Daten der 20 beobachteten Stunden sind in einem Tortendiagramm (linke Hälfte der *Abb. 1*) zusammengefaßt; sie zeigen die Anteile des LehrerInnen-Verhaltens, die auf die vier Grundkategorien entfallen.

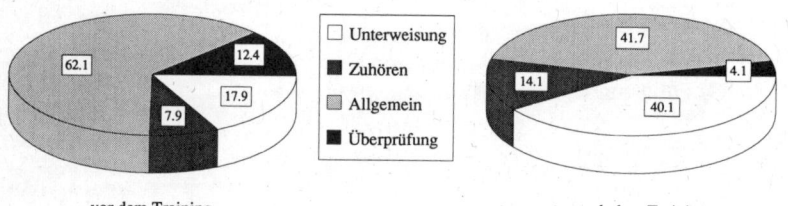

vor dem Training   nach dem Training

Abb.1

Wie die Abbildung zeigt, entfallen 18% der Zeit in einer durchschnittlichen Stunde auf ausdrückliche Unterweisung in Textverständnis und 7% auf

---

1 Ein Beispiel: Die Information über die Methode, die der Lehrer im Unterricht zeigte, wurde danach bewertet, wie ausdrücklich er seine Schüler von dem Nutzen der Strategie beim Lesen informierte.
Die Kategorien der 5-Punkte-Skala sind:
0 – Es wird nicht gesagt, wo die Strategie zu nutzen ist (Fehlen eines Hinweises).
1 – Der Lehrer erwähnt nur, daß die Strategie nützlich bzw. nützlich beim Lesen ist, ohne genau zu sagen wann und warum.
2 – Der Nutzen der Aufgabe wird als zukünftig dargestellt (»Wenn ihr in der 8. Klasse seid,....) oder bleibt allgemein oder vage (»Informationen sind hilfreich«).
3 – Der unmittelbare Nutzen einer Strategie wird durch einen spezifischen Bezug zu einem bestimmten Fall demonstriert, jedoch nicht als beispielhaft erklärt.
4 – Der Lehrer erweist den unmittelbaren Nutzen der Strategie beim Lesen eines Textes und demonstriert ihn an einem oder mehreren Beispielen.

Gespräche über Unterrichtsinhalte (Zuhören). Mehr als 60% werden für allgemeine Organisation aufgewandt und etwa 12% auf Lernerfolgskontrolle, d. h. Überprüfen und Berichtigen der SchülerInnen.

Die 18% für spezifische Unterweisung im Textverstehen liegen eindeutig höher als die 1%, von der *Durkin (1979)* aus ihrer Untersuchung in den USA berichtet. Allerdings war unsere Studie nicht als Kulturvergleich angelegt, so daß man nicht schließen kann, daß niederländische LehrerInnen angemessener unterrichten als ihre KollegInnen in den USA. Es gibt verschiedene Unterschiede zwischen den Untersuchungen, die die abweichenden Befunde erklären können.

Erstens werden die Beschreibung der Beobachtungskategorien und die Definition des Lehrverhaltens wahrscheinlich nur geringfügige Unterschiede aufweisen, so daß absolute Zahlen wenig bedeutsam sind. Für diesen Forschungsansatz ist es deshalb wichtiger, ganze Ergebnismuster oder die Haupthypothesen zu vergleichen. Zu *Durkins* Forschung kann man kritisch anmerken, daß die operationale Definition für »Textverstehen« sehr restriktiv war und damit alle anderen Tätigkeiten des Lehrers zur Erleichterung des Textverstehens außer acht läßt.

Zweitens ist es möglich, daß der aktuelle Unterricht bereits durch das gegenwärtige Interesse an der Vermittlung von Textverstehen, durch die unlängst veröffentlichten Lesemethoden und Materialien, die sich mit diesem Thema ausdrücklich auseinandersetzen, beeinflußt worden ist.

Drittens ergab sich aus einer neueren Untersuchung von *Aarnoutse (1991)*, in der sowohl Lehrer als auch Schüler in der 5. Klasse beobachtet wurden, daß die Schüler nur 0,1% der Zeit für direkte Unterweisung in Fertigkeiten für das Textverstehen erhielten. Dieses Ergebnis ist mithin noch schlechter als das aus der Studie von *Durkin*.

Schließlich ist es wichtig zu bemerken, daß sowohl *Durkin* als auch *Aarnoutse* Leseunterricht in normalen Grundschulen beobachteten. Dagegen wurde in der vorliegenden Studie der Unterricht von Sonderschülern beobachtet. Lernschwache Schüler brauchen in fast allen Fächern eher mehr direkte Anweisungen. Die besondere Umgebung der Schule mag für den höheren Aufwand an direkten Anweisungen und Verstehensstrategien verantwortlich sein. Zusammenfassend kann man sagen, daß die Messung von Zeitaufwand ohne eindeutige Beobachtungsstandards schwierig ist.

Der Zeitaufwand im Unterricht ist natürlich nicht der wichtigste Faktor, weil sehr viel davon abhängt, *wie* die Zeit verwendet wird. Lehrer können sehr ausführlich erklären, ohne dafür viel Zeit zu brauchen, und andersherum. Daher wurde eine Ratingskala zur Einschätzung der Qualität und Exaktheit von Unterweisungen für diese Studie eingesetzt. Die Unterrichtssequenzen, die bereits intervallgetestet wurden, erreichten einen Wert von 6.9 (bei einem Maximum von 44). Das heißt, die Lehrer wurden als nicht sehr informativ, klar und direkt in der Art ihrer Unterweisung eingeschätzt. Der mittlere Ratingwert von 9.9 in einer ähnlichen Studie von *Duffy et al. (1986)* zeigt keine großen Unterschiede zu unseren Ergebnissen, selbst wenn die Auswertungsverfahren geringfügig differierten.

Man kann daraus schließen, daß im Leseunterricht nur wenig Zeit für die Unterweisung in Strategien zum Textverstehen aufgewendet wird und daß diese Unterweisungen keine guten Beispiele für exakten und direkten Unterricht sind, um Verständnisstrategien zu erlernen. Dieser Umstand trifft auf die von uns untersuchten Sonderschullehrer zu und stimmt mit den Resultaten in anderen Schulformen überein. Die wichtige Frage ist natürlich, ob diese Situation verbessert werden kann.

Die Auswirkungen von Lehrerfortbildung

Die erste Frage ist, ob das Unterrichtsverhalten von Lehrern in der Studie durch ein Training über die direkte Vermittlung von Strategien des Textverstehens geändert werden kann. Frühere Studien (*Duffy et al. 1986*) zeigten, daß es möglich ist, daß Lehrer besser erklären konnten, wie Lesefertigkeiten als Verstehensstrategien genutzt werden können. Allerdings basierte dieses Ergebnis auf sehr allgemeinen Ratingskalen, mit denen Unterrichtstranskripte eingeschätzt wurden. Es wurden keine Verhaltensdaten erhoben wie bei *Durkin (1979)*.

Den Lehrern in der o. a. Studie wurden Workshops (2,5 Stunden einmal in der Woche) angeboten, in denen relevante Unterweisungen für das Textverstehen erklärt, besprochen, geübt und eingesetzt wurden. Für diesen Zweck wurden Videoaufnahmen von persönlichen Unterrichtsstunden verwendet. Drei Monate nach Abschluß der Workshops wurden die Einheiten des Leseunterrichts erneut beobachtet und nach dem Muster der vorherigen Beobachtungen bewertet. Die Meßmethoden glichen denen vor der Fortbildung.

Die Ergebnisse der Auswertung von 18 Unterrichtseinheiten mehrere Monate nach den Workshops zeigten signifikante Unterschiede (s. rechte Spalte in *Abb.1*). Es ergab sich ein erheblich geringerer Zeitaufwand für allgemeine Organisation (von 62% auf 42%) und für Kontrolle und Korrektur (von 12% auf 4%). Gleichzeitig wurde ein deutlicher Zuwachs an Zeitaufwand für die direkte Unterweisung in Lesestrategien beobachtet. Tatsächlich wurde mehr als zweimal soviel Zeit hierfür verwendet (von 18% auf 40%). Der Zeitaufwand für das Zuhören bei inhaltsbezogenen Fragen oder Antworten von Schülern stieg sichtlich an (von 8% auf 14%).

Diese Daten zeigen, daß Lehrer die Art, wie sie Unterrichtszeit einteilen, effektiv verändern können. Es veränderte sich nicht nur die Verteilung verschiedener Zeiträume, auch die Qualität des Unterrichts steigerte sich signifikant. Der Mittelwert betrug 6.9 vor dem Training und danach 22.4. Also zeigte sich eine signifikante quantitative und qualitative Veränderung des Lehrerverhaltens.

Eine zweite Beobachtungsstudie von Lehrerfortbildung

Obwohl die Ergebnisse dieser Studie positiv waren, müssen wir vorsichtig in ihrer Interpretation sein. Erstens wurde nur eine kleine Anzahl von Lehrern beobachtet, was gegen eine Verallgemeinerung spricht. Zweitens könnte es sein, daß die Lehrer durch die häufigen Beobachtungen von Lesestunden auf das Ziel der Besuche aufmerksam wurden und schon dies zu einer Verbesserung des Unterrichts führte. Eine Kontrollgruppe von Lehrern ist daher notwendig, um die Auswirkungen des Beobachtetwerdens festzustellen.

Deshalb wurde eine zweite Studie durchgeführt, um die Ergebnisse der ersten auszuweiten und zu bestätigen. In dieser Studie wurden 18 Lehrer in 5 Einheiten des Leseunterrichts beobachtet. Es wurde wiederum die Methode der ersten Studie verwendet, allerdings ohne die sehr aufwendige Bewertung des Zeitaufwandes. Die Bewertung von 90 Unterrichtseinheiten in 10-Sekunden-Abständen war eine erhebliche Anforderung. Das zentrale Interesse galt der qualitativen Veränderung des Lehrerverhaltens. Der Mittelwert von 90 Unterrichtseinheiten vor der Fortbildung betrug 9,1. Nach dieser Beobachtung bekamen 10 der 18 Lehrer innerhalb von 5 Wochen ein Training von insgesamt 5 Nachmittagssitzungen zu je 2,5 Stunden in der Woche. Die Fortbildung sollte Lehrer für ihren Leseunterricht befähigen, genauer erklären zu können. Zwei Monate nach dem Ende des Trainings wurden alle 18 Lehrer erneut beobachtet. Natürlich lag das Interesse darin, ob die Lehrer den Inhalt des Trainings umsetzten und ob es Unterschiede zur Kontrollgruppe gab.

Die zweite Studie bestätigte die Ergebnisse der ersten. Die Ratingskala bezüglich der Klarheit und Direktheit der Unterweisung zeigte ein ähnliches Muster. Die Lehrer mit Training erzielten einen Mittelwert von 30,0 und die Kontrollgruppe von 13.4, ein signifikanter Unterschied. In der Tat zeigte die Bewertung der einzelnen Lehrer, daß jeder Lehrer aus dem Trainingsprogramm eine bessere Leistung als der beste aus der Kontrollgruppe aufwies (es ergab sich keine Überschneidung in der Bewertung der beiden Gruppen). Die Studie zeigte eine beeindruckende Verbesserung in der Qualität des Unterrichts.

Auch wenn diese Änderungen sehr positiv erscheinen, müssen wir eine wichtige Frage stellen. Auch wenn wir davon ausgehen, daß das Unterrichtsverhalten von Lehrern verbessert werden kann, unterstellen wir bisher nur, daß Schüler davon profitieren. Sollten diese Verbesserungen effektiv sein, müßten wir dementsprechende Verbesserungen in den Leistungen der Schüler finden. Auch stellt sich die Frage, ob Schüler, die in direkten Strategien des Leseverstehens unterrichtet werden und diese Strategien verbalisieren können, diese Strategien tatsächlich beim Lesen anwenden. Ist es zum Beispiel möglich, daß Schüler eine adäquate und effektive Verwendung einer Strategie im Leseunterricht zeigen, aber diese Strategie in einem anderen Kontext nicht spontan anwenden?

Auswirkung eines neuen Unterrichtsansatzes auf das Leseverständnis
In einer Pilotstudie wurde untersucht, ob leseschwache Kinder von direkter Unterweisung in Strategien vom Textverstehen profitieren *(Walraven/Reitsma 1993)*. Wir erwarteten signifikante Steigerungen in den Fertigkeiten des Textverstehens von schwachen Lesern, wenn sie ausdrücklich in mehreren wichtigen Strategien unterrichtet wurden.

In dieser Studie wurde ein experimentelles Programm für das Unterrichten von Strategien für Leser mit erheblichen Schwierigkeiten entworfen. Vierundzwanzig Kinder im Alter zwischen 10 und 12 und mit einem IQ-Wert von mindestens 85 (WISC-R) nahmen teil. Die Teilnehmer waren deutlich zurückgeblieben sowohl im Textverstehen als auch in Entzifferungsfertigkeiten. Eine Hälfte der Schüler wurde als Kontrollgruppe randomisiert. Sie erhielten normalen Leseunterricht, während die andere Hälfte am Experimentalprogramm teilnahm. Zwischen beiden Gruppierungen gab es keine Unterschiede, was die Prätest-Werte, das Durchschnittsalter, die Sprach- und Lesefertigkeit und den IQ betraf.

Die Vortests enthielten auch einen Fragebogen zu Lesestrategien, um das Maß an bewußtem Wissen auf diesem Gebiet zu ermitteln. Die Daten hinsichtlich des Textverstehens wurden durch mehrere Tests ermittelt (u. a. auch mit einem standardisierten Test). Alle Tests wurden einzeln durchgeführt, und zwar sowohl vor dem Programm (Prätest) als auch eine Woche danach (Posttest).

Das experimentelle Programm bestand aus 13 Unterrichtseinheiten von 30–40 Minuten in Gruppen von drei Schülern. Der Unterricht basierte auf Prinzipien von direkter Anweisung und gegenseitigem Unterrichten und wurde aufgeteilt in 6 Phasen:
(1) Wiederholen von relevanten Erkenntnissen aus der vorherigen Stunde; (2) Erklärung des Zieles der neuen Einheit: (3) Ausprobieren einer Strategie; (4) angeleitete Übung; (5) unabhängige Übung; (6) Zusammenfassung der neuen Information. In Phasen 4 und 5 wurde die Methode des gegenseitigen Unterrichtens *(reciprocal teaching)* eingesetzt.

Die Ergebnisse zeigen signifikante Auswirkungen auf wichtige abhängige Variablen. Erstens zeigte das bewußte Wissen über Lesestrategien eine signifikante Steigerung, während die Kontrollgruppe auf ihrem Niveau blieb. Dieses entsprach den Erwartungen, denn beim gegenseitigen Unterrichten *(reciprocal teaching)* wechseln sich Lehrer und Schüler gegenseitig in der Verantwortung für die Erarbeitung von Textbedeutungen, von Verstehen und Bewertung von Texten ab. Die Schüler übernehmen die Rolle des Lehrers und leiten abwechselnd mit dem Lehrer das Gespräch über den Text. Nach dieser Erfahrung ist es keine Überraschung, daß solche Schüler viel besser im Anschluß an dieses Programm (Posttest) über Lesestrategien berichten können. Die Studie bestätigt, daß lernbehinderte Kinder im Leseunterricht leicht über die nützliche Anwendung von Lesestrategien berichten können.

Wenn man die allgemeinen Fähigkeiten betrachtet, so war ein wichtiges Ergebnis, daß Leseverständnistests, in denen Schüler bewußte und formulierbare Strategien anwenden sollten, einen deutlichen Übungseffekt zeigten. Schüler wiesen nach dem Training bessere Werte im »cloze-comprehension test« im Vergleich zu früheren Werten sowie zur Kontrollgruppe auf. Sie erzielten ebenfalls bessere Werte in einem ähnlichen Test, in dem es darum ging, den Hauptgedanken eines Textes zu erfassen. Wir können daraus schließen, daß das Training nicht nur das Bewußtsein der Schüler für Strategien, sondern auch ihre Leistungen in Tests für Textverständnis verbesserte.

Abschließende Bemerkungen

Beim Vergleich von guten und schwachen Lesern kann man die durchgängige Beobachtung machen, daß sich gute Leser im allgemeinen aktiv um Verständnis bemühen, während schwache Leser sich eher passiv verhalten. Gute Leser arbeiten strategisch und verwenden Erkenntnisse aus verschiedenen Quellen, um die Bedeutung eines Textes voraussagen zu können. Sie passen ihre Voraussagen, falls notwendig, an, fragen sich selber, um besser verstehen zu können, und versuchen, schwere Textpassagen zu erklären. Diese Strategien bestimmen zugleich die Qualität von Textverstehen und sind auch zur Selbstbeobachtung geeignet. Es ist weniger wahrscheinlich, daß schwache Leser ihr Verstehen beobachten. Sie akzeptieren passiv, was ein Text darstellt, fragen sowenig wie möglich und suchen nicht nach Schwierigkeiten. Diese Leser brauchen ausdrückliche Unterweisung darin, wie man eine aktive Rolle bei der Selbstbeobachtung einnimmt und wie man Korrekturen vornimmt, wenn man merkt, daß man etwas nicht verstanden hat. Obwohl Lehrer diese Strategien meistens nicht direkt unterrichten, können Lehrer durch Training diese aktiven Strategien vermitteln lernen. Schwache Leser können erheblich von solchen Unterrichtstechniken profitieren.

Auch wenn es sehr wahrscheinlich ist, die Verstehensstrategien von schwachen Lesern verbessern zu können, so bleiben noch einige wichtige Fragen offen und müssen weiter untersucht werden. Zunächst gibt es bei der Überprüfung des Konzepts des Leseverstehens das Problem, welche Tests geeignet sind. Das beschriebene Konzept ist sehr weit angelegt und enthält eine ganze Reihe von Aspekten und Komponenten. Eine eindeutige Beschreibung und Spezifikation dieser Komponenten ist daher unbedingt erforderlich. Zudem müssen Tests zur Messung dieser Komponenten erst noch entwickelt werden.

Obwohl es deutlich wurde, daß lernbehinderte Kinder ihr Leseverständnis durch Unterricht verbessern können, stellt sich die Frage, wie weit diese Unterweisungen im Detail ausgeführt werden sollen. Wo sind die Grenzen? Sollten wir zufrieden sein, wenn das Maß an Leseverständnis das des Hörverständnisses erreicht? In der Untersuchung von Legasthenikern hat sich herausgestellt, daß weder Sprach- noch Verständnisfertigkeiten, wie sie in Verstehensaufgaben abgefragt werden, gute Kriterien für die Erfassung von Leseverstehen sind. Wir müssen außerdem bedenken, daß schwache Leser wenig lesen und nur eingeschränkte, meist sehr formale Erfahrungen von Sprache haben.

Schließlich ist es notwendig, daß die effektiven Bestandteile eines neuen Programms zum verbesserten Leseverständnis erforscht werden müssen. Worin liegt die jeweilige Wirksamkeit der verschiedenen Bestandteile des experimentellen Programms? Sind alle notwendig? Oder sind einige wichtiger als andere? Wir müssen weiter forschen.

Danksagungen
Die Vorbereitung dieses Kapitels und die Darstellung der Forschungsergebnisse geschahen mit freundlicher Unterstützung der *Netherlands Organization for Scientific Research*. Vielen Dank auch all den Lehrern und Schülern, die an diesen Forschungsprojekten beteiligt waren, und natürlich *Sophie Sliepen* und *Miriam Walraven* für die Leitung der dargestellten Studien.

Pierre Gaspard
Soll man Kinder zweisprachig aufwachsen lassen?
Rückblick eines erwachsenen Kindes *

»Lieber eine Sprache ganz und gründlich kennen als zwei halb und nichts richtig. […] Heute findet Michel es schade, daß er sich mit der deutschsprachigen Verwandtschaft nicht gut unterhalten kann, und er fände es *super,* als Kind eine Fremdsprache mühelos gelernt zu haben.« Sätze aus dem Beitrag meiner Mutter »Die Schubladen im Kopf« im dritten Jahrbuch »Jeder spricht anders« (S. 91–93), die mich zu einer Antwort angeregt haben.

Ich bin Michels Bruder. In meinem Studium habe ich an der Universität viele Studenten getroffen, die jeden Tag zwei Sprachen sprechen. Oft haben sie Eltern, die wie wir im französischsprachigen Teil Belgiens leben, die zu Hause aber lieber ihre Muttersprache (Spanisch, Italienisch, Deutsch,…) sprechen.

Meine Mutter hat in ihrem Artikel begründet, warum sie es nicht gut findet, zweisprachig aufzuwachsen. Viele Leute, die sie während ihrer Ausbildung am Dolmetscher-Institut kennengelernt hat, waren bilingual erzogen und konnten sich in beiden Sprachen fließend verständigen. Bei Übersetzungen hatten sie aber oft Schwierigkeiten, die genaue Entsprechung zu finden. Ihnen fehlte das Sprachgefühl für Besonderheiten, viele gaben das Studium bald auf.

Um Dolmetscher zu werden, muß man mindestens zwei Sprachen perfekt beherrschen, man muß die verschiedenen Sprachebenen unterscheiden können, Entsprechungen abschätzen können, die nicht demselben Baumuster folgen usw. Wer das nicht kann, wird keine guten Übersetzungen zustande bringen.

Aber nicht alle Studenten wollen an ein Dolmetscher-Institut. Die meisten Menschen lernen fremde Sprachen, nicht um fähig zu sein, Texte optimal zu übersetzen, sondern um sich mit Ausländern verständigen zu können. Feinheiten, die ein Übersetzer kennen muß, sind im Alltagsgespräch unnötig.

Ich studiere Betriebswirtschaftslehre und muß zwei Fremdsprachen lernen. Es gibt zu wenig Sprachstunden, um große Fortschritte zu machen. Studenten, die zweisprachig aufgewachsen sind, haben viele Vorteile, weil sie sprachliche Grundkenntnisse haben.

Die anderen haben mit dem Sprachenstudium große Probleme. Viele lernen nicht sprechen, sondern sie studieren die Fremdsprache genau so wie ihre anderen Fächer (Mathematik, Wirtschaft,…). Sie vergessen oft, daß eine

---

* *Hans Brügelmann* hat meinen Beitrag redaktionell überarbeitet.

Sprache lebt und daß man mehr tun muß, als in Kurse zu gehen, um sich eines Tages gut ausdrücken zu können. Man muß in eine Sprache eintauchen. Bis ich zwei Jahre alt war, hat meine Mutter mit mir Deutsch gesprochen. Ich war noch zu klein, um ihr gut zu antworten, und alle meine Antworten waren auf französisch. Sie hat später aufgegeben.

Zu Hause habe ich am Telefon oft Deutsch (mit)gehört, aber ich habe es erst ab 14 im Gymnasium gelernt. Ich glaube nicht, daß ich Vorteile gegenüber den anderen Schülern hatte. Ich konnte überhaupt kein Deutsch, mußte alles neu lernen. Wenn ich eine schlechte Note bekam, fragten alle: »Deine Mutter kann doch gut Deutsch, warum kannst du nicht besser sprechen?« »Sie hat es mich nicht gelehrt«, war meine Antwort.

Ich habe dann vier Jahre Deutsch gelernt. Im Durchschnitt hatte ich gute Noten, aber ich konnte mich nicht wirklich mit jemandem auf deutsch unterhalten. Ich arbeitete manchmal mit meiner Mutter voraus, aber sie war für mich mehr eine Art Lexikon.

Auf der Universität habe ich seit anderthalb Jahren Deutsch als zweite Fremdsprache. Es ist schwerer als früher, und ich habe viel mehr mit meiner Mutter gearbeitet. Das bedeutet nicht, daß mein Sprachprofessor schlecht war, aber er hat oft zu uns gesagt: »Mit zwei Stunden pro Woche kann ich Ihnen nur eine Basis vermitteln. Um Deutsch zu lernen, müssen Sie unbedingt mehr lesen, Radio hören, Zeit in deutschsprachigen Ländern verbringen usw.«

Er hat recht. Im Gymnasium habe ich oft die Grammatikregeln gelernt – und am nächsten Tag schon wieder vergessen. Meine Mutter hat mir dann die Schwierigkeiten der deutschen Sprache erklärt. Französisch hat eine ganz andere Struktur (vor allem in der Aussprache). Nach und nach habe ich mit meiner Mutter immer mehr Deutsch gesprochen und dabei die Feinheiten gelernt, die im Kurs an der Universität nicht vorkommen.

Ich habe schnell gemerkt, daß ich mich besser an ein Wort erinnern kann, wenn ich zwischen Wort und Handlung bzw. Gegenstand eine Verbindung herstellen kann. Zum Beispiel habe ich das Wort *aufheben* gehört, als ich etwas aufhob. Ich habe das Wort mit seiner Bedeutung zusammen in dieselbe »Schublade im Kopf« gesteckt.

Darin sehe ich den großen Vorteil des zweisprachigen Aufwachsens: Sprache ist in persönlicher Erfahrung verwurzelt. Diese Erfahrungen muß ich nun mühsam nachholen. Insofern bedaure auch ich, nicht schon als kleines Kind zwei Sprachen gelernt zu haben. Ob darunter mein Französisch gelitten hätte, weiß ich nicht. Leider kann ich das Kontrollexperiment nun nicht mehr nachholen.

Gabriele Rabkin
»Der Engel wohnt in meiner Sachkundemappe...«
Anregungen zum freien Schreiben aus der bildenden Kunst

• *Können Bilder von Künstlern wie Pablo Picasso, Paul Klee oder Leonardo da Vinci dazu stimulieren, Phantasiegeschichten zu schreiben?*

• *Wenn ja, welche Bilder sind hierbei besonders gut als Schreibanregung geeignet?*

• *Wie sehen Produkte von Lernenden unterschiedlicher Alters- und Lerngruppen zu dieser Art von Schreibanregungen aus?*

Fragestellungen wie z. B. diese bilden einen wichtigen Teilaspekt des Ansatzes, der seit 1992 im Rahmen eines Kooperationsprojektes des Unesco-Institutes für Pädagogik und der Schulbehörde Hamburg unter dem Titel »Unkonventionelle Wege zu Schrift und Kultur« entwickelt wird.

Übergreifende Zielsetzung[1] ist dabei die Erprobung alternativer Zugangsweisen zum Schreiben. Insbesondere sozial Benachteiligten sollen Wege zur Schrift als Ausdrucks- und Verständigungsmittel und zu anderen kulturellen Bereichen geöffnet werden.

Es könnte auch von einer Art kulturellen Animation gesprochen werden, mit der versucht wird, gerade diese Bevölkerungsgruppen stärker zu ermutigen, kulturelle Inhalte auch für sich als wichtig zu empfinden und Lust zu bekommen, sich stärker mit ihnen auseinanderzusetzen.

Gerade Kinder mit bereits bestehenden Schreibproblemen und entsprechenden Mißerfolgserlebnissen sollen (neu) entdecken lernen, daß Schreiben (und andere kulturelle Inhalte) auch für sie persönlich bedeutsam und sinnvoll sein können, indem ihnen die Gelegenheit gegeben wird, über etwas zu schreiben, das sie emotional stark anspricht.

Schreiben kann hier ein Stück Sich-frei-Schreiben werden. Gleichzeitig kann es für die Lernenden eine Verbindung zur Außenwelt werden, wenn wir uns die Zeit nehmen, das Geschriebene aufmerksam zu lesen. Die alleinige Faszination des leeren Blattes reicht häufig nicht, um die Phantasie der Schreibenden ausreichend zu stimulieren; es gilt, geeignete (minimale) Schreibanregungen zu finden, die diesen Prozeß in Gang bringen können, ohne hierbei zuviel vorzustrukturieren und eigene Einfälle zu blockieren.

Als eine nahezu unerschöpfliche – in der Praxis bisher nur wenig genutzte – Anregungsquelle haben sich im vorliegenden Ansatz Arbeiten bildender Künstler herausgestellt, die nach bestimmten Kriterien ausgewählt werden

---

1 vgl. im folgenden: *Giere U., Rabkin, G.:* Projektbeschreibung Kreativität, Kultur und Grundbildung. Unkonventionelle Wege zu Schrift und Kultur, Hamburg, Oktober 1993.

und mit der Anregung verbunden sind, sich zu dem jeweiligen Bild eine Phantasiegeschichte auszudenken.

Überlegungen bei der Auswahl der Bilder

»Abstrahierende« Bilder modernerer Künstler wie z. B. Paul Klee oder Pablo Picasso wirken nach unseren Erfahrungen besonders inspirierend, da sie in ihrer dynamischen Offenheit Spielraum für eigene Phantasien und Ideen schaffen.[1] Dies kann ebenso durch Skizzen klassischer Meister wie Leonardo da Vinci ausgelöst werden, da auch sie viel Freiraum für die eigene Gestaltung lassen und dazu anregen, individuell weiterzuassoziieren und sich selbst einzubringen.

Bei vollendeten Kunstwerken, wie z. B. Leonardos »Mona Lisa«, wird man demgegenüber eher das perfekte, fertige Werk bestaunen und Schwellenängste haben, sich dazu etwas Eigenes auszudenken und es selbst gestaltend weiterzuverarbeiten. Als weniger geeignet erscheinen gegenständliche, bis ins Detail ausgemalte Bilder, die eher zu einer Beschreibung auffordern und kein individuell zu entschlüsselndes Geheimnis mehr enthalten.

Interessant als kreativer Ansatz sind also gerade sog. »Vorgestalten« im Sinne der »Ganzheits- und Gestaltpsychologie der Leipziger Schule«, auf die theoretisch Bezug genommen wird.[2]

Der schöpferische, kreative Prozeß vollzieht sich im Sinne der »Aktualgenese« über das Betrachten, das Hineinmalen und/oder das eigene Weitergestalten der Bildvorlage bis hin zum freien Schreiben.

Durch die enge Verknüpfung von Bildbetrachtung mit dem eigenen Malen und Schreiben soll es möglich werden, den eigenen Gedankenfluß in Bewegung zu setzen und so mit dem vorgegebenen Bild als Ideenquelle und dem lustbetonten Tun eine Brücke zu bauen zum allmählichen Verfassen der eigenen Gedanken.

Beispiele aus verschiedenen Hamburger Grundschulklassen

Eines von nach derartigen Aspekten ausgewählten Bildern ist der »Schellenengel«, eine Skizze[3] von Paul Klee.[4] Im folgenden soll an einigen

---

1 Hierunter verstehen wir im Unterschied zur »abstrakten« Malerei Bildvorlagen, bei denen eine Figur, Landschaft etc. zwar noch real erkennbar ist, in seiner Linienführung jedoch so offen, daß viel Spielraum für eigene Interpretationen besteht.

2 vgl. z. B. *Sander, Friedrich:* »Über Gestaltqualitäten«, Groningen 1927, und *Hausmann, Gottfried:* »Ganzheit und Aktualgenese in ihrer Bedeutung für die Methodik des Unterrichts«, Darmstadt 1970.

3 entnommen aus: *Rabkin, Gabriele:* Der Engel fliegt zu einem Kind, Stuttgart 1995.

4 Diese und andere Bildvorlagen werden derzeitig im Rahmen des Projektes in unterschiedlichsten Schulformen und -arten und auch in der Erwachsenenalphabetisierung als Schreibanregungen erprobt, auch mit dem Ziel, möglichst solche Anregungen zu finden, die für Lernende mit ganz unterschiedlichem Alters- und Lernniveau geeignet sind.

Es liegen hierüber hinaus inzwischen auch erste Schreibprodukte aus anderen Ländern und Kulturkreisen mit diesen Schreibanregungen vor.

Beispielen aus der Grundschule (ansatzweise) deutlich werden, wie individuell und vielgestaltig die Produkte sind, die sich auch schon sehr junge SchreiberInnen zu dieser sehr offenen Art von Schreibanregungen einfallen lassen, und gezeigt werden, wie unterschiedlich ihre Zugriffsweisen und Ausdrucksformen in Bild, Sprache und Schrift dabei sein können.

Die individuellen Einfälle sind häufig stark geprägt durch autobiographische Aspekte, sei es die eigene Situation im psycho-sozialen Umfeld, persönliche Entwicklungsphasen, evtl. auch -krisen, eigene Vorlieben, Abneigungen u. a. m. betreffend.

Die Produkte eröffnen uns häufig zusätzliche Möglichkeiten, Zugänge zu einzelnen Kinderpersönlichkeiten zu finden, auf bisher unerkannte Probleme, Wünsche, Sehnsüchte überhaupt erst aufmerksam zu werden.

U. U. bieten sich aus den Inhalten der entstehenden Phantasiegeschichten auch (vorsichtig anzugehende) Möglichkeiten zu Gesprächen.

Abb. 1: »Schellenengel« Paul Klee

Erzählen und Malen
Begonnen werden soll mit einem kurzen Ausschnitt aus dem Gesprächsprotokoll einer ersten Klasse (im Dezember), u. a., um zu verdeutlichen, daß es schon zu einem sehr frühen Zeitpunkt möglich ist, sich ganz frei und unbefangen auf derartige Inhalte in der Schule zu beziehen.

Die Kinder wurden gebeten, sich zu dem (per Overhead-Projektor) dargebotenen Bild spontan zu äußern.

Susanne:	Das ist ein Christkind, mit Flügeln
Frauke:	und das ist ein »K« (vom Namen »Klee«)
	Ich glaube, das ist Drakula, weil er so spitze Flügel hat
Martin:	ein Teufel mit Hörnern und Füßen –
	Drakula hat Ohren
Marcel:	ein Mensch, der aus dem Weltraum kommt
Douglas:	ein Roboter, er hat keinen Fuß, sondern Kabel
Manuel:	er hat Plutschaugen
Matthias:	Vielleicht hat er ein Segelschiff in der Hand
Benni:	Vielleicht hat er den Arm in Gips

Eine Reihe der hier nur verkürzt wiedergegebenen Äußerungen bezieht sich auf die Figur als Ganzes, vor allem auf eher imaginäre Gestalten. Es folgen ständig neue Assoziationen, teilweise werden vorangegangene Äußerungen aufgegriffen. Andere Kinder heben besonders ein Detail hervor, wie z. B. die letzten beiden Bemerkungen zeigen.

Interessant waren auch die eigenen bildnerischen Darstellungen, die im Anschluß an das gemeinsame Ansehen und Gespräch entstanden.

Sie verdeutlichen, daß die Kinder etwa im Sinne der kinderpsychologischen Befunde des Ganzheits- und Gestaltpsychologen *Hans Volkelt* »nicht das malen, was sie sehen, sondern, was sie sich vorstellen«[1]

Sie beziehen sich in unserem Beispiel eindeutig auf Inhalte ihrer eigenen Gesprächsbeiträge und setzen diese auch bildnerisch an der Figur des Schellenengels weiter um.

So betont *Benni* den Arm in Gips, *Marcel* stellt sich noch einmal seinen Raumfahrer vor, in verschiedenen Positionen, *Manuel* hebt die »Plutschaugen« hervor, *Frauke,* der auf dem Bild vor allem das »K« auffiel (das ja übrigens auch in ihrem eigenen Namen vorkommt), bezieht von sich aus erste Schreibversuche in ihr Bild mit ein.

Abb. 2: Zeichnungen zum »Schellenengel«, Kl. 1

---

1 vgl. *Volkelt, Hans:* Zur Psychologie der Kinderkunst, 1930.

Unterschiedliche Formen der persönlichen Kontaktaufnahme mit der Figur des »Schellenengels«

der schellengel flikt zu Aeinem kint jeden Nacht flikt er zu dem kint. er war gesta Nacht Auch Da. Das kint hat in gern.

Abb. 3a, 3b

Es kann vermutet werden, daß sich das Mädchen aus Kl. 2, das die Geschichte *(Abb. 3a, 3b)* schrieb, mit dem Mädchen aus ihrer Geschichte emotional identifiziert. Sie zieht aber in ihrer Geschichte die Verfremdung zu einer anonymen Person *(»das Kind«)* vor. Auf diese Weise kann es ihr Geheimnis bleiben, welches Kind die Begegnung mit der Engelfigur hat.
Eine andere Form der Kontaktaufnahme wählt ein anderes Mädchen (Ende Kl. 1). Es spricht seine Figur, die sie selbst in Anlehnung an den »Schellenengel« gestaltet hat, ganz persönlich und geradezu vertrauensselig mit *»Du Monster«* an, etwa so, als würde sie in Briefform schreiben oder in eine andere Form des direkten Dialogs mit ihm eintreten wollen.

Abb. 4

Zunächst sehr distanziert begegnet ein Junge aus Kl. 3 *(Abb. 5a, 5b)* der Figur. Er betrachtet sie (inklusive Bildunterschrift) erst einmal unter rein sachlichen Aspekten. Gleich zu Beginn stellt er fest, daß es sich um ein »Phantasiebild« handelt, also etwas, das in seinem realen Leben anscheinend keinen unmittelbaren Platz hat. Er fährt damit fort, Details aufzuzählen, die er aus der unmittelbaren Betrachtung »objektiv« feststellen kann.

Die entscheidende Wende in der gedanklichen Entwicklung, die in ihm während des Schreibprozesses vor sich geht, passiert m. E. an der Stelle: »Er wohnt in meiner Sachkundemappe«.

Im aktualgenetischen Sinne vollzieht sich hier ein Sprung von der realen auf die phantastische Ebene.

Bezeichnend das Verb »wohnt«, durch das die Gestalt des Schellenengels für ihn zum Leben zu erwachen scheint und seine ganz persönliche Phantasiewelt zur Entfaltung bringt, die er anschließend in Wort und Bild detailliert darstellt *(vgl. Abb. 5b, »der Planet des Engels«).*

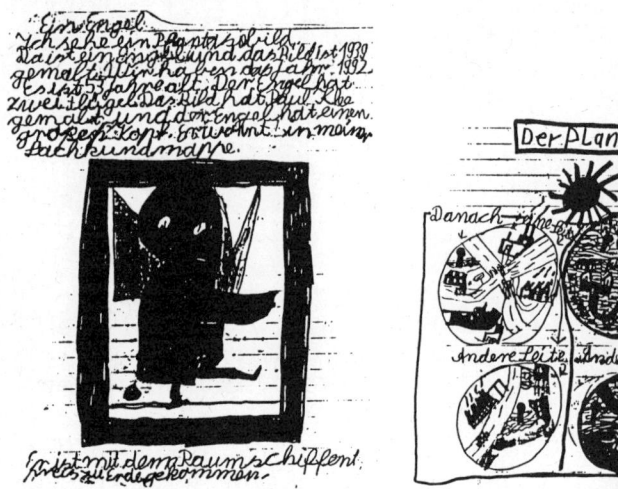

Abb. 5a, 5b

Schreibanregungen für alle Lernenden

Der Engel Schaki
Schaki sieht in den Spiegel und sieht einen anderen Engel.
Er sagt: »Huch, was ist denn das?«
Da sieht er, daß das Bild sein eigenes Spiegelbild ist.

Die zunächst bizarr anmutende Geschichte eines geistigbehinderten Mädchens (Christine hat sie der Sozialpädagogin während des Unterrichts in einer Integrationsklasse diktiert) scheint mir ein gutes Beispiel dafür, zu betonen, daß im Rahmen dieses Konzeptes jeder so mit den vorliegenden Bildanregungen umgehen kann und soll, wie es seinen Lernbedürfnissen

und -erfordernissen, außerdem seiner Lernstufe entspricht, ohne daß sein Produkt hierbei anschließend mit »falsch« oder »richtig« bewertet wird.

Dasselbe gilt natürlich auch für den anschließenden gemeinsamen Austausch.

Voraussetzung für ein solches Arbeiten ist eine Lernatmosphäre des gegenseitigen Vertrauens. Als günstig haben sich Formen des Team-teaching erwiesen, in denen z. B. zwei PädagogInnen in der Klasse besonders auf die Kinder eingehen können, die stärkere Hilfen brauchen, während die Gruppe weitgehend selbständig mit dem Bild arbeitet.

Zum-Ausdruck-Bringen von persönlichen Wünschen, Ängsten, Sehnsüchten...

In den letzten Beispielen bringen Kinder, die offensichtlich in sozialen Krisensituationen unterschiedlicher Art leben, ihre Wünsche nach Harmonie und einem friedlichen Miteinanderleben zum Ausdruck.

Die erste Geschichte wurde von einem zehnjährigen Jungen verfaßt, dessen Eltern zum Zeitpunkt des Schreibens seiner Geschichte in Scheidung lebten:

Der Liebesengel
Es war einmal eine Familie.
Eines Tages hatten die beiden sich in der Wolle. Beinahe hätten sie sich gebeult.
Auf einmal kam eine Gestalt: »Ihr sollt nicht streiten«.
Die Gestalt sagt: »Das ist böse. Ich will euch auseinanderbringen. Probiert es mal mit Liebe, dann werdet ihr wieder eine Familie.«
Die beiden machten das.
Und die Zeit war vorbei, die beiden sind wieder eine Familie.

Während die vorangehende Geschichte sich auf eine familiäre Konfliktsituation und Verlustängste bezieht, signalisieren die Äußerungen von drei siebenjährigen Flüchtlingskindern aus Bosnien-Herzegowina, denen das Bild im Rahmen von muttersprachlichem Ergänzungsunterricht in Hamburg gezeigt wurde, Ängste vor dem für sie Unfaßbarem, dem Krieg.

Wie die Lehrerin (ebenfalls aus dieser Region stammend) bestätigte, wurde gerade diese Art von Schreibanregungen in ihrem Unterricht für die Kinder zu einem wichtigen Ventil zur Formulierung ihrer Gefühle, zu einem Weg der Verarbeitung ihrer traumatischen Erlebnisse, zu einer Möglichkeit, sich hierüber in Gesprächen weiter zu öffnen...

ANĐEO CE GLADAN
N
ĆEGA CE STRAH
ON SE BOJI RATA

Abb. 8a

Mersika: Der Engel ist hungrig. Er hat Angst. Er hat Angst vor dem Krieg.

OVAJ ANĐEO JE KRENUO

PREMA MOJOJ DOMOVINI, ALI

NA ŽALOST IDE PJEŠKE...

Abb. 8b

Amela: Dieser Engel ist unterwegs in mein Vaterland, leider geht er zu Fuß…

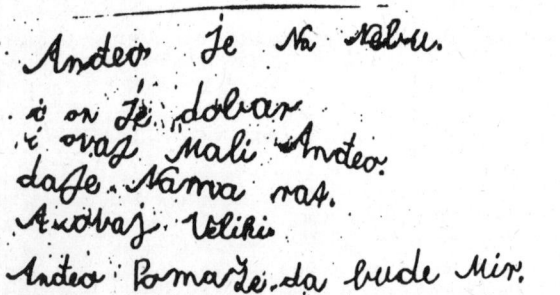

Abb. 8c und 9

Milas: Der Engel ist am Himmel. Er ist gut. Der kleine Engel bringt uns Krieg. Der große Engel hilft uns, daß wieder Frieden kommt.

Iris Jäger
Die »Hinterbühne« des Unterrichts
– ein Raum für Mehrsprachigkeit

In den siebziger und Anfang der achtziger Jahre haben einige Erziehungs-
wissenschaftler eine neue Perspektive auf das Unterrichtsgeschehen an
Schulen eingenommen und sich erstmals vermehrt mit dem Phänomen der
»Nebenkommunikation« von Schülerinnen und Schülern untereinander beschäftigt. Nicht mehr nur der gesteuerte Lehrer-Schüler-Diskurs, sondern
auch die Ebene informeller und oftmals sanktionsgefährdeter Gespräche auf
der sogenannten Hinterbühne des Unterrichts wurden in Hinblick auf ihren
Einfluß auf Lernprozesse und -erfolge untersucht.[1]
Nebenkommunikation wurde anfangs als subversive Tätigkeit der Schü-
lerinnen und Schüler interpretiert, die diese zur Aufrechterhaltung ihrer
Persönlichkeit trotz der »sozialen Zumutung der Institution« und als Er-
kämpfung von Freiräumen unternahmen.[2] Dieser institutionskritische An-
satz erwies sich allerdings als zu einseitig, denn er ließ alle nicht-subversiven
Tätigkeiten der Schülerinnen und Schüler außer acht.[3]
Inzwischen ist vielfach nachgewiesen worden, daß Nebengespräche für die
Informationsübermittlung wie für die sozialen Beziehungen eine wichtige
Rolle spielen. Ein großer Teil der Nebengespräche befaßt sich mit dem
Unterrichtsgegenstand oder kreist um ihn; Bedeutungen und Wissen werden
gemeinsam konstruiert und diskutiert. Außerdem wurde erkannt, daß diese
Gespräche für Grundschulkinder soziolinguistisch gesehen eine Art Brük-
kenfunktion zwischen der Schulwelt und der außerschulischen Welt übernehmen. Denn in ihren Nebengesprächen und auch im peer-teaching
kopieren Schülerinnen und Schüler nicht die kommunikativen Strukturen
des Lehrer-Schüler-Diskurses, zum Beispiel die sequentiellen Tripel (Initi-
ierung, Reaktion, Bewertung). Sie orientieren sich vielmehr an den Erfahrungen, die sie in der Alltagskommunikation ihrer sozialen Gruppen, und
hier speziell in außerunterrichtlichen Lernkontexten, gemacht haben. In der
Alltags- wie ihrer Nebenkommunikation fungiert z. B. eine Frage in der
Regel nicht zum Abfragen von vorhandenem Wissen, sondern als Bitte um
notwendige Information.[4]
Die im Zuge vermehrter Migration entstandene multilinguale wie multikul-
turelle Zusammensetzung der Schulpopulationen bedeutet einen grundle-

---

1 Vgl. z. B. *Arbeitsgruppe Braunschweig 1983*.
2 Vgl. hierzu und zum Begriff der »Hinterbühne«: *Zinnecker 1978b*.
3 Vgl. zur Kritik: *Rehbock 1981*.
4 Zu diesem Ergebnis kam *Streek 1983*.

genden Wandel der Lernvoraussetzungen für die Schülerschaft insgesamt. Die ungesteuerte Nebenkommunikation in Klassen, in denen mehrsprachige und einsprachige Schülerinnen und Schüler gemeinsam unterrichtet werden, verdient in diesem Zusammenhang besonderes Interesse. In ihr entfalten sich diskursive Praktiken, die ebenfalls eine Brückenfunktion zwischen zwei konfligierenden Relevanzsystemen der Kinder, der gegebenen Situation der Mehrsprachigkeit und der auf Einsprachigkeit ausgerichteten Schule, Rechnung tragen.

Sicherlich muß in der Analyse der Nebenkommunikation von Schülerinnen und Schülern stets zwischen lehrzielorientierter und nicht-lehrzielorientierter Interaktion unterschieden werden. Viele Lehrerinnen und Lehrer multilingualer Klassen neigen zu der Annahme, gerade bei Nebengesprächen in ihnen nicht verständlichen Sprachen handele es sich in erster Linie um unterrichtsstörende Interaktion oder unterrichtsferne Themen. Oftmals handelt es sich bei den leise geführten Gesprächen jedoch um produktive und kreative Diskurse zur Erschließung, Be- und Verarbeitung von Unterrichtsstoff sowie anderer unterrichtlicher Aufgabenstellungen. Den Ergebnissen eines Hamburger Forschungsprojekts zur Mehrsprachigkeit zufolge ist mehr als die Hälfte derjenigen Nebengespräche, die Mehrsprachigkeit integrieren, lehrzielbezogen.[1]

Die folgenden zwei Beispiele aus einer Unterrichtsaufnahme, die im Rahmen einer Fallstudie in einer Hamburger Grundschule entstand, waren Teil des Sachkundeunterrichts. Eine dritte Klasse studierte an präparierten Modellen heimische Vögel. Das Mikrophon befand sich in unmittelbarer Nähe der gemeinsam an einem Tisch sitzenden Schüler. Ihr sprachlicher Hintergrund ist einsprachig deutsch (Jimmy), türkisch-deutsch (Ünar, Görhan) und albanisch (Sedat). Die Übersetzung türkischer bzw. mischsprachlicher Äußerungen wurde jeweils kursiv nachgestellt.

Ünar: Görhan, Görhan!
Lehrerin: Was meint ihr, was kann die Amsel, beziehungsweise die Drossel? Die Amsel ist ja auch… (unverständlich)…
Jimmy: Wie stopft man die eigentlich aus?
Lehrerin: Sei mal still. Was kann die mit diesem Schnabel wohl besonders gut?
Ünar: Bak, tam bu taraftan ikincisi ne yapiyor. (langsam und betont:) Schnabeline bak, (flüsternd:) bu taraftan ikincisi.
(Guck mal, was der zweite von dort macht. [langsam und betont:] Guck den Schnabel an, [flüsternd:] der zweite von dort.)
Görhan: (unverständlich)

Später sollen Vogelabbildungen auf Arbeitsblättern ausgemalt werden. Die

---

1 Diese und andere Ergebnisse eines von der DFG geförderten Forschungsprojekts sind nachzulesen in: *Gogolin/Neumann (Hg.) (1994).*

Lehrerin hat erklärt, welche Farben zu benutzen sind und zeigt gerade in den Zeichnungen zu erkennende Merkmale der Vögel.

Lehrerin: So, hier könnt ihr das auch noch einmal sehen.
Sedat: Was ist das?
Ferhat: Kräheye bak! *(Guck dir die Krähe an!)*
Ünar: Öyle yapamayiz ki, yaparsak belki. *(So können wir es doch nicht machen, wenn wir es vielleicht machen.)*
Ferhat: Böyle olacak, bak. O kendisi yapmayacak, bize Aufgabe yapacak. *(So muß es sein, guck. Sie wird es nicht selber machen, sondern es uns aufgeben.)*
Sedat: Sollen wir doch.
Ferhat: Ama bak, böyle Krähe yapsaydin ... *(Aber guck mal, wenn du so eine Krähe gemacht hättest ...)*
Sedat: Kräch [unverständlich], ne?!
Jimmy: Ich will auch, ich will auch!
Ferhat: So mußt du Kräch machen! Dann wird das ganz schwarz und dann kannst du nichts sehen, das sag ich dir.

Die Kinder selbst bedienen sich hier eines sprachlichen Repertoires, das Mittel aus den verschiedenen Sprachen, über die sie verfügen, kreativ miteinander verknüpft. Solche diskursiven Praktiken, so muß betont werden, entwickeln sich nicht vor allem aufgrund von defizitärem Wissen in der einen oder anderen Sprache. Ob es sich hier im linguistischen Sinne um Sprachwechsel, Code-switching, Übernahme oder Transfer handelt, möchte ich an dieser Stelle nicht weiter verfolgen. Wichtig erscheint mir hingegen, daß ein- und mehrsprachige Kinder, die im Unterricht Nebengespräche führen, verschiedene diskursive Interaktions- und Handlungsstrategien entwickeln, die den aktiven Gebrauch dieser Mehrsprachigkeit einschließen. In einer Klasse mit 17 Kindern, die acht verschiedene Familiensprachen sprechen (dies war in der Beobachtungsklasse der Fall), befördern die verschiedenen Sprachen und Spracherfahrungen der Kinder insofern das Entstehen spezieller, von Mehrsprachigkeit geprägter Kommunikationsformen, an denen alle Interagierenden, wenn auch teilweise nur als Zuhörer, teilhaben. Diese spezifischen Formen und Strategien verdanken sich insofern nicht allein der individuellen Zweisprachigkeit einzelner an der Interaktion Beteiligter.

Derartige sprachliche Phänomene in erster Linie im Rahmen der Nebenkommunikation anzutreffen, zeugt von dem Wissen der Schülerinnen und Schüler um die sprachlichen Anforderungen im offiziellen Unterrichtsdiskurs. Das sprachliche Erziehungsziel der Schule, die Einsprachigkeit im Deutschen, das das schulische Lernen bis in den Bereich nichtsprachlicher Fächer durchdringt, wird, so zeigen Untersuchungen, in hohem Maße von Lehrerinnen und Lehrern akzeptiert.[1] Dieses Erziehungsziel scheint aus Sicht der Schülerschaft aber lediglich für den Lehrer-Schüler-Diskurs, die Vorderbühne des Unterrichts, zu gelten. In der Hauptkommunikation benutzen, so die Ergebnisse des Hamburger Forschungsprojekts, alle Kinder weitestgehend die deutsche Sprache. Somit scheinen sie sich in der öffentlichen Unterrichtskommunikation an den Erwartungen zu orientieren, die von der Institution bzw. der sie vertretenden Lehrerin in sprachlicher Hinsicht gestellt werden.

Auf der sogenannten Hinterbühne, im von den Lehrkräften unkontrollierten Rahmen ihrer Gespräche untereinander, lassen die Schülerinnen und Schüler die vorhandene Mehrsprachigkeit hingegen zum Zuge kommen und erwirken mit ihr und in Kooperation mit den monolingualen Mitschülerinnen und Mitschülern neue diskursive Muster.

In der hiesigen Forschung wurde solchen spezifischen Formen sprachlicher Praxis, die sich bei Beteiligung ein- und mehrsprachiger Gleichaltriger herauszubilden scheinen, bisher kaum Aufmerksamkeit geschenkt. Anders im englischsprachigen Raum: In der britischen soziolinguistischen Forschung konnte anhand ethnographischer Untersuchungen der außerschulischen sprachlichen Praxis Jugendlicher bereits aufgezeigt werden, daß sowohl Jugendliche mit einem anderen sprachlichen Hintergrund als Englisch als auch einsprachig-englische Jugendliche sich in der Kommunikation Sprachvarietäten bedienen, die Anteile mehrerer Sprachen aufweisen und sie zu einem neuen lokalen Sprachmuster verschmelzen lassen.[2] Auch zur innerschulischen Sprachpraxis und der Interaktion von Schülerinnen und Schülern untereinander liegen aus Großbritannien und den USA empirische Untersuchungen vor.[3] Ausgehend von »Heteroglossia« als der prinzipiellen Viel-Sprachigkeit eines jeden Sprechers, dem stets eine große Bandbreite an möglichen diskursiven Praktiken zur Wahl steht (verschiedene Register, Soziolekte, Dialekte etc.), fragen sie nach den spezifischen Ausprägungen diskursiver Praktiken in der Grundschule.

Unter Verweis auf die soziohistorischen Schriften des Russen *Bakhtin* und die Literaturtheorie *Kristevas* rückten *Maybin (1991)* und *Bourne (1992)* die Polyphonie und Intertextualität von Schülerdiskursen in den Blickpunkt:[4] »Childrens' talk is in fact heavily populated with the voices of others – voices of teachers, books, parents, friends, pop sings, jokes, playground rhymes, magazines. (…) The plural and provisional nature of meaning, and the complex interplay between contexts in childrens' talk makes it a rich source for learning« *(Maybin 1991, 47 f.)*.

---

1 Vgl. hierzu *Gogolin 1993*.
2 Siehe *Hewitt 1986*.
3 Siehe z. B.: *Bourne 1992, Maybin 1991, Dyson 1987c*.
4 Vgl. zu Heteroglossia und Polyphonie: *Bakhtin 1934*.

Begreift man die Interaktion der Schülerinnen und Schüler untereinander in diesem Sinne nicht nur als jeweils fördernd für soziale, sprachliche und kognitive Entwicklungen der beteiligten Individuen, sondern als Ausdruck der – immer schon – kooperativen Hervorbringung vielstimmiger Texte, wird auch deutlich, welch immense Bedeutung sie für die in der Schule geforderten Textproduktionen, sei es mündlicher oder schriftlicher Art, haben kann.

Anhand von Fallstudien aus multilingualen Klassen zeigte *Dyson (1987)* auf, wie sich über einen Zeitraum von zwei Jahren die Interaktion einer Peer-Gruppe positiv auf die Entwicklung der Schreibfähigkeiten der Beteiligten auswirkte. Sie forderte, die konventionellen Definitionen von aufgabenbezogenen und nicht aufgabenbezogenen Gesprächen grundlegend zu revidieren:

Wenn den Schülerinnen und Schülern Aufgaben gegeben würden, die es wert seien, darüber miteinander zu sprechen, und zugleich Nebenkommunikation im Unterricht erlaubt sei, finde in den informellen, spontanen Gesprächen eine Fülle von Auseinandersetzungen statt, die für kreatives Schreiben notwendig sind. Die Vielzahl der Beispiele, die sie aus Schülerdiskursen im Primarbereich dokumentieren konnte, sei hier nur zusammenfassend angedeutet und an einem kurzen Beispiel aus einem zweiten Schuljahr illustriert: Sie beobachtete das gemeinsame Nachdenken über mögliche Geschichten und die in ihnen zu erfindenden Welten, Gespräche über den Charakter und die Wirkung der erfundenen Welten und darüber, wie sich das Erzählte zur Wirklichkeit verhält, Analyse und Kritik der imaginierten Welten wie auch die Antizipation möglicher Leser- oder Hörerreaktionen.

Example 4

Mitzi has begun writing:
Me and My Dream
I had a dream and My dream was a Big Nightmare and
This is My nightmare. Once there was a boy
Mitzi stops and erases boy. *She turns to* Jenni…
Mitzi: Now this is going to be a true dream.
                 This is a nightmare I once had and the girl was you.
Jenni: Yeah?
Mitzi: And you really hated me.
Jenni: No wonder it's a nightmare.

Die Fokussierung sowohl der Erziehungswissenschaft auf die individuellen sprachlichen und sonstigen schulischen Leistungen der Schülerinnen und Schüler, als auch die der Sprachwissenschaft auf individualistische Sprachtheorien steht einer angemessenen Erkenntnis und einem dementsprechend gewandelten Umgang mit den polyphonen, stets in Kooperation zustande kommenden Texten von Schülerinnen und Schülern noch sehr im Wege.[1] *Bourne* hat in einer umfangreichen Untersuchung nachweisen können, wie in einer Grundschule durch die Zuweisung bestimmter Sitzplätze und Tischnachbarn Möglichkeiten zu informellem Dialog und kollektiver Textproduktion systematisch beschnitten wurden.[2] Diese betraf gerade Seiteneinsteiger oder Kinder, die nach längerem Aufenthalt im Herkunftsland wieder nach London zurückkamen. Sie saßen nicht neben denjenigen Klassenkameraden, mit denen sie – in Nebengesprächen – Kommunikation und Austausch suchten, und ihnen fehlte dadurch der Zugang zu einem wichtigen Bereich sprachlicher Praxis. Auf diese Weise aus notwendigen Erwerbskontexten ausgeschlossen, wurden gerade mehrsprachige Kinder regelrecht zu »schlechten« Schülerinnen und Schülern gemacht.

Schülerinnen und Schüler brauchen und nutzen die Hinterbühne oder die Nebenschauplätze des Unterrichts. Sie nutzen sie sehr oft, um sich mit dem Gegenstand des Unterrichts zu befassen. Sie brauchen sie aber auch, weil sie ihnen Möglichkeiten zur Hervorbringung einer diskursiven Vielfalt bietet, die auf der Vorderbühne keinen Raum hätte. Der aktive Gebrauch von Mehrsprachigkeit ist zu denjenigen unterrichtsunterstützenden Strategien zu rechnen, die Kinder ohne gezieltes Zutun der Lehrkräfte selbständig entwickeln.

Diese Strategien, die von der Schule bzw. den Lehrkräften in der Regel ignoriert oder mißdeutet werden, verdienen vermehrte Beachtung seitens der Forschung wie auch der praktizierenden Lehrerinnen und Lehrer. Die gefundenen und noch zu entdeckenden Formen kindlicher Interaktion mitsamt ihrer unterschiedlichen Funktionen für den Lernprozeß halten sicherlich vielfältige Anregungen bereit, wie in der täglichen Unterrichtspraxis der zunehmenden sprachlichen Heterogenität in der Schülerschaft besser Rechnung getragen werden kann. Ihre Kenntnis fordert darüber hinaus eine Revision unseres Verständnisses und unserer Beurteilung von individuellen und doch zugleich polyphonen Texten und ihren Entstehungszusammenhängen.

---

1 Zur Geschichte der individualistischen Perspektive auf Spracherwerbsprozesse siehe: *Bourne 1988*.
2 *Bourne 1992*.

Heide Niemann
Frühes Fremdsprachenlernen –
Spielerischer Umgang mit der Fremdsprache

Vorbemerkung

Frühes Fremdsprachenlernen bedeutet mehr als ein in die Grundschule vorverlegter Fremdsprachenunterricht. Das frühe Fremdsprachenlernen stellt das Kind mit seinen Interessen und Lernerfahrungen in den Mittelpunkt und greift diese auf, um über das Lernen in bedeutungsvollen Situationen Kinder zur Kommunikation zu befähigen. Lernen in diesem Sinn bedeutet: in *für Kinder* bedeutungsvollen Situationen; das sind nicht immer die von Erwachsenen dafür gehaltenen oder vom Lehrbuch vorgegebenen. Auszugehen von der Situation bedeutet, auszugehen vom Sprachhandeln und von einer auf Kommunikation ausgerichteten Zielsetzung.

Dieser Ansatz hat Auswirkungen auf die Gestaltung des Unterrichts, auf die Auswahl der Inhalte und Methoden und setzt voraus, daß das fremdsprachliche Lernen nicht in isolierten Fachstunden erteilt, sondern in den Unterricht integriert wird, gewissermaßen als Unterrichtsprinzip. Das könnte als eine besondere Herausforderung an jede Lehrerin und an jeden Lehrer in der Grundschule verstanden werden, wenn diese als Fremdsprachenexperten den Anspruch erfüllen sollten. Wird aber ernst genommen, daß es um mehr geht als um einen in die Grundschule vorverlegten Fremdsprachenunterricht, dann relativiert sich der Anspruch. Dann ist es ein Anspruch, der ohnehin von allen Lehrkräften erfüllt wird, die im Sinne einer Öffnung von Schule in der Grundschule unterrichten und somit auf Veränderungen in der schulischen und außerschulischen Lebenswelt der Kinder reagieren. Dann ist nicht der Fremdsprachenexperte gefragt, sondern vielmehr die Person, die Lernprozesse initiiert, unterstützt und begleitet.

Es bedeutet also Abschied zu nehmen von dem Bild des Fremdsprachenlehrers, der in der Rolle des »instructor« als einziger die Sprache beherrscht und vermittelt, und es bedeutet auch Abschied zu nehmen von dem stark auf Frontalunterricht und Lehrerzentriertheit angelegten Unterricht. »Research into classroom interaction, however, has generally shown that teachers talk predominates and that opportunities for children to communicate and extend their ideas are limited« *(Tough 1991)*. Die Aufgabe des Lehrers im frühen Fremdsprachenlernen unterscheidet sich dann nicht von der einer anderen Lehrerin oder eines anderen Lehrers und könnte eher so beschrieben werden: »The role of the teacher... is that of a helpful guide who provides visual and aural aids as well as menmonic techniques likely to assist learning... Early learning of English requires the teacher to trust to the creative powers of children for all activities of recognition and production..., teaching means

facilitating discovery, not presenting knowledge« *(Brewster 1991, 31)*.
Nicht umsonst haben sich Fremdsprachenspezialisten, die auf dem Gebiet
»Primary Early Language Teaching« arbeiten, sehr stark mit der Frage
auseinandergesetzt, wieweit der Erwerb einer Fremdsprache Entsprechungen und/oder gar Parallelen zum natürlichen Spracherwerb aufweist. Das
hat Auswirkungen auf den Unterricht: Wenn »language input« nicht nur
durch die Person des Unterrichtenden erfolgen soll, müssen Medien vielfältig eingesetzt, muß aber auch der soziale Kontext des Klassenraums als
Lernchance (auch für den Lehrer) genutzt werden. Das wiederum bedeutet,
den Kindern Möglichkeiten zum Lernen einer Sprache zu geben, bei denen
auch immer wieder experimentiert werden darf, ohne daß Richtigkeit und
Korrektheit oberstes Prinzip sind. »If we deny the learner the opportunity to
experiment with language and consequently to make mistakes and learn
from them, we may be denying him/her an important learning strategy«
(Williams 1991).
Da fremde Sprachen und Kulturen zur Umwelt der Kinder von heute
gehören, finden sich Anknüpfungspunkte für frühes Fremdsprachenlernen
in diesem Verständnis in jedem Grundschulunterricht. Die Kinder begegnen
anderen Sprachen im Fernsehen, in Supermärkten, in Büchern, auf Reisen,
auf Plakaten. Sie begegnen ihnen aber auch im Klassenzimmer, nämlich
dann, wenn ausländische Mitschülerinnen und Mitschüler, deren Muttersprache nicht Deutsch ist, zur Klasse gehören.
Diese Ausgangssituation ist sicherlich günstig, um Bewußtsein für fremde
Sprachen und Kulturen zu wecken (»language and cultural awareness«), und
hier bieten sich auch die »natürlichsten« Anknüpfungspunkte. Werden Themen wie »Geburtstag« oder »Weihnachten« aufgegriffen, wird die Grundlage gelegt für eine Verständigung zwischen verschiedenen Kultur- und
Sprachgemeinschaften, die von dem Ansatz ausgeht, daß über das Entdekken von Gleichartigem ebenso wie über das Entdecken von Unterschiedlichem ein wichtiger Schritt getan wird zum Abbau von Angst gegenüber
Fremdem.

Beispiele aus dem Schulalltag
Anhand von einigen Beispielen aus dem Schulalltag wird im folgenden
illustriert, wie sich mit einfachen Mitteln dieser Ansatz realisieren läßt.
Dabei werden zunächst die Sprachen aufgenommen, denen die Kinder in
ihrer Umgebung begegnen, die andere Kinder sprechen – also nicht ein
Einengen auf Englisch oder Französisch. Ein nicht immer einfaches Vorhaben, wollen oder können doch diese Kinder oftmals gar nicht (mehr) von
ihrer Kultur berichten. Häufig ist ihnen das Selbstbewußtsein genommen,
häufig ist es für ihre Familie das erstrebenswerte Ziel, »deutsch« zu werden
und »Fremdes« abzuwerfen. Eine Aufgabe, die viel Einfühlungsvermögen
und Verständnis von den Lehrerinnen und Lehrern erfordert, die aber m. E.
nach für den Aufbau von Toleranz und gegenseitiger Achtung wesentlich ist.

Gewohnheiten – Rituale

Morgenkreis

Zu Beginn eines jeden Schultages wird in vielen Klassen ein Morgenkreis gebildet, in dem die Begrüßung erfolgt, dabei wird gesungen oder vorgelesen. Ein geeigneter Anlaß, um Lieder in verschiedenen Sprachen zu singen und zu spielen, um Bücher aus verschiedenen Ländern vorzustellen oder um die Begrüßung in den Sprachen der Kinder, die nicht Deutsch als Muttersprache sprechen, zu lernen. Oft wird etwas Mitgebrachtes gezeigt, das aus einem anderen Land kommt oder das die Beschriftung in einer anderen Sprache aufweist. Vielleicht erzählt ein Kind etwas, was es erlebt hat oder von dem es gehört hat, und wenn dieses in Beziehung steht zu einem anderen Land, wäre es gut, dieses Land auf einer Weltkarte, die im Klassenzimmer aufgehängt ist, zu suchen, vielleicht auch etwas über die Sprache des Landes zu erfahren.

Kalender

Vielleicht haben die Kinder der Klasse einen Kalender hergestellt, auf dem die Wochentage abwechselnd in den Sprachen, die in der Klasse vertreten sind, aufgeführt sind, daraus kann sich der Umgang mit Zahlwörtern ergeben. Aus dem Vergleich der unterschiedlichen Wochentage, Monatsnamen und Jahreszeiten können erste Sprachbetrachtungen erwachsen. Beim Zusammentragen von Kalendern aus verschiedenen Ländern wird deutlich, daß es unterschiedliche Feiertage gibt; Gespräche über Feste und Feiern unter Verwendung der jeweils dazugehörenden Sprechakte schließen sich an.

Fremde Länder

Aus welchen Ländern kommen die Kinder, die in einer Schule gemeinsam unterrichtet werden? Mit Hilfe eines Globus oder einer Weltkarte können die Herkunftsländer markiert, die Namen der Länder in der jeweiligen Landessprache aufgelistet werden. Jedes Kind findet sich wieder, fühlt sich auf- und angenommen. »Wie heißt ›Guten Tag‹ in deiner Sprache? Wie wird es geschrieben?« Vielleicht entsteht daraus die Verabredung, daß an jeder Klassentür ein Willkommen-Plakat hängt, auf dem die Begrüßungsformel in den Sprachen, die in der Klasse vertreten sind, steht. Zu fremden Ländern gehören auch Währungen und Briefmarken mit fremder Beschriftung, und da Kinder ohnehin gerne sammeln, bietet sich hier ein breites Betätigungsfeld. Eine Collage, auf der die jeweiligen Länder mit Ansichtskarten, Briefmarken, Wortkarten vertreten sind, kann dazu beitragen, daß die Idee des »global village« (die Welt ist ein großes Dorf) anschaulich wird.

Briefwechsel

Das Interesse an fremden Ländern und Sprachen aufgreifend, haben viele Schulen sog. Schul- oder Briefpartnerschaften entwickelt. In regelmäßigen Abständen werden im Austausch besprochene Kassetten, Bilder, Zeichnungen, Fotos, auch Briefe an eine Partnerklasse in einem anderen Land geschickt. Auch ohne schriftsprachliche Kenntnisse sind solche Kontakte möglich und erfolgreich, insbesondere dann, wenn den Kindern die Möglichkeit gegeben wird, eigene Wege zu beschreiten. Erste Versuche mit einem Wörterbuch, die Mischung aus Schrift- und Bildzeichen führen dazu, daß Erfahrungen gesammelt werden, die unter dem Gesichtspunkt der Förderung von Kommunikation für die Entwicklung eines weitreichenden Sprachverständnisses äußerst wichtig sind.

Feste feiern

Geburtstag

Ein Geburtstag ist in vielen Klassen ein Anlaß zum Feiern. Im Kreis wird ein Geburtstagslied gesungen, das Geburtstagskind erzählt, Kerzen werden angezündet, vielleicht gibt es einen Geburtstagskuchen. Eine gute Gelegenheit also, bei der verschiedene Sprachen und Kulturen berücksichtigt, vielleicht zum ersten Mal bewußt werden. Daraus können sich Fragen ergeben wie:

– Welches Geburtstagslied kennst du in deiner Sprache?
– Wie heißt der Glückwunsch, kannst du eine Karte mitbringen, damit wir ihn lesen können?

Ein großes Poster mit Glückwünschen in verschiedenen Sprachen kann als Klassenarbeit entstehen, Geburtstagskarten, in verschiedenen Sprachen beschriftet und vielleicht nach landestypischer Sitte verziert, kommen hinzu.

Frühstück

Es wird nicht nur über das Frühstück gesprochen, es wird wirklich in der Klasse gemeinsam gefrühstückt. Jedes Kind bringt mit, was es daheim ißt, neben Cornflakes sind es die frischen Brötchen oder das türkische Fladenbrot, die knoblauchhaltige Wurst, die süße Marmelade, das Müsli oder Obst. Es macht Spaß, in Gemeinschaft zu essen, etwas zu probieren, was es vielleicht zu Hause nicht gibt. Die Lebensmittel haben Namen, die manchmal ganz anders klingen, manchmal aber auch sehr ähnlich sind. Gläser mit fremden Aufschriften, Verpackungen in anderer Sprache, da kann vom Schriftbild her erschlossen werden, da bieten sich Vermutungen an. Schriftsprache kann somit Bestandteil des fremdsprachlichen Lernens sein, ohne daß Schreiben oder Lesen verbindlich werden. Gegenstände können gezeichnet, ausgeschnitten und aufgeklebt werden, mit Wortkarten kann die Zuordnung erfolgen, einfache Formeln zu Beginn oder zum Abschluß einer Mahlzeit können als Sprechblasen in Bilder eingeklebt werden. Vielleicht bietet es sich an, eine Bitte oder eine Aufforderung in einer fremden Sprache auszudrücken, viele Anlässe, in denen situatives Handeln durch das Sprechen begleitet wird.

Weihnachten

»Jingle bells«, »Father Christmas«, »Christmas Cards« gehören inzwischen zum Weihnachtsfest in Deutschland. So verbreitet der englische Einfluß auch ist, so wenig verbreitet ist es, Brauchtum weiterer Länder einzubeziehen. Wenn die jeweilige Eigenart der in der Klasse vertretenen Nationen beim Weihnachtsfest berücksichtigt wird, kann das allein schon zu einem multikulturellen Projekt führen, mit dem einerseits kulturelle Besonderheiten, andererseits aber auch Ähnlichkeiten bewußt gemacht werden können.

– Feiert ihr überhaupt Weihnachten?
– Wie heißt »Frohe Weihnachten« in deiner Sprache?
– Können wir den Text eines Weihnachtsliedes aus deinem Land lernen?

Durch das Einbeziehen von Liedern, das Vorgeben von Refrains oder Liedanfängen kann auch in diesem Zusammenhang Schrift zur Unterstützung eingesetzt werden, das gilt ebenso für das Schreiben von Glückwünschen zu Weihnachten und zum neuen Jahr.

Wenn bei all diesen Beispielen bewußt der Akzent auf das Einbinden vieler Sprachen gelegt wird, schließt das nicht aus, daß im spielerischen Umgang die Sprachfähigkeit in einer Sprache aus schul- oder gesellschaftspolitischen Gründen in den Vordergrund gerückt wird. In den nachfolgenden Ausführungen beziehe ich mich bewußt auf die englische Sprache, gehe aber davon aus, daß das hier gegebene Beispiel auf andere Sprachen übertragen wird.

Ein Bücher-Projekt

Bilderbücher, die ich auf Reisen gesammelt habe, waren Ausgangspunkt für dieses Projekt. Nachdem zunächst über russische, portugiesische, tschechische, italienische, englische und deutschsprachige Bilderbücher in der Klasse gesprochen wurde (interessante Diskussionen!), erfolgte eine Einengung auf englische Bilderbücher (picture books), einfach weil sie in größter Anzahl verfügbar waren. »The Very Hungry Caterpillar«, »We're going on a Bear Hunt«, »The Lighthouse Keepers Lunch«, »Paddington Bear«, »Miss Harriet and the Dragon« waren darunter. Bilderbücher also, die von den Illustrationen her zu erschließen sind und die Kinder ansprechen. Sie ermöglichen vielfältige Zugangsweisen, z. B. über das Titelbild, die Hauptfigur, die Illustrationen, den Inhalt.

Da es sich um englische Bücher handelt, werden kurze begleitende Kommentare durch die Lehrerin in Englisch gegeben. Mit der Verwendung einfacher Sprachmuster, unterstützt durch Mimik und Gestik, wird dadurch das fremdsprachliche Umfeld aufgebaut: »Look at this book. This is the author. This is the title. There are two books with bears. There are three books with girls. Give me the books with the bears. Give me a book with a green car.«

Da von Beginn an der Schwerpunkt auf der Kommunikation liegt, gehören einfache Dialogformen dazu, die schrittweise die sprachliche Aktivität der Kinder erweitern. »What is the title? Is there a girl? Is there a book with a bear?« Fragen also, auf die mit einer Handlung geantwortet werden kann, indem zugereicht oder gezeigt wird, ebenso aber auch Fragen, bei denen die kurze Antwort »Yes« oder »No« ausreicht. Später, wenn etwas an Sicherheit gewonnen wird, kann durch das sprachliche Vorbild der Lehrerin aus dem »Yes« ein »Yes, there is« oder aus dem »No« ein »No, there isn't« werden. Um die Kinder ganzheitlich anzusprechen, bietet es sich an, die Figuren aus den Büchern zum Leben zu erwecken. Wenn z. B. die unternehmungslustige, schrullige Entdeckerin Miss Harriet großformatig in der Klasse hängt, können Szenen ihrer Abenteuerreise, von den Kindern gemalt, daneben angeordnet werden, können Sprechblasen, vielleicht auch einzelne Wortkarten hinzukommen. – Die einzelnen Stationen, die die drei Kinder in dem Buch »We're going on a Bear Hunt« mit ihrem Vater durchlaufen, um den Bären zu fangen, können szenisch dargestellt werden, ergänzt durch einfache Äusserungen wie »I am frightened, I am cold, it is wet.« – Die verschiedenen Gerichte, die Mrs. Grindling für ihren Mann, den Leuchtturmwärter, vorbereitet und ihm dann im Korb zuschickt, fordern auf, zubereitet bzw. variiert zu werden. »What does he like for lunch? What do you like for lunch?« – Wenn Paddington, der Bär, mit seiner unverwechselbaren Kluft bekleidet (Gummistiefel, Dufflecoat, Südwester) aus dem Buch steigt, dann ergibt es sich von selbst, daß Kinder ihre Teddybären mitbringen, sie als Paddington verkleiden und einfache Frage-Antwort-Dialoge spielen. »Where is my bear? Where is your bear? There is a bear with a blue hat.« usw. Und wenn sie dann anfangen, Teddybären, die wie Paddington aussehen, überall zu entdecken, auf Postkarten, Kalenderblättern, Lesezeichen, Postern, dann sind vielfältige Einstiegsmöglichkeiten für ein Paddington-Buch gefunden. Denkbar wäre auch ein Bär, der sich vor den Augen der Kinder aus einem einfachen Teddybären in Paddington verwandelt, indem er den typischen »hat«, den »dufflecoat« und die »wellies« bekommt. »Now he has got his hat« oder »Look, it is a blue dufflecoat«, an die sich selbstverständlich Fragen wie »What colour is his hat?« anschließen.

Beim Fremdsprachenlernen in der Grundschule steht der handelnde Umgang mit der Sprache im Vordergrund. Deshalb werden Szenen nachgespielt, großformatige Bilder als Kulissen gemalt, Figuren nachgebildet, Versteck- und Ratespiele erfunden. Einfache Äußerungen, mit denen sich z. B. die Figuren vorstellen, machen dabei den sprachlichen Anteil aus. »I am Paddington / My name is Paddington. This is Miss Harriet / Here is Miss Harriet. I am Mr. Grindling / This is my wife. / This is Mrs. Grindling.« Erste kleine Erfolge, die dazu aufrufen, eine andere Klasse einzuladen, um etwas vorzuspielen. Als Abschluß entstehen dann, in Anlehnung an die Illustrationen in den Büchern, eigene »home made books«.

Die verschiedenen Sprechanlässe, die sich durch den Einsatz von Büchern beim frühen Fremdsprachenlernen ergeben können, lassen sich durch ein »topic web« verdeutlichen:

place
garden forest village
...   **illustration**
             author
                           time

                    B O O K
     title   **character**
                                  pet animal person ...
            edition

An welcher Stelle der Akzent gesetzt wird oder wo der Anlaß gewählt wird, ist abhängig von den Interessen und Voraussetzungen der Kinder, der Aufmachung und dem Inhalt des jeweiligen Buches. Ebenso sind aber auch die Einstellung der Lehrerin oder des Lehrers und nicht zuletzt die unterrichtliche Einbettung des Buches bestimmend dafür, an welcher Stelle die sprachlichen Äußerungen einsetzen und wo darüber hinaus das kulturell Bedeutsame, das dieses Buch zu »culturally authentic literature« macht, einfließen kann.

Schlußbemerkung

Frühes Fremdsprachenlernen, das die Grundlage legt für ein Sprachverständnis, bei dem es nicht um die Vermittlung von Vokabeln geht, sondern um das Vertrautwerden mit einfachen alltäglichen Sprachmustern, unter dem Kriterium der Anwendbarkeit im Alltag ausgewählt, leistet einen wesentlichen Beitrag zu einem verbesserten gegenseitigen Verständnis zwischen Sprach- und Kulturgemeinschaften. Wenn als Herausforderung verstanden wird, daß die Freude am Umgang mit Sprachen (für Kinder und Lehrer) im Mittelpunkt steht und die Kinder erfahren, daß es in der Verständigung keine unüberwindbaren Sprachbarrieren gibt, dann wird durch den bewußten Umgang mit Sprachen ein wesentlicher erzieherischer Beitrag zur Persönlichkeitsentwicklung geleistet.

Literaturhinweise zu den Kinderbüchern:
Eric Carle: »The Very Hungry Caterpillar« (Die kleine Raupe Nimmersatt)
Michael Rosens/Helen Oxburys: »We're going on a Bear Hunt« (Wann gehen wir wieder auf Bärenfang?
Ronda and David Armitages: »The Lighthouse Keepers Lunch«
Michael Bond/John Laiban: »Paddington Bear«

Lembit Andresen
Der Literat und Schullehrer Bengt Gottfried Forselius

Die Anfänge der estnischen Schule reichen bis ins weite Mittelalter zurück. Wie auch anderswo in Europa dienten die ersten Schulen in Estland ebenfalls zur Ausbildung von Kirchendienern. Für das Volk blieb jegliche Bildung unerreichbar, und nur einzelnen, besonders zielstrebigen und begabten jungen Männern gelang es, lateinische Stadtschulen und ausländische Universitäten zu besuchen.

Als Ergebnis der Reformation wurde das alte Bildungssystem durch ein neues ersetzt. Das bedeutete auch die Gründung estnischsprachiger Schulen und die Verbreitung der Lesefähigkeit – an erster Stelle unter der estnischen Stadtbevölkerung. Landschulen wurden zunächst nur in Ausnahmefällen eröffnet.

Die Grundlage zur Lesefähigkeit der Landbevölkerung wurde von *Bengt Gottfried Forselius* geschaffen. Über das Leben des Gründers der estnischen Volksschule ist wenig bekannt. Sein Vater, *Johann Forselius,* siedelte sich während des in Westeuropa wütenden Dreißigjährigen Krieges in Estland an. Vermutlich kam er aus Finnland, um in Tartu zu lernen. Man hat ihn für einen Vertreter finnisch-schwedischer Nationalität gehalten, wobei nach einigen Wissenschaftlern seine Vorfahren auch Finnen gewesen sein konnten. *Forselius der Ältere* begann seinen Bildungsweg in Uppsala. Am 5. September 1636 wurde er an der Academica Gustaviana immatrikuliert. Ein Jahr später absolvierte er hier sein Examen als Magister. Er wurde zum Rektor der Tallinner Domschule ernannt (1639-1641), arbeitete dann als Pastor der Domkirche und später als Seelsorger in den westlich von Tallinn gelegenen Kirchspielen Harju-Madise und Risti.

B. G. Forselius wurde ungefähr 1660 geboren. Die Muttersprache zu Hause war Schwedisch, obwohl die Familie auch deutsch- und estnischsprachigen Umgang pflegte. Dank seiner Kontakte zur Landbevölkerung erlernte der junge Forselius das Estnische schon als Kind. Der Anfangsunterricht wurde ihm von einem Hauslehrer erteilt. *Forselius'* Kindheit fiel mit der fruchtbaren Tätigkeit des berühmten tschechischen Pädagogen *J. A. Komensky (Comenius)* in den Niederlanden zusammen. Der regelmäßige Schulunterricht begann in Tallinn. Schon in der zweiten Hälfte des 17. Jh. wurde von zukünftigen Studenten eine vollständige Gymnasiumbildung gefordert. Vermutlich traf Forselius in Tallinn auch seine späteren Gesinnungsgenossen *Adrian Verginius* und *Johann Hornung,* die ebenfalls das Gymnasium be-

Deutsche Zusammenfassung aus: *Andresen, L. 1991b:* Kirjamees ja rahvavalgustaja B. G. Forselius. Eesti Raamat: Tallinn (S. 109–111, redigiert für diesen Band von *Hans Brügelmann).*

suchten und sich auf das künftige Universitätsstudium vorbereiteten. Nach Beendigung des Gymnasiums ging *A. Verginius* nach Kiel, *J. Hornung* und *Forselius* setzten ihr Studium in Wittenberg fort. *J. Hornung* wurde im Januar 1679 immatrikuliert, *Forselius* im Juli desselben Jahres. Auf der Universität trat der Sohn nicht in die Fußstapfen seines Vaters. Wie aus *Kelchs* Chronik (»Liefländische Historia« 1695) ersichtlich, studierte der zukünftige Pädagoge Rechtswissenschaften (Studiosus Juris).

Zur gleichen Zeit und nach *Komenskys* Ideen wurden hier und da neue Schulsysteme geschaffen. Außerdem waren auch die Schulbücher des tschechischen Pädagogen nun in den baltischen Ländern verbreitet. Die auf verschiedenen Studienreisen gesehenen Vorbilder bestätigten schon dem Studenten die Rückständigkeit der estnischen Volksbildung.

Wieder in der Heimat bemühte sich *Forselius,* die Bauernkinder seines Heimatortes nach der neuen Methode im Lesen zu unterrichten. Dabei stellte sich heraus, daß die bisherigen Schulbücher voller Mängel und für den Schulgebrauch sprachlich untauglich waren. Die beim Unterricht gemachten Beobachtungen erweckten im jungen Studenten den Wunsch, den Schulunterricht zu verbessern. Seine Bestrebungen fanden Widerhall beim Generalsuperintendenten *Johann Fischer* (dem Älteren), der durch die Schulen den protestantischen Glauben unter dem Landvolk festigen wollte. Auch wurde die Eröffnung der Schulen von der schwedischen Regierung unterstützt.

Forselius wurde das Angebot gemacht, in Riga ein neues ABC-Buch drucken zu lassen und sich in Tartu als Schullehrer zu betätigen. Der zukünftige Pädagoge sah ein, daß zuerst die veraltete Schreibweise verbessert werden mußte und daß man sie erst dann den Kindern lehren konnte. Daher begann er die Arbeit an einem neuen ABC-Buch. Die Rechtschreibung wurde der Umgangssprache der Bauern angepaßt, die fremdsprachlichen Buchstaben (c, f, q, z, y und x) wurden ausgelassen und auf das h als Verlängerungszeichen für die vorausgehenden Vokale wurde verzichtet. Das neue ABC-Buch erschien 1684, und zur gleichen Zeit wurde das von ihm gegründete Seminar eröffnet.

Indem *Forselius* in erster Linie die Lehrer ausbildete, machte er seine Arbeit anders, als es die bisherigen Gründer von Landschulen getan hatten. Das von *Forselius* geleitete Seminar arbeitete in den Jahren 1684 bis 1688. Zu den Schülern gehörten junge Männer aus allen est- und livländischen Kirchspielen. Der Lehrerberuf wurde im Laufe von zwei Jahren erlernt. Das erste Jahr diente dem Erlernen der Schriftkundigkeit und dem Kennenlernen der Begabungen der Schüler. Im Lehrplan des zweiten Jahres standen Fächer, die den Gesichtskreis erweiterten und den zukünftigen Lehrern notwendige Allgemeinkenntnisse vermittelten. Die für den Lehrerberuf unentbehrlichen praktischen Erfahrungen wurden bei der Arbeit mit Schülern des ersten Seminarjahres gesammelt. Dieses System, in dem die jüngeren für die älteren Schüler eine Art Übungsschule darstellten, ergab sich aus der Tatsache, daß Forselius die ganze Tätigkeit der Lehranstalt allein leitete. Daher ist es verständlich, daß im Laufe von vier Jahren insgesamt 160 Jungen ausgebildet wurden. Die Arbeit binnen zweier Jahre gestattete dem Leiter, die Vorteile der neuen Unterrichtsweise und der neuen Orthographie zu beweisen. Im Sommer 1686 fuhr *Forselius* zusammen mit zwei Schülern nach Stockholm, um sich eine gesetzliche Genehmigung für die geplanten Volksschulen zu verschaffen, die Gerüchte über die Lernunfähigkeit der Landbevölkerung zu widerlegen und die Vorzüge der Lehrbücher mit verbesserter Orthographie zu beweisen. Die Kenntnisse der beiden jungen Leute erregten in der Hauptstadt große Aufmerksamkeit, und so konnte *Forselius* sein Ziel erreichen.

Das Tartuer Seminar entwickelte sich zur ersten Lehranstalt für die aus Esten bestehende Landbevölkerung. In Tartu lernten die aus Südwestland stammenden begabtesten Bauernjungen, die den Wortschatz und die Dialekte der verschiedenen Kirchspiele mitgebracht hatten. In den nördlichen Kirchspielen des Landkreises Tartu gebrauchte man die Tallinner Mundart, in den mehr südlichen (der spätere Landkreis Voru ebenfalls inbegriffen) standen der Tartuer und der Voruer Dialekt im Vordergrund. Auf diese Art spielte das Seminar auch eine gewisse Rolle bei der Annäherung zwischen den Dialekten zwecks Vorbereitung einer einheitlichen Schriftsprache. Es ist anzunehmen, daß das Übersetzen und das Verfassen muttersprachlicher Verse zur Lerntätigkeit der begabtesten Schüler gehörten.

Das von *Forselius* gegründete Seminar schenkte der Landbevölkerung wohl einen kleinen, aber für die damalige Zeit gut vorbereiteten Lehrerstand (ca. 40–50), woraus sich die Voraussetzungen für die Entwicklung eines Schulnetzes im ganzen Land ergaben. Die meisten Gesinnungsgenossen von *Forselius* lebten in den südestnischen Kirchspielen. Die ersten Volksschulen wurden in der Umgebung von Tartu eröffnet. Im Winter 1686/87 begannen 11 Zöglinge von *Forselius* ihre Tätigkeit in den Schulen. Meistens lebten sie hier bloß während der Wintermonate und kehrten im Sommer wieder in ihre Heimatorte zurück. Als Ursache dieser mangelhaften Seßhaftigkeit galt der Umstand, daß nicht alle Kirchspiele junge Leute ins Tartuer Seminar geschickt hatten.

Forselius verstand, daß eine einzige Schule für alle in einem Kirchspiel lebenden Kinder nicht genügte. Um die Lesefähigkeit schneller zu verbreiten, empfahl er daher, auch Dorf- und Hofschulen zu gründen. Schon 1687 eröffnete man in den Kirchspielen Tartu-Maarja und Helme Hofschulen und im Kirchspiel Noo eine Dorfschule. Im Winter des nächsten Jahres unterrichteten Seminarabsolventen in beinahe allen südestnischen Landkreisen. Das Eröffnen der ersten Schulen wurde hier durch die Tatsache begünstigt, daß das Land den Gutsbesitzern vom Staat enteignet worden war. Im Gouvernement Estland aber waren dem größten Teil der Gutsbesitzer sowohl Grundeigentum als auch ehemalige Privilegien erhalten geblieben, weswegen das Schulnetz einstweilen noch unvollständig war. Die besten

Schulen wurden in Harju-Madise und Risti gebaut. Es war *Forselius* nämlich gelungen, den Schulen seines Geburtsortes staatliche Unterstützung zu verschaffen, und so entstanden an beiden Stellen Schulhäuser, die einen Schornstein, Fenster und zwei Stuben hatten.

Vor Beginn von *Forselius'* Tätigkeit fand in den wenigen vorhandenen Schulen bloß individueller Unterricht statt. Die Schüler kamen zu unterschiedlichen Zeiten und lernten aus verschiedenen Büchern. Ebenso wie *Komensky* verlangte auch er einen festen Schülerbestand. Damit der Lehrer mit allen Schülern gleichzeitig arbeiten konnte und die Schüler sich ihr Wissen mehr oder weniger gleichzeitig aneigneten, mußten die Kinder zur gleichen Zeit in der Schule eintreffen. Für jedes einzelne Fach mußte es ein eigenes Lehrbuch geben. Große Bedeutung wurde den Erklärungen des Lehrers und selbständigem Lesen beigemessen. Zu den ersten Aufgaben gehörte es, Interesse für den Schulunterricht zu wecken. Man erneuerte die Grundlagen der Schuldisziplin, verringerte die Zahl der Strafen und verzichtete auf körperliche Bestrafung.

Als weiteres Ziel sah das Schulprogramm von *Forselius* selbständiges Lesen der Schulbücher und selbständiges Schreiben vor. Im Mittelpunkt stand der Grundsatz, daß das Lernen in der Schule keinem Zwang zu unterliegen hat. Im Vergleich zur schweren Gutsarbeit sollte die Schule auch Zeitvertreib sein, wie es auch schon *Komensky* in seiner »Didactica magnas« dargestellt hat. Das Verhältnis zum Buch war ehrerbietig, die Lesefähigkeit hob das Selbstbewußtsein der Bauernkinder, spornte zum Lernen und später ebenfalls zum selbständigen Lesen an. Die in der Schule erzielten Resultate wurden den Einwohnern des ganzen Kirchspiels mitgeteilt, wobei die erfolgreichsten Kinder in der Schule vorlesen durften. Gerade letzteres galt für die schon Lesekundigen als große Anerkennung, und auch die Eltern wurden auf diese Weise angespornt, ihre Kinder zur Schule zu bringen.

Im November 1688, auf dem Rückweg aus Stockholm, wo man ihm das Recht verliehen hatte, die Volksschulen in Est- und Livland zu überprüfen, kam *Forselius* auf der stürmischen Ostsee ums Leben. Nach ihm wurden (bis zum 19. Jh.) in Seminaren keine Volksschullehrer mehr vorbereitet.

Im Jahre 1688, als das Lehrerseminar geschlossen wurde, gab es in Südestland 36 und in Nordestland 9 für die bäuerliche Bevölkerung vorgesehene Volksschulen. Im Laufe von nur ein paar Jahren wurde die Lesefähigkeit von etwa tausend jungen Leuten erworben. Da es in ganz Estland damals ungefähr dreihunderttausend Bauern gab, fehlte in den letzten Jahrzehnten des 17. Jh. selbstverständlich noch vielen Kindern die Möglichkeit zum Schulbesuch.

Die von *Forselius* begonnene Arbeit auf dem Gebiet der Spracherneuerung wurde von *Johann* und *Andreas Hornung*, *Andreas* und *Adrian Virginius* und vielen ihrer Gesinnungsgenossen fortgesetzt. Durch ihre Vermittlung wurde die Schriftsprache der Umgangssprache angepaßt, und es erschienen neue Werke, die Buchgelehrsamkeit unter das Volk brachten. Als Folge des

Nordischen Krieges und von Hunger und Pest erreichte die Volksbildung für einige Jahrzehnte einen völligen Tiefstand. So, wie in Westeuropa Komenskys Ideen in Vergessenheit gerieten, vergaß man auf estnischem Gebiet die Lehrmethoden von Forselius. Das größte Verdienst des anfänglichen Bauernschulnetzes besteht in der Verbreitung der durch häuslichen Unterricht erworbenen Schriftkundigkeit im ganzen Land.

Hamide und die Königskinder

Anna-Lena ist elf und besucht die sechste Klasse eines Hamburger Gymnasiums. Im Musikunterricht besprachen sie das Lied »Es waren zwei Königskinder«. (Die Ballade geht auf den altgriechischen Sagenstoff von Hero und Leander zurück und wurde 1819 von *Hoffmann von Fallersleben* aufgezeichnet.) Um den verborgenen Gehalt dieses alten Liedes zu vergegenwärtigen, stellte die Lehrerin die Aufgabe, den alten Text in eine moderne Version umzuschreiben. Hier 4 der 17 Strophen des alten Textes.

Es waren zwei Königskinder,
die hatten einander so lieb,
sie konnten zusammen nicht kommen,
:das Wasser war viel zu tief:.

Ach Schätzchen, könntest du schwimmen,
so schwimm doch herüber zu mir!
Drei Kerzlein will ich anzünden,
:und die sollen leuchten dir:.

Er warf das Netz ins Wasser,
es ging bis auf den Grund;
der erste Fisch, den er fischte,
:das war des Königes Sohn:.

Da hört man Glöcklein läuten,
da hört man Jammer und Not;
hier liegen zwei Königskinder,
:die sind alle beide tot:.

Anna-Lena hatte gerade das Pocket-Buch »Hamide spielt Hamide« von *Anneliese Schwarz* gelesen. Das Buch erzählt die Geschichte eines türkischen Mädchens, das eine Außenseiterrolle in der Klasse hat. Die Lehrerin in der Geschichte schlägt daraufhin vor, ein Theaterstück in der Klasse zu entwickeln, das Probleme von Türken und Deutschen zum Thema hat. Die Zusammenarbeit an diesem Thema führt im Buch dazu, daß Freundschaften entstehen und sich vertiefen. Doch gerade als Hamide sich in der Fremde zurechtgefunden hat, schicken ihre Eltern sie zurück in die Türkei, damit sie dort heiratet.
Der folgende Text ist die Bearbeitung der alten Ballade durch Anna-Lena:

Es ist Pause.
In der 5. Klasse ist große Aufregung. Morgen ist Fasching. Laute Stimmen klingen durch die Halle: »*Was ziehe ich bloß an?*« »*Was ziehst du an?*« »*Ich gehe als Rocker.*« »*Ich als Karate-Tiger.*« *Alle sind laut. Nur zwei sind leise: Hamide, ein türkisches Mädchen, und Jürgen. Beide werden nicht zu Fasching gehen, Hamide, weil ihr Vater es nicht erlaubt, Jürgen, weil seine*

Eltern kein Geld für ein neues Kostüm haben. Und soll er als Prinz wie im letzten Jahr gehen? Nein das geht nicht, da lachen ihn ja alle aus. Jürgen guckt sich um, alle reden und lachen – nein, nicht alle. Da drüben steht Hamide und weint. Was ist bloß mit ihr los? So ein hübsches Mädchen wird in ihrem Kostüm wunderhübsch aussehen. Ach, wenn er doch bloß zum Fasching gehen könnte. Er mag sie.

Es ist Fasching.
Alle feiern und sind froh. Hamide geht durch die Straßen. Sie denkt an Jürgen. Sie mag ihn. Ist da vorne nicht Jürgen? Ja, er ist es. Was macht er denn hier? Wer ist denn das? Ein großer Typ in Lederklamotten. Hamide versteckt sich in einem Hauseingang. Da schlägt der große Typ Jürgen. Jürgen schüttelt den Kopf und sagt laut: »Nein!« Jetzt boxt der Typ Jürgen in den Bauch. Jürgen krümmt sich vor Schmerzen. Ein kurzer Schlag auf den Hinterkopf und Jürgen liegt bewußtlos auf dem Pflaster. Der Große fährt mit seinem Motorrad weg. Hamide rennt zu Jürgen hin. Er atmet nur noch schwach. Da kommt ein Mann. Hamide läuft zu ihm hin: »Schnell, ein Krankenwagen!« Als der Krankenwagen eintrifft ist, Hamide verschwunden. Auf dem Weg ins Krankenhaus stirbt Jürgen.
Hamide ist zu Hause. Ihr Vater empfängt sie mit der Nachricht: »Du fährst sofort zurück in die Türkei! Die Koffer sind schon gepackt.«

Als die große Schwester von Anna-Lena diesen Text im Seminar vorlas, waren wir alle beeindruckt. Die Klarheit des Ausdrucks, die tiefe Traurigkeit – oder ist das Realismus? – Dies schreibt ein elfjähriges Mädchen.
Aber warum muß sie Jürgen gleich sterben lassen? –
Daß die Königskinder beide sterben, war uns offenbar nicht so nahegegangen. Sie sind weit weg.
Der Vater schickt Hamide in die Türkei zurück. Wie ist das zu verstehen? Wie versteht Anna-Lena das?
Haben wir Antworten auf diese Fragen? Und auf die anderen, die dahinterstehen?

Heiko Balhorn

Michael Stuewer
Schreiben ist im Gefängnis nicht möglich, denn es könnte zum Ausbruch führen
Eine autobiographische Betrachtung des Schriftspracherwerbsprozesses

Lange Zeit war ich fest davon überzeugt, daß Lesen und Schreiben kein Problem für mich seien. Als die Zeugnisse im Winter der 4. Klasse vom Lehrer vorgelesen wurden, merkte ich, daß andere dies nicht so sahen, denn dort stand geschrieben:
»M. hat eine Schreibleseschwäche, die zu mangelhaften Leistungen im Lesen, in der Rechtschreibung und Langsamkeit bei schriftlichen Arbeiten geführt hat.«
Dieses führte zu zweierlei Reaktionen:
1. Die Klasse platzte vor Lachen, was mich vermuten ließ, daß die Neuigkeit für meine Klasse nicht allzu neu war.
2. Ich hab den Satz nicht recht verstanden. Was ich empfand, war, daß eine große Ungerechtigkeit geschah. Und ich war äußerst wütend.

Rückblick auf die Zeit der 1.–3. Klasse:
Der Fibelunterricht begann mit »wau wau, miau, ia« und »kikeriki«. Dabei konnte ich Tierstimmen viel genauer imitieren. Besondes stolz war ich auf mein Krähen. Auf dem Schulweg krähte ich aus Leibeskräften, voller Verachtung für das unmusikalische »kikeriki«.
Ich merkte mir die vier Wörter anhand ihrer Struktur:

—— —— (2mal mittellang) = Bellen des Hundes; soll klingen: »wau wau«
—i— (mittellang mit Strich-Punkt in der Mitte) = Katze; soll klingen: »miau«
XX (das ganz kurze) = Geräusch des Esels; soll klingen: »i a«
XxXxxxXx (das lange mit hohen) = Krähen des Hahns; soll klingen: »kikeriki«

Diese Fibel-»Wörter« waren mindestens zwei Wochen Unterrichtsgegenstand. Ich konnte sie perfekt lesen.

Wir sollten dann die einzelnen Buchstaben kennenlernen, indem wir Bilder von solchen Gegenständen unter die vom Lehrer schon geschriebenen Buchstaben in unsere Schreibhefte malten, von denen bekannt wurde, daß sie mit demselben Buchstaben beginnen. Es war keine leichte Aufgabe, zu gesicherten Erkenntnissen zu gelangen. So fragte ich den Lehrer: »Fängt Apfelsine auch mit A an?« Worauf er meinte zu helfen, indem er sagte: »Mal sie lieber unter O, wie Orange!« Es erstaunte und verwirrte mich auch, daß das Alphabet so viele Buchstaben hatte.

Zwischendurch wurden immer wieder Schönschreibübungen gemacht: seitenweise Schlaufen in mannigfaltigen Variationen. Ich machte brav mit, sah aber keinen Zusammenhang zum Lesen und Schreiben, sondern ich hielt diese Tätigkeit für eine schulische Malübung.

Es kam ein Tag, an dem ein Mädchen einen unbekannten Text über einen Kran souverän vorlas. Ich kam aus dem Staunen nicht heraus und erst recht nicht, als sie stolz und gleichzeitig gelangweilt berichtete, sie hätte schon die ganze Fibel gelesen. Dies war mir absolut unerklärlich.

Doch es gab keinen Grund für mich, mit mir unzufrieden zu sein. Ich mußte nur geübte Texte vorlesen. In meinem ersten Zeugnis stand:

»M. liest gut, ausdrucksvoll und genau. Das Schreiben fällt ihm nicht so leicht. Er gibt sich aber Mühe, und seine Schrift ist gut lesbar.«

Was will man mehr?! Ich war stolz, und meine Mutter mußte es mir immer wieder vorlesen.

Gegen Ende der 1. Klasse formierte sich massiver Widerstand der Eltern gegen den Klassenlehrer. Der Schulleiter bat die Eltern jedoch, noch zwei Jahre auszuhalten, weil der Lehrer noch diese Zeit kontinuierlichen Unterrichtens brauche, um zur 2. Staatsprüfung zugelassen zu werden, wo er dann mit größter Wahrscheinlichkeit durchfallen würde. Würde er versetzt, wäre er zwar woanders, aber um so länger im Schuldienst. Diese Schuld wollten die Eltern dann doch nicht auf sich nehmen und akzeptierten den Vorschlag des Schulleiters.

Die Eltern entschlossen sich daraufhin, den Lehrer zu fördern. Sein Hauptproblem war, daß ihm nicht einfiel, was er mit seiner Klasse machen könne. Meine Mutter, gelernte Kindergärtnerin, konnte ihm Anregungen geben. Sehr schnell kam es so, daß sie die »Förderung« allein bestritt. Ich erfuhr nichts von der Meinung der Elternschaft über den Lehrer und auch nichts von den Bemühungen meiner Mutter, den Unterricht durch Beratung des Lehrers zu verbessern.

Eines Tages war ich begeistert über ein neues Thema: »der Unterschied von Salz und Zucker«. Der Lehrer war wohl auch begeistert und kniete sich in die Sache. Salz und Zucker wurden ein halbes Jahr lang Unterrichtsgegenstand. Das war dann doch arg lang(weilig).

Die Idee des Themas Salz und Zucker kam von meiner Mutter, denn ich hatte sie nach dem visuellen Unterschied gefragt, um mich nicht beim Naschen auf die Beschriftung der Gläser stützen zu müssen. (Ich sagte ihr natürlich diese Begründung nicht.) Deswegen war ich zu Beginn der neuen Unterrichtseinheit auch so begeistert, aber am Ende wußte ich auch nur soviel wie zuvor: Probieren geht über Studieren.

Ich erinnere mich aber auch noch an eine Deutschstunde, die ich als »Sternstunde« empfand. In dieser ging es um den Unterschied zwischen mutig und tapfer. Es war äußerst schwierig, aber hochinteressant, den Spracherfahrungsschatz auf solche Feinheiten hin zu untersuchen. Stolz war ich, daß ich am Ende mehr wußte als der Zahnarzt und andere Erwachsene, die zu sagen pflegten: »Kind, sei tapfer!«

Ich konnte nicht synthetisieren. Das heißt, ich hielt mich an den einzelnen Buchstaben auf und bekam diese nur schwer in Verbindung. Der Sinn der Wörter blieb mir beim erstmaligen Lesen eines Textes meist verborgen. In der Schule war das aber kein Problem, weil dort Lesen und geübtes Lesen als dasselbe betrachtet wurden. So schulte ich mein Gedächtnis und kam gut zurecht.

Ich interessierte mich nur für Sachbücher (z. B. »Was ist was« und Tierbücher) und ließ sie mir vorlesen (Autoquartetts las ich selbständig). Wenn ich mir allein ein Buch vornahm, besah ich mir immer die Bilder. Manchmal entzifferte ich auch die zwei Zeilen darunter oder Teile davon, und mir war das Vorgelesene wieder präsent. Was ich einmal gehört hatte, behielt ich, konnte mich mit Hilfe der Bilder daran erinnern. Bücher ohne Bilder interessierten mich nicht. Aber auch reine Bilderbücher und Quartetts ohne technische Daten fand ich uninteressant. Das heißt, ich nutzte schon die Schrift, nur nicht auf die vorgesehene Art und Weise.

Suspekt waren mir Geschichten für Kinder, ich wollte davon nichts wissen, weil sie von Erwachsenen für Kinder geschrieben waren und Erwachsene selbst nicht zu interessieren schienen. Ich hatte den Eindruck, daß diese Geschichten nicht einfach nur das kindliche Herz erfreuen sollten, sondern daß Erwachsene ihre Erwartungen, wie ich sein oder bleiben sollte, durch diese Geschichten schimmern lassen wollten, mir durch sie etwas beigepult werden sollte, was nicht ausdrücklich gesagt wird.

In der letzten Schulwoche der 3. Klasse erfuhr ich dann von meinen Eltern, daß der Lehrer eine Niete sei.

Anfang der 4. Klasse bekamen wir einen neuen Lehrer, der uns gleich als erstes »die Rechtschreibregeln« gab.

… Tuwort, daß …   … so, daß …
Wenn ein Mitlaut zwischen zwei Selbstlauten steht
und der erste davon kurz ist, so wird der Mitlaut verdoppelt.
Nach l, n, r, das merke ja, folgt nie tz und nie ck …

Und er gab uns Listen mit Wörtern, die mit V beginnen, die mit X geschrieben werden, Listen mit ai, aa, ee, oo, …

Ich war froh über diese Hilfen, weil nun Rechtschreibung nicht mehr bloße »Willkür« war, denn die roten Markierungen in und um meine Texte kamen nicht mehr aus dem luftleeren Raum der Beliebigkeit, sondern sie waren zum größten Teil nachvollziehbar. Ich hatte plötzlich Aha- und Ach-ja-Erlebnisse. Ich fand mit Hilfe der Merksätze immer häufiger selbst heraus, ob ich etwas richtig oder falsch geschrieben hatte. Und ich gewöhnte mich daran und kam immer besser damit klar, daß nicht mehr nur geübte Texte gelesen und geschrieben wurden. Ich erkannte, daß die Strategie des Auswendigkönnens mit gestiegenem Anspruch nicht mehr ausreichte, und die

Handhabung der Merksätze des Lehrers fiel mir immer leichter. Und dann das: Schreibleseschwäche und Fünfen im Lesen und Rechtschreiben (vorher hatte ich immer Dreien).

Hier schienen meine Eltern schon Bescheid zu wissen. Sie nannten das Phänomen Legasthenie und erklärten mir das mit einem Vergleich:

»O. hat eine spastische Lähmung und muß Bewegungen üben. Du bist Legastheniker und mußt Lesen und Schreiben üben.«

Ich sollte also üben. Nun gut. Aber der Vergleich mit meinem Freund O. war mir ein Rätsel, denn O. übte nicht, sondern er lebte bis an den Rand seiner Möglichkeiten, kletterte auf Berge, spielte Fußball und versuchte, sich zu artikulieren. Es war aber klar, daß diese Krankheit durch das, was meine Eltern Üben nannten, nicht überwunden werden konnte. Es ging ihm vielmehr darum, (zu lernen,) möglichst gut mit der Krankheit zu leben.

Bis dato lebte ich aber hervorragend. Und was sollte ich tun gegen diese »Krankheit«? – (Legasthenie hörte sich an wie Leukämie oder Allergie.) Ich übte und übte, aber Erfolgserlebnisse hatte ich nicht. Es war Schinderei und Frust. Inhalte waren unwesentlich, als wesentlich wurden die Fehler erachtet. Und jeder Fehler bestätigte, daß ich »krank« war.

Ich stellte mir vor, daß es vielleicht gut sei, wenn ich mich operieren ließe, daß jemand nachguckt, was in meinem Kopf falsch ist, und daß dann der Schaden behoben würde.

Man war reichlich ratlos, was mit mir nach der 4. Klasse geschehen sollte. In den übrigen Fächern war ich gut. Man entschied, mich in der Hauptschule zu lassen, um dann ein Jahr später zu sehen, ob man mir den Übergang zur Fünften des Gymnasiums zutrauen werde.

Als ich in der 5. Klasse der Hauptschule war, ging meine Mutter mit mir ins Krankenhaus zu einem Psychiater. Ich dachte, meine Träume würden wahr, er schaut nach und richtet den Fehler im Kopf. Ich war voller Angst und Zuversicht.

Aber er machte einen Test mit mir. Er bescheinigte meinen Eltern, ich hätte eine »leistungsneurotische Verunsicherung bei unzureichend überwundener LRS«. Diese wiederum erklärten mir das Ergebnis, indem sie mir sagten, ich hätte eine bescheinigte Legasthenie, deshalb müßten mich die Lehrer eigentlich schonen (insbesondere mit Noten verschonen).

Zum Abschied sagte mir der Psychiater, so wie ein verletzter Sportler müsse auch ich üben: über lange Zeit, immer wieder, immer kleine Portionen. Zum Üben bekam ich einen Kassettenrecorder (als Vorlesepartner) »verschrieben«. Nun hörte ich das Elend selbst. Mehr als dreimal werde ich wohl nicht damit geübt haben. (Viel besser fand ich es, Hörspiele mit Freunden und viel Radau zu produzieren.)

Ich hab die Erfahrung gemacht, daß hilflose, diagnostisch anmutende Benennungen wie »Legasthenie« eine eigene, sich selbst verstärkende Dynamik entwickeln, nicht weiterhelfen, nicht hinausführen, sondern Tatsachen schaffen, eher bei der Selektion als bei der Qualifikation helfen. Dann kam ich doch trotz großer Bedenken auf das Gymnasium.

Ich war stolz wie ein Schneekönig.

Gleich in der ersten Woche geschah etwas Merkwürdiges: Plötzlich konnte ich schnell laufen, war gelenkig und flink. Zuvor hatte ich immer gedacht, ich müsse viele kleine Schritte machen, damit ich schnell sei (wie im Zeichentrickfilm). Ein Knoten hatte sich gelöst, und ich hatte eine ganz andere Körperkontrolle und -wahrnehmung.

In Klasse 7 oder 8 wurde in Hamburg nach LRS/Legasthenie-Jugendlichen gesucht, die man speziell fördern und von Noten befreien wollte. Im Vorwege ging der Deutschlehrer mit mir schonend um und gab mir Dreien und Vieren in Diktaten. In dieser Zeit war ich relativ locker und machte auch tatsächlich weniger Fehler.

Der Prüfer war ein netter, gelassener Mensch. Folge: Ich machte einen Fehler zuwenig, um professionell gefördert zu werden. Es ist schon merkwürdig, daß ich da, wo es auf Richtigkeit ankam (z. B. in Diktaten), mehr Fehler machte als da, wo auch Fehler positive Konsequenzen hatten.

Ich erfuhr, daß ich »durch den Test gefallen« war, dadurch, daß wieder eine 6 unter dem Diktat erschien, und zwar diesmal in ungewohnter Größe: über vier Zeilen.

Abwechselnd befanden es die Deutsch-, Englisch- und Lateinlehrer für besser, ich ginge auf die Realschule, und versuchten, meine Eltern davon zu überzeugen.

Ich war froh darüber, daß sich meine Eltern nicht überzeugen ließen, und mich beglückte zu sehen, wie stolz sie darauf waren, daß ich auf das Gymnasium ging und daß man mich nicht wegen schlechter Noten von der Schule schicken konnte, denn ich war mündlich in den sprachlichen Fächern und auch bei schriftlichen Arbeiten in den anderen Fächern einigermaßen gut.

Während einer Konfirmandenfreizeit hörten wir Momo von Michael Ende auf drei Kassetten. Ich war äußerst fasziniert von dieser Geschichte, denn hier wurde ein Kind dargestellt, das nicht einfach nur brav, niedlich und lieb war, um geliebt zu werden, sondern es war kompetent, Probleme zu lösen, die Erwachsene nicht einmal sahen. Das war mir absolut unbekannt. Ich wußte dies nicht mit dem in Einklang zu bringen, was ich darüber wußte, wie Kinder sind und sein müssen. Und es war mir unerklärlich, wieso ein Erwachsener uns eine solche Geschichte zu hören anbot.

Meine Mutter hatte schon vor langer Zeit behauptet, daß Verfilmungen von Büchern ganz anders seien als diese selbst. Waren vielleicht auch diese Kassetten verfälscht? War das Buch vielleicht besser, genauer oder aufschlußreicher?

Diese Fragen rumorten in mir, und es wurmte mich, daß ich die Geschichte, die ich so liebte, nicht sicher verstand.

Ich bin oft in den Buchladen gegangen und hab mir das Buch angesehen. Ich fand, daß das Buch unglaublich liebevoll gestaltet war, in einem freundlichen Braun gedruckt und mit wunderschönen Zeichnungen. Dagegen waren die Kassetten ein müder Abklatsch. Etwa ein halbes Jahr später bin ich dann in den Buchladen gegangen und hab es mir gekauft.

Rückblende:
Ich wuchs auf mit Eltern, Großmutter und einem jüngeren Bruder. Das Haus »besaß« meine Großmutter. Meine Eltern wollten zwar manchmal ausziehen, aber sie waren nicht in der Lage, diesen Wunsch gegen meine Großmutter durchzusetzen.

Meine Großmutter war die mächtigste Person im Haus. Meine Mutter hielt manchmal dagegen, was dadurch zu merken war, daß mal wieder irgendwo Tassen zerschellten. Und mein Vater war der sanftmütige »Schwammdrüber«.

Nun, das größte Problem meiner Großmutter (und meines mit ihr?) war ihre Liebesbedürftigkeit: »Hast du mich auch lieb?« oder »Hast du mich auch genauso lieb wie Mami?« Und besonders nach Geschenken: »Hast du mich auch lieber als Mami?« Ich wußte genau, was sie erwartete und was ich zu antworten hatte, aber mir war nicht wohl dabei. Ich dachte nie von mir aus über solche Fragen nach. Ich hatte kein Interesse an einer Skala der Anhänglichkeitsintensität. Ich mochte sie, das irgendwie schon, aber eine derart schwammige Antwort war mir nicht möglich, weil ich die unvermeidlich darauf folgende, zermürbende und endlose Auseinandersetzung fürchtete. Aber ich wollte auch nicht meine Mutter verraten. Außerdem traute ich meiner Großmutter zu, daß sie es brühwarm meiner Mutter weitergeben würde, wenn ich unsinnigerweise bestätigte, daß ich sie lieber hätte. Da hätte ich dann endgültig nicht mehr weiter gewußt.

Was macht man da? Ich zögerte lange, bis ich »ja« sagte. Oder ich tat so, als hätte ich die Frage nicht gehört. Oder ich murmelte undeutlich.

Aber sie war nie zufrieden, schien mir nicht zu glauben, fragte immer wieder, wollte es immer wieder hören.

Meine Eltern teilten ihre Schwierigkeiten nicht mit. Sie hatten den Wunsch, uns (meinen Bruder und mich) von ihren Problemen fernzuhalten. So dachte ich, es sei alles in Ordnung. Die Möglichkeit, über Schwierigkeiten zu reden und gemeinsam Lösungen zu finden, blieb mir unbekannt. Wie hätten sie mir auch helfen können, sie wußten ja sich selbst nicht zu helfen.

Sie wollten sich auch nicht helfen lassen, jedenfalls nicht von mir. So wollte ich ihnen angesichts größerer finanzieller Schwierigkeiten eine Mark (das war mehr als ein Spielzeugauto, und ich hatte intensiv mit mir gerungen) schenken. Sie fanden die Idee wohl rührend, aber sie haben es ohne Gegenvorschlag (z. B., daß sie mir die Mark zurückgeben würden, oder daß ich dafür aber die Apollo-Flüge im Fernsehen verfolgen dürfe) abgelehnt.

Es war ihnen ein Bedürfnis, niemandem zur Last zu fallen, ein harmonisches

Leben ohne Probleme zu führen und immer ehrlich zu sein. Das bedeutete, bei Problemen zu schweigen.

Probleme und Krisen waren keine gerngesehenen »Gäste« meiner Familie, denn sie störten das Sicherheitsbedürfnis empfindlich. Man verlor sich entweder in nicht befriedigender, aufreibender und quälender Schuldsuche, oder es wurden blitzschnell Aktionen gestartet, die nicht unbedingt im Sinne des Hilfe- oder Ratsuchenden waren, um das Problem möglichst schnell vom Tisch zu haben. Auf diese Art ging keiner gestärkt aus Krisen hervor, sondern alle Beteiligten fühlten sich erholungsbedürftig.

Das bedeutete, daß es mir immer lohnender zu sein schien, Probleme zu verschweigen.

Den Entschluß zu schweigen fällte ich aber nicht derart bewußt begründet, sondern auf Grund eines Traums im Vorschulalter.

In diesem Traum machte die ganze Familie einen Ausflug mit Picknick an einen Baggersee. Ich machte mich auf, schlenderte um den See, sammelte hübsche Steine und war selbstversunken damit beschäftigt herauszufinden, was alles unter dem Kies lebt, während die anderen auf der grünen Decke mit dem Geschirr sitzen blieben. Als ich genau am gegenüberliegenden Ufer angekommen war, brachen sie plötzlich auf, packten zusammen und fuhren ab. Sie taten all dies, ohne zu mir herüberzusehen. Ich schrie, aber sie hörten mich nicht. Ich rannte, aber der Weg war zu weit. Sie waren weg. Ich wußte nicht mehr den Weg nach Hause. So marschierte ich über die Felder in irgendeine Richtung. Als es dämmerte, suchte ich mir einen Platz zum Schlafen in einem Straßengraben. Die Polizei fand mich und brachte mich vor unsere Haustür. Wir klingelten. Die Polizisten standen hinter mir. Meine Großmutter öffnete. Hinter ihr standen meine Mutter und etwas versetzt dahinter mein Vater (Aufstellung nach Rangordnung). Die Großmutter sagte: »Der gehört nicht zu uns.« Weiter wurde nichts gesagt, auch von meinen Eltern nicht. Die Polizisten drehten mich um, es war mir klar, daß ich jetzt ins Gefängnis komme. Wir gingen ein paar Schritte die Treppe hinunter – da wachte ich auf. Ich wußte nicht, ob es wahr war oder nur ein Traum. Ich wußte nicht, was ich falsch gemacht hatte. Ich wußte nicht, welcher Tatbestand dazu geführt hatte, daß ich im Gefängnis landete. Aber der Traum erschien mir logisch und schlüssig auch in seiner Konsequenz. Denn das, was Mächtige sagten, erschien mir unumstößlich.

Von dem Traum erzählte ich niemandem. Ich hatte ungeheure Angst vor dem Gefängnis und wurde Erwachsenen gegenüber unsicher. Ich bemühte mich, ja alles recht zu machen, doch was recht war, wußte ich nie so genau. Da tat ich lieber nichts, wurde passiv, das schien mir die beste Art zu sein, keinen Fehler zu machen. Ich war brav und still (ich flüsterte viel), kurzum: Ich war ein ausgesprochen liebes Kind. (Mein Bruder hatte eine andere Strategie entwickelt, er war aktiv, reihte einen Scherz an den anderen und wurde »der Sonnenschein der Familie« genannt.)

Doch nun zurück zu Momo: Sie kann weder schreiben noch rechnen, sie ist lieb, nett und still (sie ist Zuhörerin) und hat keine Eltern.
Aber sie ist anders, als ich es war. Und sie ist auch nicht so, wie ich ohne Eltern zu sein fürchtete. Ihr Stillsein und Zuhören hilft anderen, sich auszusprechen und Probleme zu bewältigen. Sie trifft souveräne Entscheidungen. Sie ist ohne Eltern nicht im Gefängnis, sondern unter Menschen, die ein »freiwilliges soziales Netz« bilden und die den anderen und seine Qualitäten achten. Und Momo kämpft gegen eine scheinbar unüberwindliche Übermacht.
Wahrscheinlich wurde ich durch die Lektüre des Buches risikofreudiger, aufmüpfiger, frecher, denn ich glaubte, eine Möglichkeit gefunden zu haben, die Gefahr des Gefängnisses umgehen zu können: Ich müßte es nur im Falle eines Falles schaffen, nach Italien zu kommen. In Italien lebte *Michael Ende,* der mußte es ja wissen, daß Kinder und Jugendliche dort nicht im Gefängnis oder Heim landen, wenn er die Geschichte dort spielen ließ.
Es ist schwer, Genaues über Ursache und Wirkung zu sagen, doch so viel ist sicher: Zwei Monate, nachdem ich das Buch kaufte, entschlossen sich meine Eltern auszuziehen. Anlaß des Streites, der zum Bruch führte, war, daß ich meine Freunde zusammentrommelte, um meine Großmutter bis aufs Fleisch zu nerven. Unerwarteterweise hielten meine Eltern bei dem unvermeidlichen Trara zu mir und verteidigten mich wutentbrannt: »Aber die Kinder können auch nie hier spielen!«
Ich nehme an, daß meine Pubertät und ein Hauch von Ablösung meine Eltern auf das Problem ihrer eigenen, nicht vollzogenen Ablösung stießen.

Ich ging in eine Jugendgruppe, in die jeder mal einen Text mitbrachte, um sich darüber auszutauschen.
Ich besorgte mir diejenigen Bücher, die mir neue Perspektiven von Menschlichkeit und Entwicklung zeigten: Der kleine Prinz von *A. de Saint-Exupéry,* Biographien von Künstlern, Siddhartha von *H. Hesse,* Die Gute Nachricht, Indianertexte, *M. Frisch, S. Zweig, …*
Es erleichterte mir das Lesen, daß ich die Texte schon vom Vorlesen her, zumindest teilweise, kannte (wie bei Momo auch). Die Bücher nahm ich mir nicht mehr vor, um mir den Inhalt zu vergegenwärtigen, sondern um neue Entdeckungen zu machen. (Das Lesen war kein Üben mehr, ich las und las, zwar langsam, und die Langsamkeit nervte, aber dafür vergaß ich nicht so schnell, was ich gelesen hatte.)
Durch die Jugendgruppe lernte ich eine mir neue Art des Lesens kennen. Es wurde nicht gelesen, um lesen zu lernen oder weil es verlangt wurde, sondern wir trafen uns freiwillig und lasen einen Text, um Gespräche (produktive Prozesse) zu eröffnen über Fragen, die uns wichtig waren, über uns selbst und den Inhalt des Textes.
Wenn ein Buch oder Text in der Gruppe thematisiert wurde, mit dem jemand nichts anzufangen wußte, so wurde dies nicht bewertet, denn es war nicht

Ziel der Gruppe, einer Meinung zu sein, sondern das Ziel war, einen Raum der Toleranz, der Entwicklung und der Selbsterkenntnis zu schaffen. Das schließt aus, einander zu bewerten. Ich hatte die freie Wahl, zu lesen, was ich wollte. Der einzige Anspruch an die Gruppenteilnehmer war, die Treffen mitzugestalten. Auch ich bemühte mich darum, Texte, Fragen und Gedanken der Gruppe mitzubringen.

Das Lesen hatte einen Sinn für mich bekommen.

Originell ist, daß die Orthographie in der Oberstufe nur noch Thema für den Kunstlehrer war, der meinte, es müsse unbedingt Punktabzüge für mangelhafte Rechtschreibung geben. Das machte mich doch reichlich nervös, denn ich sah schon beim Schreiben ständig die roten Markierungen und das Urteil vor meinem geistigen Auge. Ansonsten las ich zwar noch immer langsamer als andere, kompensierte dies aber dadurch, daß ich im Gedächtnis behielt, was ich gehört oder gelesen hatte. So brauchte ich mich für Klassenarbeiten nur selten ein wenig vorzubereiten, und dies eigentlich auch nur, um die Aufregung davor zu bekämpfen.

Das langsame Schreiben versuchte ich auch weiterhin, durch kurze, präzise Sätze zu kompensieren.

»Wirklich« schreiben und lesen gelernt zu haben verdanke ich dem Zufall (oder war es fällig?), daß sich meine Frau von mir trennte. Ich kämpfte dagegen an, wie ich nur konnte. Aber als sie dann tatsächlich ging, war auf einmal das Gefühl, »im Gefängnis zu sein«, real. Das, was ich immer gefürchtet hatte, war geschehen. Nur: es war ganz anders, es tat zwar weh, aber es war ein Gefühl der Befreiung. Ich mußte wohl die ganze Zeit zuvor im Gefängnis gewesen sein und nur den Ausbruch gefürchtet haben.

Plötzlich war ich ungeahnt aktiv und souverän in meinen Entscheidungen. Es war mir ohne Anstrengung in jedem Moment klar, was ich wollte, was ich mir Gutes tun konnte, worauf ich Appetit hatte. Es gab kein permanentes Abwägen und Auf-Entscheidungen-von-anderen-Warten mehr. Das Lebensmodell, es immer recht zu machen, hatte endgültig und kläglich versagt. Und im selben Moment veränderte sich schlagartig mein Verhältnis zur Schrift. Ich beobachtete ein mir bis dahin völlig unbekanntes Phänomen: Plötzlich hatte ich irgendein Wort im Kopf und wußte nicht, wie ich darauf gekommen war (z. B. Harvestehuder Studentenorchester). Ich suchte dann die Plakatwände und Litfaßsäulen ab und fand es dann auch dort.

Und ich träumte nicht mehr nur in der Art des In-filmische-Ereignisse-involviert-Seins, sondern manchmal las ich auch hell leuchtende Wörter, die rasend schnell aus der Ferne auf mich zublitzten und an mir vorbeisausten (so ähnlich stelle ich mir unterschwellige Kinowerbung vor). Ich finde auch im Traum, in den unmöglichsten Situationen, Bücher, die ich dann lese.

Die blockierende »Schutzvorrichtung«, deren Aufgabe darin bestand, daß nicht gelesen und selbständig entschieden wurde, mußte nicht mehr mühevoll überwunden werden. Sie war schlicht nicht mehr nötig, hatte ihren

Geist/Ungeist aufgegeben. – Ich habe erfahren, daß Schriftsprach- und Entscheidungskompetenz miteinander in Beziehung stehen, einander bedingen.

Immer wenn ich auf einem der beiden Gebiete Fortschritte machte, folgten bald auch Fortschritte auf dem jeweils anderen Gebiet, oder sie erfolgten gleichzeitig, »auf einen Schlag«.

Ein Kind, das häufig genug hört: »Das kannst du nicht!«, verliert das Selbstvertrauen und damit auch den Mut, unbekannte Wege zu gehen. Es ist ein leichtes, kleine, bei Fortschritten quasi unvermeidlich auftretende Fehler wortgewaltig als Supergau darzustellen und damit die Fortschritte für gescheitert zu erklären. Dieses Kind wird sich immer seltener etwas Neues zutrauen und Angst davor entwickeln, sich zu entscheiden, sich auszuprobieren, sich Unbekanntem zu nähern. Die einzig mögliche Art, nicht zu scheitern und Anerkennung zu finden, ist dann, sich nicht zu entwickeln, so zu bleiben, wie man ist, und lediglich Anweisungen zu befolgen. So ein Kind versucht, bedürftige Erwachsene zufriedenzustellen. Es fällt diesen nicht unangenehm auf, es macht keinen Ärger. Man kann sich liebevoll um so ein Kind kümmern und es stolz vorzeigen.

Das Kind lernt die Attraktivität von Problemen nicht kennen. Es hat vielmehr ein Problem, das es nicht lösen kann, weil es das Problem nicht sieht, denn das Fremdurteil ist zum Selbstverständnis geworden.

(Nebenbei: Ich stelle hier nur die leise, schüchterne und passive Erscheinungsform der Entscheidungsinkompetenz dar. Es gibt aber, so scheint mir, auch die laute, ungehemmte und äußerst aktive Erscheinungsform der Entscheidungsinkompetenz, z. B. bei Menschen, die ständig hören: »Du störst!« Ihre Lebensbasis und ihr Selbstverständnis ist: »Ich bin zur falschen Zeit, am falschen Ort geboren« oder »Ich bin der Falsche«. Vor lauter Handeln kommen sie nicht zu Entscheidungen, oder anders ausgedrückt: Das Handeln entscheidet/bestimmt sie.)

Wenn das Kind aber doch vage spürt, daß da etwas nicht stimmt, oder es sich einfach nur unwohl fühlt in seiner Haut, weiß es nicht, wie es dies ändern kann. Wie artikuliert man, daß man sich in der einzig bekannten Normalität nicht wohl fühlt, wenn diese Normalität die Bedürfnisse der Menschen erfüllt, auf die man angewiesen ist?

Die Angst vor unbekannten Schritten, Veränderung und Ablehnung läßt dann nur noch eine Möglichkeit offen: sich einer Selbstzensur zu unterwerfen.

Für so einen Menschen ist auch der Umgang mit Schrift von derselben Angst gekennzeichnet, sowohl die Orthographie als auch die Inhalte betreffend.

Schriftsprache ist das Instrument des Fortschritts.

In Texten werden Entwicklungen von einzelnen, von Gruppen und Kulturen sowie Lösungen von Problemen und Schwierigkeiten vielfältig beschrieben, ergründet und angeboten. Es wird beim Lesen deutlich, daß man sein Leben gestalten kann, daß in Übergangszeiten keiner weiß, was bleibt und was nicht mehr lange geht, und daß potenziell immer Übergangszeit ist (für Menschen, die intensiv mit Schrift umgehen?). Literatur lädt ein, sich auf Experimente einzulassen, das Ungeahnte zu suchen, sich auf unvertraute Wege zu wagen.

Wenn aber die ganze Sicherheit einer Persönlichkeit auf das Vermeiden von Schwierigkeiten und Wagnissen aufgebaut ist, stellt Literatur eine beängstigende Bedrohung für dieses Sicherheitskonzept dar.

Wenn solche Texte lediglich als Anlaß zu Rechtschreib- und Lesefehlern dienen, dann bleibt man allein sitzen mit der Angst in der Magengrube. Es entsteht ein einsamer Raum der Sprachlosigkeit, der der Selbstzensur keine Alternative bietet. Denn der einzige Unterschied ist, daß hier angesichts von Problemen nicht geschwiegen, sondern über anderes geredet wird.

Wenn man nicht erlebt, wie die Schrift für andere mannigfaltig nutzbar ist, sondern nur erlebt, daß Schreib- und Leseleistungen als richtig oder falsch, gut oder schlecht bewertet werden können, ist es schwer, die nutzbaren Qualitäten der Schrift zu entdecken, also quasi den Sinn der Schrift selbst zu erfinden. Wozu Schrift zu gebrauchen ist, lernt man am besten von Menschen, die Schrift in ihrer ganzen Vielfalt gebrauchen.

Deshalb wünsche ich Illiteraten die Möglichkeit der Begegnung mit Menschen, die ihre Sicherheit gerade dadurch gewinnen, daß sie bereit sind, unbekannte Wege zu gehen und die sich als suchende, entdeckende und forschende Leser zu erkennen geben.

Meine Erfahrung ist, daß Menschen, die dafür offen sind, den anderen zu hören, und in der Lage sind, den anderen als anderen zu akzeptieren und zu stärken, die das fordernde Zutrauen haben, daß sich die Eigenverantwortlichkeit und die Entscheidungssouveränität des anderen erhöht, dadurch gestaltbare Freiräume eröffnen und neue Erfahrungen, Perspektiven und Lösungen ermöglichen.

Solche Menschen kennenzulernen bedeutet, ein Lebensmodell, in dem man gestärkt aus Krisen hervorgeht, kennenzulernen.

Die Erfahrung und Erkenntnis, daß es sich lohnen kann, sich auf Übergänge und Prozesse einzulassen (und daß dies nicht mit erhöhtem Risiko verbunden sein muß, sondern ungeahnte Chancen bietet), ermöglicht es eines Tages (wenn die Diskrepanz zwischen Kind-bleiben-Müssen und Ewachsen-werden-Wollen, zwischen stagnierender Persönlichkeitsentwicklung und Ansprüchen an das Erwachsensein unerträglich groß geworden ist) sein Leben selbst zu gestalten und damit auch »wortstark« zu werden (Legasthenie heißt übersetzt: Wort-Un-Stärke). Benutzung von Schrift bedeutet und ermöglicht Mobilität des Geistes, Vielfalt, Varianten, Spielräume.

Annette Blunck / Jutta Krage-Müllerschön /
Gabriele Müller

Gedanken und Anregungen
zum »freien Schreiben« in der Alphabetisierung

Die Angst vor dem weißen Blatt

Während einer kurzen Pause verläßt eine Kursteilnehmerin den Raum, um eine Zigarette zu rauchen. Anschließend entwickelt sich unter den TeilnehmerInnen ein angeregtes Gespräch über die Vorzüge und Gefahren des Rauchens. Die Aufforderung »Schreibt Eure Meinungen über das Rauchen doch einmal auf!« läßt den Gedankenfluß stocken; der Blick auf das Papier löst Reaktionen aus wie: »Was soll ich denn da aufschreiben?« – »Wie soll ich denn das aufschreiben?« Während eben jede/r mündlich noch etwas zum Gespräch beigetragen hat, erzeugt die Aufforderung zur Verschriftlichung das Gefühl, »nichts zu sagen zu haben«.

Ein anderes Beispiel: KursteilnehmerInnen schreiben über ihren Tagesablauf. Zu Beginn der Schreibphase fragt eine Frau: »Darf ich so schreiben, wie es mir aus dem Kopf fließt? Ohne zu denken? Ohne Punkt und Komma?« Eine andere Teilnehmerin drückt ihre Hilflosigkeit so aus: »Ich kann das nicht aufschreiben, da muß ich an so vieles gleichzeitig denken.«

Der Weg vom eigenen Gedanken oder von gemeinsam entwickelten Ideen hin zum Schreiben ist offenbar voller Hürden, Sprechen und Denken etwas wesentlich anderes als Schreiben. Die Anforderungen, die der oder die Schreibende beim Hinaussetzen von Gedanken bewältigen muß, sind komplex. Wer kennt nicht die Gedankenleere, die die Anforderung, etwas Bestimmtes aufzuschreiben, auslösen kann? Selbst geübte SchreiberInnen bauen sich Brücken, um diese Blockade zu überwinden: »Um der täglichen Angst vor dem weißen Bogen auszuweichen, spanne ich gegen Ende des Arbeitstages noch einen Bogen in die Maschine, tippe einen Übergang, möglichst keinen zu Ende gehenden Satz…« *(Grass 1986, 26).*

Ein Jongleurakt

Mündliche Sprache wie auch Schrift sind Mittel zur Kommunikation. Sie dienen dem Austausch von Erfahrungen und Informationen. Die Schrift hat die besondere Funktion, diese Erfahrungen und Informationen zu konservieren, damit sie auch an Abwesende weitergegeben werden können. Beim Schreiben tritt man in Kommunikation mit einem gedachten Gegenüber. Damit eine Verständigung gewährleistet ist, muß ein einheitliches Zeichensystem zugrunde liegen. Schrift nicht oder nur unzureichend zu beherrschen hat zur Folge, an gesellschaftlichen Kommunikationsprozessen nur eingeschränkt teilzuhaben. Sich mittels Schrift zu verständigen, stellt hohe Anforderungen; im Gegensatz zum Sprechen stehen keine außersprachlichen

Ausdrucksmittel zur Verfügung. Diese Anforderungen lassen sich mit einem Jongleurakt vergleichen. Verschiedene Handlungen und Anforderungen wechseln sich ständig ab und müssen miteinander koordiniert werden, d. h., Schreiben findet immer gleichzeitig auf verschiedenen Ebenen statt. Um diese verschiedenen Teilprozesse, die gerade auch beim (besser) Schreiben-lernen berücksichtigt werden müssen, soll es im folgenden gehen (vgl. *Baurmann/Ludwig 1986).*

Motivationale Prozesse sind Grundlage jeglichen Schreibens. Ohne inneren Antrieb kommt kein Schreibprozeß zustande, während des gesamten Schreibvorgangs muß ein Mindestmaß an Motivation vorhanden sein. Um nun Erfahrungen, Empfindungen und Vorstellungen in Sprache fassen zu können, ist es für Schreibende notwendig, eine ungefähre Zielvorstellung vom Schreibvorgang zu entwickeln – man wird konzeptionell tätig. Für die Verständlichkeit des Textes ist es entscheidend, eine Vorstellung vom Leser oder der Leserin zu haben, Gedanken und Empfindungen in einen inhaltlichen Zusammenhang zu bringen, eine gewisse Chronologie einzuhalten. Erst wenn ein solcher Plan vorhanden ist, kann er in Sprache übersetzt werden. Die zunächst stummen, sinnlich-bildhaften, halbbewußten Gedanken müssen in eine Folge von Sätzen und diese wiederum in eine Folge von Wörtern ausformuliert werden. Die einzelnen Wörter müssen auf ihre Lautfolge hin analysiert und diesen Lauten dann das entsprechende Zeichen zugeordnet werden. Dabei wird von Schreiberinnen und Schreibern die richtige Anwendung der schriftsprachlichen Mittel (Syntax, Ortografie) verlangt. Wie die *innersprachlichen Prozesse* von der inneren zur äußeren Sprache im einzelnen ablaufen, ist noch weithin unklar. Dieser innersprachliche Entwurf wird schließlich in *motorische Handlungen* umgesetzt. Während des gesamten Schreibprozesses finden *redigierende Tätigkeiten* statt: Immer wieder werden Gedanken und bereits geschriebene Sätze auf ihre Stimmigkeit und auf die richtige Schreibweise hin überprüft. Durch Überarbeiten wird versucht , Textidee und Text in Übereinstimmung zu bringen. Wie beim Jonglieren ist ein koordiniertes Zusammenspiel aller Teilprozesse notwendig. Ist eine Teilhandlung unterbrochen, bricht gleich der gesamte Prozeß – das »Kunststück« – zusammen. (Als Beispiel: die Motivation fällt ab → ich schaue aus dem Fenster; mein Gedächtnis läßt mich im Stich → ich muß im Wörterbuch nachschlagen.) Da der Gedankenfluß immer wieder unterbrochen wird, verläuft das Schreiben niemals in einem Zug.

Zusätzliche Hürden

Für die TeilnehmerInnen von Alphabetisierungskursen kommt erschwerend hinzu, daß Schreiben für sie negativ besetzt ist. In den Kursen sind jüngere und ältere Menschen, Frauen und Männer mit ganz unterschiedlichen Biographien. Gemeinsam aber ist ihnen die Erfahrung, während ihrer Schulzeit im Schreiben versagt zu haben. Aus Angst vor Versagen und gesellschaftlicher Mißachtung mieden sie Situationen, in denen schriftliche Anforderungen an sie gestellt wurden. So konnten sie ihre Schreibfähigkeit nicht weiterentwickeln und sind deshalb ungeübt im Umgang mit der Schrift. Viele der TeilnehmerInnen sind deshalb in ihrem Selbstvertrauen beeinträchtigt. In der Kurssituation, zusammen mit gleich Betroffenen, kommt nun ihr großes mündliches Mitteilungsbedürfnis zum Ausdruck. Die Äußerungen der TeilnehmerInnen zeigen, daß das »Nicht-schreiben-Können« nicht ihr einziges, wichtigstes Problem ist, sondern daß zahlreiche andere, familiäre, berufliche und psychische Schwierigkeiten hinzukommen. In der Fülle ihrer Probleme gefangen, fällt es ihnen oft schwer, diese zu ordnen, zu analysieren sowie anderen zuzuhören und sich in sie hineinzuversetzen. Dennoch sind die meisten TeilnehmerInnen aus einem mehr oder minder großen Leidensdruck heraus sehr motiviert, das Schreiben zu lernen. Sie erwarten zur Verbesserung ihres Schreibenkönnens im Kurs – so, wie sie es von der Schule her kennen – in erster Linie Rechtschreibübungen.

»Freies Schreiben« – ein möglicher Zugang zur Schrift

Mit dem Begriff des »freien Schreibens« ist ursprünglich ein Schreiben ohne Aufforderung, ohne Themenstellung gemeint, für das lediglich Raum, Zeit und die nötigen Mittel zur Verfügung gestellt werden (vgl. *Freinet 1980*). Für Kinder, die zu Anfang des Schriftspracherwerbs dem Schreiben noch weitgehend unbefangen gegenüberstehen, ist dieser Zugang sinnvoll. Eine solche Unbefangenheit findet sich aber bei Erwachsenen generell, bei TeilnehmerInnen von Alfa-Kursen im besonderen nicht mehr. Wir wollen, obwohl wir in unserem didaktischen Vorgehen von diesem ursprünglichen Ansatz in mehrfacher Hinsicht abweichen, dennoch am Begriff des »freien Schreibens« festhalten. Wir verstehen darunter das schriftliche Festhalten von Gedanken, Assoziationen, von »Eigenem«, in dessen Mittelpunkt nicht das »richtige«, fehlerfreie Schreiben steht, sondern die Auseinandersetzung mit der eigenen Person, erlebter Geschichte, einem bestimmten Thema; der Betrachtungsstandpunkt kann der eigene, ein phantasierter oder der eines anderen sein. Insofern verstehen wir unter »freiem Schreiben« eine besondere Herangehensweise, die über das Festhalten von Gedanken eine Reflexion über die eigene Person und Situation ermöglicht.

Sich selbst vergewissern

Da KursteilnehmerInnen häufig unter vielschichtigem Problemdruck stehen, liegt es nahe, die Innenwelt nicht auszuklammern, sondern anzusprechen und damit ernst zu nehmen. Es wäre allerdings sowenig einlösbar wie sinnvoll, Hoffnungen auf etwaige Problementlastung durch eine allzu offene, geradezu therapeutische Gesprächsatmosphäre zu unterstützen. Darum ist es für die Kursarbeit entscheidend, die Belastungen und Schwierigkeiten der TeilnehmerInnen immer wieder in den Möglichkeiten, die im Schreiben selbst liegen, aufzugreifen. »Freies Schreiben« als unmittelbarer Ausdruck des Selbst ermöglicht eine distanziertere Betrachtung der eigenen Person und Situation; damit kann die persönliche Lebenslage durchsichtiger und verständlicher werden. Schreiben als eine Möglichkeit des ganz persönlichen Ausdrucks kann Gewähr dafür geben, wirklich »zu Wort« zu kommen. Das Wissen um die Wahrnehmung der schriftlich festgehaltenen Gedanken durch die anderen sichert das Gefühl des Ernstgenommenwerdens. »Freies Schreiben« kann so zu einer Form der Selbstvergewisserung werden, die Selbstvertrauen und psychische Stabilisierung unterstützen kann.

Ordnen der Gedanken
Im Unterschied zum Sprechen, bei dem durch Mimik, Gestik, Intonation und durch die Möglichkeit der Nachfrage Unklares geklärt werden kann, verlangt das geschriebene Festhalten von Gedanken und Empfindungen eine lineare Logik, die dem oder der Lesenden ein Verstehen ohne die genannten Hilfsmittel ermöglicht. Diese strenge Struktur ist für viele KursteilnehmerInnen eine zunächst schwer einlösbare Anforderung. Unter anderem durch ihre Lebenssituation verursacht, sehen sich viele TeilnehmerInnen mit einer unübersichtlichen, undurchschaubaren Lebenslage konfrontiert. Dieses »chaotische« Bild der Wirklichkeit spiegelt sich häufig in ihrer Erzählweise wider. Die der Schriftsprache zugrundeliegende Linearität kann nicht unwesentlich zum Bearbeiten der schwierigen Situation beitragen: sie fordert »Strukturierung« und damit auch »Klärung«. Wir sehen darin auch eine Chance des Lernens, das – widergespiegelt in den Anforderungen der Schriftsprache – eine Entsprechung in der Wirklichkeit findet.

Methodische Orientierung
a) Individueller Lernweg
Wir können hier kein Lernprogramm für das freie Schreiben formulieren. Vielmehr geht es uns darum, die Sachanalyse der Schriftsprache und den Prozeß des Schreibens (s. o.) als Grundlage und Kriterium für eine individuelle Diagnostik und Unterrichtsplanung zu sehen. Da die TeilnehmerInnen im Alphabetisierungskurs noch stärker als in der Schule ganz unterschiedliche Lernvoraussetzungen mitbringen, muß durch sorgfältiges, aufmerksames Beobachten ein jeweils eigener Lernweg, eine eigene Systematik gefunden werden.

Schutz vor Bloßstellung
Aufforderungen, die momentane »Innenwelt«, die eigenen Gedanken und Gefühle schriftlich festzuhalten, können massive Hemmungen und Blockaden auslösen. Wir sehen solche »plötzliche Gedankenleere« auch in Ängsten vor Entblößung begründet. Es empfiehlt sich darum, neben den aktivierenden auch schützende Impulse zu setzen. Ein spielerischer Akzent verlangt kein direktes Abbild der momentanen Befindlichkeit, ruft aber imaginäre, fiktive und phantastische Gedankengänge wach. Er eröffnet Möglichkeiten zur Bearbeitung innerpsychischer Prozesse (Wunschwelten, Ängste u. ä.)

und gleichzeitig zu einem geschützten »Sich-Öffnen«. Phantasiertes setzt vieles in Gang, stellt die Schreibenden aber nicht bloß. Spielerische Elemente schaffen Distanz zu Persönlichem, gleichzeitig wird es möglich, sich in Fremdes, d. h. auch in andere Personen, in andere Empfindungs- und Erfahrungswelten hineinzuversetzen.

Selbstwahrnehmung und Fremdverstehen: das Schreiben in der Gruppe
Die Wahrnehmung und Reaktionen auf eigene Schreib»produkte« durch die anderen fördert das Empfinden des Ernstgenommenwerdens, relativiert aber gleichzeitig die Ich-Zentrierung, indem jede auch zur Hörenden wird. Diese Wechselwirkung, einmal gehört zu werden (indem z. B. das Geschriebene vorgelesen wird), ein andermal Zuhörende zu sein, ermöglicht sowohl die Wahrnehmung des »Eigenen« als auch des »Anderen, Fremden«.

Wechsel der Anforderungen
Wir halten es für notwendig und sinnvoll, der strengen Strukturierung, Logik und Regelhaftigkeit der Schriftsprache einen ausreichend großen Raum zuzusprechen. Das heißt für die Kursgestaltung, daß sich Anregungen zum »freien Schreiben« immer wieder mit Übungen zu Grammatik und Rechtschreibung abwechseln sollten, auch, damit zur Seite der – manchmal bedrohlichen – Offenheit ein Gegengewicht der Ordnung hinzukommt.

b) Schritte zum Text
Die folgenden Schritte stellen eine mögliche Abfolge von Übungen dar. Beim Verfassen von Texten schlagen wir vor, sie je nach TeilnehmerInnen und Zusammensetzung der Gruppe zu verändern (zu erweitern, umzustellen, zu reduzieren…).
• Als Impulse stehen zu Anfang Assoziationshilfen zum Wachrufen von Erinnerungen, Gedanken und Erfahrungen. Diese können sein: Gespräche, Bilder, Fotos, Gegenstände, kurze Geschichten, Schlagzeilen, Satzanfänge, Witze, Sprichwörter, Schlüsselbegriffe, Gedichte usw.
• Entsprechend der individuellen Fähigkeiten werden Strukturierungshilfen und Ordnungskriterien entweder mündlich oder mittels Arbeitsmaterialien angeboten: Bildfolgen ordnen, Skizzen beschriften, Schema vervollständigen, Wort und Bild zuordnen usw.
• Anhand dieser Struktur kann eine Satzfolge mündlich formuliert werden.
• Nun folgt ein schriftliches Fixieren vom Teilnehmer selbst, oder eine geübte Schreiberin schreibt stellvertretend nach Diktat. Anschließend kann dann der Text gelesen, abgeschrieben oder zurückdiktiert werden.
• Entstandene Texte werden gegenseitig oder von der Kursleiterin vorgelesen. Aus möglichen Nachfragen, Ergänzungen u. ä. können sich weitere Gespräche ergeben. Aus den entstandenen Texten oder auch bereits aus dem Entstehungsprozeß können Anregungen für z. B. Rechtschreib-/Grammatiübungen oder auch neue Schreibanlässe gewonnen werden.

Daß die Themenwahl selbst Hilfe und Unterstützung bei der »Ordnung der Gedanken« bieten kann, wollen wir im folgenden Kapitel beispielhaft aufzeigen.

Vorschläge zur Umsetzung am Beispiel »Tagesablauf«

In einem Vormittagskurs für Frauen bestand untereinander gleich eine freundliche und offene Atmosphäre; die Frauen hatten keine Scheu, einander von sich zu erzählen. Allerdings zeigte sich in Gesprächen immer wieder, daß es ihnen schwerfiel, einander bestimmte Sachverhalte verständlich zu machen. Wir wählten das Thema »Tagesablauf« als Anlaß für freie Schreibaufgaben, da bereits in der Themenstellung eine lineare Ordnung angelegt ist. Wir wollten damit die Strukturierung eines (zeitlichen) Ablaufs unterstützen, gleichzeitig sollten die Aufgabenstellungen garantieren, daß niemand durch eine zu persönliche Fragestellung brüskiert würde.

Im folgenden stellen wir prozeßhaft dar, wie drei Teilnehmerinnen mit unterschiedlichen Lernvoraussetzungen einen eigenen Text verfaßt haben. Vorausgegangen war im Kurs ein Gespräch über die Gleichförmigkeit der Alltagsanforderungen.

*

Frau C. ist Berufsschülerin im hauswirtschaftlichen Bereich. Sie ist sehr ungeübt im Schreiben. In der Berufsschule wird von ihr ein Berichtsheft verlangt. Darin soll sie Vorgangsbeschreibungen über bestimmte Tätigkeiten ihres Arbeitsbereiches festhalten. Diese Beschreibungen verlangen eine zeitliche Chronologie, die einzelnen Arbeitsschritte müssen in der richtigen Abfolge dargestellt werden. Das Thema »Tagesablauf« gibt die Möglichkeit, anhand einer vorgegebenen zeitlichen Struktur täglich wiederkehrende Handlungen ins Gedächtnis zu rufen. Wir boten Frau C. auf einem Arbeitsblatt zwei aufgezeichnete Uhren an, anhand der Uhrzeiten wurde der Tagesablauf im Gespräch rekonstruiert. Anschließend notierte Frau C. Stichworte zu den entsprechenden Zeiten:

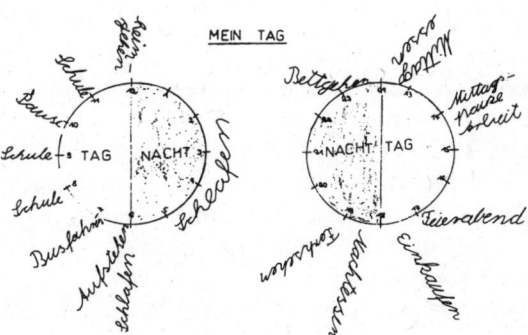

Selbständig und ohne weitere Hilfe verfaßte sie entlang der Uhrenskizze folgenden Text:

Um halb sieben muß ich aufstehen. Ich dringke Kaffe und fahre mit dem sieberner Bus in die berufs Schule. Um 10 Uhr ist Große Pause Da rauche ich eine sigarette. Um 1 Uhr fahre ich heim zu meienr Mutter zun essen. Um 14 Uhr gehe ich wider ins Gescheft. Um halb sechs habe ich dann feierabend. Ich kaufe etwas furs Fesper Zwischen 6 und 7 Fespere ich Um 8 hehe ich noch fort oder ich schaue Fehrn.

Vorschläge zur Weiterarbeit:
• Um zeitliche Abläufe weiterhin zu üben, soll ein zerschnittener Text in die richtige Reihenfolge gebracht oder eine Bildgeschichte geordnet werden;
• andere zeitliche Ordnungen, z. B. Wochenplan, Stundenplan formulieren;
• offenere Schreibaufgaben, die eine Abfolge entlang einer weniger starren Struktur beschreiben, z. B. ein Rezept, eine Bastelanleitung formulieren, den Weg zur Bushaltestelle beschreiben.

*

Frau S. ist beim Schreiben sehr gehemmt, schreibt recht ungern und beschränkt sich dabei auf wenige Wörter und kurze Sätze. Am liebsten arbeitet sie mit stark vorstrukturiertem Material, das nur »ausgefüllt« werden muß. Arbeitsblätter mit Rechtschreibübungen geben ihr am ehesten das Gefühl, wirklich zu »lernen«. Im Gespräch ist sie offen und erzählt viel über sich, ihre Familie, ihre Arbeit. Der Tagesablauf schien uns ein geeigneter Anknüpfungspunkt für einen ersten freien Text, da sie hier im Gespräch immer viel zu erzählen hatte. Um die Schreibaufgabe überschaubar zu machen, wurde sie in kleine Einheiten gegliedert. Frau S. erhielt fünf Papierstreifen, auf denen das Wort »Gester…« als Satzanfang zum Weiterschreiben anregen sollte. Sie ergänzte die Sätze folgendermaßen:
Gestern *Hab ich fil eingekauft*
Gestern *bin ich frü aufgestanden*
Gestern *war der Geborztag meiner Tochter*
Gestern *habe ich Kuchen gebaken*
Gestern *haben wir zum Kaffe Besuch gehabt*
Gestern *haben wir ein Schpil gemacht Monopoli.*
Im Anschluß daran ordnete Frau S. – auf unsere Anregung hin – die Sätze chronologisch nach dem Tagesablauf. Für das Weiterarbeiten war es Frau S. wichtig, die Schreibweise korrigieren zu lassen. Um die Rechtschreibung an dieser Stelle nicht ins Zentrum der Aufmerksamkeit zu rücken, übertrugen wir alle Sätze in richtiger Schreibweise auf die Rückseite der Papierstreifen. Mit den korrigierten Sätzen arbeitete Frau S. weiter. Zur weiteren Textproduktion boten wir Frau S. verschiedene Temporaladverbien auf Wortkarten an.
morgens / später / danach / nachmittags / abends / anschließend / daraufhin
Mit Hilfe dieser kleinen Wörter gelang Frau S. der Übergang von einzelnen,

kurzen Sätzen zu einem zusammenhängenden Text. Während der Schreibphase entschied sie sich, einen der Sätze als Überschrift zu verwenden, da er in den chronologischen Ablauf ihrer Geschichte nicht paßte.

Gestern war der Geburtstag meiner Tochter
Morgens bin ich früh aufgestanden, ich hatte viel zu tun. Zuerst ging ich einkaufen. Später habe ich Kuchen gebacken. Am Nachmittag kam Besuch zum Kaffee. Meine Tochter brachte ihre Freundin mit. Abends haben wir Monopoly gespielt. Ich ging zufrieden ins Bett.

Weitere Arbeitsschritte waren:
• Rechtschreibübungen mit den fehlerhaft geschriebenen Wörtern (z. B. Geburtstag);
• Bildgeschichte zum Tagesablauf einer gedachten Person als Anregung für weitere freie Texte (»Frau Frieda Winkel hat Urlaub«);
• Glückwunschkarte zum Geburtstag.

*

Frau A. besucht schon seit längerer Zeit den Kurs und kann als fortgeschrittene Schreiberin bezeichnet werden. Aufgrund ihrer familiären Belastung steht sie meist unter großem inneren Druck. Sie hat bereits mehrere, allerdings recht unstrukturierte und sprunghaft erzählte Texte geschrieben. Über eine Vorstellung von zeitlichen Abfolgen verfügt Frau A., konnte sie bisher in ihren Texten aber nicht umsetzen. Durch die Vorgabe des Themas »Tagesablauf« sollte ihr zur Strukturierung ein chronologischer Faden an die Hand gegeben werden. Beim folgenden Text gelingt es ihr, eine geordnete Struktur durchzuhalten und dazu persönliche Empfindungen zum Ausdruck zu bringen.
Die Vorgabe auf dem Übungsblatt war: Platz für eine Überschrift sowie der Textbeginn: *Nach dem Kurs am Dienstagmorgen um 11 Uhr...* Wir baten sie, an diesem Text weiterzuschreiben: entweder eine Beschreibung des weiteren Tagesverlaufs nach dem letzten Kurstermin oder der weiteren Pläne am heutigen Tag oder eines phantasierten Tagesablaufs (vielleicht eines »Wunschtags«?). Weiter schlugen wir vor, die Überschrift noch wegzulassen; am Schluß würden wir den entstandenen Text vorlesen und könnten gemeinsam im Kurs eine passende Überschrift suchen.

Nach dem Kurs am Dienstagmorgen um 11 Uhr war ich ihn der Bücherrei, und habe mir einen Duden gekauft. Ich war richtig stolz das ich das gleich gemacht habe, er steht jetzt bei uns ihm Bücherregal. Nach dem ich aus der Stadt kam habe ich angefangen zu kochen ich mußt aber mehrere male weg springen, einmal muße ich unsere kleine aus dem Kindergarten hollen, das anderremal an das Televon gehen. Am nachmittag sind wir uns Möbel

anschauen gegangen, wir haben welche auch gefunden ich war sehr vr fro
frho darüber das wir uns einig waren. Am abend get es bei uns noch einmal
sehr tempramentvoll zu bis alle ihm Bett sind, und noch alles mögliche
erzählt haben, danach setzen wir usn erst einmal hin und genißen die Ruhe.
Ich gehe sehr bald ihns Bett, weil ich auch sehr früh aufstehen muß.

Nach gemeinsamem Hören des Textes beschlossen wir, dem Text die Überschrift »Ein erfolgreicher Tag« zu geben.

Beim nächsten Kurstermin bekam die Teilnehmerin ihren Text korrigiert und mit Maschine geschrieben samt ihrem handgeschriebenen Text (den wir nicht »berichtigen«; wir fordern allerdings auf, beide Texte miteinander zu vergleichen); sie fügte den Text in das angelegte Heft für »eigene Texte« ein.

Als nächsten Schritt forderten wir Frau A. auf, einen Moment im Lauf eines Tages zu phantasieren, in dem sie sich besonders wohl fühlen könnte, und dabei sich und ihre Umgebung möglichst genau zu beschreiben.

Ich sitze da und versuche meine Gedancken zu sammeln. Heute abend bin
ich alleine, es ist schön, ich lege mir eine CD Platte rein ein und höre meine
Musick, wo ich auch abschalten kann, und träumen kann. Ich habe mir ein
Glas Wein eingeschenkt. Nun klingelt das telefon und ich werde gestört, am
libsten würde ich gar nicht ran gehen ...

Vorschläge zur Weiterarbeit:
• Anregung zur Selbstüberprüfung durch Nutzung von Nachschlagewerken;
• Rechtschreibübungen, die sich direkt aus den entstandenen Texten ergeben;
• Anregungen zum Führen eines Tagebuchs;
• Beschreibung einer Konfliktsituation aus verschiedenen Perspektiven.

Zu welchen Themen sich die TeilnehmerInnen äußern, ist abhängig von ihren Interessen und der Kurssituation. Daß die Wege zu einem Text sehr unterschiedlich sein können, zeigen die Beispiele. Die Schreiberinnen bedienen sich verschiedener Brücken auf diesem Weg. Die Aufgabe der KursleiterInnen ist es, immer wieder neue passende Brücken zu suchen und anzubieten. Vielleicht wird so die Angst vor dem weißen Blatt kleiner?

Das große Binnen-I.
Scheingefechte um die Sprache

Wie eine Berufsgruppe bezeichnen, in der Frauen und Männer tätig sind, ohne sich dem Vorwurf des Sexismus auszusetzen, fragt *Richard Schröder:*

Ganz so sexistisch, wie die Protagonisten behaupten, ist unsere Sprache nun aber doch nicht. Denn auch das haben wir in der Schule schon gelernt: Das grammatische Geschlecht (genus) ist nicht identisch mit dem natürlichen Geschlecht (sexus). Der Fernseher, die Glotze oder das Videogerät hat selbstverständlich kein natürliches Geschlecht, und wenn, welches bitte? Das Genus hat sich längst vom Sexus gelöst. Daß luna und Sonne weiblich, sol und Mond aber männlich sind, hatte auf der Ebene der Mythologie wohl noch etwas mit sexus zu tun (nämlich Gegensätzliches in der germanischen und der römischen Mythologie), heute aber nur noch in der Operette: »Frau Luna« ...
Wieso denn das? Das ist ja eine ungeheuerliche Behauptung, entgegnen uns die Kämpfer und Kämpferinnen für eine inklusive Sprache. Es ist aber tatsächlich so. »Lehren« bezeichnet eine Tätigkeit. »Leh-rer« bezeichnet eine Person, die lehrt. »Lehr-er-in« bezeichnet eine Person, die lehrt und weiblichen Geschlechts ist. So erklären uns die Sprachwissenschaftler den Bau unserer Sprache. Denn würde »Lehrer« eine Person bezeichnen, die lehrt und männlichen Geschlechts ist, so müßte »Lehrerin« eine Person bezeichnen, die lehrt, männlichen Geschlechts und weiblich ist, also einen Zwitter...
Man kann einen Vater nicht als Mutter und eine Schwester nicht als Bruder anreden. Denn diese Wörter sind nicht nur nach genus, sondern auch nach sexus eindeutig männlich oder weiblich. Das ist aber nicht durch eine Endung, sondern durch den Wortstamm so definiert. Wir könnten also sagen: der Lehrer, der Richter, der Arbeiter, das ist die inklusive Sprache. Oder lieber doch nicht, denn das ist doch gerade die sexistische Sprache: männliche Vorherrschaft.
Tatsächlich ist jene grammatisch richtige Analyse geschichtlich geurteilt nicht korrekt. Denn die Müllerin ist

ursprünglich nicht eine Person, die mahlt und weiblichen Geschlechts ist, sondern die Frau des Müllers ... Im Sächsischen sagt man heute statt Frau Meier: de Meiern. Und im Volkslied: »Herr Meister, Frau Meistrin, daß Gott euch behüt«. Diese Meisterin hat keine Meisterprüfung, sie hieß so, weil sie die Frau des Meisters war.
Das ist der Grund des Ärgers: Nach dem traditionellen Rollenverständnis, das mindestens bis ins Neolithikum zurückgeht, hatten nur Männer einen der verschiedenen Berufe (Ämter) inne, verheiratete Frauen waren aber immer Ehe-, Hausfrau, Mutter. Ihre Würde als Frau Apothekerin hatte die Frau einstmals von Gnaden des Herrn Apotheker, wie heute noch die Frau Bundespräsidentin.
Frauen mußten sich das Recht, selbst Meister, Apotheker, Richter sein zu können, gegen die traditionelle Verteilung der Geschlechterrollen erst erkämpfen. Dieses ihr Recht wird ihnen kein Vernünftiger unter uns bestreiten. Und denen, die das bestreiten, müssen wir ein wenig auf die Finger klopfen und sie daran erinnern, daß die Überzeugung von der Gleichberechtigung aller Menschen unabhängig von Rasse, Geschlecht und Religion ein Grundpfeiler der europäischen Kultur ist, an dem wir nicht rütteln lassen dürfen.
Trotzdem erlaube ich mir die Frage, ob dieser Pfeiler durch den Kampf um die inklusive Sprache wirklich gefestigt wird. Denn wir könnten uns einfach darauf verständigen: »der Arzt« bezeichnet eine Person, die eine definierte Tätigkeit nach definierten Regeln ausübt, »der Bürger« bezeichnet eine Person, die definierte Rechte und Pflichten hat, unabhängig davon, welcher Hautfarbe oder welchen Geschlechts sie ist ... So einfach könnten wir das Problem lösen – wenn wir wollen...

Aus: *FAZ* vom 9. 7. 1994

Jürgen Genuneit
Hägar der Schreckliche läßt grüßen
Analphabetismus in der Karikatur

Abb. 1: Häger der Schreckliche (Browne 1993a)

Karikaturen sind sozialkritisch, satirisch, aggressiv. Sie wollen die vorgefundene Wirklichkeit durch formale Intensivierung und grelles Überdeutlichmachen bloßstellen. Dabei bedienen sie sich unter anderem des Mittels der Verzerrung und Übertreibung. Durch Karikaturen werden gesellschaftliche und politische Probleme sowie Sachverhalte übertreibend-überdeutlich dargestellt *(Rössner 1971, 44 ff.)*. Analphabetismus ist seit mehr als hundert Jahren ein gesellschaftliches und politisches Problem und damit seit dieser Zeit auch ein Thema für Karikaturisten.

Karikaturen geben immer auch Informationen über einen Standort, von dem aus ein Problem bzw. Sachverhalt karikiert wird. Daher erlauben Karikaturen zum Analphabetismus Rückschlüsse zu folgenden Fragen:

– Welche Eigenschaften von Analphabeten und von denen, die sie als Analphabeten wahrnehmen, werden als gesellschaftliche und politische Probleme herausgegriffen?

– Welche Konnotationen und Assoziationen werden dadurch hervorgerufen?

– Welche Intentionen werden damit verfolgt?

– Wie sieht das Bild aus, das sich die »Gesellschaft« bzw. einzelne soziale Gruppen von Analphabeten machen?

Obwohl Analphabetismus seit langer Zeit als Thema in Karikaturen auftaucht, gibt es bisher keine systematische Sammlung bzw. Publikation zu diesem Themenkomplex. Der vorliegende Artikel basiert daher auf einer Zufallssammlung des Verfassers von ca. 150 in- und ausländischen Karikaturen, die den Zeitraum von 1850 bis 1994 umfassen. Dabei sind neben Karikaturen auch Cartoons, Comics und Plakate mit einbezogen, sofern sie karikaturhafte Züge aufweisen.

Einen Schwerpunkt der Sammlung[1] bildet die Comic-Serie »Hägar der Schreckliche« des amerikanischen Zeichners *Dik Browne.*[2] Im Mittelpunkt dieser Comic-Serie stehen der Wikinger Hägar, seine Frau Helga, seine Tochter Honi, sein Sohn Hamlet sowie sein Freund Sven Glückspilz. Hägar ist Analphabet, während die übrigen Mitglieder der Familie lesen und schreiben können; ja, Hamlet ist sogar ein ausgesprochener Büchernarr, was sein Vater gar nicht gerne sieht. Auch Sven Glückspilz kann lesen, hat aber zeitweise Probleme mit dem sinnentnehmenden Lesen.

Die Comic-Serie hat mit den historischen Wikingern des 8.–11. Jahrhunderts, außer den Raubzügen Hägars, kaum etwas gemein. Vielmehr, so die Intention des Zeichners, ist Hägar »ein Mensch wie du und ich – nur in Wikingertracht. Er bringt uns dazu, über unsere Mißerfolge zu lachen. Er ist ganz einfach ein netter Kerl in einer schlechten Welt« *(Browne 1993h).*

Die Comic-Serie wurde 1973 erstmals in den USA beim größten Zeitungssyndikat der Welt, dem King Features Syndicate, gestartet. Sie wurde inzwischen in mehr als 1500 Zeitungen veröffentlicht. Durch ihren großen Verbreitungsgrad dürfte sie weltweit in breiten Leserschichten nicht nur ein spezifisches Bild von Wikingern, sondern mittelbar damit auch von Analphabeten geprägt haben. Somit ist es gerechtfertigt, sie in den Mittelpunkt unserer Auswahl und Ausführungen zu stellen.

Die Karikaturensammlung, mit der auch eine Ausstellung geplant ist,[3] umfaßt das gesamte Umfeld des Analphabetismus, wie z. B. die Ursachen für seine Entstehung oder seine Bekämpfung, die Alphabetisierung. Im folgenden wird versucht, die Karikaturen nach inhaltlichen Gesichtspunkten zu gliedern. Dabei soll die Position des Analphabeten Ausgangspunkt sein. Zusätzlich wird auf immer wiederkehrende Motive eingegangen. Wenn immer möglich, sollen dabei Parallelen zur literarischen Verarbeitung des Themas »Analphabetismus« gezogen werden (vgl. *Budweg/Schins 1992; Budweg/Genuneit/Schins 1992).* Die Darstellung schließt mit einer Diskussion der Frage, ob und wie Karikaturen im Alphabetisierungsunterricht eingesetzt werden können.

---

1 Der Verf. dankt allen, die zu dieser Sammlung beigetragen haben, insbesondere den Mitarbeitern des UNESCO-Instituts für Pädagogik in Hamburg sowie *Michael Easterbrook, Peter Hubertus, Edgar Mebus, Detlef Wittkuhn.* Der Verf. bittet um Verständnis dafür, daß die Entstehungsgeschichte der Sammlung es trotz großer Bemühungen nicht immer erlaubt, zu jeder Karikatur vollständige Quellenangaben zu geben.
2 Im Goldmann Verlag ist 1993 eine »10 Jahre Hägar Jubiläumsausgabe« erschienen, nach der – soweit nicht anders angegeben – mit Angabe der jeweiligen Bandzahl zitiert wird. Im Literaturverzeichnis wird zur besseren Orientierung zusätzlich die Verlagsnummer angegeben. Die Seiten der Bände sind unpaginiert. Eine zusätzliche Orientierung bildet eine Kennziffer (Buchstabe + Zahl), die in den meisten Comics enthalten ist.
3 Eine vorläufige Version der Ausstellung wurde im Oktober 1993 in der Evangelischen Akademie, Bad Boll, anläßlich der Tagung »Analphabetismus und Alphabetisierung – eine gesellschaftliche und organisatorische Herausforderung« gezeigt.

Und überall lauert die Schrift – Alltagsprobleme von Analphabeten

Wo der Alltag von Schrift beherrscht wird, stoßen Analphabeten, obwohl sie es ängstlich zu vermeiden suchen, immer wieder auf Probleme, fallen auf, weil sie abweichen von der Normalität. Abweichen von der Normalität des Alltags, soziales Fehlverhalten also, aber ist Auslöser für Lachen – ein Lachen, das die Funktion hat, dieses Fehlverhalten zu korrigieren *(Bergson 1961, 102 f.).* Kein Wunder, daß Karikaturisten dieses Sujet aufgreifen, können sie doch sicher sein, die Lacher auf ihrer Seite zu haben. Doch daß mit dem Lachen das Fehlverhalten – der Analphabetismus – korrigiert wird, ist eine Illusion.

Die Fähigkeit, schriftsprachliche Situationen und Kommunikation im Alltag seines jeweiligen sozialen und kulturellen Umfeldes zu bewältigen, wird von der UNESCO und der Fachliteratur als Gradmesser des Alphabetisiert-seins bzw. des Analphabetismus angesehen. Wer beim Lesen von Hinweis- und Warnschildern, Gebrauchsanweisungen, Stadtplänen, Büchern, Zeitungen, beim Schreiben von Briefen, beim Leisten einer Unterschrift etc. versagt, ist zumindest funktionaler Analphabet (vgl. *Giere 1992, 20 f.).* Genau diese Situationen sind es, die Karikaturisten herausgreifen und in überspitzter Form darstellen.

So kann Hägar ironischerweise ausgerechnet das Hinweisschild mit der Aufforderung »Nieder mit dem Analphabetentum! Lernt Lesen!« nicht entziffern *(Abb. 2, Browne 1993e).* Ebenfalls hat er Schwierigkeiten, eine Speisekarte zu lesen *(Browne 1993 f., M311)* – eine Situation, die auch literarisch verarbeitet wird in *Frauke Nahrgangs* Kinderbuch »Katja und die Buchstaben« *(Nahrgang 1991, 46 f.).* Dort bittet die des Lesens unkundige Mutter den Kellner, ihr die Speisekarte vorzulesen, da sie ihre Brille verges-sen habe. Hägar ist weniger findig. Statt eine Ausrede zu benutzen, fragt er nach einer Speisekarte mit Bildern – und blamiert sich. Ja, in einem anderen Cartoon läßt er sich sogar vom Ober betrügen *(Browne P69).* Analphabeten in der Karikatur sind – so scheint es – bedingt durch das Medium dümmer als ihre literarischen Kollegen.

Abb. 2: Browne 1993e

Probleme mit seiner Unterschrift hat ein Oktoberfest-Ringer aus dem Jahre 1903. Seine Erfolge ziehen Autogrammwünsche nach sich, die er nicht erfüllen kann, weil er Analphabet ist – Ansporn und Motiv für ihn, schreiben zu lernen *(Abb. 3, Henger 1903)*. Intention des Karikaturisten ist es freilich nicht, ihn wegen dieser Motivation zu loben, sondern ihn durch die Denunziation als Analphabeten zum »primitiven Menschen« zu stempeln und ihn so – im Widerspruch zu seinem Erfolg und seiner wachsenden Popularität – dem Spott (des Gebildeten) preiszugeben, wobei es gerade diese Gegenläufigkeit ist, die das Lachen auslösen soll. Analphabeten haben nichts im Kopf, höchstens etwas in den Muskeln – eine Botschaft, die diese Karikatur transportiert.

Abb. 3: »Sakra, alles will von mir a Autogramm – jetzt is d'höchst Zeit, daß i schreiben lern!« (Henger 1903).

Gegen den Strich dieser Intention gelesen, macht diese Karikatur jedoch noch auf ein weiteres Problem aufmerksam, das auch heute Aktualität besitzt: Für Analphabeten, die in ihrem untergeordneten Beruf Erfolg haben und deshalb in eine höhere Position aufsteigen sollen, in der sie dann schriftkundig sein müssen, ist dieser Aufstieg verbunden mit der öffentlichen Preisgabe ihres Analphabetismus, den sie bisher verbergen konnten. Manche schrecken davor zurück und nehmen lieber eine Entlassung in Kauf, für andere ist es – sofern Arbeitgeber und Kollegen sich verständnisvoll verhalten – Motivation, einen Alphabetisierungskurs zu besuchen.

Abb. 4: Slg. UIP (»Vergiß nicht, die Anweisungen auf der Maschine zu lesen!« – »Natürlich, Chef!« – »Diesen Knopf nicht betätigen.« – »Ich muß Ihnen etwas gestehen, Chef: Ich kann nicht lesen!«

Mit Dummheit – und zusätzlich falschem Stolz – wird Analphabetismus ebenfalls assoziiert in der Karikatur aus einer kanadischen Alphabetisierungszeitschrift, in der es um das Nicht-lesen-Können von Gebrauchsanweisungen geht *(Abb. 4, Slg. UIP)*. Das Bekenntnis, nicht lesen zu können, kommt zu spät. Auf makabre Weise illustriert diese Karikatur die potentiellen Gefahren,[1] die vom Analphabetismus ausgehen können, und signalisiert dem Analphabeten, daß es besser ist, sich zum Analphabetismus zu bekennen, als diesen zu verheimlichen. Falscher Stolz führt zum Mißerfolg.

Besonders schwer haben es Analphabeten im Umgang mit Behörden. Sie können keine Formulare ausfüllen, scheuen sich deshalb davor, Ämter aufzusuchen, weil sie dort – wie sie wohl zu Recht vermuten – auf Unverständnis stoßen. Lieber verzichten sie auf ihnen eventuell zustehende soziale Unterstützung.

Eindrucksvoll schildert *Jochen Ziem* in seinem Jugendbuch »Boris, Kreuzberg, 12 Jahre« solch eine Situation:

Um an einer Klassenreise teilzunehmen, braucht Boris eine Beihilfe vom Sozialamt, die seine Mutter beantragen muß.

»›Scheiße‹, sagte Boris vor sich hin. ›Die Reise kann ich vergessen.‹
›Warum?‹ fragte Susanne, die ihm zugehört hatte.
›Weil se nich uffs Sozialamt jeht.‹
›Isse zu stolz?‹
›Nee, det nich‹, sagte Boris. »Sie kann nich lesen und nich schreiben. Aber sie jibt et nich zu.‹...«*

Boris gelingt es endlich, seine Mutter zu überreden, mit ihm zum Sozialamt zu gehen. Als Vorbereitung für diesen Gang zieht die Mutter nicht nur ihre feine weiße Bluse und ihren blauen Rock an, sondern umwickelt auch ihren rechten Arm mit einer dicken Brandbinde.

»Sie wirkte bemitleidenswert verletzt. Und es schien zu klappen: Der Sozialarbeiter glaubte Roswitha Schulz, daß sie wegen ihrer Armverletzung kein Papier ausfüllen konnte, glaubte ihr, oder tat so, daß sie den vorgedruckten Antrag nicht lesen konnte, weil sie ihre Brille vergessen hatte. Er las ihr die Fragen aus dem Formular vor und trug ihre und Boris' Antworten ein...«

Als sie das Amt erfolgreich verlassen, fragt seine Mutter:

»›Biste stolz uff deine Mutter?‹
›Ja‹, sagte Boris. Er war nicht stolz. Er fand es beschissen...«
(Ziem 1988, 87, 94 ff.).

Solche Situationen sind keine literarischen Erfindungen, sondern gehören zum realistischen Alltag von Analphabeten, für die Behördengänge zum Alptraum werden können. *Wössner* nimmt sich solch einer Situation in einer Karikatur an *(Abb. 5, Wössner 1993).* Er kommt dabei zu einer gelungenen Lösung, in der er sowohl die Unwissenheit und das Unverständnis der Beamtin der Lächerlichkeit preisgibt, als auch den Mut der Verzweiflung (oder ist es Stolz?) der Betroffenen einfängt, die in ihrer Not (ihrem Stolz?) beginnt, das Wort Analphabetin korrekt nach dem behördlich üblichen Buchstabieralphabet zu buchstabieren: »A – wie Anton, n – wie Nordpol...«.

---

1 Für die Übersetzung der englisch- und französischsprachigen Karikaturen danke ich Christa Fischer.

Abb. 5: Wössner 1993

Analphabeten können am gesellschaftlichen und kulturellen Leben ihres jeweiligen Bezugsfeldes nicht gleichberechtigt teilnehmen. Das zeigen die hier vorgestellten Karikaturen zu den Alltagsproblemen der Analphabeten überdeutlich. Analphabeten können aber auch am politischen Alltagsgeschehen nicht teilnehmen. Ihnen fehlt die Schriftsprache, um sich zu informieren, um politische Entscheidungen mitzugestalten. Selbst ihr Protest gegen ihre Situation würde sprachlos verhallen und ungehört bleiben *(Abb. 6, Lowrys 1972, 100)*.

Abb. 6: »Protest der Analphabeten« (Lowrys 1972)

Da ist es nur konsequent, wenn *Stein* in einer Karikatur auf makabre Weise feststellt, daß mangelnde Schriftsprachkenntnisse den funktionalen Analphabeten noch nach dem selbstgewählten Tod zum Gespött der Mitmenschen werden lassen – eine Karikatur, die angesichts eines Erhängten das Lachen über eine orthographisch ungenügenden Abschiedsbrief (»Typisch Ulrich – Fehler über Fehler...«) im Halse ersticken läßt und die auf die alphabetisierte Gesellschaft zurückschlägt.

Die Buchstaben mit Haß und Verachtung strafen

Da Analphabeten Angst vor Geschriebenem haben, ja sich davon bedroht fühlen, stehen sie – oft unbewußt – allem, was damit zusammenhängt, mit Furcht, Verachtung, ja sogar Haß gegenüber. Die Haushälterin Eunice Parchmann aus *Ruth Rendells* Kriminalroman »Urteil in Stein«, die, »weil sie nicht lesen und schreiben konnte«, die Familie, bei der sie in Dienst stand, tötete, ist ein – sicherlich überzogenes – literarisches Beispiel dafür *(Rendell 1992; Genuneit 1992, 32)*.

Hägar der Schreckliche fühlt sich dieser Bedrohung ständig ausgesetzt, zumal er – aus seiner Sicht – damit gestraft ist, einen Sohn zu besitzen, der Liebeslyrik liest *(Browne 1993h)*. Manchmal verzweifelt er schier an der zunehmenden Verbreitung der Schriftsprache *(Abb. 7, Browne 1993i)* und stellt die Inhalte schriftlicher Botschaften in Frage, ja mißtraut ihnen sogar, selten zu Recht, oft zu Unrecht – und dann ist er der Leidtragende, für den der Lesende nur noch Schadenfreude übrig hat. Vielleicht ist es die Angst vor der Schadenfreude, vor dem Spott, vor der Verachtung durch die Mitmenschen, die Analphabeten noch bedrohlicher empfinden als die Buchstaben selbst.

Abb. 7: Browne 1993i

Abb. 8: Browne 1993d

Hilflos steht Hägar Situationen gegenüber, in denen es um sinnentnehmendes Lesen geht und bei denen selbst sein (teil)alphabetisierter Freund Sven Glückspilz versagt *(Abb. 8, Browne 1993d):* Situationen (allerdings nicht dieser banalen Art), in denen sich häufig auch funktionale Analphabeten befinden, die zwar die Buchstaben entziffern, aber das Gelesene nicht verstehen können. Kein Wunder, daß Hägar das Lesenkönnen verwünscht und sein Haß gegen Buchstaben so weit geht, daß er es sogar ablehnt, Buchstabennudelsuppe zu essen, was seine Frau mit dem vielsagenden Anspruch quittiert: »Du haßt jede Bildung« *(Browne P 140).*
In seiner Wikingerwelt hat Hägar ein Mittel gefunden, mit seinen Frustrationen fertig zu werden: »Man sagt, Wissen öffnet viele Türen. – Aber ich persönlich bevorzuge einen Rammbock!« *(Browne 1993g).* Dem heutigen funktionalen Analphabeten steht diese Möglichkeit nicht zur Verfügung: Er muß die Frustrationen, die Angst schlucken und leidet deshalb verstärkt unter psychosomatischen Erkrankungen. Oder soll man diesen Hägar-Comic so interpretieren, daß bei Analphabeten die Gefahr einer verstärkten Gewaltbereitschaft besteht? *Gerhard Haderer* zumindest weist mit seiner Karikatur »Du schaffst es!« darauf hin, daß sich Analphabeten auch von Skinheads vereinnahmen lassen, weil sie sich nicht selbst informieren können: Da hat ein Skinhead mit Hakenkreuz auf der Jacke bereits drei mißlungene Sprayversuche hinter sich und versucht vergeblich, unter anfeuernden Rufen frenetischer Bürger, seine Schriftvorlage (»Deutschland den Deutschen«) auf eine Mauer zu bringen *(Haderer 1994).*

Der Umgang mit einem fremden Wesen – Analphabeten und das Buch
Eine Vielzahl von Karikaturen beschäftigt sich mit dem Umgang, den Analphabeten mit Büchern treiben. In immer neuen Varianten schöpfen sie ihren »Witz« aus der falschen Prämisse, daß Analphabeten nicht wissen, was ein Buch ist und welche Funktionen es hat. So katapultieren sie heutige Analphabeten mit der Arroganz des Alphabetisiertseins zurück in vergangene orale Gesellschaften zu kolonialisierender Eingeborener, die der Schriftlichkeit ihrer Eroberer fremd und ohne Verständnis gegenüberstehen – und amüsieren sich über dieses Verhalten genauso wie die Eroberer, Forschungsreisenden, Kaufleute und Pädagogen *(Comenius)* des 16. und 17. Jahrhun-

derts (vgl. entsprechende Berichte bei *Adams 1993, 69 f.*). Wie bei den Eingeborenenwitzen soll die Ungleichzeitigkeit der kulturellen Ausgangssituation das Lachen provozieren.

So nimmt Hägar die Auskunft seines Sohnes, daß Bücher Geschichten erzählen, wörtlich und hält sich ein Buch ans Ohr.

Siemensen verlegt in seiner Karikatur die Handlung in die Tierwelt, ein Stilmittel, dessen sich schon Karikaturisten im 19. Jahrhundert bedienten *(Baur 1974)*, und erreicht damit eine größere Distanz, die zur Verringerung der Diskriminierungstendenz beiträgt *(Abb. 9, Siemensen 1993)*.

Abb. 9: Siemensen 1993

Das verkehrt herum gehaltene Buch ist ebenfalls ein beliebtes Motiv der Karikaturisten, um Analphabeten zu entlarven.

Eine entsprechende Karikatur veröffentlichte u. a. das Nachrichtenmagazin Focus als Nachklang zum Weltalphabetisierungstag im September 1993 und trug somit – statt zur Aufklärung über den Analphabetismus – zur Klischeebildung bei *(Bookins-Richmond-Times-Dispatch, Focus 38/1993)*.

Alle diese Karikaturen sind mehr oder weniger als diskriminierend zu bezeichnen, denn sie verschweigen bewußt oder unbewußt, daß funktionale Analphabeten in Industrieländern (und hierauf beziehen sich die Beispiele) sehr wohl die Funktion von Büchern kennen. Bücher sind für sie nur nicht als lesbare Objekte zugänglich, sie sind ihnen gleichsam vernagelt worden, wie es *Günther Uecker* in seinem Buchobjekt »Analphabetisches Monument« so treffend darstellt *(Abb. 10, nächste Seite, Uecker 1978/80)*.

Obwohl ihnen Bücher und Zeitungen in ihrer ursprünglichen Funktion

Abb. 10: »Analphabetisches Monument« (Zeitungen, geleimt, Nägel), Uecker 1978/80

verschlossen sind, benutzen Analphabeten sie häufig, um ihren Analphabetismus zu tarnen. So bringt Katja in *Frauke Nahrgangs* Kinderbuch »Katja und die Buchstaben« ihre leseunkundige Mutter dazu, eine Zeitung zu abonnieren, damit keiner merkt, daß sie Analphabetin ist, denn wer sich eine Zeitung hält, muß auch lesen können *(Nahrgang 1991, 23)*.

Die Postkartenserie der VHS Düsseldorf zum Weltalphabetisierungsjahr 1990 greift diese Art der Tarnung auf und weist – indem sie das international für die Alphabetisierung verwendete Piktogramm eines ein aufgeschlagenes Buch haltenden Menschen karikierend verfremdet – darauf hin: »Wer nicht lesen kann, hat Angst, entdeckt zu werden« *(Abb. 11, VHS Düsseldorf 1990)*. Hier erhält die karikaturhafte Darstellung des Umgangs von Analphabeten mit dem Buch aufklärende Züge und wirkt nicht diskriminierend.

Abb. 11: VHS Düsseldorf

... drei Kreuze machen. Analphabeten und das Kreuz mit dem Kreuz
Totale Analphabeten können nicht einmal ihren Namen schreiben, d. h., sie
können keine Unterschrift leisten. In vielen Ländern ersetzt der Daumenab-
druck die Unterschrift, in Deutschland und einigen anderen Ländern unter-
zeichnen Analphabeten mit drei Kreuzen.

Die Gefahren des Daumenabdrucks als Bestätigung eines Dokuments, das
selbst nicht gelesen werden konnte, werden z. B. in Indien und in arabischen
Ländern auf Plakaten zum Kampf gegen Analphabetismus und zur Werbung
für Alphabetisierungsmaßnahmen genutzt *(Welten 1992, 86–89).*

In Deutschland und anderen Ländern sind die drei Kreuze statt der Unterschrift in einem alphabetisierten Umfeld ein Stigma für die Betroffenen. Das
Kreuz reicht aus, jemanden als Analphabeten und damit als Unwissenden
zu kennzeichnen. Diese Reduzierung auf ein knappes Symbol erlaubt es
Karikaturisten, aber auch Schriftstellern, das Kreuz ohne weitere Erläuterungen zu verwenden. Jeder aus den Kulturkreisen, in denen es für Analphabetismus steht, weiß sofort Bescheid. So verrät uns allein der Titel von
Anzengrubers Bauernkomödie »Die Kreuzelschreiber« aus dem Jahre 1872,
daß es sich hier um analphabetische Bauern handeln muß *(Anzengruber
1980, 1–74).*

Bei den deutschen Karikaturisten werden das bzw. die Kreuze schon sehr
früh in den Analphabetismus-Karikaturen verwendet, wie ein Beispiel aus
den »Fliegenden Blättern« von 1850 belegt *(Abb. 12, Fliegende Blätter
1850, 142).* Es kann interpretiert werden als eine bittere Kritik an dem
Schulwesen der damaligen Zeit, dem es offenbar noch nicht einmal gelungen
ist, den SchülerInnen das korrekte Kreuzemachen – geschweige denn das
Lesen und Schreiben – beizubringen. Damals wie heute sind zumindest
einige wichtige Gründe für den Analphabetismus in der Schule zu suchen.

*Abb. 12: Assessor: »Hat sie das Protokoll unterschrieben?« – Frau: »Ja, schreiben kann i nit,
i hab halt drei Kreuzeln hing'macht – wenn Schreibfehler d'rin sind, müssen's scho verzeih'n
– i hab's halt in der Schul nit besser g'lernt.« (Fliegende Blätter 1850)*

Überhaupt nicht sozialkritisch ist die Verwendung des Kreuzes in den Hägar-Comics. Es dient lediglich dazu, Hägar lächerlich zu machen und seine totale Dummheit zu demonstrieren *(Abb. 13, Browne 1993c)*. Der Witz entsteht, weil Hägar das Kreuz für seinen geschriebenen Namen hält.

Abb. 13: Browne 1993c

Auf die begrenzte Möglichkeit von Analphabeten, aufgrund ihrer Schreibunfähigkeit Gefühle auszudrücken, verweist ein anderer Hägar-Comic: Statt seine Initialen und die seiner Angebeteten in das von einem Pfeil durchbohrte Herz einzuritzen, ist es ihm nur möglich, zwei Kreuze in den Baum zu schnitzen *(Browne E 134)*. Bei diesem letzten Comic wird das Kreuz der Analphabeten nicht nur zu einem Zeichen der Dummheit, sondern auch zum Symbol einer in ihren Wünschen, ihrem Fühlen und Handeln reduzierten Persönlichkeit – und damit hat dieser Comic trotz seiner vermeintlichen Oberflächlichkeit den Kern der Sache getroffen.

Ausgetrickst und ausgeschlossen. Analphabeten und ihre Mitmenschen
In einer von Schrift beherrschten Welt ist es einfach, Menschen ohne Schriftsprachkenntnisse auszutricksen, zu übervorteilen, an den Rand zu drängen, ja auszuschließen. In seiner Erzählung »Lemel und Zipe« liefert *Isaac B. Singer* ein derb-komisches Beispiel dafür *(Singer 1991, 54–71)*. Einige Karikaturen unserer Sammlung thematisieren auch dieses Problem. So wird Hägar von seiner Familie ausgetrickst, indem diese nicht in zusammenhängenden Wörtern spricht, sondern buchstabiert, und gerade die Buchstaben sind es ja, die Hägar als Analphabet nicht versteht *(Browne 4, D 177)*. Am deutlichsten jedoch zeigt der Cartoon »Kein Zutritt für Moskitos« des argentinischen Karikaturisten Quino, wie es Analphabeten in Industriegesellschaften ergeht *(Abb. 14, nächste Seite, Quino 1987c, 545)*. Und die Reaktion mancher deutscher Politiker und Behörden auf das Problem des funktionalen Analphabetismus läßt den Schluß zu, daß ihnen diese Lösung am liebsten wäre.

Abb. 14: Quino, 1987c, 545

Wie wird man AnalphabetIn?

Die Ursachen des Analphabetismus sind vielfältig. In Industrieländern kann man meist ein Bündel von Ursachen ausmachen, das aus einem »Zusammenspiel von gesellschaftlichen, familiären, schulischen und individuellen Faktoren« besteht *(Füssenich 1993, 59;* vgl. auch *Namgalis et al. 1990).* In den Karikaturen unserer Sammlung werden überwiegend schulische Faktoren aufgezeigt, z. B. zu große Klassen *(Marcks 1977, 24 f.)* oder falsches Lehrerverhalten, das die SchülerInnen demotiviert und Ängste und Lernblockaden auslöst *(Marcks 1977, 58).* Zum falschen Lehrerverhalten zählt auch, wenn Lernschwierigkeiten nicht erkannt werden bzw. nicht auf sie eingegangen wird, so daß sehr große Lücken entstehen, die nicht mehr aufgeholt werden können und den Schüler entmutigen *(Quino 1987c).*

Auch die Methode des Erstlese- und -schreibunterrichts kann schuld daran sein, daß SchülerInnen das Lesen nicht lernen. Das läßt *Quino* in folgendem Comic-Dialog zwischen Mafalda und ihrem Freund Felipe durchblicken:

M: *Na, wie war's in der Schule, Felipe? Hast du schreiben gelernt?*
F: *Wie soll ich denn am ersten Schultag schreiben gelernt haben?!*
M: *Aber du warst doch den ganzen Tag da!!*
F: *Ja, schon..., aber man lernt erst Striche, Buchstaben, Silben und tausend Sachen. Es dauert Monate, bis man schreiben kann!*
M: *Monate?! Verdammte Bürokratie!*
(Quino 1987a, 02)

Ebenso können Fibeltexte vom Lesenlernen abschrecken. So kommentiert Mafalda folgenden Fibeltext *»Wei wei wisch, / heute gibt es Fisch, / morgen gibt es Wildschweinbraten, / Mutter hat mich eingeladen. / Wei wei wisch, / heute gibt es Fisch.«* ironisch mit den Worten: »Diesen selbstlosen Autoren, die auf eigene große Werke verzichten, um uns statt dessen das Lesen beizubringen, müßte man ein Denkmal setzen!« *(Quino 1987d, 691).* Ähnlich beißende Kritik an Fibeltexten findet sich auch in literarischen Texten, so z. B. bei *Frauke Nahrgangs* »Katja und die Buchstaben« *(1991),* und *Jean Paul* hat diesem Thema schon zu Beginn des 19. Jahrhunderts sogar einen ganzen satirischen Roman gewidmet *(Paul 1989).*

Doch nicht nur einzelne methodische Ansätze oder pädagogisches Fehlverhalten, sondern das ganze (kapitalistische) Bildungssystem – so legt *Rauwolf* in einer Karikatur nahe – ist darauf angelegt, zumindest Teil-Analphabeten zu produzieren, die für dumm verkauft werden und allenfalls die Bild-Zeitung lesen können *(Abb. 15, Rauwolf 1987, 8)*. Die Karikatur ist eine Illustration zu einem Artikel über Analphabetismus in Westdeutschland in der ehemaligen DDR-Satirezeitschrift »Eulenspiegel« *(Walde 1987, 8 f.).*

Abb. 15: »Stopp! Das genügt.«, Rauwolf 1987

Zwischen Angst und Ignoranz
Die Reaktionen auf Analphabetismus und Alphabetisierung

Gesellschaft und Politik haben in Vergangenheit und Gegenwart ein ambivalentes Verhältnis zum Analphabetismus und zur Alphabetisierung. Einerseits gilt Analphabetismus als menschenunwürdig und »unterentwickelt«, andererseits werden sowohl Alphabetisierung als auch Analphabetismus als Bedrohung angesehen.

Schon der englische Karikaturist *Isaac Cruikshank* stellt in seiner Karikatur »A Right Honorable alias Sansculotte« aus dem Jahre 1792 den revolutionären Jacobiner als illiteraten Barbar mit der Keule drohend dar, während der Engländer als Zeichen der Zivilisiertheit, der Kultur und literacy eine Schriftrolle in der Hand hält *(Cruikshank 1792; Koenig et al. 1980, 66).*

Dieses Motiv der Bedrohung durch den Analphabeten, diesmal ein Russe der nachrevolutionären Zeit, greift *Karl Arnold* 1929 in seiner Karikatur »Hollywood und Russenfilm« wieder auf, in der ein grimmig dreinblickendes Gelbgesicht drei US-Schauspielerköpfe aufgespießt hat (»Die Prominenz stirbt – die Analphabeten haben Erfolg«, *Arnold 1929, 648).*

In arabischen Ländern scheinen hingegen – zumindest nach Meinung eines deutschen Karikaturisten – Männer Angst vor der Alphabetisierung der Frauen zu haben und darin die Gefahr einer Revolution zu sehen *(Abb. 16, eh 1991, 3102).* Vielleicht wird diese Angst dadurch geschürt, daß in Ländern wie Ägypten und Jemen durch Plakate Frauen besonders für

Alphabetisierungsmaßnahmen umworben werden *(Welten 1992, 93, Nr. 25, 94, Nr. 28).*

Abb. 16: eh 1991, 3102

Alphabetisierung als Bedrohung ist auch ein literarisches Motiv. So schildert *Alberto Manzi* in seinem Roman »Amigo, ich singe im Herzen«, wie schon der leiseste Versuch südamerikanischer Landarbeiter, lesen und schreiben zu lernen, von den Herrschenden als Bedrohung empfunden und brutal unterdrückt wird *(Manzi 1980)*.

Arroganz und Unverständnis der Reichen gegenüber dem Wunsch der ländlichen Analphabeten, etwas zu lernen, drückt eine Karikatur des indischen Zeichners *Laxman* aus, der den reichen Besucher eines Dorfes sagen läßt: »Ich kann diese Leute nicht verstehen. Niemand kann hier lesen und schreiben, und doch wollen sie eine Schule« *(Laxman, Slg. UIP)*. Die Ignoranz von Politikern in einigen westlichen Industriestaaten gegenüber dem zunehmenden Problem des funktionalen Analphabetismus kritisiert auch eine Karikatur der bereits zitierten kanadischen Alphabetisierungszeitung, in der den Politikern die Vogel-Strauß-Taktik vorgeworfen wird *(Abb. 17, Slg. UIP)*.

Abb. 17: »Wie ist deine Meinung zum Analphabetismus?« – »Ich sehe nichts Beunruhigendes daran!« (Slg. UIP)

Bei soviel Ignoranz gegenüber dem Problem Analphabetismus ist der resignierende Kommentar Mafaldas auf die steigende Analphabetenzahl verständlich: »Der Fortschritt ist ganz schön im Rückstand!« *(Quino 4, 638).*

Wer A sagt, muß auch B sagen –
Die Zweischneidigkeit der Alphabetisierung

Alphabetisierung führt zu Demokratisierung, Frieden, Befreiung, Wohlstand, Glück und Zufriedenheit – so suggerieren es zumindest die Plakate, die zur Werbung für Alphabetisierungsmaßnahmen eingesetzt werden *(Welten 1992, 72–79).* Doch dies ist meist ein Trugschluß, wenn mit der Alphabetisierung nicht gleichzeitig politische, wirtschaftliche und soziale Veränderungen einhergehen *(Giere 1992, 24 f).*

Auch Karikaturisten machen auf die Zweischneidigkeit der Alphabetisierung aufmerksam. Während *Quino* dies nur ganz allgemein tut *(Quino 1987, 2, 308),* bezieht sich der Kolumbianer *Kekar* direkt auf die Alphabetisierungskampagnen der achtziger Jahre in Südamerika, die für die meisten Neu-Alphabetisierten keine Verbesserung ihrer wirtschaftlichen Lage gebracht haben *(Abb. 18, Kekar 1986),* denn »viele von ihnen sind von der Vorstellung, mit dem neuerworbenen Wissen in der Stadt bessere Jobs zu finden, zur Landflucht und zu einem kümmerlichen Leben in den Slums der überbevölkerten Städte getrieben worden« *(Giere 1992, 24 f.).*

Abb. 18: »Ich war jämmerlich arm und konnte nicht einmal meinen Namen schreiben. Aber jetzt – dank der Alphabetisierungskampagne – bin ich nur noch jämmerlich arm.« (Kekar 1986)

Giere (1992, 22 f.) weist darauf hin, daß Alphabetisierung sowohl ein Prozeß der Emanzipation und Befreiung, als auch der Disziplinierung sein kann. Dies spiegelt sich ebenfalls in den Karikaturen wider: »Was würdest du tun, wenn du schreiben könntest?« fragt in einer kanadischen Karikatur eine Näherin ihren Kollegen. »Ich würde meine Kündigung schreiben!« lautet die Antwort *(Slg. UIP).* In die Tierwelt verlegt *Graham* die andere Medaillenseite der Alphabetisierung: Ein Hund ist alphabetisiert, er kann Verbotsschilder lesen, hält sich diszipliniert daran und verzichtet deshalb darauf, eine Katze weiterzujagen – eine der wenigen Karikaturen, in denen der Alphabetisierte das Nachsehen hat *(Abb. 19, Graham Slg. UIP)*. Und für Menschen, die die Nase voll haben vom Alphabetisiertsein, hat ein Karikaturist den Trost parat: »Lesen ist heilbar.«

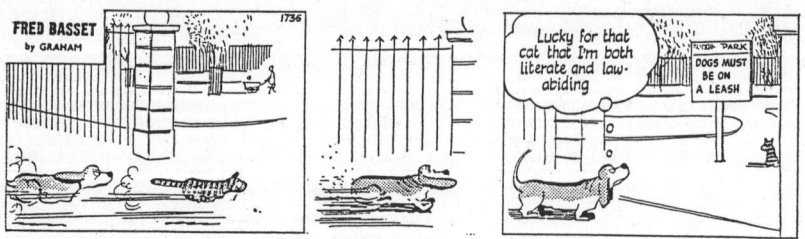

Abb. 19: »Hunde sind an der Leine zu führen.« – »Ein Glück für die Katze, daß ich lesen kann und auch noch gesetzestreu bin.« (Graham Slg. UIP)

Karikaturen als Spiegel
des Problemkreises Analphabetismus/Alphabetisierung

Karikaturen spiegeln ein breites Spektrum des Problemkreises Analphabetismus/Alphabetisierung wider. Sie tun dies – wie es ihre Aufgabe ist – in pointierter, teils kritischer, teils verzerrender Weise. Häufig sind diese Karikaturen – ohne direkte Absicht – diskriminierend gegenüber den Analphabeten, manchmal wirken sie aber auch aufklärend. Dies hängt sowohl vom Problembewußtsein als auch von den Intentionen der jeweiligen Karikaturisten ab.

Die Karikaturen greifen vielfach Aspekte auf, die der historischen und gegenwärtigen Realität entsprechen, und die sich größtenteils sowohl in der Fachliteratur als auch in der schönen Literatur zu diesem Themenkomplex wiederfinden. Karikaturen können deshalb als Ergänzung oder in Verbindung mit dieser Literatur in kommentierter Form ein bedeutsames Medium sein, eine breite Öffentlichkeit auf dieses wichtige gesellschaftspolitische Thema aufmerksam zu machen.

Mit der Diskriminierung konfrontieren
Karikaturen im Alphabetisierungsunterricht

Während Karikaturen im Geschichts- und Politikunterricht *(Krüger 1969; Rössner 1971; Siebert 1974; Krause 1975)* schon eine lange Tradition haben und neuerdings sogar im Rechenunterricht *(Pause 1993a; 1994)* eingesetzt werden, fehlen bisher für den Alphabetisierungsunterricht entsprechende

Erfahrungen. Eignen sich Karikaturen trotz ihrer teilweise diskriminierenden und verzerrenden Tendenz zum Einsatz im Alphabetisierungsunterricht?
Soll man Analphabeten, die unter ihrer Lese- und Schreibunkundigkeit
leiden und – häufig damit verbunden – ein geringes Selbstwertgefühl
besitzen, mit solchen Karikaturen konfrontieren?

Gudrun Pause, eine Alphabetisierungskursleiterin aus Kassel, hat – angeregt
durch die Präsentation meiner Sammlung in der Evangelischen Akademie
Bad Boll im Oktober 1993 – ein Unterrichtsprojekt zu diesem Komplex
entworfen. In ihrer Projektbeschreibung *(Pause 1993b)* schlägt sie vor, daß
sich TeilnehmerInnen an Schreib- und Lesekursen im Unterricht mit solchen
Comics und Karikaturen auseinandersetzen sollen. Die spontanen Stellung-
nahmen der TeilnehmerInnen will sie festhalten und diskutieren. Als diskriminierend empfundene Karikaturen sollen neu betextet und ggf. mit Hilfe
eines Grafikers umgezeichnet werden. Auch ganz neue Karikaturen können
auf diese Weise nach Anregungen der TeilnehmerInnen entstehen. Mit
einigen der neuen Bildtexte bzw. neuen Karikaturen soll dann versucht
werden, in der Öffentlichkeit ein Problembewußtsein über die heutige
Situation von Schreib- und Leseunkundigen zu wecken. Dazu sollen diese
als Ausstellung und Katalog herausgebracht werden und so auch anderen
Alphabetisierungsinstitutionen für ihre Öffentlichkeitsarbeit zur Verfügung
stehen.

Als Ziel dieses Projektes gibt *Pause* an, das Selbstbewußtsein von TeilnehmerInnen an Schreib- und Lesekursen zu stärken, indem sich diese mit –
auch als diskriminierend empfundenen – Medienprodukten auseinandersetzen, diese verändern und dann damit an die Öffentlichkeit treten.

So eingesetzt, scheint auch mir die Verwendung von Karikaturen im Alphabetisierungsunterricht vertretbar. Gegenüber anderen Medienprodukten haben sie den Vorteil, daß sie meist nur aus einem kurzen Text bestehen und
zudem einen visuellen Anreiz bieten. Zusätzlich motivierend ist, daß ihr
Inhalt die TeilnehmerInnen unmittelbar angeht, sie betrifft und betroffen
macht. In der kreativen Auseinandersetzung mit diesen Karikaturen – wie
Pause sie vorschlägt – ist es ihnen nicht nur möglich, das Bild, das sich eine
(Teil-)Öffentlichkeit von ihnen macht, zur Kenntnis zu nehmen und zu
diskutieren, sondern es auch zu beeinflussen, indem sie die Karikaturen um-
und neugestalten und der Öffentlichkeit präsentieren. Dies scheint mir in der
Tat ein richtiger Weg zu sein, ihr Selbstbewußtsein zu stärken, den Themenkomplex Analphabetismus in der Öffentlichkeit zu enttabuisieren und damit
indirekt als Nebeneffekt auch eine Trendwende von der diskriminierenden
zu der aufklärenden Analphabetenkarikatur einzuleiten.

Willi Hörschgens-Füssenich
Elementarbildung in Förderlehrgängen
für SchülerInnen ohne Hauptschulabschluß
Ein Erfahrungsbericht

Der Lehrgang

In enger Zusammenarbeit mit der Berufsberatung des Arbeitsamtes und dem Psychologischen Dienst beim Arbeitsamt werden in Baden-Württemberg und ähnlich in den anderen Bundesländern Förderlehrgänge zur Erlangung der Berufsreife und Verbesserung von Eingliederungsmöglichkeiten benachteiligter Jugendlicher von verschiedenen Einrichtungen angeboten. Der Psychologische Dienst beim Arbeitsamt lädt die schwer zu vermittelnden Jugendlichen – in der Regel alle FörderschülerInnen, aber auch je nach wirtschaftlicher Lage des Einzugsgebietes mehr oder weniger HauptschülerInnen – in seine Räume ein, führt mit den Jugendlichen Gespräche und läßt sie verschiedene Tests durchlaufen. Im Anschluß daran wird mit der Berufsberatung entschieden, ob das Mädchen oder der Junge im Berufsvorbereitungsjahr an den berufsbildenden Schulen ihre Chancen auf dem Arbeitsmarkt und Lehrstellenmarkt steigern können, oder ob eine intensivere und selbstverständlich auch kostspieligere Förderung in einem der hier beschriebenen Förderlehrgänge vonnöten ist; für deren Besuch ist dann letztlich noch eine Befreiung vom Berufsvorbereitungsjahr entscheidend, die nur der Rektor der zuständigen Berufsschule erteilen kann, der die betreffenden Jugendlichen in aller Regel aber gar nicht kennt und für den bei seiner Entscheidung sicherlich auch Kapazitätsauslastungen der eigenen Schule eine nicht unbedeutende Rolle spielen.

Die TeilnehmerInnen an den Förderlehrgängen sind in der Regel ohne Hauptschulabschluß und sollen in einem oder in zwei Jahren durch viel Praxis unter Anleitung von Meistern oder Hauswirtschaftsleiterinnen und durch begleitende theoretische Unterweisung in Deutsch und Rechnen so weit gefördert werden, daß sie einen ihren Wünschen und Fähigkeiten entsprechenden Ausbildungsplatz bekommen können, wobei es natürlich auch eine Aufgabe der MitarbeiterInnen des Lehrgangs ist, Wünsche einigermaßen realistisch an die vorhandenen Fähigkeiten anzupassen.

In einem ersten zehnwöchigen Abschnitt durchlaufen die Jugendlichen die verschiedenen Praxisbereiche, z. B. Holz, Metall, Farbe, Hauswirtschaft usw. und entscheiden sich danach für den zweiten Teil des Lehrgangs mit der Berufsberatung und den Sozialberatern des Lehrgangs für einen Bereich, den sie in den folgenden acht Monaten intensiver kennenlernen sollen und in dem nach Möglichkeit auch am Ende des Lehrgangs ein Ausbildungsplatz gefunden werden soll.

Für alle Jugendlichen im Förderlehrgang besteht Berufsschulpflicht, der sie an einem Tag in der Woche im Rahmen einer Sonderberufsschule nachkommen. Nach der ersten Phase des Lehrgangs, in der die LehrerInnen und BerufsschullehrerInnen die Jugendlichen einigermaßen kennenlernen können, werden an unserer Einrichtung 25 bis 30 von über 100 Jugendlichen ausgewählt und in einem siebenmonatigen Kurs von einer Lehrkraft auf die externe Hauptschulabschlußprüfung vorbereitet.

Die Jugendlichen leben größtenteils im Internat am Lehrgangsort, teils um weite Anreisen auf das Wochenende zu beschränken, teils aber auch, um den Jugendlichen ein anderes Umfeld als ihr Zuhause zu bieten und sie aus den oft desolaten Familienverhältnissen herauszureißen.

Die Voraussetzungen

Ich arbeite seit Ende 1991 als Lehrer für allgemeinbildenden Unterricht in diesem Lehrgang, seit dem Lehrgang 92/93 in Festanstellung mit insgesamt zwanzig Unterrichtsstunden pro Woche in vier Gruppen zu jeweils acht Jugendlichen, d. h., die Jugendlichen haben an einem Tag in der Woche von 8 bis 12 Uhr bei mir »Allgemeine Theorie«.

In meinen Unterricht kommen die Jugendlichen, die vom Arbeitsamt von vornherein für eine zweijährige Anwesenheit im Förderlehrgang vorgesehen sind. Im Lehrgang 93/94 hatte von den 32 Jugendlichen ein Teilnehmer den Hauptschulabschluß, zwei TeilnehmerInnen waren auf einer Schule für Geistigbehinderte, alle anderen kommen von Förderschulen (Schulen für Lernbehinderte).

Diese Jugendlichen weisen sehr unterschiedliche Fähigkeiten und Defizite im Lesen, Schreiben und Rechnen auf.

Da ist einmal die Gruppe der Ausländer und Aussiedler, die teilweise noch Unterricht im Bereich »Deutsch als Fremdsprache« benötigen.

Eine zweite Gruppe ist die der Analphabeten, die nicht oder kaum lesen und schreiben können und auch im Rechnen schon erhebliche Schwierigkeiten im Zahlenraum von 1 bis 20 haben.

Die größte Gruppe bilden die Jugendlichen, die mehr oder weniger lesen und schreiben können, auch zwei bis vier der Grundrechenarten leidlich beherrschen, deren schulische Leistungen jedoch sowohl für den Hauptschulabschluß als auch für eine Berufsausbildung (noch) nicht ausreichen.

Alle TeilnehmerInnen haben allergrößte Schwierigkeiten mit den Maßeinheiten für Strecken, Zeiten, Gewichte, Volumen und sogar Geld. Es ist immer wieder eindrucksvoll, wenn man im Unterricht Rollenspiele, die Kaufen und Verkaufen zum Inhalt haben, durchführt oder ganz einfach »Monopoly« spielt, wie viele von den 15–20jährigen Schulentlassenen Tausender, Hunderter und Zehner nicht auseinanderhalten können, von der Beherrschung des Geldwechselns oder Restgeldherausgebens ganz zu schweigen. Sicher mehr als die Hälfte der von mir betreuten Jugendlichen ist nach mindestens neun Jahren Schulbesuch beim Einkauf einer Jeans oder Musikkassette auf die Hilfe einer Vertrauensperson oder die Gutmütigkeit und Ehrlichkeit des Verkaufspersonals angewiesen, wenn es bei diesem Geschäft korrekt zugehen soll, selbst sind sie weder in der Lage, den Betrag passend zu zahlen, noch können sie das Restgeld nachrechnen.

Erschwerend für meinen Unterricht ist es, daß die Gruppen aus sicherlich nachvollziehbaren Gründen nicht so zusammengestellt sind, daß Jugendliche mit ähnlichem schulischen Leistungsvermögen eine Gruppe bilden, sondern sie werden, da es sich um einen Lehrgang zur Erlangung der Berufsreife handelt, natürlich nach ihren Berufswünschen und/oder ihren praktischen Fähigkeiten eingeteilt. Folge davon ist in jedem Fall, daß die Gruppen im allgemeinbildenden Unterricht sehr heterogen zusammengesetzt sind, was für den Lehrer bedeutet, daß er mit den Unterrichtsinhalten sehr stark differenzieren muß, nach Möglichkeit sogar den Jugendlichen individuelle Hilfen anbieten sollte.

Zu Beginn eines Lehrgangs diktiere ich den Jugendlichen 20–30 lautgetreue Wörter und fordere sie auf, etwas »frei« zu schreiben, entweder eine einfache Bildergeschichte nachzuerzählen, zu einem Bild eine kurze Geschichte zu erzählen oder aber aufzuschreiben, was sie am vorangegangenen Tag gemacht haben. Diese letzte Möglichkeit scheint mir mittlerweile die sinnvollste zu sein, da dabei wenig Anforderungen an Phantasie oder Kreativität gestellt sind und die Jugendlichen sich ganz auf die schriftsprachliche Wiedergabe von ein paar Sätzen konzentrieren können.

Einige Proben aus den beiden letzten Jahren möchte ich hier aufführen, und zwar habe ich die Schriftproben aus Lesbarkeitsgründen mit Fehlern abgetippt und – falls nötig – eine »Übersetzung« angefügt.

Text 1

Ich Bin Aufgsanden und Dan Angzogen. Und Dach Bini Ich Rundeagen. Dach hat fütig gegben und hat Gligl und dan Binig ind den Bireit gegagen. Mittags gegben. Abenesen. Dan Bich Ini Rommelbach und Hat Alten Uwe, Mial, Makus, Jens.

[Ich bin aufgestanden, und dann habe ich mich angezogen. Ich bin runtergegangen. Danach hat es Frühstück gegeben, und es hat geklingelt, und dann bin ich in den Bereich gegangen. Mittagessen gegeben. Abendessen. Dann bin ich in Rommelsbach gewesen und habe die alten Freunde Uwe, Michael, Markus, Jens gesehen.]

Text 2

Morgens gefrüschtugt dan Mhate und Deutsch gehapt dan war Mittagsbause sind zur Berufschule gekangen dan bin ich in die Stadt gekangen hab mir eine Kasete gekauft und ahbe ich mir was zum essen gekauft bin zum Bahnhof gekangen danhach habe ich meine Kasete angehört auf mein Zimmer.

244

Text 3
Ich habe kächstern (gestern) *ein Machte Bilt* (Mathebild) *aus kerchenet*
(ausgerechnet) *und ausgemmalt. Danach habe ich für Freu M. ein Snupiy*
Gemalt und ir Geschänt (geschenkt) *Dannach haben wir das Alfabet kem-*
macht und die Wörter zudiercht (sortiert) *und dann Wach* (war) *mietagbause*
(Mittagspause) *und haben gegessen und um 13.00 Uhr haben wir Freu W.*
gehapt, und die anderen haben im Klassenzimmer gechlacht (gelacht) *der*
Michael, und Rochschj (Roger) *und Rafachelo dann war die Berufschule*
aus alle kechen (gehen) *nach Hause.*

Text 4
Ich haben die Kagefagen gebutz und auch die Kearasche. Haben auch mein
Zimer gebuzt und Haufgeräumt Ich haben gestern fidiofilm geschaut. Haute
Fil ich Feinnburbe machen.
(Ich habe die Krankenwagen geputzt und auch die Garage. Habe auch mein
Zimmer geputzt und aufgeräumt. Ich habe gestern einen Videofilm geschaut.
Heute will ich eine Weinprobe machen.)

Text 5 (lautgetreue Wörter)
Bine (Birne), *toa* (Tor), *tof* (Topf), *Gulge* (Gurke), *Tremete* (Trompete),
inianr (Indianer), *Goroil* (Krokodil), *Eelefat* (Elefant), *Hase, Auto, Dach,*
Opa, Tisch, Baum, Nest, Salat, Rose, Bus, lame (Lampe), *Tomate, telefon,*
Fisch, Sanalen (Sandalen).

Text 6

Der Unterricht
Im Unterricht versuche ich, an den Fähigkeiten bzw. Defiziten der Jugendlichen anzuknüpfen. An den Beispielen, die nicht von ausgewählt schwachen TeilnehmerInnen stammen, sondern schon die Schriftsprachkenntnisse
von etwa der Hälfte der TeilnehmerInnen repräsentieren, kann man ersehen,
daß es sicherlich nicht möglich ist, nur mit einem Lernprogramm eine solche
Gruppe zu unterrichten. Die Jugendlichen müssen vielmehr individuell
gefördert werden, damit sie ihre Kenntnisse in der deutschen Schriftsprache
und ebenso im Rechnen verbessern können, auch wenn am Ende eines
zweijährigen Förderlehrgangs bei den meisten die Chance eher gering sein

wird, den Hauptschulabschluß nachzumachen oder den Berufsschulstoff in einem klassischen Ausbildungsberuf oder auch einer Fachwerkerausbildung – Ausbildung mit geringem Theorieanteil, zum Teil ohne theoretische Prüfung – zu bewältigen. Erreichen läßt sich bei einem guten Lehrgangsverlauf aber, daß fast alle Jugendlichen einigermaßen korrekt mit Maßen, Gewichten und Geld umgehen können, je nach Voraussetzungen Additions- und Subtraktionsaufgaben, alle Grundrechenarten oder sogar noch einfache Bruchaufgaben oder Dreisatzaufgaben beherrschen, daß sie in der Schriftsprache zumindest sich alles »erlesen« können, einfache schriftliche Anweisungen sinnentnehmend lesen können und auch kleinere Informationen oder Mitteilungen leserlich und verständlich aufschreiben können. Inwieweit das dann ausreicht, um in einer rezessiven Phase wie heute einen Ausbildungs- oder auch einen Arbeitsplatz als Hilfsarbeiter zu bekommen, liegt dann natürlich nicht mehr in der Macht des Lehrers.

Angst machen kann einem die Vorstellung, daß einige Jugendliche, die auch nach dem Förderlehrgang nicht vermittelbar sind, in ihre Familien zurückkehren, kein Geld und keine Motivation für den Besuch von Kursen der Erwachsenenbildung haben und so schon nach kurzer Zeit durch konsequentes Nichtlesen, Nichtschreiben und Nichtrechnen wieder auf ein Anfängerniveau in der Elementarbildung zurückfallen.

Am Anfang steht also im Deutschunterricht so etwas wie eine Diagnose der Schriftsprachkenntnisse. Die ergibt bei einigen, daß sie lautgetreu schreiben können, daß sie vielleicht auch einige Rechtschreibregeln beherrschen, daß sie grammatische Grundkenntnisse besitzen, also Wortarten kennen, eine Vorstellung von den Einheiten »Wort«, »Satz«, »Text« haben, vielleicht sogar eine Geschichte sinnvoll in Sätze gliedern können. Die Diagnose kann auch zeigen, daß sie alles das nicht beherrschen, wie zumindest in *Textbeispiel 5* und *6,* die vom selben Jugendlichen stammen, wobei es hier ja erstaunlich ist, wie viele der lautgetreuen Wörter richtig oder zumindest zu entziffern sind, wenn man das mit seinem »freien Schreiben« vergleicht. Dieser Jugendliche und auch der Schreiber von *Textbeispiel 1* mußten zuerst das Alphabet (noch einmal) lernen, was relativ schnell gelang.

Beide – und auch noch drei andere TeilnehmerInnen des Lehrgangs – können nicht lautgetreu schreiben, und so war die wichtigste Aufgabe, ihnen die Phonem-Graphem-Zuordnung zu vermitteln, auch als Grundvoraussetzung für das Lesenlernen. Wenn die Jugendlichen (fast) alle Buchstabenkombinationen zusammenziehen können und sich damit auch (fast) alles erlesen können, beginnt der mühseligste Abschnitt des Lesenlernens; denn jetzt muß man möglichst viel lesen, muß Sicherheit gewinnen, muß versuchen, bestimmte Buchstabenkombinationen wiederzuerkennen und deren Aussprache zu internalisieren. Das alles ist aber im Unterricht – einmal die Woche zweieinhalb Unterrichtsstunden Deutsch – nicht zu leisten, vor allem, wenn die anderen Gruppenmitglieder auch dringend der Förderung bedürfen.

In der Freizeit üben die Jugendlichen aus vielerlei Gründen kaum, allein ist es schwierig und erfordert zuviel Motivation und vor allem Konzentrationsfähigkeit, die Erzieher im Internat haben keine Zeit für Einzelbetreuung zu schulischen Zwecken, die Zimmerkollegen halten durch spöttische Bemerkungen oder ähnliches eher vom Üben ab und auch die häusliche Umgebung an den Heimfahrwochenenden ist in aller Regel eher »schriftfeindlich«, und von den Eltern oder anderen Erziehungsberechtigten kommt wenig Unterstützung.

Der Schriftspracherwerb muß also während der Unterweisungszeit erfolgen, wir haben in unserem Lehrgang für die Analphabeten zusätzlich zu allgemeiner Theorie und Berufsschule ein- bis zweistündigen Einzelunterricht mit Studentinnen der Sprachbehindertenpädagogik organisiert, die damit ihr Praktikum in der Betreuung eines sprachgestörten Menschen ableisten. Dieses Praktikum erweist sich als gewinnbringend für beide Seiten, die Jugendlichen haben die Möglichkeit, sich mindestens 60 Minuten pro Woche mit einer kompetenten Partnerin mit Lesen und Schreiben zu beschäftigen, und machen langsam, aber sichtbar Fortschritte, und die zukünftigen Sonderschullehrerinnen machen Erfahrungen, die ihnen das Studium sonst nicht bieten kann.

Gute Erfahrungen habe ich auch damit gemacht, den Jugendlichen in Unterrichtsphasen, in denen ich mich kaum mit ihnen befassen kann, einfache Texte vorzulegen und den Erfolg ihrer Lesebemühungen mit Hilfe von kleinen Fragen zum Text zu überprüfen. Das erwies sich auch als die beste Möglichkeit, sie vielleicht doch in ihrer Freizeit für eine halbe Stunde an einen Lesetext zu bringen, weil die Aufgabe überschaubar bleibt und in aller Regel ein unmittelbares Erfolgserlebnis damit verbunden ist.

Den Schreiber von *Textbeispiel 2* kann man trotz der vielen Rechtschreibfehler ganz gut verstehen, ähnlich verhielte es sich bei der Schreiberin von *Text 3,* wenn sie nicht für Außenstehende völlig unmotiviert in vielen Wörtern ein <ch> einfügen würde, womit sie ihren Text fast zu einer Geheimsprache erhebt. Das <ch> steht z. B. hinter langen Vokalen wie ein Dehnungs-h (Roger, Rafaelo), es steht statt <r> (war), nach <r> (sortiert, ausgerechnet) und einmal auch statt silbentrennendem <h> (gehen).

Beiden SchreiberInnen gemeinsam ist aber, daß sie keinen oder nur einen sehr eingeschränkten Satzbegriff haben, was man bei vielen, auch orthographisch besseren Jugendlichen feststellen kann, die eine Geschichte von zwei handgeschriebenen Seiten vorlegen, ohne den Text an einer einzigen Stelle durch Punkt oder Komma strukturiert zu haben.

Hier denke ich, daß es wichtig ist, diesen Jugendlichen ein Minimum an Grammatik zu vermitteln, vor allem die Kategorie »Satz« und die obligatorischen Glieder »Satzgegenstand« und »Satzaussage«, was mit den Hilfsfragen »Wer tut etwas?« und »Was tut jemand?« durchaus möglich ist. Man kann Sätze zerschneiden und von den SchülerInnen wieder zusammensetzen lassen, vollständige und unvollständige Sätze zu einer Geschichte zusammensetzen und von den Jugendlichen die falschen heraussuchen lassen, was sie aufgrund ihrer mündlichen Sprachkompetenz meist beherrschen. Vor allem aber müssen sie immer wieder angeleitet üben, zunächst kleine Begebenheiten, Vorgänge, Beschreibungen strukturiert wiederzugeben.

Bei der Schreiberin von *Textbeispiel 3* habe ich zusätzlich versucht, die Lautwiedergabe und die Einsatzmöglichkeiten der Graphemkombination <ch> zu erklären und in vielen Beispielen zu zeigen. Kurzfristig zeigte sich Erfolg in unmittelbar folgenden Schreibversuchen, wie es sich bei weiterer Versuchen im »freien Schreiben« verhält, wird sich zeigen.

Zum Schluß möchte ich noch auf *Textbeispiel 4* eingehen, das ein besonders schwieriges Problem beinhaltet, für das ich auch keine Lösung sehe. Neben den »Rudimentärschreibweisen« für *Krankenwagen, Garage* und *Weinprobe* fällt auf, daß dieser Jugendliche die Subjekt-Verb-Kongruenz nicht beachtet, was für einen 20jährigen Muttersprachler schon außergewöhnlich ist. Außergewöhnlich ist in diesem Fall aber vor allem, daß die Sätze ansonsten syntaktisch korrekt gebildet sind. Der junge Mann spricht nämlich extrem dysgrammatisch, benutzt fast nie die Verbzweitstellung in seinen Äußerungen, Verben fast ausschließlich im Infinitiv in Satzendstellung, und das Subjekt fehlt oft. Auch eine wohl jahrelange logopädische Betreuung, über die ich aber inhaltlich bislang nichts erfahren konnte, hat da offensichtlich nichts bewirkt. Daß er nun hier die Verbzweitstellung einsetzt, (fast) immer ein Subjekt benutzt und auch die Partizipien der Verben, hat mich auf die Idee gebracht, vielleicht über die korrekte schriftsprachliche Syntax auch seine mündlichen Äußerungen zu verbessern. Auch in diesem Falle ist es uns gelungen, eine erfahrene Lehrerin für eine zusätzliche Einzelbetreuung zu gewinnen, die nun gemeinsam mit mir den Jugendlichen sprachlich betreut.

Schlußbemerkung

Die Elementarbildung im Förderlehrgang ist, wie man hoffentlich aus der vorangegangenen Beschreibung dieser Arbeit und den Beispielen ersehen konnte, eine notwendige und unverzichtbare Aufgabe. Erfolge kann man verzeichnen, wenn z. B. ein Jugendlicher am Anfang eines Lehrgangs nicht richtig lautgetreu schreiben kann und beim »freien Schreiben« einige kaum identifizierbare Wörter abliefert und nach zwölf Monaten – im zweiten Lehrgangsjahr – von dreißig lautgetreuen Wörtern siebenundzwanzig richtig schreibt und auf zehn Zeilen selbständig – wenn auch mit vielen Fehlern – seine Erlebnisse vom Wochenende zu Papier bringt (s. *Text 7).*

Problematisch ist und bleibt grundsätzlich, daß der Unterricht im Lesen, Schreiben und Rechnen »nebenher« läuft, Priorität hat die praktische Arbeit, was sich in der Gruppenzusammensetzung, Fehlzeiten wegen Praktika, Wechseln innerhalb der Gruppen usw. niederschlägt.

In einigen Einrichtungen wird dieser Unterricht in Förderlehrgängen auch oder ausschließlich von Honorarkräften bestritten, was erstens auch auf die

Text 7 (Oktober '92 / August '93):

Türenschein Als übel Taren in die Distros und far die Taren Baum

Sanstag 8⁰⁰ habe ich Fernsije
gegukt 12°° Uhr danach Furen wir mit den
Farrad bis nach Tubingen anschlisen
Furen wir an den Blauhensee. danach
Furen wir nach Hause anschlisen.
Gukte ich Ferhsije bis um zwei uhr 22''
ginch ins bet. Sontags steich um 11⁵⁰.
Esslen wir zu Mittags und danach.
Kuken ich Fernsijen und dan Esslen
ich Kuchen Fußballspiel geschspiel

Wertigkeit innerhalb des Lehrgangs hinweist und zweitens, weil schlecht bezahlt, sicher nicht die Qualität des Unterrichts fördert.

Berechtigterweise ist die Erlangung der Berufsreife vorrangiges Ziel des Lehrgangs, jedoch muß man bedenken, daß diese Berufsreife unmittelbar auch mit dem Wissensstand der Jugendlichen in den elementaren Fächern zusammenhängt. Zudem ergibt sich hier – unabhängig von den Berufschancen – für diese Jugendlichen die letzte Chance, diese elementaren Kulturtechniken einigermaßen zu erlernen. Das haben sie in mindestens neun Jahren Schule nicht geschafft, was aber keineswegs als Beweis dafür anzusehen ist, daß sie dazu auf alle Zeiten nicht in der Lage sind, sondern sie haben ganz im Gegenteil das Recht auf einen zweiten Versuch.

Sowohl im Hinblick auf die Berufsreife als auch auf den zweiten Versuch, elementare Kulturtechniken zu erlernen, halte ich die Zersplitterung des theoretischen Unterrichts in »Allgemeine Theorie«, Berufsschule und noch zwei Stunden Sozialkunde beim Sozialberater für problematisch. Vor allem zwischen den Berufsschullehrern und den Lehrern im Förderlehrgang besteht keine institutionell vorgesehene Absprache, alle Absprachen beruhen auf persönlichen Kontakten und privaten Initiativen. Sinnvoller wäre es sicherlich, diese immerhin 14–16 Stunden Unterricht pro Woche in die Hand von z. B. einem Lehrer und einem Sozialpädagogen zu legen, wobei die wichtigste Voraussetzung beim Lehrer Kenntnisse in der Schriftsprachvermittlung und im Anfangsunterricht Rechnen sein sollten. So könnten diese Aufgaben auch in fachübergreifende Aktivitäten eingebunden werden.

Peter Hubertus
Wo steht die Alphabetisierungsarbeit heute?

Mit Einführung und Durchsetzung der allgemeinen Schulpflicht schien das Problem des Analphabetismus in den modernen Industriestaaten der Vergangenheit anzugehören. Lediglich für die sog. Entwicklungsländer, die nicht allen Kindern den Schulbesuch ermöglichen können, wurden Jahr für Jahr höhere Zahlen von Analphabeten genannt. Trotz teilweise recht erfolgreicher Bemühungen wuchs die Gruppe der Schriftunkundigen mit der Zunahme der Weltbevölkerung: »Obwohl der Anteil der Analphabeten (an der erwachsenen = über 15 Jahre alten Bevölkerung) von 54% im Jahr 1970 auf 38% im Jahr 1985 zurückgegangen ist, hat sich die absolute Zahl der Analphabeten im gleichen Zeitraum um 42 Mio. erhöht (869 Mio. im Jahr 1985 im Vergleich zu 827 Mio. im Jahr 1970)« *(UNESCO 1991b, 21)*.

Als in den 70er Jahren verstärkt über einen »neuen Analphabetismus« in den Industriestaaten berichtet wurde – vor allem aus den USA, Großbritannien und den Niederlanden –, dauerte es nicht mehr lange, bis der Analphabetismus auch in der Bundesrepublik Deutschland zu einer erneuten gesellschaftlichen und bildungspolitischen Herausforderung wurde.

In den siebziger Jahren erlebte die Bildungsarbeit im Justizvollzug durch die veränderte Schwerpunktsetzung von Resozialisierung als Ziel der Haft eine Aufwertung. In den neu eingerichteten Lernangeboten wurden erstmalig lese- und schreibunkundige Erwachsene in größerer Zahl ausgemacht *(Holin 1973)*. Erste Schätzungen nennen unter den einsitzenden Erwachsenen 23 Prozent »Voll-Analphabeten« sowie 10–15 Prozent funktionale Analphabeten. Für die Jugendhaft werden weit höhere Zahlen angegeben *(Wehrens 1981)*.

Schließlich fanden sich auch in den Rechtschreibkursen der Volkshochschulen vermehrt TeilnehmerInnen mit erschreckend geringen Schriftsprachkenntnissen, und das Bundesministerium für Bildung und Wissenschaft gab beim Arbeitskreis Alphabetisierung und Bildungshilfe, Berlin, eine Studie »Über Analphabetismus in der Bundesrepublik Deutschland« in Auftrag *(Ehling/Müller/Oswald 1981)*. Im Vorwort des zuständigen Staatssekretärs heißt es: »Nach anfänglicher, auch heute noch nicht ganz überwundener Irritation über dieses Phänomen [...], wird die Tatsache des Analphabetentums nicht mehr verdrängt« *(ebd., 3)*.

Das Bundesministerium für Bildung und Wissenschaft hat in mehreren aufeinanderfolgenden Jahren über die Förderung verschiedener Projekte an der Pädagogischen Arbeitsstelle des Deutschen Volkshochschul-Verbandes wesentliche Grundlagen für die Alphabetisierungsarbeit geschaffen. Das erste Projekt (1982–1985) half, eine Konzeption des neuen Arbeitsbereichs zu entwickeln, förderte die Bereitstellung von Unterrichtsmaterialien und sorgte für die Qualifizierung der KursleiterInnen *(Fuchs-Brüninghoff/Kreft/ Kropp 1986)*. Ein weiteres Projekt wurde mit dem Titel »Vermittlung elementarer Qualifikationen« durchgeführt *(Fuchs-Brüninghoff 1989)*. Derzeit wird in den neuen Bundesländern der Aufbau eines Alphabetisierungs- und Elementarbildungsangebots unterstützt.[1]

Seit nunmehr 15 Jahren werden Alphabetisierungskurse in der Bundesrepublik Deutschland angeboten, und zahlreiche Erwachsene waren beim nachträglichen Erwerb der Schriftsprache erfolgreich. Man sollte annehmen, daß sich inzwischen der Arbeitsbereich konsolidiert hat; statt dessen lassen sich jedoch Stagnation und Rückschritte ausmachen, und bei den pädagogisch Tätigen ist vielfach Resignation verbreitet. Handlungsbedarf besteht in unterschiedlichen Bereichen. Im folgenden werde ich eine Auswahl an bildungspolitischen Problemen benennen und auf Desiderate wissenschaftlicher[2] Auseinandersetzung zum Thema Analphabetismus und Alphabetisierung hinweisen.

Definition

Erwachsene ohne jede Buchstabenkenntnis, manchmal auch als »totale Analphabeten« bezeichnet, gibt es in der Bundesrepublik Deutschland so gut wie nicht. Das Problem in hochindustrialisierten Staaten ist vielmehr der funktionale Analphabetismus.

Gelegentlich wird anstelle von funktionalem Analphabetismus der Begriff sekundärer Analphabetismus verwendet, obwohl damit verschiedene Inhalte verbunden sind. Sekundärer Analphabetismus liegt vor, wenn nach mehr oder weniger erfolgreichem Erwerb der Schriftsprache während der Schulzeit in späteren Jahren ein Prozeß des Verlernens einsetzt und Kenntnisse und Fähigkeiten verlorengehen, wodurch ein Unterschreiten des gesellschaftlich bestimmten Mindeststandards eintritt. Damit ist der sekundäre Analphabetismus ein Sonderfall des funktionalen Analphabetismus.

Die UNESCO legte sich 1978 auf folgende Definition fest, nach der ein funktionaler Analphabet eine Person ist, »die sich nicht beteiligen kann an all den zielgerichteten Aktivitäten ihrer Gruppe und Gemeinschaft, bei

---

1 Eine Kurzbeschreibung des PAS-Projektes ALEB ist abgedruckt in: Alfa-Rundbrief 22/1993, 8 f.

2 Die wissenschaftliche Auseinandersetzung mit der Problematik des funktionalen Analphabetismus und der Alphabetisierungsarbeit ist bisher nur in Ansätzen erfolgt. Ein Grund dafür dürfte sein, daß es für Außenstehende kaum möglich ist, in Alphabetisierungskursen zu hospitieren oder gar empirische Studien zu verfolgen. Der verständliche Wunsch der Lernenden nach Anonymität wird von den Trägern der Kurse sowie den KursleiterInnen respektiert, so daß auch ein begründetes wissenschaftliches Interesse an beobachtender Teilnahme häufig abgelehnt wird. Die wenigen wissenschaftlich orientierten Untersuchungen sowie Dissertationen zum Thema Alphabetisierung und Analphabetismus sind daher häufig von (ehemaligen) DozentInnen verfaßt worden, die bereits durch ihre Unterrichtstätigkeit einen Vertrauensvorschuß bei den Lernenden wie bei dem Kursträger genießen.

denen Lesen, Schreiben und Rechnen erforderlich ist und an der weiteren Nutzung dieser Kulturtechniken für ihre weitere Entwicklung und die ihrer Gemeinschaft« *(Sandhaas 1989, 1)*.

Die Aufnahme von Rechenfähigkeiten in den Katalog der Kulturtechniken ist durch den weiter gefaßten Begriff von Literacy im englischen Sprachraum begründet. In der Fachdiskussion der Bundesrepublik Deutschland wird demgegenüber fast durchgängig allein die ungenügende Beherrschung der Schriftsprache als Kriterium für funktionalen Analphabetismus benannt.[1]

Die Definition der UNESCO hat den Anspruch, für jede »Gruppe und Gemeinschaft« Gültigkeit zu besitzen. Allerdings ist der erforderliche Grad der Schriftbeherrschung in den verschiedenen Gesellschaften unterschiedlich hoch anzusetzen. So ist das erforderliche Maß an Schriftsprachbeherrschung in den hochindustrialisierten Staaten höher als in den Entwicklungsländern. Funktionaler Analphabetismus ist daher ein relativer Begriff, der erst bei Berücksichtigung der jeweiligen konkreten Anforderungen innerhalb einer »Gruppe und Gemeinschaft« an Schärfe gewinnt.

Ob eine Person als Analphabet gelten muß, hängt nicht nur von ihren Lese- und Schreibkenntnissen ab. Darüber hinaus muß berücksichtigt werden, welcher Grad an Schriftsprachbeherrschung innerhalb der konkreten Gesellschaft, in der diese Person lebt, erwartet wird. Wenn ihre individuellen Kenntnisse und Fähigkeiten niedriger sind als die erforderlichen und als selbstverständlich vorausgesetzten, liegt funktionaler Analphabetismus vor. Der Begriff des funktionalen Analphabetismus trägt damit der Relation zwischen dem vorhandenen und dem notwendigen bzw. erwarteten Grad von Schriftsprachbeherrschung in seinem historisch-gesellschaftlichen Bezug Rechnung *(Hubertus 1991, 5)*.

Aber welcher Grad an Schriftsprachbeherrschung wird denn nun im Jahr 1994 in der Bundesrepublik Deutschland als selbstverständlich erwartet, und welcher Mindeststandard ist erforderlich? Darüber gibt es derzeit keine konsensfähige Antwort. Doch erst, wenn innerhalb des Kontinuums von geringsten und fortgeschrittensten Kenntnissen die Grenze zwischen funktionalem Analphabetismus und dem Status des funktional Alphabetisierten innerhalb einer Gesellschaft gezogen ist, lassen sich auch Aussagen über die Größenordnung des Problems vornehmen. Es ist also erforderlich, durch wissenschaftliche Untersuchungen zu klären, welche Kenntnisse und Fähigkeiten im Lesen und Schreiben als unverzichtbar angesehen werden müssen für eine Teilhabe im gesellschaftlichen Leben und im privaten Bereich.

---

1 Im Unterschied dazu geht *Döbert-Nauert (1985, 5)* in ihrer Definition über das Merkmal der Kompetenz hinaus und erweitert den Begriff um eine pragmatische Dimension, indem sie auch diejenigen Personen als funktionale Analphabeten bezeichnet, die aufgrund der Vermeidung schriftsprachlicher Eigenaktivität nicht in der Lage sind, Schriftsprache für sich im Alltag zu nutzen.

Ausmaß
Eng verbunden mit der Definition eines Mindeststandards in der Beherrschung von Schrift ist die Quantifizierung des funktionalen Analphabetismus. Die Grenzziehung zwischen ausreichenden und ungenügenden Kenntnissen und Fähigkeiten ist Voraussetzung dafür, den Bevölkerungsanteil zahlenmäßig zu erfassen, der in dieser Beziehung unzureichend ausgestattet ist.

Im Anschluß an die noch ausstehende Bestimmung des Minimalkatalogs könnten dann empirische Studien Aufschluß darüber geben, in welcher Größenordnung der funktionale Analphabetismus in der Bundesrepublik Deutschland existiert. Da weder der Mindeststandard bestimmt ist, noch Erhebungen zur Lese- und Schreibkompetenz erfolgt sind, können derzeit nur vage Schätzungen über die Anzahl der Schriftunkundigen angestellt werden. So nennt die UNESCO eine Bandbreite von 0,75 bis 3 Prozent für die alten Bundesländer bzw. 500 000 bis 3 Millionen Menschen der deutschen Erwachsenen über fünfzehn Jahre, die zu den (funktionalen) Analphabeten gezählt werden müssen *(Sandhaas 1990, 8)*.

Doch rein rechnerisch ergeben sich andere Werte. Nach Auskunft des Statistischen Bundesamtes waren zum 31. 12. 1991 im früheren Bundesgebiet 49 624 794 Deutsche im Alter von über 15 Jahren. Die niedrige Rate von 0,75% ergäbe demnach 372 186 Personen, die höhere von 3% 1 488 744 Menschen, die vom funktionalen Analphabetismus betroffen wären.

Auch wenn die von der UNESCO genannten Prozentzahlen und das vermutete absolute Ausmaß des funktionalen Analphabetismus immer wieder zitiert und offenbar als realistische Bandbreite angesehen werden, handelt es sich dabei doch um Schätzungen, die nicht auf empirischen Untersuchungen basieren. Der Mangel an verläßlichen Zahlen über die Größenordnung der Schriftunkundigen führt bei Bildungspolitikern gelegentlich dazu, das Ausmaß des Analphabetismus zu verharmlosen, entschiedene Maßnahmen zur Prävention hinauszuzögern und die Verbesserung der Rahmenbedingungen für die Alphabetisierung Erwachsener zu vernachlässigen.

In letzter Zeit wird daher immer häufiger der Mangel an Untersuchungen zur Schreib- und Lesefähigkeit und entsprechender Statistiken beklagt, so etwa in einem Gutachten der Stiftung Lesen für das Bundesministerium für Bildung und Wissenschaft, in dem angesichts fehlenden Datenmaterials »repräsentative Querschnittsuntersuchungen bei Schülern, Schulabgängern, Rekruten und bei Studenten« gefordert und erste Erhebungen in Zusammenarbeit mit den Industrie- und Handelskammern angeregt werden *(Brinkmann u. a. 1990, 23)*. Bislang liegen nur Einzelergebnisse vor, die sich nicht zu einer Gesamtbeurteilung zusammenfassen lassen.[1]

Bei Vorliegen einer entsprechenden Studie wäre es vermutlich leichter,

---

[1] Verschiedene Ergebnisse referiert *Heinz (1984)*.

entschiedene Maßnahmen zur Verhinderung von Analphabetismus sowie einer verbesserten Alphabetisierungsarbeit einzuleiten. Ein derartiges Projekt zur Erhebung der Schriftsprachkompetenz ließe sich auf zweierlei Weise realisicren: Entweder würde eine Erhebung auf freiwilliger Basis erfolgen, wobei mit Sicherheit zu erwarten ist, daß sich gerade Menschen mit Lese- und Schreibproblemen aus Scham der Befragung entziehen werden. Eine derartige Untersuchung würde daher den »Nachweis« erbringen, daß die Lese- und Schreibfähigkeit erstaunlich hoch ist.

Die andere Möglichkeit stellen Tests dar, zu deren Teilnahme die Probanden verpflichtet werden können. Das wäre vermutlich noch am ehesten während der Schulzeit durchzusetzen, z. B. in den Abgangsklassen, oder bei der Musterung von Wehrpflichtigen. Bei der Entscheidung, bestimmte Bevölkerungsgruppen zur Mitwirkung zu verpflichten, um auf diese Weise das tatsächliche Ausmaß des Analphabetismus zu erheben, sollte jedoch auch geprüft werden, ob es gerechtfertigt ist, Lese- und Schreibunkundige einer Untersuchung zu unterziehen, von der zumindest sie selbst schon im vorhinein wissen, daß sie an den gestellten Aufgaben kläglich scheitern werden. Des weitern muß damit gerechnet werden, daß eine Testsituation mit psychischen Blockierungen verbunden sein kann, die letztlich zu verfälschten Ergebnissen führt (vgl. *Stagl u. a. 1991, 68).*

Wie in anderen europäischen Staaten, z. B. der Schweiz, wird auch in der Bundesrepublik Deutschland die Überprüfung von Lese- und Schreibkenntnissen bei der Musterung praktiziert. Zur Beurteilung der Tauglichkeit für den Wehrdienst werden ärztliche Untersuchungen angestellt, bei denen auch sozio-biographische Angaben gesammelt werden. Wenn sich dabei Hinweise auf eine Schwäche im Lesen und Schrciben ergeben, werden entsprechende Tests durchgeführt. Bei einem erheblichen Mangel an Kenntnissen und Fähigkeiten wird die Ausmusterung wegen dauernder Wehrdienstunfähigkeit vorgenommen.

Wer als wehrdienstfähig einberufen wird, nimmt an einer psychologischen Eignungsprüfung teil, bei der u. a. Schriftsprachkenntnisse ermittelt werden. Dabei werden u. a. psychometrische Tests eingesetzt und ein Aufsatzthema gestellt. Falls dabei eine ausgeprägte Lese-/Rechtschreibschwäche diagnostiziert wird, wird eine erneute musterungsärztliche Überprüfung der Tauglichkeit vorgenommen. Eine statistische Erfassung der Anzahl von Lese- und Schreibschwachen findet allerdings nicht statt. Nach Auskunft des Bundesministeriums der Verteidigung wird auf diese Weise sichergestellt, daß keine Analphabeten zum Wehrdienst herangezogen werden. Offenbar ist die Ermittlung lese- und schreibschwacher Männer jedoch recht lückenhaft. Von den Teilnehmern, die meine Alphabetisierungskurse an der Volkshochschule Münster besuchen, hat etwa die Hälfte ihren Wehrdienst abgeleistet.

Meines Erachtens wäre es sinnvoll und realisierbar, wenn im Rahmen der Musterung entsprechende Erhebungen zur Beherrschung der Schriftsprache stattfinden würden, auch wenn damit nur bestimmte Altersgruppen erfaßt und Frauen nicht berücksichtigt werden. Voraussetzung dafür sind jedoch wissenschaftlich fundierte Tests und qualifizierte Mitarbeiter. Wünschenswert wäre es, wenn derartige Erhebungen nicht nur die zahlenmäßigen Angaben über die (funktionalen) Analphabeten liefern würden, sondern differenzierte Aussagen über die Lese- und Schreibkenntnisse aller Wehrpflichtigen. Derartige Untersuchungen sollten auch lebenspraktische Anforderungen berücksichtigen und überprüfen, inwieweit z. B. Bankformulare ausgefüllt und Busfahrpläne verstanden werden können.

Auch wenn das Dilemma letztlich nicht aufzulösen ist, sich entweder mit wenig aussagekräftigen Angaben durch freiwillige Mitwirkung zu begnügen oder Lese- und Schreibunkundige ein Stück aus der selbstgewählten Anonymität zu zerren: Solange keine genaueren Angaben über den Umfang des Analphabetismus vorliegen, werden die bildungspolitisch Verantwortlichen kaum bereit sein, zusätzliche finanzielle Mittel für die Alphabetisierungsarbeit sowie für Maßnahmen zur Prävention bereitzustellen (vgl. *Kamper 1991*).

Bildungspolitik

Obwohl die Problematik des Analphabetismus inzwischen nicht mehr geleugnet wird, gelegentlich werden die Gründe für diesen Mißstand von offizieller Seite in unzulässiger Weise vereinfacht oder verfälscht. So heißt es in einem Bericht der Bundesrepublik Deutschland: »Umfang und Qualität des Lese- und Schreibunterrichts sind so angelegt, daß alle Schulpflichtigen – soweit sie bildungsfähig sind – ausreichende Kenntnisse in den Grundlagen des Lesens und Schreibens erwerben können« *(Sandhaas 1989, 1)*. Und weiter: »Es ist festzustellen, daß es […] trotz allgemeiner Schulpflicht das Problem des ›funktionalen‹ Analphabetismus gibt, also Personen vorhanden sind, die die an der Schule erworbenen Lese- und Schreibfertigkeiten ganz oder teilweise wieder verlernt haben« *(ebd., 2)*.

Fazit: Funktionale AnalphabetInnen sind demzufolge entweder nicht bildungsfähig oder tragen selbst die Schuld an ihrem Unvermögen, da sie ihre in der Schule erworbenen Kenntnisse im späteren Leben nicht pflegen und daher wieder vergessen. Wer mit TeilnehmerInnen aus Alphabetisierungskursen über ihre Schulerfahrungen oder auch über ihr Elternhaus gesprochen hat, wird zu anderen Aussagen kommen, ohne jedoch einseitige Schuldzuweisungen vorzunehmen. Wenn Bildungspolitiker sich zur Problematik des Analphabetismus äußern, dann tun sie es vor dem Hintergrund ihrer Verantwortlichkeit für schulische Rahmenbedingungen. Daraus resultiert die Tendenz, bei Anerkennung der Existenz von Analphabetismus die Bedeutung der Schule für das Entstehen von Analphabetismus herunterzuspielen. Doch darin liegt ein schwerwiegendes Dilemma: Gerade im Erfahrungsaustausch und intensiven Dialog zwischen Erwachsenenbildung und Schule könnte ein wirksamer Beitrag zur Prävention geleistet werden.

Das erste Jahrzehnt der Alphabetisierungsarbeit in der Bundesrepublik Deutschland war geprägt durch engagierte Aufbauarbeit – von PraktikerInnen und mit Unterstützung der vom Bundesministerium für Bildung und Wissenschaft geförderten Projekte. Bundesförderung ist jedoch immer zeitlich begrenzte Modellförderung, und nach deren Auslaufen müssen die Länder für eine Fortführung bzw. Übernahme erfolgreicher Modelle sorgen. Leider zeigen sich die meisten Bundesländer in ihrer verfassungsgemäßen Zuständigkeit äußerst zurückhaltend; die Kulturhoheit der Länder macht offenbar vielerorts vor der Alphabetisierung von Erwachsenen halt. Konzepte sind vorhanden: für die institutionellen Rahmenbedingungen wie für Qualifizierungsseminare der DozentInnen, für eine effektive Teilnehmerwerbung wie für Formen regionaler Kooperation verschiedener Bildungsträger. Doch die Umsetzung derartiger Konzepte scheitert bislang an der mangelnden finanziellen Unterstützung durch die Länder und Kommunen. Die Unterstützung durch die Länder erfolgt meist nur durch die Bezuschussung von Kursen. In Nordrhein-Westfalen etwa werden nach dem Weiterbildungsgesetz Zuschüsse pauschal für durchgeführte Unterrichtsstunden gewährt – für Salzteigkneten wie für Alphabetisierung gleichermaßen. Doch gerade in finanziell schwierigen Zeiten müßten Schwerpunkte für bildungspolitisch wichtige Aufgaben gesetzt werden. Die heilige Kuh der Lehrplanfreiheit soll erhalten bleiben, und die Einrichtungen der Weiterbildung können nach ihren Maßstäben Kursangebote vorsehen – doch eine Unterstützung mit öffentlichen Geldern sollte auf bestimmte Kernbereiche begrenzt und dort möglichst verbessert werden.

Immerhin ist seit einiger Zeit die Bund-Länder-Kommission für Bildungsplanung und Forschungsförderung mit der Problematik befaßt *(Huck/Schäfer 1991)* und die Projektgruppe »Innovationen im Bildungswesen« ist beauftragt, Maßnahmen für eine wirksame Prävention zu erarbeiten.

Seit vier Jahren ist der funktionale Analphabetismus verstärkt im globalen Zusammenhang Thema: Im Internationalen Alphabetisierungsjahr 1990 der Vereinten Nationen fand in Jomtien/Thailand die Weltkonferenz »Bildung für alle« statt, auf der die Weltdeklaration »Bildung für alle« und der »Aktionsrahmen zur Befriedigung der grundlegenden Lernbedürfnisse« verabschiedet wurden *(UNESCO 1991c)*. Noch im Jahr 1990 befaßte sich die Internationale Erziehungskonferenz in Genf auf der Grundlage der in Jomtien verabschiedeten Dokumente auch mit dem funktionalen Analphabetismus.[1] Auch die Bundesrepublik Deutschland verpflichtete sich, die Empfehlungen von Jomtien und Genf umzusetzen. Nach einer öffentlichen Anhörung von Sachverständigen vor dem Ausschuß für Bildung und Wissenschaft zum Thema »Leseverhalten und Lesekultur« wurden Empfehlun-

---

1 Als Vorbereitung zur Genfer Konferenz hatte das Internationale Erziehungsbüro einen Fragebogen an die teilnehmenden Staaten verschickt. Die Antwort der Bundesrepublik Deutschland ist publiziert *(Sandhaas 1989)*.

gen formuliert *(Beschlußempfehlung)*, die schließlich vom Bundestag angenommen wurden. U. a. wird die Bundesregierung aufgefordert, die vorgesehenen Maßnahmen darzulegen, mit denen in der Bundesrepublik Deutschland die Ziele von Jomtien erreicht werden sollen und der von der Weltkonferenz beschlossene Aktionsplan umgesetzt werden soll.

Im einzelnen sollen Vorschläge unterbreitet werden, wie
– Schulen dem funktionalen Analphabetismus entgegenwirken können,
– Bibliotheken als Orte des Lesens gefördert werden können,
– Leseverhalten und moderne Kommunikationstechniken vorteilhaft verbunden werden können und
– Analphabetismus der ausländischen Bevölkerungsgruppen[1] verhindert werden kann.

Alles sicherlich wichtige Vorhaben, doch die Vorschläge sind einseitig. Wer den funktionalen Analphabetismus bekämpfen will, der kann das grundsätzlich auf zweierlei Weise tun. Einmal sind Maßnahmen zu ergreifen, die im Sinne von Prävention die Entstehung des Analphabetismus verhindern. So sind die o. g. Vorschläge zu verstehen, und das ist eine wesentliche Aufgabe. Ein weiteres Ziel bei der Bekämpfung des Analphabetismus muß aber in der Erwachsenen-Alphabetisierung bestehen, und die wird in dem Beschluß nicht erwähnt. Die etwas größere Aufmerksamkeit, die dem funktionalen Analphabetismus von bildungspolitischer Seite inzwischen zuteil wird, konzentriert sich auf die Frage nach Möglichkeiten der Prävention – die überfällige Verbesserung der Rahmenbedingungen der Alphabetisierungsarbeit bleibt in den Überlegungen meist ausgespart.

Mittlerweile hat die Bundesregierung auf die Aufforderung des Bundestages reagiert und ihren Bericht zur Bekämpfung des Analphabetismus vorgelegt *(Bundesregierung 1993)*. Bezugnehmend auf die Weltdeklaration »Bildung für alle« wird dort erklärt, daß das vorhandene Schul- und Ausbildungssystem sowie die Erwachsenenbildung bereits seit langem den wesentlichen Zielen von Jomtien entsprechen und daher in der Bundesrepublik Deutschland »zur Beseitigung oder zur massiven Reduktion des Analphabetismus kein nationaler Aktionsplan im Sinne der UNESCO von den für das Bildungswesen zuständigen Stellen festgelegt worden [ist]. Es werden vielmehr eine Vielzahl von Fördermaßnahmen im schulischen und außerschulischen Bereich durchgeführt« *(ebd., 2.)*. Auffallend ist auch dort die Schwerpunktsetzung auf die Prävention von Analphabetismus.

Demgegenüber ist auf der Ebene der Europäischen Gemeinschaft sowohl

---

1 Bisher besuchen fast nur jene ausländischen TeilnehmerInnen Alphabetisierungskurse, die nur minimale Kenntnisse der Schriftsprache mitbringen. Ein weit größerer Teil der MigrantInnen verfügt über größere Lese- und Schreibkenntnisse, die allerdings nicht ausreichen, um den Anforderungen unserer Gesellschaft gerecht zu werden. Diese große Gruppe der ausländischen funktionalen Analphabeten ist bisher so gut wie nicht beachtet worden.

die Forderung nach Maßnahmen zur Prävention wie zur Verbesserung der Alphabetisierungsarbeit auszumachen, so etwa in der Forderung an die Mitgliedsstaaten, »sich besonders mit dem funktionellen Analphabetismus von Erwachsenen zu beschäftigen, um mit Hilfe spezieller Bildungsangebote und Aufklärungskampagnen, die für diese Kurse werben, in diesem Bereich Abhilfe zu schaffen« *(Europäisches Parlament 1993, 5, vgl. Romberg 1994).*

Öffentlichkeitsarbeit und Teilnehmerwerbung

Im Gegensatz zu gesicherten Daten über die Zahl der Schriftsprachunkundigen läßt sich die Entwicklung der Teilnehmerzahlen von Alphabetisierungskursen leichter ermitteln. Die letzte bundesweite Erhebung von 1987 nennt 8243 Lernende *(Kropp 1987),* jüngste Schätzungen sprechen von 15 000 Personen *(BMBW 1993b, 3).* Diese Angaben berücksichtigen allerdings nicht, wie viele Menschen nur ein- oder zweimal zum Unterricht gekommen sind und dann doch resignieren bzw. wie viele von ihnen über Jahre hinweg in den Lese- und Schreibkursen der Volkshochschulen unterrichtet werden.

Auf jeden Fall wird in der Relation von vielleicht 15 000 Lernenden zur vermuteten Dunkelziffer von 370 000 bis 1,5 Millionen Betroffenen deutlich, daß bisher nur ein verschwindend kleiner Teil der funktionalen Analphabeten zum Kursbesuch motiviert werden konnte. Gründe liegen beispielsweise darin, daß in manchen Gegenden das Angebot noch unzureichend ist und der Weg zur Volkshochschule für manche Lernungewohnten nicht selbstverständlich ist. Außerdem sind nicht alle Betroffenen zu motivieren, sich erneut auf ein organisiertes Lesen- und Schreibenlernen einzulassen, da sich viele von ihnen mit dem Analphabetismus arrangiert haben, schriftliche Anforderungen an Personen ihres Vertrauens delegieren und die damit verbundene Abhängigkeit derzeit nicht abbauen wollen oder können. Eine verbesserte und intensivierte Teilnehmerwerbung und Öffentlichkeitsarbeit – beide gehen Hand in Hand – würden jedoch zu einer höheren Bereitschaft zur Kursteilnahme führen bei denen, die sich derzeit nicht trauen, aus ihrer Anonymität herauszutreten in die begrenzte Öffentlichkeit einer Lerngruppe oder die sich aus Angst vor erneutem Versagen nicht auf einen zweiten Lernversuch einlassen mögen. Manchen fehlt auch nur die Information, daß es entsprechende Lernmöglichkeiten für Erwachsene gibt oder wie sie diskreten Kontakt mit den zuständigen Mitarbeitern der Kursträger aufnehmen können.

Die übliche Praxis der Träger von Alphabetisierungskursen besteht darin, potentielle TeilnehmerInnen und ihre Vertrauenspersonen über die Presse anzusprechen und sog. Multiplikatoren einzubeziehen, die vermutlich häufiger Kontakt mit der Zielgruppe haben, z. B. Sozialpädagogen. Die elektronischen Medien wie Radio und Fernsehen bieten demgegenüber den Vorteil, die Betroffenen direkt zu erreichen.

Erfahrungen dieser Art konnten im Rahmen einer Medienkampagne gesammelt werden, die unter dem Titel »Lesen und Schreiben für alle...« in den Jahren 1986/87 zeitlich versetzt in einzelnen Bundesländern durchgeführt wurde *(Harting 1989)*. Erklärtes Ziel war es, in kurzen Fernsehspots die breite Öffentlichkeit über den (funktionalen) Analphabetismus zu informieren und für die Situation der Betroffenen zu sensibilisieren. Allein in Nordrhein-Westfalen wurden etwa sieben Millionen Fernsehzuschauer erreicht. Ausgestrahlt wurde auch eine Telefonnummer, unter der Anrufer beraten und an örtliche Einrichtungen, die Lese- und Schreibkurse durchführen, vermittelt werden konnten. In Nordrhein-Westfalen gingen bei den zentralen Beratungstelefonen 1600 Anrufe ein, und 1100 Personen meldeten sich zu Kursen an.

Die »Schreibwerkstatt für neue Leser und Schreiber e.V.«, ein bundesweiter Verein zur Förderung der Alphabetisierungsarbeit, setzt sich seit einiger Zeit dafür ein, in Zusammenarbeit mit einzelnen Landesverbänden der Volkshochschulen sowie anderen überregional tätigen Einrichtungen eine modifizierte Neuauflage der Medienkampagne vorzubereiten und ein dauerhaftes telefonisches Beratungs- und Informationsangebot zu installieren *(Hubertus 1993c)*. Derzeit existiert keine zentrale Anlaufstelle, die Betroffenen entsprechende Auskünfte erteilen könnte.

Bundesweite Vernetzung

Aber auch über ein derartiges Serviceangebot für Betroffene hinaus fehlt es bislang an einer bundesweit greifenden Infrastruktur *(Hubertus 1993d)*. Selbst auf Länderebene findet eine koordinierte Zusammenarbeit nur hier und da statt. Das gilt nicht nur für die Volkshochschulen untereinander.

Ausgesprochen selten sind Erfahrungsaustausch und Kooperation über die einzelnen Sparten des Arbeitsbereichs hinweg: MitarbeiterInnen aus der Psychiatrie, dem Pädagogischen Dienst des Justizvollzugs, von freien Trägern, an Volkshochschulen oder in der Aussiedler- und Ausländerarbeit haben kaum Chancen, über ihre eigenen institutionellen Grenzen hinweg die gesamte Bandbreite der Alphabetisierungsarbeit wahrzunehmen und Anregungen für die eigene Tätigkeit zu bekommen. Die wohl einzige praktizierbare Möglichkeit dazu war bisher durch die Lektüre des »Alfa-Rundbriefs« gegeben, der Fachzeitschrift für Alphabetisierung und Elementarbildung.[1]

Um die Grundlage für eine bundesweite Vernetzung zu schaffen, fand im Oktober 1993 an der Evangelischen Akademie Bad Boll eine Veranstaltung mit VertreterInnen aus allen Bereichen der Alphabetisierungsarbeit statt,[2] auf der auch eine gemeinsame »Erklärung zur Alphabetisierung und Grund-

---

1 Der *Alfa-Rundbrief* wird herausgegeben von der Schreibwerkstatt für neue Leser und Schreiber e. V. Bezug: Schreibwerkstatt, z. Hd. Herrn Gerald Schöber, Brunsweddel 9, 24582 Bordesholm.
2 Eine Dokumentation der Tagung wird vorbereitet.

bildung in Deutschland« verabschiedet und die Gründung einer Bundesarbeitsgemeinschaft Alphabetisierung angekündigt wurde. »Ziele und Forderungen [der zukünftigen BAG] sind:

– Unterstützung der Interessen deutscher und ausländischer Analphabeten
– Interessenvertretung der in der Alphabetisierung engagierten Personen und Einrichtungen
– Verstärkung der Öffentlichkeitsarbeit
– Kooperation und Koordination in der Alphabetisierung
– Schaffung schreib- und lesefördernder Lebensbedingungen für Kinder und Jugendliche
– Verbesserung der Lehrerausbildung und schulischer Lernbedingungen
– Einforderung des Rechts auf Grundbildung«
   (*Evangelische Akademie1994*).

Da die Bundesarbeitsgemeinschaft Alphabetisierung keine verfaßte Institution ist, sondern einen lockeren Verbund verschiedener Einrichtungen darstellt, sind ihre Möglichkeiten sicherlich begrenzt. Dennoch bietet dieser bundesweite Zusammenschluß die Chance auf bessere Kooperation und Koordination der Aktivitäten. Vor allem jedoch wird damit eine Organisation geschaffen, die geeignet erscheint, als Sprachrohr für die in der Alphabetisierung Tätigen Interessen zu bündeln und öffentlichkeitswirksam zu vertreten.

MitarbeiterInnen
Neben der fehlenden bundesweiten Infrastruktur, die hoffentlich von der Bundesarbeitsgemeinschaft allmählich aufgebaut wird, ist der zweite wesentliche Schwachpunkt für die Alphabetisierungsarbeit in Deutschland die unzureichende soziale Absicherung der Lehrenden. Anders als im Schuldienst, wo verbeamtete oder angestellte LehrerInnen unterrichten, wird ein Großteil des Unterrichts an Volkshochschulen und anderen Einrichtungen der Erwachsenenbildung von Kursleitern auf Honorarbasis erteilt. Als »Bildungstagelöhner«[1] bekommen sie ihr Honorar für durchgeführte Unterrichtsstunden; in Ferienzeiten oder bei Krankheit haben sie keine Einkünfte. Das durchschnittliche Honorar beträgt etwa 30 DM für eine Unterrichtsstunde.[2] Als selbständige DozentInnen üben sie keine sozialversicherungspflichtige Tätigkeit aus und haben daher keine Ansprüche auf Lohnfortzahlung im Krankheitsfall, Arbeitslosengeld oder Rente.
Die fehlende soziale Absicherung führt zu einer hohen Fluktuation der

---

1 Vgl. *Alfa-Rundbrief 6/1987,* Themenheft: VHS-Kursleiter neuen Typs: Bildungstagelöhner.
2 Eine Übersicht über die Honorarhöhen für Alphabetisierungskurse in den alten und neuen Bundesländern sowie der Schweiz ist abgedruckt in *Hubertus (1994).*

KursleiterInnen. Obwohl die praktische Unterrichtstätigkeit meist sehr befriedigend ist, wechseln viele DozentInnen aus der Alphabetisierung in besser abgesicherte Arbeitsbereiche.[1] Für den Lernprozeß ist dies äußerst nachteilig,[2] und bei jedem Wechsel der vertrauten Dozenten verlassen auch einige TeilnehmerInnen den Kurs.

Der ständige Wechsel des Lehrpersonals hat auch zur Folge, daß die Angebote zur Aus- und Fortbildung im Alphabetisierungsbereich eingeschränkt werden. Es lohnt sich offenbar nicht, hier die knappen Fortbildungsmittel zu investieren. Derzeit gibt es kaum Bundesländer mit regelmäßig stattfindenden Einführungsveranstaltungen in die Alphabetisierungsarbeit.

Doch auch Seminare für langjährige KursleiterInnen sind Mangelware. Die hohe Fluktuation der KursleiterInnen führt bei ungenügenden Aus- und Fortbildungsmöglichkeiten jedoch zwangsläufig zu einer sinkenden Qualifikation der Lehrenden und damit zu einer ernsthaften Gefährdung der Kursarbeit.

Ein geeignetes Modell für die Verbesserung der sozialen Situation der Lehrenden – und damit auch für die Alphabetisierungsarbeit allgemein – sehe ich in den Regelungen, wie sie in den Niederlanden praktiziert werden. Ausgehend von einem festen Schlüssel von wöchentlichen Unterrichtsstunden und entsprechendem Einkommen wird den DozentInnen in Relation zu ' dem geleisteten Unterrichtsvolumen ein anteiliges Honorar gezahlt, das auch die entsprechenden Beiträge zur Sozialversicherung enthält.

Wer in Zeiten leerer öffentlicher Kassen die (richtige) Forderung nach verbesserten Rahmenbedingungen für die Alphabetisierungsarbeit erhebt, wird kaum auf positive Resonanz stoßen. Aber auch vor Jahren wurden derartige Ansprüche als nicht finanzierbar abgetan. Offensichtlich fällt die gesellschaftliche Bewertung der Alphabetisierungsarbeit ungünstig aus, vielleicht auch wegen fehlender Berechnungen des wirtschaftlichen Schadens, der auf funktionalen Analphabetismus zurückzuführen ist.[3] Daß aber

---

1 Eine Fachbereichsleiterin für Alphabetisierung und Grundbildung führt am Ende eines Beitrags über die vorbildliche Arbeit ihrer Volkshochschule aus: Zum Schluß will ich aber ehrlicherweise auch die größte Schwachstelle unseres Konzeptes benennen. Die schlechten Arbeitsbedingungen von KursleiterInnen durch Honorarverträge bringen hohe Fluktuation mit sich. Im Laufe von zwei Jahren scheiden weit über die Hälfte von ihnen (unfreiwillig) aus. Die Folgen sind Verunsicherung und Kursabbruch auf Seiten der Lernenden und Sisyphusarbeit bei der Fachleitung (Heigermoser 1993, 33).
2 Für den Erwerb grundlegender Lese- und Schreibkenntnisse sind bei regelmäßigem Kursbesuch (meist vier Unterrichtsstunden in der Woche) mehrere Jahre anzusetzen. Doch auch nach dieser Zeit können einige TeilnehmerInnen sicherlich noch nicht als funktional alphabetisiert gelten. Mit zunehmendem Alter wird es offenbar immer schwieriger, fortgeschrittene Lese- und Schreibkentnisse zu erwerben. Wer als Erwachsener mit dem Schriftspracherwerb beginnt, wird wohl nur begrenzten Erfolg haben können.
3 In diesem Kontext ist auch zu erwähnen, daß der Zusammenhang von fehlenden Schriftkenntnissen und (drohender) Arbeitslosigkeit bisher zu wenig beachtet worden ist. *(Fortsetzung →*

auch die berechtigten Anliegen der Lese- und Schreibunkundigen in diesem Land kaum berücksichtigt werden, das liegt an der Besonderheit dieser Bevölkerungsgruppe: Funktionale Analphabeten sind nicht nur schriftlos, sie sind vielfach auch sprachlos. Sie bleiben zumeist in der Anonymität und vertreten ihre Interessen nicht in der Öffentlichkeit. Und sie haben keine Lobby, die sich für sie einsetzt. Damit bleibt der Analphabetismus ein weitgehend verdecktes Problem.

Fortsetzung von Anm. 3 vorhergehende Seite:
Ausreichende Lese- und Schreibkenntnisse werden an immer mehr Arbeitsplätzen unerläßlich. Wer ohne diese Kulturtechniken auskommen muß, unterliegt einem hohen Risiko, seinen Arbeitsplatz zu verlieren, und arbeitslose funktionale Analphabeten haben kaum Chancen auf neue Arbeit. Dennoch wird dieser Problematik seitens der Arbeitsverwaltung kaum Rechnung getragen. Umschulungsmaßnahmen setzen Schriftkenntnisse voraus, bieten jedoch keine Möglichkeit, sie dort zu erwerben. Vgl. auch *Alfa-Rundbrief 25/1994, Themenheft: Analphabetismus und Beruf.*

Außenseiter-Kommentar von *Freimut Wössner* zum Thema: »Gibt es ein Leben *vor* dem Analphabetismus?«

Judith Kohlmann
Der Frosch in der Kanne
Vorlesen im Alfabetisierungskurs

Die beiden Frösche
Die Sonne hatte den kleinen Teich fast ausgetrocknet. Da machten sich zwei
Frösche auf die Wanderschaft, um Futter zu suchen. Am Abend kamen sie
in die Kammer eines Bauernhofes und fanden dort einen großen Topf voll
fetter Milch. Gleich sprangen sie hinein und ließen es sich gut schmecken.
Als sie sich satt getrunken hatten, wollten sie wieder herausklettern. Aber
wie sehr sie sich auch mühten, die Wände waren viel zu glatt und zu steil.
Sie rutschten immer wieder in die Milch zurück. Als ihre Kräfte nachließen
und ihre Beine vom Strampeln schmerzten, klagte der eine Frosch: »*Für uns*
gibt es keine Rettung mehr. Was sollen wir uns abplagen, es ist doch alles
umsonst!« *Er ließ sich in der Milch treiben, sank auf den Boden des Topfes*
und ertrank. Sein Freund aber gab die Hoffnung nicht auf. Er strampelte
und strampelte, er strampelte die ganze Nacht hindurch. Und als am Morgen
die Sonne zum Fenster hereinschien, saß er auf einem festen Butterbrocken.
Nun sprang er mit einem gewaltigen Satz über den Rand des Topfes und
hüpfte fröhlich davon (Adamzak/Pfirrmann 1990, 20).

Diesen Text habe ich in aller Ausführlichkeit an den Anfang meines Beitrags
gestellt, weil er recht deutlich illustriert, was die Arbeit im Alfabetisierungskurs manchmal für alle – TeilnehmerInnen und KursleiterInnen – bedeutet:
sich abstrampeln, sich anstrengen, trotz vieler Mühe nicht aufgeben. Zu
Beginn des Semesters nach ihrer Motivation befragt, äußerten viele TeilnehmerInnen unter anderem den Wunsch, ihren Kindern gelegentlich etwas
vorlesen zu können. Die Bedeutung des Vorlesens für die spätere Lesemotivation ist von verschiedenen Seiten immer wieder betont worden *(Stein-
born/Franzmann1980; IfD Allensbach 1985)*. Es scheint allerdings keinen
direkten Zusammenhang zwischen der Häufigkeit des Vorgelesen-Bekom-
mens und der Lesemotivation zu geben *(Hurrelmann1993b,135–145)*.
Viel entscheidender ist der Umgang mit den Texten. Einige Untersuchungen
(z. B. *Heath 1982)* beschreiben das Vorlesen als Bestandteil der Lesetradi-
tion innerhalb einer Familie und betonen die soziale Einbindung der Lektüre
in das Alltagsleben, sei es daß beispielsweise ein Stofftier zum Bilderbuch
gekauft wird oder Impulse für die gemeinsame Freizeitgestaltung vom
Gelesenen ausgehen. Solche Lesetraditionen sind je nach sozialer Herkunft
unterschiedlich ausgeprägt. Die bisherigen Daten, die über Menschen mit
Lese- und Schreibproblemen vorliegen *(Döbert-Nauert 1985; Namgalies
u.a. 1990)* lassen vermuten, daß der familiäre Rahmen wenig Möglichkeiten
zum Sich-vorlesen-Lassen und zum gemeinsamen Lesen bot, von einer

Einbindung des Gelesenen in das tägliche Leben ganz zu schweigen. Nun können im Alfabetisierungskurs Teile der familiären Sozialisation nicht »nachgeholt« werden, dennoch meine ich, daß durch das Vorlesen im Kurs ein Zugang zu Texten geschaffen werden kann, der die TeilnehmerInnen ermutigt, nun ihrerseits weiterzulesen bzw. vorzulesen.

So ist das Vorlesen ein Baustein zum *(Wieder-)Erwerb literater Fähigkeiten.* Ich habe über einen Zeitraum von 2 Jahren jeweils zum Abschluß des Kursabends den TeilnehmerInnen eine Geschichte vorgelesen. Die Auswahl geeigneter Texte war nicht einfach: manche Texte waren sprachlich zu schwierig, manche zu kindlich, manche zu lang. Jede Geschichte sollte in sich abgeschlossen sein. Längere Erzählungen, über mehrere Abende verteilt, haben sich nicht bewährt. Der Text sollte sprachlich einfach gestaltet sein, und nicht zu viele Handlungsebenen enthalten. Überflüssig zu erwähnen, daß solche Texte äußerst rar sind. Manche habe ich während des Vorlesens »entrümpelt«. Beliebt waren Texte, die Sprachspielereien enthielten, Gruselgeschichten, Fabeln, Legenden und vor allem – Märchen. Vielleicht weil, wie *Bettelheim* sagt, »Märchen Zuversicht vermitteln, Hoffnung auf die Zukunft und das Vertrauen auf einen glücklichen Ausgang« *(Bettelheim 1980, 35).* Der Zuhörer kann sich fallenlassen, kann entspannen, es werden keine Anforderungen an ihn gestellt – besonders wichtig nach einem anstrengenden Kursabend. Das Märchen läßt – im Gegensatz zur Fabel – dem Zuhörer alle Möglichkeiten offen: »Es ist uns freigestellt, die Nutzanwendung für unser Leben daraus zu entnehmen oder uns einfach an den phantastischen Begebenheiten zu erfreuen« *(Bettelheim 1980, 53).* Das Märchen holt jeden dort ab, wo er steht.

Die »Märchenstunde« wurde im Verlauf des Semesters zu einer festen Einrichtung. Dabei wurde das anschließende *Gespräch* immer zentraler. Manchmal gaben die TeilnehmerInnen nur kurze Kommentare ab: »Is ja blöd…« oder »So was kenn ich«. Gelegentlich erzählte jemand eine ähnliche Geschichte, und wir verglichen die beiden miteinander. Intensiver wurden die Gespräche da, wo einzelne Assoziationen zu ihrer aktuellen Lebenssituation herstellten. Nachdem ich das Eskimomärchen »Wie die Sonne entstand« *(Barüske 1977, 17),* in dem erzählt wird, wie Frau Sonne sich auf ihren eigenen Weg macht und dabei Herrn Mond zurückläßt, vorgelesen hatte, fielen einer Teilnehmerin Parallelen zu ihrer derzeitigen Beziehungssituation auf: auch sie fühlte sich wie die Sonne in der Geschichte von ihrem Mann kontrolliert und bemühte sich nach Kräften, sich einen Freiraum – wovon der Kursbesuch ein Bestandteil war – zu schaffen. Andere KursteilnehmerInnen erzählten daraufhin ebenfalls von den Reaktionen ihrer Partner auf den Kursbesuch. Der Versuch, sich aus der mit den Schreib- und Leseproblemen verbundenen Abhängigkeit zu befreien, scheint in der direkten Umgebung oft Ängste auszulösen und das ganze Beziehungsgefüge ins Wanken zu bringen. Ein ähnlich intensives Gespräch entstand im Anschluß an das Indianermärchen »Glooscap und seine vier Besucher« *(Het-*

mann 1978, 35). Glooscap, der Große Häuptling, der die Menschen erschaffen hatte, beherbergte vier Besucher. Jeder der Gäste hatte eine Bitte: der eine wünschte sich ein ruhiges und gelassenes Naturell, der andere Reichtum, der dritte die Hochachtung und Liebe seiner Mitmenschen und der letzte ein langes Leben. Der große Häuptling erfüllte alle diese Wünsche. Nachdem ich das Märchen zu Ende gelesen hatte, herrschte zunächst Schweigen. Danach begann ein Teilnehmer zu überlegen, was er sich anstelle des Besuchers gewünscht hätte und allmählich äußerten auch die anderen ihre Wünsche. Es waren alles sehr persönliche Anliegen: einer wünschte, sich mit seiner Freundin zu versöhnen, eine Teilnehmerin wünschte sich, deutlicher sprechen zu können, und ein anderer wünschte sich die Heilung von seinem Anfallsleiden. Nun soll ein Alfabetisierungskurs keine gruppentherapeutische Sitzung sein, doch meine ich, daß solche Gespräche einen Weg aus der emotionalen Isolation, unter der viele KursteilnehmerInnen leiden, eröffnen. Natürlich kann man solche Gespräche nicht provozieren, sie sind personen- und situationsabhängig.

Da die KursteilnehmerInnen stets unterschiedliche Lern- und Lesevoraussetzungen haben, gibt es eine Fülle von Möglichkeiten, wie sie in das Vorlesen einbezogen werden können. Nach meiner Erfahrung sollte man jedoch diese Möglichkeiten nicht überstrapazieren, da sonst das Moment des Genießens zu kurz kommt.

• Die KursteilnehmerInnen wählen selber eine Geschichte aus. Dazu müssen die Texte attraktiv gestaltet sein, versehen mit möglichst farbigen, textbezogenen Illustrationen und einem übersichtlichen Schriftbild.

• Bestimmte Rollen in der Geschichte können von den TeilnehmerInnen gelesen werden.

• Sich wiederholende Textpassagen werden von den TeilnehmerInnen gesprochen.

• Einzelne TeilnehmerInnen lesen leise mit.

• Einzelne TeilnehmerInnen lesen leise mit und stellen die Unterschiede zwischen dem gedruckten und dem vorgelesenen Text fest – ein Vorgehen, das viele interessante Möglichkeiten zur Sprachreflexion eröffnet.

• Über mögliche Fortsetzungen der Geschichte wird spekuliert.

• Vergleiche zu anderen Geschichten werden gezogen. Und… und… und…

Gegen Ende des Semesters kam eine Teilnehmerin auf mich zu: »Ich hab meinem Enkele ein Leseheft vorgelesen!«

Wie war das noch mit dem Frosch in der Kanne???

Gabriele Schumann
Der Ausländer, der Schulschwänzer und der Zigeuner
Analphabetismus in der Schule

»Schreibe 956 in Worten« – neunhundertsechsundfünfzig.
11 Schüler (eine Jungenklasse), 8. Klasse Förderschule, üben im Rahmen
der Unterrichtseinheit »Vorbereitung auf Beruf und Leben« das Ausfüllen
von Scheckformularen. Diese Unterrichtseinheit macht den meisten Schülern großen Spaß, denn sie vermittelt ihnen ein Gefühl von Erwachsenwer-
den und Geldverdienen. Sie steigern sich zu immer größeren Geldbeträgen,
die sie sich gegenseitig diktieren. »Schreib mal 128311!« – einhundertacht-
undzwanzigtausenddreihundertelf.
In dieser Klasse sitzen drei Schüler, die an diesem Unterricht nicht teilnehmen können. Nur einer der Jugendlichen ist in der Lage, eine zweistellige
Zahl so niederzuschreiben, daß man sie lesen kann. Eine dreistellige Zahl
bewältigt keiner der drei.
Murat schreibt sehr eifrig:

drazik   *fteahth*   *ehueren*   *fiernannek*

30 – 48 – 16 – 94

Udo schreibt überhaupt nur ein Zahlwort: *elf* elf.
Dann schreibt er bei seinem Nachbarn ein paar Buchstaben ab, legt das Blatt
aber schnell beiseite und freut sich an den langen Wörtern, die sein Neben-
sitzer produziert: »Pow, so viele Buchstaben!«

Max sitzt einfach nur da und erzählt, wie er und sein Vater große Summen
von Frankreich nach Deutschland transferiert haben, und wie die Wechsel-
kurse zur Zeit stehen.

Sind diese Jugendlichen Analphabeten?
Zur näheren Beschreibung von Udo, Murat und Max eignet sich die Defini-
tion von *Giese (1983, 34)*. Er nennt diejenigen funktionale Analphabeten,
die Lese- und Schreibanforderungen nicht erfüllen können, wie sie für den
Hauptschulabschluß vorgesehen sind. Er unterteilt in fünf Gruppen:
Gruppe 1: völlige Analphabeten, die allenfalls ihren Namen schreiben und
einzelne Buchstaben identifizieren können.
Gruppe 2: Analphabeten, die über rudimentäre Grundkenntnisse verfügen.
Sie kennen eine Reihe von Buchstaben, sie wissen, daß Buchstaben Laut-
werte repräsentieren, sie können Einzelwörter lesen.
Gruppe 3: Analphabeten, die über rudimentäre Lesefähigkeiten verfügen,
aber nicht schreiben können. In dieser Gruppe ist das Prinzip der Laut-
Schrift-Zuordnung verstanden worden, kann aber nur für eine stockende

Lesetechnik herangezogen werden; einige Wörter können aus dem Gedächtnis heraus geschrieben werden.

Gruppe 4: Lese-Schreib-Fähige mit gravierenden Schwierigkeiten. Die dieser Gruppe Zuzuordnenden können mit geringen Schwierigkeiten lesen, aber kaum schreiben. Wichtige Phänomene der deutschen Schrift-Laut-Zuordung (Dehnung, Schärfung, Auslautverhärtung usw.) werden nicht beherrscht. Es bestehen große Schwierigkeiten in der kognitiven Konstruktion von niederzuschreibenden Texten.

Gruppe 5: Lese-Schreib-Fähige mit spezifischen Schwierigkeiten in der Orthographie, der Interpunktion und der Textkonstruktion.[1]

Max gehört zweifelsohne in Gruppe 1. Er kann nur seinen Vornamen schreiben. Sein zugegeben langer Nachname bleibt immer rudimentär. Von der Tafel schreibt er selbst einfache Wörter nur langsam und fehlerhaft ab. Er malt jeden Buchstaben einzeln auf das Papier. Lesen kann er nicht.

Murat und Udo zählen zur Gruppe 2. Udo hat umfangreichere Grundkenntnisse, weicht aber im Gegensatz zu Murat schriftsprachlichen Tätigkeiten aus, was dann oft zu ähnlichen Ergebnissen führt.

Ich lernte die Jungen in der siebten Klasse kennen. Sie besuchten meine Parallelklasse, ich unterrichtete dort Biologie und Erdkunde. Durch einen gemeinsamen Schullandheimaufenthalt und mehrere andere Aktivitäten kannten wir uns recht gut. Für Murat und Udo stand eine Förderstunde pro Woche zur Verfügung, in der ich mit ihnen arbeiten konnte. Sie wurde von Murat immer und von Udo sehr wechselhaft besucht. Max nahm an dieser Förderstunde nicht teil.

Im weiteren möchte ich versuchen, den Mechanismen nachzuspüren, die zu Analphabetismus trotz Schulbesuchs führen können. Dazu müssen die persönlichen Lebensumstände und die Schullaufbahn betrachtet werden. Vor allem sollen Faktoren herausgestellt werden, die Lernhemmnisse erzeugen und verstärken. Die Wechselwirkungen dieser Faktoren müssen betont werden. Anschließend stelle ich jeweils Auszüge aus meiner Arbeit mit den Jugendlichen dar.

Murat

Murat ist ein kurdischer Junge. Er kam mit seiner Familie kurz vor Schuleintritt nach Deutschland und lebt seither mit seinen Eltern und seiner jüngeren Schwester in einer Zweizimmerwohnung. Der Vater arbeitet als Hilfsarbeiter, die Mutter ist Hausfrau. Sie verläßt die Wohnung praktisch nie. Murat muß alle Geschäfte der Familie, wie Einkaufen, Behördengänge usw., erledigen. Innerhalb der Wohnung herrscht die Mutter. Die Eltern sprechen kaum Deutsch. Am Elternabend kann sich Murats Vater praktisch nicht verständlich machen.

---

1 Ich möchte nicht unerwähnt lassen, daß mir die Nennung von Gruppe 5 zu weit reicht. Wen kann man hier nicht subsumieren?

Murat wurde ohne Deutschkenntnisse in die Grundschule eingeschult. Nach sieben Jahren Schulbesuch kann er sich leidlich auf deutsch verständigen. Er spricht in kurzen, grammatisch häufig falschen Sätzen. Seine Aussprache ist undeutlich, er ersetzt z. B. /S/ durch /z/. Sein Wortschatz ist aktiv wie passiv gering.

Seine türkischen Mitschüler berichten, daß sie Murat oft nicht verstehen, weil er so komisch spricht:»Er kann nicht richtig türkisch.«(Dies sagte auch ein kurdischer Mitschüler.)

Murat will meistens überhaupt nicht sprechen. Es fällt ihm schwer, und er zeigt deutlich die Erfahrung, daß seine Zuhörer ungeduldig sind oder ihn auslachen:»Ich nichts zu sagen haben« oder »Du doch lachen« und »Ich will nicht!« Im Laufe unserer Arbeit erzählte mir Murat viele interessante Geschichten aus seiner Heimat so, daß mir mehr als deutlich wurde, wie die ablehnende Haltung seiner Zuhörer Murat hat verstummen lassen. Sein Selbstbild ist: Ich habe nichts zu sagen und folglich auch nichts zu schreiben. Bei einem Gespräch über seine mangelnde Motivation zur Kommunikation sagte er sinngemäß:»Das war doch dumm, daß ich gleich in die Schule mußte, obwohl ich nicht Deutsch konnte. Lernen, sprechen und schreiben, das geht doch nicht gleichzeitig!«

Damit hat Murat sehr treffend eines seiner Lernhemmnisse beschrieben, die ihn bei seiner Schullaufbahn von Anfang an begleitet haben. Seine Lernvoraussetzungen standen immer in einem deutlichen Mißverhältnis zu den Lernangeboten der Schule (vgl. Situation Klasse 8!).

In der Grundschule wurde schnell deutlich, daß Murat den Anforderungen nicht gewachsen war. Nach dem 1. Schuljahr kannte er nur wenige Buchstaben, lesen konnte er praktisch nicht. Er wurde in die Förderschule eingeschult. Die Stellungnahme des Vaters zu diesem Schritt war:»Totschlagen muß man den dummen Hund!« Er war von diesem Zeitpunkt an nicht mehr am schulischen Werdegang seines Sohnes interessiert und baute eine ablehnende Haltung ihm gegenüber auf.

Murat erfuhr seine Außenseiterrolle nicht nur in der Schule, sondern wurde auch innerhalb der Familie zum schwarzen Schaf. Jegliche Unterstützung wie Zuspruch oder Anteilnahme blieben ihm verwehrt.

In der Förderschule wurde zeitweise an seiner Aussprache gearbeitet. Zusätzlicher Förderunterricht fand nur unregelmäßig statt und wurde von wechselnden LehrerInnen erteilt. Eine Kontinuität wurde nicht erreicht.

Zu Beginn der Klasse 7 zeigte Murat folgendes Bild: Er konnte nur wenige Wörter erlesen, einen einfachen Satz sinnerfassend zu lesen gelang ihm nicht. Seine Lesetechnik war stockend, er konnte die Wörter nicht untergliedern, und immer wieder wußte er nicht, wie die Buchstaben heißen. Dies zeigte sich besonders bei mehrgliedrigen Graphemen wie <ei>, <eu>, <au> usw. Beim Schreiben wurde die mangelnde Buchstabenkenntnis besonders deutlich. An manchen Tagen wußte er zwei Drittel der Buchstaben nicht mehr. Eine vollständige Durchgliederung fiel ihm bei längeren Wörtern besonders schwer. Beim Schreiben verfolgte er eine mehr oder weniger konsequente alphabetische Strategie, die durchmischt war mit einigen orthographischen Elementen wie Dehnungs-h oder Doppelkonsonanz. Sein Wortkonzept war gut ausgebildet.

Tiere gibt es viele.

Dann geht der Mann ins Zimmer und schimpft seinen Hund.
Murat überprüfte seine Schreibprodukte auch nach Aufforderung nicht. Er konnte praktisch nicht lesen, was er geschrieben hatte. Wenn er mit einer korrekten Vorlage vergleichen sollte, entdeckte er eher zufällig einzelne Fehler. Er ging planlos vor, schaute sich einzelne Wortteile an und gab schnell auf: »Das ist blöd!«
Bei einer Rückschau auf das Umschulungsgutachten wird deutlich, daß Murat in weiten Bereichen in fünf Schuljahren kaum bzw. keine Fortschritte gemacht hat. Lesen erfolgt immer noch auf der Wortebene. Seine Buchstabenkenntnis hat sich zwar erweitert, ist aber völlig ungesichert. Er hat nicht gelernt, daß beim Erstellen eines Textes alle Redeteile notiert werden müssen, dabei ist erstaunlich, daß er nicht nur Funktionswörter ausläßt, sondern auch Substantive. Man könnte nun zum Schluß kommen, daß der gesamte Deutschunterricht an Murat spurlos vorbeigezogen ist. Dagegen spricht aber, daß er einige orthographische Elemente aufgenommen hat und sie anwendet. In den grundlegenden Bereichen konnte er sich jedoch kaum Inhalte aneignen.
Zusammenfassend kann festgestellt werden, daß Murat durch seine familiäre Situation stark belastet ist. Er muß viele Aufgaben übernehmen. Nach seiner Umschulung wird ihm jede Anerkennung verweigert. Ihm wird nichts zugetraut, und er traut sich nichts zu. Ein Teufelskreis setzt sich in Bewegung. Dazu kommt, daß die Eltern durch die fehlenden Deutschkenntnisse nicht helfen können.
In der Schule setzen sich ähnliche Mechanismen fort. Bei seinem ersten Problem, dem Erwerb der deutschen Sprache, erfährt er wenig Hilfe, er muß sich sofort mit Schrift auseinandersetzen. Schon von Schulbeginn an ist die Differenz zwischen Lernvoraussetzungen und Lernangebot zu groß. Er hat keine Möglichkeiten zur Überwindung dieses Gefälles. Eine positive Haltung gegenüber schulischem Lernen und schulischen Inhalten kann nicht aufgebaut werden. Murat zieht die Konsequenz, sich zurückzuziehen und möglichst wenig Kontakt aufzunehmen und sich ruhig zu verhalten.
Der Unterrichtsausschnitt aus Klasse 8 zeigt deutlich, daß inhaltlich auf ihn nicht eingegangen wird. Er sitzt die Zeit ab, ohne ein angemessenes Lern-

angebot zu erhalten. – Das Erstaunliche an Murat und seiner Lerngeschichte ist, daß er zwar auf vielen Ebenen unbeteiligt bleibt, aber in bezug auf die Schrift sehr ausdauernd versucht, sich einzubringen. Er schrieb alle Tafelaufschriebe ab, schrieb Diktate usw. Dies wurde vom Lehrer positiv vermerkt, aber unter allen Produkten stand: Viele, viele Fehler! Du mußt mehr üben! Übungsangebote setzten aber immer auf viel zu hohem Niveau an. Freie Texte wurden von Murat nie verlangt, ja geradezu abgelehnt.

Für meine Arbeit mit Murat setzte ich mir folgende Ziele:

– Vermittlung von grundlegenden Arbeitsformen und Lösungsstrategien;
– Verbesserung der mündlichen Sprache;
– Aufbau und Festigung grundlegender Schriftkenntnisse;
– Interesse an Schrift wecken.

Für dieses Pensum stand eine Stunde pro Woche zur Verfügung. Ich war mir klar, daß die Fortschritte nur minimal sein konnten, deshalb führte ich mit Murat zu Beginn ein Gespräch über mein Vorhaben und bat ihn um gute Mitarbeit. Er erzählte mir, daß er Angst habe, überhaupt nicht mehr schreiben zu lernen, und nahm dann diesen Unterricht ernst.

Um ihn in seinem eigenen Lernverhalten flexibler zu machen, spielte ich verschiedene einfache Regelspiele mit ihm. Diese Spiele waren zum Teil mit sprachlichen Inhalten eng verknüpft. Es zeigte sich, daß Murat keine Spielform kannte. Da er nur eine Form der Pluralbildung beherrschte, wählte ich ein Singular-Plural-Memory aus. Nachdem wir dieses Spiel über zwei Jahre hinweg fast wöchentlich gespielt hatten, produzierte Murat fast alle Pluralformen richtig, aber er hatte noch keine Strategie für das Memoryspiel entwickelt. Er ging immer sehr unüberlegt an die Sache heran und deckte immer wieder die gleichen Bilder auf. Bei Kartenspielen wie Mau-Mau und dem verwandten Uno verfolgte er sehr schnell Strategien, die zum Spielgewinn führten. Er konnte sich aber die bei Spielende zu nennenden Begriffe »Uno« oder »Mau-Mau« nicht merken.

Im Biologieunterricht war Murat sehr an Tieren interessiert. Deshalb versuchte ich, mit Tiernamen und Eigenschaften dieser Tiere einen Sichtwortschatz aufzubauen, um ihm so das Erlesen von kurzen Texten zu ermöglichen. An diesen einfachen Texten übte er dann auch die Laut-Buchstaben-Zuordnung, die Wortdurchgliederung und die Synthese. Es erwies sich als sehr vorteilhaft, daß die Inhalte für Murat übersichtlich blieben. Jede Woche kam nur ein neues Tier dazu. Nur so konnte er das Pensum überschauen und Teilerfolge erzielen. Wir holten uns Tiersachbücher aus der Schülerbücherei, und er nahm kurze Sätze aus diesen Büchern selbständig in unsere Texte auf.

Obwohl Murat immer wieder versuchte, eigene Texte zu verfassen, gelang ihm kaum ein leserlicher Text. Verbesserungen waren in diesen zwei Jahren deutlich nur beim Lesen zu verzeichnen. Im mündlichen Sprachgebrauch zeigten sich jedoch enorme Verbesserungen. Seine Äußerungen wurden länger, differenzierter und verständlicher. Er meldete sich zu Wort und verstand immer besser, sich Gehör zu verschaffen.

Udo

Ganz anders stellt sich die Situation von Udo dar, und doch lassen sich bei näherer Betrachtung ähnliche Mechanismen feststellen. Udo wurde an unsere Schule mit dem Vermerk »Schulschwänzer« und »Nichtskönner« aus einer anderen Förderschule überwiesen. Aus der Schulakte ließ sich eine bemerkenswerte Liste von Fehltagen ablesen. Noch bemerkenswerter waren die gesammelten schriftlichen Entschuldigungsbriefe der Eltern. Bei der Rekonstruktion seiner Schullaufbahn zeigte sich, daß Udos Familie sehr oft umgezogen ist. Er wurde in seinen neuen Schulen oft erst nach vier Wochen angemeldet und fehlte dann auch häufig. Als Grund wurden Krankheit, Familienfeiern, aber auch Möbelkäufe und Ferienreisen angegeben. Im Briefwechsel mit der Schulverwaltung machte die Mutter immer wieder deutlich, daß der Stellenwert, den sie der Schule beimißt, sehr gering ist: »Die wirklichen Dinge werden auf der Straße gelernt!« Es stellte sich heraus, daß Udo von Beginn seiner Schulzeit an selbst für seinen Schulbesuch verantwortlich war, daß seine Mutter ihn selten weckte, aber immer schnell mit einem Entschuldigungsbrief zur Hand war. Unternehmungen verschiedener Art während der Unterrichtszeit waren für die Eltern selbstverständlich. Durch die häufigen Umzüge waren Reaktionen der Schule erschwert. Udo hat so von zu Hause aus nie erfahren, daß die Schule etwas Wichtiges für sein Leben sein kann. Zusätzlich hat er gelernt, sich anstrengenden Situationen zu entziehen.

Aus der Schulakte waren inhaltlich nur wenig Informationen über Udos Wissen und Leistungen zu erfahren. Die Situation stellte sich zu Beginn der Klasse 7 wie folgt dar: Udo war äußerlich ein sehr gewandt wirkender Junge, der einen aufgeschlossenen Eindruck machte. Er wußte über viele Dinge Bescheid und konnte sich sprachlich gut ausdrücken. Dazu paßte seine Ausrede für den ersten Schultag, der gleich ein Fehltag war, überhaupt nicht: »Ich habe die Schule nicht gefunden!«

Udo konnte einfache Wörter schreiben. Er hatte aber noch eine unzureichende Buchstabenkenntnis, die sich jedoch durch Übung schnell verbessern ließ. Es zeigte sich, daß er sich für das Schreiben Grundkenntnisse angeeignet hatte, aber durch die fehlende Übung und Anwendung keinen schnellen Zugriff auf diese Kenntnisse besaß. Das Lesen fiel ihm deutlich schwerer. Er konnte auch einfache Sätze nicht sinnerfassend lesen und fing sehr schnell an zu raten. Sein ausgeprägtes Allgemeinwissen führte ihn dabei zu den abenteuerlichsten Interpretationen der Texte. Auf der Wortebene zeigte sich schon bei Wörtern mittlerer Schwere und Länge, daß Udo nur flüchtig durchgliederte. Er hatte nur eine unzulängliche Vorstellung der Begriffe Buchstabe, Wort und Satz. Bei einem Spiel sollte er Abbildungen von Reimwörtern zusammenlegen, er suchte jedoch die inhaltlich stimmigen Dinge heraus: zu *Tisch* legte er *Stuhl* statt *Fisch* usw. Auch auf weitere Erklärungen hin konnte er sich nicht auf die lautliche Seite dieser Aufgabe einlassen.

Udo besuchte den Förderunterricht sehr unregelmäßig, deshalb war es besonders schwierig, ein kontinuierliches Förderkonzept zu verfolgen. Ziele für die Arbeit mit Udo waren:
– Interesse an Schrift zu wecken und Inhalte in den Vordergrund zu stellen;
– möglichst freie Wahl der Arbeitsmittel und -formen.

Für den Anfang stellte ich ihm verschiedene Materialien zur Graphem-Phonem-Laut-Zuordnung zur Verfügung. Sehr schnell kam er dann mit dem Sportteil der Zeitung an und wollte Hilfen beim Lesen. So haben wir zusammen ein Heft mit Begriffen aus der Welt des Fußballs zusammengestellt. Über verschiedene Übungen mit Wortfamilien und Morphemen konnte sich Udo einen kleinen Wortschatz erarbeiten. Einfache Texte mit diesen geübten Wörtern und mit zusätzlichen Lesehilfen wie Silbenbögen konnte Udo schon nach verhältnismäßig kurzer Zeit erlesen. Um aber selbst einfache Texte aus der Tageszeitung zu lesen, reichten seine Kenntnisse und vor allem auch seine mangelnde Übung nicht aus.

In vielen Gesprächen versuchte ich, Udo zu verdeutlichen, daß er ohne Konzentration, Ausdauer und Regelmäßigkeit keine nachhaltigen Erfolge erzielen kann. Er gab sich aber mit kleinen Teilerfolgen zufrieden und scheute die nächste Anstrengung.

Die Schule als Institution und auch schulische Inhalte haben in Udos Familie einen nur geringen Stellenwert. Der Forderung der Institution nach regelmäßigem Schulbesuch hat sich die Familie erfolgreich jahrelang entzogen. Udo hat dabei gelernt, daß auf diesem Feld mit einem hohen Maß an Hartnäckigkeit und Ignoranz viel zu erreichen ist. Somit wurde ihm aber auch eine Auseinandersetzung mit den Inhalten der Institution Schule verwehrt. Udo hat zweifelsohne außerhalb der Schule viel gelernt. Aber er kann weder den Sportteil der Zeitung noch seine Liebesbriefe lesen. Eine Bewerbung für einen Praktikumsplatz oder den Antrag für einen Personalausweis zu schreiben sind ihm unmöglich. Alle diese Dinge können für die Teilhabe an unserem gesellschaftlichen Leben für jeden einzelnen sehr wichtig sein.

Max

Max ist ein Schüler, der seinen Nachnamen nicht schreiben kann. Selbst das Abschreiben seines Namens fällt ihm oft schwer. Er ist ein wirklicher Analphabet.

Ich beschreibe Max in diesem drastischen Ton, denn er stellt für mich als Lehrerin eine ungeheure Provokation dar. Sicher sind so krasse Fälle in unseren Schulen Einzelfälle. Aber in einer Reihe mit den oben beschriebenen Schülern Murat und Udo werden Spuren deutlich, die Auskunft über die Mechanismen geben, die zu Analphabetismus führen können.

Doch zurück zu Max. An ihm wurden in tragischer Weise mehrere dieser Mechanismen wirksam, die sich negativ auf schulisches Lernen (vielleicht auch auf Lernen allgemein) auswirken. Max war als Kind an Leukämie erkrankt. Er hat die Krankheit vor der Schulzeit völlig überwunden. Seine

Eltern, vor allem seine Mutter, versuchten ihn aber seit dieser Zeit von allen Belastungen fernzuhalten. Dies hatte zur Folge, daß er in der Schule oft wegen Krankheit fehlte. Seine Fehlzeiten führten dazu, daß er sich die Inhalte der Grundschule nur unzureichend aneignen konnte und so nach Klasse 2 in die Förderschule umgeschult wurde. Seine Mutter sah in dieser Umschulung eine Herabsetzung ihrer Volksgruppe. (Max ist Zigeuner – die Familie besteht auf dieser Bezeichnung!) Sie zog die Konsequenz, Max mit auf die ausgedehnten Reisen der Familie zu nehmen. Max war und ist das einzige Kind der Großfamilie, das an den Reisen teilnimmt, alle anderen Kinder bleiben bei den Großeltern, damit sie die Schule besuchen können. Max erhielt so eine Sonderstellung innerhalb der Familie. Sie ist geprägt von Schutzmechanismen, aber auch von Rollenzuschreibungen wie »Schandfleck der Familie«. Die Eltern zeigen heute noch die Hoffnung, daß Max Lesen und Schreiben irgendwann einmal lernen wird. Die Schule kann für sie aber keinen Beitrag dazu leisten, deshalb halten sie den Schulbesuch für Max für nicht wichtig. Dahinter stecken auch eindeutig Ansprüche der Familien, denn Max hat sich auf den Reisen unentbehrlich gemacht.
Seine Zeit in der Schule ist immer nur von kurzer Dauer und hat nur Alibifunktion.
Max hatte so wenig Zeit, sich grundlegende Kenntnisse der Schriftsprache in der Schule anzueignen. Er wurde aus verschiedenen Gründen vom Schulbesuch ferngehalten. Die Anregungen in seinem persönlichen Umfeld waren auch nicht so, daß ihm ein Lernen auf diesem Gebiet möglich gewesen wäre. Max durfte am Förderunterricht nicht teilnehmen, weil er ihn voraussichtlich pro Jahr weniger als fünf Mal besucht hätte(!).

Ich konnte hier nur einen Aspekt aus einem ganzen Problembündel im Leben dieser drei Jungen herausgreifen. Meine Möglichkeiten, auf diese Probleme einzugehen, zeigten sich als erschreckend gering. Schüler der Klasse 7 haben schon viel zuviel Zeit fast nutzlos in der Schule verbracht, um noch sinnvolle Lernstrategien aufbauen zu können. Eine Förderstunde reicht dabei bei weitem nicht aus. Schüler sind in diesem Alter oft besonders schwer zu motivieren, da sie viele andere Dinge im Kopf haben und die Berufsausbildung noch zu weit von ihnen entfernt ist.
Diesen Jugendlichen ist gemeinsam, daß sie im Bereich der Schriftsprache auch nach offiziell sieben Schulbesuchsjahren kaum Kenntnisse erworben haben. Es zeigt sich bei allen, daß ganz abgesehen von den persönlichen Möglichkeiten der einzelnen Personen das Elternhaus und die Schule gemeinsam versagt haben.
Es wäre Murat, Udo und Max zu wünschen gewesen, daß sie in ihrem Elternhaus eine bessere Unterstützung und auch eine andere Rollenzuweisung erfahren hätten. Dazu gehören auch Beratung und Hilfe für die Eltern, die oftmals mit den Schulproblemen ihrer Kinder überfordert sind.
An die Schule möchte ich verschiedene Forderungen richten. Sie sind

sicherlich schon alle oft genannt worden, aber mit ihrer Umsetzung tun sich offensichtlich Schulverwaltung wie auch die KollegInnen schwer. Deshalb möchte ich die wichtigsten nennen:

• Eingehen auf die individuellen Lernvoraussetzungen der Kinder, um eine bessere Passung von Lernvoraussetzungen und Lernangeboten zu erreichen.

• Kontinuität bei der Arbeit mit Kindern, die Schwierigkeiten beim Schriftspracherwerb haben. Ständiger Wechsel der LehrerInnen erschwert den Lernprozeß zusätzlich. Klassenunterricht und Förderunterricht sollten von einer Person erteilt werden. Kann dies nicht verwirklicht werden, sollte eine inhaltliche Abstimmung erfolgen.

• Die Aus- und Weiterbildung im Bereich des Schriftspracherwerbs sollte verbessert werden.

• Schulen sollten mehr Förderstunden für diesen Bereich erhalten und Konzeptionen entwickeln, wie diese Stunden sinnvoll in den Schulalltag integriert werden können.

• KollegInnen sollten sich verantwortlich fühlen für diesen Bereich und versuchen, so früh wie möglich den Mechanismen entgegenzuwirken, die Analphabetismus entstehen lassen.

Zum Schluß eine Geschichte von Murat, der – wie oben beschrieben – großes Interesse an Tieren hat:

»In der Türkei sagt man, daß es gut ist, wenn man eine Fledermaus findet. Man nimmt sie und zieht ihre Flügel weit auseinander. Dann zieht man die ganze Fledermaus einmal unter seiner Nase durch und wirft sie dann hinter sich. Davon wird man klug! Aber ich habe noch nie eine Fledermaus gefunden.«

Ursula Busch
Endlich hab ich dich erwischt!

Irgendwie muß es gelingen, dem ständig fehlerhaften Gebrauch der Artikel zu Leibe zu rücken.

Die Lehrerin hat ein gründliches Konzept entwickelt. Kein einziges Mal mehr wird sie einen Fehler durchgehen lassen. Immerzu verbessern! Einmal muß es dann ja klappen! (Sie haben richtig erraten, daß es noch kurz nach den Großen Ferien sein muß, liebe Kollegen!)

Auf großen Kartons an den Wänden erscheinen die Substantive mit zugehörigem Artikel, mit Farb- und Formsignalen als Visualisierungshilfen versehen…

»Die Frau, die Bank, der Mann, der Tisch, das Kind, das Fenster…«

Spätestens hier wird die Fragwürdigkeit des Unternehmes deutlich. Ist »der Tisch« ein Mann und »die Bank« eine Frau? Überhaupt ist die deutsche Grammatik, rein juristisch gesehen, unhaltbar.

Ein Schrei läßt die Lehrerin jäh aus ihren Gedanken fahren und den Reißnagel zu Boden fallen, der gerade ein neues Poster an die Wand bannen sollte. (Denn nur die kleinen komischen Bilder, die als lustige Merkhilfen wirken sollen, versöhnen die Kinder mit dem Ärgernis des Artikelsalats.)

»Auaaa!«

»Kommen Sie mal, der hat mich schon wieder gehauen!«

Widerwillig begibt sich die Lehrerin in Richtung Tatort.

»Wer denn schon wieder?«

»Na, der da!« Daniel zeigt auf Yvonne (ein äußerst sanftmütig aussehendes Wesen)

Die Lehrerin holt tief Luft. »Also sag mal… außerdem heißt das überhaupt nicht *der,* sondern *die. Die* Yvonne hat mich gehauen. *Sie! Sie! Sie!*

Daniel ist baff. »Was, die Yvonne hat Sie auch gehauen, Sie auch?«

»Ach, Quatsch, nein natürlich nicht . Aber ich habe Dir eben gesagt,wie du sagen mußt – nicht *er* hat mich gehauen, sondern *sie* hat mich gehauen, sie-sie-sie, die Yvonne!«

»Ach so, ich dachte… «

»So, jetzt schaut mal alle zu mir her. Hier sind viele schöne Sachen aufgeklebt. Wir wollen nun mal versuchen… «

Neuer Schreckensschrei: »Frau Busch, ich finde meinen Heft nicht. Ich habe ihn noch gestern meine Mutter gezeigt und da hat er heute vergessen… «

»Nicht – *er* – hat vergessen!«

»Doch«, beteuert Sanela eifrig, »er hat es vergessen, echt!«

»Aber doch nicht *er!* Deine Mutter ist doch *sie!* Sie hat es vergessen. Sprich mir nach: meine Mutter hat vergessen, mein Heft in die Tasche zu tun, sie hat… «

»Nein, nein« wehrt sich Sanela, »er hat nicht vergessen, ihn in Ranzen zu tun, sondern… «

Die Lehrerin ringt die Hände. Erschöpft sagt sie (aber mehr zu sich selbst): »Die Mutter. Der Ranzen. Das Heft.«

Nach einer kurzen Erholung meint sie:

»Ich sehe ein, daß das mit den Artikeln für Euch schwer ist. Daher üben wir das jetzt auch. Ich kann Euch auch nicht sagen, warum es *das* Heft, *der* Ranzen, *die* Bank heißt –

Aber bei Personen wie Mutter, Vater, Schwester, Bruder, da könntet Ihr schon mal langsam wissen, wer *er* ist und wer *sie* ist.

Also, wir üben das mal sofort mit Personen. Immer wieder üben und dann immer dran denken. Oh je – a propos – immer dran denken!«

Jetzt ist es die Lehrerin, die einen Schreckensschrei ausstößt.

»Da fällt mir was ganz Wichtiges ein. Fast hätte ich es vergessen, diese Liste aufs Rektorat zu bringen… «

Schon stehen zehn hilfsbereite Kinder um den Tisch der Lehrerin. Sie schiebt sie mit sanfter Gewalt zurück: »Ihr sollt nicht Mus aus mir machen, außerdem geht nicht der, der am lautesten schreit, sondern einer, der sich nicht so vorgedrängelt hat, zum Beispiel – Dragan!«

Tödlich beleidigt, mit giftigen Seitenblicken auf Dragan, trollen sich die anderen Kinder an ihren Platz.

»Paß auf, Dragan! Du nimmst jetzt dieses Papier, gehst aufs Rektorat, du weißt ja wo das ist, klopfst an, dann gibst Du den Zettel der Frau Peschke…«

Bei diesen Worten tut es einen furchtbaren Schlag.

Savas ist auf seinen Tisch gesprungen. Mit einem einzigen Satz. Wild fuchtelt er mit den Armen in der Luft herum, er sucht nach Worten, um seiner Empörung Ausdruck zu verleihen.

Endlich bringt er etwas heraus, mit hochrotem Kopf und überschnappender Stimme schreit er: »Jetzt hab ich Dich aber erwischt, hab ich Dich erwischt – endlich hab ich Dich erwischt!«

Die Lehrerin zeigt Anzeichen eines beginnenden Nervenzusammenbruchs. Die meisten Kinder schauen befremdet und auch ehrlich besorgt.

Triumphierend wiederholt Savas: »Erwischt – ha!«

Sein Tonfall läßt die Schwere des Verbrechens ahnen. Wie er mit zusammengekniffenen Augen die Täterin mustert, erinnert er irgendwie an einen Sultan aus einem Monumentalfilm, der soeben die infamen Intrigen seines Todfeindes entdeckt hat, der nunmehr nur noch auf den Durchbruch der sultanesischen Großherzigkeit hoffen kann…

»Jaja, erwischt« funkelt Savas die Lehrerin an und mit gefährlich klingender Stimme fährt er fort: » Ich habe genau gehört, was Du eben gesagt hast. Bring *der* Frau Peschke den Zettel. *Der* Frau Peschke! Ja, das hast Du gesagt! Jawohl! gib es zu! Uns sagst du immer – es heißt *die* Frau. Und was machst Du! Du sagst selbst – *der* Frau Peschke. Ist die Frau Peschke vielleicht ein Mann?«

Der Lehrerin (auch eine Diefrau) bleibt die Sprache weg, selbst nach Savas mehrfachen Aufforderungen zur Stellungnahme: »Ha! Na? Was? Ja, sag schon!«

Wie – bitte sehr – soll ein türkisches Kind korrekt die deutsche Sprache erlernen, wenn seine Lehrerin eine so hochgestellte Persönlichkeit wie die Schulleiterin mit »der Frau« tituliert?

Aus: *Ursula Busch*, »Mann, Melanie, jetzt bist Du eine Deutscherin!«

Freimut Wössners Bildbericht über eine Eröffnungsrede (vermutlich in einem Berliner Dachverband spielend). Die innere Verbindung zu *Ursula Buschs* Geschichte aus einer Ulmer Schulklasse ist offensichtlich, ist sie es nicht?

Helmuth Feilke

»Gedankengeleise« zum Schreiben

Zum Beharrungsvermögen kulturell etablierter Konzepte des Schreibens und des Schreibenlernens – Eine Skizze

> Es ist sehr schwer, Gedankenbahnen zu beschreiben, wo schon viele Fahrgeleise sind – ob deine eigenen oder andere –, und nicht in eins der ausgefahrenen Geleise zu kommen. Es ist schwer: *nur wenig* von einem alten Gedankengeleise abzuweichen. *(Ludwig Wittgenstein)*

Die Human- und Kulturwissenschaften[1] haben lange gebraucht, um die Entwicklung von Schreibfähigkeit als einen Gegenstand zu erkennen, der der theoretischen und empirischen Untersuchung wert ist. Dafür gibt es verschiedene Gründe. Zum einen ist dies erklärbar durch eine bis in die 70er Jahre unseres Jahrhunderts andauernde generelle Vernachlässigung der geschriebenen Sprache durch die Sprachwissenschaft und die Psychologie. Zum anderen geht dieses lange wissenschaftliche »Schattendasein« des Schreibens und des Schreibenlernens aber auch zurück auf den Einfluß kulturell etablierter Kompetenzmodelle.

Eine wichtige Rolle spielen drei Kompetenzkonzepte, die ich kurz charakterisieren möchte:

• Erstens das Spracherwerbskonzept des »Nativismus«, also einer angeborenen Denk- und Sprachfähigkeit, das die Entfaltung von Schreibfähigkeit durch die *Rezeption* von Schriftsprache gewährleistet sieht. Ich möchte es »Dornröschen-Konzept« nennen, denn der Schriftsprach-Kontakt, namentlich das Lesen, küßt hier die schlummernde Schreibfähigkeit gewissermaßen wach.

• Zweitens existiert ein Modell des genialen Charakters und Ursprungs der Schreibkompetenz. Es faßt die Entfaltung von Schreibfähigkeit als Folge des Zusammenwirkens von Alter und Begabung bzw. Talent auf. Es kann »Genie-Konzept« genannt werden.

• Drittens schließlich gibt es das einflußreiche Kompetenzmodell der Rhetorik: Es versteht die Schreibentwicklung als Nachahmung rhetorischer und damit oraler Muster und Strukturen, und deshalb soll es »Mimikry-Konzept« heißen.

Ich werde die drei Konzepte im folgenden jeweils knapp und notgedrungen

1 Eine erste Fassung dieses Beitrags konnte ich auf Einladung der Forschungsgruppe »Geschriebene Sprache« in der Werner-Reimers-Stiftung Bad Homburg am 3. 12. 1993 vortragen. Für die Kritik und die Anregungen aus der Diskussion, die in der vorliegenden Fassung weitgehend eingearbeitet sind, danke ich den Teilnehmern.

plakativ skizzieren. Dabei soll, um die Kontinuität der Denktraditionen zu dokumentieren, jeweils ein kurzer historischer Exkurs mit einem Beleg bzw. beobachteten Phänomen aus der jüngeren Schreibforschung und Schreibdidaktik verbunden werden.

Das »Dornröschen«-Modell vom Schreibenlernen

Der Einfluß nativistischer Kompetenzmodelle liegt vor allem in einem von den Bedingungen sprachlichen Handelns absehenden Kompetenzbegriff. Die rationalistische Denkweise, nach der »angeborene Ideen bzw. Kenntnisstrukturen« eine universale Kern-Kompetenz bilden, die sich in einem Reifungs- bzw. Wachstumsprozeß entfaltet, gehört zum Grundbestand unserer konventionell-kulturellen Vorstellungen zu Entwicklungsprozessen. Im späten 18. und frühen 19. Jahrhundert hat sie in Deutschland vor allem in Grundannahmen der sogenannten »Vermögenspsychologie«[1] (einschließlich eines damals sehr populären Ausläufers, der sogenannten »Phrenologie« *Franz Josef Galls* 1758–1828)[2] das geistige Klima der Reflexion über Lern- und Entwicklungsdeterminanten bis in die Didaktik hinein mitgeprägt.

Dies spiegelt sich in sehr zurückhaltenden Einschätzungen der Zeit zur Notwendigkeit einer an der Textproduktion orientierten Didaktik (i. S. einer Aufsatzerziehung).[3] Während auf der einen Seite die Denkschulung in Form grammatischer Übungen einen hohen Stellenwert hat (vgl. *Erlinger/Feilke 1983),* werden die Möglichkeiten einer produktionsorientierten Schreibdidaktik kritisch beurteilt. In diesem Sinne zitiert der Gymnasialdirektor *K. A. Schmid* in der 2. Auflage der repräsentativen 10bändigen »Encyklopädie des gesammten Erziehungs- und Unterrichtswesens« *Rudolf v. Raumer:* »Die Schule soll nicht Dinge erstreben, die überhaupt nicht das Erzeugnis schulmäßiger Bildung, sondern *das Werk der Natur sind« (Schmid 1876, 309;* Herv. H. F.). Dieses Zitat, das durchaus auch eine andere Lesart haben könnte, steht bei *Schmid* in einem eindeutigen Kontext: Das »Werk der Natur« ist immer Resultat eines *durch Rezeption* angestoßenen Reifungs-

---

1 Die Vermögenspsychologie hat sich eher als Denk- denn als Forschungsrichtung im Übergang von der Philosophie zur Psychologie entwickelt. Historisch wird sie bis in die klassische Philosophie und auf Kategorien wie »Gedächtnis, Intellekt, Wille, Gefühl« etc. zurückgeführt (mit erfahrungswissenschaftlichem Anspruch z. B. *F. E. Benekes* »Lehrbuch der Psychologie als Naturwissenschaft«, 1832).
2 Die wissenschaftlich schon früh als esoterisch eingeschätzte Phrenologie ging davon aus, daß sich die menschlichen »Anlagen« in insgesamt 37 verschiedene »Vermögen« (Urteilskraft, Sprachkraft, Vorstellungskraft, Gedächtnis etc.) aufteilen ließen. Diese »Vermögen« sollten durch Schädelvermessungen lokalisierbar sein. Die in England herausgegebene »Fachzeitschrift für Phrenologie« umfaßt von ihrem ersten Erscheinen 1823 bis zur Einstellung 1911 insgesamt 125 Bände, ein deutlicher Beleg für den publizistischen Einfluß der Denkweise (vgl. *Flugel 1933, 35 f.; Brozek/Diamond 1982, 63 f.).*
3 Dies gilt vor allem für die Aufsatzerziehung und hier insbesondere für den Streit um den »freien« Aufsatz (vgl. dazu auch *Ludwig 1988, 271–308).*

prozesses. Ziel des Vorgangs soll sein »(...) einzusammeln und dem Geist eine Form zu geben, damit die in demselben ruhende Productionskraft sich desto sicherer und geschützter entwickeln könne« (a. a. O.). Als der sicherste Weg dahin gilt dem Gymnasialdirektor Schmid eindeutig das Lesen. Es motiviert, strukturiert und sichert die schriftsprachliche Leistungsfähigkeit: »(...) so geht die Reproduction auf naturgemäße Weise in diejenige Production über, welche man allein erwarten und erstreben darf« (a. a. O.). Auch bei vorsichtiger Interpretation läßt sich festhalten: Bereits in dieser frühen Phase sprachdidaktischer und psychologischer Reflexionen zum Schreibenlernen finden sich Belege für den Einfluß der These »Schreiben lernt man durch Lesen«. Bildungspolitisch verbindet sie sich im 19. Jahrhundert überdies mit eindeutig restaurativen Tendenzen.[1]

Diese Grundthese hat ihre Attraktivität nicht nur in Verlautbarungen des Buchhandels und des Philologenverbandes bewahrt. Die Auffassung über das Schreibenlernen ist in ehemals einflußreichen und immer noch prominenten Untersuchungen zur Entwicklung schriftsprachlicher Kompetenz selbst präsent. Ich denke dabei z. B. an die Arbeiten von *Carol Chomsky (1972)*. Hier werden z. B. syntaktische Strukturen geschriebener Sprache nicht als aktiv zu entwickelnde und so zu erwerbende Problemlösungsstrukturen aufgefaßt. Vielmehr werden syntaktische Strukturen schriftlicher Sprache auf der Grundlage der Vorstellung eines angeborenen »Spracherwerbsmechanismus« lediglich als ein »input-Material« gesehen, über dem die unbewußten Erwerbsprozesse eigentätig operieren.

Zwar erkennt *Carol Chomsky (1976)* dem Schreiben durchaus eine unterstützende Funktion für das Lesen zu und plädiert für einen Primat des Schreibens. Aber sie beschränkt diese Forderung charakteristischerweise auf die phonographische Ebene! Was die syntaktische Strukturierung anbelangt, kommt sie auf der Grundlage des nativistischen Modells zu einem Erwerbskonzept für schriftsprachliche Fähigkeiten, das einen Begriff des Schreibens gar nicht braucht (vgl. vor allem *Chomsky 1972*). In einer Interviewsituation(!) testet sie das Verstehen(!) oberflächlich gleicher, strukturell jedoch differenter Sätze verschiedener Einbettungstiefe und Komplexität mit Kindern verschiedenen Alters und verschiedener Leseerfahrung. Sie kommt zu dem Ergebnis, daß die Entwicklung syntaktischer Kompetenz auch im Schulalter weiter ansteigt und daß vor allem die Kinder, die soziokulturell schriftnah sozialisiert sind und lesen (»exposure to written language«), einen vergleichsweise höheren Entwicklungsstand aufweisen. Da die zu erwerbenden schriftsprachlichen syntaktischen Strukturen als ein möglicher »Input« nur in schriftlichen Texten vorkommen und vorgeblich

---

1 So werden im Blick auf die Volksschule die emanzipatorischen Funktionen des Schreibens i. U. zur bloßen Rezeption kritisch bewertet. Offen wird die »Sorge« ausgesprochen, daß das Volk durch die mit dem Schreiben verbundene »Anleitung zum ›Raisonnieren‹ in seiner gesunden Art nur zerrüttet würde« *(Eisenlohr/Burk 1876, 321)*.

nur die sogenannte höhere Literatur ein großes Spektrum syntaktischer Konstruktionstypen bietet, entspricht die lerntheoretische Konsequenz dieser Konzeption einem bekannten Stereotyp literaler Kulturen: Das Schreiben von Sätzen und Texten lernt man durch Lesen und vor allem durch das Lesen »guter« Texte. Es mutet paradox an, daß dieses Ergebnis auf den ersten Blick schlüssig erscheinen kann[1] und zugleich einer Untersuchung entstammt, in der kein einziges Wort geschrieben wurde.[2]

Für den nativistischen Begriff schriftsprachlicher Kompetenz spielen Medium, Modalität und Kontextualität sprachlicher Kommunikation keine Rolle, ja sogar, ob wir überhaupt etwas tun, ist für diesen Begriff ein peripheres Problem.[3] Namentlich die Differenz zwischen einem rezeptiv bestimmten Sprachstrukturwissen (knowledge) und einem produktiv zu bestimmenden Tun-Können (Schreibfähigkeit/Kompetenz) wird für den Begriff der schriftsprachlichen Kompetenz außer acht gelassen.[4]

Empirisch ist es jedoch die Überwindung genau dieser Differenz, die den Schriftspracherwerb und die Schreibentwicklung kennzeichnet wie fast keine andere. Besonders deutlich wird dies in der »Verschiebungs«-Problematik (vgl. z. B. *Wygotski 1974, 223):* syntaktische und textuelle Kompetenzen, die zu Beginn des Schreibenlernens im Sprechen bereits lange Jahre ausgebildet sind und für das Verstehen keine Probleme mehr aufwerfen, müssen im Schreiben erneut angeeignet werden. Erst nach einem wiederum

---

1 Immerhin publizierte *Carol Chomsky* ihren Aufsatz im renommierten »Harvard Educational Review«.

2 *Bereiter* und *Scardamalia* warnen eindringlich davor, die Lesefähigkeit zur Erklärung von Textproduktions- und Schreibfähigkeit heranzuziehen. Bezogen etwa auf das fürs Schreiben zentrale Planungsproblem – das sich selbstverständlich auch als ein reines Wissensproblem modellieren läßt – schreiben sie: »Wir warnen den Leser vor jeder vereinfachenden Sichtweise, nach der Planungsfähigkeit im Schreiben sich aus dem Kontakt mit Textsorten und durch Übernahme ihrer Strukturen entwickele« *(1987, 82; Übers. H. F.).*

3 *Noam Chomsky* legt ausdrücklich Wert auf die Feststellung, die Sprachkenntnis sei keine »aufgabenorientierte Apparatur« *(1981, 107).* Schreiben ist für ihn nicht mehr als ein »Papier-und-Bleistift-Verfahren« zur Entlastung des Gedächtnisses *(1981, 222).* Davon, daß geschrieben wird, bleibt der Begriff der Sprache unberührt.

4 Auch in linguistischen Auseinandersetzungen, wie sie sich etwa in den Konzepten »geschriebene Sprache« vs. »schriftliche Sprache« *(Otto Ludwig)* spiegeln, wird das Ungenügen eines rein analytisch-strukturell bestimmten Sprachbegriffs hinsichtlich der Modellierung von Kompetenzen deutlich (vgl. *Ludwig 1991).* [Analogie: »etwas so photographieren, als ob es gemalt sei« und etwas so malen, als ob es photographiert sei – für die Bestimmung der jeweils erforderlichen Mal- respektive Photographierkompetenz sind strukturelle (nicht physikalische) Gesichtspunkte des Produkts völlig irrelevant]. Die Struktur gibt keine Auskunft darüber, wie etwas produziert worden ist; bezogen auf Sprechen/Schreiben gibt es für diese Tatsache bekanntlich auch erhebliche neurolinguistische Evidenz. Das gleiche gilt m. E. auch für das Verhältnis konzeptionelle Schriftlichkeit / konzeptionelle Mündlichkeit. Die wechselseitige Instruierbarkeit z. B. »Schreibe, wie du sprichst – Sprich, wie du schreibst« unter bestimmten Bedingungen ist durchaus kein Beleg für eine zugrundeliegende identische sprachliche Kompetenz von Sprechen und Schreiben (vgl. *Müller 1990).* Dies wird m. E. komparatistisch an Situationen der Diglossie (vgl. *Ludwig 1991)* ebenso klar, wie es ontogenetisch am Phänomen der »Verschiebung« verdeutlicht werden kann.

mehrere Jahre dauernden Lernprozeß sind sie dann auch im Medium der Schrift produktiv verfügbar. Daß die Hauptprobleme bei der Entfaltung von Schreibfähigkeit u. a. offenbar gerade darin bestehen, ein rezeptiv erworbenes Sprachstrukturwissen im Schreiben auch produktiv umzusetzen (vgl. dazu z. B. *Bracewell 1980; Bereiter/Scardamalia 1987)*, kann aus der rezeptionsbestimmten Perspektive des »Dornröschen«-Modells gar nicht in den Blick kommen.

Kann man diese Auffassung also als ein rezeptionsorientiertes Modell des Erwerbs einer Schreibkompetenz bewerten, so sind die beiden anderen erwähnten eher produktionsorientiert. Nahezu paradox erscheint es aber, daß auch hier die Begründung der jeweiligen Auffassung durch einen Begriff des Schreibens gerade umgangen wird. Dies gilt auch für:

Das »Genie«-Modell vom Schreibenlernen

Einer weitverbreiteten Auffassung zufolge führt das Schreiben von selbst zum Schreibenkönnen, und zwar vermittelt durch eine individuelle Anlage und Begabung. Schreibfähigkeit »wächst« hier zwar nicht mehr im Sinne einer nativistischen Spracherwerbs-Hypothese, aber sie entfaltet sich von selbst, wo Talent und Geist nur im ausreichenden Maße vorhanden sind.[1]

Wo der verbreitete Begabungstopos auf das Schreiben angewendet wird, kommt es zu einer folgenreichen Spaltung. Auf der einen Seite stehen hier diejenigen, die als Begabte von selbst schreiben lernen werden, deren Entwicklungsprozeß zudem höchst individuell ist und für die deshalb jede schreibdidaktische Konzeption entbehrlich scheint. Goethes Diktum aus dem Faust »Es trägt Verstand und rechter Sinn mit wenig Kunst sich selber vor« steht hier für eine auch heute noch weitverbreitete Einschätzung des Schreibens. Diese hat zur Konsequenz, daß eine an Eigenaktivität orientierte Stützung des Prozesses didaktisch weitgehend abgelehnt wird – unter Hinweis auf das Argument, Schriftsteller müsse man ja nicht ausbilden.[2]

Schreibfähigkeit erscheint als unmittelbare Folge »stofflicher Sättigung«

---

1 Auch die didaktisch wichtige Maxime »Schreiben lernt man durch Schreiben« ist nicht dagegen geschützt, in diesem Sinne mißverstanden zu werden. Die Tautologie enthält die sicherlich richtige Prämisse, daß man Schreiben nicht lernen kann, ohne zu schreiben. Außerdem betont sie die Bedeutung der Eigenaktivität im Schreibenlernen. In diesem Sinne beziehen sich etwa *Heiko Balhorn* und *Ulrich Vieluf* auf die Maxime *(1990, 139)*, wenn sie einen instruktionsgesteuerten und einen eigengesteuerten Lernprozeß voneinander abgrenzen. Zu bedenken ist aber, daß auch ein eigengesteuerter Prozeß in einem von tradierten Konzepten mitgeprägten Umfeld stattfindet. So ist es z. B. fast nicht möglich, ohne Instruktion das Überarbeitungsverhalten von der Oberfläche auf die semantische und pragmatische Struktur des Textes umzulenken. Instruktionen können hier eine sehr wichtige Funktion haben, indem durch sie andere Möglichkeiten des Handelns bewußt werden (vgl. *Gombert 1992)*. Schreibfähigkeit kann sich nur eigenaktiv entwickeln. Das Schreiben führt jedoch nicht »von selbst« zum Schreibenkönnen.

2 Ich beziehe mich hier wiederum auf die Handhabung der Problematik in der Diskussion um den »freien« Aufsatz um die Mitte des 19. Jahrhunderts (vgl. *Schmid 1876)*.

und kognitiv geklärter Sachverhältnisse.[1] Was darüber hinausgeht, ist eine Angelegenheit des Genius.

Wo dann aber »Verstand und rechter Sinn« sich in den schriftlichen Produkten der Mehrzahl nicht ohne weiteres einstellen wollen – mit anderen Worten, wo die Produkte des Prozesses mit orthographischen und stilistischen Normen nicht übereinstimmen –, tritt an die Stelle des sich nach seiner Eigengesetzlichkeit autonom bildenden Talents unvermittelt die didaktische Mechanisierung des Schreibens: Wer nicht begabt ist, muß – in Ermangelung eines Schreibbegriffs, der intelligente Lernformen motivieren könnte – mechanischen Schreibübungen unterworfen werden. Der Begriff des Schreibens ist hier vielfach reduziert auf das Konzept einer im besten Falle kunsthandwerklichen, im schlimmeren Falle jedoch mechanischen Operation.[2] Diese Enteignung des Schreibens durch eine stillschweigend an der Differenz von Begabten und Nichtbegabten orientierte Methodik bestimmt weithin auch das Aufsatzschreiben etwa auf der Volksschule.[3]

Auch dort ist die Angst vor der Unordnung eigentätiger Produktion deutlich spürbar: »Es gibt nichts verkehrteres, als eigene Gedanken und eigene Darstellung zu verlangen von Kindern, welche weder die eigenen Gedanken zu beherrschen, noch in einer vorgeschriebenen Form zu bewegen wissen« *(Schulz, O.* cit. nach *Eisenlohr 1876, 321)*. In der Folge werden Stoff und Form – in engem Zusammenhang mit Interessen sozialer Kontrolle – vorgegeben.[4]

---

1 Auch hierzu als Beleg ein Zitat aus dem bereits angeführten Enzyclopädie-Artikel des Stuttgarter Gymnasialrectors *Karl-Adolf Schmid:* »Der Lehrer darf also bei jedem Unterrichtsfache das Bewußtsein haben, daß er seinen Schüler auch für den schriftlichen Ausdruck der Gedanken vorbereitet, sobald er nur, wie es ohnedies seine Pflicht ist, wahre und klare Vorstellungen von den Gegenständen des Unterrichts in ihrem Geiste zu erwecken, ihre Kenntnisse und Erkenntnisse in richtigen Zusammenhang zu bringen, ihr Urteil zu schärfen und zu leiten, ein tieferes Interesse für das, was wahr und gut und schön ist, in ihnen anzuregen sich bemüht« *(Schmid 1876, 300)*.
2 Vgl. etwa die folgende Darstellung der Taktschreibe-Methode nach einem Lehrbuch von 1855. Der enge Zusammenhang zwischen der Methode und den körperlichen, emotionalen und sozialen Kontrollfunktionen der Schule wird hier besonders deutlich: »Gesetz und Ordnung durchdringen alle, auch die unscheinbarsten Verrichtungen beim Taktschreiben. Alles geht nach dem Takte, das Zurechtsetzen, das Greifen nach dem Stifte, das Ansetzen, die Produktion der Schreibformen, Pausieren, das Absetzen, das Weglegen des Stiftes, die Reinigung der Tafel usw. Das schulmäßige Sitzen tut auf der einen Seite Zwang an, giebt aber auf der anderen eine gute Haltung und erhöht die Leichtigkeit im Schreiben. Auge, Ohr, Hand, Arm, der ganze Körper mit samt dem Geiste wird in Zucht genommen. Ordnung ist die Losung, weil ohne sie teils die einzelne, teils die gesamte Schreibmaschine ins Stocken kommen und große Störungen anrichten würde. Die Hummeln wie die Schlafmützen kommen hier in die rechte Schere« *(Schrader 1886, 140)*.
3 Die Schüler der Volksschule scheinen zahlreichen Autoren der Zeit deshalb ohnehin »verloren« für das Ziel einer echten Schreib-Bildung. *Eisenlohr (1876, 321)* formuliert dementsprechend die vermeintliche Aussichtslosigkeit eines solchen Unterfangens in der rhetorischen Frage: »Woher Brod nehmen in der Wüste?«
4 Vor allem die reflexive Funktion des Schreibens war in dieser Hinsicht unerwünscht. Vgl. *Eisenlohr 1876, 321 ff.; vgl. auch Ludwig 1993.*

In der Tradition eines vom Begabungstopos bestimmten Schreibkompetenz-Verständnisses stehen wissenschaftlich die zahlreichen großen Untersuchungen, die – weitgehend erfolglos – Schreibfähigkeiten bzw. syntaktische Parameter schriftlicher Texte durch die Intelligenzquotienten der SchreiberInnen zu erklären versuchen (vgl. z. B. *LaBrant 1933; Chotlos 1940; Harrell 1957; Hunt 1970; Loban 1976).* Der Versuch kann zwar heute als gescheitert gelten (vgl. dazu schon *Sampson 1964; Richardson et al. 1976).* Die IQ-Variable spielt seit Anfang der 80er Jahre nur noch eine marginale Rolle in Untersuchungen zur Schreibentwicklung. Die entsprechende Einsicht war schon bei *LaBrant (1933)* vorhanden. Der über 50 Jahre andauernde Versuch einer Bestätigung der impliziten Hypothese aber zeigt, welchen Einfluß das Geniemodell auf die Vorstellungen vom Charakter der Schreibkompetenz hatte. Die heute empirisch gesicherte Vorstellung, daß je nach dem dominanten Muster schriftlicher Textproduktion spezifische Intelligenztypen und Wissensformationen erst entstehen und unterscheidbar werden (vgl. *Bruner/Olson 1978, Applebee 1984, Eigler et al. 1987, Scinto 1986),* wirft nun ein neues Licht auf den Zusammenhang zwischen Schreiben und kognitiver Leistungsfähigkeit. Es ist verständlich, daß die Genie-Perspektive stärker der Talentförderung als einer Untersuchung der Grundlagen der Schreibentwicklung zuneigt.

Wo Schreiben und literarische Genialität kulturgeschichtlich und ideologisch einen fast unauflösbaren Zusammenhang bilden, kann der Begriff des Schreibens davon nicht unberührt bleiben. Unser »herkömmlicher« Schreibbegriff zeichnet sich m. E. durch zwei Hauptmerkmale aus: Er ist *mono-logisch,* und er ist *mono-lithisch.*

D. h. erstens: Für die Produktion werden die Entlastungs- und Innovationsmöglichkeiten dialogischer Kommunikation weitgehend ausgeblendet. Dabei zeigen empirische Untersuchungen z. B. zu »peer«-Effekten deutlich, in welchem Maße die schriftliche Produktionsfähigkeit durch das Aufbrechen der monologischen Produktionssituation gefördert werden kann.[1] Deutliche Belege für den fördernden Einfluß interaktiver Strukturen im Schreiben hat auch die sogenannte »procedural-fascilitation«-Methode von *Carl Bereiter* und *Marlene Scardamalia* erbracht (vgl. *Bereiter/Scardamalia 1987).*[2] Das prototypische »Genie« freilich bleibt im schöpferischen Akt alleine; es ist sozial isoliert, ja leidet sogar vielfach unter dem Sozialen. Solcherart vom

---

1 Vgl. etwa die Untersuchung von *Vicki Brakel-Olson (1990),* die für die Überarbeitungsqualität einen deutlichen »peer-Effekt« nachweisen kann. Didaktisch korrespondiert dem das Konzept der »Schreib-Konferenzen« (*D. E. Graves* und *Gudrun Spitta),* ebenso wie alle Formen von Beratungskonzepten beim Schreiben (vgl. für einen Überblick *Feilke 1993).*

2 *Bereiter/Scardamalia* stellen den SchreiberInnen auf dem Computer verschiedene Möglichkeiten zur Verfügung, beim Schreiben auf vorstrukturierte Hilfsmittel zurückzugreifen. Dazu gehören etwa auch Fragen zum Text, die zur Kontrolle bei der Überarbeitung herangezogen werden können, aber z. B. auch die Möglichkeit zur Konsultation eines Lexikons mit Absatzeinleitungen, Überleitungen u. a. m.

Anpassungsdruck und den Gedanken der anderen (die neue Anschlußzwänge hervorrufen) befreit, kann es dann etwas Außergewöhnliches hervorbringen. Die Verallgemeinerung solcher »Fälle« für das gewöhnliche Schreiben jedoch scheint mir problematisch. Wenn die Entwicklung der Schreibfähigkeit nachweislich vom Aufbrechen monologischer Produktionssituationen profitieren kann, so läßt dies unsere Vorstellungen vom *typischen* Schreiben vielleicht unberührt. Modelle des Schreiben*lernens* jedoch müssen darauf reagieren.[1]

In *einem* schöpferischen Akt wirft das Genie tage- und nächtelang etwas aufs Papier – manchmal einige Zeilen, manchmal auch mehrere hundert Seiten. Was dabei herauskommt, ist sein *Werk*. Auch dieses stereotype Bild spiegelt der vorherrschende Schreibbegriff, und er ist in diesem Sinne nicht nur mono-logisch, sondern ebenso *mono-lithisch*. Er ist im Sinne *Karl Bühlers* »werk«-, und das heißt *produkt*-zentriert. Es soll nun weder bestritten werden, daß es Genies gibt, die eine in dieser Weise kräftezehrende Produktion betreiben können, noch soll die Bedeutung des »Werk«-Aspekts – i. S. einer zugleich maximal situationsunabhängigen und maximal individuell bestimmten Textkohärenz – für das Schreiben herabgesetzt werden.[2]

Was jedoch bei der Konzentration auf den Werkaspekt leicht auf der Strecke bleibt, ist die Aufmerksamkeit für die Formen eines nicht werkorientierten Schreibens, ebenso wie für die zahlreichen Teilakte der Schreibhandlung im Schreibprozeß und die Zwischenprodukte und Vorstufen des Endprodukts.[3]

Es gibt zahlreiche Untersuchungen, die belegen, daß die Schreibfähigkeit sich verbessert in Abhängigkeit von der Aufmerksamkeit, die die SchreiberInnen gerade den Zwischenstufen und Zwischenprodukten des Schreibens entgegenbringen.[4]

Weil wir eine bestimmte Vorstellung vom prototypischen Schreiben haben, werden zahlreiche Möglichkeiten des Schreibens, die der Schreibentwicklung förderlich sein können, bereits im Vorfeld ausgeblendet.

Das Bild von der Schreibkompetenz und die Möglichkeiten der Förderung

---

1 Vgl. hierzu weiter unten den Abschnitt »Anregungen für eine andere Sicht«.
2 Theoretisch ist hier allerdings das Verständnis der »Autonomie« eines Textes dringend zu überprüfen. Es gibt eine ganze Reihe von empirischen Untersuchungen, die zeigen können, daß die Schreibentwicklung – entgegen dem Common sense dazu – durchaus nicht zu einer zunehmenden semantischen Abgeschlossenheit und Autonomie der Texte führt. Gerade gute Texte zeichnen sich vielfach durch zahlreiche Implikaturen, satz- und textsemantische »Ergänzungsbedürftigkeit« aus (vgl. etwa *Nystrand 1986; Feilke 1994 [im Druck]*).
3 Vgl. dazu auch die aufschlußreiche Zusammenstellung verschiedenster Ergebnisse bei *Arne Wrobel (1992)*.
4 In diesem Sinne fordern *Heiko Balhorn* und *Ulrich Vieluf:* »Es gilt daher, im unterricht ein milieu zu schaffen, in dem schreiben nicht auf das ergebnis – den mehr oder weniger gelungenen text mit seinen mehr oder weniger zahlreichen normverstößen – reduziert wird, sondern der prozeß in den mittelpunkt gestellt, schreiben in experimenteller haltung möglich wird« *(Balhorn/Vieluf 1990, 140)*. Bezogen auf die schulische Textsorte der Erörterung habe ich dazu einen Vorschlag gemacht (vgl. *Feilke 1990*).

des normalen Schreibens werden durch den hohen Stellenwert, den literarische Genialität für die Vorstellungen vom Schreiben hat, systematisch verzerrt.[1]

Das »Mimikry«-Modell des Schreibenlernens

Auch das Modell der rhetorischen Kompetenz hat auf die Vorstellungen von der Entwicklung und vom Charakter einer Schreibkompetenz großen Einfluß ausgeübt. Wie auch bei der »ars bene dicendi« geht es beim prototypischen Schreiben um geplante Textproduktion (vgl. *Antos 1989, 9)*. Dabei hat die Rhetorik als ein textorientiertes präskriptives Modell der Redetechnik das Entwickeln und Lernen sprachlicher Fähigkeiten primär als Anpassung an etablierte wirkungsästhetisch motivierte Produkt-Normen zur Textbildung verstanden (vgl. *Ludwig 1988; Baurmann/Ludwig 1990)*, als Reproduktion erfolgreicher Muster der Rede. Das Schreiben gilt in diesem Kontext ideologisch weithin als bloß abgeleitete Tätigkeit.[2] »Schilderung«, »Erörterung«, »Erzählung« beispielsweise sind als Textsorten solche an rhetorischen Kriterien orientierte Muster schriftlicher Textbildung. Damit kann die Rhetorik – und dies hat sie historisch auch getan – zwar einen Begriff entfalteter Textproduktion begründen.[3] Allerdings ist dieser Begriff primär normativ; empirisch daran sind in erster Linie seine im Common sense akzeptierten, ansonsten aber ästhetisch begründeten Wirkungshypothesen. Zu einem empirisch bestimmten Begriff des Schreibens und der Entwicklung einer Schreibkompetenz kann die Rhetorik darüber hinaus aus eigener Kraft keinen Beitrag leisten,[4] was allerdings die Möglichkeit erfolgreicher empirisch geleiteter Rekonstruktionen rhetorischer Kategorien nicht ausschließt (vgl. *Antos 1981; Beetz 1981*).

---

1 *Jürgen Baurmann* hat auf der eingangs erwähnten Tagung in Bad Homburg darüber hinaus darauf hingewiesen, wie durch die Bewertungsproblematik in der Schule die Merkmale der Monologizität und Produktzentriertheit gekoppelt und methodisch verdinglicht werden: Wo wegen der Note das Ergebnis des Schreibens im Vordergrund steht, bleibt für »Dritte« (neben Schüler und Lehrer) im Produktionsprozeß kein Platz.

2 So zitiert etwa *Utz Maas (1992, 2)* den »Großschriftsteller Goethe«: »Schreiben ist ein Mißbrauch der Sprache, stilles für sich Lesen ein trauriges Surrogat der Rede« (aus Dichtung und Wahrheit, 2. Teil, 10. Buch, Sophienausgabe, Weimar: Band 27, 1889, 373).

3 Vgl. etwa *Wilhelm Gössman,* der – diesen Umstand befürwortend – schreibt: »Am stärksten ist die geschriebene Sprache und die damit verbundenen Vorstellungen eines anspruchsvollen guten Stils von der Tradition der Rhetorik bestimmt worden« *(Gössmann 1987, 48)*. Hier müßte genauer die Rede sein von den Vorstellungen zur geschriebenen Sprache, die sicherlich sehr stark von der Rhetorik geprägt sind. Bezogen auf die Empirie »geschriebener Sprache« spielt das »rhetorische Prinzip« – ob in der Zeichensetzung oder der Textstruktur – eine weit weniger bedeutsame Rolle.

4 Als Hauptgrund dafür arbeitet *Utz Maas* für den Bereich der Orthographie den »Mythos von der primär oralen Struktur der Sprache« heraus und analysiert die Eigenständigkeit schriftsprachlicher Strukturierung (bezogen auf die Interpunktion) m. E. zutreffend, wenn er schreibt: »Graphisch repräsentiert wird ... nicht das Gesprochene, sondern eine Struktur, die in dem Gesprochenen möglich ist« (1992, 68). Systemtheoretisch ist damit das Kontingenzproblem angesprochen, das auf allen Ebenen des Schreibenkönnens emergente Strukturierungen eigener Art zur Folge hat.

Um so problematischer sind die Folgen des rhetorischen Schreibbegriffs für die schulische Sozialisation von Schreibern. In einer mittlerweile »klassischen« Untersuchung zur Schreibentwicklung *(Britton et al. 1975)* heißt es dazu:»Daß es Begriffe geben müsse, mit denen das Schreiben beschrieben werden kann, ist natürlich kein neuer Gedanke. Eine etwas geheimnisvolle Orthodoxie hat hier Schreib-/Textbegriffe hervorgebracht, die dem Lerner ohne jede Diskussion vorgesetzt wurden. Seine Aufgabe bestand lediglich darin, Strategien zu entwickeln, mit denen das Schreiben innerhalb dieser Vorgaben bewegt werden konnte« *(Britton et al. 1975, 3;* Übers. H. F.). Mit der »geheimnisvollen Orthodoxie« sind auch hier die rhetorischen Textkategorien gemeint. Vor allem im vorherrschenden Kontext schulischen Schreiberwerbs ist es die Fähigkeit zur fraglosen Anpassung an die normativen Muster, die belohnt wird. Die Einhaltung der äußeren Form gewährleistet den Schutz vor Sanktionen. Weil der Begriff entfalteten Schreibens lediglich als hoch bewertetes normatives Ideal existiert, steht jedes nicht gelenkte Schreiben schon der Wahrscheinlichkeit nach unter den Vorzeichen des Versagens. Schreibentwicklung wird so für viele SchreiberInnen faktisch zu einer beständigen Erfahrung von Enttäuschungen. Diese Enttäuschungen selbst sind als notwendige Begleiterscheinung eines jeden Lern- und Entwicklungsprozesses vielleicht hinzunehmen; bedenklich aber ist die Tatsache, daß die Rhetorik auf der Grundlage ihres Schreibbegriffes überhaupt keine Erklärung des Versagens ermöglicht. Das Schreiben als Nachahmung des Sprechens – und sei es des schönen Redens – zu verstehen führt im Blick auf das Schreibenlernen in die Irre. Dazu ist ein empirischer Begriff des Schreibens und der Schreibentwicklung erforderlich, der das Schreiben als Kulturtechnik *eigener Art* begreift und es auch erlaubt, die krisenhaften Aspekte der Entfaltung von Schreibfähigkeit zu modellieren.

Es gibt zahlreiche Belege dafür, daß rhetorisch bestimmte, normative Vorstellungen auch weit in den Bereich der Forschung hineinwirken. Insbesondere gilt dies für Untersuchungen zum Bereich des Textschreibens. Hier ist es durchaus kein Einzelfall, wenn etwa bei der Zusammenstellung eines Korpus von schriftlichen Erzählungen das normativ interpretierte Schema einer Geschichten-Grammatik zu Hilfe genommen wird, um die so definierten Erzählungen von den Texten zu trennen, die nicht mehr als Erzählungen gelten dürfen.[1] Gegenüber der ungeprüften Prämisse einer Vorherrschaft rhetorisch bestimmter Superstruktur von Texten zeigen empirische Untersuchungen zur Textordnung beispielsweise, daß – im Unterschied zu den Vorannahmen – der Textzusammenhang in erheblichem Umfang lokal organisiert ist und es in der Regel einen Pluralismus verschiedener Ordnungs-

---

[1] So sortieren etwa *Kroll* und *Anson (1984)* von 54 nach der gleichen Aufgabenstellung erhobenen Erzähltexten 9jähriger Kinder zunächst einmal 29 aus, z. B. weil sie in der 1. Person geschrieben waren oder weil sie das der Analyse zugrunde gelegte Schema einer Geschichten-Grammatik nicht erfüllten (vgl. *Feilke/Augst 1989, 306*).

strukturen im Text gibt (vgl. etwa *Feilke/Augst 1989; Rickheit/Strohner 1989)*. Der normativ interpretierte Idealtyp einer Textsorte bestimmt danach die Schreibwirklichkeit nur unwesentlich. Vielmehr sind Texte in der Regel Kompositionen verschiedener Problemlösungsversuche, die, gemessen an der rhetorischen Norm, heterogen und mißlungen erscheinen mögen, pragmatisch aber durchaus gelungen sein können.

Anregungen für eine »andere« Sicht

So verschieden die drei vorstehend skizzierten Konzepte ihrer Herkunft nach sind, so deutlich ist ihr Zusammenwirken auch heute noch in der Debatte über die Bedingungen der Entwicklung einer Schreibkompetenz feststellbar. Gemeinsam ist ihnen dabei allen das Merkmal der Passivität des Entwicklungsprozesses, gleich ob es um die »eigengesetzliche« Entfaltung einer universellen bzw. individuellen Anlage geht (Dornröschen-Modell und Genie-Modell) oder um den Prozeß einer vor Sanktionen schützenden und Sicherheit gewährleistenden Anpassung an Produktnormen für Texte wie im Mimikry-Modell.

»Wo bleibt das Positive?« läßt sich nun mit Recht fragen, denn man kann eine dem Schreiben und dem Schreibenlernen angemessene Modellbildung sicher nicht einfach durch eine Umkehrung problembehafteter Sichtweisen gewinnen. Darauf sind wir hier aber auch zum Glück nicht angewiesen. Das grundsätzliche Umdenken hat längst begonnen, und es ist bereits in einer Reihe von Monographien, Aufsätzen und Thesensammlungen verfügbar, die hier nicht alle angeführt werden können (vgl. z. B. im 4. Jahrbuch *Schneider/Brügelmann/Kochan 1990)*. Um aber im Blick auf die hier spezieller untersuchten »Gedankengeleise zum Schreiben« das Abweichen von alten Gleisen zu unterstützen, will ich die wesentlichen Ergebnisse der Diskussion, nun positiv gewendet, in drei abschließenden Thesen zusammenfassen:

1. Die individuelle und gesellschaftliche Praxis ist *strukturbildend*. So führt auch das Schreiben zum Aufbau einer Kompetenz »eigenen Rechts«. Differenzierte Produktionskompetenzen können nur durch differenzierte Produktionsweisen angeeignet werden, nicht durch die Rezeption von Texten. Dabei sind beide Seiten – Lesen und Schreiben – im Aneignungsprozeß eng verwoben (vgl. *Bergk 1987* und im 2. Jahrbuch *Bambach 1987)*. Motivational lebt das Schreiben von der Ausrichtung auf mögliche Zuhörer bzw. Leser. Es ist eingebettet in den sozialen Sinnzusammenhang einer Lese- und Vorlesekultur (vgl. *Dehn 1990* und im 5. Jahrbuch *Dehn 1993)*. Zu schreiben jedoch kann man nur durch Schreiben lernen (vgl. im 3. Jahrbuch *Brügelmann 1989)*.

2. Der Umkehrschluß wäre allerdings falsch. Schreiben ist eine notwendige, aber keinesfalls hinreichende Bedingung für den Aufbau einer Schreibkompetenz. Denn das Schreiben findet immer unter bestimmten kulturellen Bedingungen statt, die seine Typik prägen und seine Möglichkeiten begrenzen. Die Schreibentwicklung ist ein reflexiver Prozeß, der durch Anlässe zur

Metakommunikation und Metakognition gefördert werden kann, die der herkömmliche Schreibbegriff verdeckt hält. Sie profitiert deshalb von Produktionsmöglichkeiten, die zwischen dem prototypischen Schreiben (monologisch, produktorientiert) und dem prototypischen Sprechen (dialogisch, prozeßorientiert) liegen: Das Schreiben sollte kommunikativ noch stärker geöffnet werden für Situationen *gemeinsamer* Textproduktion, in denen der Austausch über den Text die Reflexion anregt. Bereits für das Erstschreiben gilt: »Rechtschreibbeginner brauchen zuschauer, zuhörer und mitleser« *(Balhorn 1986, 120)*. Exemplarisch dafür steht das Modell der Schreibkonferenz (vgl. im 1. Jahrbuch *Graves 1986*, vgl. auch *Spitta 1992*).[1] Neben das kommunikativ »isolierte« Schreiben für andere oder für sich sollten verstärkt auch Formen des arbeitsteiligen Schreibens mit anderen treten, in denen die Schreiber – nach ihren Möglichkeiten – verschiedene Möglichkeiten der Teilhabe am Text kennenlernen.[2] Die Schreibanlässe sollten weniger »produktfixiert« sein, und die Zwischenstufen der Produktion (z.B. experimentelles Schreiben, Sammeln, Umschreiben, Überarbeiten, Zusammenfassen etc.) stellen auch als eigenständige Möglichkeiten des Schreibens den »Weg zum Text« didaktisch in den Mittelpunkt.

3. Der Aufbau von Schreibfähigkeit vollzieht sich als eigenaktiver Entdeckungs- und Aneignungsprozeß.[3] Dies gilt für den Erwerb der Orthographie ebenso wie für den Aufbau von Textstrukturierungsfähigkeit. Hier wie dort bilden sich das Regelwissen bzw. eine Ordnung erst aus als Folge einer Erfahrung und Strukturierung von *Spielräumen* des Problemlösens (vgl. im 4. Jahrbuch *Balhorn/Vieluf 1990* und *May 1990*). Dabei spielen die Orientierung an Strukturen oraler Sprache und die mündliche Spracherfahrung

---

1 *Gudrun Spitta* beschreibt den Effekt so: »Das gemeinsame ›Nach-Außen-Bringen‹, also das Öffentlich- und Bewußtmachen von individuellen Schreibstrategien, leitet in einer Art gegenläufiger Bewegung dazu – über Spiegelungen, Erprobungen und Rückkopplungen – einen individuellen Prozeß ein zur Verinnerlichung der überarbeiteten Schreibstrategien« *(1992, 25)*.

2 *Marion Bergk* formuliert das Ziel einer schülerbestimmten »sanften Differenzierung«, in der die Arbeitsteilung den Schülern auch Gelegenheit gibt, »sich selbst zu differenzieren« *(1987, 37)*. *Paul Portmann (1990)* geht auf die entlastende und motivierende Wirkung solcher Produktionsformen in der Fremdsprachendidaktik ein. Wo bereits Zwischenstufen und der Austausch darüber zum Schreiben dazugehören, werden mehr Erfolgschancen geschaffen; wo das Schreiben »produktentlastet« ist, wird es subjektiv frei für neue Zwecke. Den Gesichtspunkt der Arbeitsteilung reflektiert auch die Idee der »Schreib-Helfer«, nach der fortgeschrittene Schreiber zu Beratern der anderen werden (vgl. z. B. *Heinrich 1992, 56f.*).

3 Das Attribut »eigenaktiv« hat hier einen besonderen Sinn. Es soll den Lernprozeß des Individuums nicht im Hinblick auf seine Ausgangsbedingungen, im Hinblick auf die Abfolge der Lernschritte und nicht im Hinblick auf sein Ziel charakterisieren. Alle diese Größen sind von Faktoren abhängig, die wesentlich sozial bestimmt sind oder in der Entwicklungslogik des Aneignungsprozesses – und damit außerhalb des individuell Bestimmbaren – liegen. Dem Individuum ist der Möglichkeitsraum seines Handelns und Lernens wesentlich biologisch und sozial zugeschrieben. Diese Möglichkeiten aber kann es nur selbst entdecken (und verändern) und für sein Handeln im Sinne von Fähigkeiten und Fertigkeiten strukturieren. Insofern ist Schreibfähigkeit nicht zugeschrieben, sondern muß von jedem Kind individuell angeeignet und erschrieben werden.

sicher auch eine wichtige Rolle. Aber dies erklärt weder, wie sich die Schrift zum Gesprochenen verhält, noch können (und dürfen) Muster oraler Praxis die Ordnung schriftlicher Texte vor-schreiben.

Für die Schreibentwicklung entscheidend ist, daß es von den Randbedingungen des Lernprozesses her immer mehrere Möglichkeiten gibt, ein Rechtschreibproblem oder ein Textordnungsproblem zu lösen. Hier hat die Schreibentwicklung historisch-gesellschaftlich und individuell jenen kreativen Spielraum, aus dem sich die Schreibkompetenz als eine eigenständige Kompetenz erst aufbauen kann.

Gerhard Augst / Mechthild Dehn / Steffi Habersaat
Lautschema und Schreibschema
Überlegungen zum Rechtschreiblernen

1. Wenn die Kinder in die Schule kommen, dann brennen sie meist darauf, nun endlich schreiben zu lernen und an der schriftlichen Kommunikation aktiv teilzuhaben. Was kann die Schule tun, um diesen Impuls positiv aufzugreifen?
2. Nach kurzer Zeit in der Schule wollen die Kinder nicht nur schreiben, sondern sie wollen auch *richtig* schreiben. Es wird oft berichtet, daß vorschulische Schreiber in der Schule geradezu in eine Schreibkrise geraten, d. h., daß sie sich weigern zu schreiben oder aber bei jedem Wort fragen, wie man es richtig schreibt. Wenn man – wie ich oft formuliert habe – Schreiben nur durch Schreiben lernt, wie kann der Impuls des Richtig-schreiben-Wollens sinnvoll aufgegriffen werden, ohne den vorgängigen Impuls des Schreibenwollens lahmzulegen?
3. Schreiben ist ein wesentlich bewußterer Prozeß als Sprechen. Das Geschriebene tritt dem Schreiber als Leser objektiv gegenüber. Schon die Frage des vorhergehenden Abschnitts »Wie schreibt man das?« hat ein ungleich selteneres Pendant im Mündlichen, dies gilt auch für den frühkindlichen Spracherwerb, der ja für das eigenaktive Schreibenlernen das große Vorbild ist. »Erweitert das Wort!«, »Suche die Grundform!«, das sind metasprachliche Operationen der Schreibproduktion oder -überarbeitung(!), die im Sprechen kaum vorkommen. Was kann die Schreibdidaktik tun, um dem Kind die Bewußtheit und die Mühseligkeit des Schreibens erträglich zu machen?

Diese drei Fakten unter einen Hut zu bringen, das alles mutet wie die Quadratur des Kreises an, und dies noch um so mehr, wenn es im Klassenverband geschehen soll. *Balhorns* Dictum »Das Kind lernt von selbst schreiben, aber nicht von allein« räumt zwar zu Recht der Eigenaktivität den Vorrang ein, sagt aber in dieser formalen Art nicht, was es inhaltlich von selbst lernt und was von anderen hinzugetan werden muß. *Brügelmanns* Stufen des vorschulischen Schreiberwerbs machen jedoch deutlich, daß das Logographische und das Alphabetisch(-Phonetische) sich (fast) von selbst ergeben, dann muß das »nicht von allein« in der orthographischen Stufe liegen.

Was dieses »Orthographische« rechtschreibmethodisch bedeutet, kann m.E. nun dieses von *M. Dehn* und mir erörterte Modell verdeutlichen. Orthographie macht über der basalen Laut-Buchstaben-Beziehung phonologische, morphologische, lexikalische, syntaktische und pragmatisch/textuelle Phänomene in der Schreibung (für den Leser) sichtbar. Dem schreiblernenden

Kind Strategien an die Hand zu geben, genau diese Phänomene zu entdekken, das ist das, was die anderen, d. h. die Lehrer, hinzutun müssen, was also »nicht von allein« geht. Es versteht sich von selbst, daß dies kein grammatischer Lehrgang sein kann. Ein eigenaktives Lernen in diesem Feld zu ermöglichen ist etwas ganz anderes. M. E. ist die Primarstufendidaktik hier auf einem fruchtbaren neuen Weg, der weder phänomenorientiert noch ganzheitlich auf den Rechtschreibgrundwortschatz fixiert ist. Daran muß aber noch viel in Theorie und Praxis gearbeitet werden.

Gerhard Augst

Fragen an ein Modell

Wir haben uns in einem Seminar zum »Sprachlichen Anfangsunterricht« mit dem folgenden Modell beschäftigt:[1]

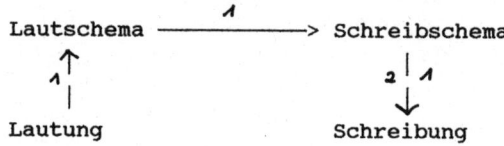

Es läßt uns seit einigen Sitzungen nicht los, und wir haben dazu mehrere Fragen:

1. Wie entwickelt sich das Lautschema, wie das Schreibschema? Verfügt jeder, der Deutsch versteht, über das Lautschema? Oder gibt es da Grade der Beherrschung? Was jemand spricht, was jemand hört (Lautung), ist ja sehr unterschiedlich weit vom Lautschema entfernt (in Hinsicht auf Deutlichkeit und im Hinblick auf Ideolekt und Soziolekt).

Das Lautschema in dem Modell bezieht sich doch auf die Standardsprache. Oder? Und müßte man dann nicht auch eine Rückwirkung annehmen vom Schreibschema auf das Lautschema?

2. Wie überhaupt steht dieses Modell zu Modellen des Orthographieerwerbs?[2]

Kann man vom vollständigen Beherrschen, der allmählichen Aneignung des Schreibschemas sprechen?

Kommen Schreibungen zustande im Erwerbsprozeß

– (falsche Schreibungen) direkt als Verschriftung der Lautung, z. B. »Tolpe«, »Redeher« (Räder)?

– Schreibungen (falsche und richtige), die auf das Lautschema rekurrieren? → alphabetische Strategie?

---

1 *Augst 1992*, 32.
2 Vgl.: *U. Frith.*: Psychologische Aspekte des orthographischen Wissens. Entwicklung und Entwicklungsstörung. In: *G. Augst (Hg.)*: 1986, 218 ff.

– Schreibungen (falsche und richtige), die als bloße Nachahmung oder Erinnerung vorhandener Schreibungen entstanden sind? → logographemische Strategie?

Mechthild Dehn

Antworten

Kommt ein Kind in die Schule, hat es durch den Spracherwerb (unbewußt) folgendes registriert:
1. Es gibt eine bestimmte Menge von Lauten.
2. Die Laute haben eine paradigmatische Ordnung, z. B. Explosivlaute, stimmhaft–stimmlos.
3. Die Laute haben eine syntagmatische Ordnung, z. B.:
b, d, g, p, t, k + r, l vor dem Vokal l, m, n, r + b, d, g, p, t, k nach dem Vokal; also es gibt feste Strukturen für das Anfeld und das Abfeld. Nach dem Kern folgen -o, -e, -en, -er, -el, -em, -es usw.
4. Das Wort läßt sich in Silben zerlegen.
5. Das Wort hat einen Akzent.
6. Es gibt einen systematischen Wechsel von Lauten in der Lautkette; dies hängt zusammen mit dem morphologischen Wandel der Wörter, z. B. Auslautverhärtung, Umlaut, Assimilation usw. (= Lautregeln).
Daraus folgt für mich, das Kind hat in der mündlichen Sprache Lautschemata als Teil der sprachlichen Zeichen gespeichert. Es ist vernünftig anzunehmen, daß dies die Grundform ist; die Kasus, Tempora usw. werden dann nach morphologischen Regeln erzeugt; bei unregelmäßigen Formen speichert es Nebenzeichen, z. B. /ge:(ə)n, giŋ/.
Die Lautschemata sind so angesetzt, daß alle Formen erzeugbar sind, so muß /ra:d/ ›wheel‹ angesetzt sein, weil aus */ra:t/ ›wheel‹ nicht [rɛ :de] erzeugbar wäre. So lauten die Lautschemata /unt, op, ap/ usw., weil das vorschulische Kind gar keine Veranlassung hat, die Formen /und, ob, ab/ usw. anzusetzen.

Sprachliche Zeichen haben eine gespeicherte Strukturbeschreibung. Daß das so ist, kann man aus den vielen Neologismen, wie *Lüger, *Safariauto und manchen metakommunikativen Äußerungen entnehmen. *Modell 1:*

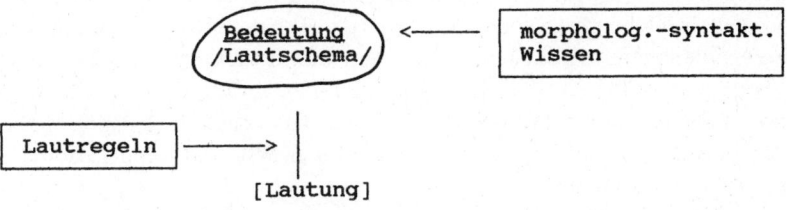

Ein Kind, das der Schrift begegnet, wendet am Anfang einerseits eine Wortbildspeicherung an, andererseits eine phonetische Schreibung. Zu beidem gibt es Vorstufen, bei denen schwer entscheidbar ist, ob rudimentäre

Bildspeicherung oder rudimentäre phonetische Schreibung vorliegt. Jedoch kann die Buchstabenvertauschung, z. B. Farhad – ›Fahrrad‹ ein Hinweis auf nicht feste Speicherung sein; es kann aber auch bei der Linearisierung der Laut-Buchstabenkette eine Panne passiert sein.

Auf dieser Startbasis muß das Kind nun vieles zusätzlich lernen.

1. Es gibt Ausnahmen /oi/ wird <eu>; / ʃ / mal <sch>, mal <s>; unregelmäßig <ai>, -h, Doppelvokal, Fremdwörter usw.,

2. Morphemkonstanz (Umlaut, Auslautverhärtung, Nichtassimilation usw.),

3. lexikalisch-syntaktische Markierungen: Eigenname, Substantiv(ierung); Sie vs sie.

Bei dieser Sachlage wird das Kind allmählich dazu kommen, nicht von der Lautung, sondern von dem Lautschema auszugehen. (Man spricht ja beim Deutschen von einer »phonologisch tiefen Schrift«.) Es entstünde damit das *Modell 2:*

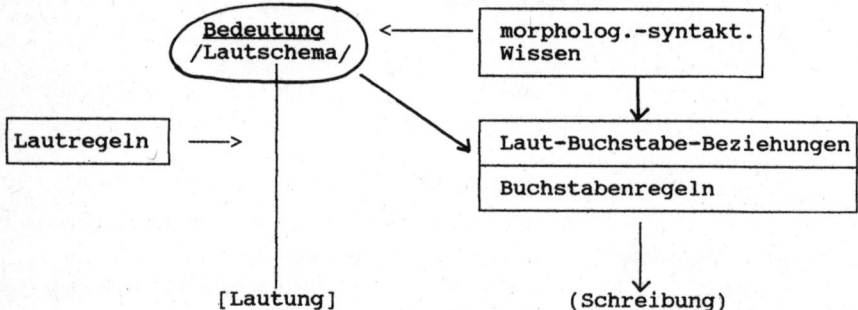

Nun baut die Schreibung des Deutschen auf einem Konstrukt auf, der deutschen Standardlautung, die schriftnah kodifiziert wurde. Damit entsteht der Zirkel: »Schreibe, wie du sprichst, wie du schreibst!« Daraus folgt:

1. Was relevant zu hören ist, legt die Orthographie fest, z. B. nicht <Hempt>, obwohl man bei langsamem Sprechen durchaus ein [p] hören kann.

2. Umgangslautung und Dialekte stimmen mit der Standardlautung oft nicht überein. Es gibt nun im Modell mehrere Möglichkeiten:

a) Das Kind bleibt bei seinem Lautschema und merkt sich die Schreibung (in den abweichenden Teilen; also /worʃt/ – Wurst. Teilweise kann es hier zu regelmäßigen Abweichungen kommen, z. B. -t nach Vokal (im Süddeutschen) geschrieben <st> wie am Wortanfang.

b) Das Kind übersetzt das regionale Lautschema in das standardsprachliche mittels Korrespondenzregeln, z. B. /worʃt/ > /wurst/ und wendet dann die Rechtschreibregeln an.

c) Das Kind speichert – praktisch bilingual – zu einer Bedeutung neben dem regionalen Lautschema das standardsprachliche. Dabei baut sich das standardsprachliche Lautschema auch über die Schreibung und die Regeln von b auf. Die *Modelle 3a–c* belegen das Gemeinte:

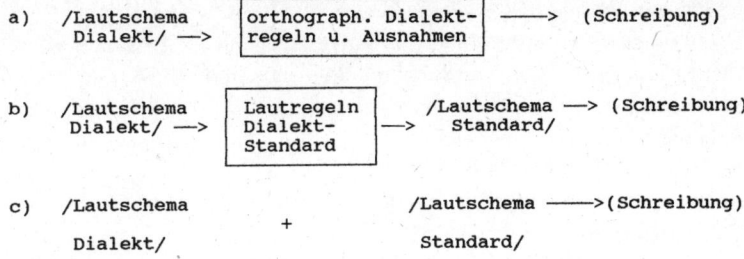

a)   /Lautschema   orthograph. Dialekt-   ——> (Schreibung)
     Dialekt/ ——>   regeln u. Ausnahmen

b)   /Lautschema   Lautregeln   /Lautschema ——> (Schreibung)
     Dialekt/ ——>   Dialekt-   ——> Standard/
                      Standard

c)   /Lautschema   /Lautschema ——>(Schreibung)
                           +
     Dialekt/   Standard/

Auch über das Problem Dialekt-Schreibung hinausgehend, glaube ich, daß die Schreibung (das Schreibschema s. u.) das Lautschema beeinflußt. Die Schreibung von »und, ab, ob, Obst« usw. dürfte bewirken, daß auch im Lautschema ein stimmhafter Explosivlaut auftritt, also vorschulisch /unt/, später /und/.

In diesem Ansatz, der die Schreibung aus dem Lautschema entwickelt, wird das ganze orthographische Wissen am Lautschema festgemacht, besonders wenn es sich um Ausnahmen handelt, z. B. »nämlich ohne h«. Das ganze Wissen, das am Lautschema festgemacht ist, kann für die Schreibung aktiviert werden, so u. a. auch die Phonotaktik.

Mit dem so dargestellten Prozeß können alle Schreibungen aus der Lautung/dem Lautschema erzeugt werden, nur läuft es oft nicht so ab.

Es gibt viele Belege aus der Leseforschung, den Lesefehlern, den Schreibfehlern und der Aphasieforschung, daß kompetente Schreiber/Leser auch fertige Schreibschemata gespeichert haben. Anführen möchte ich nur die Schreibfehler *vertig, er *schaft es, er *kamm, *im (= ihm), *in (= ihn) [aber nie *ir (statt ihr)]. Häufige Verwechslung von denn – den, wenn – wen, aber selten *dan.

Mit *Scheerer-Neumann* möchte ich annehmen, daß Schreibschemata keine Wortbilder sind, sondern im Sinne *Bühlers* Gegenstandszeichen, Feldzeichen und Unterscheidungszeichen. Das letztere ist für diesen Sachverhalt das wichtigste. Die optischen Gegenstandszeichen bestehen aus einer linearen Kette von Buchstaben; die Buchstaben haben eine graphotaktische Abfolge. Auf die Buchstaben können Schreibregeln einwirken, z. B. Umlaut, Wechsel ss – ß, Substantivierung usw. Vgl. *Modell 4:*

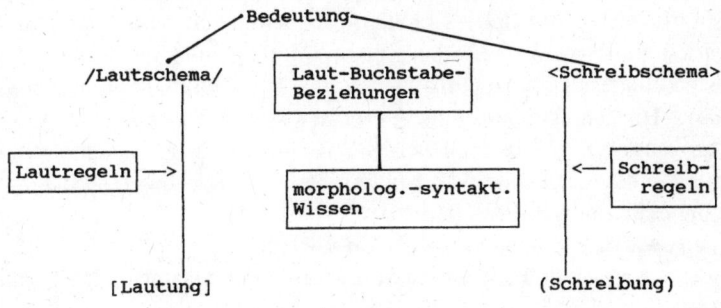

Welche Schreibschemata der einzelne gespeichert hat, ist natürlich nicht mit Sicherheit vorhersagbar. Aber so viel wird man sagen dürfen: Es sind Wörter, die er selbst häufig schreibt, die für ihn bedeutsam sind oder sogar, deren Rechtschreibung er besonders intensiv gelernt hat.

Natürlich gilt auch – wie bei der Lautseite, die Analogien sind ja nicht zufällig –, daß es ökonomisch ist, Grundformen zu speichern und flektierte Formen über das orthographisch umgesetzte morphologische Wissen zu erzeugen: Haus + U + er <au> – (äu) = Häuser.

Damit erweitert sich für viele Wörter (Zeichen) des literaten Menschen das bilaterale Zeichen zu einem *trilateralen Zeichen*.

Zu den Alphabetschriften kommt nun noch als Vorteil hinzu, daß sich die Erzeugung der Schreibung aus dem Lautschema und die Abrufung des Schreibschemas gegenseitig unterstützen können. Die Erzeugung verhindert z. B. eine gestörte Erinnerung (vielleicht eine Buchstabenvertauschung), die Speicherung sagt mir, daß das erzeugte *Biebel doch etwas merkwürdig aussieht. Gerade der Ausdruck »merkwürdig« bezeichnet den Bewußtseinsgrad richtig. Es ist kein exaktes Regelwissen, sondern ein Gefühl auf Grund des gespeicherten Schemas. Unkontrolliert drängen sie sich beim schwachen Schreiber auch an ungewünschten Stellen ein: So schrieb ein Student in der Klausur häufiger über das *Defizieht (-zieht), gemeint war Defizit.

In der partiellen Parallelität von Lautproduktion und Schreibproduktion können zum Aufbau von Schreibschemata auch Übungen zur Graphotaktik helfen. Sie sind Bausteine für Schreibschemata. Wichtig scheint mir daneben auch, das Wortstrukturwissen zu fördern. Es ist für mich wenig einleuchtend, daß in der Primarstufe immer die Wörter mit ai, chs, v, -h, VV, i, ih usw. geübt werden. Warum nicht Rad + U-er = Räder..., fahr(en) + Rad > Fahrrad, ver+reisen = verreisen usw.? – Die phonetische Methode des Anfängers muß sich also verändern zur morphosyntaktischen, am Lautschema operierend. Das Wortbild-Schreiben des Anfängers muß sich verändern zum linearen Schreibschema mit Schreibregeln.

Gerhard Augst

Lernen am wissenschaftlichen Dialog

Die Auseinandersetzung mit abstrakten Begriffen der Sprachwissenschaft, wie z. B. »Phonem« und »Graphem« in Seminaren zum »Sprachlichen Anfangsunterricht«, in denen bei weitem nicht alle StudentInnen eine Sprache studieren, scheint manchmal unüberwindbare Hürden in sich zu bergen. Sind die Hürden aber genommen, eröffnen sich »tiefe« Einsichten in den Lerngegenstand, und dadurch werden verschiedene Möglichkeiten der Aneignung in das Gesichtsfeld der zukünftigen VermittlerInnen gerückt.

So ging es uns auch mit den Begriffen »Lautschema« und »Schreibschema« aus den oben diskutierten Modellen. Im Anschluß an vielfältige Definitionsversuche, der Anwendung auf unterrichtliche Kontexte und dem erwähnten

Briefwechsel, möchte ich noch einmal die wichtigsten Erkenntnisse, die ich als Teilnehmerin des Seminars gewonnen habe, zusammenfassen:

1. Der Begriff »Lautschema«
Bei der heute unter Studierenden häufig vorherrschenden Faszination für Methoden des »Sprachlichen Anfangsunterrichts«, die das Kind fast ausschließlich an der eigenen Artikulation orientieren, ist der Hinweis auf das Vorhandensein eines abstrakteren Lautschemas, das der dialektalen oder individuellen Lautung des Kindes zugrunde liegt, von großer Bedeutung. Denn nicht alles, was man hören kann, ist auch relevant zu hören. Wie aber läßt es sich erreichen, das Kind am Relevanten zu orientieren und seine Operationen auf sein Lautschema zu lenken? *G. Augst* weist auf das intuitive morphologisch-syntaktische Wissen des Kindes hin, das es über die Bedeutung der Wörter gespeichert hat. Wenn dem Kind sein intuitives Wissen darüber, daß z. B. ein Fahrrad »ein Gestell mit zwei Rädern zum Fahren« ist, bewußt gemacht wird, kann es die Lautung (fa:ra:t) auf das Lautschema /fa:rra:d/ zurückführen. So ist es – nur durch die Operation am Lautschema – schon viel näher an der korrekten orthographischen Schreibweise.[1]

Um dieses Lautschema nun zu verschriften, muß das Kind die Phonem-Graphem-Korrespondenz-Regeln anwenden, doch ist es auch dann immer noch nicht bei der orthographisch korrekten Schreibung des Wortes »Fahrrad« angelangt. Die Großschreibung von Substantiven und die Dehnung langer Vokale durch ein »h« lassen sich weder aus dem Lautschema und dem morphologisch-syntaktischen Wissen noch aus den Phonem-Graphem-Korrespondenz-Regeln ableiten. Hier können nur die Schreibregeln der deutschen Orthographie weiterhelfen, die teilweise generalisierbar sind, wie z.B. »Substantive schreibt man immer groß«, oder einzeln gespeichert werden müssen wie »bei Fahrrad wird das erste lange a durch ein h gedehnt«.
All das aufgezählte Zusatzwissen, das ein Kind benötigt, um ein Wort wie »Fahrrad« orthographisch korrekt aus seinem Lautschema abzuleiten, muß sozusagen als »Etikett«[2] an das Lautschema geheftet werden. *G. Augst* macht die Komplexität dieses Vorgangs, der durch das einfache »Schreib, was du hörst« unzulässig simplifiziert wird, sehr deutlich und zeigt damit, wie sehr der Arbeitsspeicher des Gehirns bei dieser produktiven Methode des Ableitens der Schreibung aus dem Lautschema belastet wird. Eine gute Möglichkeit der Entlastung und auch der Systematisierung bietet hier der Weg über den Aufbau von Schreibschemata.

2. Der Begriff »Schreibschema«
Für den Aufbau von Schreibschemata gibt es verschiedene Möglichkeiten, doch unabhängig vom unterschiedlichen Aufbau erfüllt jedes Schreibsche-

---

1 Vgl. *G. Augst 1992, 32.*
2 Vgl. *G. Augst 1990, 317–330.*

ma die Funktion der Entlastung des Arbeitsspeichers durch das Abrufen memorierter Buchstabenfolgen. Zum einen können vollständig richtige Schreibungen in Form von Schreibschemata gespeichert werden, z. B. bei Wörtern, die Kindern sehr viel bedeuten. Bei dieser Form des Schreibschemas entfällt zwar der Rückgriff auf das gesamte zusätzliche Regelwissen, doch wird auch hier die Speicherkapazität des Gehirns sehr stark belastet, weil die Wörter einzeln ohne Verbindungen zueinander gespeichert werden müssen. Zum anderen kann auch für die Anlage von Schreibschemata das morphologisch-syntaktische Wissen nutzbar gemacht werden; es müssen dann nur Grundformen für ganze Wortfamilien gespeichert werden, auf die das morphologisch-syntaktische Wissen später wieder angewendet wird und die anschließend durch Schreibregeln in die richtige Schreibung überführt werden. Auch hier – wie schon bei der Erzeugung von Schreibungen aus dem Lautschema – kommt den Schreibregeln eine wichtige Funktion zu. Je nach dem, ob sie wieder als »Etiketten«, dieses Mal am einzelnen Schreibschema haftend, gespeichert werden müssen oder aber generalisierend und systematisch auf verschiedene Schreibschemata angewendet werden können, kommt es zu einer weiteren Automatisierung des Schreibprozesses. Da nun Schreibschemata auch aus Lautschemata mit Hilfe von Phonem-Graphem-Korrespondenz-Regeln erzeugt werden können, schließt sich an dieser Stelle der Kreis der verschiedenen Möglichkeiten der Erzeugung von Schreibungen, und es wird deutlich, daß – wie so häufig – mehrere Wege zum Ziel führen und diese sich gegenseitig ergänzen können.

G. Augst benennt in seinem Brief im Modell 4 die drei wichtigsten Bausteine zum Aufbau von Schreibungen entweder über das Lautschema oder über das Schreibschema oder über beide Schemata gemeinsam: Die Laut-Buchstabe-Beziehungen, das morphologisch-syntaktische Wissen und die Schreibregeln. Werden diese Bausteine als Grundlage für die Aneignung der Schriftsprache in den Mittelpunkt gerückt, erübrigt sich der Streit um den Königsweg zur richtigen Schreibung. Gerade die Auseinandersetzung mit den verschiedenen Möglichkeiten der Aneignung ermöglicht es den zukünftigen VermittlerInnen, auf der einen Seite offen zu sein für die verschiedenen Zugriffsweisen der Kinder auf den Lerngegenstand, auf der anderen Seite aber auch, den Kindern frühzeitig andere Wege anzubieten, so daß sie nicht einseitig auf eine Strategie festgelegt werden. Denn nur auf diese Weise kann wohl der souveräne Umgang mit der Komplexität unserer Orthographie gelingen.

Steffi Habersaat

---

* *Anmerkung der Verlegerei* zur Schreibmaschinen-Ästhetik der Modelle in diesem Beitrag: Mutmaßungen, die Abteilung Setzerei könnte sich Arbeit erspart haben, sind zwar nicht ganz unbegründet. Wir wollen aber vor allem unsere Leserschaft im 3. Jahrtausend n. u. Z. mit dem Faksimile von Arbeitstechniken aus einer älteren semidigitalen Epoche erfreuen.

Günther Thomé
Über die Konzeption von Anlauttabellen
Oder: Schreiben wir mit Buchstaben?

Buchstaben- oder Anlauttabellen gibt es seit Jahrhunderten in vielen Sprachen und für alle alphabetischen Schriften. Eine Reihe von Gründen wird für einen offenen Erstlese- und - schreibunterricht und eine Verwendung von Anlauttabellen angeführt: Die Kinder kommen mit unterschiedlichen Vorkenntnissen über das Schreiben und die Schrift in die Schule. Hier könnte eine Anlauttabelle eine gute Hilfestellung für binnendifferenzierten Unterricht bieten. Daneben erlaubt die Präsentation des Grundbestandes der schriftlichen Einheiten in einer Tabelle den Kindern eine Übersicht über den Lernstoff und macht damit deutlich, daß nur eine recht begrenzte Menge von Zeichen zu lernen ist *(Dehn 1988,188)*. Nicht zuletzt soll durch den offenen Unterricht vermieden werden, daß die Schüler auf einen festgelegten Lernweg gezwungen werden, wodurch ihr individuelles Lernpotential ungenutzt bleibt *(Reichen 1984, 234)*. Allerdings muß die Arbeit mit einer Anlauttabelle nicht im Gegensatz zur Fibelarbeit stehen, sondern kann diese sinnvoll ergänzen *(Eichler/Balhorn 1991/92)*.

Anlauttabellen bestehen in der Regel aus einer Anzahl von Feldern, in denen Gegenstände abgebildet sind. Daneben befinden sich die Anfangsbuchstaben der Bezeichnungen dieser Gegenstände. Ihrem Anspruch gemäß, ein Arbeitsmittel für freies Schreiben und dem Erlesen beliebiger Wörter zu sein, wird mit den Tabellen beabsichtigt, sowohl Einheiten der gesprochenen als auch der geschriebenen Sprache und eine bestimmte Beziehung zwischen diesen jeweils konkret herzustellen.

Koala für /k/

Da die Anlauttabellen mit kleineren Einheiten als Wörter, Morpheme oder Silben arbeiten, ist zunächst zu klären, welche Einheiten dies sein könnten. In der didaktischen Literatur werden die Einheiten dieser Tabellen meist »Laute« und »Buchstaben« genannt. In sprachwissenschaftlichen Arbeiten ist dagegen seit einigen Jahrzehnten die Rede von »Phonemen« und »Graphemen«. Sind dies nun lediglich gelehrte Fremdwörter für dieselbe Sache, oder gibt es inhaltliche Unterschiede zwischen Lauten und Phonemen bzw. Buchstaben und Graphemen?

So soll zunächst versucht werden, die Begriffe »Laut«, »Buchstabe«, »Phonem« und »Graphem« näher zu bestimmen. Laute werden in eckigen Klammern [ ], Phoneme in Schrägstrichen / / und Grapheme in spitzen Klammern < > dargestellt.

Was ist ein Laut (Sprachlaut)?
Ein Laut ist ein Schallereignis, das durch die Sprechwerkzeuge hervorgebracht, mit dem menschlichen Gehör wahrgenommen und als Element der Sprache identifiziert werden kann. Verschiedene Laute unterscheiden sich durch hörbare Eigenschaften, wie Klangfarbe, Dauer, Tonhöhe u. ä. Unterschiedliche Laute können die Bedeutung eines Wortes verändern wie [b] und [v] in [balt] (bald) und [valt] (Wald), müssen es aber nicht wie [r] (Zungenspitzen-r) und [R] (Zäpfchen-r) in [ro:t] (rot) und [Ro:t] (rot).
Was ist ein Phonem? Ein Phonem ist die kleinste bedeutungsunterscheidende lautsprachliche Einheit. Phoneme können in derselben lautlichen Umgebung vorkommen und durch einen Austausch oder Wegfall die Wortbedeutung ändern oder unkenntlich machen. So wird durch den Austausch von /b/ mit /v/ aus /balt/ (bald) /valt/ (Wald) und bei Wegfall des ersten Phonems /alt/ (alt).

Was ist ein Graphem?
Als Grapheme können die Einheiten des Geschriebenen bezeichnet werden, die systematisch auf die Phoneme beziehbar sind.[1] Das bedeutet, daß alle schriftlichen Elemente, die sich auf ein Phonem beziehen, ein Graphem darstellen. So ergeben sich Grapheme aus einem, zwei oder drei Einzelzeichen (Buchstaben). Allerdings können im Deutschen nicht alle Schriftzeichen über die Phoneme ermittelt werden. Dem zusammengesetzten Zeichen <qu> entspricht kein Phonem, sondern die Phonemfolge /k/ + /v/, denen jeweils eine Reihe anderer Phoneme gegenübersteht.

Was ist ein Buchstabe?
Buchstaben sind die Zeichen unseres Alphabets von A bis Z und die hierin nicht enthaltenen Umlaute Ä, Ö, Ü und das ß. Unter funktionalem Aspekt sind Buchstaben Bestandteile der Grapheme. Ein, zwei oder drei Buchstaben können die materiellen Elemente eines Graphems sein. So besteht beispielsweise die schriftliche Form <schnell> aus den Graphemen <sch>, <n>, <e>, und <ll>. Die Bestandteile dieser Grapheme sind die Buchstaben s, c und h für <sch>, n für <n>, e für <e> und l plus l für <ll>.

Einige Aspekte der Beziehungen der Grapheme zu den Phonemen
Es gibt Bereiche, in denen es sinnvoll sein kann, die Buchstaben als relevante Einheiten eines Textes anzusehen, wie z. B. bei der Gestaltung einer Seite

---

1 Neben dieser Definition des Graphems gibt es noch einige andere, die ebenfalls sinnvoll sind (vgl. *Kohrt 1986*). Eine Bestimmung der Grapheme über die Phoneme wird vor allem deshalb abgelehnt, weil dadurch dem autonomen Charakter der Schrift gegenüber der gesprochenen Sprache nicht genügend oder gar nicht Rechnung getragen wird. Im folgenden wird der Einfachheit halber von einem phonemabhängigen Graphem ausgegangen. Der Unterschied der Inventare phonemabhängiger und phonemunabhängiger Grapheme kann in unserem Zusammenhang vernachlässigt werden.

beim Schriftsatz. Hier wird der Text als Sequenz von Zeichen und Leerstellen aufgefaßt. Ganz anders verhält es sich, wenn wir am Verhältnis zwischen schriftlicher und lautlicher Form interessiert sind. Die entscheidenden Einheiten eines Textes sind nun nicht mehr die Buchstaben, sondern die Grapheme, denn nur diese stehen in einem systematischen Zusammenhang mit den Phonemen. Ein Beispiel soll dies verdeutlichen. Zerlegt man den Satz »Sie gehen heute schwimmen« in Phoneme und Grapheme, ergibt sich folgendes Bild:

Phoneme: /z i: g e: ə n h ɔ Y t ə ʃ v ɪ m ə n/
Grapheme: <s ie g eh e n h eu t e sch w i mm e n/

In diesem Satz finden sich einige schriftliche Elemente, bei denen deutlich wird, daß eine Gliederung in Buchstaben nicht geeignet ist, einen einigermaßen sinnvollen Zusammenhang zwischen schriftlicher und lautlicher Seite einer Äußerung aufzuzeigen. In »gehen« korrespondiert das Graphem <Eh> mit dem Phonem /e:/. Der Diphthong /OY/ in »heute« wird schriftlich mit <EU> wiedergegeben, und in »schwimmen« wird /ʃ/ mit <sch> und /m/ mit <mm> geschrieben. Wollte man in diesem Beispielsatz die Buchstaben als die schriftlichen Entsprechungen der Phoneme ansehen, so stünde i für /i:/, e für /e:/, s für /ʃ/ und m für /m/. Mit e oder u ist die Lautung /ɔY/ nur schwerlich in Verbindung zu bringen. Als Resultat dieser Buchstaben-Phonem-Zuordnung bleiben c, h, ch, m und u oder e übrig. Sie »stehen irgendwie im Text herum« und müßten nun mühsam, für jeden Fall gesondert, begründet werden.

Wenn nun deutlich geworden ist, daß die auf die gesprochene Sprache beziehbaren Einheiten des Geschriebenen nicht die Buchstaben sind, sondern komplexere Gebilde, die wir Grapheme nennen, soll im folgenden kurz auf eine besondere Eigenschaft der Grapheme hingewiesen werden.

Nach ihrem Verhältnis zu den Phonemen lassen sich die Grapheme in zwei Hauptgruppen einteilen. Die erste Gruppe bilden die Grapheme der häufigsten (einfachen, regelmäßigen, grundlegenden) oder phonematischen Schreibung, die zweite Gruppe alle übrigen Grapheme (vgl. *Augst 1984, 66ff.; Eisenberg 1988; Thomé 1992, 220ff.*). Hierzu ein Beispiel: Das Phonem /ɛ/ wird in rund 90% seines Auftretens mit <e> geschrieben, wie in <schnell>. Das Graphem <e> vermittelt hier außer dem Lautwert /ɛ/ nichts. Dagegen ist bei der selteneren Schreibung ä, z. B. in <hält>, neben der lautlichen Information /ɛ/ noch der Hinweis gegeben, daß irgendwo im Paradigma von »hält« eine Form existiert, die an der Stelle des <ä> ein <a> aufweist, also etwa »halte«. Für den Aufbau einer Anlauttabelle bedeutet dies, daß man das Phonem /ɛ/ mit dem Graphem <e>, wie in »Ente«, einführt und nicht mit ä, wie in »Äpfel«.

Wie kommt es, daß wir Anlauttabellen finden können, in denen ein C mit einem Clown daneben abgebildet ist? Entweder will man gleichzeitig mit dem Schreibunterricht auch das Alphabet einführen, was zwar seit Jahrhunderten üblich ist, aber dadurch nicht sinnvoller wird, oder man geht von der Vorstellung aus, die Buchstaben des Alphabets repräsentierten das Phoneminventar des Deutschen. So kann man in einem Sprachbuch für die 5. Klasse aus den 90er Jahren unseres Jahrhunderts lesen, a, e, i, o und u seien die Vokale, die anderen Buchstaben seien die Konsonanten unserer Sprache (auf die Quellenangabe möchte ich hier verzichten).

Im folgenden sollen nun praktische Hinweise für den Aufbau einer Anlauttabelle gegeben werden. Für jedes Phonem gibt es, wie oben erwähnt, ein Graphem, das am häufigsten vorkommt und in mehrfacher Hinsicht das einfachste ist. Daher bietet es sich an, diese Grapheme den Phonemen als Basisgrapheme gegenüberzustellen. Eine Liste der Basisgrapheme findet sich bei *Augst (1984, 68 f.)* unter »Phonem« und »Graphem«.

Der Vollständigkeit halber werden in der folgenden Liste *(S. 303–305)* alle Phoneme des Deutschen mit ihren Basisgraphemen aufgeführt. In den Fällen, in denen keine Schwierigkeiten für eine Darstellung in einer Anlauttabelle erwartet werden, erübrigt sich der Kommentar. Dieses wird durch einen Strich (–) gekennzeichnet. Kommentar zu schwierigen Fällen der Phonem-Graphem-Beziehungen im Hinblick auf das Erstellen oder die Arbeit mit einer Anlauttabelle.

Kleines Zwischenstück der *Libelle-Abteilung* für schwierigere Layout-Fälle. Falls Sie gerade im Flugzeug sitzen, sollten Sie vor dem Umblättern zur dreiseitigen Liste der Phoneme und Basisgrapheme folgenden Hinweis von *Freimut Wössner* beherzigen:

" Also wenn Sie schon ein Buch über das Grunzen lesen, dann sollten Sie es wenigstens leise lesen. "

Kommentar zu schwierigen Fällen der Phonem-Graphem-Beziehungen im Hinblick auf das Erstellen oder die Arbeit mit einer Anlauttabelle.

Phonem Basisgraphem   Kommentar

/a/   <a>   (Anlaut von "Affe"):   -

/a:/   <a>   (Anlaut von "Ameise"):   -

/ɛ/   <e>   (Anlaut von "Ente"): Unter der Bedingung, daß nur das Basisgraphem in einer Anlauttabelle dargestellt werden soll, ist etwa die Abbildung von Äpfeln oder eines Ärmels wegen des dazugehörenden Graphems <ä> nicht angebracht, da <e> die grundlegende Schreibung für /ɛ/ darstellt.

/ə/   <e>   (Bei Augst als /e/ notiert; Auslaut von "Hase"): Dieses Phonem, das als Schwa (germanicum) bezeichnet wird, tritt im Silben- und damit auch im Wortanlaut nicht auf. Da es immer unbetont ist, kommt Schwa auch nicht in einsilbigen Wörtern vor. Andererseits ist dieses Phonem das am häufigsten verwendete im Deutschen. Phonetisch verschwindet Schwa in der gedeckten Position, wodurch der folgende Konsonant silbisch wird; ['fra:gn̩] (fragen). Für eine Umwandlung der phonetischen in die phonemische Form wird im Duden-Aussprachewörterbuch (Mangold 1974:30) empfohlen, solche Endungen als die Phonemfolge /-ən/, /-ər/ usw. aufzufassen. Deutlich hörbar tritt Schwa in offener Endposition hervor wie in ['ha:zə] (Hase). In beiden Fällen sollte darauf geachtet werden, daß bei Lautübungen infolge einer gewissen Überartikulation kein *['fra:gɛn] oder *['ha:ze:] vorgesprochen wird.

/e:/   <e>   (Anlaut von "Esel"): Als Beispielwort für das Phonem /e:/ ist "Elefant" [ele'fant], wie es gelegentlich in Anlauttabellen zu sehen ist, nicht geeignet. Von den beiden Allophonen [e] und [e:] des Phonems /e:/ ist das erste recht selten im Deutschen, phonetisch gesehen ein kurz zu sprechender Laut und eigentlich nur in Fremdwörtern zu finden. Der Anlaut von "Esel" ['e:zl̩] repräsentiert dagegen die übliche lautliche Realisierung des Phonems /e:/.

/ɛ:/   <ä>   (Inlaut von "Mädchen"): Im norddeutschen Sprachraum wird /ɛ:/ regelmäßig durch /e:/ ersetzt (vgl. Wängler

1983:99 f.). Hier kann man entweder versuchen, durch
Ausspracheübungen, ein Bewußtsein für dieses Phonem
zu wecken, oder man umgeht diesen Bereich im
Anfangsunterricht. Das Phonem /ɛ:/ kommt neben der
erwähnten Inlautposition auch im Anlaut vor, z. B. in
"äsen" oder "Ähre". Das Verb "äsen" ist allerdings
schwer bildlich darstellbar und "Ähre" beginnt mit
dem Graphem <äh>, also einem anderen als dem
Basisgraphem für /ɛ:/, nämlich <ä>.

/ɪ/	<i>	**(Inlaut von "Bild"):** Abbildbare Substantive mit /ɪ/ im Anlaut, wie "Indianer", sind selten.
/i:/	<ie>	**(Inlaut von "Biene"):** Das Phonem /i:/ ist im Anlaut abbildbarer Substantive zwar selten, es kommt aber vor. Dagegen tritt das Basisgraphem für /i:/, nämlich <ie>, niemals am Wortanfang auf. Diese Gegebenheit der Graphotaktik ist bisher wenig bekannt. Von der Abbildung eines Igels als Beispiel für die Schreibung des /i:/ ist unbedingt abzuraten, da <i> nicht das grundlegende Graphem für /i:/, sondern eine recht seltene Schreibung (ca. 3 %) darstellt, auch wenn sich der Igel als Abbildung, gerade für Kinder, anbietet. Da <ie> am Wortanfang nicht stehen kann, sollte auf die Darstellung eines Wortes mit /i:/ als <ie> im In- oder Auslaut ausgewichen werden.
/ɔ/	<o>	(Anlaut von "offen"): -
/o:/	<o>	(Anlaut von "Ofen"): -
/œ/	<ö>	(Bei Augst als /ø/ notiert; Anlaut von "öffnen"): Die Substantive, die mit /œ/ anlauten, wie "Öffnung" oder "Öffentlichkeit", sind für Kinder kaum bildlich darstellbar.
/ø:/	<ö>	(Anlaut von "Öl"): -
/ʊ/	<u>	(Anlaut von "unten"): -
/u:/	<u>	(Anlaut von "Ufer"): Die Abbildung einer Uhr ist nicht zu empfehlen, da <uh> nicht das Basisgraphem für /u:/ ist.
/ʏ/	<ü>	**(Inlaut von "Mütze"):** Ein mit /ʏ/ anlautendes Substantiv scheint es nicht zu geben.
/y:/	<ü>	(Anlaut von "über"): -
/aɪ/	<ei>	(Anlaut von "Eis"): -
/aʊ/	<au>	(Anlaut von "Auto"): -
/ɔʏ/	<eu>	(Anlaut von "Eule"): -
/b/	<b>	(Anlaut von "Buch"): -
/d/	<d>	(Anlaut von "Dach"): -
/f/	<f>	(Anlaut von "Fisch"): -

/g/	\<g\>	(Anlaut von "Gabel"):	-
/h/	\<h\>	(Anlaut von "Haus"):	-
/j/	\<j\>	(Anlaut von "Jäger"):	-
/k/	\<k\>	(Anlaut von "Katze"):	-
/l/	\<l\>	(Anlaut von "Lampe"):	-
/m/	\<m\>	(Anlaut von "Mond"):	-
/n/	\<n\>	(Anlaut von "Nagel"):	

/ŋ/   \<ng\>   (Auslaut von "Gang"): Neben der Auffassung Augsts, /ŋ/ werde regelmäßig mit \<n\> geschrieben und \<ng\> sei die Ausnahme, wird auch die gegenteilige Ansicht vertreten (vgl. Eisenberg 1988:147; Thomé 1992:221). Das Phonem /ŋ/ und damit auch das Graphem \<ng\> kommen nicht in der Anfangsposition vor.

/p/	\<p\>	(Anlaut von "Pelz"):	-
/r/	\<r\>	(Anlaut von "Rad"):	-
/z/	\<s\>	(Anlaut von "Sonne"):	-

/s/   \<s\>   (Inlaut von "Ast"): Das stimmlose Phonem /s/ tritt im Deutschen im Anlaut nicht auf. Eine Ausnahme bilden Fremdwörter, von denen "Skelett" eines der geläufigsten sein dürfte.

/t/	\<t\>	(Anlaut von "Tisch"):	-
/v/	\<w\>	(Anlaut von "Wasser"):	-
/ ʃ /	\<sch\>	(Anlaut von "Schiff"):	-

/x/   \<ch\>   (Auslaut von "ich", phonetisch [ç], und Auslaut von "Dach", phonetisch [x]): Es ist schwierig, abbildbare Substantive zu finden, die mit /x/ beginnen. Eines der wenigen ist "Chinese".

In der Liste von Augst sind keine Affrikaten (enge Konsonantenverbindungen) enthalten. Sollen diese noch ergänzt werden, so wären dies:

/pf/	\<pf\>	(Anlaut von "Pferd"):	-
/ts/	\<z\>	(Anlaut von "Zahn"):	-

/ks/   \<chs\>   (Auslaut von "Fuchs"): Wörter mit /ks/ im Anlaut sind entweder Eigennamen, wie "Xaver", oder Fremdwörter, wie "Xylophon". Daneben werden sie alle mit dem Graphem \<x\> geschrieben, welches nicht das Basisgraphem für /ks/ ist. Da das Basisgraphem \<chs\> für /ks/ nicht am Wortanfang vorkommt, kann auch hier nur auf den In- oder Auslaut ausgewichen werden.

Heiko Balhorn / Dagmar Rossa
Vom Schriftspracherwerb und dem Händewaschen
Es gibt didaktische Kunstfehler
Ein Vorschlag

Es ist gut hundert Jahre her, da starben in den Krankenhäusern viele Mütter nach der Geburt, obwohl eigentlich alles gut abgelaufen war. *Kindbettfieber* ist der Name für dieses damals unerklärliche Phänomen, das wie aus heiterem Himmel zu kommen schien. Es war der Arzt *Ignaz Semmelweis,* der erkannte, daß dieses Fieber auf Kontaktinfektion beruhte und durch Reinlichkeit zu verhüten ist.

Das Händewaschen hat seitdem unzähligen Frauen das Leben oder doch die Gesundheit erhalten. Seit dem Erscheinen seiner Abhandlung (1861) weiß man um die Tücke der Bakterien und die Bedeutung der Reinlichkeit in Kreißsälen. Deshalb führt man heute Statistiken über die Infektionsfälle nach Geburten und Operationen, klassifiziert Fälle nach Risikofaktoren und gewinnt so Maßstäbe bzw. Standards, die – wenn bestimmte Werte wesentlich überschritten werden – das Gesundheitsamt ins Spiel bringen. Statistiken zeigen also Fehler u. a. in der Reinlichkeit auf, *ärztliche Kunstfehler,* für die die Leitung des Krankenhauses zur Rechenschaft gezogen wird. Sie *muß* Abhilfe schaffen.

Das ist gut so. Kontrolle ist hier zwingend nötig. Wir fordern heute einen bestimmten Standard mit großer Selbstverständlichkeit ein und ahnden Verstöße als Kunstfehler.

Legasthenie oder *Lese-/Rechtschreibschwäche* ist eine ähnliche Art Fieber. Es tritt weniger aus heiterem Himmel auf, sondern ist wohl vorbereitet. Offenbar ist es ansteckend, denn es tritt überzufällig häufig zusammen mit bestimmten Risikofaktoren auf. Solche Risikofaktoren sind Länder, Erziehungssysteme, Sozialschichten und Schulklassen. In Neuseeland muß es in den Klassenräumen sehr reinlich zugehen. Dort gibt es nur 1–2% Kinder »mit Legasthenie« *(Newsweek 1991).* Dabei stellt Englisch in seiner Schriftform einen größeren Risikofaktor dar als Deutsch. In der DDR war der Anteil von legasthenen Kindern deutlich niedriger als in der Bundesrepublik. Vieles spricht dafür, daß sich die neuen Bundesländer mit der Übernahme von westdeutschen Erziehungssystemen und anderen Risikofaktoren angesteckt haben und inzwischen auch unsere Raten erreichen.

Exkurs: Die Bestimmungen, *Legasthenie*, Lese-/-Rechtschreib*schwäche* oder Lese-/Rechtschreib*schwierigkeiten* (LRS) sind ausdrücklich »Sammelbegriffe«.

Sie stehen »für eine Vielzahl von Problemen, die SchülerInnen beim Erlernen des Lesens und Schreibens und Rechtschreibens und späterhin beim Gebrauch der Schriftsprache aufweisen, um zu signalisieren, daß es sich dabei nicht um eine im Kind liegende Schwäche handelt, sondern um auftauchende Schwierigkeiten, die unterschiedlich bedingt sein können, sei es durch organisch-endogene Faktoren, durch häusliche oder durch schulische Bedingungen ...« *(Naegele/Valtin 1989, 7f.).*

Eine solche Bestimmung des »Gegenstandes« dieser Fachdiskussion, also der Kinder, die im Verlauf ihres Schriftspracherwerbs durch Minderleistungen auffällig werden, scheint typisch für erziehungswissenschaftlichen Umgang mit Begriffen und Kindern: Es soll »signalisiert werden«, daß es sich »nicht um eine im Kind liegende Schwäche handelt«. Im selben Satz geht es um »organisch-endogene Faktoren« einerseits und »häusliche oder schulische Bedingungen« andererseits.

Um den Versuch der Unterscheidung eben dieser Differenz, also der im Kind liegenden besonderen Bedingungen für eine nicht normale Entwicklung und den häuslichen und/oder schulgemachten Gründen für Minderleistungen müßte es aber doch gehen. Sicher ist es ein Gewinn für didaktische Orientierungen, noch einmal belegt zu finden, daß auch »LRS-Kinder dieselben Schwierigkeiten wie alle anderen Kinder« haben, »daß sie bei ihnen nur länger andauern« *(Valtin 1994).*

Solche Behauptungen können pädagogische Ambitionen stützen – sie können aber auch verunsichern.

Das Fehlen einer Unterscheidung zwischen Spracherfahrungsdefiziten, die aus einem anregungsarmen häuslichen Milieu und/oder ineffektivem Unterricht resultieren, und physiologischen Ursachen wird weder Kindern noch LehrerInnen gerecht. Erfahrungsdefizite, für deren Kompensation es ein klares didaktisches Konzept gibt, werden nicht geschieden von Defiziten, die im Gefolge medizinisch faßbarer Dysfunktionen Lernprobleme bereiten. Diese »Undeutlichkeit« muß zu Fehldeutungen und also zu falschen »Behandlungen« führen. Ein Behandlungsfehler, der auf unterrichtliche Vernachlässigung hinausläuft, wird sich dann einstellen, wenn Kinder mit Erfahrungsrückständen für solche mit medizinischer Indikation gehalten werden und umgekehrt. Beide Gruppen könnten nicht das bekommen, was sie brauchen.

Zuverlässige Zahlen über Anteile von Legasthenikern bzw. Kindern mit LRS, geschieden nach vermuteten Ursachen, liegen u. a. aus den hier angedeuteten Gründen nicht vor. (Wir sind dabei, Werte und ihnen zugrundeliegende Kriterien zusammenzustellen und auszuwerten.)

Nimmt man einmal die neuseeländischen Zahlen hypothetisch auch für hiesige Verhältnisse an, was einer Art *common-sense* der Einschätzung in der Bundesrepublik gut entspricht, so wären es 10–20% der Kinder eines Jahrgangs, die auffällige Schwierigkeiten beim Schriftspracherwerb zeigen. Durch eine gezielte Förderung, also durch didaktische Maßnahmen (vgl. *Rossa/Rossa* in diesem Band), gelingt es in Neuseeland, den größten Teil der Kinder dauerhaft zu befähigen, normale Lernfortschritte zu machen. Es verbleiben etwa 2% von Kindern, bei denen das spezifische Förderprogramm nicht (genügend) greift.

Diese Kinder wären – möglichst frühzeitig – aus der Gruppe der Kinder mit LRS auszufiltern, so daß – über didaktische Maßnahmen – hinaus präventiv medizinische, psychologische Hilfe geboten werden könnte. Und, was in unserem Zusammenhang wichtig ist, es wäre jetzt möglich, Untersuchungen zur Genese von LRS unverzerrt anzusetzen.

Ein Zahlenspiel: Nehmen wir an, nur 5% der Kinder wird eine LRS attestiert, die mit einem wirksamen Förderprogramm hätten dauerhaft an den Lernprogreß ihrer MitschülerInnen angeschlossen werden können. Im Jahre 1990 gab es 872 000 Kinder in einem Jahrgang (Statistisches Bundesamt). Eine mögliche, aber tatsächlich nicht effektive Unterrichtung auf Grund eines zu unscharfen Begriffs von LRS und entsprechender Unsicherheiten in Hinblick auf die Förderung würde in 10 Jahren 430 000 – also fast eine halbe Million Kinder mit einer LRS in die Berufswelt entlassen, die sie *eigentlich* nicht haben.

In großräumigen Untersuchungen wie denen von *May u. a. (1992)* und *Brügelmann u. a. (1992d; 1994g)* zeigen sich Leistungsunterschiede je nach Fragestellung und Stichproben: Ballungszentren versus ländliche Population, Bayern versus Hamburg, Mädchen versus Jungen *(Richter/Brügelmann 1994).*

Alle diese über Mittelwerte und Streuungen gefundenen Leistungsunterschiede in verglichenen Stichproben fallen jedoch in sich zusammen, wenn man *bestimmte Klassen* miteinander vergleicht.

Das heißt: LehrerInnen können andere Risikofaktoren außer Kraft setzen. Und das heißt auch: der Risikofaktor »LehrerIn« ist der für die Verhinderung von Legasthenie stärkste – potentiell.

Wenn man denn nun einmal wagen würde, in Analogie zu Kreißsälen, die »Infektionsrate« von Legasthenie in bestimmten Klassenzimmern über einen längeren Zeitraum statistisch zu erheben, könnte man »die Reinlichkeit« bzw. die »Ansteckungsgefahr« bestimmen.

Ein herber Gedanke, der auf vorhersagbare, abweisende Argumente treffen wird.

Natürlich wären weitere Risikofaktoren einzubeziehen: Diplomaten-, Arbeiter-, Ausländerviertel weisen unterschiedliche Grundbelastungen auf. Aber wenn wir die Professionalität unseres Berufes in Anspruch nehmen, uns auf wissenschaftliche Grundlagen der Erziehung und des Unterrichtens, der Lehreraus- und -fortbildung berufen, dann darf es nicht sein, daß wir den Faktor »LehrerIn« im Sinne des von ihm/ihr praktizierten Unterrichtskonzepts in seiner Effizienz mit dem Hinweis auf Methodenfreiheit als erledigt betrachten.

Die Analogie zur Medizin ist sicher nicht unproblematisch. Auch dort zeigen sich Probleme, gibt es den Streit um Lehrmeinungen. Kunstfehler größeren Ausmaßes werden allerdings öffentlich diskutiert und auch geahndet. Uns sollte aber zumindest das sichere Selbst- und Fremdverständnis, das Mediziner wie auch Juristen und Steuerberater als Profis auszeichnet, zu denken geben. Unser Berufsstand hat dieses Image ganz zweifellos nicht.

Dennoch besteht eine Beziehung zur Medizin: Legasthenie wird nicht selten als eine Art Krankheit definiert. Es ist von »Reifestörungen des Zentralnervensystems«, von »linkshemisphärischer Dysfunktion«, von »psychoorganischem Syndrom« und von »minimaler cerebraler Dysfunktion« (MCD) die Rede (vgl. »Das MCD-Konzept ist überholt«, *M. H. Schmidt 1992*).

Die Tendenz, Legasthenie oder LRS Kindern als Krankheit, als Eigenschaft zuzuschreiben (vgl. den Beitrag von *M. Stuewer* in diesem Band), festigt sich durch die Begriffe »Diagnose« und »Therapie«, die in diesem Zusammenhang Usus sind.

Wir wissen es besser, und alle Beteiligten könnten es auch wissen.

Renate Valtin hat es mit Bezug auf *Gerheid Scheerer-Neumann* in ihrem »Letzten Lebewohl an die klassische Legasthenie« noch einmal wiederholt: »LRS-Kinder haben dieselben Schwierigkeiten wie alle anderen Kinder, bei ihnen dauern sie aber länger an, was zu weiteren ungünstigen Lernstrategien und -einstellungen führt« (1994).

Das heißt: Ist sie denn einmal »vorhanden«, sozusagen attestiert, führt diese Erfahrung tatsächlich zu Krankheitssymptomen und weiteren schwerwiegenden Konsequenzen.

Wenn also Gesundheit auf dem Spiele steht – und zwar Gesundheit von Kindern und LehrerInnen[1] –, so erhält die Frage, ob es denn opportun ist, LehrerInnen freizustellen, z. B. einen Schreiblehrgang mit Arkaden und Girlanden, Eiern und Spazierstöcken und der lateinischen Ausgangsschrift zu beginnen, eine neue Dimension.

Es ist ein Rechtsgut betroffen; hier ließe sich Klage erheben.

Die Schriftspracherwerbsforschung hat weltweit einen Stand erreicht bzw. Ergebnisse erbracht, die es möglich machen, bestimmte Entscheidungen oder Praxen als *pädagogische Kunstfehler* zu bestimmen. Eine vergleichende Untersuchung der Effekte von Sprachunterricht in der Grundschule hat

---

[1] Der Anteil von LehrerInnen, der seinen Dienst vor Erreichen der Altersgrenze quittiert, wird inzwischen mit 15% angegeben.
Andere Indikatoren, die als psychosomatische Reaktionen auf subjektiv und/oder objektiv empfundene Überforderung zu verstehen sind (Burn-out-Syndrom), Alkoholismus, Fehlzeiten, Inanspruchnahme von Psychotherapie), lassen sich zum Teil als Konsequenzen einer nicht hinreichenden Aus- und Fortbildung der Lehrerinnen deuten, die befriedigende Lehrerfolge und damit ein Gefühl sozialer Bedeutung unwahrscheinlich machen. Fehlender Lehr-Lerner-folg kann auf beiden Seiten zu einer sich wechselseitig steigernden Unzufriedenheit und damit zu einem Zirkel von Entmutigungen führen.

zur Auszeichnung des Neuseeländischen Systems als dem weltweit besten geführt. Diese Konzeption, insbesondere der Zusammenhang von Forschung, Lehre und Praxis einschließlich der Ministerien, könnte als ein Maßstab dienen (vgl. *Rossa/Rossa* in diesem Band).

Die in Neuseeland realisierten Prinzipien sind sehr wohl mit der Diskussion etwa in den Jahrbüchern der DGLS kompatibel. Unterschiede zwischen hier und dort liegen nicht so sehr im Erkenntnisstand, sondern in der Kooperation zwischen Praxis, ministeriellen Instanzen und Forschung – und deshalb in den Effekten und damit denn doch im Erkenntnisstand der verschiedenen beteiligten Gruppen.

Wie wäre es, wenn sich vielleicht 20 ForscherInnen, die mit GrundschullehrerInnen zusammenarbeiten, zusammentun und ein Konzept für den sprachlichen Anfangsunterricht entwerfen, dies als eine Verbindung von Lehrgang und Lernraum formulieren und mit behördlicher Unterstützung in je 10 oder besser 20 Klassen in jedem Bundesland in die Tat umsetzten? Damit könnte *erwiesen werden,* was das Händewaschen und weitere Vorsichtsmaßnahmen zur Verhinderung von Legasthenie – und zugleich und hauptsächlich – für ein reiches und bereicherndes Lesen und Schreiben in der Schule bringt.

Das würde erstens bedeuten, daß wir Essentials aus den Grundlagenwissenschaften (Kognitions-, Lern- und Entwicklungspsychologie, Linguistik, Spracherwerbsforschung, Literaturwissenschaft, Sprachdidaktik, Erziehungswissenschaft) formulierten, die den gegenwärtig als genügend gesichert geltenden Erkenntnisstand fassen. Produktive Ansätze finden sich in Jahrbuch 2, *287f.* und Jahrbuch 5, *183–190;* neu in: *Balhorn/Brügelmann (Hrsg.) 1995).*

Das würde zweitens bedeuten, daß wir als Konsequenz der Essentials Prinzipien des Lesen- und Schreibenlernens als bestimmte Typen von Lese- und Schreibangeboten, Lernkontrollen und Fördermaßnahmen in Form eines konkreten Programms erstellen, mit dem LehrerInnen etwas anfangen und im Unterricht Vergleichbares tun könnten.

Daß dies nicht den Rückfall in einen lehrerzentrierten Lehrgangsunterricht bedeuten muß, sondern dessen Gegenteil, zeigen Vorgaben aus Neuseeland, Australien und anderen Ländern.

Dies bedeutet allerdings eine Präzisierung der Lernbeobachtungsverfahren auch als verobjektivierende Protokolle, von denen *Marie M. Clay,* die Innovatorin des Neuseeländischen Leseunterrichts mit 30 Jahre langer Forschungspraxis, sagt: »The teacher must be well-trained. Six teachers scoring the same record should all get the same results. One teacher reading another teacher's record should be able to replay what the child actually said« *(Clay, 1992b).*

Es wäre lohnend und aussichtsreich, gerade heute, wo Schule und Unterricht vor einer in seiner Dimension noch kaum abschätzbaren Bewährungsprobe stehen, in einer fachdidaktisch zugespitzten Perspektive anzusetzen. Gerade weil die Probleme, die sich aus dem, was man verniedlichend »veränderte

Kindheit« nennt, so massiv sind, kommt es darauf an, »Sachen zu klären und Menschen zu stärken« *(Hartmut von Hentig).*
Wenn wir in enger Kooperation mit den Beteiligten ein Konzept des Unterrichts im Lesen und Schreiben entwickeln, das sich jeweils zu bewähren, also in einer kontrollierten Praxis seinen Effekt auszuweisen hat, wird das zu einer Professionalisierung der Unterrichtenden *und* Forschenden führen. Die unsinnige Kluft – nicht die Arbeitsteilung – schwächt das Selbstbewußtsein beider Gruppen.
Forschungsergebnisse auch als kumulierte Praxiserfahrungen gewinnen Relevanz nur in einer Praxis, die sie berücksichtigt. Eine Praxis, die keine Selbst-Kontrolle will, kann keine verantwortliche sein, bringt sich um die Möglichkeit ihres Selbstbewußtseins. Die Sicherheit eines mitverantworteten Konzepts, das sich im Konsens von Forschenden und Unterrichtenden getragen weiß und deshalb effizient ist, macht LehrerInnen im Unterricht sicher. Und diese Sicherheit in der Sache brauchen Unterrichtende: Eine beherrschte Sache – hier die Methodik, die den Schriftspracherwerb stützt und fördert – gibt die Souveränität, die flexibel macht, sie wirkt sich vertrauenbildend bei Lernern aus, sie führt zu Maßstäben, die Lernkontrolle ermöglichen und also Erfolge greifbar machen.
Und da es um Lesen und Schreiben geht: Welche Fähigkeit ist denn durch bloßes Tun lehrreicher als das Lesen und Schreiben?
Kaum vorstellbar, aber machbar: Jedes Kind bekommt täglich 20 Minuten freie Lesezeit und ein »ordentliches« Lektüreangebot. Dazu noch einmal 20 Minuten, in denen ihm vorgelesen, mit ihm über Bücher gesprochen wird, Bücher eingeschätzt, empfohlen werden. Das wären in 10 Jahren 2000 Stunden Lektüre. Welches Unterrichtskonzept könnte in Anspruch nehmen, mehr Weltwissen, ein differenzierteres Lernangebot effektiver zu bieten? Eine so reiche Leseerfahrung macht das Weiterlesen wahrscheinlich. Daß dies zur Zeit bei uns nicht gilt, macht u. a. der Beitrag von *Erich Schön* im letzten Jahrbuch (1993) deutlich.
Last but not least – Ein sicher beherrschtes didaktisches Konzept, um dessen permanente Anpassung an den Forschungsstand, den man praktisch fundieren hilft, man weiß, macht Aufmerksamkeit frei für die anderen Aufgaben, die es im Unterricht neben den fachdidaktischen auch noch zu erledigen gilt. Und diese sind keineswegs weniger kompliziert.

Die Essenz dieser Überlegungen:

Das Modell medizinischer Forschungs- und Informationspraxis ist bedenkenswert: Über Fachzeitschriften oder andere Medien – hauptsächlich Fortbildungsveranstaltungen – wird mit dem neuesten Stand des Wissens vertraut gemacht. Ständige Fortbildung gehört zur ärztlichen Sorgfaltspflicht. Aus mangelndem Wissen bzw. unzureichender Fortbildung resultierende Behandlungsfehler gelten als Kunstfehler.

Entsprechende Ergebnisse aus der (weltweiten) Schriftspracherwerbsforschung sind gleichermaßen klar landes- und sprachbezogen zu formulieren und sodann (über den Status bloßer Meinungsbekundungen hinaus) als hinterfragte Erkenntnisse zu verbindlichen Orientierungen *zu setzen*. Das heißt: Lehrpläne wären ein Forschungsextrakt.

Eine enge Verzahnung zwischen Forschung und Praxis sichert die gleitende Abstimmung bisheriger Setzungen an die sich ändernden Bedingungen der Praxis.

Die fachdidaktische Aus- und Fortbildung von LehrerInnen hat diesen Forschungsstand zum Inhalt und beteiligt sich handlungsforschend an der Evaluation.

Forschungsvorhaben sind als »eingreifende Forschungen« interaktiv zwischen ForscherInnen und PraktikerInnen unter Beteiligung von Behörden und Ministerien auszuhandeln und in der »gegebenen« Praxis zu realisieren. PraktikerInnen erlegen sich die Norm von Selbst- und Fremdkontrolle auf und geben ihre Ergebnisse in den Forschungsprozeß ein. Sie prüfen ausdrücklich Instrumente der Lernerfolgskontrolle und Effekte von Förderstrategien.

ForscherInnen gewinnen ihre Fragestellungen aus noch nicht gelösten oder sich wieder neu stellenden Problemen der Praxis. Sie beziehen Studierende, ReferendarInnen und fortzubildende LehrerInnen in die Forschung ein. Gemeinsam formulieren sie Kriterien bzw. Anforderungen an didaktische Materialien (für Printmedien z. B.: leichte *und* gehaltvolle Lesetexte; Lernsoftware unter dem Gebot von Interaktion).

Die »Deutsche Gesellschaft für Lesen und Schreiben« (DGLS) ist eine Institution, die die Initiative ergreifen könnte. In ihr ist ein Gutteil der Personen versammelt, die Diskussion – vielleicht unter der Klammer »Spracherfahrungsansatz«– zu führen.

Es gibt keine überzeugendere Methode, für ein Konzept zu argumentieren, als seine Machbarkeit und seinen Erfolg zu *zeigen*.
Wer macht mit?

Hans Brügelmann
Kunstfehler oder – die Kunst des Fehlers

In ihrem Beitrag »Vom Schriftspracherwerb und dem Händewaschen« machen *Balhorn/Rossa* einen interessanten Vorschlag: ExpertInnen der Fachdidaktik zum Schriftspracherwerb sollten gemeinsam mit erfahrenen LehrerInnen versuchen, einen Konsens über den *state of the art* in der Forschung herbeizuführen, diese *essentials* in eine »Konzeption für den Anfangsunterricht« zu übersetzen und anschließend in je 10 Klassen pro Bundesland zu erproben.

Da ich in dieser Richtung in den letzten Jahren ebenfalls Vorstöße unternommen habe, teile ich die Intentionen. Mir sind aber auch die Fallstricke eines solchen Unternehmens sehr bewußt. Im Beitrag von *Balhorn/Rossa* werden sie zu wenig bedacht. Vor allem finde ich den Schlüsselbegriff des pädagogischen »Kunstfehlers« problematisch.

Selbst in der Medizin gilt: Was einer als Kunstfehler betrachtet, sieht der oder die andere als Maßnahme *lege artis*. Gestern wurden alle Blinddärme herausgenommen, heute läßt man sie solange wie möglich drin. Morgen oder übermorgen werden sie wahrscheinlich wieder vorbeugend operiert. Beim Umgang der Zahnärzte mit Weisheitszähnen habe ich am eigenen Leib ähnliche Meinungsunterschiede erlebt.

Ich stimme *Balhorn/Rossa* zu: WissenschaftlerInnen sollten mit Begriffen sauber umgehen, anders als *Naegele/Valtin* im zitierten Beispiel, wenn sie einerseits von einer »nicht … im Kind liegenden Schwäche« sprechen, zugleich aber »organisch-endogene« Faktoren als mögliche Ursache nennen. Aber macht die Suche nach unterschiedlichen »Ursachen« (organisch, psychisch, didaktisch, sozial) überhaupt Sinn, wenn man erkennt, daß Bedingungen nicht deterministisch wirken (vgl. *Richter 1993a+b* und *in diesem Band)?*

Vor zehn Jahren haben wir im Projekt »Kinder auf dem Weg zur Schrift« die Risikostudie von *Horst Röhr (1978)* noch einmal in anderen Darstellungsformen ausgewertet. *Röhr* hatte die Beziehung von »Voraussetzungen« und Lese-/Rechtschreiberfolg lediglich in Form von Korrelationen über die *gesamte* Gruppe hinweg bestimmt. Damit wurde nicht ersichtlich, wie hoch die Wahrscheinlichkeit für einzelne Kinder mit bestimmten Merkmalen ist, Schwierigkeiten im Lese- und Schreibunterricht zu bekommen.

Wir haben deshalb zwei Dinge getan: zum einen die Daten für 20 Kinder in Form von Fallberichten umgeschrieben, zum anderen für jede »Vorausset-zung« (IQ, Geschlecht, Alter bei der Einschulung usw.) eine in wenige Niveaus gestufte Risikotabelle erstellt *(Brügelmann/Hegelin 1984)*.

Zwei unserer Befunde stellen die Suche nach »Ursachen« der LRS oder »Legasthenie« nachdrücklich in Frage:

1. Für fast jedes erhobene Merkmal gilt: Je niedriger oder (bei Maßen wie Körpergröße und Gewicht) je extremer der Ausgangswert, um so höher das Risiko des schulischen Mißerfolgs: je mehr Geschwister, je weniger Durch-haltevermögen, je niedriger der IQ, je näher am Unter- oder Übergewicht, je häufiger Konflikte mit anderen Kindern, je weinerlicher, kurz: je »x-er« ein Kind eingeschätzt wurde, um so wahrscheinlicher hatte es später Schwierigkeiten beim Lesen- und Schreibenlernen. Dieses Ergebnis machte es schwer, bestimmte Bedingungen als »Voraussetzungen« auszuzeichnen und andere als »irrelevant« einzustufen.

2. Gleichzeitig stellten wir fest: Aus allen diesen Risikogruppen erreichten viele Kinder Ende der zweiten Klasse (über)durchschnittliche Leistungen im Lesen und Rechtschreiben. Im Regelfall war es sogar die Mehrheit, die trotz Handikap keine Schwierigkeiten mit dem Lesen und Rechtschreiben entwickelte. Dieses Ergebnis stellte die Annahme einer zwingend wirkenden »Ursächlichkeit« von Bedingungen in Frage.

Seit diesem kleinen Rechenexperiment habe ich erhebliche Zweifel an den gängigen Annahmen zur Erklärung von LRS, die sich implizit auch in der Suche von *Balhorn/Rossa* nach besseren Methoden für »Diagnose« und «Behandlung« finden:

1. Wenn Handikap X, dann Lernproblem Y.

2. Wenn Handikap X1, dann Lernproblem Y1; wenn (anderes) Handikap X2, dann (anderes) Lernproblem Y2 usw.

3. Wenn Lernproblem Y1, dann Förderung Z1, wenn Lernproblem Y2, dann (andere) Förderung Z2 usw.

Selbst für den medizinischen Bereich hat *Oliver Sacks* in seinen Studien zur europäischen Schlafkrankheit und ihrer Behandlung sehr eindrucksvoll gezeigt, daß die »... *Krankheit ... bei jedem Patienten eine andere Gestalt annahm [...], daß keine zwei Patienten sie auf gleiche Weise erlebten, die Krisen somit grundlegende Charaktereigenschaften, die Persönlichkeit, Lebensgeschichte, Wahrnehmung sowie die Phantasie der einzelnen Patien-ten widerspiegelten. [...] Darüber hinaus bestand nur eine geringe Korre-lation zwischen dem Schweregrad des klinischen und des pathologischen Befundes...: Man sah stark behinderte Patienten mit außerordentlich gerin-ger Veränderung der Gehirnstruktur, auf der anderen Seite bei Patienten mit kaum ausgeprägten Symptomen Anzeichen einer verbreiteten Gewebszer-störung« (S. 17, 33, 34; s. a. S. 44, 227).*

Für *Oliver Sacks* folgt daraus der »... *Übergang von der Biologie zur Biographie: [...] Die ›allgemeinen Vorschriften‹, ›Tabellen‹ und ›Formeln‹*

sind inzwischen zu Recht außer Gebrauch und in Verruf geraten. Dafür ist eine erhöhte Feinfühligkeit dem Patienten als Individuum gegenüber entstanden, ganz gleichgültig, welches Medikationsregime auch vorherrscht. Der ›einmalige Fall‹ mag für die Wissenschaft ein Alptraum sein, für die Medizin aber, bei der es sich nicht einfach um eine Frage von Quantitäten und Systemen oder der angewandten Physiologie handelt, sondern um eine Frage individueller Ökonomie und Bedürfnisse, ist er eine Notwendigkeit. [...] Die ›Anpassung‹ an die Krankheit ist, obgleich universell (und – letzten Endes – unser einziger Freund), das am wenigsten diskutierte, verstandene und rätselhafteste aller Phänomene, die Überlegenheit des ›Ich‹ gegenüber dem ›Es‹, der Persönlichkeit gegenüber dem Mechanismus« (S. 18, 44, 45).

Was *Sacks* hier über seine Erfahrungen mit der *encephalitis lethargica* schreibt, hätte ich genauso als Summe aus meinen 13 Jahren im Projekt »Kinder auf dem Weg zur Schrift« ziehen können. Didaktik läßt sich ebensowenig wie Medizin in Form von eindeutigen Vor-Schriften methodisieren. *Auch darum* bin ich wieder aus der Fachdidaktik in die (allgemeine) Grundschulpädagogik gewechselt. LehrerInnen brauchen Fachwissen und didaktische Konzepte. Aber es ist eine *Kunst,* sie situationsgerecht einzusetzen. Fehler sind dabei unvermeidbar, denn es geht um soziale Beziehungen, nicht um die Perfektionierung einer Technik.

Anders gesagt: Didaktische Regeln gelten immer nur hypothetisch, sie sind für jeden Einzelfall neu zu interpretieren (vgl. *Stenhouse 1975).*

Balhorn/Rossa schreiben: »Ein Behandlungsfehler, der auf unterrichtliche Vernachlässigung hinausläuft, wird sich dann einstellen, wenn Kinder mit Erfahrungsrückständen für solche mit medizinischer Indikation gehalten werden und umgekehrt. Beide Gruppen können nicht das bekommen, was sie brauchen.«

Brauchen sie wirklich Verschiedenes – und zwar als *Gruppen?* Oder braucht jedes Kind *innerhalb* dieser Gruppen mehr Raum für sich selbst (»Individualisierung von unten« statt »Differenzierung von oben«) – und Hilfe *konkret* dort, wo es nicht weiterkommt?

Balhorn/Rossa schlagen eine nationale Anstrengung der 20 besten Köpfe vor, die sich auf ein Konzept, zumindest auf *essentials* einigen und diese/s dann in der Praxis erproben sollten.

Ich fürchte, wir tappen mit dieser gutgemeinten Idee in die alte Falle der Expertenprojekte vor 20, 30 Jahren, die akkumulierte Weisheit nach dem *centre-periphery model* in Form von Curricula unters Volk bringen sollten. Und wir werden dasselbe erleben wie damals und wie später noch einmal mit Lernprogrammen auf dem Computer: Die Differenzen von Klasse zu Klasse und die unterschiedlichen Wirkungen auf Kinder mit »denselben« Voraussetzungen bzw. Problemen werden bedeutsamer sein als Differenzen zwischen Mittelwerten verschiedener Kindergruppen oder Lehrertypen.

Persönlich werbe ich mit Engagement für die Block- und die Druckschrift im Anfangsunterricht. Aber ich verspreche mir nichts von einem Verbot verbundener Schriften. Als Forscher interessiert mich sogar gerade die Lehrerin, die mit der Lateinischen Ausgangsschrift Kinder erfolgreich zum Schreiben führt, nach meiner Theorie: *wider Erwarten.*

Aus der Sicht meiner Theorie macht sie einen Fehler. Neugierig bin ich auf ihre *Kunst,* trotz des technischen Fehlers pädagogisch erfolgreich zu sein. Ich vermute, wir können aus der differenzierten Beschreibung und Analyse alternativer Praxisbeispiele mehr lernen als aus einem Großversuch mit *einem Konzept.*

Die Schlüsselfrage für die Zukunft unseres Lese- und Schreibunterrichts scheint mir nicht darin zu liegen, wie wir Methoden verbessern, sondern wie wir erwachsene Menschen dazu bringen, sich weiterzuentwickeln, aus ihrer Erfahrung zu lernen, und das heißt: zu neuen Erfahrungen bereit zu sein (so für die LehrerInnen-Ausbildung auch *Bauersfeld 1993c).*

Hier treffe ich mich wieder mit *Balhorn/Rossa:* die eigene Arbeit immer wieder zu überprüfen, sie der Kritik von anderen auszusetzen, das ist eine große Anforderung. Und hier kneifen wir alle: von der Grundschule bis zur Hochschule.

Allerdings bekommen wir auch keine Unterstützung: 1981 haben *Rüdiger Söhnen* und ich unsere KollegInnen und die Verlage zu einer vergleichenden Erprobung von Lehrgängen aufgerufen; 1989 haben wir von der DGLS aus bei der Deutschen Forschungsgemeinschaft für ein Forschungsprogramm zur kontextbezogenen Untersuchung didaktischer Ansätze geworben; 1991 habe ich diesen Ansatz erneut beim Bundesministerium für Bildung und Wissenschaft und in der Bund-Länder-Kommission für Bildungsplanung ins Gespräch gebracht. Die Resonanz war gleich Null. Vielleicht weil wir keine klaren Entscheidungsfragen anbieten können, aus denen sich bildungspolitische Maßnahmen direkt ableiten ließen?

Aber dürfen wir das Problem vereinfachen, *damit* wir finanzielle Unterstützung bekommen – um dann die entscheidenden Fragen zu verfehlen? Meine große Sorge: *Balhorn/Rossa* werden sich in der vorgeschlagenen Studie auf das konzentrieren müssen, was explizit faßbar und leicht meßbar ist. Psychologische Spezialuntersuchungen können von solcher Fokussierung profitieren. Ein pädagogisches Reformprogramm dagegen droht genau dadurch das Wesentliche zu übersehen.

Mehr Kooperation zwischen Forschung und Schule: ja. Härtere Kritik von Didaktik und Unterricht: ja. Aber bitte nur in einer Form, die auch die Prozesse des Lernens und ihren Kontext erfaßt. Die Sammlung und koordinierte Auswertung solcher Fallstudien braucht Zeit – und den Verzicht auf Antworten, die sich einfach in Lehrpläne oder »Methoden« umsetzen lassen. Juristisch können wir allenfalls Extremverhalten ausschließen, aber nicht erwünschtes Verhalten sichern. Wissenschaftlich können wir dieses zudem nur als Wahrscheinlichkeitsaussage mit erheblicher Unschärfe für den einzelnen Fall formulieren. Wir kommen nicht umhin: Werben, Unterstützen,

In-Frage-Stellen sind die einzigen Maßnahmen, mit denen sich der Unterrichtsalltag auf Dauer und unter der Oberfläche verändern läßt. In die Tiefe geht eine solche Konfrontation aber nur, wenn Fortbildung zukünftig intensivere Formen annimmt als bisher, z. B. in Arbeitsgruppen, die die Arbeit des ersten Schuljahres begleiten, wie wir es in unserer Lernwerkstatt »Büffelstübchen« praktiziert haben. Und in der Breite werden wir die LehrerInnen nur erreichen, wenn solche Fortbildung verpflichtend ist (vgl. meine Überlegungen in *Grundschulzeitschrift 13/1988, 48 ff.*). Das gilt zumindest für den Umfang (z. B. drei oder fünf Tage pro Jahr, zum Teil auch in der unterrichtsfreien Zeit), aber mit Wahlmöglichkeiten, was Inhalt und Form betrifft. So halten es die Schweizer Kantone schon lange, so war es in der DDR üblich, und so können wir es auch in den alten Bundesländern praktizieren, wenn Fortbildung nicht immer »von oben« organisiert, sondern auch über Arbeitsgruppen vor Ort, als Austausch über eigene Unterrichtserfahrung gestaltet wird. Eindrucksvoll finde ich das von *Mechthild Dehn* und ihren KollegInnen sowie StudentInnen in Hamburg entwickelte Kooperationsmodell (ähnlich in den 80er Jahren die Gruppe um *Marion Bergk* in Kärnten). In Siegen arbeiten wir an einem Modell (vgl. *Brügelmann/Schüler u. a. 1994),* in dem

– LehramtsanwärterInnen gegen Ende ihrer Ausbildung zu zweit den Unterricht in einer Klasse übernehmen,

– die Mentorin in dieser Zeit ein »sabbatical« nimmt, dessen einzige Verpflichtung darin besteht, in der ersten Phase ein Praxisseminar anzubieten,

– HochschullehrerInnen einen Teil der gewonnenen Lehrkapazität in die Fortbildung von KollegInnen am Seminar und in die Zusammenarbeit mit Schulprojekten investieren.

So wird ein Austausch und eine Zusammenarbeit zwischen den verschiedenen Institutionen in Gang gesetzt, der Ideen und Erfahrungen über Personen transportiert. In fünf Jahren werden wir sehen, ob sich diese Hoffnungen erfüllen.

Heiko Balhorn / Dagmar Rossa
Anmerkungen zu Brügelmanns »Kunst des Fehlers«

Der Flügelschlag des Schmetterlings, der irgendwo einen Taifun auslöst … Ja, im Bereich des Menschlichen gibt es keine Wirkungen, die sich monokausal auf eine Einwirkung zurückführen lassen.

Wille und Verantwortlichkeit sind Eigenschaften, ja Eigentum des Menschen. Deshalb läßt sich keine sichere Vorhersage über das Handeln eines Menschen machen. Von Determinismus kann also nicht die Rede sein. Wohl aber ist die Frage nach den Ursachen etwa von Legasthenie, Schulversagen, Sitzenbleiben oder Gewalt in der Schule zu stellen. Antworten auf solcherart Fragen werden nicht wahr, nicht einfach sein, sondern sind, wenn sie unter den Normen von Wissenschaft gesucht werden, Wahrscheinlichkeitsaussagen.

Die von uns gesuchten »essentials« sind ihrem Status nach solche Wahrscheinlichkeitsaussagen, denen allerdings – wegen der Qualität des Prozesses, in dem sie erarbeitet werden – eine hohe Zuverlässigkeit eigen sein wird. Diese wird im Problembewußtsein, in der Sensibilität der Beteiligten liegen, in ihrem Wissen um das Verhältnis des je Besonderen zum Allgemeinen.

Im einzelnen zu *Brügelmanns* Kritik:

Brügelmann befürchtet, wir würden in »die alte Falle der Expertenprojekte vor 20, 30 Jahren, die akkumulierte Weisheit nach dem centre-periphery model in Form von Curricula unters Volk bringen sollten«, tappen. Eben gerade nicht. Wir spannen den Bogen aus der Schulpraxis über theoretische Reflexion zur Schulpraxis. Ausdrücklich geht es in unserem Vorschlag um die »Kooperation zwischen Praxis, ministeriellen Instanzen und Forschung«, um den »Erkenntnisstand der verschiedenen beteiligten Gruppen«. Unsere Kritik übersieht nicht die Inseln effizienter Praxis auf allen Ebenen, sondern richtet sich gegen die Möglichkeit unverantwortbarer Praxis wiederum auf allen Ebenen. Die Klugheit liegt im Verfahren: Die Beteiligung aller Gruppen, die Unterricht mitverantworten, an der Aufgabe, Unterricht zu optimieren, würde das Zusammentragen der verschiedenen Erfahrungen und Interessen bedeuten. In der Auseinandersetzung von Personen mit verschiedenen Perspektiven, die ihre Erkenntnisse am Kriterium glückender Praxis bewähren *wollen*, liegt der Anspruch. Dieses Verfahren können wir an der theoretisch gehaltvollen Praxis in Neuseeland studieren. Dies gilt vor allem für die Tatsache der Lese- und Rechtschreibschwierigkeiten in unserer Praxis des Anfangsunterrichts.

(Brügelmanns Befürchtung, daß Curricula von oben »unters Volk« gebracht werden, ist Gegenwart; die Frage, ob sie immer »akkumulierte Weisheit« darstellen, offen; die Akzeptanz/Identifikation der LehrerInnen wohl eher schmal.)

In diesem Zusammenhang sind wir sehr wohl an Hypothesen zu unterschiedlichen Ursachen interessiert. Wenn sich z. B. erweisen sollte, daß gut ausgebildete LehrerInnen engagierter und kompetenter sind und zu nachweislich besseren Unterrichtsergebnissen führen als vergleichbar schlechter ausgebildete, halten wir es für geboten, einen ursächlichen Zusammenhang zwischen der Qualität der Ausbildung und Lehr-Lernerfolgen anzunehmen und die Konsequenzen zu ziehen.

Die Qualität einer guten Lehrerausbildung besteht u. a. darin, unterschiedliche Ursachen etwa einer »Lese-/Rechtschreibschwäche« (»organisch, psychisch, didaktisch, sozial«) differenzieren zu können, um im jeweiligen bestimmten Fall, um den es in der Praxis immer geht, professionell handlungsfähig zu sein. Das heißt auch, organische Befunde überhaupt erwägen zu können, im Zweifelsfall medizinischen oder psychologischen Sachverstand anzufragen und eben nicht alles Mögliche unter der eigenen didaktischen Kompetenz zu subsumieren. Der verlorene Schlüssel muß keineswegs zwangsläufig im Kegel der Didaktiklaterne verloren sein.

Brügelmann versimpelt die Suche nach besseren Methoden der Diagnose und Förderung auf die Annahme von linearen Wenn-Dann-Beziehungen. Uns geht es dagegen um validierte Beobachtungskriterien, wie sie etwa mit der Hamburger Schreibprobe *(May 1994)* und als nicht-standardisierte Verfahren in der »Ideen-Kiste 1: Schriftsprache« *(Brinkmann/Brügelmann 1993)* vorliegen, die das frühe Erkennen problematischer Lernverläufe ermöglichen. Erkenntnisse gewinnen ihren Sinn durch die Handlungsfolgen. Differenzierende Lernstandsbestimmungen machen Beurteilung der Effizienz dann eingesetzter didaktischer Maßnahmen erst möglich, geben LehrerInnen eine Handlungssicherheit durch Angebote verschiedener methodischer Verfahren, die sie auf ein bestimmtes Kind beziehen können. Der intuitiven Einschätzung des »It works« würden wir gerne ein Fundament auch für andere Beurteiler nachvollziehbarer Kriterien zusichern wollen.

Wir haben – neben anderen – auch die Lehrperson als einen wesentlichen Bedingungsfaktor bestimmt. *Brügelmann* stimmt dem zu.

Er ist – am Beispiel einer Lehrerin, die die lateinische Ausgangsschrift wählt – interessiert, wieso sie trotzdem erfolgreich sein kann. Dieses Interesse teilen wir nicht und wollen es auch nicht aufbringen. Uns interessieren nicht die schulisch gemachten erschwerenden Bedingungen des Lernens wie gleichschrittige Lehrgangs- oder auch *Laisser-faire*-Konzepte, sondern die produktiven Momente, die wir schon kennen, genauer: die wir als *essentials,* als *set* von qualifizierten Hypothesen formuliert wissen wollen. Nicht alles Mögliche gilt es erneut zu erforschen, sondern das sehr wahrscheinlich Effektive.

Ist die Furcht vor einer kollektiv bewährten Festlegung – z. B. auf die Druckschrift als Ausgangsschrift – so groß, daß wir das Risiko eingehen, z. B. einer uninformierten, bornierten oder auch nur besserwisserischen Kollegin deren »Methodenfreiheit« zu sichern?

Ein ärztlicher Kunstfehler ist wohl definiert: Es ist ein Eingriff, der entweder nicht medizinisch indiziert ist oder nicht fachgerecht durchgeführt wird *und* durch den ein Schaden hervorgerufen wird.

Analog wäre ein didaktischer Kunstfehler eine Maßnahme/Intervention, die nicht dem Stand der Fachdiskussion entspricht (deshalb der angestrebte Konsens über *the state of the art),* oder nicht fachgerecht durchgeführt wird und durch die Schaden hervorgerufen wird.

An einem Beispiel:

Wenn sich (nur um hier vorsichtig genug zu sein) die These von der schlechteren Lesbarkeit verbundener Schriften bestätigen sollte, eine Lehrerin dennoch entschließt, ihren Kindern überwiegend Erstlesebücher in Schreibschrift zu präsentieren, macht sie einen Kunstfehler.

Daß sich der Schaden schwerlich nachweisen läßt, ist ein Problem. Die durch ihr Milieu sprachlich begabten Kinder werden auch unter diesen erschwerten Bedingungen – sicherlich langsamer, aber immerhin – lesen lernen; das eine oder andere Kind aber vielleicht nicht oder sehr spät und unter weiteren Einbußen in das Vertrauen in seine Lernfähigkeit. Wir wissen um die selbstdynamisierende Potenz sprachlichen Könnens. Erschwerte Lesbarkeit von Texten behindert die mögliche raschere Entwicklung dieses Könnens, führt zu vermeidbaren Versagenserfahrungen und nimmt Chancen, Gratifikationen im Lesen von Texten zu finden (Erfolg, Spaß, Könnensempfindungen, etwas erzählen zu können usw.).

Nach zwei bis vier Jahren verlieren GrundschullehrerInnen die Kinder in der Regel aus den Augen. Mit den Langzeitfolgen ihres Tuns sind Lehrer nicht wirklich konfrontiert, zumal es die Tendenz gibt, Lernerfolge auf Unterricht und Mißerfolge auf Kinder bzw. deren Elternhäuser zurückzuführen.

Der praktische Erfolg des Erstlese- und Schreibunterrichts in Neuseeland ist die Konsequenz einer sehr guten LehrerInnenaus- und -fortbildung. Die tiefe Vertrautheit mit den einzelnen Erkenntnisschritten des Kindes auf seinem Weg in die Schrift macht LehrerInnen dort zu hilfreichen BegleiterInnen der kindlichen Lernprozesse. Man muß offenbar den Anspruch, die Rationalität eines Diagnose-Förder-Zusammenhangs auch auszuweisen, nicht als einschränkende Kontrolle empfinden. Dieser Anspruch kann Teil einer professionellen pädagogischen Haltung sein.

Treiben wir die Idee der individuellen Freiheit nicht zu weit, wenn wir jedem Profi des Unterrichts alle historischen Fehler erlauben?

Ist unsere individuelle Lebensspanne nicht zu kurz, um immer wieder ganz von vorn anzufangen?

Reflektieren wir doch in Ruhe und in kritischem Interesse »die akkumulierte Weisheit« der dort gesammelten praktischen Erfahrungen.

Sie könnten ein praktisches Medium der Verständigung von Interessierten sein, sich Gedanken zu machen. Wir halten nach wie vor viel von dem Vorschlag, daß sich 20 Interessierte dieser Aufgabe annehmen. Herauskommen werden viele komplexe Erfahrungen für die Beteiligten, ein differenzierteres Wissen um kindliche Zugriffe auf Schrift, mehr methodische Erfindungen und – nach allem – qualifiziertere Hypothesen, wie man Unterricht für die so verschiedenen Kinder effizienter machen kann.

Uns scheinen die Probleme dieses Vorhabens nicht so sehr theoretische, sondern eher praktische zu sein. Entscheidend werden Engagement, Geld und Kooperationswilligkeit sein.

Hans Brügelmann
Statt eines Schlußworts: offene Fragen

Die Antwort von *Balhorn/Rossa* auf meine Replik präzisiert ihre Position und macht sie für mich zugleich überzeugender.

Es bleiben aber Fragen, die ich gerne an die LeserInnen weitergeben möchte, um andere in unser Gespräch einzubeziehen und damit ergänzende Sichtweisen anzuregen:

* Lassen sich Indikatoren für »Kunstfehler« wirklich eindeutig bestimmen, ohne daß wir dadurch auf das leicht Meßbare beschränkt bleiben – oder die prinzipiell mehrdeutige Beziehung zwischen Oberflächenverhalten und Tiefenstruktur menschlichen Handelns verleugnen?

* Wem wird die Zuständigkeit zugesprochen, die Angemessenheit einer Entscheidung zu prüfen (sprich: ihre situative *Bedeutung* zu interpretieren)?

* Falls die zu bestimmenden Kunstregeln als Hypothesen, nicht als Vorschrift der Wissenschaft oder Verwaltung zu verstehen sind (und dies scheint eine mögliche Verständigung zwischen unseren Positionen zu sein) – welche Rahmenbedingungen helfen LehrerInnen, sich als *experimental colleagues* der WissenschaftlerInnen zu verstehen, wie *Lawrence Stenhouse* schon vor 20 Jahren gefordert hat?

* Wie sichern wir, daß die geforderte Rechenschaftspflicht in einer »Kultur kritischer Kooperation« fruchtbar wird – und nicht zur Unterdrückung von Minderheiten oder zur bloß oberflächlichen Anpassung an Modelle (Moden?) führt?

Balhorn/Rossa haben recht: *Accountability*, Begründung von Entscheidungen, ist eine Verpflichtung, der das Schulwesen und einzelne seiner Einrichtungen bzw. MitarbeiterInnen unzureichend nachkommen. In der Umsetzung dieser Forderung sollten wir aber sorgfältig auf unerwünschte Nebenwirkungen achten, damit wir nicht die Fehler des letzten Jahrhunderts (»payment for results«) wiederholen (vgl. meine kritische Auseinandersetzung [1980] mit nationalen Testprogrammen in den angelsächsischen Ländern).

Marion Bergk
Schreibinteraktionen:
Verändertes Sprachlernen in der Grundschule

Schreiben ist auf den ersten Blick ein individueller Vorgang: Es geschieht im Kopf und mit dem Stift oder Computer eines einzelnen Menschen. Wenn ich im folgenden von Schreibinteraktionen spreche, so meine ich damit die Möglichkeiten, diesen individuellen Vorgang mit Formen der Interaktion zu verbinden, und zwar so, daß die Individualität darin nicht aufgehoben wird, sondern sich entfaltet, und zwar durch den Austausch und die Auseinandersetzung mit anderen Schreibenden. Dazu einführend als Beispiel ein Schreibdialog, ein schriftliches Gespräch zwischen Kindern, die sich lange Zeit nichts oder eher Unfreundliches gesagt hatten, hier zwischen zwei Jungen. (Die Kringel in den Rundbuchstaben sind Merkmale der österreichischen Schulschrift.)

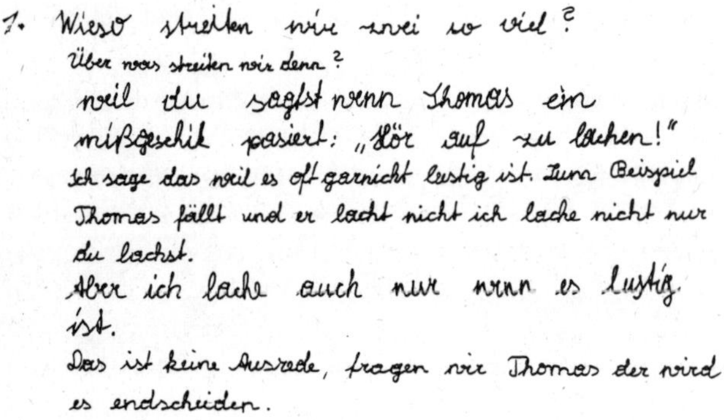

> 1. Wieso streiten wir zwei so viel?
> Über was streiten wir denn?
> weil du sagst wenn Thomas ein
> mißgeschik pasiert: „Hör auf zu lachen!"
> Ich sage das weil es oft garnicht lustig ist. Zum Beispiel
> Thomas fällt und er lacht nicht ich lache nicht nur
> du lachst.
> Aber ich lache auch nur wenn es lustig.
> ist.
> Das ist keine Ausrede, fragen wir Thomas der wird
> es endscheiden.

Abb.1: Dialogschreiben, Anfang 4. Schuljahr, Klasse *Gabriele Rubinig*

In der Grundschule heute, so meine Hypothese, sind Schreibinteraktionen notwendig, weil sie helfen, Momente der Vereinzelung zu überwinden. Zum einen verbinden sie die Teilgebiete des Sprachlernens in einsehbarer Weise und machen sie dadurch selbstbestimmtem Lernen zugänglicher. Zum anderen schaffen sie Lernsituationen, die die Kinder zusammen- und aus ihrer Isolierung in der Leistungskonkurrenz herausführen. Der damit formulierte pädagogische Anspruch kann sich auf administrativ gesetzte Aufgaben der Grundschule wie die folgenden stützen:
1. Der Auftrag, grundlegende Bildung zu vermitteln, fordert Lernangebote, die bei den vorschulischen, noch nicht nach Fächern aufgeteilten Sprach- und Handlungserfahrungen der Kinder ansetzen und den Kindern dadurch einen eigenständigen Zugriff auf überschaubare Lerninhalte ermöglichen. Ein »Verbundener Sprachunterricht« *(Vorläufiger Rahmenplan Berlin 1989)*

ist geboten, der die Teilgebiete des Lernbereichs Deutsch in ihrem struktur-
bedingten Zusammenhang vermittelt.

2. Der Auftrag grundlegender schulischer Sozialisation fordert den Aufbau
von Sozialformen des Lernens, in denen jedes Kind seine individuellen
Lernmöglichkeiten in Interaktion mit der Lerngruppe entfalten kann.

3. Der mit der unausgelesen heterogen zusammengesetzten Grundschulklas-
se verbundene Integrationsauftrag fordert Lernsituationen, die die Kinder
trotz großer individueller Entwicklungsunterschiede zu einer handlungsfä-
higen Lerngruppe zusammenwachsen lassen.

In einer Zeit breiter Diskussionen über die Sinnhaftigkeit pädagogischen
Bemühens genügt jedoch der Verweis auf den gesellschaftlichen Auftrag
einer Schulform nicht. Es ist auch die allgemeinere Frage zu beantworten,
ob sich denn ein Konzept erziehenden Unterrichts wie das der Schreibinteraktionen überhaupt noch legitimieren läßt, wenn postmoderne Pädagogen
wie *Hermann Giesecke (1993)* schon das Ende der Erziehung ankündigen.
Ich werde zunächst phänomenologisch vorgehen und die Entwicklungen im
Lernbereich Deutsch aufzeigen, die zu Formen von Schreibinteraktionen
geführt haben oder führen können. Danach betrachte ich zwei andere
Wissenschaftsgebiete daraufhin, ob sie das Konzept stützen können: die
Rezeptionsästhetik und die systemische Erkenntnistheorie. Die eingestreu-
ten Beispiele entstammen verschiedenen *Action-Research*-Vorhaben aus
meiner Tätigkeit in Kärnten, in denen Grundschullehrerinnen ihren Unterricht beobachteten, unter supervisorisch gestützter Leitung reflektierten und
veränderten. In meiner Tätigkeit an der Humboldt-Universität möchte ich
die Ergebnisse unter veränderten Bedingungen überprüfen und das Forschungsvorhaben erweitern.

1. Lernbereichsdidaktik:
Auf Interaktion zielendes individuelles Schreiben

Der Anlaß und Nullpunkt didaktischer Veränderungen ist im Alltag vieler
Grundschulklassen noch immer gegenwärtig, nämlich die Einübung in das
Schreiben als Kulturtechnik, unterteilt in Lehrgänge zum Bewegungsablauf
Schreiben, zum Rechtschreiben, zum Verfassen von Texten und zur Sprach-
betrachtung, bei denen die Kultur des Schriftsprachgebrauchs auf der Strek-
ke bleibt. Ein wesentliches Prinzip dieser überkommenen Didaktik ist das
der Vereinzelung: Isoliert werden nicht nur die genannten »Teildisziplinen«,
sondern auch die Kinder beim Durchlaufen der Lehrgänge (bei der Wochen-
planerfüllung nicht viel anders als bei der alten frontal gesteuerten »Stillar-
beit«). Sorgfältig gestaffelte Schulbuchaufgaben lenken jeden Lernschritt
des einzelnen Kindes, selbst dort, wo Intuition und Kreativität im Vordergrund stehen sollten: beim Verfassen von Texten.

Darin drückt sich zugleich ein weiteres Prinzip elementistischen Sprachun-
terrichts aus: der kleinschrittige und sukzessive Aufbau der isolierten Fertigkeiten »vom Leichten zum Schweren«:

- Am Anfang steht das Einüben der Schreibbewegungen,
- dann folgt das orthographische Sichern einzelner Wörter,
- in der zweiten Klasse wird zusätzlich das Verfassen von Texten ange-
  bahnt: vorzugsweise durch das Formulieren einzelner Sätze zu Bild-
  geschichten,
- das Sichten der gebrauchten sprachlichen Mittel folgt zuletzt.

Eine grundlegende Änderung des solchermaßen durchgefächerten Unterrichts versprach in den siebziger Jahren die sog. Kommunikative Wende.
Sie setzte gegen das Einüben einzelner Sprachfertigkeiten als Selbstzweck
den sozial motivierten pragmatischen Sprachgebrauch. Dabei ging es nicht
mehr um das Schreiben an sich, sondern um das Schreiben an und für andere,
um die Interaktion mit konkreten Adressaten. Aber für viele Lehrerinnen
(dieser Begriff soll immer die in der Grundschule leider nicht zahlreichen
Lehrer mit umfassen) blieb unklar, wie der Erwerb der Schriftsprache und
Schreibkompetenz damit zu verbinden seien. Schließlich wurden von dem
Konzept nur die neuen Textsorten, vor allem im Bereich des Appellierens,
in die Lehrpläne aufgenommen, von Sprachbüchern in Aufgabenstellungen
verpackt und den Lehrgängen einverleibt.

Nachhaltiger stützten Einsichten aus der psycholinguistischen Forschung
die Reformbemühungen derer, die mit diesem Lehrgangsbetrieb unzufrieden waren (vgl. *Marion Bergk 1980). Egon Weigl (1974)* zeigte schon zu
Beginn der siebziger Jahre, anknüpfend an die Forschungsergebnisse *Wy-
gotskis* und der Kulturhistorischen Schule der sowjetischen Psychologie,
daß die komplexe Struktur der Schriftsprache gerade nicht durch die Isolierung von Teilfähigkeiten, sondern viel einfacher durch deren wechselseitige
Unterstützung zu erwerben sei. »Lesen durch Schreiben«, »Schreibenlernen
durch Lesenlassen«, »Rechtschreibenlernen durch inneres Lesen«, so könnte man drei Entwicklungstendenzen etikettieren, die seitdem allmählich an
Boden gewinnen und jeweils auch Ansätze zu Schreibinteraktionen bieten:
a) »Lesen durch Schreiben« ist ein von *Jürgen Reichen (1982)* geprägter
Begriff für das Konzept der spontanen Entwicklung der Schreibfähigkeit –
und zugleich der Lesefähigkeit –, und zwar durch das Verfassen eigener
Texte von Anfang an. Angeregt u. a. durch die Arbeiten von *Uta Frith*
wurden die Entwicklungsstufen von Kindern beobachtet, die ohne Hilfestellung und Hilfsmittel eigene Texte schrieben (vgl. z. B. *Gerheid Scheerer-
Neumann, Rudolf Kretschmann* und *Hans Brügelmann 1986)*. Aus der
wachsenden Schreibfreude dieser Kinder und der allmählichen Annäherung
ihrer Wortstrukturen an die Rechtschreibung wurde die Zuversicht gewonnen, daß anfängliches spontanes Schreiben »nach Gehör« dem späteren
Aufbau der Rechtschreibung nicht im Wege steht, dem Aufbau einer starken
Motivation zum Schriftspracherwerb dagegen sehr zugute kommt.

Das Konzept breitet sich aus. Wo offener Unterricht eingeführt wird, gehört
das Verfassen freier Texte dazu. Die Isolierung der Teilgebiete wie der
Kinder wird hier gemildert, denn der wichtigste Grund für das freie Schrei-

ben ist das anschließende Veröffentlichen der Texte durch Ausstellen, Vorlesen, Verschicken u. ä. Das Schreiben ist sozusagen, so individuell es im Vollzug sein mag, auf die Interaktion mit anderen Schreibenden angelegt.

b) Der zweite Entwicklungsstrang, »Schreibenlernen durch Lesenlassen«, ergibt sich folgerichtig aus dem ersten, ergänzt ihn aber um einen wesentlichen Aspekt: Spontan Geschriebenes bedarf der Rückmeldung und wird dadurch für Überarbeitungen zugänglich. Zum wichtigsten Impuls, das Verfassen von Texten besser zu lernen, wird die Lesetätigkeit der anderen Kinder.

Donald Graves (1986) und *Gudrun Spitta (1992)* führten dafür die »Schreibkonferenz« ein. Das Kind, das einen Text verfaßt hat, arbeitet ihn mit zwei Mitarbeiterkindern nach inhaltlichen, stilistischen und orthographischen Aspekten durch. Die Kinder erwerben so die Fähigkeit, das Schreiben mit Hilfe der anderen drei Sprachgebrauchsformen Lesen, Sprechen und Hören zu reflektieren. Neben dem Produkt, dem Text, rückt der Prozeß des Verfassens und Überarbeitens ins Blickfeld. Alle Teilgebiete des Sprachlernens sind hier zusammengefaßt, und zugleich ist die oft notvolle Vereinzelung der Kinder beim Ringen um die passende Formulierung aufgehoben.

Schreibkonferenzen werden aber bislang meist erst in der 3. Klasse eingeführt. Davor sind die Kinder bei der Überarbeitung noch stark auf die Hilfe der Lehrerin angewiesen. Wer dagegen das Schreiben der sog. freien Texte wie ihr Schöpfer *Celestin Freinet* mit dem Drucken der Texte verbindet, überträgt den Kindern auch die redaktionelle Arbeit an ihrem Schriftsatz. Das ist, wie z. B. *Hans Jörg* und *Peter Treitz* belegen *(1985)*, schon im ersten Schuljahr möglich und schließt das Rechtschreibenlernen ein. Damit komme ich zum dritten Entwicklungsstrang:

c) »Rechtschreibenlernen durch inneres Lesen« nenne ich in Anlehnung an *Weigl* die Form des Schreibens, die sich an der erinnerten Artikulation des geschriebenen Wortes orientiert. Bei *Helga Breuninger* und *Dieter Betz (1982)* heißt dieses innere Nachsprechen »Pilotsprache«, bei *Heiko Balhorn (1983)* »Rechtschreibsprache«; Kinder, die ich nach einem passenden Namen fragte, sagten dazu »Merksprache« oder »Denksprache«. Mit ihr kann jedes Kind beim Verfassen von Texten zugleich Rechtschreibwissen sammeln und konservieren. Denn im Unterschied zum Spontanschreiben überträgt es nicht seine Umgangssprache in eine Buchstabenfolge, sondern prägt sich das richtig geschriebene Wort als Lautfolge ein und setzt diese in Buchstaben um. Dafür müssen ihm die Schriftwörter natürlich vorliegen. Ein anderes didaktisches Setting ist nötig, nämlich die rege Interaktion mit Schriftkundigen schon während des Schreibens, mit der Lehrerin und Kindern, die das fragliche Wort vorgeben oder die mit dem Kind über die mögliche Schreibweise nachdenken.

Kärntner Lehrerinnen, die in den genannten Action-Research-Projekten dieses Konzept *(Marion Bergk 1993)* erprobten und weiterentwickelten, stellten fest, daß die Interaktion beim Schreiben die Kinder dazu anregte,

auch gemeinsame Texte zu verfassen, besonders gern Plakate und Bücher.
Hier ein Blatt aus einem Buch, das nach etwa 3 Schulmonaten an einem Tag
entstand, an dem ein Hund in der Klasse war. Jedes Kind trug eine Seite zu
dem Bericht bei.

Abb. 2: Buch »Joschi«, 3. Monat 1. Schuljahr, Klasse *Ilse Strauß*

Eine weitere Beobachtung: Die Kinder bleiben nicht lange die Fragenden,
die sich jedes neue Schriftwort vorschreiben oder zeigen lassen. Bei vielen
überwiegt schon nach wenigen Monaten die produktivere Fragehaltung,
nämlich das Probeschreiben des fraglichen Wortes mit anschließendem
Überprüfen.

Gewonnen ist damit eine hypothesentestende Schreibhaltung, die im Unterschied zum spontanen Schreiben nicht mehr geändert, sondern nur zu immer
besser begründeten Hypothesen entfaltet zu werden braucht. Sie schließt
zudem die Interaktion mit anderen ein, wobei diejenige mit der auskunftge-
benden Lehrerin allmählich zurücktritt, die miteinander dagegen zunimmt.
Dazu gehören u. a. Schreibdialoge wie der eingangs gezeigte. Sie sind auch
in anderen Lernbereichen reizvoll, etwa in der Mathematik. Hier eine
Karteikarte aus den ersten Wochen eines zweiten Schuljahres. Auf der
Vorderseite steht die Frage, auf der Rückseite die Antwort. Wer dieselbe
Antwort herausbekommen hat, schreibt seinen Namen dazu:

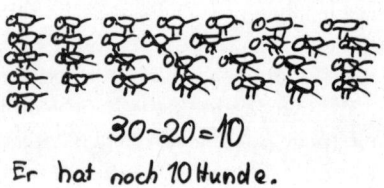

Ein Bauer hat 30 Hunde. Davon
laufen 20 Hunde weg. Wieviele hat
er noch?

$30 - 20 = 10$

Er hat noch 10 Hunde.

Abb. 3: Mathematik-Karteikarte, Anfang 2. Schuljahr, Klasse *Heide Kaser*

Nun zur Frage, ob und wie sich die genannten Veränderungen im Lernbereich Deutsch auch von anderen Wissenschaften her begründen lassen:

2. Rezeptionsästhetik:
Schreibende Interaktion mit und über Literatur

a) Literatur als Anlaß zum Schreiben:

Literatur galt nicht immer als Anlaß zu Schreibinteraktionen, aber sie wurde es im Zuge einer wissenschaftlichen Diskussion über die Unmöglichkeit, anders als interagierend mit Literatur umzugehen. Ausgangspunkt der Diskussion waren die Einsichten von *Wolfgang Iser u. a.* (vgl. *Rainer Warning 1979*) in die Produktivität des Lesens. Das Grund-Axiom der Rezeptionsästhetik lautet, daß ein literarischer Text überhaupt erst durch die Rezeption konkret wird, und zwar auf je verschiedene Weise, abhängig von der Individualität der Lesenden. Ganz neue Formen des Lesens und Schreibens wurden dadurch angeregt. Z. B. wurde Abschied genommen von dem respektvoll interpretierenden Umgang mit Literatur. Die alte Frage: »Was wollte der Dichter uns damit sagen?«, wurde als nicht beantwortbar ad acta gelegt. Die neue Frage hieß: »Was wollen wir angesichts dieses Textes selber sagen?«

Die entstehende Bewegung der Schreibseminare nährte sich auch aus anderen Impulsen, z. B. der humanistischen Psychologie mit ihrer ständig wachsenden Vielfalt therapeutischer Interaktionsformen, und AutorInnen von *Gundel Mattenklott (1979)* bis *Gerd Brenner (1990b)* trugen die Ideen kreativer und geselliger Textproduktion in die Schulen. Für den Lernbereich Deutsch entwickelte *Wilhelm Gössman* spezifische Vorschläge, »Sätze statt Aufsätze« (1976) schreiben zu lassen, und *Renate Valtin* und *Ingrid Naegele* regten mit dem Band »Schreiben ist wichtig« zum geselligen Schreiben auch in der Grundschule an.

Während nun unter Philologen weiter heftig um die Balance zwischen Produktion und Rezeption gerungen wurde, führten die Realisationen der Rezeptionsästhetik mehr und mehr fort von den literarischen Texten. Sie mündeten schließlich in eine andere Bewegung: in das sog. personale Schreiben. Literatur ist hier vor allem der Anlaß zum Ausdruck eigener Gedanken und Phantasien, zur Selbstbespiegelung, wie aus Philologenfedern zu lesen ist (vgl. u. a. *Kaspar Spinner 1990*).

In der Grundschule ist dafür das Weiterschreiben angefangener Geschichten bezeichnend. Das Märchen von der Unke *(s. nächste Seite)* (ohne Schluß, ein Satz hinzugefügt) hat nur einen offenen Schluß, und schon von diesem späten Punkt des Geschehens können die Fortsetzungen in sehr verschiedene Richtungen ausschweifen. Bloße Geschichtenanfänge lassen den Gang des Geschehens gänzlich offen, und die Fortsetzungen der Kinder entwickeln sich oft genug deutlich in Richtung Krimi, Western oder Comic. Aus der Selbstbespiegelung wird hier eine Spiegelung von Medien-Stereotypen. Auch das kann äußerst fruchtbar sein, wenn die Kinder auf diese Weise

Gelegenheit erhalten, das Konsumierte zu verarbeiten. Nur müßten sie sich dazu mit den Stereotypen auseinandersetzen können, statt sie nur ständig, ohne sie überhaupt zu erkennen, zu wiederholen.

Das Märchen von der Unke
Es war einmal ein kleines Kind, dem gab seine Mutter jeden Nachmittag ein Schüsselchen mit Milch und Weckbrocken, und das Kind setzte sich damit hinaus in den Hof. Wenn es aber anfing zu essen, so kam die Hausunke aus einer Mauerritze hervorgekrochen, senkte ihr Köpfchen in die Milch und aß mit. Das Kind sah ihr lange geduldig zu. Es hatte seine Freude daran, und wenn es mit seinem Schüsselchen dasaß und die Unke kam nicht gleich herbei, so rief es ihr zu:
»Unke, Unke, komm geschwind, / Komm herbei, du kleines Ding, / Sollst dein Bröckchen haben, / An der Milch dich laben.«
Da kam die Unke gelaufen und ließ es sich gut schmecken. Sie zeigte sich auch dankbar, denn sie brachte dem Kind aus ihrem heimlichen Schatz allerlei schöne Dinge, glänzende Steine, Perlen und goldene Spielsachen.
Die Unke trank aber nur Milch und ließ die Brocken liegen. Da nahm das Kind einmal sein Löffelchen, schlug ihr damit sanft auf den Kopf und sagte:»Ding, iß auch die Brocken.«
Die Mutter, die in der Küche stand, hörte, daß das Kind mit jemand sprach, und als sie sah, daß es mit seinem Löffelchen nach einer Unke schlug, so lief sie mit einem Scheit Holz heraus und tötete das gute Tier.
Von der Zeit an ging eine Veränderung mit dem Kinde vor.
Brüder Grimm:»Das Märchen von der Unke«

b) Auseinandersetzung mit dem literarischen Text:

Mit dem Postulat eines bewußteren Schreibens komme ich zu der von der Rezeptionsästhetik hergeleiteten Zielsetzung zurück. Das ist die schreibende Auseinandersetzung mit dem literarischen Text, die diesen nicht verläßt, sondern sich an ihm reibt. Für *Kaspar Spinner* ist es der Widerspruch, der zur Interaktion mit dem Text einlädt *(1993, 21)* und dabei Bewegungen im eigenen Kopf hervorruft. *Günter Waldmann (1984, 103 ff.)* spricht von der Differenz zwischen dem Sinnsystem des literarischen Textes und den Sinnsystemen der Lesenden.

Ich möchte das veranschaulichen: Wenn die Sinnsysteme sich decken, d. h., wenn der Text nicht von der Gedanken- und Vorstellungswelt des Kindes abweicht, wird es auf keine der beiden Welten aufmerksam.

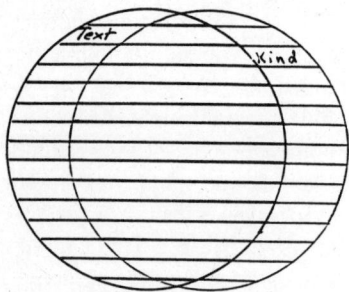

Abb. 4a: Schema Sinnsysteme: sich deckende Strukturen

In dem Maße aber, wie die eigenen Denkstrukturen sich von denen des literarischen Textes unterscheiden, bieten die Schnittpunkte und Kontraste zwischen beiden Strukturen dem Kind Halt für neue Gedanken oder Phantasien. Das schreibende Lesen erleichtert diesen Vorgang noch, denn die Kinder können ihren entstandenen Text dem literarischen gegenüberstellen und die Differenzen mit eigenen Augen betrachten.

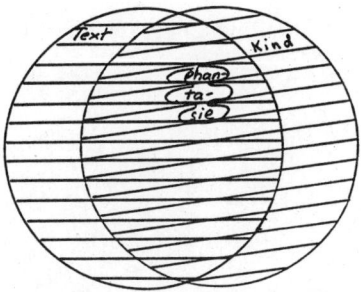

Abb. 4b: Schema Sinnsysteme: sich kreuzende Strukturen

Unter den Formen produktiven Lesens, die im Gefolge der Rezeptionsästhetik entwickelt wurden, verweisen insbesondere die von *Ingeborg Meckling* zusammengetragenen »Fragespiele zur Literatur« *(1985)* nachdrücklich auf den literarischen Text zurück. Der Grundzug dieser Fragespiele ist es, literarische Texte durch Veränderungen zu erkunden. Das Märchen von der Unke möge das verdeutlichen (s. *Abb. 4).* Darin steht ein Satz mehr, als die Brüder Grimm einst formulierten. Vielleicht haben Sie ihn schon vorhin gefunden: »Das Kind sah ihr lange geduldig zu.« Das Produktive des Lesens besteht darin, das Unpassende, sozusagen »Un-Grimmsche« des Satzes zu erklären. (Die ausschmückende Beschreibung eines Momentzustands durchbricht die Darstellung immer wiederkehrender Vorgänge.) Schreibendes Lesen oder gar Schreibinteraktion ist das allerdings noch nicht, denn die »eingeschmuggelten« Sätze sind ein vorgegebenes didaktisches Arrangement, und die Antwort kann auch mündlich erfolgen.

Es kann daraus aber eine Interaktionsform werden, wenn nun die Kinder ihrerseits in einem Text einen Satz verstecken, den betreffenden Absatz so verändert aufschreiben und einer anderen Gruppe zum Raten geben. Das Vergnügen und Interesse am literarischen Text ist nach den Erfahrungen der Lehrerinnen, die das erprobten, ungleich größer und dauerhafter. Woran liegt das? Zum ersten daran, daß die Kinder sich nicht redend, sondern schreibend mit dem literarischen Text auseinandersetzen, d. h., außer dem Kopf bekommen die Hände zu tun, und es entsteht etwas Sichtbares vor ihren Augen. Zum zweiten nähern die Kinder sich dem Ziel nicht indirekt, indem sie erklären, warum ein gefundener Satz nicht zum Text paßt, sondern sie gehen es direkt an, indem sie einen Satz in den Text so einfügen, daß er möglichst gut in diesen hineinpaßt. Dabei arbeiten sie sich, selbst analog produzierend, weit intensiver in die spezifische Stilistik des Textes ein.

c) Der literarische Text als Interaktionsmedium:

Schon bei der beschriebenen Form produktiver Textrezeption wurde der literarische Text durch die verändernde Arbeit an ihm zum Interaktionsmedium zwischen schreibenden Kindern. Er wird das in verstärktem Maße, wenn die Kinder sich in eine Person, die im Text vorkommt, hineinversetzen und sie – schreibend – zu Wort kommen lassen. Interaktionsmedium ist in diesem Fall ein Gestaltungsmittel des Textes, die Figurenkonstellation, in dem vorliegenden Beispiel die Dreiheit Kind–Unke–Mutter.

Damit ergibt sich zugleich eine Möglichkeit, die bekannteste Form produktiven Lesens, das Füllen von »Leerstellen« (vgl. *Iser a. a. O.*), für die Schreibinteraktion zu nutzen. »Leerstellen« sind sozusagen die »Zündfunken« für die Phantasie der Lesenden genau an jenen Textstellen, die Bedeutsames verschweigen. In dem vorliegenden Beispiel ist das besonders die Stelle, an der nicht gesagt wird, was die Mutter so aufbringt, daß sie nach dem Holzscheit greift.

Ihre Vorstellungen davon können die Kinder z. B. als Selbstgespräch der Mutter, neben den Text geschrieben, in diese Leerstelle einfließen lassen. Gegenüber dem Weiterschreiben sind hier der Phantasie Grenzen gesetzt, denn das Selbstgespräch kann das Geschehen nicht verändern, sondern nur sozusagen »von innen«, von der Mutter her, ausleuchten. Gerade diese Umgrenzung erzeugt Reibung, fordert eine Auseinandersetzung mit der Handlung der Märchenfigur.

Zu einer schreibenden Interaktion nicht nur mit dem Text, sondern auch miteinander gelangen die Kinder, wenn sie partnerweise zwei der Figuren ins Gespräch kommen lassen, z. B. in derselben Phase des Geschehens die Mutter mit dem Kind. In diesem Fall findet die Auseinandersetzung nicht im Kopf eines Kindes, sondern zwischen zwei Kindern statt.

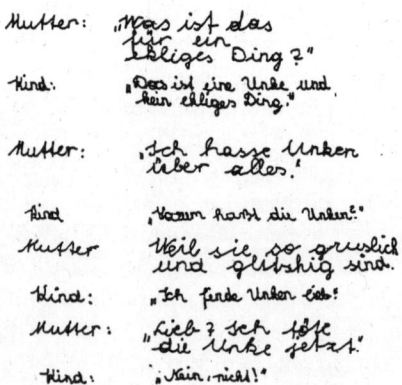

Abb. 5: Dialog Muttter–Kind, 4. Schuljahr, Klasse *Claudia Trauhsnig*

Einer voreiligen Verurteilung der Mutter kann ein Schreibdialog zwischen dem Kind und der Unke entgegenwirken. Den Kindern dieser Klasse fiel dann auf, daß ja schon das Kind »mit der Unke getschentscht« hatte (ein Kärtner Ausdruck für Mütterschelte).

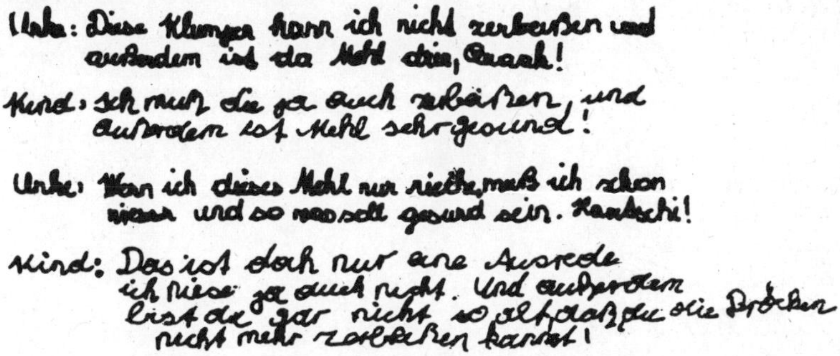
Unke: Diese Klumpen kann ich nicht zerbeißen und außerdem ist da Mehl drin, Quaak!
Kind: Ich muß die ja auch zerbeißen, und außerdem ist Mehl sehr gesund!
Unke: Wenn ich dieses Mehl nur rieche, muß ich schon niesen und so was soll gesund sein. Hatschi!
Kind: Das ist doch nur eine Ausrede ich niese ja auch nicht. Und außerdem bist du gar nicht so alt, daß du die Bröcken nicht mehr zerbeißen kannst!

Abb. 6: Dialog Kind–Unke, 4. Schuljahr, Klasse *Claudia Trauhsnig*

Sich vom Ende eines Textes schreibend an den Anfang vorzuarbeiten hilft, den Aufbau der Handlung zu ergründen. Z. B. würde ich den Kindern das Märchen einmal nur von dem vorletzten Absatz an geben und ihnen vorschlagen, es von da an rückwärts bis zum Anfang und zur Überschrift zu schreiben. Im Unterschied zum Weiterschreiben führt das Rückwärtsschreiben nicht vom Text fort, sondern in seine verschiedenen Konstruktionsmöglichkeiten hinein.

Die Mutter, die in der Küche stand, hörte, daß das Kind mit jemand sprach, und als sie sah, daß es mit seinem Löffelchen nach einer Unke schlug, so lief sie mit einem Scheit Holz heraus und tötete das gute Tier.
Von der Zeit an ging eine Veränderung mit dem Kinde vor. Es war, solange die Unke mit ihm gegessen hatte, groß und stark geworden, jetzt aber verlor es seine schönen roten Backen und magerte ab. Nicht lange, so fing in der Nacht der Totenvogel an zu schreien und das Rotkehlchen sammelte Zweiglein und Blätter zu einem Totenkranz, und bald hernach lag das Kind auf der Bahre.
Brüder Grimm: »Das Märchen von der Unke« (Schlußabsatz)

Durch solche Vorhaben erwerben die Kinder zugleich das Handwerkszeug für eigene Textproduktionen. Das Schreiben aus der persönlichen Empfindung und Betroffenheit heraus (vgl. *Meckling 1986)* soll damit nicht abgeschafft, sondern bereichert werden: Im Schutz der Auseinandersetzung mit literarischen Figuren und fiktiven Geschehnissen kommen die Kinder oft besser an das heran, was sie betroffen macht – eben weil sie es nicht direkt zur Sprache bringen müssen – und können sich darum authentischer ausdrücken. Als Beispiel eine schon im 2. Schuljahr mögliche Form produktiven Umgangs mit Lyrik: das analoge Schreiben von Gedichten mit freier Versform nach den erkannten inhaltlichen und sprachlichen Strukturen. Hier können z. B. verdeckt Außenseitergefühle zur Sprache kommen. *(s. Abb. 7, nächste Seite.*
Die Schreibinteraktion mit Literatur kann schon in den ersten Schulmonaten beginnen. Dazu zwei Seiten aus einem selbstgemachten Buch: Jedes Kind formulierte und illustrierte einen ihm wichtigen Satz zu dem gerade gehörten

so wie der

im lärm von
drei dutzend spatzen
ein einziger buchfink

daß der sich
nicht schämt

Werner Dürssen

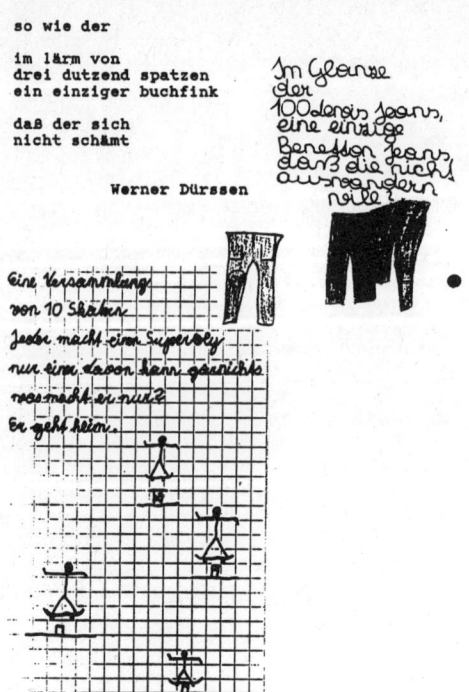

Abb. 7: Analoges Schreiben zu Gedichten, 3. Schuljahr, Klasse *Gabriele Rubinig*

und besprochenen Märchen »Hänsel und Gretel«. Gemeinsame Arbeit war dann das Reihumlesen und Ordnen der Blätter. Müßig zu sagen, daß solche Bücher in den Anfangsklassen beliebtester Lesestoff sind. Alle Teilgebiete des Sprachlernens werden durch das Büchermachen verbunden, und entsprechend lernintensiv sind diese Vorhaben.

Abb. 8: »Hänsel und Gretel«, 3. Monat 1. Schuljahr, Klasse *Lilo Pfeistlinger*

Die Frage ist aber, und mit ihr sind Sie vielleicht schon eine Weile beschäftigt, wie kann bei soviel Integration und Interaktion noch der Lernerfolg des einzelnen Kindes festgestellt werden? Dazu das nächste Kapitel:

3. Erkenntnistheorie:
Selbsteinschätzung im Kreis der Schreibenden
a) Probleme der Beurteilung von Kindertexten:
Kinder wie Studierende wollen beim produktiven Umgang mit Literatur immer zuerst einmal wissen: Wie ist mir das gelungen? Es bei allgemeiner erfreuter Zustimmung zu belassen, hilft nicht, die klamme Behutsamkeit zu vertreiben, die sich einstellt, wenn die Lernenden es riskieren, eigene Arbeiten den Ohren und Augen der Gruppe auszusetzen. Da sind klare Aussagen besser.

Die Auslesefunktion der Grundschule im hierarchischen Schulsystem erfordert zudem Zeugnisse. Der Zustand ist zu kritisieren, aber nicht zu verleugnen, solange er besteht. Und solange es die Zeugnisse gibt, haben die Kinder einen Anspruch auf Rückmeldung, ob sie mit ihren jüngsten Bemühungen einer guten Beurteilung am Ende des Schuljahres näher gekommen sind. Nun ist es aber ein Unterschied, was bewertet wird: die im Schuljahr abgelieferten Produkte oder die durchlaufenen Prozesse und erworbenen Fähigkeiten. Im ersteren Fall wird der einzelne Klassenaufsatz nach einer am Klassendurchschnitt orientierten Norm beurteilt, die Noten werden wie Sparbucheinträge gesammelt und am Jahresende zu einem Zeugnis verrechnet. Im zweiten Fall wird das Kind jeweils über seinen Lernfortschritt informiert und vor allem darin beraten, welches nun seine nächsten Lernschritte in Richtung auf das angestrebte Ziel sein können.

Verbalbeurteilungen sind ein Weg, von der statischen und statistischen (heimlich noch immer an der *Gauss*schen Kurve orientierten) Beurteilung zu einer dynamischen, an der Entwicklung des einzelnen Kindes orientierten Beurteilung zu gelangen. Doch auch die dynamische Beurteilung wird dem Kind nur in dem Maße verständlich und für das Kind hilfreich, wie es die darin verwendeten Kriterien kennt, wie sie ihm also beim Schreiben gegenwärtig sind und danach, wenn es seinen Text durchliest. Das heißt letztlich, daß die Beurteilung von der Selbsteinschätzung der Kinder mitgetragen werden muß, wenn sie pädagogisch wirksam sein soll. Mit Kategorien der systemischen Erkenntnistheorie läßt sich dieser Zusammenhang genauer erfassen:

b) Selbstreferentialität und Selbsteinschätzung:
Eine Grundannahme der Biologen *Humberto R. Maturana* und *Francisco J. Varela (1992)* ist die der Autopoiesie lebender Systeme. Sie besagt, daß von der einzelnen Zelle bis zum komplexen Organismus jedes lebende System insofern autonom ist, als es seine internen Zustände selbst organisiert. Es ist einerseits materiell und energetisch offen gegenüber seiner Umgebung, dem Milieu, indem es die Stoffe und Energien, die es zu seiner Selbsterhaltung braucht, aus ihm aufnimmt. Es ist aber andererseits operational geschlossen hinsichtlich der Art und Weise, wie es sich damit selbst erhält. Veränderungen des Milieus wirken auf das autopoietische System nicht so ein, daß sie

in ihm per Input eine genau bestimmte Veränderung bewirken, deren Output dann eine dementsprechende Neuanpassung an das veränderte Milieu ist. Vielmehr bestimmt das lebende System selbst, auf welche veränderten Einwirkungen es überhaupt reagiert und mit welchen Veränderungen seiner Zustände.

Um überleben zu können, muß es zwar seine Veränderungen an die des Milieus koppeln, aber die Koppelung ist selektiv mit vielen Freiheitsgraden, wie umgekehrt auch das Milieu auf die Veränderungen des Systems freizügig selektiv mit Veränderungen reagiert. So erklärt sich die außerordentliche Vielfalt der Arten in einer außerordentlichen Vielfalt des Milieus. *Maturana* und *Varela* bezeichnen diese selektive Wechselseitigkeit als »strukturelle Koppelung«.

Auch das Lernen betrachten sie als eine Form struktureller Koppelung, und zwar zwischen dem menschlichen Nervensystem und den Impulsen, die es aus dem umgebenden Milieu des menschlichen Körpers und seiner Sinnesorgane empfängt. Was die Sinnesorgane melden, wird nicht als Stimulus empfangen und beantwortet, schon gar nicht widerspiegelnd repräsentiert, sondern ist höchstens – oft genug auch nicht – Auslöser interner Strukturveränderungen innerhalb des operational geschlossenen Nervensystems. Dieses nutzt eine reduzierte Menge von Wahrnehmungen und kann damit gleichwohl komplexe, unendlich erweiterbare kognitiv-emotionale Strukturen aufbauen.

Gerhard Roth (1987), Maturanas Gedanken weiterführend, erklärt das damit, daß das psychische (kognitiv-emotionale) System sich nicht physikalisch-chemisch selbst erhalten muß, es ist nicht an begrenzte materielle und energetische Zufuhren aus dem Milieu gebunden und kann sich darum beliebig ausdehnen *(282)*. Es arbeitet selbstreferentiell, d. h., es prüft fortwährend jedes neu gebildete Strukturelement, sei es eine Ahnung, ein Begriff, eine Vorstellung, auf seine Konsistenz: zum einen durch Aufsuchen analoger neugebildeter Strukturen, zum anderen durch den Vergleich mit schon aufgebauten, im Gedächtnis gespeicherten Strukturen. Dabei bildet es seine Strukturen unablässig ineinander ab und schafft so eine vieldimensionale innere Welt *(251)* von großer Selbstähnlichkeit und Konstanz. Das zeigt sich z. B. in der Fähigkeit des Erinnerns: Wir erkennen ein Gesicht wieder, das wir einmal lächelnd in der Sonne sahen, auch wenn es uns inzwischen zornig aus dem Schatten anblickt, weil im Unterschied zu dem gewandelten Erscheinungsbild die kognitiv-emotionale Struktur, die wir von den damals selektierten Wahrnehmungen gebildet haben, die gleiche geblieben ist und auf internen geebneten Bahnen in Sekundenbruchteilen aktiviert wird.

Für das Wiedererkennen von Wörtern beim schnellen stillen Lesen haben ForscherInnen von *Friedrich Kainz (1956)* bis *Eleanor Gibson* und *Harry Levin (1980)* ganz ähnliche Mechanismen beschrieben: Das Gehirn läßt schon das Auge selektierend von Merkmal zu Merkmal springen, so wie sie den internen Strukturen zum Wiedererkennen gereichen, so daß eine Menge Buchstaben, ja ganze Wortteile gar nicht mehr ins Bewußtsein dringen. Das kognitiv-emotionale System wählt dann aus dem Wahrgenommenen noch einmal die Hinweise aus, die genügen, um die Leseerwartung, wie der Satz wohl weitergehen werde, zu bestätigen. Forschungen im Bereich der Textrezeption konstatieren dieselbe selektive Aufmerksamkeit (z. B. *Heiner Willenberg u. a. 1987).*

Wir können darum wohl davon ausgehen, daß Kinder auch den Text, den sie selbst geschrieben haben, selektiv lesen, vornehmlich nach den Mustern der Gedanken, Vorstellungen und Empfindungen, die der Anlaß zum Schreiben waren. Dies wäre ein plausibler Grund, warum sie – zum Befremden der Lehrerin – manche Mängel, die ihr ins Auge springen, überhaupt nicht sehen. Wenn ein Kind lernen soll, seine Schreibstrategien zu erweitern und zu verfeinern, kann es das folglich am besten durch Vergleich jener inneren Muster mit der sprachlichen Form, die es ihnen gegeben hat. D. h., es braucht Gelegenheit, sich auf das zu besinnen, was es jeweils ausdrücken wollte und wie es dazu kam, es mit eben dieser Formulierung zu tun. Das Modell der Selbstreferentialität macht verständlich, wie bei einer solchen Selbstbesinnung ständig Bedeutungs- und Sprachebene erneut in Beziehung gebracht, ineinander abgebildet werden, sich für neue Worteinfälle öffnen und konsistenter strukturiert werden.

Was aber verschafft dem Kind Gelegenheit zu solchen Umstrukturierungen? Frühere Erkenntnistheorien verwiesen auf das adäquate Lernangebot: *Jean Piaget (1971)* löste mit gezielten Aufgabenstellungen bei einzelnen Kindern diesen kognitiven Prozeß aus: die Assimilation einordnbarer Erfahrungen an die aufgebauten psychischen Strukturen und die Akkomodation der psychischen Strukturen an nicht einordnbare Erfahrungen. Bei *Lew S. Wygotski (1974)* bewirkte die Zusammenarbeit des Lehrers mit dem Kind in der – vom Lehrer erkannten – Zone der nächsten Entwicklung die Umstrukturierung der kindlichen Begriffssysteme. Hauptgegenstand der Aneignungstheorie wurde in der Folge die Frage nach der dafür richtigen Didaktik. Betrachtet man dagegen das kognitiv-emotionale System des Kindes als selbstreferentiell, so kann man an lineare, ungebrochene Einwirkungsmöglichkeiten auf sein Lernen nicht mehr glauben. (Praxiserfahrene Lehrerinnen tun das ohnehin nicht.) Die Beziehung zwischen Kind und Lehr-Lern-Gruppe wäre aus systemischer Sicht eher als strukturelle Koppelung zu verstehen, die dem Kind Selektionen und Freiheitsgrade beim Ausbau seiner psychischen Strukturen einräumt. Das Lernen wird generell als Interaktion auffaßbar, in der Kind und Lehr-Lern-Gruppe sich wechselseitig beeinflussen und die Verantwortung für den Lernerfolg teilen.

In den erwähnten Schreibkonferenzen ist dafür ein treffendes Beispiel zu finden: die Fragen der Mitarbeiterkinder zu unverständlichen Stellen: »Wie hast du denn das gemeint?« Das ist eine Anregung zu der besagten Selbstbesinnung. Die Antwort bringt oft eine Formulierung, die das Gemeinte

treffender ausdrückt, und löst die frohe Reaktion des Mitarbeiterkindes aus:
»Dann schreib es doch so auf!« Das ist ein Vorschlag zur Umstrukturierung
des Textes und zugleich der Bedeutungs- und Sprachebenen, die an dem Text
mitwirkten.

c) Schreibinteraktion zur Unterstützung der Selbsteinschätzung:
Unter der Annahme der Selbstreferentialität des kognitiv-emotionalen Systems als Lernmodell stelle ich abschließend Formen der Schreibinteraktion
vor, die noch nicht erprobt sind, von denen ich aber erwarte, daß sie den
Kindern die Selbsteinschätzung ihres Textes im Kreis der Schreibenden
erleichtern.
Als Ausgangs-Beispiel der Anfang eines korrigierten Kinderaufsatzes.

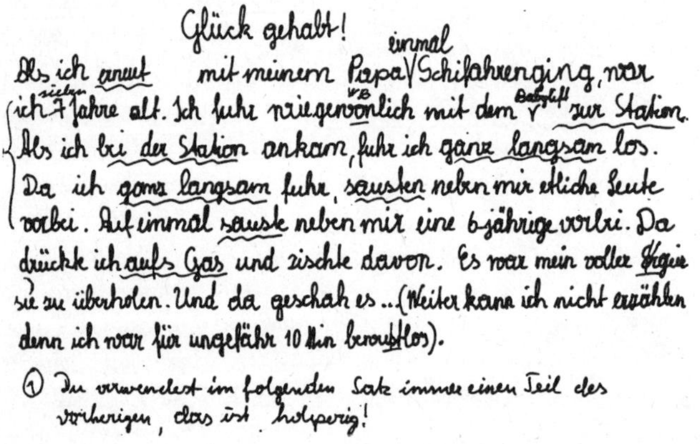

Abb. 9: Textanfang und Korrektur »Glück gehabt!«

Daß die Lehrerin dem Kind in einem ganzen Satz mitteilt, was sie an dem
Text kritisiert, ist sicher besser, als wenn sie ein bloßes W (Wiederholung)
an den Rand setzen würde. Aber sie gibt dem Kind damit nur Hinweise aus
ihrer Sicht des Textes, die eine selektive ist wie die des Kindes. Aus meiner
– ebenfalls selektiven – Sicht beschreiben das doppelte »ganz langsam« und
»sauste« eindringlich die Situation des Kindes auf der Piste und macht erst
verständlich, warum es schließlich davonzischen muß. Doch das Kind
befolgt den Hinweis der Lehrerin. Es zerstört damit für mein Empfinden die
innere Logik seines Textes. Darum meine ich, daß Fragen ihm mehr geholfen
hätten, z. B. die Frage: »Wofür sind dir die Wörter wichtig, die du öfter
gebraucht hast?«
Die Fragehaltung hilft auch der Lehrerin und den beratenden Kindern: Sie
befreit sie von dem Zwang, alles, was ihnen am Text auffällt, sofort zu loben
oder zu verbessern, es also an einer abstrakten Norm zu messen statt an der
Schreibabsicht des Kindes. Dies ist in der Tat derzeit der übliche Stil. Er ist
der Norm des »lebendigen Schreibens« verpflichtet. Dazu muß man an-

Als ich wieder einmal mit meinem Papa Schifahren, ging war ich 7 Jahre alt. Wie gewöhnlich fuhr ich mit dem Babylift zur Station. Als ich oben ankam, fuhr ich langsam los. Neben mir rasten sehr viele Leute vorbei. Auf einmal radelte ein jüngeres Kind an mir vorbei. Da wurde ich schneller und schneller, denn es war mein voller Ehrgeiz sie zu überholen. Und da geschah es... (Weiter kann ich nicht erzählen, denn ich war für kurze Zeit bewußtlos).

Abb. 10: Korrigierte Fassung »Glück gehabt!«

schauliche Ausdrücke benutzen, bildhafte Vergleiche, Personennamen, direkte Reden, Rufe, Fragen, Gefühlsbeschreibungen. Auch ein Höhepunkt mit kumulierender Spannung ist erwünscht. Wiederholungen sind verboten. Einen Anstoß zum Umdenken gibt hier *Mechthild Dehn (1991)* mit ihrer Frage, ob wir diesen Schulstil eigentlich noch wollen, oder milder: ob wir nur diesen Schulstil wollen. Ihr Vorschlag zur Befreiung aus normativer Enge ist, sich einmal aufzuschreiben, was Kindertexte mit ihren sprachlichen Mitteln tatsächlich an Assoziationen auslösen. In solchen Verstehensakten werden rigide einlinige Koppelungen von sprachlichen Mitteln und Wirkungen aufgehoben, z. B. diejenige, daß Wiederholungen immer steif wirken und abwechslungsreiche Verben immer lebendig. (In Klammern bemerkt: Ein Text, der das gleichmäßige Gehen durch eine Ausstellung mit den Verben… wir schritten… begaben uns… eilten… schlenderten… bummelte… wandelten u. ä. anreichert, ist nicht lebendig, sondern lächerlich.) Was nun für die Lehrerin ein einmaliger Denkanstoß ist, kann für die Kinder u. U. wöchentliche Praxis werden: Ein Kind gibt seinen Text in die Gruppe, die anderen besprechen ihn nicht gleich, sondern schreiben auf schmale Satzstreifen ihre Einfälle zum Text und legen bzw. kleben sie dazu. Mit den so gesammelten Einsichten in die Wirkungen, die es erzielt hat, gewinnt das Autorenkind neue Freiheitsgrade im Spiel mit seinen sprachlichen Mitteln, die es nutzen kann, um noch unmittelbarer auszudrücken, was es vermitteln will.
Und die Schreibinteraktion kann weiter ausholen: In dem Beispieltext hat die Lehrerin eine spezifische Gestaltungsform gefunden, nämlich die, im folgenden Satz immer einen Teil des vorherigen zu verwenden. Statt sie gleich zu korrigieren, könnten die Kinder in der Gruppe erst einmal ihre Wirkung erkunden, z. B. indem sie den ganzen Text nach dieser Bauform durchspielen. Dabei entstehen neue Handlungsverknüpfungen, die das Autorenkind als Anregung aufgreifen kann, wenn sie seiner Schreibabsicht entsprechen. *Queneaus* berühmter »Autobus S« *(1992)* zeigt, daß auch

Schriftsteller Spaß an solchen Stilübungen haben. Daß Kinder ihn haben, belegen schon die Kinderreime.

Als ich wieder einmal mit meinem Papa schifahren ging, war ich 7 Jahre alt.
Weil ich erst 7 Jahre alt war, fuhr ich wie gewöhnlich mit dem Babylift zur Station.
Als ich bei der Station angekommen war, fuhr ich ganz langsam los.
Da ich ganz langsam fuhr, sausten neben mir etliche Leute vorbei.
Zwischen den Leuten, die an mir vorbeisausten, sah ich auf einmal eine 6-jährige.
Als die 6-jährige auch an mir vorbeisauste, gab ich Gas und zischte davon.
Ich zischte davon, weil es mein voller Ehrgeiz war, sie zu überholen.
Aber als ich sie gerade überholte, geschah es...

Abb. 11: Stilübung 1 zu »Glück gehabt!«

Die Spiele mit den Satzkonstruktionen und Formulierungen korrigieren den Kindertext nicht, sondern loten seine Möglichkeiten aus. Im vorliegenden Text gibt auch das Gestaltungsmittel, das sich meiner selektiven Wahrnehmung aufdrängte, dazu Anlaß: die Eindringlichkeit, die durch Wortwiederholungen erreicht wird. Sie läßt sich noch sehr verstärken:

...Als ich bei der Station angekommen war, fuhr ich ganz langsam los. Da ich wirklich ganz, ganz langsam fuhr, sausten an mir etliche Leute vorbei. Auf einmal sauste sogar noch eine 6-jährige an mir vorbei, sogar die! Auch an mir vorbei! An mir! Das war zu viel...

Abb.12: Stilübung 2 zu »Glück gehabt!«

Doch auch an Textstellen, die dem Kind sichtlich Schwierigkeiten bereiten, wie hier der erste Satz »Als ich erneut mit meinem Papa einmal schifahren ging...«, können gemeinsam gesammelte Formulierungen die Korrektur ersetzen . Da einer Gruppe meistens mehr einfällt als dem einzelnen Kind, erweitern sich so seine Wahlmöglichkeiten.

Als ich einmal wieder...
Als ich wieder mal...
Einmal, als ich mit meinem Papa wieder...
Als ich endlich wieder mal...
Eines Tages, als ich mal wieder...
Als ich 7 Jahre alt war, ging ich mit meinem Papa öfter schifahren. Einmal...
Mit meinem Papa gehe ich öfter schifahren. Einmal, als ich 7 Jahre alt war,...

Abb.13: Stilübung 3 zu »Glück gehabt!«

Unbelastet von direktem Bewertungsdruck, gelangt das Kind im Kreis der Schreibenden zu einer detaillierten Selbsteinschätzung, wenn es seinen Text als eine Variante unter anderen betrachtet und auch so beschreibt. Die

Schreibgruppe bekommt Werkstattcharakter: Wichtiger als die Qualität der einzelnen Produktionen wird die Vielfalt der entstandenen Varianten. Sie zeigt jedem Kind den Spielraum für weitere eigene Schreibversuche an. Seine Selbsteinschätzung des verfaßten Textes sagt nur etwas über die Merkmale seiner diesmal gewählten Gestaltungsform aus, nichts über seine künftige Gestaltungsfähigkeit. Die kann mit jeder Schreibinteraktion in dem Maße wachsen, wie das Kind sich mitformulierend auf die Texte anderer Kinder einläßt, auch auf solche, die ganz anders angelegt sind. So lernt es zu den eigenen Schreibstrategien mehr und mehr Alternativen kennen.

Die Lehrerin muß gleichwohl ihrer Beurteilungspflicht nachkommen, aber sie kann sich dabei auf die Selbsteinschätzungen der Kinder beziehen. Im Rahmen der Schreibkonferenzen z. B. hat sich bewährt, daß statt der Klassenarbeiten jedes Kind am Ende des Schuljahres drei seiner in der Schule verfaßten Texte als Leistungsbelege vorschlägt, die es für besonders gelungen hält. Diesen Texten kann nun, so mein Vorschlag, das Kind mit Unterstützung der Schreibgruppe eine Begründung beifügen.

Als Handlungswissenschaft muß die Pädagogik normative Setzungen vornehmen, um überhaupt handlungsfähig zu sein (vgl. *Jürgen Oelkers 1987, 35).* Ich habe das mit dem vorgestellten Konzept getan und möchte zum Schluß noch einmal auf die Relativität der Setzungen verweisen. Auch wenn sich die Verfahren in den Untersuchungen bewähren, z. B. bei besonders großen Unterschieden in der sprachlichen Entwicklung der Kinder, und auch wenn sich die positiven Kärntner Erfahrungen wiederholen, bleiben die Forschungsergebnisse doch für die weitere pädagogische Praxis Hypothesen, die jeweils neu überprüft werden müssen. Es gibt keine lineare Kausalität zwischen einer didaktischen Anregung und dem Lernprozeß der Kinder, sagt die systemische Erkenntnistheorie, und sei es eine noch so gut erprobte Schreibinteraktion.

Mit einem Rückblick auf die dennoch sehr viel mangelhaftere Situation individuellen Schreibens, der ich nun einmal wieder für ein kleines Weilchen entronnen bin, möchte ich mit *Jean Cocteau* schließen:

»Sein Schreibwerk macht man entweder allzu tüftlig oder nicht genügend sorgsam. Selten gelangt man zu dem, was sich zwischen beiden hält und mit Grazie hinkt.« *(1988, 86).*

Hans Brügelmann

Rechtschreibleistungen:
Der Unterricht ist nicht weniger erfolgreich,
aber die Anforderungen sind erheblich gewachsen

Allerorten wird seit langem über einen »Verfall der Kulturfertigkeiten«
geklagt. Öffentlichkeitswirksam sind vor allem die alljährlichen Veröffent-
lichungen von Handwerks- und Handelskammern über die angeblich »immer schlechter« werdenden Leistungen in der Rechtschreibung.
Auf der Fachtagung der *Deutschen Gesellschaft für Lesen und Schreiben* am
14. 11. 1992 in Ludwigsfelde bei Berlin wurden die pädagogischen Folgen
dieses oft leichtfertigen Kulturpessimismus beklagt. Der Autor erhielt den
Auftrag, eine Stellungnahme zu formulieren, die LehrerInnen als Argumen-
tationshilfe dienen kann, um unreflektierten Angriffen auf die Öffnung des
Unterrichts fachlich fundiert entgegenzutreten.
Aus aktuellen Untersuchungen und der Auswertung der einschlägigen Forschung ist keine empirische Grundlage für die These ableitbar, die Rechtschreibleistungen seien in den letzten Jahren oder in den letzten Jahrzehnten
schlechter geworden. Allerdings reichen die Fähigkeiten vieler SchülerInnen heute in der Tat nicht aus, weil die Anforderungen noch rascher gestie-
gen sind als die Leistungen (vgl. *Brügelmann 1987; 1994z; Giese 1987*).
Soweit es überhaupt aussagekräftige Untersuchungen zu dieser Frage gibt,
zeigen sie bei vorsichtiger Einschätzung:

1. Die große Mehrheit der SchülerInnen erreicht zum Ende der Pflichtschul-
zeit die Lernziele des Rechtschreibunterrichts: 1982–84 schrieben nieder-
sächsische HauptschülerInnen nach dem 10. Schuljahr rund 96% der Wörter
in Aufsätzen richtig, RealschülerInnen sogar 98% *(Menzel 1985b, 9)*. In
Hamburg schrieben NeuntkläßlerInnen 1990 zwischen 96% aller Wörter
(Hauptschule) und 99% (Gymnasium) richtig *(May 1993)*. Bereits am Ende
der Grundschulzeit schreiben Kinder in Deutschland »Ost« und »West« im
Durchschnitt mehr als 90% aller Wörter in freien Texten richtig *(Menzel
1985b; Brügelmann u. a. 1994g)*. Es gibt aber eine Teilgruppe von – je nach
Kriterium und Region – 5 bis 25% der Kinder mit zum Teil erheblichen
Problemen in der Rechtschreibung (s. 7.).

2. Nur mit Einschränkungen treffen die Einschätzungen von LehrerInnen
und ArbeitgeberInnen zu, in einzelnen Schularten seien die Leistungen
gesunken. Dabei ist nämlich die Verschiebung der Abschlüsse innerhalb der
verglichenen Jahrgänge zu berücksichtigen: von fast 40% Abiturienten
heute können nicht gleiche Leistungen wie von 5–10% Abiturienten noch
vor wenigen Jahrzehnten erwartet werden. Dasselbe gilt für den Vergleich

von 30% eines Jahrgangs in der Hauptschule heute mit den rund 80% vor fünfzig Jahren.

3. Soweit überhaupt aussagekräftige Untersuchungen zur Entwicklung von Häufigkeit und Niveau des Lesens bzw. Rechtschreibens vorliegen, sprechen sie *im Gesamtdurchschnitt* der Jahrgänge eher für eine Verbesserung der Leistungen als für ihre Verschlechterung. Das gilt sowohl für die letzten Jahre als auch für die langfristige Entwicklung seit Beginn des Jahrhunderts. In dieser Hinsicht stimmen auch die Befunde aus verschiedenen Industrieländern wie dem deutschen Sprachraum, den USA, England oder Skandinavien überein (vgl. *Ingenkamp 1967, 52 ff.; Brügelmann 1983, 124*).

4. Insofern sind die Fähigkeiten im Rechtschreiben (und Lesen) in der Tat in einzelnen Bereichen nicht zureichend. Dies ist aber nicht auf ein Absinken der Leistungen *insgesamt* zurückzuführen, sondern auf eine erhebliche *Zunahme* der Lese- und Schreibanforderungen im Alltag. Sie zeigt sich sowohl in der Breite und Häufigkeit schriftlicher Kommunikation als auch im erheblich gewachsenen Niveau der geforderten Leistungen (vgl. Fahrkartenautomaten, Steuererklärung, Gebrauchsanweisungen). Insofern ist subjektiv das Gefühl abnehmender Leistungsfähigkeit plausibel.

5. Wenn die Lese-/Rechtschreibschwierigkeiten auf gewachsene Anforderungen und *nicht auf gesunkene Leistungen* zurückzuführen sind, muß die Schule höhere Qualifikationen vermitteln als früher. Eine Rückkehr zur alten Paukschule und ihren begrenzten Zielen hilft dann nicht. Früher galt als »schriftkundig«, wer mit seinem Namen unterschreiben oder wer Wörter buchstabieren konnte. Heute geht es um das selbständige Verfassen und um das kritische Verstehen von Texten.

Allerdings ist der Selektionseffekt von Rechtschreibnoten nicht zu umgehen: Wenn es mehr BewerberInnen als Stellen oder Ausbildungsplätze gibt, wird die Hürde so weit erhöht, bis die erwünschte Passung erreicht ist. Eine Rechtschreibreform mag die Quote der Fehler senken; an der Selektion über schwächere Rechtschreibleistungen kann sich nichts ändern, solange die Kriterien für die Auswahl *inhaltlich* nicht anders gewichtet werden.

6. Anspruchsvollere Ziele erfordern anspruchsvollere Lernformen. Diese sind nur zu realisieren, wenn die personellen und materiellen Voraussetzungen in den Schulen geschaffen werden. Statt dessen ist eine dramatische Verschlechterung zu beobachten: Streichung von Stunden, Vergrößerung von Klassen, kaum Neueinstellungen von LehrerInnen, zu wenig Aus- und Fortbildung in den aktuellen lese- und schreibdidaktischen Grundlagen.

7. Schulen in Ballungszentren brauchen eine besondere Unterstützung, um den Kindern anderer Muttersprache, den Kindern aus schwierigen Familienverhältnissen und den Kindern ohne selbstverständlichen Zugang zur Schriftsprache im Alltag zu helfen (vgl. *May/Balhorn 1991*). Das zentrale Problem sind nicht »sinkende Leistungen«, sondern eine *zunehmende Kluft* zwischen den leistungsstarken SchülerInnen, die immer früher und sicherer

lesen bzw. schreiben lernen, und der wachsenden Gruppe von Kindern und Erwachsenen, die Schwierigkeiten mit den immer höheren Lese- und (Recht-)Schreibanforderungen haben.

Um dies in einer Gesellschaft, in der Lebenschancen im Beruf, in der Öffentlichkeit und im privaten Alltag immer mehr vom kompetenten Umgang mit der Schrift(sprache) abhängen, zu ändern, müssen in den öffentlichen Haushalten andere Prioritäten gesetzt werden. Im Blick auf die bildungspolitische und pädagogische Verantwortung für Kinder mit besonderen Schwierigkeiten könnte und sollte die neue Bundesrepublik Deutschland sowohl vom Ethos der alten DDR als auch von »offeneren« Konzepten zur Förderung selbständigen Lesens und freien Schreibens lernen – statt auf Methoden der alten Paukschule zurückzufallen *(May 1994d; Dehn 1994).*

Nach einer Beobachtung von *Freimut Wössner* stellen insbesondere neue Medien und innovative ökologische Schreibanlässe an Jugendliche in den Ballungszentren erhöhte Schreibanforderungen:

Medieninteressen und Schreib-kenntnisse von Berufsschülern
Empirische Untersuchung

Viele DeutschlehrerInnen an Berufsschulen klagen über eine fehlende Unterrichtsmotivation und unzureichende Lese- und Schreib-Kompetenzen ihrer SchülerInnen. Besonders die unzureichenden Fähigkeiten in bezug auf sinnentnehmendes Lesen schwieriger Texte und eine zumindest rudimentäre Rechtschreibung bereiten ihnen Sorgen. Fehlendes Interesse am Lesen und Schreiben und ein übermäßiger Medienkonsum werden in der Regel dafür verantwortlich gemacht.
In manchen dieser SchülerInnen werden die »funktionalen Analphabeten« von morgen gesehen. Wer an dieser Situation etwas ändern will, der muß die intuitiven Aussagen mit Fakten belegen.

Die Untersuchung *Medieninteressen und Schreibkenntnisse von Berufsschülern* ist ein Versuch, mehr über die konkreten Medieninteressen bzw. die Mediennutzung von Berufs-schülerInnen zu erfahren. Die Fragestellungen reichen von der Leseintensität über Fernseh-gewohnheiten bis zu Telefon- und Computernutzung. Der Fragebogen wird ergänzt durch einen Rechtschreibtest, den HSP 5-9 *(May u. a., 1994).*

Mit der bereits angelaufenen Untersuchung (2000 Frage- und Testbögen sind zur Zeit in der Auswertung) sind folgende Ziele verbunden:

1. Der Fragebogen zu den Medieninteressen gibt eine nicht an Verkaufs- und Umsatz-interessen orientierte Antwort auf die konkrete Medien-nutzung von Berufsschüler-Innen. Diese Ergebnisse können für den Deutschunterricht an Berufsschulen genutzt werden.

2. Die quantitative Fehler-auswertung des Rechtschreib-tests soll Auskunft geben, wie viele BerufsschülerInnen tatsächlich als rechtschreib-schwach zu bezeichnen sind.

3. Die qualitative Fehlerauswer-tung soll darüber Auskunft geben, welche Fehler überhaupt gemacht werden und welche Rechtschreibregelungen unter-schiedlichen Schülergruppen besondere Schwierigkeiten bereiten.

4. Mit den Ergebnissen der Untersuchung soll für einen medienorientierten Deutsch-unterricht sowie eine effektive Lese- und Schreibförderung auch in der Berufsschule geworben werden. Alternative Unterrichtsmodelle müßten erarbeitet werden.
Ein Bericht über die Aus-wertung ist für das 7. Jahrbuch vorgesehen.

Weitere Auskünfte bei:
Johannes Stoffers M. A.
Lehrstuhl für Deutsche Philologie
der RWTH Aachen
Templergraben, 52056 Aachen

Peter May
Schriftsprachliche Leistungen
und lernförderliche Unterrichtsbedingungen
Ergebnisse der Voruntersuchung zum Hamburger Projekt
»Lesen und Schreiben für alle«

Mit Beginn des Schuljahres 1994/95 soll in Hamburg die Förderung von Schüler/innen mit Schwierigkeiten im Lesen und (Recht-)Schreiben, die bisher wie in anderen Bundesländern in gesonderten Fördergruppen außerhalb des Klassenunterrichts stattfand, grundsätzlich reformiert werden. Mit dem Projekt *Lesen und Schreiben für alle* (PLUS) soll das seit 1980 geltende Förderkonzept, wonach die betroffenen Kinder zwar innerhalb der Schule, aber außerhalb des Klassenunterrichts durch besondere Lehrkräfte (sog. LRS-Lehrer) gefördert wurden, schrittweise ersetzt werden. Das neue Konzept geht von folgenden Prinzipien aus:

1. Die Förderung soll von Anfang an *präventiv* dazu beitragen, das Entstehen langanhaltender Lernstörungen bei Kindern soweit wie möglich zu vermeiden.
2. Die Förderung soll *integrativ* im Rahmen des Klassenunterrichts stattfinden, um eine Stigmatisierung von Kindern zu vermeiden und die Anregungen der gesamten Lerngruppe zu nutzen.
3. Die Förderung soll *kooperativ* stattfinden, indem eine zusätzliche Lehrkraft in die Klasse kommt, um den/die Klassenlehrer/in bei der Förderung der Kinder mit Lernschwierigkeiten zu unterstützen.

Zusätzlich wird in verschiedenen Standortschulen eine sog. Außerunterrichtliche Lernhilfe (AUL) eingerichtet, in der besonders qualifizierte Pädagog/innen und Psycholog/innen spezielle Lernangebote für jene Kinder machen, die durch die integrative Förderung nicht genügend Lernfortschritte machen, und in der die Lehrer/innen eine zusätzliche Beratung erhalten können. Auch diese AUL soll die integrative Förderung stützen, denn während früher Kinder mit Lernstörungen in außerschulische Therapien vermittelt wurden, sollen jetzt die Lerntherapeuten ihre zusätzlichen Qualifikationen in die schulische Arbeit einbringen.

Das neue Konzept wird schrittweise und innerhalb von fünf Jahren flächendeckend eingeführt, indem jährlich 60 Lehrer/innen zu Berater/innen für Lesen und Schreiben fortgebildet werden, die anschließend die Koordination der schriftsprachlichen Förderung in ihren Schulen übernehmen sollen.

Das Projekt wird wissenschaftlich begleitet, damit die gewonnenen Erfahrungen bei der Umsetzung in der Schulpraxis und in der Lehrerfortbildung für die Weiterentwicklung des Konzepts genutzt werden können.

Der Einführung des neuen Konzepts ging eine Voruntersuchung in den vierten Klassen Hamburgs voraus. Im Juni 1993 wurde in vierten Klassen Hamburger Grundschulen die *Hamburger Schreibprobe* (HSP 4/5)[1] durchgeführt. Zusätzlich wurden im Unterricht geschriebene Aufsätze ausgewertet. Die Lehrer/innen selbst wurden gebeten, einen standardisierten Fragebogen zu beantworten, der u. a. Fragen zu Merkmalen des Lese-, Schreib- und Rechtschreibunterrichts und zur Förderpraxis, zu ihren Unterrichtszielen, zu ihren Erklärungen von schriftsprachlichem Erfolg und Mißerfolg und zu ihren Fortbildungswünschen enthielt, sowie Auskünfte zur Muttersprache und zur bisherigen Förderung der einzelnen Kinder zu geben. 81 Prozent aller Hamburger Grundschulen nahmen an der Vorerhebung teil. Insgesamt konnten die Rechtschreibergebnisse von 4020 Schüler/innen aus vierten Klassen einbezogen werden. Der Rücklauf der Fragebögen betrug 96 Prozent. Die Befragungsergebnisse beziehen sich insgesamt auf 77 Prozent aller Hamburger Grundschulen. Die Ergebnisse der Erhebung in vierten Grundschulklassen werden ergänzt durch Ergebnisse aus einer 1991 durchgeführten Erhebung von Rechtschreibleistungen in 5., 7. und 9. Klassen der verschiedenen Hamburger Schulformen.

Im folgenden werden einige ausgewählte Ergebnisse der Voruntersuchung dargestellt.[2]

1. Rechtschreibleistungen am Ende der Grundschule und in der Sekundarstufe

Zwischen den Hamburger *Stadtrandregionen* und dem *Innenstadtgebiet* bestehen beträchtliche Unterschiede in den Durchschnittsleistungen und in den Anteilen von Schüler/innen mit besonders schwachen Rechtschreibleistungen. Die Unterschiede sind so groß, daß die leistungsstärksten Kinder der einen Klasse kaum das Niveau der leistungsschwächsten Kinder in einer anderen Klasse erreichen. Dasselbe gilt für die Durchschnittsleistungen ganzer Klassen, ja sogar ganzer Schulkreise. Die große Bandbreite rechtschriftlicher Leistungen zeigt sich auch in selbstverfaßten Texten. Während ein Teil der Viertkläßler lange und gut formulierte Texte fast fehlerfrei schreibt, können andere Kinder gerade jedes zweite Wort in eigenen Texten richtig schreiben. Statistisch zeigt sich ein Zusammenhang zwischen der Rechtschreibleistung und dem *Verfassen eigener Texte*: Kinder mit großen

---

1 Die HSP 4/5 ist die Jahrgangsversion für die Klassen 4 und 5 der *Hamburger Schreibprobe*, mit der Rechtschreibfähigkeiten in den Klassen 2 bis 9 erfaßt werden können. Siehe *May, P., Vieluf, U., Malitzky, V. (1994): Hamburger Schreibprobe*: Zur Erfassung der grundlegenden Rechtschreibstrategien. Hamburg: verlag für pädagogische medien.
2 Die vollständigen Ergebnisse sind ausführlich dargestellt in *May, P. (1994):* Rechtschreibfähigkeit und Unterricht. Rechtschreibleistungen Hamburger Schüler/innen im vierten Schuljahr im Zusammenhang mit Merkmalen schriftsprachlichen Unterrichts. Ergebnisse der Voruntersuchung zum Projekt *Lesen und Schreiben für alle*. Hamburg: Behörde für Schule, Jugend und Berufsbildung.

Schwierigkeiten in der Rechtschreibung schreiben in der Regel auch weniger lange Texte als Kinder mit sicheren Rechtschreibkenntnissen.
Mädchen beherrschen die Rechtschreibung durchschnittlich deutlich besser als *Jungen*, und Mädchen schreiben im Mittel auch längere Texte. Allerdings ist die Leistungsstreuung innerhalb der Geschlechtergruppen größer als der mittlere Unterschied zwischen beiden Gruppen.[1]

Die durchschnittlichen Rechtschreibleistungen *zweisprachig aufwachsender Kinder* sind zwar deutlich schwächer als diejenigen ihrer deutschen Mitschüler, aber die Leistungsbandbreite der Zweitsprachler ist ebensogroß wie diejenige der deutschen Viertkläßler, und die Leistung hängt u. a. mit der Dauer des Aufenthaltes in Deutschland zusammen. Berücksichtigt man den Einfluß des soziokulturellen Umfelds der Klasse auf die Rechtschreibleistungen aller Kinder, dann besteht zwischen der Höhe des Anteils zweisprachiger Kinder in einer Klasse und der mittleren Leistung der Kinder mit Deutsch als Muttersprache kein nennenswerter Zusammenhang.

Die Rechtschreibleistung stellt ein wesentliches *Kriterium für die Wahl der Schulform* dar: Kinder, die später ein Gymnasium besuchen, zeigen schon am Ende der Grundschule im Mittel deutlich bessere Rechtschreibleistungen als Kinder, die später in eine Haupt-, Real- oder Gesamtschule übergehen. Kinder mit schwachen Rechtschreibleistungen besuchen äußerst selten ein Gymnasium. Innerhalb des gegliederten Schulsystems verändern sich die Leistungsproportionen infolge weiterer Selektion zugunsten des Gymnasiums und zuungunsten der Hauptschule. In Hauptschulklassen erreicht am Ende der neunten Klasse jede/r zweite Schüler/in nur schwache Rechtschreibergebnisse. Dagegen bleibt die Leistungsverteilung in der nicht selegierenden Schulform Gesamtschule über die Sekundarstufe 1 hinweg nahezu gleich, auch im Verhältnis zur Leistungsverteilung in der Hamburger Gesamtstichprobe.

2. Merkmale schriftsprachlichen Unterrichts

Die Lehrer/innen der an der Voruntersuchung beteiligten vierten Klassen wurden mit einem standardisierten Fragebogen zu Merkmalen und Bedingungen ihres Lese- und (Recht-)Schreibunterrichts befragt. Einige Er- gebnisse konnten mit denen der bundesweiten Befragung von Drittklaßlehrer/-innen im Rahmen der IEA-Lesestudie[2] verglichen werden.

Hinsichtlich der Bedeutung der wichtigsten Ziele des schriftsprachlichen Unterrichts unterscheiden sich die Einschätzungen Hamburger Viertklaß-

---

1 Diese Ergebnisse zu den Leistungsunterschieden zwischen den Geschlechtern bestätigen jene, die kürzlich im Sammelband von *Richter, S./Brügelmann, H. (Hg.) (1994):* Mädchen lernen *anders* lernen Jungen, Libelle Verlag, zusammengetragen wurden.
2 *Lehmann, R. H. u. a. (1993):* Zum Leseverständnis von Schülerinnen und Schülern im vereinigten Deutschland. In: *Balhorn/Brügelmann (Hg.) (1993):* Bedeutungen erfinden – im Kopf, mit Schrift und miteinander. Konstanz: Faude.

lehrer/innen kaum von denen einer bundesdeutschen Stichprobe aus dritten Klassen. Die am häufigsten genannten Ziele im Lese- und (Recht-) Schreibunterricht sind: *bleibendes Interesse am Lesen und Schreiben* entwickeln, *Sicherung eines Rechtschreib-Grundwortschatzes*, *Spaß am Lesen und Schreiben* vermitteln, *eigenständiges Lernen* anregen und das *Leseverständnis* sowie die Fähigkeiten fördern, nichtgeübte Wörter zu schreiben und eigene Texte zu verfassen. Während ein Teil der Lehrer/innen Ziele wie »Spaß haben« und »Interesse entwickeln« einerseits und »Förderung von Fertigkeiten« andererseits gleichermaßen als wichtig ansehen, besteht für viele Lehrer/innen zwischen diesen Zielvorstellungen ein Gegensatz: Diese Lehrer/innen betonen entweder den einen Zielekomplex (»Spaß und Interesse entwickeln«) oder den anderen Zielekomplex (»Fertigkeiten fördern«). Das Hauptergebnis der Befragung zu Merkmalen und Bedingungen des schriftsprachlichen Unterrichts besteht darin, daß es eine *große Vielfalt in den Hamburger Schulen* gibt. Dies betrifft u. a. die Lehrgangsformen im Anfangsunterricht, die Wertigkeit des Rechtschreibens im Unterricht, die Menge des Gelesenen und Geschriebenen und viele weitere Aspekte des Unterrichts.

Hinsichtlich der mittleren *Zeitpunkte, bis zu denen Kinder wichtige Rechtschreibregelbereiche beherrschen sollten*, gehen die Ansichten der Lehrer/innen um mehr als zwei Jahre auseinander. Die Einschätzung hängt jedoch weder mit den tatsächlichen Leistungen der Klasse noch mit der Wertigkeit der Rechtschreibung in den Augen der Lehrer/innen zusammen. Die meisten Viertklaßlehrer/innen sind der Meinung, daß ein Großteil der Regelungen bis etwa Mitte des vierten Schuljahres beherrscht werden sollten. Deutschlehrer/innen aus fünften und sechsten Klassen beurteilen die Zeitpunkte, zu denen die Rechtschreibregelungen beherrscht werden sollten, zurückhaltender. Die Ergebnisse des Rechtschreibtests geben ihnen recht, denn die meisten Rechtschreibregeln werden am Ende der Grundschulzeit noch nicht sicher beherrscht.

Die meisten Lehrer/innen vermuten, daß gute und schwache Lese- und Schreibleistungen auf unterschiedliche Ursachen zurückzuführen sind: Für die Entwicklung guter Leistungen stehen ihrer Einschätzung nach eher schulische Faktoren im Vordergrund, Ursachen für schwache Leistungen werden dagegen eher dem Elternhaus zugeordnet.

3. Vergleiche zwischen Klassen, die mit bzw. ohne Fibel unterrichtet werden

Beim Vergleich der Rechtschreibleistungen und der Befragungsergebnisse zwischen Klassen, die mit oder ohne Fibel unterrichtet wurden, ergeben sich folgende Befunde: Hinsichtlich der Ziele und Gestaltungsmerkmale des Leseunterrichts zeigen sich kaum Unterschiede zwischen beiden Gruppen. Deutliche Unterschiede zeigen sich bei den Zielen und in der Praxis des Schreib- und Rechtschreibunterrichts. Lehrer/innen, die keine Fibel einsetzen, legen weniger Wert auf die Rechtschreibung und zielen im Unterricht stärker auf bleibendes Interesse am Schreiben. Lehrer/innen, die mit einer Fibel unterrichten, messen der Rechtschreibsicherheit einen höheren Wert bei und setzen dies in der Praxis u. a. durch häufigeres Üben eines Grundwortschatzes und häufigere Diktate um.

Im Mittel erzielen Klassen, die mit einer Fibel unterrichtet werden, bessere Rechtschreibleistungen und einen geringeren Anteil von Kindern mit schwachen Rechtschreibleistungen als Klassen, die ohne Fibel unterrichtet werden. Allerdings haben die Schulen der Klassen ohne Fibel nach Einschätzung der Schulaufsicht häufiger erschwerende Umfeldbedingungen, weshalb die durchschnittlichen Leistungsvorteile der Fibelklassen in der orthographischen Sicherheit nicht kausal auf die Lehr-Lern-Konzeption zurückgeführt werden können. Bei den Klassen, deren außerschulisches Umfeld nach Einschätzung der Schulaufsicht stark bzw. sehr stark belastet ist, zeigen sich keine signifikanten Leistungsunterschiede zwischen Klassen, die mit bzw. ohne Fibel unterrichtet werden. Innerhalb der Gruppen von Klassen, die mit bzw. ohne Fibel unterrichtet werden, bestehen weit größere Unterschiede hinsichtlich der Leistungen und der Unterrichtsmerkmale als zwischen den beiden Gruppen.

4. Wirkungen unterrichtlicher Bedingungen auf schriftsprachlichen Lernerfolg

Es wurde ein theoretisches *Wirkungsmodell* für das Projekt *Lesen und Schreiben für alle* entwickelt und geprüft, inwieweit es mit den vorhandenen Daten der Repräsentativerhebung übereinstimmt. Dabei ergab sich, daß zwar der Einfluß der soziokulturellen Umfeldbedingungen der Schule auf die Rechtschreibleistungen groß ist, daß aber förderliche Unterrichtsbedingungen trotzdem spürbar zum Lernerfolg der Klasse beitragen können. Zu solchen – durch die Voruntersuchung erfaßten – *förderlichen Bedingungen* werden gezählt: motivierende Projekte zur Förderung des Lesens und Schreibens, Systematik des Unterrichts, hohe Wertigkeit des Rechtschreibens in allen Fächern, Menge des Geschriebenen, Verhinderung des Ausfalls von Förderunterricht sowie Absprachen unter Lehrer/innen und schulinterne Fortbildung. Klassen, in denen diese förderlichen Bedingungen nach Angaben der Lehrer/innen in höherem Maße realisiert werden, haben häufiger gute Durchschnittsleistungen und weniger schwache Rechtschreiber als die anderen Klassen. Zwar wird die Wirksamkeit förderlicher Unterrichtsbedingungen durch außerschulische Umfeldbedingungen, in die das Lernen in der Klasse eingebunden ist, begrenzt, aber ein förderlicher Unterricht kann spürbar zur *Verbesserung der Rechtschreibleistungen* und zur *Verminderung des Lernversagens* beitragen.

Lehrer/innen in Klassen mit eher förderlichen Bedingungen zeichnen sich in der Mehrzahl nicht zuletzt dadurch aus, daß es ihnen wichtig ist, Fertigkeitsziele (effektives Arbeiten am Lerngegenstand) mit emotionalen und motivationalen Zielen (Spaß und Interesse am Lesen und Schreiben) zu verbinden.

Die Mitarbeiter/innen des Projekts *Lesen und Schreiben für alle* würden sich über Kontakte zu ähnlichen Projekten und Konzepten freuen.
Wer Interesse am Austausch von Erfahrungen zu präventiver, integrativer und kooperativer Förderung hat, wende sich bitte an das Hamburger Projekt-Team.

Kontaktadressen: PLUS-Fortbildungsgruppe: Petra Heinrich, Institut für Lehrerfortbildung, Felix-Dahn-Str. 3, 20357 Hamburg, Tel. 040/42 12-25 97 oder 2 51 77 43. Wissenschaftliche Begleitung: Dr. Peter May, Psychologisches Institut II, Universität, Von-Melle-Park 5, 20146 Hamburg, Tel. 040/41 23-54 91 oder 4 91 93 78.

Gerd Scheimann
Ein Fall für ULK* –
die neue Generation Lernsoftware für Kinder
Konzeption, Handlungsabläufe und Bausteine am Beispiel des Programms für die 5. Jahrgangsstufe

1. Einführung

Es gibt wahrlich spannendere Inhalte in der Schule als Rechtschreibenlernen. Wenn im Unterricht Texte abgeschrieben, nachgeschrieben und diktiert werden, die allesamt keinen kommunikativen Zweck erfüllen, häufig belanglos sind und bei denen es einzig um die Einübung formaler Kriterien – nämlich der Rechtschreibung – geht, dürfte es sich um eine wenig effektive Form des Lernens bei Kindern handeln. Diagnose: fehlende Motivation, gähnende Langeweile.

Seit geraumer Zeit haben Lehrerinnen und Lehrer das Medium Computer als zusätzliches Lernmittel auch für den Unterricht entdeckt. Wir kennen heute eine Vielzahl von Programmen, die in mehr oder weniger gewohnter Weise versuchen, Rechtschreibfertigkeiten über Tastatur und Monitor zu vermitteln. Aber immerhin, die Motivationskünstler haben sich etwas einfallen lassen: da hüpfen allerlei Gestalten über den Bildschirm, und schön anzusehende Puzzles dürfen gebastelt werden. Daß das eine (Schreiben) mit dem anderen (Belohnung) inhaltlich überhaupt nichts zu tun hat, irritiert Kinder häufig weniger als manchen kritischen Pädagogen. Auch wenn es zuletzt in einem bekannten deutschen Nachrichtenmagazin sinngemäß hieß, weg mit den »drill and kill«-Programmen (Amerika soll es da schon besser haben), sympathisieren viele Lehrerinnen und Lehrer mit den gängigen Drillprogrammen, weil diese es schaffen, die Kinder in simplen Übungssituationen zumindest über einen bestimmten Zeitraum bei der Stange zu halten. Und wenn schon Diktate für notwendig befunden werden, warum sollten die Kinder diese nicht am Computer durchführen können. So gesehen können diese Programme Lehrerinnen und Lehrer im herkömmlichen Unterricht von sturen Routineaufgaben entlasten und die Übungsmotivation der Kinder in Grenzen verbessern.

2. Computerunterstütztes Rechtschreibenlernen im Kommunikations- und Handlungszusammenhang

Ganz anders stellt sich die Frage nach »Sinn oder Unsinn« von herkömmlichen Computerprogrammen im Deutschunterricht bzw. beim Rechtschreibenlernen, wenn wir uns die These zu eigen machen, daß es letztlich immer

---

* Hätten Sie's gewußt? ULK ist die Abkürzung für: die *Ultimative Lernsoftware für Kids.*

unbefriedigend bleiben muß zu versuchen, die Kinder (extrinsisch) zum Lernen zu motivieren. Ist nicht die Grundlage für effektives und erfolgreiches, auch Transfer schaffendes Lernen vielmehr das immanente Interesse und die Einsicht in den Nutzen eigenen Tuns? Also intrinsische Motivation ist gefragt: Situationen, in denen der Lerngegenstand selbst zum integrativen Bestandteil des Handelns wird. Anders formuliert heißt dies: die Grenzen und Schwierigkeiten des »Rechtschreibenlernens durch Instruktion« können wir möglicherweise überwinden mit einer Form, die wir »Lernen durch strukturierten Schriftsprachgebrauch« nennen wollen. Schon heute sind wir in der Lage, mit den modernen Computern virtuelle Realitäten zu schaffen, in der Kinder die Schriftsprache als das nutzen, was sie gemeinhin ist: Kommunikationsmittel und Projektionsfläche eigener Handlungskompetenz. Auch gelingt mit der entsprechenden Programmkonzeption die funktionale Verknüpfung zwischen Form (Rechtschreibung) und Inhalt: Wo auf dem Papier durch einen Rechtschreibfehler keineswegs der Inhalt beeinträchtigt wird – »Fahrrad« geschrieben als <Fahrat> versteht noch jeder –, ist der Handlungsablauf blockiert, wenn in einer Dialogsituation am Computer die »Spielfigur« dem Kind zu verstehen gibt, daß es »Fahrat« leider nicht verstehen kann, weil mit dem Wort wohl irgend etwas nicht in Ordnung ist. Im ersten Fall ist die Notwendigkeit einer Fehlerkorrektur für das Kind ausschließlich extern begründet – etwa durch eine bessere Schulnote oder aufgrund drohenden Spotts durch die Klassenkameraden. Im zweiten Beispiel ist es für das Kind jedoch logisch und plausibel, zunächst das Wort »reparieren« zu müssen, um wieder verstanden zu werden. Ausgehend von diesen Überlegungen wurde die neuartige Programmreihe »Ein Fall für ULK« konzipiert. Das erste in dieser Reihe entwickelte Programm für Kinder in der 5. Jahrgangsstufe wird im folgenden beschrieben.

3. Programmaufbau und Handlung

Das Programm ist als *Adventure-Game* gestaltet. Zu Beginn stehen die Kinder vor ULKs Haus, in das sie über einen Mausklick an der Haustür eintreten. ULK ist ein freundlicher, junger Mann, der die Kinder empfängt und einlädt, mit seiner Hilfe einen schwierigen Fall zu bearbeiten und zu lösen. Die Kinder arbeiten an der Aufgabe im »Kommandoraum« des Hauses. Außerdem haben sie Zugang zur »Werkstatt«, die sie für diverse Reparaturarbeiten benötigen, und zu einem »Pausenraum«.

Ein fremdes Raumschiff mußte auf der Erde notlanden. An Bord befindet sich eine Gruppe von Astronauten, die sich während der langen Reisezeit in einem Tiefschlaf befinden. Aufgrund verschiedenster Defekte im Raumschiff ist das Leben der Besatzung bedroht und ein Weiterflug ohne Reparaturen nicht möglich. Der zentrale Bordcomputer sendet Notrufe an ein anderes Raumschiff irgendwo im All. ULK hat ebenfalls die unvollständigen Notsignale empfangen und organisiert nun mit den Kindern die Rettungsaktion. Die Kinder erforschen die verschiedenen Räume im Raumschiff, unterhalten sich mit den anwesenden Dienstrobotern und leiten diese an, die festgestellten Schäden zu reparieren. Schließlich gelangen sie in die Raumschiffzentrale,»unterrichten« dort den Bordcomputer im »richtigen Schreiben«, damit dieser seine Nachrichten an das Mutterschiff endlich in verständlicher Form senden kann (die Kinder simulieren hier einen Rollentausch: jetzt sind sie in der »Lehrerrolle«). Nach gelungenen Reparaturarbeiten startet das Raumschiff wieder von der Erde zurück zu seiner Heimatgalaxis.

4. Das Dialog-Interface

In den Räumen des Raumschiffes treffen die Kinder auf Dienstroboter. Nur mit deren Hilfe können vorhandene Probleme festgestellt und beseitigt werden. Die Kinder nehmen mit den Dienstrobotern ausschließlich über die Tastatur Verbindung auf. Sie können entweder schriftlich Fragen stellen oder Anweisungen geben. Sofern die Frage oder Anweisung verstanden wird (also im Kontext der aktuellen Situation liegt), erhalten die Kinder eine passende Antwort. Auf diese Weise entsteht ein Dialog, in dessen Ablauf auch verschiedene Aktionen aktiviert werden müssen, wobei einige sequentiell aufeinander bezogen sind; z. B. ist im Navigationsraum zunächst ein Stromausfall zu reparieren, bevor der Navigationscomputer dazu gebracht werden kann, den Landeplatz des Raumschiffes festzustellen – was aber nur funktioniert, wenn die Kinder die in einem Schrank befindliche Bedienungsanleitung lesen.
Jede Eingabe des Kindes wird in der Reihenfolge Orthografie – Syntax – Semantik analysiert:
1. Orthografische Überprüfung (ist alles richtig geschrieben?)
2. Syntaktische Kontrolle (liegt ein grammatikalisch sinnvoller, vollständiger Satz vor?)
3. Semantische Auswertung (um was geht's?)
Sind Syntax oder Semantik fehlerhaft, unvollständig oder unverständlich, werden dem Kind Hilfestellungen gegeben. Neben der Eingabe von schriftlichen Formulierungen können die Kinder in verschiedenen Situationen auch über die Benutzung der Maus (z. B. Anklicken von Gegenständen) Umgebungen explorieren und Informationen erhalten. Das System ist vollständig interaktiv; d. h., das Kind kann sich zu jeder Zeit beliebig entscheiden, was es gerade tun möchte und worauf es reagieren will; verschiedene Wege und individuell unterschiedliche Problemlösestrategien sind möglich.

5. Der Reparaturkoffer

Beim Gebrauch der Schrift im Dialog mit einem der Dienstroboter produzieren Kinder mehr oder weniger häufig Rechtschreibfehler. Das ist beabsichtigt und durch den Schreibanlaß provoziert, denn erst in der Auseinandersetzung mit den eigenen Fehlern werden Problembewußtsein, sinnvolle Schreibstrategien und erfolgreiche Handlungsschemata entwickelt.

Das ist ein Prozeß, der vom Programmsystem durch spezielle Bausteine (z.B. durch den Reparaturkoffer) unterstützt wird. Der Dienstroboter versteht nur normgerechte Verschriftung (»darauf ist er programmiert«). Also erhält das Kind bei entsprechenden Verschreibungen vor jeglicher inhaltlichen Antwort eine Rückmeldung. Diese ist je nach Fehlertyp unterschiedlich: Handelt es sich um einen Verstoß gegen die lautgetreue Verschriftung (was hier im weitesten Sinn als »Tippfehler« oder »Unaufmerksamkeit« interpretiert wird), werden Vorschläge für Richtigschreibungen gemacht (aus einer Vorschlagsliste wählt das Kind das intendierte Wort mit der Maus aus). Läßt sich die Verschreibung jedoch aufgrund einer im Wort liegenden »systematischen Rechtschreibschwierigkeit« erklären (Auslautverhärtung, Vokalkennzeichnung aufgrund markierter Länge oder Kürze, Großschreibung usw.), kann das Kind entweder versuchen, das falsch geschriebene Wort selbst zu korrigieren, oder es entscheidet sich, den Reparaturkoffer zu benutzen. Dazu klickt das Kind das Koffer-Symbol in der Menüleiste mit der Maus an. Auf einem neuen Bildschirm erscheint in großen Buchstaben das zu reparierende Wort. Das Kind ist aufgefordert, die Fehlerstelle zu identifizieren. Der Reparaturkoffer bietet dazu folgende Hilfe an: Mit der Maus kann jeder Buchstabe des Wortes angeklickt werden. Zu dem jeweils markierten Buchstaben erscheint eine »*Hypothesenkarte*« (oder mehrere), auf der die »plausiblen« Fehlermöglichkeiten an dieser Stelle im Wort beschrieben sind. Erscheint dem Kind eine Hypothese sinnvoll, kann diese getestet werden: Ist das Wort an der Stelle korrekt geschrieben, wird eine »*Erklärungskarte*« gezeigt, die kurz Auskunft darüber gibt, warum hier alles in Ordnung ist. Wurde die Fehlerstelle ausfindig gemacht, werden dem Kind »*Reparaturkarten*« angeboten, die in Form von »Strategien« oder »Operationen« bei richtiger Auswahl schließlich für die erfolgreiche Fehlerreparatur sorgen (Beispiel: Fehler aufgrund Auslautverhärtung wird repariert durch »Wort verlängern« oder »Grundform suchen«). Der Reparaturkoffer ist also ein eigenständiges *Explorations- und Experimentiersystem,* mit dem ein beliebiges deutsches Wort (vorausgesetzt, es ist im Datenbank-Lexikon enthalten) auf Rechtschreibschwierigkeiten, Fehler und Reparaturmöglichkeiten untersucht werden kann.

Es mag vorkommen, daß Kinder im Dialog bestimmte Fehler immer wieder machen oder vor lauter Fehlschreibungen kaum die Chance haben, im Dialog respektive in der Handlung voranzukommen. Für diese Fälle kann die orthografische Eingabekontrolle »fehlertolerant« reagieren und die Fehler automatisch korrigieren. Das Kind wird von ULK dann regelmäßig in die Werkstatt geschickt, wo es mit dem Karteikasten »seine Rechtschreibprobleme« gezielt bearbeiten kann.

6. Die Werkstatt

Die entstandenen Schäden im Raumschiff sind in der Mehrzahl zerstörte und »durcheinandergekommene« Texte, die die Kinder wieder in Ordnung bringen bzw. rekonstruieren müssen. Zu diesem Zweck verfügen sie in der Werkstatt über eine *Text-Reparatur-Maschine*. Von einem Text sind z. B. nur Funktion und Überschrift bekannt. Mit der Text-Reparatur-Maschine können die Kinder in Listen sortierte Wortbausteine eingeben (geordnet nach Vorsilben, Wortstämmen, Endungen, Wortfamilien), eigene definieren, hinzufügen und testen. Eingaben von ganzen Wörtern oder von beliebigen Einzelbuchstaben sind nicht möglich – es geht hier konsequent um die Entwicklung und Festigung morphematischen Bewußtseins. Jeder passende Wortbaustein wird in den Text eingesetzt, bis schließlich der gesamte Inhalt wiederhergestellt ist. Ist dies geschafft, muß in einem letzten Schritt die Großschreibung eingefügt werden. Zur Text-Reparatur-Maschine gehören eine Statusanzeige und ein »Statistikprogramm«, die Auskunft über Vorkommenshäufigkeiten von Wortbausteinen im bearbeiteten Text geben.

Der *Karteikasten* wurde bereits erwähnt. Er bietet den Kindern die Möglichkeit, Kategorien rechtschreibschwieriger Wörter (z. B. »v« statt »f«) direkt in Form eines Wortlistentrainings zu bearbeiten. Die Übungsformen bauen sich in drei aufeinanderfolgenden Stufen auf:

Lernen: Abschreiben nach Vorlage (visuell),

Üben: Nachschreiben nach Diktat (auditiv mit semantischer Vernetzung durch Bildkarten),

Testen: Aufschreiben nach Gedächtnis (Einfügen in Lückensätze).

In der Werkstatt steht den Kindern auch ein *Schreibprogramm* zur Verfügung. Dabei handelt es sich um ein spezielles Texttool, mit dem die Kinder z. B. für ULK Arbeitsberichte über ihre Reparaturen in den verschiedenen Räumen des Raumschiffes herstellen.

In der *Bibliothek* können die Kinder Informationen abrufen über die Themen und Sachgebiete, die in der Handlung relevant sind.

7. Datenbank

Beim ersten Start des Programms melden sich die Kinder einzeln oder als Kleingruppe an. In einem *Vorstellungsgespräch* mit ULK wird zu Beginn eine Art Rechtschreibdiagnostik in Form einer *Schreibprobe* erhoben. Diese Basisdaten und alle weiteren Aktivitäten der Kinder (u. a. Verschreibungen) werden in einer Schülerdatenbank gesammelt und aufbereitet. Lehrer und Schüler können über ein Interface die Datenbank abfragen. Vorgesehen sind eine Auswertung i. S. einer *Verlaufsdiagnostik* und eine Einbindung der Protokolle für adaptive Systemkonfigurationen.

8. Einsatz im Unterricht

Das Programm ist besonders geeignet für einen *projektzentrierten Rechtschreibunterricht*. Während eines Schulhalbjahres kann »Ein Fall für ULK« von der ganzen Klasse über Monate hinweg bearbeitet werden. Dabei sind verschiedene Settings vorstellbar: Kleingruppen erarbeiten jede für sich die gesamte Handlung, oder verschiedene Gruppen übernehmen unterschiedliche Problemstellungen, und die Einzellösungen werden so gemeinsam zur Gesamtlösung zusammengetragen. In jedem Fall bieten sich Transfermöglichkeiten: Im Plenum der Klasse werden kontinuierlich Arbeitsberichte vorgelegt, einzelne Gruppen werden beauftragt, in Büchern bestimmte Probleme zu recherchieren, oder Aspekte der Handlung werden im Sachunterricht behandelt.

Schriftliches Begleitmaterial mit Erläuterungen zum Schriftspracherwerb, zum didaktischen Konzept der verschiedenen Programmelemente, zur effektiven Nutzung im Unterricht und weitere Anregungen für die Schüler in einem Schülerbegleitheft bilden so zusammen mit dem eigentlichen Computerprogramm einen neuartigen und innovativen Zugang zum projektzentrierten Rechtschreibunterricht im Medienverbund.

Technische Daten:
Die Programmreihe »Ein Fall für ULK« wird von Cornelsen Software und RELE Lernsysteme gemeinsam entwickelt. Geplant sind jeweils verschiedene Module für die Klassen 1 bis 6. Die erforderliche Hardware ist ein PC (386er aufwärts) mit MS-DOS und Windows, mindestens 4-MB-Hauptspeicher, Farbmonitor und Soundkarte.
Weitere Informationen erhalten Sie von Cornelsen Software, Postfach 33 01 09, 14171 Berlin oder bei RELE Lernsysteme, Reifenstuelstr. 6, 80469 München.

Freimut Wössner mit einem Bildbericht von der Epochenschwelle: Ein Vertreter des Buch-Zeitalters versucht dem in schlichteren virtuellen Realitäten Erfahrenen ein traditionelles *Holz-Leim-Adventure-Game* nahezubringen.

Heike Schröger / Jochen Müsseler
Max-Planck-Institut für psychologische Forschung, München

Entdeckender Schriftspracherwerb am Computer

Im Schuljahr 1992/93 fand in verschiedenen Münchner Kindergärten mit Vorschulkindern eine Untersuchung zum entdeckenden und selbstgesteuerten Schriftspracherwerb statt. Die Untersuchung ist Teil des Projekts *TAO: Texte für Auge und Ohr. Untersuchungen zum computerunterstützten Schriftspracherwerb durch automatische Sprachverarbeitung.*[1] Zum Ziel des TAO-Projekts gehört es, die Möglichkeiten einer rechnergesteuerten Lernumgebung in der Anfangsphase des Schriftspracherwerbs zu untersuchen.

Eine Teilfrage des Projekts umfaßt das Thema des entdeckenden und selbstgesteuerten Schriftspracherwerbs. Dazu wurde das Lernprogramm *Leseadventure* entwickelt. Mit dessen Hilfe soll folgende Frage überprüft werden: Inwieweit können akustische Rückmeldungen über die Lautstruktur einer vom Kind gebildeten Graphem-Kombination oder auch eines ganzen Schriftwortes den Wortbildungsprozeß beim Schriftspracherwerb erleichtern (vgl. *Müsseler/Adolphs/Hofmann/Prinz/Stoffer 1993).*

Das interaktive Lernprogramm Leseadventure
Das *Leseadventure*[2] stellt eine Abenteuergeschichte (Gespensterjagd) dar, in der Kinder versuchen, ein Burggespenst zu finden (vgl. *Müsseler u. a. 1993).* Ihr Ziel können sie jedoch nur erreichen, wenn sie per Instruktion vorgegebene »Zauberwörter« aus einer vorgegebenen Anzahl von Buchstaben bilden. Das Lernprogramm orientiert sich dabei in seinem Aufbau an Prinzipien der *Adventure-Games (Mather 1986):* Ein Rahmenziel wird vorgegeben (Burggespenst suchen); bestimmte Bedingungen müssen erfüllt werden (Zauberwörter bauen); und verschiedene Wege werden bereitgestellt (Auswahl zwischen mehreren Zauberwörtern). All dies geschieht ohne Vorgabe eines konkreten Lösungsweges. Dieser muß vielmehr eigenständig von den Kindern entdeckt werden.

Der Bildschirm ist mit einem Touchscreen ausgestattet, so daß der Rechner auf bloßen Fingerkontakt reagiert. Die Arbeitsfläche am Bildschirm besteht

1 Das Projekt wurde von der Deutschen Forschungsgemeinschaft (Az DFG Pr 118/10) unterstützt. Unser Dank gilt den Leitern des Projekts, *Wolfgang Prinz* und *Thomas Stoffer,* sowie den Projektmitarbeitern *Werner Hofmann* und *Dieter Blaschke* und den Versuchsleiterinnen *Simone Steeger* und *Birgit Graszy.*
2 Umgesetzt und programmiert wurde das Programm von *Herbert Bader,* der neben zahlreichen Detailverbesserungen auch kurze Animationen in den Programmablauf einfügte und damit am Gelingen der vorliegenden Untersuchung einen wesentlichen Anteil hatte.

Outputfenster   Korrekturfeld

Abb. 1: Benutzeroberfläche des *Leseadventures.* In der Szenerie sind zwei »Eingänge« vorhanden, die durch Bilden der Worte »TOR« und »ROT« (ein rotes Fenster in der Szene) geöffnet werden können und mit denen man in eine neue Szene gelangt. Erläuterungen siehe Text.

aus vier *Arbeitsbereichen* (vgl. *Abb. 1):* Die *Szenerie* gibt den jeweils aktuellen inhaltlichen Kontext wieder. Die Kinder können hier durch Berührung entsprechender Bildschirmstellen die gebauten Zauberwörter dem Kontext zuordnen. Das *Materialfeld* stellt ihnen Buchstaben zur Verfügung, die zum Gebrauch mit einem Finger berührt werden. Nach einem Berühren werden die Buchstaben vom Rechner ausgesprochen und wandern in ein *Outputfenster.* Auch hier können die Buchstaben und Buchstabenkombinationen berührt werden, worauf sie (zusammen) lautiert werden. Zur *Korrektur* kann ein Radiergummi herangezogen werden. Nach dessen Berührung wird der letzte im Outputfenster vorhandene Buchstabe wieder zurück ins Materialfeld transportiert.

Mit einer solchen Benutzeroberfläche kann selbst ein vollkommen unvorbelasteter Schreib- und Leseanfänger die angebotenen Buchstaben – seinen Wünschen entsprechend – beliebig zusammenstellen und aussprechen lassen. Unseren Beobachtungen entsprechend basieren die ersten Kontakte der Kinder mit dem Programm hauptsächlich auf Versuchs- und Irrtumshandlungen, die bei fortgeschrittenen Erfahrungen aber in zielgerichtete Handlungen übergehen. Dies ist auch so, weil der Schriftspracherwerb in einem funktionalen Zusammenhang eingebettet ist: Zauberwörter werden benutzt, um die nächsthöhere Ebene zu erreichen bzw. schließlich das Gespenst ausfindig zu machen.

Die Chance, die gewünschte Graphem-Kombination (d. h. das Zauberwort) sozusagen durch Zufall zu erstellen, nimmt allerdings mit wachsender Anzahl von Buchstaben im Materialfenster ab. Gerade in einer Anfangsphase, in der die Kinder noch über keinerlei oder nur unzureichende Kenntnisse der Graphem-Phonem-Zuordnungen verfügen und daher noch nicht zielgerichtet agieren können, ist allerdings ein schnelles Erfolgserlebnis angezeigt. Deswegen bestehen zwei Einschränkungen bezüglich der angebotenen Buchstaben und Zauberwörter:

Erstens wird von vornherein nur eine begrenzte Anzahl an Buchstaben angeboten. In der bisher realisierten Programmversion beträgt die Anzahl zunächst drei Buchstaben, aus denen drei Wörter und drei Nichtwörter gebaut werden können. Später werden vier oder fünf Buchstaben eingesetzt, was die Kombinationsmöglichkeiten der einzelnen Grapheme wesentlich erhöht. Die zweite Einschränkung ergibt sich daraus, daß jeder im Materialfeld berührte Buchstabe dort verschwindet und nicht mehr zur weiteren Verwendung verfügbar ist – es sei denn, das Kind berührt den Radiergummi.[1]

Für eine erste Untersuchung wurden bisher zwölf Szenen installiert, in denen insgesamt zwölf dreibuchstabige Wörter vermittelt werden (rot, Tor, Ort, Ton, Not, alt, Tal, Rat, Oma, Opa, Ast, Arm). Die Lernwörter weisen in ihrer Wortstruktur entweder einen regelmäßigen Wechsel von Konsonanten und Vokalen auf (KVK, VKV) oder eine Konsonantenhäufung am Wortende (VKK) und bleiben damit einfach zu lautieren. Den Wörtern entsprechend werden neun Buchstaben gelernt (O, T, R, N, L, A, S, M, P).

Entdeckender und selbstgesteuerter Schriftspracherwerb mit dem Leseadventure

Der Lerngegenstand »Schriftsprache« ist in diesem Lernprogramm in einen spielerischen und instrumentellen Handlungskontext eingebettet. Dadurch erhält Schriftsprache eine individuell bedeutsame Funktion. Die technische Ausstattung eines Rechners mit Sprachausgabe erlaubt die Aussprache eines Wortsegments (Buchstabe, Silbe), eines Nichtwortes, eines realen Wortes, des sichtbaren Wortaufbaus sowie zusätzlich die Ausgabe lautsprachlicher Äußerungen wie Lob, Tadel und Hinweise. Lernende können sich damit an der mündlichen Sprache orientieren, deren Regeln sie ja bereits anwenden, wenn ihnen diese auch nicht explizit präsent sind. Sie erfahren die mündliche Sprache als Hilfe und werden gleichzeitig mit den Grenzen dieser Hilfe konfrontiert.

Dabei müssen die Lernenden im *Leseadventure* die verlangten Zauberwörter von Nichtwörtern, d. h. ungebräuchlichen Schriftkombinationen, die keinen

---

1 Im Fall, daß aus n Buchstaben im Materialfeld alle Kombinationen mit Berücksichtigung der Reihenfolge gebildet werden, gibt es n! verschiedene Kombinationen. Werden r Buchstaben des Outputfensters aus n Buchstaben des Materialfensters kombiniert, so sind allgemein n! / (n-r)! unterschiedliche Kombinationen möglich (Beispiele: 3 aus 3 = 6, 3 aus 4 = 24).

Sinngehalt besitzen, unterscheiden. Außerdem müssen die Zauberwörter von anderen bedeutungstragenden Schriftwörtern abgegrenzt werden, die keinen Einfluß auf das Geschehen haben, d. h. mit denen man nicht in eine nachfolgende Szene gelangt. Als kleinste Einheit stehen Buchstaben zur Verfügung, die mit Einzellauten in Beziehung gesetzt werden müssen. Zusammengefügt ergeben diese wiederum größere Einheiten, die ebenfalls lautiert werden und die gegebenenfalls Hinweise liefern können, wie und ob das Zielwort erreicht werden kann.

Als Lernziel ergibt sich hieraus, daß die Kinder mit diesem Lernprogramm auf entdeckendem und selbstgesteuertem Wege durch den Rückgriff auf die gesprochene Sprache Einblicke in die Graphem-Phonem-Beziehungen bekommen und auf der Basis der alphabetischen Strategie Einsichten in den regelgerechten Aufbau von Schriftwörtern gewinnen.

Strategien der Kinder beim Bilden von Wörtern

Für eine erste Untersuchung mit dem *Leseadventure* wurden 73 fünf- und sechsjährige Kinder herangezogen, die über keine schulischen Erfahrungen zum Schriftspracherwerb verfügten. Ihre Interaktionen mit dem Programm wurden in Einzelbeobachtungen auf einem Protokollbogen festgehalten, dessen Auswertung darüber Aufschluß geben kann, wie die Kinder bestimmte schriftsprachliche Segmente (z. B. Buchstaben oder Silben) auswählen und anordnen. Wir wollten Hinweise auf das Verhalten und Vorgehen der Kinder erhalten, wenn diese probierend versuchen, kleinste Schrifteinheiten (Buchstaben) aneinanderzufügen, um größere semantische Einheiten zu bilden. Ebenso sollten Hilfestellungen durch den Betreuer, die sich nicht vermeiden ließen, Ideen für Verbesserungen des Programms geben.

Zunächst gilt festzuhalten, daß alle Kinder das Spielziel erreicht haben und somit auch alle lernten, die verlangten Zielwörter (Zauberwörter) zu bauen. Während der Wortproduktionen waren die Kinder in unterschiedlichem Maße hinsichtlich lautsprachlicher Äußerungen aktiv. Von den 73 Kindern fanden sich bei 47 Kindern eindeutige Strategien, die auf ein breites Spektrum unterschiedlicher Vorgehensweisen schließen lassen. Insgesamt lassen sich die Strategien der Kinder in einer ersten Auswertung in drei Bereiche aufteilen: Als erstes werden *Probierstrategien* angewendet, die von keinerlei lautsprachlichen Äußerungen begleitet werden (z. B. systematisches Beibehalten einer bestimmten Position eines Buchstabens und entsprechendes Auswechseln der übrigen Buchstaben). Neben den Probierstrategien traten *lautorientierte* Strategien auf, bei denen die Kinder ihre Kombinationen in Anlehnung an ihre eigene Aussprache entwickelten. Zuletzt sind noch *allgemeine lautsprachliche und gestische Äußerungen* zu nennen. Die Kinder verbalisieren in diesen Fällen ihr Vorgehen (z. B.: »Der Buchstabe kommt nach vorne« oder »Der da ist richtig«).

In diesem Zusammenhang sollen die sogenannten »lautorientierten Strategien« aufgegriffen werden, da sie deutlich machen können, inwieweit die

Kinder auf ihre eigenen Artikulationsformen zurückgreifen, um Schriftwörter zu bilden, und weiterhin, wie sie diese im konkreten Fall bei der Verschriftung umsetzen. Insgesamt konnten 24 Formen unterschieden werden, die sich zu fünf Kategorien klassifizieren lassen: Das Kind benennt
1. Buchstabenlaute und -namen (635mal bei 28 Kindern),
2. größere Wortsegmente (20mal bei 9 Kindern),
3. ein Zauberwort (401mal bei 30 Kindern),
4. ein Zauberwort, wobei sie es gleichzeitig segmentieren und verschiedene Positionen unterschiedlich betonen (1487mal bei 39 Kindern) und
5. das Kind flüstert unverständlich (498mal bei 11 Kindern).

Betrachtet man die vierte lautorientierte Strategie (im folgenden Segmentierungsstrategie), so läßt sich diese wiederum in Untergruppen unterteilen:
4.1. Das Kind benennt ein Zauberwort und läßt beim Sprechen einen Laut aus oder scheint ihn zu überhören (z. B. aus »Arm« wird »AM«; 22mal bei 10 Kindern). Werden insgesamt nur drei Buchstaben zum Gebrauch angeboten, kommt der Buchstabe des ausgelassenen Lautes automatisch an die letzte Position (z. B. wird aus »Arm« ein »AMR«). Bei einer Auswahl von mehr als drei Buchstaben ist die dritte Position beliebig.
4.2 Die Aussprache eines Zauberwortes entspricht nicht der Rechtschreibung (z. B. aus »Tor« wird »TOA«; 11mal bei 4 Kindern).
4.3 Das Kind spricht die Buchstabenlaute eines Zauberwortes gedehnt (z.B. »OOOMMMAAA«; 233mal bei 24 Kindern).
4.4 Das Kind spricht die Einzellaute eines Zauberwortes nacheinander in der richtigen Reihenfolge (z. B. »O – M – A«; 726mal bei 33 Kindern).
4.5 Das Kind benennt ein Zauberwort und betont die letzte Position, die es an die erste Position stellt (z. B. sagt es »TAL« und baut »LTA«; 31mal bei 9 Kindern).
Wie gezeigt werden konnte, werden die Wort-Segmentierungs-Strategien »gedehntes Sprechen« und »Benennen der richtigen Wortpositionen« sowie das »einfache Aussprechen eines Zauberwortes« am häufigsten angewandt. Solche detaillierten Beobachtungen und ihre genaue Analyse helfen verstehen, wie Kinder zu bestimmten Schreibweisen gelangen. Für das Verständnis von Fehlern sind besonders die Strategien 1, 2, 4 und 5 interessant. Kinder bemühen sich, genau zu artikulieren. Sie wollen keinen Laut überhören. Dabei kann man nicht von einer Schwäche in der Lautwahrnehmung sprechen, sondern sollte dies vielmehr als ein Ergebnis der schrittweisen Verschriftung nach wiederholtem Vorsprechen betrachten. So konnte während des *Leseadventures* beobachtet werden, daß ein Kind z. B. beim Vorsprechen des Wortes »Tal« den letzten Laut betonte, indem es ihn in die Länge zog oder lauter aussprach und ihn daraufhin an die erste Position stellte (vgl. Wort-Segmentierungs-Strategie 4.5). Die für das Wort »Tor« auftretende Verschriftung TOA (vgl. Strategie 4.2) resultierte aus der für ein Verstehen in der Alltagssprache einwandfreien Aussprache /toa/. Hierzu

zählt auch das sogenannte »Verschlucken« des Lautes /r/ in dem Wort »Arm«, mit den dazu entsprechenden Verschriftungen AMR, AMP u. a. (vgl. Strategie 4.1). In der Alltagssprache ist die Aussprache durchaus üblich und ausreichend.

Vielleicht können weitere Auszählungen der vom Rechner festgehaltenen Daten die aus den Protokollen resultierende Häufigkeitsverteilung der Lautstrategien und insbesondere der Wort-Segmentierungs-Strategien erhärten, so daß ein selbstgesteuertes und entdeckendes Vorgehen der Kinder im *Leseadventure* im Sinne der obengenannten Annahme der schrittweisen Verschriftung des eigenen Vorsprechens nachvollziehbarer wird und detaillierter beschrieben werden kann. Ähnliche Beispiele wie die beschriebenen, in denen Lese- und Schreibanfänger die eigene Artikulation als Ausgangspunkt zur Verschriftung nehmen, finden sich auch in anderen Untersuchungen (vgl. z. B. *Dehn 1989; Brügelmann 19890; Scheerer-Neumann, Kretschmann/Brügelmann 1986).*

Eine weitere Frage bezog sich darauf, ob das lautorientierte Vorgehen der Kinder durch den Anteil an Verbalisierungen des Rechners angeregt werden kann. Dazu wurden drei Programmversionen erstellt, die sich hinsichtlich ihres Lautierungsausmaßes unterschieden: In einer ersten Bedingung (A) wurde durch den Rechner sowohl jeder Laut eines berührten Buchstabens ausgesprochen als auch der sichtbare Wortaufbau (r – ro – rot), die ungültigen Kombinationen (rto, tro usw.) und die »richtigen« Wörter (rot, Tor usw.). In einer zweiten Bedingung (B) erfolgte dagegen nur noch die Aussprache des Lautes und des gesamten (Nicht-)Wortes, ohne Lautierung des Wortaufbaus. In der dritten Bedingung (C) schließlich gab der Rechner lediglich die Aussprache der Buchstabenlaute der richtigen Wörter wieder.

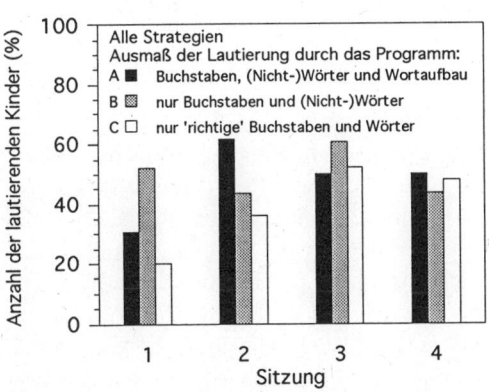

Abb. 2: Häufigkeit der lautierenden Kinder bei Anwendung aller Strategien in Abhängigkeit vom Lautierungsausmaß des Programms.

Abbildung 2 zeigt den prozentualen Anteil lautierender Kinder pro Sitzung getrennt für die drei Bedingungen. Dabei sind alle o. g. lautierenden Strategien berücksichtigt. Wie man sieht, werden die Kinder in den Bedingungen

A und B (hohe Lautierung durch das Programm) bereits in den Sitzungen 1 und 2 gegenüber der Bedingung C (niedrige Lautierung durch das Programm) früher zum Lautieren animiert. Interessant ist auch der Unterschied zwischen den Bedingungen A und B in den ersten beiden Sitzungen, der darin zum Ausdruck kommt, daß die zusätzliche lautsprachliche Rückmeldung des Wortaufbaus zunächst ungenutzt bleibt. Man könnte vermuten, daß die Menge an automatisierter Lautierung zu unterschiedlichen Lernphasen mehr oder weniger hilfreich sein kann. In den Sitzungen 3 und 4 ist dagegen kein größerer Unterschied mehr zwischen den Bedingungen vorhanden.

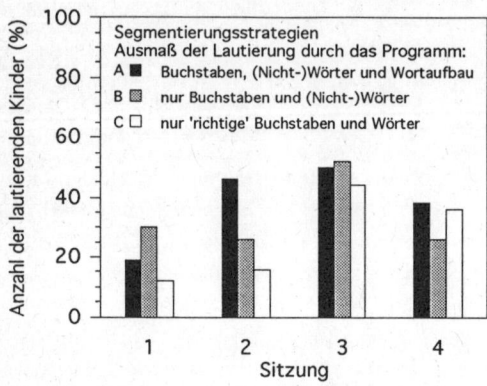

Abb. 3: Häufigkeit der lautierenden Kinder bei Anwendung der Segmentierungsstrategien in Abhängigkeit vom Lautierungsausmaß des Programms.

Ähnlich wie bei der Verteilung lautierender Kinder über alle Strategien verhält es sich, wenn man die Segmentierungsstrategie gesondert betrachtet *(Abb. 3)*. Der Vorsprung der Bedingung A und B ist auch hier in den ersten beiden Sitzungen vorhanden.

Fazit

Abschließend kann man mit den bisherigen Ergebnissen bereits festhalten, daß die Kinder die interaktiven Möglichkeiten des Lernprogramms nutzten und zahlreiche Strategien entwickelten, die Zauberwörter zu bauen. Auch wurden Formen einer anfänglichen Antizipation deutlich: Die Kinder begannen vor und während des »Schreibens« zu überlegen, welche Buchstaben sie für ihre aktuelle Position wählen können oder welche nicht zu einem Gelingen führen würden. Sie entwickelten systematische Vorgehensweisen gegenüber einem »blinden Herumprobieren«. Dabei präferierten sie das »einfache Aussprechen eines Zauberwortes«, ein »gedehntes Sprechen« und das »Benennen der richtigen Wortposition«. Besonders hervorzuheben ist, daß die Kinder durch die Sprachausgabe des Rechners früher angeregt wurden, phonologisch zu segmentieren, wobei sie ihre Lautierung auf ihre Wortbildung bezogen.

Sigrun Richter
Ökologische (Schriftsprach-)Didaktik

Die Forschung über die Lernausgangslage und die weitere Lernentwicklung
von Schulanfängern hat in den vergangenen Jahren zu Ergebnissen geführt,
die Anlaß für eine (fach)didaktische Neubesinnung geben. Im folgenden soll
ein Unterrichtsmodell vorgestellt werden, das auf der Grundlage eigener
Untersuchungsergebnisse im schriftsprachlichen Bereich entwickelt wurde,
das aber über den Bereich des Schriftspracherwerbs hinausweisen kann.

1. Ermittlung von Lernausgangslage und Lernumwelt des Kindes
Die manchen Lehrgängen noch immer implizit zugrundeliegende Annahme,
daß es irgendwann im Lernprozeß eines Schulkindes eine »Stunde Null«
gibt, zu der die Kinder einer Klasse gleichermaßen von einem Gegenstand
»nichts wissen«, ist empirisch vielfältig widerlegt worden. Dies gilt für den
Schulanfang (vgl. *Rathenow/Vöge 1982; Richter 1992*b) und verstärkt sich
im Verlauf der Schulzeit (*Tütken 1970*).
Entwicklungsmodelle, die Denkentwicklung als einen Prozeß qualitativ
unterscheidbarer, aufeinander aufbauender Stufen interpretieren (*Piaget
1971*), machen deutlich, daß es notwendig ist, den Entwicklungsstand jedes
einzelnen Kindes einschätzen zu können, damit der Unterricht sie an dieser
Stelle »abholen« kann. Dazu sind gegenstandsbezogene Aufgaben erforderlich, die von den Fachdidaktiken zu entwickeln sind (wie es u. a. *Brügelmann u. a. 1988* und *Kretschmann 1989* für den Bereich des Schriftspracherwerbs geleistet haben). Der signifikante Einfluß dieser fachspezifischen
Eingangsvoraussetzungen auf die Lernentwicklung kann ebenfalls als gesichert angesehen werden (vgl. *Richter 1992b*).
Aber diese Eingangsvoraussetzungen decken nur einen vergleichsweise
geringen Anteil der Gesamtvarianz späterer Leistungen ab (in meiner eigenen Untersuchung ca. 25%; vgl. *Richter 1992b*). Als weitere Varianzquelle
konnte die Art des Unterrichts ausgemacht werden, die vor allem darüber
zu entscheiden scheint, in welchem Umfang die fachspezifischen Vorkenntnisse die weitere Leistungsentwicklung beeinflussen. Die dritte – und letzt-
endlich wahrscheinlich ausschlaggebende – Faktorengruppe liegt im Kind
selbst: In meiner Untersuchung habe ich in allen Beobachtungsklassen
Kinder gefunden, die bei vergleichbaren fachspezifischen Vorkenntnissen
und demselben Unterricht ganz unterschiedliche Lernverläufe aufwiesen.

Dieses Ergebnis läßt mehrere Interpretationen zu:
• »Derselbe« Unterricht ist nicht für jedes Kind »derselbe«: Verschiedene
Kinder nehmen ihn – in Abhängigkeit von Vorerfahrung und Lebenswelt –
unterschiedlich wahr. Mit *Stadler* (nach *Glasersfeld 1992*) in Termini des

363

Radikalen Konstruktivismus ausgedrückt: Die *Realität* des jeweiligen Unterrichts hat für die einzelnen Kinder unterschiedliche *Wirklichkeiten*.

• »Derselbe« Unterricht ist für Kinder mit unterschiedlicher kognitiver Struktur (Intelligenz, Motivation, Attribuierung, »Lerntyp« u. a.) unterschiedlich effektiv.

• »Derselbe« Unterricht ist nicht für alle Kinder identisch, weil die Beziehungen zwischen der Lehrkraft und unterschiedlichen Kindern nicht identisch sein können.

• »Derselbe« Unterricht kann nicht für alle Kinder dieselbe Wirkung haben, weil die Lernentwicklung nicht nur durch den Unterricht geprägt wird, sondern in großem Umfang auch von der außerschulischen Umwelt des Kindes.

Diese *psychologischen Mechanismen* werden in den unterschiedlichen didaktischen Modellen zu wenig berücksichtigt, und die Lehrkräfte werden in ihrer Ausbildung weder hinreichend auf ihre Wirksamkeit aufmerksam gemacht, noch wird ihnen die Kompetenz vermittelt, damit im Unterrichtsalltag umgehen zu können. Vor allem fehlen Kompetenzen zur *Selbstwahrnehmung*, um die Bedeutung der eigenen (LehrerInnen-)Persönlichkeit für den Lernprozeß der Kinder verstehen zu können.

2. Gestaltung von Lernangeboten und Lernsituationen

Die Diskussion über didaktisch-methodische Konzepte ist häufig eine *Entweder-oder-Diskussion: entweder* Spracherfahrungsansatz *oder* das Üben von Teilleistungen; *entweder* freie Wahl der Arbeitsmittel durch das Kind *oder* Auswahl der Arbeitsmittel durch die Lehrkraft für das Kind; *entweder* Förderung im Klassenverband *oder* Ausgliederung in Fördergruppen usw. Didaktiker werden auf *einen* Ansatz festgelegt (oder legen sich selbst auf einen Ansatz fest).

Dies ist in jüngster Zeit wieder in der Kontroverse um die didaktische Konzeption von *Röber-Siekmeyer (1993)* deutlich geworden, die verkürzt wird auf ein pro oder contra »Freies Schreiben«. Statt zu fragen, für *welche Kinder* es an *welcher Stelle* im Lernprozeß nützlich ist, Rechtschreibphänomene eher systematisch zu vermitteln, und *welche Kinder* dem Ziel relativer Rechtschreibsicherheit an *welcher Stelle* im Lernprozeß besser durch »Freies Schreiben« näher kommen, kreuzen BefürworterInnen und GegnerInnen die Klinge im Kampf um den »Königsweg« beim Rechtschreiblernen.

Die Ergebnisse von Validierungsstudien werden dabei häufig nur einseitig am Durchschnitt orientiert interpretiert: Wenn z. B. 55% der Stichprobe mit der Konzeption A höhere Leistungen erzielen als mit der Konzeption B, wird damit die generelle Überlegenheit der Konzeption A begründet. Dabei wird dann aber leicht vergessen, daß 45% eben keine besseren Leistungen erzielten und vielleicht auch 30% bei Konzeption B besser abschnitten.

Diese kontroverse Art der Auseinandersetzung führt häufig dazu, daß sich PraktikerInnen ebenfalls auf *einen* Ansatz festlegen und ihren Unterricht im

Sinne dieser einen »Schule« zu gestalten versuchen. Es kann aber nicht Ziel des Unterrichts sein, für z. B. 55% einen optimalen Unterricht zu geben, für weitere 15% einen noch immer angemessenen, aber für 30% einen nicht angemessenen.

Da es – wie die Erfahrung lehrt – *keine* Konzeption gibt, die für *alle* Kinder die optimale ist, muß die Didaktik – vor allem die Fachdidaktik – eine breite Palette verschiedener Strategien zur Verfügung stellen, mit denen bei unterschiedlichen Kindern das angestrebte Ziel erreicht werden kann. Dabei ist wissenschaftlich zu erproben, unter welchen Bedingungen bei welchen Kindern welche Konzeption den größten Erfolg verspricht. Um diese Aufgabe differenziert leisten zu können, ist eine Zusammenarbeit zwischen (Fach-)Didaktik und Psychologie in der Forschung erforderlich.

Ein gegenseitiges Sich-Öffnen von (Fach-)Didaktik und Psychologie ist auch in der Ausbildung von Lehrkräften erforderlich, um sie in die Lage zu versetzen, im Unterricht die verschiedenen didaktisch-methodischen Konzepte an die verschiedenen Kinder anzupassen: Nur diese »Passung« von Kind und Unterricht kann weitgehend optimale Lernmöglichkeiten für möglichst alle Kinder schaffen.

Barton (1993, 219) leitet aus seinen Untersuchungen über die soziokulturellen Aspekte des Schriftgebrauchs drei Thesen für die Förderung des Schriftspracherwerbs bei Erwachsenen ab, die auch für den Schriftspracherwerb von Kindern in der Schule gelten können:

»(I) Wir müssen sorgfältig prüfen, wie wir über Schriftsprache und Probleme des Schriftgebrauchs reden – wir haben *unsere* ›Bilder für Schrift(gebrauch)‹;

(II) Schriftförderung muß vom Vorverständnis der Menschen selbst ausgehen, von ihren Definitionen des Lesens und Schreibens, von ihren Zielen und von ihren aktuellen Praktiken der Verständigung mit anderen;

(III) Schriftsprache fördern ist mehr als Lese- und Schreibunterricht. Es bedeutet, den (Schrift-)Sprachgebrauch im gesellschaftlichen Alltag zu untersuchen, zu prüfen und herauszufordern.«

3. Unterrichtsbegleitende Beobachtung

Eine in gemeinsamer Forschungsarbeit von (Fach-)Didaktik und Psychologie erstellte Matrix von für bestimmte Kinder erfolgversprechenden Konzeptionen kann aber schon deshalb nur Bedeutung für eine »Initial«-Auswahl haben, weil es nicht möglich ist, die Persönlichkeit eines Kindes vollständig zu erfassen, nicht einmal für einen bestimmten Zeitpunkt, geschweige denn für die weitere Entwicklung.

Diese nicht verhinderbare Ungenauigkeit in der Messung der Eingangsbedingungen kann – wie die Chaos-Theorie mathematisch nachgewiesen hat (vgl. *Morfill/Scheingraber 1991*) – zu völlig unvorhersagbaren Effekten in der weiteren Entwicklung führen.

Dieser Effekt, daß minimale Veränderungen der Eingangsbedingungen zu sehr großen Veränderungen in der weiteren Entwicklung führen, wird in der Chaos-Theorie als »Schmetterlings-Effekt« bezeichnet: Der Flügelschlag eines Schmetterlings kann weit entfernt einen Taifun auslösen. Als erster kam diesem Effekt der Meteorologe *Lorenz* auf die Spur. Er hatte ein Computerprogramm entwickelt, mit dem er langfristige Wettervorhersagen zu machen hoffte. Das Programm bestand aus drei nichtlinear gekoppelten Differentialgleichungen. Als er per Zufall eines Tages statt der ursprünglich berechneten Zahlen solche eingab, die mehrere Stellen hinter dem Komma leicht gerundet waren, kam er zu völlig anderen Vorhersagewerten als mit den zuvor eingegebenen Werten (vgl. *Morfill/Scheingraber 1991, 51*). Dieses Phänomen ist seitdem vielfach überprüft und als gültig befunden worden für alle Modellgleichungen, die für den Zusammenhang zwischen meßbaren Eingangsbedingungen und dem vorherzusagenden Kriterium quadratische (oder höhere) Terme enthalten.

Da es bisher in vielfältigen Prognosestudien nicht gelungen ist, für das schulische Lernen den Zusammenhang zwischen Prädiktor und Kriterium mit einfachen linearen Korrelationen befriedigend zu beschreiben, kann davon ausgegangen werden, daß diese Bedingung erfüllt ist. Aus der Anleihe bei der Chaos-Forschung folgt deshalb für den Unterricht, daß Prognosen mit hinreichender Wahrscheinlichkeit nur für kurze Zeiträume möglich sind. Daraus ergibt sich die Notwendigkeit, ständig erneut zu prüfen, ob der für ein Kind einmal geplante – oder von ihm selbst frei gewählte – Lernweg (noch) angemessen ist. Dies ist nur durch kontinuierliche unterrichtsbegleitende Beobachtung möglich.

Hinzu kommt, daß Methoden, die sich einmal für bestimmte Kinder in bestimmten Situationen als erfolgreich erwiesen haben, nicht bei anderen Kindern in anderen Situationen erfolgreich sein müssen. *Bergk (in diesem Band)* weist darauf hin, daß »Forschungsergebnisse... für die weitere pädagogische Praxis Hypothesen (bleiben), die jeweils neu überprüft werden müssen«. Auch aus dieser Perspektive ist kontinuierliche unterrichtsbegleitende Beobachtung erforderlich.

Für diese Aufgabe werden Lehrkräfte heute in ihrer Ausbildung in keiner Weise vorbereitet. Wer sich einmal die in manchen Schulformen vorgeschriebenen »Schülerbegleitbögen« ansieht, findet in der Regel Einzeleindrücke notiert, bei denen man oft noch den Eindruck haben kann, daß sie eher eine (durchgängige) subjektive Theorie der Lehrkraft über das Kind wiedergeben als dessen Lernentwicklung. Hier kommt auf die Psychologie die Aufgabe zu, entsprechende Instrumentarien bzw. Strategien zu entwikkeln und die (angehenden) Lehrkräfte damit handelnd vertraut zu machen.

4. Das Modell der »Ökologischen Didaktik«

Das Zusammenwirken der dargestellten Komponenten kann in dem Modell einer »Ökologischen Didaktik« zusammengefaßt werden. Ich betrachte in diesem Modell das lernende Subjekt – in Anlehnung an die ökologische

Entwicklungspsychologie *Bronfenbrenners (1979)* – als aktiv, umweltoffen und umweltkonstruierend. Die Ökologische Didaktik, die einen Orientierungsrahmen für das Lernen dieses so definierten Subjekts geben kann, verstehe ich als ein Modell der allgemeinen Didaktik, das sowohl die Fachdidaktiken als auch die Psychologie als Komponenten einschließt. In Psychologie und Erziehungswissenschaft gibt es vielfältige Ansätze für diese Perspektive. Bereits *Oerter (1987, 1. Auflage 1982)* hat die Hinwendung der Psychologie zu einer Einbeziehung der »räumlich-materiellen Umwelt« (87) als Bestandteil der menschlichen Lebenswelt über Sozialpsychologie und Interaktionismus hinaus zu einer »ökologischen bzw. ökopsychologischen Betrachtungsweise« (88) beschrieben.

Dieser Paradigmenwechsel ist nicht nur in der psychologischen Forschung, sondern auch in der Erziehungswissenschaft zu beobachten. In der Berufspädagogik hat *Kell (1989)* für die Beschreibung der Beziehung zwischen Lernen und Arbeiten ein auf *Bronfenbrenner* beruhendes Modell entwickelt und für die Erforschung des Zusammenhangs eine interdisziplinäre Zusammenarbeit (von Psychologie, Soziologie, Arbeitswissenschaft, Berufspädagogik) gefordert. Er beschreibt in seinem Modell drei Einflußfaktoren, die den Freiheitsgrad einer (Lern- und Arbeits-)Situation ausmachen (18):

(1) »Struktur des Individuums (z. B. Wissen, Fähigkeiten, Fertigkeiten)«,

(2) »Struktur der Umwelt (ineinander geschachtelte Umweltsysteme, von denen Reize und Anforderungen ausgehen)«,

(3) »Bedeutung (persönlicher Sinn), die der Situation vom Individuum gegeben werden«.

Fölling-Albers (1992) akzentuiert diesen Wandel für die Grundschulpädagogik an den unterschiedlichen Ausrichtungen der beiden Grundschulkongresse von 1969 und 1989: Während der Kongreß 1969 vornehmlich schichtspezifische Benachteiligungen und daraus abzuleitende Förderung zum Inhalt hatte, beschäftigte sich der zweite vornehmlich mit der Bedeutung der veränderten Lebenswelt der Kinder für den Unterricht und das Schulleben.

Für den Bereich der Mathematikdidaktik hat *Bauersfeld (1982, 1983)* diese Überlegungen konkret entfaltet (»›Kultur des Klassenzimmers‹ auch und gerade in der Auseinandersetzung mit der Sache« und Angewiesensein auf »den sozialen Diskurs, den wir mitformen und der uns zugleich formt«; vgl. *Bauersfeld 1993a, 55).* Sein alternatives Lehr-Lern-Modell (*Bauersfeld 1993d)* ist durch drei Grundprinzipien gekennzeichnet:

1. Jede Erfahrung ist bereichsspezifisch, d. h. mit dem Inhalt wird der Kontext mitgelernt, was die Übertragbarkeit des Gelernten begrenzt.

2. Alle Wahrnehmungen sind konstruktiv, d. h. die Realität wird nicht im Kopf abgebildet, sondern im Kopf des Wahrnehmenden werden passende (»viable«) Modelle konstruiert.

3. Die Konstitution von Wissen ist interaktiv, d. h. die Bedeutung von

Erfahrung wird nicht vom Individuum allein bestimmt, sondern im sozialen Austausch mit wichtigen Personen ausgehandelt.

Für den Bereich der Schriftsprachdidaktik fordert *Kretschmann (1990, 3)* nach der kognitiven eine »emotionale… und eine transaktionale Wende«, also die Berücksichtigung der Emotionen, die durch den Leselernprozeß ausgelöst werden und in ihm wirksam sind, und der Rückkoppelung, die zwischen Lernenden und Umwelt in diesem Prozeß stattfindet. *Brügelmann (1990w)* fordert für die Erforschung des Schriftspracherwerbs einen Perspektivwechsel »von der individualistischen Sicht zu ökologischen Feldmodellen« (228). Dabei geht es ihm nicht nur darum, neue Variablen in herkömmliche Forschungsdesigns einzubeziehen, sondern auch um andere Erfassungsmethoden, wie z. B. die Beobachtung der »Qualität der Interaktion« durch »detaillierte Mikroanalysen« (229).

Aus einer ganz ähnlichen Perspektive fordert *Kochan (1990)*, die Bedingungen zu erforschen, unter denen Kinder an der Schriftkultur ihrer Umgebung Interesse zeigen (»von der Untersuchung des ›Lernens durch Instruktion‹ zur Untersuchung des ›Lernens durch Gebrauch‹«; 231). *Dehn (1988)* stellt dem Begriff »Lesen als Kulturtechnik« den der »Schriftkultur« gegenüber und fordert, den schriftsprachlichen Unterricht zu öffnen für die (Er-)Lebenswelt der Kinder. *Bergk (in diesem Band)* schlägt die Schaffung von »Schreibinteraktionen« im Unterricht vor und versteht darunter die Möglichkeiten, den individuellen Vorgang des Schreibens mit »Interaktionen zu verbinden, und zwar so, daß die Individualität darin nicht aufgehoben wird, sondern sich entfaltet, und zwar durch den Austausch und die Auseinandersetzung mit anderen Schreibenden«.

Das Modell einer Ökologischen Didaktik, die auf den dargestellten Grundlagen beruht, geht von der persönlichen Lebenssituation des Kindes aus und macht sie zum Ausgangspunkt unterrichtlicher Arbeit. Die Unterrichtsform, die dieser Didaktik entspricht, ist also ein *personenzentrierter Unterricht*, in dem der soziale Kontext des fachlichen Lernens eine wichtige Rolle spielt. Die Fachdidaktiken stellen in diesem Modell einen Strauß von begründeten methodischen Konzepten bereit, aus dem jeweils nach Lebenssituation des einzelnen Kindes ausgewählt werden kann. Dabei kann niemals eine Garantie dafür gegeben werden, daß diese Auswahl zum Erfolg führt. Hinzukommen muß immer eine rückgekoppelte unterrichtsbegleitende Beobachtung, die neue Hypothesen generiert für die Auswahl von methodischen Schritten (vgl. auch *Bergk in diesem Band)*.

Von den Lehrkräften wird in diesem Modell dreierlei gefordert:

1. Fähigkeit zur Einschätzung der Lernausgangslage des Kindes in bezug auf seine individuellen Lernvoraussetzungen (und -blockaden) und seine fachbezogenen Grundlagen,

2. Kenntnis einer großen Palette didaktisch-methodischer Konzepte, die dem Rechnung tragen,

3. Fähigkeit zur unterrichtsbegleitenden Beobachtung der Lernentwicklung in ihrer sozialen Einbettung.

In der folgenden Abbildung ist das Zusammenwirken der Komponenten als Verlaufsschema dargestellt.

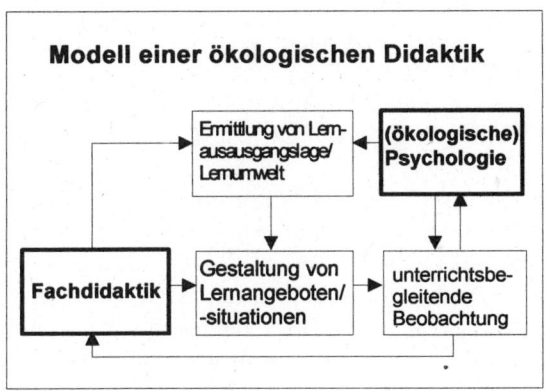

Abbildung: Ökodik

5. Praxisbeispiel

Im folgenden will ich an einem einfachen Praxisbeispiel das Zusammenwirken der Komponenten dieses Modells erläutern. Im Rahmen einer Längsschnittstudie habe ich in mehreren Klassen während des gesamten 1. Schuljahres (alle 14 Tage 2 Stunden) am Unterricht teilgenommen und gemeinsam mit der Lehrkraft die unterrichtlichen Angebote für einige Kinder geplant (vgl. *Richter 1992b*).

Ausgangspunkt der Arbeit war am Schulanfang die *Ermittlung der Lernausgangslage* aller Kinder der Lerngruppe mit Aufgaben, die die schriftsprachlichen Eingangskenntnisse der Kinder abschätzen sollten, die also primär unter *fachdidaktischen Gesichtspunkten* zusammengestellt waren. Bei den Kindern mit Leistungen am unteren Ende der Skala wurde danach eine »Feinerhebung« mit Aufgaben durchgeführt, die zum einen genaueren Aufschluß über die Art der schriftsprachlichen Entwicklung geben sollten *(fachdidaktischer Aspekt:* orientiert an den Lernfeldern der »Didaktischen Landkarte« von *Brügelmann u. a. 1984)*, zum anderen auch über die allgemeinen Lernvoraussetzungen *(psychologischer Aspekt)*. Ergänzend wurden Informationen über die Lebensumwelt der Kinder gesammelt.

Danach haben wir für die Kinder mit Entwicklungsrückständen eine didaktisch-methodische Konzeption für die *Gestaltung von Lernangeboten* in der Anfangsphase des Lese-/Schreibunterrichts ausgewählt *(Fachdidaktik)*, wobei wir uns an der Matrix »Kritische Schritte bei der Aneignung der Schrift (-Sprache) und Aktivitäten zu ihrer Förderung« von *Brügelmann (1983, 250)* orientiert haben. Für Beate, die wenig über die Funktion der Schrift in der Umwelt wußte, sollte ein Schwerpunkt in diesem Bereich gelegt werden. Wir entschieden uns für das »Wohnort-Puzzle« (*Brügelmann u. a. 1984, 4.2.*), bei dem sie auf einen Plan ihrer unmittelbaren Wohn- und Schulumwelt alle dort angebrachten (Werbe-)Schilder aufkleben sollte, die sie zuvor bei einem Ausflug abgeschrieben hatte.

Die *unterrichtsbegleitende Beobachtung* zeigte uns aber sehr schnell, daß diese Auswahl korrigiert werden konnte: Beate entdeckte in der Schulbücherei eine neue Welt, nahm die Möglichkeit zur Ausleihe regelmäßig wahr und beschäftigte sich auch in Freiarbeitsphasen in der Klasse gern mit den dort vorhandenen Büchern. Beate beteiligte sich lebhaft am Unterricht und lernte das Synthetisieren dem Durchschnitt der Klasse entsprechend.

Völlig entgegengesetzt zu dieser erfreulichen Entwicklung beim Lesen verlief jedoch die Schreibentwicklung: Sie hatte große Probleme mit dem selbständigen Konstruieren von Wörtern und verblieb in dieser Fähigkeit am unteren Ende der Leistungsskala der Klasse. Der weitere Einsatz von Überprüfungsaufgaben *(Fachdidaktik)* half uns nicht weiter. Eine *psychologische Erklärung* fanden wir bei der *unterrichtsbegleitenden Beobachtung* in Beates *Lernumwelt:* Als wir (nach ca. 5 Monaten Schulzeit) die Kinder baten, Briefe an mich zu schreiben, damit ich nach meiner Rückkehr aus dem Urlaub wußte, wie es ihnen inzwischen ergangen war, bekam ich von Beate keine Mitteilung. Sie hatte zwar auch einen Brief geschrieben; ihre Mutter hatte ihn aber zerrissen, weil er Fehler enthielt.

Ein Gespräch der Lehrkraft mit der Mutter gab weiteren Aufschluß: Sie ließ sich nicht davon überzeugen, daß Fehler notwendige Schritte auf dem Weg zur korrekten Rechtschreibung sind, und entmutigte deshalb ihre Tochter bei allen (häuslichen) Versuchen zum Schreiben. Beate wurde durch diese Entmutigungserlebnisse auch in der Schule in ihrer Freude beim Schreiben beeinträchtigt. Damit hatten wir neben der *psychologischen* auch eine *fachdidaktische Erklärung* für ihre Schwierigkeiten beim Schreiben: »Kinder lernen Schreiben, indem sie schreiben« (*Brügelmann/Richter 1994, Vorwort*). Wer bei seinen Schreibversuchen ständig entmutigt wird, erhält dadurch in seinem Lernen eine Barriere, die nur schwer zu überwinden ist. Da die Mutter nicht zu überzeugen war, mußte die Lehrkraft diese Lernbarriere bei der *Gestaltung von Lernangeboten und Lernsituationen* einkalkulieren. Sie versuchte es mit den folgenden Maßnahmen: Erteilen von Schreibaufgaben im Unterricht, die im schulischen Kontext eine Funktion hatten, z. B. Mitteilungen für andere; Verzicht auf Schreibaufgaben für zu Hause; Verdeutlichen, daß alle Kinder noch nicht »in Erwachsenenschrift« schreiben konnten und daß dies für den schulischen Zusammenhang in Ordnung war; viel Ermutigung und Lob auch für kleine Schritte beim selbständigen Schreiben.

Beate verließ die Grundschule mit einem »Ausreichend« in der Rechtschreibung. Es war gelungen, sie wenigstens nicht ganz vom Schreiben abzuhalten und ihr die Grundkenntnisse der Rechtschreibung zu vermitteln. Eine eifrige

Schreiberin konnte sie unter ihren Lebensbedingungen nicht werden. Ihre große Freude am Lesen hat sie behalten.

6. Zusammenfassung

Zusammenfassend soll dieser Entwurf einer Ökologischen Didaktik als Versuch verstanden werden, eine Unterrichtslehre mit den gleichwertigen und gleichberechtigten Säulen Didaktik und Psychologie zu entwickeln, die sowohl den Forderungen des Gegenstandes als auch der Individualität jedes einzelnen Kindes und den Bedingungen seiner Lebenswelt und seiner Lernsituation gerecht wird. Sie stellt somit gegenüber herkömmlichen didaktischen Modellen in zweifacher Hinsicht eine Veränderung dar:

(1) Der Psychologie kommt keine nebengeordnete Hilfsfunktion zu, sondern sie ist neben der Fachdidaktik konstituierender Bestandteil für die Auswahl von Unterrichtsinhalten.

(2) Psychologie in dieser Sicht beschränkt sich nicht auf die innerpsychischen Gegebenheiten des Kindes, sondern betrachtet diese im Zusammenhang mit der Lebenswelt (Ökologische Psychologie).

Dieses Konzept erfordert in der Forschung eine methodische Umorientierung. Zum einen sind neue Erhebungsmethoden erforderlich, z. B. die von *Brügelmann (1990w)* vorgeschlagenen Mikro-Analysen. Dabei kann es nicht nur darum gehen, die Lernentwicklung der Kinder in kurzen Zeitabschnitten zu erfassen. Bei der Auswertung dürfen die Unterschiede zwischen den Kindern nicht in statistischen Mittelwertsmaßen verschwinden, sondern sie müssen in Fallstudien erhalten bleiben. Nur so kann ein reichhaltiges Material gesammelt werden, das dann für die Praxis als »Folie« bei der Auswahl von Lernangeboten zur Verfügung steht. Für die diagnostische Psychologie erfordert das Modell zudem ein intensives Überdenken der klassischen Gütekriterien: Was können Objektivität, Reliabilität und Validität im bisher (mathematisch) definierten Sinn noch bedeuten, wenn doch niemals vorhergesagt werden kann, wie sich die Spezifität der Meßsituation zu dem Kontext verhält, in dem vorhergehende Leistungen gestanden haben bzw. spätere Leistungen stehen werden?

Dieses Konzept erfordert aber auch in der Ausbildung der Lehrkräfte eine Veränderung: ein weitaus größeres Zusammenwirken der Einzelwissenschaften und außerdem neue praxis- und handlungsorientierte Ausbildungsformen. Es erfordert außerdem eine Berücksichtigung der LehrerInnen-Persönlichkeit selbst als Teil der Ausbildung durch Aufnahme *therapeutischer* bzw. *gruppendynamischer* Elemente, wie es z. B. bei der Ausbildung von Psychotherapeuten selbstverständlich ist. Nur so ist eine *Professionalisierung* in dem oben beschriebenen Sinne möglich, wenn der Gefahr begegnet werden soll, in einem – wenn auch differenzierteren – Schematismus zu verharren.

Literatur

Aarnoutse, C.A.J. (1991): Begrijpend lezen in het basisonderwijs. In: Reitsma/ Walraven (1991).

Adams, A.J. (1993): »Der sprechende Brief«. Kunst des Lesens, Kunst des Schreibens. In: Schulze (1993, 69-92). Adamzak, C./ Pfirrmann, M. (1990): Geschichten aus dem Alltag gekratzt. Klett: Stuttgart.

Alfa-Rundbrief (1987): Themenheft »VHS-Tagelöhner ›neuen Typs‹: Bildungstagelöhner«. Alfa-Rundbrief, 3. Jg., H. 6 (Schreibwerkstatt für neue Leser und Schreiber e. V.). Alfa-Rundbrief (1994): Themenheft »Analphabetismus und Beruf«. Alfa-Rundbrief, 10. Jg., H. 25 (Schreibwerkstatt für neue Leser und Schreiber e. V.).

Amsler, S., u. a. (1993): Rechenfähigkeiten von Schulanfängern. Unveröff. Semesterarbeiten. Höhere Pädagogische Lehranstalt: Zofingen/ CH.

Antos, G. (1981): Rhetorisches Textherstellen als Problemlösen. Ansätze zu einer linguistischen Rhetorik. In: Zeitschrift für Literaturwissenschaft und Linguistik, 11. Jg., H. 43/44, 192-222. Antos, G./ Krings, H.P. (Hrsg.) (1989): Textproduktion. Interdisziplinärer Überblick. Niemeyer: Tübingen. Anzengruber, L. (1980): Anzengrubers Werke. Bd. 1. Aufbauverlag: Berlin/ Weimar. Anzengruber, L. (1980b): Die Kreuzelschreiber. In: Anzengruber (1980, 1-71).

Applebee, A.N. (1984): Writing and Reasoning. In: Review of Educational Research, Vol. 54, 577-596.

Arbeitsgruppe Braunschweig (1983): Zum Verhältnis von Haupt- und Nebenkommunikation im Unterricht. In: Ehlich/ Rehbein (1983, 102-129). Arnold, F. (Hrsg.) (1979): Karl Arnold. Leben und Werk des großen »Simplicissimus«-Zeichners. Rowohlt: Reinbek Arp, D./ Wolf-Weber, I. (1990): Lesen – Schreiben – Selbertun. Curio-Verlag: Hamburg.

Augst, G. (1984): Der Buchstabe. In: Drosdowski u.a. (1984, 59-87). Augst, G. (Hrsg.) (1985): Graphematik und Orthographie. Neuere Forschungen der Linguistik, Psychologie und Didaktik in der Bundesrepublik Deutschland. Peter Lang: Frankfurt u.a. Augst, G. (Hrsg.) (1986): New trends in graphemics and orthography. De Gruyter: Berlin/ New York. Augst, G. (1989): Rechtschreibung und Rechtschreibunterricht – Aufbruch zu neuen Ufern oder alter Wein in neuen Schläuchen. In: Der Deutschunterricht, 41. Jg., H. 6, 5-14. Augst, G. (1990b): (Psycho)linguistische Grundlagen der (Ortho)graphie und des Orthographieunterrichts. In: Muttersprache 100. Jg., H. 4, 317-330. Augst, G. (1992b): Die psycholinguistischen Grundlagen der Orthographie. In: GRUNDSCHULZEITSCHRIFT, 6. Jg., H. 57, 32-33. Augst, G./ Faigel, P. (1986): Von der Reihung zur Gestaltung. Untersuchungen zur Ontogenese der schriftsprachlichen Fähigkeiten von 13 bis 23 Jahren. Frankfurt u. a.

Bakhtin, M. (1934): Discourse in the novel. In: Holquist (1981, 259-422). Balhorn, H. (1983): Rechtschreiblernen als regelbildung. Wie machen sich schreiber ihr ortografisches wissen bewußt? In: Diskussion Deutsch, 14. Jg., Nr. 74, 581-595. Balhorn, H. (1985b): Fehleranalysen. Ein versuch, ausschnitte des regelbildungsprozesses, in dem lerner sich das ortografische system re-konstruieren, zu konstruieren. In: Augst (1985, 206-243). Balhorn, H. (1986): »Jetzt schreib ich die Wörtersprache«. In: Brügelmann (1986u, 112-23). Balhorn, H. (Hrsg.) (1991d): Fibel ade? Lesen und Schreiben in der Grundschule. DGLS-Beiträge 1991/92. Deutsche Gesellschaft für Lesen und Schreiben (DGLS e.V.): Hamburg. Balhorn, H. (Hrsg.) (1993): Lesen- und Schreibenlernen in verschiedenen Sprachen. DGLS-Beiträge 1993. Verlag für pädagogische Medien: Hamburg. Balhorn, H./ Brügelmann, H. (Hrsg.) (1987): Welten der Schrift in der Erfahrung der Kinder. DGLS-Jahrbuch»Lesen und Schreiben« Bd. 2. Faude: Konstanz (vergriffen). Balhorn, H./ Brügelmann, H. (Hrsg.) (1989): Jeder spricht anders – Normen und Vielfalt in Sprache und Schrift. DGLS-Jahrbuch »Lesen und Schreiben« Bd. 3. Faude: Konstanz (vergriffen). Balhorn, H./ Brügelmann, H. (Hrsg.) (1993): Bedeutungen erfinden – im Kopf, mit Schrift und miteinander. Lesen und Schreiben als individuelle und soziale Konstruktion von Wirklichkeiten. DGLS-Jahrbuch Bd. 5. Faude: Konstanz. Balhorn, H./ Brügelmann, H. (Hrsg.) (1995): Rätsel des Schriftspracherwerbs. Neue Sichtweisen der

Forschung. »Auswahlband Theorie« der DGLS-Jahrbücher 1-5. Libelle: CH-Lengwil. Balhorn, H./ Vieluf, U. (1985a): Fehleranalysen – ortografisch. In: Diskussion Deutsch, H. 81, 52-68. Balhorn, H./ Vieluf, U. (1990): »... und so war das Geheimnis entlüftet« – Produktive Sprachnot als Motor des Formulierens. In: Brügelmann/ Balhorn (1990, 134-44). Balmer, H. (Hrsg.) (1982): Geschichte der Psychologie. Bd. 2. Beltz: Weinheim/ Basel. Bambach, H. (1987): Lese-Versammlung. Wie Texte Kinder bewegen. In: Balhorn/ Brügelmann (1987, 11-24). Bambach, H. (1989): Erfundene Geschichten erzählen es richtig. Lesen und Leben in der Schule. 2. Aufl. 1993: Libelle: CH-Lengwil. Bambach, H. (1994): Ermutigungen. Nicht Zensuren. Ein Plädoyer in Beispielen. Libelle: CH-Lengwil. Barr, R., et al. (eds.) (1991): Handbook of research on reading. Vol. II. Longman: New York. Barton, D. (1993): Eine sozio-kulturelle Sicht des Schriftgebrauchs – und ihre Bedeutung für die Förderung des Lesens und Schreibens unter Erwachsenen. In: Balhorn/ Brügelmann (1993, 214-219). Barüske, H. (1977): Märchen der Eskimos. Fischer-Taschenbuch: Frankfurt/ M. Bauersfeld, H. (1983b): Subjektive Erfahrungsbereiche als Grundlage einer Interaktionstheorie des Mathematiklernens und -lehrens. In: Bauersfeld u.a. (1983, 1-56). Bauersfeld, H. (1993): Tätigkeitstheorie und Radikaler Konstruktivismus. Was verbindet sie und was unterscheidet sie? In: Balhorn/ Brügelmann (1993, 38-56). Bauersfeld, H. (1993c): Die Tragödie der Grundschullehrerausbildung. In: Bauersfeld/ Bromme (1993, 137-161). Bauersfeld, H. (1993d): Mathematische Lehr-Lern-Prozesse bei Hochbegabten – Bemerkungen zu Theorie, Erfahrungen und möglicher Förderung. In: Journal für Mathematik-Didaktik, 14. Jg., H. 3-4, 243-267. Bauersfeld, H./ Bromme, R. (Hrsg.) (1993): Bildung und Aufklärung. Studien zur Rationalität des Lehrens und Lernens. Festschrift für Helmut Skowronek zum 60. Geburtstag. Waxmann: Münster. Bauersfeld, H., u.a. (Hrsg.) (1982): Analysen zum Unterrichtshandeln. IDM-Reihe Bd. 5. Aulis: Köln. Bauersfeld, H., u.a. (Hrsg.) (1983): Lernen und Lehren von Mathematik. IDM-Reihe Bd. 6. Aulis: Köln. Baur, O. (1974): Bestiarium Humanum. Mensch-Tier-Vergleich in Kunst und Karikatur. Heinz Moos: München. Baurmann, J./ Ludwig, O. (1985): Texte überarbeiten. Zur Theorie und Praxis von Revisionen. In: Boueke/ Hopster (1985, 254-276). Baurmann, J./ Ludwig, O. (1986): Aufsätze vorbereiten – Schreiben lernen. In: Praxis Deutsch, H. 80/1986, 18 ff. Baurmann, J./ Ludwig, O. (1990): Die Erörterung – oder: ein Problem schreibend erörtern. In: Praxis Deutsch, H. 99, 16-25. Baurmann, J., u. a. (Hrsg.) (1981): Nebenkommunikation. Beobachtungen und Analysen zum nichtoffiziellen Schülerverhalten innerhalb und außerhalb des Unterrichts. Westermann: Braunschweig. Baurmann, J., u.a. (Hrsg.) (1988): Aspekte von Schrift und Schriftlichkeit. Themenheft 93-4/88. Germanistische Linguistik. Olms: Hildesheim u.a.
Beetz, M. (1981): Rhetorisches Textherstellen als Problemlösen. Ansätze zu einer linguistisch orientierten Rekonstruktion von Rhetoriken des 17. und 18. Jahrhunderts. In: Zeitschrift für Literaturwissenschaft und Linguistik, 11. Jg., H. 43/44, 164-191. Bergson, H. (1961): Le rire. Essai sur la significacion du comique. Presses Universitaires de France: Paris (143 et.). Bergk, M. (1980): Leselernprozeß und Erstlesewerke. Kamp: Bochum. Bergk, M. (1993): Recht-schreibenlernen von Anfang an. Diesterweg: Frankfurt (3. Aufl.; 1. Aufl. 1987). Bergk., M. (1994b): Schreibinteraktionen. Verändertes Sprachlernen in der Grundschule (in diesem Band). Bergk, M./ Meiers, K. (Hrsg.) (1985): Schulanfang ohne Fibeltrott. Klinkhardt: Bad Heilbrunn. Bereiter, C. (1980): Development in writing. In: Gregg/ Steinberg (1980, 73-93). Bereiter, C./ Scardamalia, M. (1987): The psychology of written composition. Lawrence Erlbaum: Hove. Berth, R. (1993): Erfolg. Econ Verlag: Düsseldorf. Beschlußempfehlung und Bericht des Ausschusses für Bildung und Wissenschaft (o.J.): Drucksache 11/7175. Deutscher Bundestag: Bonn. Bettelheim, B. (1980): Kinder brauchen Märchen. DVA: München.
BMBW (Hrsg.) (1993): Zur Bekämpfung des Analphabetismus in der Bundesrepublik Deutschland. Bericht der Bundesregierung. Bildung – Wissenschaft – Aktuell. Bundesministerium für Bildung und Wissenschaft: 52170 Bonn.
Boueke, D./ Hopster, N. (Hrsg.) (1985): Schreiben – Schreiben lernen? Narr: Tübingen. Bourdieu, P./ Chartier, R. (1985): La lecture: une pratique culturelle. In: Chartier (1985, 217-239). Bourne, J. (1988): ›Natural acquisition‹ and a ›masked pedagogy‹. In: Applied Linguistics, Vol. 9, No. 1, 93-99. Bourne, J. (1992): Inside a multilingual primary classroom: A teacher, children and theories at work. Ph.D. thesis. University: Southampton (not published). Bracewell, R.J. (1980): Writing as a cognitive activity. In: Visible language, Vol. 14, No. 4,

400-402. Brakel-Olson, V.L. (1990): The revising processes of sixth-grade writers with and without peer feedback. In: Journal of Educational Research, Vol. 84, No. 1, 22-29. Brenner, G. (1990b): Kreatives Schreiben. Cornelsen/ Scriptor: Frankfurt/ M. Breuninger, H./ Betz, D. (1982): Jedes Kind kann schreiben lernen. Beltz: Weinheim. Brewster, J., et al. (1991): The primary English teacher's guide. Penguin: Harmondsworth. Brinkmann, E. (1991d): SAUERAMFA oder SAUAAMFER? Selbstorganisation der Rechtschreibung am Beispiel «-er». In: Unterstufe, 38. Jg., H. 9, 261-3. Brinkmann, E. (1993): NA UNT? Wie Lisa schreibt – Mikroanalysen zur Entwicklung des Rechtschreibmusters . In: Balhorn/ Brügelmann (1993, 267-271). Brinkmann, E. (1994b): Lisa lernt schreiben. Stufen eines Schriftspracherwerbs ohne Lehrgang. In: Brügelmann/ Richter (1994, 35-43). Brinkmann, E./ Brügelmann, H. (1992b): WEIDENKEZCHEN, KINDERGATENSCHPILPLAS, MAOLWOAF und WEINA-SCHSGRÜSE. Der Schreibwortschatz eines Vorschulkindes. In: päd.extra, 20. Jg., H. 9, 39-40. Brinkmann, E., Brügelmann, H., u. a. (1994): Rechtschreibmuster organisieren sich. Rechtschreibschwierigkeit und ortografische Richtigkeit von Lisas ersten 1800 Wörtern. In: Brügelmann/ Richter (1994, 87, 92). Brinkmann, A., u.a. (Red.) (1990): Lesen im internationalen Vergleich. Materialien zur Leseförderung und Leseforschung, Teil I. Materialien zur Leseförderung und Leseforschung, Bd. 2. Stiftung Lesen: Mainz. Britton, J., et al. (1975): The development of writing abilities (11-18). Macmillan Education Publ.: London. Bronfenbrenner, U. (1979): The ecology of human development. Harvard University Press: Cambridge, Mass. (deutsch 1981). Brooks, B. (1978): Lernen mit geistig behinderten Kindern. Jugend und Volk: Wien/ München. Brozek, J./ Diamond, S. (1982): Der Weg zu Pawlow. Die Ursprünge der objektiven Psychologie. In: Balmer (1982, 37-135). Brown, A.L./ Palincsar, A.S. (1989): Guided, cooperative learning and individual knowledge acquisition. In: Resnick (1989, 393-453). Brown, A. u. a. (1989), Situated cognition and the culture of learning. In. Educational Researcher, Vol. 18, No. 1, 32-42. Brügelmann, H. (1980): Experimental decision-making and responsive accountability. Expert report for»Basic Education Policies Project«. OECD/ CERI: Paris. Brügelmann, H. (1983): Kinder auf dem Weg zur Schrift – eine Fibel für Lehrer und Laien. Libelle: Bottighofen (5. Auflage; 1. Aufl. Faude: Konstanz 1983). Brügelmann, H. (Hrsg.) (1986u): ABC und Schriftsprache – Rätsel für Kinder, Lehrer und Forscher. DGLS-Jahrbuch »Lesen und Schreiben« 1. Faude: Konstanz (vergriffen). Brügelmann, H. (1987c): Kinder auf dem Weg zur Schrift: PLUS (Projekt Lese- und Schreibfortschritte). Forschungsantrag an die DFG. Bericht No. 38b. Projekt»Kinder auf dem Weg zur Schrift«: Universität Bremen. Brügelmann, H. (1987f): »Röntgen-Aufnahmen« vom Schriftspracherwerb. In: Balhorn/ Brügelmann (1987, 132-135). Brügelmann, H. (1987p): Wer ist Analphabet? In: Balhorn/ Brügelmann (1987a, 255-258). Abdruck aus ALFA-Rundbrief 7/1987, 23-24. Brügelmann, H. (1988a): Lehrer werden ist sehr schwer – Lehrer bleiben gar nicht mehr. In: Die Grundschulzeitschrift, 2. Jg., Nr. 13, 48-53. Brügelmann, H. (1988a): Lehrer werden ist sehr schwer – Lehrer bleiben gar nicht mehr. In: Die Grundschulzeitschrift, 2. Jg., Nr. 13, 48-53. Brügelmann, H. (1989): Projekt Lese- und Schreibfortschritte (PLUS). Zur Notwendigkeit eines Feld-Modells für den Schriftspracherwerb. In: Balhorn/ Brügelmann (1989, 207-212). Brügelmann, H. (1989o): Kinder lernen lesen und schreiben. Ein altes Problem in neuer Sicht. In: päd.extra & demokratische Erziehung, 2. Jg., H. 9, 24-31. Brügelmann, H. (1990w): Von der individualistischen Sicht zu ökologischen Feldmodellen. In: Schneider u. a. (1990, 228-231). Brügelmann, H. (1992c): Brauchen KInder und Lehrer Fibellehrgänge? NEIN. Kontroverse mit Jürgen Baurmann. In: Lehrerzeitung, 39. Jg., No. 5, 3. Brügelmann, H. (1992dd): Skizze eines BLK-Modellprogramms »Prävention von Analphabetismus«. Vervielf. Ms. Bundesministerium für Bildung und Wissenschaft: Bonn. Brügelmann, H. (1993t): Grundlegende Forschung zum Lesenlernen. Ein aktuelles Resümee aus den USA mit einem Kommentar aus der BRD. In: Balhorn/ Brügelmann (1993, 183-190). Brügelmann, H. (1994o): Lehrling oder Schüler? Lernwerkstätten als alternative Form pädagogischer Erfahrung. In: Brügelmann/ Richter (1994, 267-277). Brügelmann, H. (1994v): Von der Teilchen- zur Wellentheorie. Kinder konstruieren Wörter und eigene Rechtschreibsysteme. In: Brügelmann/ Richter 1994, 102-108). Brügelmann, H. (1994z): Alfabetisierung oder Schriftspracherwerb? Förderung statt Forderung des Lesens und Schreibens. In: Brügelmann/ Richter (1994, 227-231). Brügelmann, H./ Balhorn, H. (Hrsg.) (1990): Das Gehirn, sein Alfabet und

andere Geschichten. DGLS-Jahrbuch »Lesen und Schreiben«, Bd. 4. Faude: Konstanz. Brügelmann, H./ Balhorn, H. (Hrsg.) (1995): Schriftwelten im Klassenzimmer. Ideen und Erfahrungen aus der Praxis. »Auswahlband Praxis« der DGLS-Jahrbücher 1-5 Libelle: CH-Lengwil. Brügelmann, H./ Hegelin, R. (1984): Risikoprognosen und Fallberichte zu Voraussetzungen des Schrifterwerbs. Eine Sekundärauswertung von H.Röhr (1978). Bericht No. 13. Projekt KWS/ FB 12. Universität: Bremen. Brügelmann, H./ Mannhaupt, G. (1990a): Lesen vor der Schule – Lesen in der Schule. Kontinuität der Entwicklung durch Passung der Lernangebote. In: Grundschulzeitschrift, 4. Jg., H. 33/90, 43-6, 66-67. Brügelmann, H./ Richter, S. (Hrsg.) (1994): Wie wir recht schreiben lernen. Zehn Jahre Kinder auf dem Weg zur Schrift. Libelle: CH-Lengwil. Brügelmann, H./ Schüler, H. u. a. (1994): Grundschulreform durch Job-Rotation. In: GRUNDSCHULZEITSCHRIFT, 8. Jg., H. 79, 54. Brügelmann, H./ Söhnen, R. (1981): Ist Lesen-Lehren lernbar? Plädoyer für eine vergleichende Erprobung von Lehrgängen für den Anfangsunterricht. In: IRA/D-Beiträge, 4. Jg., 1/1981, 14-18. Brügelmann, H./ Söhnen, R. (1981b): Analyse und Erprobung von Lehrwerken zum Erstlese- und Erstschreibunterricht. In: IRA/D-Beiträge, 4. Jg., 1/1981, 18-24. Brügelmann, H. u.a. (1984): Die Schrift entdecken – Beobachtungshilfen und methodische Ideen für einen offenen Anfangsunterricht im Lesen und Schreiben. Faude: Konstanz (4. Aufl. 1992). Brügelmann, H., u.a. (1988): Lese- und Schreibaufgaben für Schulanfänger. Projekt »Kinder auf dem Weg zur Schrift« Bericht No. 33d. FB 12 der Universität: Bremen FB 12. Brügelmann, H., u.a. (1989b): Schriftspracherwerb im sozialen Kontext: Entwicklungsmuster, Schwierigkeiten und Interventionsmodelle. Antrag auf Einrichtung eines Schwerpunktprogramms an die Deutsche Forschungsgemein- schaft: Bonn. Brügelmann, H., u.a. (1991e): Zum »Laufstalleffekt« im Rechtschreibunterricht. In: Balhorn (1991d, 3-13.). Brügelmann, H., u.a. (1992d): Man kann diesen Unterricht guten Gewissens praktizieren. Rechtschreibleistungen Schweizer Kinder im Unterricht nach »Lesen durch Schreiben«. In: päd.extra, 20. Jg., H. 6, 16-19. Brügelmann, H., u. a. (1994g):»Schreibvergleich BRDDR« 1990/91. In: Brügelmann/ Richter (1994, 129-134). Brumfit, C., et al. (eds.) (1991): Teaching English to children. Harper Collins: London. Bruner, J./ Olson, D.R. (1978): Symbole und Texte als Werkzeuge des Denkens. In: Steiner (1978, 306-320).
Budweg, P./ Schins, M.-T. (1992): Lesen wollen – lesen können. Alphabetisierung bei uns und anderswo. Stiftung Lesen: Mainz (Klett Wissen und Bildung: Stuttgart). Budweg, P./ Genuneit, J./ Schins, M.-T. (1992ff.): Literaturecke. In: Alfa-Rundbrief, Nr. 21 ff. Bundesregierung (1993): Bericht der Bundesregierung zur Bekämpfung des Analphabetismus in der Bundesrepublik Deutschland. Drucksache 12/5821 vom 1.10.1993. Bundestag: Bonn. Bundesverband Legasthenie (Hrsg.) (1991): Legasthenie. Bericht über den Europäischen Fachkongreß 1990. Bundesverband Legasthenie: Hannover. Burns, B. (1991): In New Zealand, good reading and writing come «naturally«. In: Newsweek, December 2, 1991, 41. Byrne, B. (1981): Deficient syntactic control in poor readers: Is a weak phonetic memory code responsible? In: Applied Psycholinguistics, Vol. 2, 201-212.

Carmesin, H.-O. (1993): A minimization principle ermerging from the Hebb rule. In: Elsner/ Richter (1993). Carmesin, H.-O. (1994): Theorie neuronale Adaption. Köster: Berlin. Carmesin, H.-O., u.a. (1992): Lisa-I, Lisa-II und Modell-Lisa: Modellierung des Schreibenlernens durch ein komplexitätsminimierendes neuronales Netzwerk. Vervf. Ms. Universität: Bremen. Chall, J.S. (1989a): Learning to read: The great debate 20 years later. A response to ›Debunking the Great Phonics Myth‹. In: Phi Delta Kappan, Vol. 70, 521-38. Chartier, R. (ed.) (1985): Pratiques de lecture. Editions Rivages: Marseille. Chomsky, C. (1972): Stages in language development and reading exposure. In: Harvard Educational Review, Vol. 42, No. 1, 1-33. Chomsky, C. (1976): Zuerst schreiben, später lesen. In: Hofer (1976, 296-299). Chotlos, J.W. (1944): A statistical and comparative analysis of individual written language samples. In: genetic Psychological Monographs, Vol. 56, 77 ff.
Clay, M.M. (1992b): Early detection of reading difficulties. Heinemann: London et al. (3rd ed.; 1st ed. 1979).
Cocteau, J. (1988): Die Schwierigkeit zu sein. Fischer: Frankfurt/ M. (frz. 1947). Collins, A., et al. (1989): Cognitive apprenticeship: Teaching the crafts of reading, writing, and mathematics. In: Resnick (1989, 453-494). Cowie, H. (ed.) (1984): The development of children's

imaginative writing. Croom Helm: London/ Canberra. CRESAS (1991): Naissance d'une pédagogie interactive. E.S.F.: Paris.

Dehn, M. (1978): Strategien beim Erwerb der Schriftsprache. In: Grundschule, 10. Jg., H. 7, 308-310. Dehn, M. (1988): Zeit für die Schrift. Lesenlernen und Schreibenkönnen. Kamp: Bochum (4. Aufl. 1994). Dehn, M. (1989): Die Lernbeobachtung in Klasse 1. In: Balhorn/ Brügelmann (1989, 52-7). Dehn, M. (1991): Stil von Grundschülern? Schülertexte verstehen lernen – und die Folgen für den Unterricht. In: Der Deutschunterricht, 43. Jg., H. 3, Juni 1991, 37-51. Dehn, M. (1993): Sachverhalte klären – Beobachtungen und Erfahrungen notieren – Deutungen entwerfen und formulieren. In: Balhorn/ Brügelmann (1993, 245-252). Dehn, M. (1994): Schlüsselszenen zum Schriftspracherwerb. Arbeitsbuch zum Lese- und Schreibunterricht in der Grundschule. Beltz: Weinheim. Deleau, M. (ed.) (1994): Les approches comparatives en psychologie du développment. PUF: Paris (sous presse). Department of Education (1983/84): Textbooks and reading materials. Education in Asia and the Pacific: Bankok. Döbert-Nauert, M. (1985): Verursachungsfaktoren von Analphabetismus. Auswertung von Interviews mit Teilnehmern der VHS-Bielefeld. Päd. Arbeitsstelle/ Dt. Volkshochschul-Verband: Frankfurt. Downing, J./ Valtin, R. (Hrsg.) (1984): Language awareness and learning to read. Springer: New York u. a. Drecoll, F./ Müller, U. (1981a): Für ein Recht auf Lesen. Analphabetismus in der BRD. Diesterweg: Frankfurt. Drosdowski, L. (Hrsg.) (1984a): Duden-Grammatik. Bibliographisches Institut: Mannheim (4. überarb. u. erw. Aufl.). Duffy, G.G., et al. (1986): The relationship between explicit verbal explanations during reading skill instruction and student awareness and achievement: a study of reading teacher effects. In: Reading Research Quarterly, Vol. 21,237-252. Duffy, G.G., et al. (1987): Effects of explaining the reasoning associated with using reading strategies. In: Reading Research Quarterly, Vol. 22, 347-368. Durkin, D. (1979): What classroom observations reveal about reading comprehension instruction. In: Reading Research Quarterly, Vol. 14, 481-533. Dyson, A.H. (1987): The value of »time of task«: Young children's spontaneous talk and deliberate text. In: Harvard Educational Review, Vol. 57, No. 4.

Eberle, G./ Reiß, G. (Hrsg.) (1987): Probleme beim Schriftspracherwerb: Möglichkeiten ihrer Vermeidung und Überwindung. HVA-Edition Schindele: Heidelberg. EDK Dossier 22A (1992): Mädchen – Frauen – Bildung. Unterwegs zur Gleichstellung. Konferenz der kantonalen Erziehungsdirektoren: Bern/ CH. Ehlich, K./ Rehbein, J. (Hrsg.) (1983): Kommunikation in Schule und Hochschule. Narr: Tübingen. Ehling, B., u. a. (1981): Über Analphabetismus in der Bundesrepublik Deutschland. BMBW-Werkstattberchte Nr. 32. Bundesministerium für Bildung und Wissenschaft: Bonn. Eichler, W. (1976): Zur linguistischen Fehleranalyse von Spontanschreibungen. In: Hofer (1976, 246-264). Eichler, W. (1985b): Rechtschreiblernen in und mit Regeln und als regelgeleitetes Verhalten. In: Augst (1985, 244-259). Eichler, W. (1986): Zu Uta Frith' Dreiphasenmodell des Lesen (und Schreiben)Lernens. Oder: lassen sich verschiedene Modelle des Schriftspracherwerbs aufeinander beziehen und weiterentwickeln? In: Augst (1986, 234-247). Eichler, W. (1986b): Kreative Schreibirrtümer. Zur Auseinandersetzung des Schülers mit dem Verhältnis Laut-Schrift und mit den Rechtschreibregeln. In: Diskussion Deutsch, 14. Jg., H. 74, 629-640. Eichler, W. (1991b): Nachdenken über das richtige Schreiben. Innere Regelbildung und Regelfehlbildung im Orthographieerwerb. In: Diskussion Deutsch, Nr. 117, 34-44. Eichler, W. (1993): Innere Regelbildung und benutzerfreundliche Orthographie. In: Balhorn/ Brügelmann (1993, 308-315). Eichler, W./ Balhorn, H. (1991): Fibel ade? Pro/ contra Fibeldiskussion in 11 Thesen. In: Balhorn (1991d, 14-21). Eichler, W./ Hofer, A. (Hrsg.) (1974): Spracherwerb und linguistische Theorien. Piper: München. Eichler, W./ Küttel, H. (1993): Eigenaktivität, Nachdenken und Experiment – zur inneren Regelbildung im Erwerb der Zeichensetzung. In: Diskussion Deutsch, 24. Jg., H. 129, 35-44. Eigler, G. (1990): Analphabetismus – auch ein psychologisch-erziehungswissenschaftliches Problem. In: Unterrichtswissenschaft, 18. Jg., H. 2, 146-160. Eigler, G., u. a. (1987): Über Beziehungen von Wissen und Textproduzieren. In: Unterrichtswissenschaft, 15. Jg., H. 4, 382-395. Eisenberg, P. (1988): Die Grapheme des

Deutschen und ihre Beziehung zu den Phonemen. In: Baurmann u. a. (1988, 139-154).
Eisenlohr, K. (1876): Aufsätze in der Volksschule. In: Encyklopädie des gesammten Erzie-
hungs- und Unterrichtswesens. Bd. 1 (2. verb. Auflage). Rudolf Besser Verlag: Gotha, 316-327.
Ellis, A. W. (1984): Reading, writing and dyslexia – a cognitive analysis. Lawrence Erlbaum:
London (dt. Zusammenfassung seines Lesemodells in *Brügelmann 1986u, 29-31*). Elsner, N./
Richter, D.W. (Hrsg.) (1993): Gen – Gehirn – Verhalten. Thieme: Stuttgart. Erichson, C.
(1988c): Fibeln und Lehrgänge: Lernbarrieren erst recht für »schwache« Schüler. In: Grund-
schul-Zeitschrift, 2. Jg., H. 12, 30-2.
Europäisches Parlament (1993): Entschließung zur Beseitigung des Analphabetismus in den
Mitgliedsstaaten der EG (vom 12.5.1993). Drucksache 334/93. Deutscher Bundesrat: Bonn.
Evangelische Akademie (Hrsg.) (1994): Erklärung zur Alphabetisierung und Grundbildung in
Deutschland. Evangelische Akademie: Bad Boll (abgedruckt in: Alfa-Rundbrief, 10. Jg., H. 25,
31).

Feilke, H. (1988): Ordnung und Unordnung in argumentativen Texten. Zur Entwicklung der
Fähigkeit, Texte zu strukturieren. In: Der Deutschunterricht, 40. Jg., H. 3, 65-81. Feilke, H.
(1990): Erörterung der Erörterung. In: Praxis Deutsch, H. 99, 52-56. Feilke, H. (1993):
Schreibentwicklungsforschung: Ein kurzer Überblick unter besonderer Berücksichtigung der
Entwicklung prozeßorientierter Schreibfähigkeiten. In: Diskussion Deutsch, H. 129, 1993,
17-34. Feilke, H. (1994): Die Entwicklung der Schreibfähigkeiten. In: Günther/ Ludwig (im
Druck). Feilke, H. (1995): From syntactical to textual strategies of Argumentation. Syntactical
development in written argumentative texts by students aged 10 to 22. Ms. für: Schneuwly/
Golder (in Vorb.): Argumentation. Kluwer Academic Publ. Feilke, H./ Augst, G. (1989): Zur
Ontogenese der Schreibkompetenz. In: Antos/ Krings (1989, 297-327). Ferreiro, E. (1982):
Literacy development: A psychogenetic perspective. Paper presented at the Pre-Convention
Institute »Literacy Learning and Curriculum Development« of the International Reading
Association (IRA): Chicago. Ferreiro, E./ Gomez Palacio, M. (1982): Analisis de las pertuba-
ciones el processo de aprendizage de la lecto-escritura. Direccion General de Education
Especial, SEPOEA: Mexico (5 fasciculos).
Flugel, J.C. (1933): A hundred years of psychology/ Probleme und Ergebnisse der Psychologie.
Hundert Jahre psychologischer Forschung. Klett: Stuttgart.
Fölling-Albers, M. (1992b): Die außerschulische Lebenswelt der Kinder. In: Ingenkamp u. a.
(1992, 304-312). Foucambert, J. (1989): Question de lecture. Retz/ AFL: Paris. Foucambert, J.
(1987): Lesen als Entziffern oder Schrift als»Sprache des Auges«. In: Balhorn/ Brügelmann
(1987, 25-27).
Freinet, C. (1980): Pädagogische Texte. Mit Beispielen aus der praktischen Arbeit nach Freinet.
Rororo 7367: Reinbek. Frith, U. (1986a): Psychologische Aspekte des orthographischen
Wissens: Entwicklung und Entwicklungsstörung. In: Augst (1986, 218-233).
Fuchs, J. (1992b): Das biokybernetische Modell – Unternehmen als Organismus. Gabler Verlag:
Wiesbaden. Fuchs-Brüninghoff, E., u.a. (1986): Alphabetisierung - Konzepte und Erfahrungen.
Deutscher Volkshochschulverband: Frankfurt (kostenlos bei: Päd. Arbeitsstelle, Holzhausenstr.
21, 6000 Frankfurt). Fuchs-Brüninghoff, E. (Hrsg.) (1989a): Elementarbildung – Beratung –
Fortbildung. Pädagogische Arbeitsstelle/ Deutscher Volkshochschulverband: Frankfurt (Holz-
hausenstr. 21).
Füssenich, I. (1993): Wie wird man AnalphabetIn? In: Stark u. a. (1993, 59-67). Funnekötter,
F., u. a. (Hrsg.) (1981): Rechtschreibung im Unterricht. Scriptor: Königstein.

Gagné, R.M. (1969): Die Bedingungen des menschlichen Lernens. Schrödel: Hannover (5.
Aufl. 1980). Galperin, P.J. (1969): Die Entwicklung der Untersuchungen über die Bildung der
geistigen Operationen. In: Hiebsch (1969, 367-405). Garbe, C. (1993): Frauen – das lesende
Geschlecht? Perspektiven einer gechlechtsdifferenzierten Leseforschung. In: Literatur und
Erfahrung, H. 26-27/93, 7-23.
Genuneit, J. (1992): Sind Analphabeten potentielle Mörder? In: Alfa-Rundbrief, 8. Jg., Nr. 20,
32. Gibson, E.J./ Levin, H. (1980): Die Psychologie des Lesens. Klett-Cotta: Stuttgart (engl.
1975).

Giere, U. (1992): Alphabetisierung weltweit. In: UNESCO (1992, 20-25). Giese, H.W. (1983): Bemerkungen zum gegenwärtigen Stand der Alphabetisierungsarbeit und zur wissenschaftlichen Untersuchung des Analphabetismus in der Bundesrepublik Deutschland. In: Giese/ Gläss (1983, 32-52). Giese, H.W. (1987): Warum wird Analphabetismus gerade heute zu einem Problem? In: Balhorn/ Brügelmann (1987, 260-266). Giese, H.W./ Gläß, B. (Hrsg.) (1983): Analphabetismus in der Bundesrepublik. Osnabrücker Beiträge zur Sprachtheorie Nr. 23. Verein zur Förderung der Sprachwissenschaft in Forschung und Ausbildung: Osnabrück. Giese, H./ Gläß, B. (Hrsg.) (1984): Analfabetismus in der BRD II. Osnabrücker Beiträge zur Sprachtheorie Nr. 26. Verein zur Förderung der Sprachwissenschaft in Forschung und Ausbildung: Osnabrück. Giesecke, H. (1993): Das Ende der Erziehung. Klett-Cotta: Stuttgart (6. Aufl.; 1. Aufl. 1985). Glasersfeld, E.v. (1987): Wissen, Sprache und Wirklichkeit. Vieweg: Braunschweig/Wiesbaden. Glasersfeld, E.v. (1992): Die Wurzeln des »Radikalen« am Konstruktivismus. Vortrag auf dem Interdisziplinären Symposium »Die Wirklichkeit des Konstruktivismus«, 15.-18.10.92. Universität: Heidelberg. Görlich-Kreitmann, R. (1991): Laborschule (Eingangsstufe). In: Hänsel (1991, -). Gössmann, W. (1987): Theorie und Praxis des Schreibens. Wege zu einer neuen Schreibkultur. ? Verlag: Düsseldorf. Gogolin, I. (1993): Der monolinguale Habitus der multilingualen Schule. Waxmann: Münster. Gogolin, I./ Neumann, U. (1991): Sprachliches Handeln in der Grundschule. In: GRUNDSCHULZEITSCHRIFT, 5. Jg., H. 43, 6-13. Gogolin, I./ Neumann, U. (1994): Großstadt-Grundschule. Eine Fallstudie über sprachliche und kulturelle Pluralität als Bedingung der Grundschularbeit. Waxmann: Münster (in Vorb.). Gombert, J.E. (1992): Metalinguistic development. Harvester Wheatshef: Hemel Hempstead. Goody, J., u. a. (1991): Entstehung und Folgen der Schriftkultur. Suhrkamp: Frankfurt. Gough, P.B./ Tunmer, W.E. (1986): Decoding, reading, and reading disability. In: Remedial and Special Education, Vol. 7, 6-10. Gough, P.B., u. a. (eds.) (1992): Reading acquisition. Erlbaum: Hove. Gravemeijer, K., et al. (eds.) (1990): Context free production tests and geometry in realistic mathematics education. Freudenthal Institut, Utrecht. Culemborg: Technipress. Graves, D.H. (1986): Kinder als Autoren: Die Schreibkonferenz. In: Brügelmann (1986u, 135-157). Nachdruck in: Brügelmann/ Balhorn (1995, im Druck). Gregg, L.W./ Steinberg, E.R. (eds.) (1980): Cognitive processes in writing. Lawrence Erlbaum: Hillsdale, N.J. Günther, K.B. (1986b): Ein Stufenmodell der Entwicklung kindlicher Lese- und Schreibstrategien. In: Brügelmann (1986u, 32-54). Günther, H./ Ludwig, O. (Hrsg.) (1994): Schrift und Schriftlichkeit. Writing and its use. (Reihe Handbücher zur Sprach- und Kommunikationswissenschaft). De Gruyter: Berlin/ New York (im Druck). Hänsel, D. (Hrsg.) (1991): Das Projektbuch Grundschule. Beltz: Weinheim/ Basel.

Haken, H. (1981): Erfolgsgeheimnisse der Natur: Synergetik, die Lehre vom Zusammenwirken. Deutsche Verlagsanstalt: Stuttgart. Haken, H. (1981b): Einführung in die Synergetik. Springer: Berlin. Harrell, L.E. (1957): A comparison of the development of oral and written language in school-age children. Chicago (reprint 1970 New York). Harting, U. (1989): Werbetrommel für die Schrift. Alphabetisierung im Medienverbund. Abschlußdokumentation des Modellprojekts. Herausgegeben. vom Deutschen Volkshochschulverband: Bonn. Heath, S.B. (1982a): What no bedtime story means: Narrative skills at home and school. In: Language in Society, Vol. 11, 49-76. Hebb, D.O. (1949a): Organization of behavior. New York. Heese, G./ Reinartz, A. (Hrsg.) (1973): Aktuelle Beiträge zur Sozialpädagogik und Verhaltensgestörtenpädagogik. Beiheft 2 der Vierteljahresschrift»Sonderpädagogik«: Berlin. Heigermoser, M. (1993): Planung von Kopfgeburten. Konzeption – Voraussetzung für pädagogische Qualität. In: Die Zeitschrift für Erwachsenenbildung, H. 4/1993, 31–33. Heinrich, Karin (1992): Schrift-Sprache erobern. Mit freier Arbeit Schreiben und Lesen lernen. Neue Deutsche Schule: Essen. Heinz, E.V. (1984): Die Entwicklung der schulischen Lese-/ Rechtschreibschwäche zu funktionalem Analphabetismus. In: Giese/ Gläß (1984, 103-128). Helmke, A., u.a. (1988): Leistungssteigerung und Ausgleich von Leistungsunterschieden in Schulklassen: unvereinbare Ziele? In: Zeitschrift für Entwicklungspsychologie und Pädagogische Psychologie, 20. Jg., 45-76. Hengartner, E. (1992): Für ein Recht der Kinder auf eigenes Denken. Pädagogische

Leitideen für das Lernen von Mathematik. In: Die neue Schulpraxis, 62. Jg., H. 7/8, 15-27.
Hentig, H.v. (1993): Die Schule neu denken. Hanser: München. Herding, K./ Otto, G. (Hrsg.)
(1980): Nervöse Auffangsorgane des inneren und äußeren Lebens. Karikaturen. Anabas:
Gießen. Hessari, R./ Hill, D. (1989): Practical ideas for multicultural learning and teaching in
the primary classroom. Routledge: London. Hetmann, F. (1978): Indianermärchen aus Kanada.
Fischer-Taschenbuch: Frankfurt/ M. Heuvel-Panhuizen, M. van den (1990): Realistic arithme-
tic/ mathematics instruction and tests. In: Gravemeijer et al. (1990, 53-78). [Deutsche
Übersetzung in diesem Band] Heuvel-Panhuizen, M. van den/ Gravemeijer, K.P.E. (1991):
Tests are not all bad. An attempt to change the appearance of written tests in mathematics
instruction ... In: Streefland (1991, 139-155). Hewitt, R. (1986): White talk black talk.
Interracial friendship. and communication amongst adolescents. Cambridge University Press:
Cambridge.
Hiebsch, H. (Hrsg.)(1969): Ergebnisse der sowjetischen Psychologie. Klett: Stuttgart.
Hofer, A. (Hrsg.) (1976): Lesenlernen – Theorie und Unterricht. Schwann: Düsseldorf. Hof-
mann, W., u. a. (Hrsg.) (1993): Computer und Schriftspracherwerb. Programmentwicklungen,
Anwendungen, Lernkonzepte. Westdeutscher Verlag: Opladen. Holin, E. (1973): Analphabe-
ten im Erwachsenenstrafvollzug. In: Heese/ Reinartz (1973, 55-65). Holquist, M. (ed.) (1981):
The dialogic imagination. Four essays. University of Texas: Austin. Hoover, W.A./ Gough, P.B.
(1990): The simple view of reading. In: Reading and Writing – An Interdisciplinary Journal,
Vol. 2, 127-160. Hoppe, A./ Wolff, J. (Hrsg.) (1990): Germanistentag 1989. Deutschunterricht
und Lebenswelt. Stuttgart. Hopster, N. (Hrsg.) (1984): Handbuch Deutsch, Sekundarstufe I.
Schöningh: Paderborn.
Hubertus, P. (1991a): Alphabetisierung und Analphabetismus. Eine Bibliographie. Schreib-
werkstatt für neue Leser und Schreiber: Bremen. Hubertus, P. (1993): Ich bin Alphabetisie-
rungs-Pädagoge. In: Börsenblatt für den Deutschen Buchhandel, Nr. 72 v. 10.9.1993, 10-13.
Hubertus, P. (1993b): Alphabetisierung – ein nicht ganz alltäglicher Aufgabenbereich der
Erwachsenenbildung. In: Neue Deutsche Schule, 45. Jg., H. 17 v. 7.9.93, 18-21. Hubertus, P.
(1993c): Medienkampagne – zweiter Teil? In: Alfa-Rundbrief, 9. Jg., H. 23-24, 36 f. Hubertus,
P. (1993d): Alphabetisierung bundesweit – auf dem Weg zur Vernetzung. In: Alfa-Rundbrief,
10. Jg., H. 25, 23-24. Huck, G./ Schäfer, U. (1991): Funktionaler Analfabetismus in der
Bundesrepublik Deutschland. Deutsches Institut für Internationale Pädagogische Forschung:
Frankfurt. Auch: Bund-Länder-Kommission für Bildungsplanung und Forschungsförderung:
Bonn. Hunt, K.W. (1970): Syntactic maturity in schoolchildren and adults. Monographs of the
Society for Research in Child Development. Serial No. 134, Vol. 35, No. 1, February 1970.
Hurrelmann, K. (1991b): Wie kann Schule auf die veränderten Lebensbedingungen von
Kindern und Jugendlichen reagieren? In: Grundschule, 23. Jg., H. 12, 51-54. Hurrelmann, B.
(1993b): Lesesozialisation. Bertelsmann Stiftung: Gütersloh. Hurrelmann, B., u. a. (1993):
Leseklima in der Familie. Lesesozialisation Bd. 1. Verlag Bertelsmann Stiftung: Gütersloh.
IfD (1985): Kinder und Lesen. Unveröffentlichte Befragung. Institut für Demoskopie: Allensbach.
Ingenkamp, K. (1967a): Schulleistungen – damals und heute. Beltz: Weinheim. Ingenkamp, K.
(1989): Diagnostik in der Schule. Beltz: Weinheim/ Basel. Ingenkamp. K., u. a. (Hrsg.) (1992):
Empirische Pädagogik 1970 - 1990. Band 1. Deutscher Studien Verlag: Weinheim. Inizan, A.
(1989): Apprendre à lire et s'y préparer à son heure et à son rythme. EAP: Paris. Jaumann, O.
(1982): Der Leselernprozeß bei benachteiligten Kindern. Analyse ihrer sozialen Lage – Umsetzung in eine Leselehrmethode. Beltz: Weinheim/ Basel. Jaumann, O. (1985):»Albert sagt
immer: Sonderschüler können ja nicht lesen! Da gibts mir einen Stich ins Herz« – Lesenlernen
in der Sonderschule. In: Bergk/ Meiers (1985, 101-116). Jaumann, O. (1991): Gemeinsam lesen
lernen – Lesenlernen im integrativen Unterricht. In: Balhorn (1991d, 46-51). Jaumann, O./
Wolff-Kramer, K. (1993a): Elfchen:»... ich schreibe eine Gedicht – schön.« In: Balhorn/
Brügelmann (1993, 262-265). Jaumann, O./ Wolff-Kramer, K. (1993b): Kreatives Schreiben in
einer Integrationsklasse. In: Balhorn (1993, 95-99). Jörg, H./ Treitz, P. (1985): Wir drucken
unsere Fibel selbst. Natürliches Lesen- und Schreibenlernen mit Hilfe der Schuldruckerei. In:
Bergk/ Meiers (1985, 71-91).
Juna, J. (1989): Die jungen Wiener schreiben wie die alten Griechen. In. Balhorn/ Brügelmann

(1989, 16-25). Juna, J./ Sretenovic, K. (Hrsg.) (1993): Legasthenie, gibt's die? Verlag Jugend und Volk: Wien.

Kamper, G. (1991): Zur Diskussion gestellt! In: Alfa-Rundbrief, 7. Jg., H. 16, 5-6. Kell, A. (1989): Berufspädagogische Überlegungen zu den Beziehungen zwischen Lernen und Arbeiten. In:»Lernen und arbeiten«, Beiheft 8 zur Zeitschrift für Berufs- und Wirtschaftspädagogik. Franz Steiner: Stuttgart. KMK (1980): Empfehlungen für den Unterricht in der Schule für Geistigbehinderte. Beschlüsse der Kultusministerkonferenz: Darmstadt. Knauf, T. (1992): Schule als Ort der Begegnung mit Fremdem. In: GRUNDSCHULZEIT-SCHRIFT, 6. Jg., H. 56, 6-9. Kochan, B. (1990): Von der Untersuchung des»Lernens durch Instruktion« zur Untersuchung des »Lernens durch Gebrauch«. In: Schneider u. a. (1990, 231-234). Koenig, T. u. a. (1980): Der Stecher von London. In: Herding/ Otto (1980, 58-86). Kohrt, M. (1986); The term»grapheme« in the history and theory of linguistics. In: Augst (1986, 80-96). Krause, A. (1975): Die politische Karikatur im Geschichtsunterricht. Volk und Wissen: Berlin. Kretschmann, R. (1989): Prädiktoren und Komponenten der Schriftsprachkompetenz. In: Balhorn/ Brügelmann (1989, 213-9). Kretschmann, R. (1990): Neue Paradigmen in der Leseforschung. In: Praxis Deutsch, H. 100/1990, 3-7. Auch in: päd.extra, März 1990, 18-23. Kroll, B.M./ Anson, C.M. (1984): Analysing structure in children's fictional narratives. In: Cowie (1984, 153-183). Kropp, U. (1987): Stand der Alphabetisierung und Elementarbildung in der Bundesrepublik Deutschland 1987. Ergebnisse einer bundesweiten Untersuchung. In: Informationen»Alphabetisierung und elementare Qualifikationen« (Hrsg. von Pädagogische Arbeitsstelle/ Deutscher Volkshochschulverband), H. 4/1987, 17-20. Krüger, W. (1969): Die Karikatur als Medium der politischen Bildung. Leske: Opladen.

LaBrant, L.L. (1933): A study of certain language developments in children. In: Genetic Psychology Monographs, Vol. 14, 387-491. Lange, J. de (1987): Mathematics, insight and meaning. OW & Occasional Paper No.: Utrecht. Lave, J. (1988): The culture of acquisition and the practice of understanding. (Report No. IRL88-0007). Institute for Research on Learning: Palo Alto, CA. Leckie, N. (1983/84a): The Ready to Read Project – the New Zealand experience. In: Department of Education (1983). Lentin, L. (1977): Du üparler au lire. E.S.F.: Paris. Leontjew, A.A. (1973): Probleme der Entwicklung des Psychischen. Athenäum: Frankfurt. Lesen mit Lo (1990): Ein Leselehrgang. Dürr: Bonn-Bad Godesberg. Leu D.J./ Kinzer, C.K. (eds.) (1993): Examining central issues in literacy research, theory, and practice. National Reading Conference, Inc.: Chicago. Loban, W. (1976): Language development: Kindergarten through grade twelve. Research report No. 18. National Council of the Teachers of English: Urbana, Ill. Louvet-Schmauss, E./ Prêteur, Y. (1993b): Predictors of reading and writing acquisition: Evidence from a longitudinal and comparative study. In: European Journal of Psychology of Education, Vol. 8, No. 3, 221-234. Ludwig, O. (1988a): Der Schulaufsatz. Seine Geschichte in Deutschland. Springer: Berlin/ New York. Ludwig, O. (1991): Sprache oder Sprachform. Zu einer Theorie der Schriftlichkeit. In: Zeitschrift für Germanistische Linguistik, 19. Jg., H. 19, 1991, 274-292. Ludwig, O. (1993): Alphabetisierung und Volksschulunterricht im 19. Jahrhundert. Mansukript.

Maas, U. (1992): Grundzüge der deutschen Orthographie. Niemeyer: Tübingen (3. Aufl.; 1. Aufl. Osnabrück 1989). Maier, K.E. (Hrsg.) (1980): Kind und Jugendlicher als Leser. Klinkhardt: Bad Heilbrunn. Mangold, M. (Bearb.) (1974): Aussprachewörterbuch. Wörterbuch der deutschen Standardaussprache. Bibliographisches Institut/ Dudenverlag: Mannheim u. a. Mann, I. (1981): Schlechte Schüler gibt es nicht. Urban & Schwarzenberg: München (Vertrieb: Beltz: Weinheim). Mann, I. (1990): Lernen können ja alle Leute. Lesen-, Rechnen-, Schreibenlernen mit der Tätigkeitstheorie. Beltz: Weinheim/ Basel. Manzi, A. (1980): Amigo, ich singe im Herzen. Rowohlt: Reinbek. Mather, N. (1986): Fantasy and adventure software with the LD student. In: Journal of Learning Disabilities, Vol. 19, 56-58. Mattenklott, G. (1979): Literarische Gesellligkeit – Schreiben in der Schule. Metzler: Stuttgart. Maturana, H.R./ Varela,

F.J. (1987): Der Baum der Erkenntnis. Scherz Verlag: Bern (1990 als Goldmann-Taschenbuch 114 60: 4. Aufl. 1992). May, P. (1986a): Schriftaneignung als Problemlösen – Analyse des Lesen(lernen)s mit Kategorien der Theorie des Problemlösens. Peter Lang: Frankfurt. May, P. (1990c): Kinder lernen rechtschreiben: Gemeinsamkeiten und Unterschiede guter und schwacher Lerner. In: Brügelmann/ Balhorn (1990, 245-53). May, P. (1991d): Rechtschreibleistungen im Vergleich. Erste Vergleichsergebnisse der *Hamburger Schreibprobe* aus Hamburg und Städten der ehemaligen DDR. In: Balhorn (1991d, 62-70). May, P. (1993): Vom Umgang mit Komplexität beim Schreiben. Entwicklung orthographischer Kompetenz als erweiterte Rekonstruktion sprachlicher Strukturen. In: Balhorn/ Brügelmann (1993, 277-289). May, P. (1994c): Rechtschreibfähigkeit und Unterricht. Projekt *Lesen und Schreiben für alle. Ergebnisse der Voruntersuchung* ... Psychologisches Institut II der Universität: Hamburg. May, P. (1994d): Rechtschreibfähigkeit und Unterricht. Zusammenfassung der Voruntersuchung *Lesen und Schreiben für alle* (= 1994c) [in diesem Band]. May, P./ Balhorn, H. (1991): Kein patt zwischen ost und west. Untersuchungen zur rechtschreibfähigkeit in Hamburger, Potsdamer, Rostocker und Zwickauer grundschulen. In: GRUNDSCHULZEITSCHRIFT, 5. Jg., H. 46, 52-7. May, P., u. a. (1994): Hamburger Schreibprobe HSP 2-9. Manual, Anweisungen und Testhefte. Verlag für pädagogische Medien: Hamburg. Maybin, J. (1991): Children's informal talk and the construction of meaning. In: English in Education, Vol. 25, No. 2, 34-49.

Means, B., et al. (1990): Compensatory education in literacy and mathematics: Current practices and prospects for change. SRI International: Menlo Park, CA. Meckling, I. (1985): Fragespiele mit Literatur. Diesterweg: Frankfurt. Meckling, I. (1986): Zu den Skrupeln, in der Schule auch Persönliches zu äußern, und zu der Notwendigkeit, diese Skrupel zu überwinden. In: Westermanns Pädagogische Beiträge, 38. Jg., H. 2, 6-8. Menzel, W. (1985a): Rechtschreibunterricht – Praxis und Theorie. Aus Fehlern lernen. Beiheft zu Praxis Deutsch Nr. 69. Friedrich Verlag: Seelze. Menzel, W. (1985b): Rechtschreibfehler – Rechtschreibübungen. In: Praxis Deutsch, Nr. 69, 9-11. Metze, W. (1992): Tobi-Fibel – Lehrerhandbuch. CVK: Berlin.

Ministry of Education (1991): National Curriculum of New Zealand. Ministry of Education: Wellington. Ministry of Education (1991b): Reading in junior classes. Ministry of Education: Wellington/ New Zealand (2nd ed.).

Möller, M.L. (1990): Die Liebe ist das Kind der Freiheit. Rowohlt: Reinbek. Morfill, G./ Scheingraber, H. (1991): Chaos ist überall... und es funktioniert. Ullstein: Frankfurt/ Berlin. Müller, K. (1990):»Schreibe, wie du sprichst!« Eine Maxime im Spannungsfeld von Mündlichkeit und Schriftlichkeit – eine historische und systematische Untersuchung. Frankfurt u.a. Müsseler, J., u. a. (1993): Texte für Auge und Ohr. Programme und Untersuchungen zum Schriftspracherwerb mit maschineller Sprachausgabe. In: Hofmann u. a. (1993, 93-128).

Naegele, I./ Valtin, R. (Hrsg.) (1989a): LRS in den Klassen 1-10. Handbuch der Lese-/ Rechtschreibschwierigkeiten. Beltz: Weinheim. National Curriculum, s. Ministry of Education Nahrgang, F. (1991): Katja und die Buchstaben. Kevelaer: Aurich. Namalgies, L./ Heling, B./ Schwänke, U. (1990): Stiefkinder des Bildungssystems. Hamburg.

Niemann, H. (Mod.) (1992b): Fremd?Sprachen. Themenheft der GRUNDSCHULZEIT-SCHRIFT, 6. Jg., Nr. 56, Juli 1992. Niemann, H. (1993b): Englisch in der Grundschule – Kinder- und Jugendbücher gehören dazu. In: GRUNDSCHULZEITSCHRIFT, 7. Jg., H. 68, 42-43. Nystrand, M. (1986): The structure of written communication. Studies in reciprocity between writers and readers. Academic Press: Orlando et al.

Oelkers, J. (1987): Die Wiederkehr der Postmoderne. In: Zeitschrift für Pädagogik, 33. Jg., H. 1, 20-40. Oerter, R. (1987): Der ökologische Ansatz. In: Oerter/ Montada (1987, 87-128). Oerter, R./ Montada, L. (Hrsg.) (1987): Entwicklungspsychologie. Psychologie Verlags Union: München u.a. (2. erw. Aufl.; 1. Aufl. 1982). Pallasch, W. (1991): Supervision. Neue Formen beruflicher Praxisbegleitung in pädagogischen Arbeitsfeldern. Juventa: Weinheim/ München. Paris, S.G., et al. (1991): The development of strategic readers. In: Barr et al. (1991).

Paul, J. (1989): Leben Fibels, des Verfassers der Bienrodischen Fibel. Insel: Frankfurt a. M. Pause, G. (1993): Handschriften, Druckschriften, Buchstaben und Spielereien. Kulturzentrum

Schlachthof: Kassel (Mombachstr. 12). Pause, G. (1993b): Mitrechnen. Ein Rechenbuch für Jugendliche und Erwachsene. Vorkurs. Klett Wissen und Bildung: Stuttgart/ Dresden. Pause, G. (1993c): Analphabetismus in Karikatur und Comic. Von der Diskriminierung zum Problembewußtsein. (Antrag und Projektbeschreibung). Kulturzentrum Schlachthof e.V.: Kassel. Pause, G. (1994): Mitrechnen 1. Ein Rechenbuch für Jugendliche und Erwachsene. Vorkurs. Klett Wissen und Bildung: Stuttgart/ Dresden. Piaget, J. (1971): Psychologie der Intelligenz. Walter: Olten (frz. 1961; dt. Rascher: Zürich 1964).

Portmann, P. (1990): Sprachnorm und Sprachlernen. Fremdsprachendidaktische Anmerkungen. In: Stetter (1990, 163-182). Portmann, R. (1989a): Förderdiagnostik beim Lesen und Rechtschreiben. In: Naegele/ Valtin (1989a, 36-46).

Prêteur, Y./ Louvet-Schmauss, E. (1992): How French and German children of preschool age conceptualize the writing system. In: European Journal of Psychology of Education, Vol. 7, No. 1, 39-49. Prêteur, Y./ Louvet-Schmauss, E. (1993): Hétérogénéité précoce des compétences à l'écrit et troubles de la socialisation. In: Tap/ Malewska-Peyre (1993, 85-109). Prêteur, Y./ Louvet-Schmauss, E. (1993b): Trajectoires scolaires entre la moyenne section maternelle et le CE1 d'enfants signalés au cours préparatoires. In: L'orientation scolaire et professionelle, Vol. 22, No. 3, 219-234. Prêteur, Y./ Louvet-Schmauss, E. (1994): Education familiale et acquisition de l'écrit chez des enfants de 5 à 7 ans: Une approche comparative franco-allemande. In: Deleau (1994, sous presse). Prêteur, Y./ Louvet-Schmauss, E. (1994b): Hétérogénéité des styles éducatifs parenraux et acquisition de l'écrit chez des enfants de cours préparatoire. In: Apprentissage et Socialisation (sous presse).

Queneau, R. (1992): Stilübungen. Suhrkamp: Frankfurt/ M. (2. Aufl.).

Rack, J.P., et al. (1992): The nonword reading deficit in developmental dyslexia: A review. In: Reading Research Quarterly, Vol. 27, 29-53. Rathenow, P./ Vöge, J. (1982): Erkennen und Fördern von Schülern mit Lese-/ Rechtschreibschwierigkeiten. Westermann: Braunschweig (Vorf.: Erkennen und Fördern lese-recht-schreibschwacher Schüler. HILF: Wiesbaden 1980). Rehbock, H. (1981): Nebenkommunikation im Unterricht. Funktionen, Wirkungen, Wertungen. In: Baurmann u. a. (1981, 35-88). Reichen, J. (1982): Lesen durch Schreiben. Leselehrgang, Schülermaterial und Lehrerkommentar. Sabe: Zürich (Heinevetter: Hamburg). Reichen, J. (1994): Wie lernen Kinder lesen? In: Grundschulunterricht, 41.Jg., H. 9, 69-71. Reinert, G.-B./ Zinnecker, J. (Hrsg.) (1978): Schüler im Schulbetrieb. Berichte und Bilder vom Lernalltag, von Lernpausen und vom Lernen in den Pausen. Rororo 7181: Reinbek. Reitsma, P./ Walraven, A.M.A. (eds.) (1991): Instructie in begrijpend lezen. Eburon: Delft. Rendell, R. (1992): Urteil in Stein. Rowohlt: Reinbek (1982, Ullstein: Frankfurt u.a.). (s.a. Auszug in: Balhorn/ Brügelmann 1987, 258-259). Resnick, L. (ed.) (1989): Knowing, learning, and instruction: Essays in honor of Robert Glaser. Lawrence Erlbaum: Hillsdale, NJ. Richardson, K., et al. (1976): The linguistic maturity of 11-year-olds: Some analysis of the written compositions of children in the National Child Development Study. In: J. Child. Lang., Vol. 3, 99-115. Richter, S. (1992b): Die Rechtschreibentwicklung im Anfangsunterricht und Möglichkeiten der Vorhersage ihrer Störungen. Phil. Diss. FB 12 der Universität Bremen. Verlag Dr. Kovac: Hamburg. Richter, S. (1993): Zwei Kinder in einer Klasse: Verschiedene Wege aus ähnlichen Anfängen. Vervielf. Ms. veröffentlicht in: Brügelmann/ Richter (1994, 109-125). Richter, S. (1993b): Ist die Rechtschreibentwicklung im Anfangsunterricht vorhersagbar? In: Balhorn/ Brügelmann (1993, 293-299). Richter, S./ Brügelmann, H. (Hrsg.) (1994): Mädchen lernen ANDERS lernen Jungen. Geschlechtsspezifische Unterschiede beim Schriftspracherwerb. DGLS-Reihe »Lesen und Schreiben«. Libelle: CH-Lengwil. Röber-Siekmeyer, C. (1993): Die Schriftsprache entdecken. Beltz: Weinheim. Röhr, H. (1978): Voraussetzungen zum Erlernen des Lesens und Rechtschreibens. Phil. Diss. Universität: Münster. Rössner, L. (1971): Karikaturen zu Politik und Zeitgeschehen. Diesterweg: Frankfurt a. M. Romberg, S. (1994): Anmerkungen zur»Entschließung zur Beseitigung des Analphabetismus in den Mitgliedsstaaten der EG«. In: Alfa-Rundbrief, 10. Jg., H. 25, 7. Rosebrock, C. (1993). Geschlechtscharakter und Lektürepraxis. In: Mitteilungen des Deutschen Germanistenverbandes, 40. Jg., H. 2, 29-40. Rossa, D. (1993): Erstunterricht in Neuseeland. Eine Analyse der zugrundeliegenden Bezugstheorien. Hausarbeit zur Prüfung für das Lehramt. FB Erziehungswissenschaften/ Universität: Hamburg. Rossa, D./ Rossa, M. (1994): Erstunterricht in Neuseeland (in diesem Band). Roth, G. (1987): Erkenntnis und Realität: Das reale Gehirn und seine Wirklichkeit. In: Schmidt (1987, 229-55). Rüddigkeit, V. (1981): Rechtschreibung in unterrichtspraktischer Sicht. In: Funnekötter u. a. (1981, 56-110).

Sacks, O. (1989b): Bewußtseinsdämmerungen. Die Geschichte der Weckdroge L-DOPA. VEB Deutscher Verlag der Wissenschaften: Berlin (engl. 1973, 1976, 1982; als »Awakenings« Rowohlt-Taschenbuch 8878: Reinbek 1991). Sandhaas, B. (1989): Beseitigung oder massive Reduktion des Analphabetismus. Bericht der BRD für die 42. Internationale Erziehungskonferenz. Sekretariat der Ständigen Kultusministerkonferenz: Bonn. Sandhaas, B. (Hrsg.) (1990): Alphabetisierung und Grundbildung in der BRD. Institutionen – Organisationen – Verbände. Deutsche UNESCO-Kommission: Bonn/ Klett: Stuttgart. Sandhaas, B./ Schneck, P. (Hrsg.) (1991): Lesenlernen –Schreibenlernen. Beiträge zu einer Interdisziplinären Wissenschaftstagung ... Bregenz 4.-7.11.90. Deutsche UNESCO-Kommission: Bonn. Scheerer-Neumann, G. (1986a): Wortspezifisch: JA – Wortbild: NEIN. Teil 1: Rechtschreiben. In: Brügelmann (1986u, 171-185). Nachdruck in: Balhorn/ Brügelmann (1995, im Druck). Scheerer-Neumann, G. (1987c): Kognitive Prozesse beim Rechtschreiben: Eine Entwicklungsstudie. In: Eberle/ Reiß (1987, 193-219). Scheerer-Neumann, G. (1989g): Lese-Rechtschreibschwäche im Kontext der Entwicklung. In: Naegele/ Valtin (1989a, 25-35). Scheerer-Neumann, G. (1989h): Zur Entwicklung von Spontanschreibungen: Eine Fallstudie. In: Zeitschrift für germanistische Linguistik, 17. Jg., H. 93/94, 27-58. Scheerer-Neumann, G., u.a. (1986): Andrea, Ben und Jana. Selbstgewählte Wege zum Lesen und Schreiben. In: Brügelmann (1986u, 55-96). Schenk-Danzinger, L. (1991): Gedanken zur Bekämpfung des funktionalen Analphabetismus. In: Bundesverband Legasthenie (1991, 319-324). Schmid, K.A. (1976): Aufsätze in höheren Anstalten. In: Encyklopädie des gesammten Erziehungs- und Unterrichtswesens. Bd. 1 (2. verb. Aufl.), Rudolf Besser Verlag: Gotha, 283-316. Schmid, K.A. (Hrsg.) (1886): Encyclopädie des gesamten Erziehungs- und Unterrichtsweses. Bd. 7 (2. verb. Aufl.), Fues's Verlag: Leipzig. Schmidt, S.J. (Hrsg.) (1987): Der Diskurs des radikalen Konstruktivismus. stw 636. Suhrkamp: Frankfurt (3. Aufl. 1990). Schneider, W., u.a. (1990): Lesen- und Schreibenlernen in neuer Sicht: Vier Perspektiven auf den Stand der Forschung. In: Brügelmann/ Balhorn (1990, 220-34). Schön, E. (1993): Jugendliche Leser und ihr Deutschunterricht. In: Balhorn/ Brügelmann (1993, 220-226).

Schrader, W. (1886): Schreibunterricht. In: Schmid (1886, 130-149). Schultheis, F. (1988): Pour une reconstruction critique d'un objet de recherches et d'interventions. Un exemple allemand, in: Durning, P. (ed): Education familiale, Paris: Mire/Matrice. Schulze, S. (Hrsg.) (1993): Leselust. Niederländische Malerei von Rembrandt bis Vermeer. Kunsthalle Schirn: Frankfurt (Gerd Hatje: Stuttgart). Schwartz, E., u.a. (Hrsg.) (1970c): Inhalte grundlegender Bildung. Grundschulkongreß 69. Bd. 3. Arbeitskreis Grundschule. Frankfurt.

Scinto, L.F.M. (1986): Written language and psychological development. Academic Press: Orlando et al.

Seibert, S., u. a. (1991): The 10 best schools of the world. In: Newsweek, December 2, 1991, 38-50. Selter, C. (1993): Die Kluft zwischen den arithmetischen Kompetenzen von Erstkläßlern und dem Pessimismus der Experten. Vervielf. Ms. Universität: Dortmund.

Siebert, D.E. (1974): Die Karikatur im Lernprozeß. In: Kontrast. Informationen für junge Lehrer und Erzieher, H. 3: Kassel. Singer, I.B. (1991): Lemel und Zipe. In: Singer (1991b, 54-71). Singer, I.B. (1991b): Der Geschichtenerzähler. Otto Maier: Ravensburg. Sjölin, A. (1994): Schrift als Geste. Bild und Wort in Kinderarbeiten. Dissertation im FB Erziehungswissenschaften. Universität: Hamburg.

Sorkin, R. (1983): A quantitative Occam's razor. In. International Journal of Theoretical Physics, Vol. 22, No. 12, 1091-1105.

Spiegel, H. (1992f): Was und wie Kinder zu Schulbeginn schon rechnen können – Ein Bericht über Interviews mit Schulanfängern. In: Grundschulunterricht, 39. Jg., H. 11/92, 21-23.

Spinner, K. (1990): Kann literarische Bildung zu gesellschaftlicher Verantwortung befähigen?

Intimisierung des Deutschunterrichts. In: Hoppe/ Wolff (1990, 486-493). Spinner, K. (1993): Kreatives Schreiben. In: Praxis Deutsch, 20. Jg., H. 119, 17-23. Spitta, G. (1985): Kinder schreiben eigene Texte: Klasse 1 und 2. CVK: Bielefeld/ Berlin (4. Aufl. 1991). Spitta, G. (1988): Von der Druckschrift zur Schreibschrift. Scriptor: Frankfurt (2. Aufl. 1990). Spitta, G. (1992): Schreibkonferenzen – ein Weg vom spontanen Schreiben zum bewußten Verfassen von Texten in Klasse 3 und 4. Scriptor-Cornelsen: Berlin u.a.
Srocke, B. (1989): Mädchen und Mathematik. Deutscher Universitätsverlag: Wiesbaden.
Stagl, G., u. a. (Hrsg.) (1991): Literatur – Lektüre – Literarität. Vom Umgang mit Lesen und Schreiben. Österreichischer Bundesverlag: Wien. Stanovich, K.E. (1992): Speculations on the causes and consequences of individual differences in early reading acquisition. In: Gough et al (1992, -). Stark, W., u. a. (Hrsg.) (1993): Berufliche Bildung und Analphabetismus. Eine Fachtagung in der evangelischen Akademie Bad Boll. Klett: Stuttgart. Steinborn, P./ Franzmann, B. (1980): Kommunikationsverhalten und Buch. In: Maier (1980). Stenhouse, L. (1973b): Curriculumentwicklung als Experiment. In: Zeitschrift für Pädagogik, 18. Jg., H. 3, 447-452. Stenhouse, L. (1975): An introduction to curriculum research and development. Heinemann Educational Books: London et al. Stetter, P. (Hrsg.) (1990): Zu einer Theorie der Orthographie. Interdisziplinäre Aspekte gegenwärtiger Schrift- und Orthographieforschung. Niemeyer: Tübingen. Stiftung Lesen (1990b) = Brinkmann, A., u.a. (Red.) (1990) Stöckli, G. (1992): Vom Kind zum Schüler. Vervielf. Vortragsmansukript. Universität: Zürich. Streefland, L. (ed.) (1991): Realistic mathematics education in Primary school. Freundenthal Institut: Utrecht. Streek, J. (1983): Lehrerwelten – Kinderwelten. In. Ehlich/ Rehbein (1983, 203-213).

Tap, P./ Malewska-Peyre, H. (eds.) (1994): Marginalités et troubles de la socialisation. PUF: Paris. Taylor, D. (1983): Family literacy: Young children learning to read and write. Heinemann: Exeter, NH.
Thomé, G. (1992b): Alphabetschrift und Schriftsystem. Über die Prinzipien der Orthographie aus schrifthistorischer Sicht. Zeitschrift für germanistische Linguistik, 20. Jg., H. 2, 210-226. Thomé, G. (1993b): Sind Anlauttabellen so einfach, wie sie aussehen? In: Alpha-Rundbrief, H. 23/24, 18-20.
Tough, (1991): Young children learning languages. In: Brumfit et al. (1991, 213-228).
Treffers, A. (1991): Didactical background of a mathematics programme for primary education. In: Streefland (1991, 21-65). Tütken, H. (1970): Curriculum und Begabung in der Grundschule. In: Schwartz u.a. (1970c, 55-68). Tymister, U. (1990): Arbeiten mit Analphabeten in Volkshochschulen. In: Unterrichtswissenschaft, 18. Jg., H. 2, 113-124. Tymister, U. (1994): Schriftspracherwerb funktionaler Analphabeten. Lernprozesse Erwachsener unter Berücksichtigung des Computereinsatzes. Lang: Frankfurt u. a.

UNESCO (1991b): Dritter mittelfristiger Plan der UNESCO (1990-1995). UNESCO-Dokument 25 C/4. Deutsche UNESCO-Kommission: Bonn. UNESCO (1991c): Weltdeklaration »Bildung für alle« und Aktionsrahmen zur Befriedigung der grundlegenden Lernbedürfnisse. Beschlüsse der Weltkonferenz, Jomtien/ Thailand. Deutsche UNESCO-Kommission: Bonn. UNESCO-Institut für Pädagogik/ Klett-Verlag (Hrsg.) (1992): Die Welten der Wörter – Worlds of words – Mondes des mots – Mundos de las palabras. Klett: Stuttgart/ Dresden.

Valtin, R. (1984): The development of metalinguistic abilities in children learning to read and write. In: Downing/ Valtin (1984, 207-226). Valtin, R. (1994): Ein letztes Lebewohl an die klassische Legasthenie. In: Grundschulunterricht, 41. Jg., H. 1, 2-4. Valtin, R./ Naegele, I., u.a. (1986):»Schreiben ist wichtig!«. Grundlagen und Beispiele für kommunikatives Schreibenlernen. Beiträge zur Reform der Grundschule Bd. 67/68. Arbeitskreis Grundschule: Frankfurt. Vestner, H. (1974): CVK-Leselehrgang. Cornelsen-Velhagen & Klasing: Berlin. Vestner, H./ Weber, A. (1972): Rechtschreibleistung und Unterrichtsmethode – Eine empirische Untersuchung an Kindern des 2. Schuljahres. In: Schule und Psychologie, 19. Jg., 227-233.
Vogel, R. (1985): Rechtschreibfehler damals und heute. In: Menzel (1985, 64). [Zusammenfassung im 3. Jahrbuch »Jeder spricht anders: Normen und Vielfalt in Sprache und Schrift«, S. 71]

Walde, H. (1987): Analphabeten. In: Eulenspiegel, Nr. 4, 8f. Waldmann, G. (1984): Grundzüge von Theorie und Praxis eines produktionsorientierten Literaturunterrichts. In: Hopster (1984, 99-141). Wängler, H.-H. (1967): Grundriß einer Phonetik des Deutschen (mit einer allgemeinen Einführung in die Phonetik). N.G. Elwert: Marburg (2. Aufl.; 1. Aufl. 1960; 4. überarb. Aufl. 1983). Walraven, A.M.A./ Reitsma, P. (1993): The effect of teaching strategies for reading comprehension to poor readers and the surplus effect of activating prior knowledge. In: Leu/ Kinzer 81993, 243-250). Warning, R. (Hrsg.) (1979): Rezeptionsästhetik. W. Fink: München (2. Aufl.).

Wehrens, H. (1981): Analphabetismus im Strafvollzug – eine Situationsanalyse. In: Drecoll/ Müller (1981). Weigl, E. (1974): Zur Schriftsprache und ihrem Erwerb – neuropsychologische und psycholinguistische Betrachtungen. In: Eichler/ Hofer (1974, 94-173). Weimer, H. (1929): Psychologie der Fehler. Klinkhardt: Leipzig (2. verb. Auflage).

Willenberg, H., u. a. (1987): Psychologie des Literaturunterrichts. Diesterweg: Frankfurt/ M. Williams, M. (1991): A framework for teaching English to young learners. In: Brumfit et al. (1991, 203-213). Wimmer, H., u. a. (1993): Lesenlernen bei deutschen und englischen Kindern. In: Balhorn/ Brügelmann (1993, 324-329). Wittmann, E. (1992): Die weitere Entwicklung des Mathematikunterrichts in der Grundschule – Was muß sich bewegen? In: Wittmann/ Müller (1992, 183-186). Wittmann, E./ Müller, N. (1991): Vom 1+1 zum 1x1. Handbuch produktiver Rechenübungen, Bd. 1. Klett: Stuttgart. Wittmann, E./ Müller, N. (1992): Vom halbschriftlichen zum schriftlichen Verfahren (Arbeitstitel). Handbuch produktiver Rechenübungen, Bd. 2. Klett: Stuttgart.

Wolf-Weber, I./ Dehn. M. (1993): Geschichten vom Schulanfang.»Die Regensonne« und andere Berichte. Beltz Praxis: Weinheim/ Basel.

Wrobel, A. (1992): Schreiben als Handlung. Überlegungen und Untersuchungen zu einer Theorie der Textproduktion. Habil.-Ms. Universität: Marburg. Wygotski, L.S. (1974): Denken und Sprechen. Frankfurt/M.: Fischer.

Yuill, N./ Oakhill, J.V. (1988): Effects of inference awareness training on poor reading comprehension. In: Applied Cognitive Psychology, Vol. 2, 33-45.

Ziem, J. (1988): Boris, Kreuzberg, 12 Jahre. Erika Klopp: Berlin/ München. Zinnecker, J. (1978b): Die Schule als Hinterbühne oder Nachrichten aus dem Unterleben der Schüler. In: Reinert/ Zinnecker (1978, 29-121). Zuboff, S. (1988): In the age of the smart machine: The future of work and power. Basic books: New York.

AutorInnen

Andresen, Prof. Dr. Lembit, Pädagogische Universität, Lai 13, EE-0001 Tallinn, Estland

Augst, Prof. Dr. Gerhard, FB 3 Universität-Gesamthochschule Siegen, Im Backenborn 19, 35444 Biebertal

Balhorn, Prof. Dr. Heiko, FB Erziehungswissenschaft Universität Hamburg, Unnastr. 19, 20253 Hamburg 20

Bergk, Prof. Dr. Marion, FB Erziehungswissenschaft Humboldt-Universität Berlin, Rhinstr. 17, 12307 Berlin

Blunck Annette, Diplompädagogin, Metzgergasse 27, 72070 Tübingen

Brinkmann, Erika, Universität-Gesamthochschule Siegen, An den Eichen 5a, 28816 Stuhr 3

Brügelmann, Prof. Dr. Hans, Universität-Gesamthochschule Siegen, Beim Rumpsmoore 35, 28844 Weyhe-Leeste

Busch, Ursula, Elisabethenstr. 44, 89077 Ulm

Carmesin, Dr. Hans-Otto, Universität Bremen, Louis Seegelken Str. 122, 28717 Bremen 77

Carver, S.M., s. Collins

Collins, Dr. Allan, BBN Laboratories, 10 Moulton Street, Cambridge MA 02138, U. S. A.

Dehn, Prof. Dr. Mechthild, FB Erziehungswissenschaft / Universität Hamburg, Rarsrott 10, 24146 Kiel 14

Dürrschnabel, Ursula, Studentin, c/o Dehn

Eichler, Prof. Dr. Wolfgang, FB 2 der Universität, Ammerländer Heerstr. 114-118, 26129 Oldenburg

Feilke, Dr. Helmuth, FB 3 Universität-Gesamthochschule Siegen, In den Eichen 7, 57539 Breitscheidt/Heide

Füssenich, Prof. Dr. Iris, FB Sprachbehindertenpädagogik / Pädagogische Hochschule Reutlingen, Justinus-Kerner-Str. 123, 72760 Reutlingen

Gaspard, Pierre, Student, Rue d'Embourg, 27, B-4130 Tilff

Genuneit, Jürgen, Verlagsredakteur, Ernst-Klett-Verlag, Rotebühlstr. 77, Postfach 809, 70178 Stuttgart

Habersaat, Steffi, studentische Tutorin, Tarpenbekstr. 79, 20251 Hamburg

Hawkins, J., s. Collins

Hengartner, Dr. Elmar, Höhere Pädagogische Lehranstalt, Im Einschlag 7, CH-4800 Zofingen

Heuvel-Panhuizen, Dr. Marja van den, Freudenthal Institute, Universität NL Utrecht

Hörschgens-Füssenich, Willi, Lehrer in Förderkursen beim Intern. Bund für Sozialarbeit in Reutlingen, Justinus-Kerner-Str. 123, 72760 Reutlingen

Hubertus, Peter, Alphabetisierungspädagoge, Volkshochschule Münster, Goebenstr. 13, 48151 Münster

Hurrelmann, Prof. Dr. Bettina, Institut für Kinderliteratur, Universität Köln, Werther Str. 122, 33615 Bielefeld

Jaumann-Graumann, Dr. Olga, FB 2 Universität-Gesamthochschule Siegen, Deciusstr. 41, 33611 Bielefeld

Jäger, Iris, Studentin, Emil-Janssen-Str. 22, 22307 Hamburg

Juna, Prof. Dr. Johanna, Pädagogisches Institut, Burggasse 14-16, A-1070 Wien

Kahl, Reinhard, freier Journalist, Eppendorfer Landstr. 22, 22307 Hamburg

Kohlmann, Judith, Sonderschullehrerin, Hauffstr. 12, 72800 Eningen

Krage-Müllerschön, Jutta, Sonderschullehrerin, Chr.-Fauser-Str. 20, 72770 Reutlingen

Louvet-Schmauss, Dr. Eva, Universität Toulouse, 1, domaine de l'île, F-7400 Illkirch

Lüth, Oliver, Student, Grandweg 92d, 22529 Hamburg

May, Dr. Peter, Universität Hamburg, Henriettenstr. 45, 20259 Hamburg

Metze, Wilfried, Grundschule, Am Waidmannseck 9a, 13437 Berlin 26

Müller, Gabriele, Sonderschullehrerin, Banholzstr. 14, 72118 Mössingen

Müsseler, Jochen, s. Schröger

Niemann, Heide, Direktorin am Niedersächsischen Landesinstitut für Lehrerfortbildung, Auf dem Amtshof 29, 30938 Burgwedel 1

Prêteur, Dr. Yves, s. Louvet-Schmauss

Rabkin, Gabriele, UNESCO-Institut Hamburg, Grindelhof 19, 20146 Hamburg

Reitsma, Prof. Dr. Pieter, Paedologisch Instituut Vrije Universiteit Amsterdam, P.O. Box 303, NL-1115 ZG Duivendrecht-Amsterdam

Richter, Dr. Sigrun, SAA Diepholz, Brinkweg 22, 28857 Syke

Röthlisberger, Hans, Pädagogisches Institut Basel-Stadt, Räftli CH-3655 Sigriswil

Rossa, Dr. Martin, Klinik für Pädiatrie, Medizinische Universität, Kahlhorststraße 31-35, 23562 Lübeck

Rossa, Dagmar, Ärztin, Lehrbeauftragte, Wehrstr. 19, 45721 Haltern

Scheimann, Gerd, Dipl.-Psych, RELE Computer-Lernprogramme, Reifenstuelstr. 6, 80469 München 5

Schnelle, Irmtraud, Lehrerin und Moderatorin, Richtersr. 20, 22085 Hamburg

Schröger, Heike, Max-Planck-Institut für Psychologische Forschung, St.-Ulrich-Str. 10, 85716 Unterschleißheim

Schumann, Gabriele, Sonderschullehrerin im Hochschuldienst, Kielmeyerstr. 3, 72074 Tübingen

Stoffers, Johannes, M. A., wiss. Mitarbeiter, Lehrstuhl für Deutsche Philologie der RWTH, Templergraben, 52056 Aachen

Stuewer, Michael, Student, Saseler Chaussee 32, 22391 Hamburg

Thomé, Dr. Günther, Seelingstr. 28, 14059 Berlin 19

Lesestoff : Gar nicht so sehr am Rande…
Im Zeichen der Libelle
gibt es nämlich noch GanzAnderes.

Fritz Mühlenweg
In geheimer Mission durch die Wüste Gobi

Der Roman für die ersten zehn Lesealter. 780 S., roter Leinenband mit Glückszeichen, Nachwort von Ekkehard Faude, 3-909081-58-4 • *»Ein deutscher Vorläufer der Reisenden Chatwin und Theroux. Sein erzählerischer Gleichmut schafft ein Fluidum, das erinnert an die Romane von Melville und die frühen Stummfilme von Griffith, an Lévi-Strauss und Michel Serres.«* Fritz Göttler, Süddeutsche Zeitung

Fritz Mühlenweg
Fremde auf dem Pfad der Nachdenklichkeit

Der Kundschafter-Roman. 304 S., il.l., fest gebunden, Nachwort von Gisbert Haefs, 3-909081-53-3 • *»Das ist fesselnd genug, aber daß Mühlenweg zu dem ›menschlichen und literarischen Glücksfall‹ geworden ist, das liegt an seinem spezifischen Blick auf das Fremde und vor allem an seinem liebevollen, sprachlichen Witz, der die Lektüre zu einem reinen Vergnügen macht.«* Irmgard Hölscher, Listen

Fritz Mühlenweg
Kleine mongolische Heimlichkeiten

Die schönsten Erzählungen aus dem Stoff der Expedition mit Sven Hedin, 144 S., broschiert, 3-909081-50-9

Fritz Mühlenweg
Tausendjähriger Bambus

Nachdichtungen aus dem Schi-King. 104 S., geb., fadengeheftet, Nachwort von Ekkehard Faude, 3-909081-67-3 • *»Und immer wieder hat der Übersetzer das Wunder vollbracht, daß in leichten und doch nie aufdringlichen Reimen in einer selbstverständlichen und doch erfüllten Sprache vollendete deutsche Gedichte entstanden sind.«* Bruno Snell, DIE ZEIT

Jacob Picard
Und war ihm leicht wie nie zuvor im Leben

Die schönsten Erzählungen aus dem süddeutschen Landjudentum, 200 S., broschiert,, Nachwort von Manfred Bosch, 3-909081-59-2 • *»Picard hat die Landjuden ohne Sentimentalität und ohne Versüßlichung, in einem eigenen herben, dichten und doch poetischen Stil so endgültig dargestellt, daß sie dastehen und leben.«* Kurt Pinthus, Aufbau

Arno Borst
Ritte über den Bodensee
Rückblick auf mittelalterliche Bewegungen

Aufsätze und Essays des großen Mediävisten über das Mittelalter am Bodensee, 432 S., schön gebunden, 3-909081-52-5 • *»So kann von den Historikern hierzulande nur Borst formulieren.«* Dirk Schümer FAZ

Libelle • Verlag am Bodensee

Rundflüge der Libelle
Bücher für die Welt im Kopf

Ernst Peter Fischer
Der Einzelne und sein Genom
Die Expedition ans Ende der Anatomie
libelle : essai • 128 S., kt., 3-909081-61-4

Ernst Peter Fischer
Die Welt im Kopf
186 S., kt., 3-922305-11-3

Joseph Victor von Scheffel
Warum küssen sich die Menschen?
Trink-Poesie, Reisebriefe und Kater-Philosophie gesammelt von Klaus Oettinger und
Helmut Weidhase, 184 S., broschiert, 3-909081-19-3

Und dann gibt es noch 11 Wissenschafts-Satiren:»Litzelstetter Libellen.
Ziemlich Neue Folge (ZNF)«. Zum Beispiel:

Georges Perec
Das Soprano-Project / DE IACULATIONE TOMATONIS (in cantatricem)
Experimental Demonstration of the tomatotopic organization in the soprano *(Cantatrix
sopranica L.).* 48 S., kt., 3-909081-26-6

Anton Haller
Das Similaun-Syndrom / OECCI HOMO
Von der Entdeckung der Gletschermumie zum transdisziplinären Forschungsdesign. – 66
S., kt., 3-909081-54-1 • *»Ein Megawerk der gipfelstürmenden Forschung, anregend,
originell und gescheit bis zur letzten Zeile.«* Eckart Klaus Roloff, Rheinischer Merkur

Thelma L. Shapiro
Das Dinosaurier-Dilemma / DE DULCIBUS SAURIS
Wissenschaftliches Großtier-Recycling als Paradigma multikultureller Forschung. 64 S.,
kt., 3-909081-66-5 • *»Eine funkensprühende Satire ... wie ich sie im deutschen Kulturraum
kaum für möglich gehalten hätte. Sonst ist das Sache der humorvollen Briten oder des
legendären amerikanischen ›Journal of Irreproducable Results‹. Kurz: Das Lesen ist ein
einziges Vergnügen.«* Rainer Korbmann, bild der wissenschaft

Libelle • Verlag am Bodensee

Bücher der Libelle
Ermutigungen für die Welt der Schrift

a) Klassiker

Hans Brügelmann
Kinder auf dem Weg zur Schrift
Eine Fibel für Lehrer und Laien
5. Auflage, 280 S., kt., ill., 3-909081-36-3

»Es erspart die Lektüre einer kleinen Bibliothek. Vor allem, es ist aufregend zu lesen...«
Hartmut von Hentig
»Das Buch ist ein Glücksfall.« Jörg Ramseger, DIE ZEIT
(»O ja, Glücksfall, isses!« Verlagsstatistiker M., zehn Jahre später)

Heide Bambach
Erfundene Geschichten erzählen es richtig
Lesen und Leben in der Schule

2. Auflage, 296 S., kt., ISBN 3-909081-65-7, mit einem Vorwort von *Hans Brügelmann*, lebenden Kolumnentiteln, Facsimiles von Krakeleien und fast 40 von Kindern ersonnenen, erzählten und aufgeschriebenen Geschichten. • *»Welch ein Reichtum an pädagogischer Anschauung und Einsicht, an Beispielen von Kinderklugheit und Kinderausdauer, von Lernlust und Lernlist! – reflektiert durch eine Frau, die selber mit spürbarer Freude lernt und darüber jede Lehrerangst abgeworfen hat, auch die vor den Schreibritualen der wissenschaftlichen Pädagogik... Das ist pädagogisches Urgestein.«* Hartmut von Hentig

b) künftiger Klassiker

Den Rest der Werbung haben wir listig an den Rändern dieses Buchs versteckt.
Dorthin, wo Rückwärtsanblätterer nur das Impressum vermuten *(S. 392)*
und wo in braven Büchern zuweilen ein Klappentext
mit hilfreichen Sätzen für eilige RezensentInnen steht *(S. 3)*.
Ach ja, Klappentext. Wie sollte auch ein so reichhaltiger Band wie
»Am Rande der Schrift«
auf ein paar empfehlende Sätze gebracht werden,
wo doch drei Seiten Inhaltsverzeichnis Lesekundigen gleich viel mehr sagen...

Libelle • Verlag am Bodensee

Dieses 6. Jahrbuch der Reihe »lesen und schreiben« ist in einer konzertierten Aktion
zwischen Hans Brügelmann (Siegen), Heiko Balhorn (Hamburg) & Iris Füssenich (Reutlingen)
um ziemlich genau ein Drittel umfangreicher geworden, als noch im Sommer gedacht,

damals, als im Zeichen der Libelle gerade
Sigrun Richter / Hans Brügelmann (Hrsg.)
Mädchen lernen a n d e r s lernen Jungen
Geschlechtsspezifische Unterschiede beim Schriftspracherwerb
erschien

und als sich schon
Hans Brügelmann / Sigrun Richter (Hrsg.)
Wie wir recht schreiben lernen
10 Jahre Kinder auf dem Weg zur Schrift
rasch auf den Weg zum Erfolg machte,

während in der Verlegerei bereits das Manuskript von
Heide Bambach
Ermutigungen. Nicht Zensuren.
Ein Plädoyer in Beispielen
gelesen wurde, das dann von projektierten 90 Seiten auf köstliche 260 wuchs…

…wer jetzt denkt, dies sei genug des Wachstums,
bestelle flugs das Gesamtverzeichnis der Libelle und wundere sich weiter:
es gibt auch noch Abenteuer in der Mongolei, Ritte über den Bodensee,
Wissenschaftssatiren und andere Zickzackflüge um die Ränder der Wirklichkeit…

Nach dem 3. Oktober 1994 wurde,
da ja irgendwie zusammenwachsen muß, was auf einmal zusammengehören soll,
aus der digitalen Polyphonie von etwas mehr als 35 unterschiedlich beschrifteten Disketten
und 1 kg Papier dieses größere Ganze *Am Rande der Schrift* eingefangen.

Captatio für Fundis der Duden-Bewegung:
»Die Zukunft der Moderne wird eine Heimat der Unvollkommenheit sein,
oder sie wird nicht sein.«
(Zygmund Baumann; zitiert im Highlight von *Reinhard Kahl* oben *S. 14*)
In diesem Buch werden traditionelle *und* vorausweisend einfachere
Schreibweisen geduldet; *S. 66 ff.* begegnen wir zum Beispiel der in der Schweiz
seit einem halben Jahrhundert üblichen Vereinfachung
der schärferen »s«-Schreibung.
Wer dann bei »Analfabetismus« vs. »Analphabetismus«
schon ins mentale Stolpern kommt, wird sich gar nicht mehr einkriegen
bei der Sache mit dem »Binnen-I« (s. *S. 223*):
Mal ist nur von männlichen, mal nur von weiblichen Subjekten die Schreibe,
es werden *gendermäßig* des Binnen-I, das Schrägstrich/i
und öfter auch die raumgreifende Tandem-Form verwendet.
Diese Vielfalt, Freundinnen & Freunde, werden wir noch etwa so lange fördern,
bis die eine Hälfte der Lehrstühle von Frauen
und die andere Hälfte der Grundschulstühle von Männern besetzt sind…

Hergestellt in Konstanz bei Poppe & Neumann